Michael Shermer
Der moralische Fortschritt

Für Jennifer

Unsterbliche Geliebte

Für immer dein
Für immer mein
Für immer wir

Michael Shermer

Der moralische Fortschritt

Wie die Wissenschaft uns
zu besseren Menschen macht

Übersetzt aus dem amerikanischen Englisch von Harald Grundner

Alibri Verlag
Aschaffenburg

2018

Die Veröffentlichung des Buches wurde durch die *Richard Dawkins Foundation für Vernunft und Wissenschaft e.V.* gefördert.

Anfang 2014 fertiggeschrieben (S. 261)

Alibri Verlag
www.alibri.de
Aschaffenburg
Mitglied in der Assoziation Linker Verlage (aLiVe)

Erste Auflage 2018

Copyright 2018 by Alibri Verlag, Aschaffenburg
Copyright der Originalausgabe by St. Martins Griffin, New York 2016

Alle Rechte, auch die des auszugsweisen Nachdruckes, der photomechanischen Wiedergabe, der Herstellung von Mikrofilmen, der Einspeicherung in elektronische Systeme sowie der Übersetzung vorbehalten.

Umschlaggestaltung: Claus Sterneck
Druck und Verarbeitung: Interpress, Budapest
Übersetzt aus dem amerikanischen Englisch von Harald Grundner
Lektorat: Teresa Hofmann

ISBN 978-3-86569-285-6

Inhaltsverzeichnis

Prolog: Der Bogen der Moral 7

Teil 1. Die Definition des moralischen Fortschritts

1. Hin zu einer Wissenschaft der Moral 16
2. Die Moral von Krieg, Terror und Abschreckung 63
3. Wie Wissenschaft und Vernunft
den Fortschritt der Moral befördern 113
4. Warum Religion keine Quelle der Moral ist 162

Teil 2. Die Anwendung des moralischen Fortschritts

5. Sklaverei und eine moralische Wissenschaft der Freiheit 202
6. Die moralische Wissenschaft der Frauenrechte 227
7. Die moralische Wissenschaft der Rechte Homosexueller 254
8. Die moralische Wissenschaft der Tierrechte 276

Teil 3. Die Korrektur des moralischen Fortschritts

9. Moralischer Verfall und der Weg zum Bösen 312
10. Moralische Freiheit und Verantwortung 349
11. Moralische Gerechtigkeit: Vergeltung und Restauration 372
12. Protopia: Die Zukunft des moralischen Fortschritts 414

Anmerkungen 461
Bibliographie 527

Es darf für die Freiheit der Forschung keine Grenzen geben. Das Dogma hat in der Wissenschaft keinen Platz. Der Wissenschaftler ist frei, und er muss frei sein, um jede Frage stellen, jede Behauptung anzweifeln, nach jeglicher Evidenz suchen und jeden Fehler korrigieren zu können. So hängt auch unser politisches Leben von der Offenheit ab. Fehler können wir nur vermeiden, wenn wir sie erkennen, und der einzige Weg, sie zu erkennen, ist die freie Forschung. Solange Menschen frei sind, die Fragen zu stellen, die sie stellen müssen; frei, zu sagen, was sie wollen; frei, zu denken, was sie wollen –so lange wird die Freiheit nicht verloren gehen und die Wissenschaft bestehen.

J. Robert Oppenheimer, 1949

Prolog

Der Bogen der Moral

Sonntag, 21. März 1965, Selma, Alabama
8000 Menschen versammeln sich bei der Brown Chapel zu einem Marsch nach Montgomery. Aus einem einzigen Grund ziehen die überwiegend afrikanischstämmigen Protestierenden Richtung Hauptstadt: Gerechtigkeit. Sie wollen nur das Wahlrecht. Aber sie sind nicht allein in ihrem Kampf; Demonstranten jeglicher „Rasse, Religion und Klasse" sind aus nahezu allen Staaten der USA gekommen, um mit ihren schwarzen Brüdern und Schwestern zu marschieren.[1] An ihrer Spitze der Geistliche Dr. Martin Luther King Jr., Nobelpreisträger, Prediger und Bürgerrechts-Aktivist, der den Zug anführt, wie Moses sein Volk aus Ägypten führte.

Trotz allem rassistisch motivierten Widerstand, der von bewaffneten Polizisten und Überfallkommandos mitgetragen wurde, hatten sie sich schon zweimal auf den Weg gemacht, scheiterten aber an der Gewalt von Landespolizisten und einer abgeordneten Clique. Das erste Mal, bekannt als „Bloody Sunday", kamen sie der Aufforderung nach Umkehr nicht nach; unter dem Gejohle der Schaulustigen trafen sie auf Tränengas, Schlagstöcke und mit Stacheldraht umwickelte Gummischläuche. Beim zweiten Mal, wieder aufgehalten durch einen Polizeikordon, führte King sie zurück, nach einem Gebet, für das er um Erlaubnis bat.

Aber nicht dieses Mal. Präsident Lyndon B. Johnson hatte schließlich das Menetekel erkannt und den Schutz der Demonstranten durch zweitausend Soldaten der Nationalgarde und Bundespolizisten angeordnet. Und so marschierten sie, fünf Tage lang, 85 Kilometer, bei beißender Kälte mit viel Regen. Es sprach sich herum, die Zahl der Demonstranten wuchs, und als sie am 25. März die Stufen des Alabama State Capitol in Montgomery erreichten, waren es mindestens 25.000.

Aber die Marschierer hatten keinen Zutritt zu Staatseigentum, King durfte die Stufen des Capitols nicht betreten. Alabamas Gouverneur George Wallace, wie Pontius Pilatus unter der Kuppel sitzend, weigerte sich, herauszukommen und mit ihnen zu sprechen. So hielt Dr. King seine Ansprache auf einer Plattform auf der Ladefläche eines vor dem Gebäude geparkten Lastwagens.[2] Sein mitreißendes Loblied auf die Freiheit rief in Erinnerung, wie sie durch „trostlose Täler" gewandert waren, auf „steinigen Nebenwegen" gerastet hatten, verbrannt von der Sonne, schlafend im Schmutz, durchnässt vom Regen. Die Menge der Freiheitssuchenden, zusammengekommen aus den ganzen Vereinigten Staaten, lauschte aufmerksam, als Dr. King sie beschwor, der gewaltlosen Philosophie des zivilen Ungehorsams verpflichtet zu bleiben, im Bewusstsein des dünnen Geduldsfadens unterdrückter Völker und unserer natürlichen Neigung, uns zu wehren, wenn wir geschlagen werden.

Rhetorisch fragte er „Wie lange noch wird das Vorurteil unsere Visionen überschatten, unser Verständnis verdunkeln und die Weisheit von ihrem Thron vertreiben?" Und „Wie lange noch wird die Gerechtigkeit ans Kreuz geschlagen werden und die Wahrheit dieses Kreuz tragen müssen?" Als Antwort darauf bot King Rat, Trost und Versprechen; der Hindernisse ungeachtet würde es nicht lange dauern, die Freiheit zu erlangen, sagte er, und zitierte religiöse und biblische Bilder: „Die am Boden zerschmetterte Wahrheit wird wiederauferstehen", „keine Lüge lebt ewig", „ihr werdet ernten, was ihr gesät habt" und „der Bogen des moralischen Universums spannt sich weit, aber er steigt auf zur Gerechtigkeit."[3]

Es war eine der bedeutendsten Reden in Dr. Kings Karriere, und wohl eine der größten in der Geschichte der öffentlichen Rhetorik. Und sie hatte Erfolg. Keine fünf Monate später, am 6. August 1965, unterzeichnete Präsident Johnson den „Voting Rights Act", das Gesetz, das Afroamerikanern gleiche Rechte bei Wahlen gewährt. Es war so, wie Dr. King es gesagt hatte – der Bogen des moralischen Universums spannt weit, aber er steigt auf zur Gerechtigkeit.

* * *

Dr. Kings Bild vom Bogen, die Inspiration für den (englischen, „The Moral Arc", A. d. Ü.) Titel dieses Buches, stammt von Theodore Parker, einem Prediger und Sklavereigegner des neunzehnten Jahrhunderts, der diesen Ausdruck des moralischen Optimismus 1853 niederschrieb, zu einer Zeit, in der eher Pessimismus angebracht erschien, da Amerika unaufhaltsam in einen sich an eben jener Einrichtung entzündenden Bürgerkrieg abglitt, die Parker abschaffen wollte:

> Ich gebe nicht vor, das Universum der Moral zu verstehen; der Bogen ist weiter, als mein Blick reicht; ich kann seine Kurve weder berechnen noch sein Bild aus der Erfahrung meines Sehens vervoll-

ständigen; aber mein Gewissen lässt es mich erahnen. Und mit dem, was ich sehe, bin ich sicher, dass er sich zur Gerechtigkeit erhebt.[4]

In diesem Buch will ich aufzeigen, dass die Hochwürden Parker und King Recht hatten – der Bogen des moralischen Universums strebt in der Tat zur Gerechtigkeit. Zusätzlich zu religiösem Gewissen und mitreißender Rhetorik können wir den Bogen der Moral durch die Wissenschaft verfolgen, mit auf vielen verschiedenen Pfaden der Forschung gesammelten Daten, die alle zeigen, dass wir als Spezies zunehmend moralischer werden. Ebenfalls lege ich dar, dass der Großteil der moralischen Entwicklung der vergangenen Jahrhunderte das Ergebnis säkularer, areligiöser Kräfte war und dass die wichtigsten darunter, die aus dem Zeitalter der Aufklärung hervorgingen, Wissenschaft und Vernunft sind. Diese Begriffe verwende ich im weitesten Sinne, also in ihrer Bedeutung als Schlussfolgerung mittels einer Reihe von Argumenten und der Bestätigung der gezogenen Schlüsse durch Empirie.

Des Weiteren weise ich nach, dass der Bogen des moralischen Universums nicht nur zur Gerechtigkeit strebt, sondern auch zu Wahrheit und Freiheit. Diese positiven Folgen resultieren aus einer Bewegung der Gesellschaften hin zu säkulareren Formen von Staatsführung und Politik, Gesetzgebung und Rechtsprechung, moralischer Argumentation und ethischer Analyse. Es wurde mit der Zeit immer weniger akzeptabel, anzuführen, dass *meine* Meinung, *meine* Moral, *meine* Lebensführung besser ist als deine, schlicht, weil sie meine sind, oder weil sie Tradition sind, oder weil meine Religion besser ist als deine, oder weil mein Gott der einzig wahre Gott ist und deiner nicht, oder weil mein Land dein Land windelweich prügeln kann. Es reicht nicht mehr, moralische Überzeugungen zu *beteuern*; wir müssen *Gründe* für sie angeben, und diese Gründe sollten auf rationalen Argumenten und empirischer Evidenz basieren, sonst werden sie wahrscheinlich ignoriert oder verworfen.

Ein Blick in die Geschichte zeigt, dass wir stetig, wenngleich manchmal zögerlich, die Sphäre der Moral erweitert haben, sodass sie mehr Mitglieder unserer Spezies (und inzwischen auch anderer Arten) als legitime Teilhaber der moralischen Gemeinschaft umfasst. Das aufkeimende Gewissen der Menschheit ist inzwischen zu einer Größe angewachsen, bei der wir uns nicht nur um das Wohlergehen unserer Familie, erweiterten Familie oder lokalen Gemeinde sorgen; vielmehr schließt unsere Rücksicht nun auch uns sehr unähnliche Menschen ein, mit denen wir freudig nicht nur Waren und Ideen austauschen, sondern auch Gefühle und Gene, anstatt sie zu schlagen, zu versklaven, zu vergewaltigen oder zu töten, wie es unsere jämmerliche

Spezies noch vor nicht allzu langer Zeit mit unbekümmerter Hemmungslosigkeit zu tun pflegte. Die Ursache-Wirkungs-Beziehung zwischen menschlichen Handlungen und moralischem Fortschritt zu untermauern, also festzustellen, *warum* er stattfand, ist das zweite elementare Thema dieses Buches, mit der implizierten Frage, was wir tun können, um die Variablen in der Gleichung so einzustellen, dass wir fortfahren mit der Erweiterung der moralische Sphäre und unsere Zivilisation weiter den Bogen der Moral entlangführen.

Fortschritte auf dem Gebiet der Moral sind in vielen Bereichen des Lebens offenkundig: *Staatsführung* (Aufstieg freiheitlicher Demokratien, Niedergang von Theo- und Autokratien); *Wirtschaft* (großzügigere Eigentumsrechte und die Freiheit, ohne Einschränkung mit Waren und Dienstleistungen zu handeln); *Rechte* (auf Leben, Freiheit, Eigentum, Heirat, Kinder, freie Wahlen, freie Rede, Religionsausübung, Versammlung, Protest, Unabhängigkeit und das Streben nach Glück); *Wohlstand* (die Explosion von Vermögen und Überfluss für mehr Menschen an mehr Orten und der weltweite Rückgang von Armut – es gibt weniger verarmte Leute als zu irgendeiner anderen Zeit der Geschichte); *Gesundheit und Langlebigkeit* (immer mehr Menschen genießen immer länger ein gesünderes Leben als jemals zuvor); *Krieg* (der kleinste Prozentsatz unserer Spezies seit ihrem Beginn stirbt heute durch gewaltsame Konflikte); *Sklaverei* (weltweit geächtet, praktiziert nur noch an wenigen Orten als sexuelle und Arbeitskraft-Ausbeutung, deren Abschaffung gesetztes Ziel ist); *Mord* (seit dem Mittelalter mit über 100 Morden pro 100.000 Menschen sind die Raten rapide gefallen, in der westlichen Welt auf weniger als einen Mordfall pro 100.000, und die Wahrscheinlichkeit, gewaltsam zu sterben, ist niedriger denn je); *Vergewaltigung und sexuelle Übergriffe* (im Abwärtstrend; immer noch zu verbreitet, aber in fast allen Ländern verboten und zunehmend verfolgt); *gerichtlicher Zwang* (Folter und Todesstrafe sind fast überall abgeschafft und werden dort, wo noch erlaubt, immer seltener durchgeführt); *Gleichheit vor dem Gesetz* (Bürger werden gerechter behandelt als je zuvor); *Umgangsformen* (Menschen sind freundlicher, zivilisierter und weniger gewalttätig denn je).

Kurz, wir leben im moralischsten Zeitalter der Menschheitsgeschichte.

Ich will nicht behaupten, dass diese günstigen Entwicklungen unvermeidlich waren oder das Ergebnis eines ehernen Moral-Gesetzes des Universums; dies ist kein „Ende der Geschichte"-Argument. Aber es gibt erkennbare kausale Beziehungen zwischen sozialen, politischen und ökonomischen Faktoren einerseits und moralischen Wirkungen andererseits. Steven Pinker schrieb in „Gewalt: Eine neue Geschichte der Menschheit", einem Werk von atemberaubender Gelehrsamkeit, das als Inspiration für dieses Buch diente:

> Die Unmenschlichkeit des Menschen gegenüber dem Menschen war lange das Thema moralischer Belehrungen. Mit dem Wissen, dass irgendetwas sie zurückgedrängt hat, können wir sie auch als Angelegenheit von Ursache und Wirkung behandeln. Statt zu fragen „Warum gibt es Krieg?", können wir auch fragen „Warum gibt es Frieden?" Wir brauchen uns nicht nur in die Frage hineinzusteigern, was wir falsch gemacht haben, sondern wir können uns auch fragen, was wir richtig gemacht haben. Denn wir haben tatsächlich etwas richtig gemacht, und es wäre gut zu wissen, was das genau ist.[5]

Für Jahrzehntausende beschrieb „moralischer Rückschritt" am besten unsere Spezies; hunderte Millionen Menschen litten deshalb. Aber dann, vor einem halben Jahrtausend, passierte etwas. Die wissenschaftliche Revolution führte zum Zeitalter der Vernunft und der Aufklärung, und das änderte alles. Wir sollten verstehen, was geschah, wie und warum diese Veränderungen den historischen Abwärtstrend unserer Art umkehrten und dass wir mehr tun können, die Menschheit emporzuheben, den Bogen zu verlängern und weiter aufwärts zu richten.

* * *

Wenn ich während der Jahre der Arbeit an diesem Buch erwähnte, es handele vom moralischen Fortschritt, wäre es untertrieben, von „ungläubigen" Reaktionen zu reden; die meisten dachten, ich halluziniere. Ein kurzer Überblick über die schlechten Nachrichten der Woche schien ihre Diagnose zu bestätigen.

Der Reflex ist verständlich, denn unsere Gehirne entstanden, um unmittelbare und emotional eindrückliche Ereignisse, kurzfristige Trends und persönliche Anekdoten zu registrieren und sich an sie zu erinnern. Unser Sinn für Zeit erstreckt sich von den drei Sekunden des psychologischen „Jetzt" bis zu den wenigen Dekaden der menschlichen Lebensspanne, die viel zu kurz ist, langfristige inkrementelle Trends zu verfolgen, die sich über Jahrhunderte und Jahrtausende entwickeln, wie Evolution, Klimawandel und, so meine These, moralischer Fortschritt. Wenn Sie ausschließlich die Abendnachrichten verfolgten, hätten Sie bald reichlich Anhaltspunkte für die Antithese: Die Welt ist schlecht und es wird immer schlimmer. Nun ist es der Job von Nachrichtenagenturen, nur die schlechten Neuigkeiten zu bringen; die zehntausend Akte der Freundlichkeit und Güte, die jeden Tag geschehen, bleiben unerwähnt. Aber über eine einzige Gewalttat, ein öffentliches

Massaker mit Schusswaffen, einen brutalen Mord, ein terroristisches Selbstmordattentat wird in qualvollen Details berichtet, mit Reportern vor Ort, langen Aufnahmen von Polizei- und Krankenwagen und dem „wapp-wapp-wapp" von Hubschraubern für die Luftaufnahmen des Chaos. Selten erinnern Nachrichtensprecher ihre Zuschauer daran, dass bewaffnete Amokläufe an Schulen immer noch unglaublich selten sind, die Kriminalitätsraten sich in der Nähe eines Allzeit-Tiefs bewegen, Terrorakte nahezu immer ihr Ziel verfehlen und ihre Zahl der Todesopfer, verglichen mit anderen Todesarten, vernachlässigbar ist.

Nachrichtenagenturen berichten, was geschieht; nicht, was *nicht* geschieht. Diese Schlagzeile werden wir niemals sehen:

WIEDER EIN JAHR OHNE ATOMKRIEG

Es ist ein Zeichen moralischen Fortschritts, dass negative Meldungen selten genug sind, um berichtenswert zu sein. Wären Schul-Amokläufe, Mord und terroristische Anschläge so alltäglich wie Wohltätigkeitsveranstaltungen, Friedensmissionen und Krankheitsheilungen, würde unsere Spezies nicht lange überleben.

Nicht jeder teilt meinen hoffnungsvollen Blick auf Wissenschaft und Vernunft; sie gerieten in den jüngsten Dekaden an mehreren Fronten unter Feuer. Ideologen des rechten Flügels, die Wissenschaft nicht verstehen; religiöse Konservative, die Angst vor ihr haben; linke Postmoderne, die ihr nicht trauen, wenn sie progressiven Lehren über die menschliche Natur widerspricht; extreme Umweltschützer, die zu einer vorwissenschaftlichen, vorindustriellen Agrargesellschaft zurückkehren wollen; Impfgegner, die fälschlich annehmen, Impfungen verursachten Autismus und andere Krankheiten; sich vor „Frankenfood" fürchtende Gegner genetisch veränderter Nahrungsmittel; und Pädagogen aller Couleur, die keinen Begriff davon haben, warum Wissenschaft, Technologie, Ingenieurswesen und Mathematik für ein modernes, demokratisches Land lebenswichtig sind.

Evidenzbasiertes logisches Denken ist das Markenzeichen der heutigen Wissenschaft. Es verkörpert die Prinzipien objektiver Daten, theoretischer Erklärung, experimenteller Methodik, Begutachtung durch Experten („Peer Review"), öffentlicher Transparenz und offener Kritik, und „Versuch und Irrtum" als dem verlässlichsten Weg, herauszufinden, wer Recht hat – nicht nur, was die Welt der Natur betrifft, sondern auch die soziale Welt und die der Moral. In diesem Sinne sind viele augenscheinlich unmoralische Vorstellungen tatsächlich sachbezogene Irrtümer, die auf falschen Theorien über Kausalität beruhen. Heute sind wir überzeugt, dass es unmoralisch ist, Frauen als Hexen zu verbrennen, aber der Grund, aus dem unsere europäischen Vorfahren im Mittelalter Frauen auf den Scheiterhaufen banden und verbrannten, war der Glaube, sie verursachten Missernten, Wetteranomalien, Krankheiten und diverse andere Übel und Unglücke. Jetzt, da wir ein wissenschaftliches Verständnis von Agrikultur, Klima, Krankheit und anderen ursächlichen Vektoren haben, den Zufall eingeschlossen, ist die Hexentheorie der Kausalität nicht mehr gebräuchlich; eine einst moralische Angelegenheit war ein faktischer Irrtum.

Diese Verschmelzung von Fakten und Werten erklärt vieles in unserer Geschichte, in der man einst glaubte, dass Götter Tier- und Menschenopfer brauchen, dass Menschen von Dämonen besessen sind, die sie irre werden lassen, dass Juden Krankheiten verursachen und Brunnen vergiften, dass Afrikaner als Sklaven besser dran sind, dass manche Rassen anderen unter- oder überlegen sind, dass Frauen von Männern beherrscht und dominiert werden wollen, dass Tiere Automaten ohne Schmerzempfinden sind, dass Königen ihre Macht von Gott gegeben wird und andere Ansichten, die heute kein rationaler, wissenschaftlich gebildeter Mensch als ernsthafte Überzeugung vertreten würde. Voltaire, Philosoph der Aufklärung, erklärte lakonisch: „Wer dich veranlassen kann, Absurditäten zu glauben, der kann dich auch veranlassen, Gräueltaten zu begehen."[6]

Menschen dazu zu bringen, den Glauben an Absurditäten aufzugeben, ist ein Weg neben vielen hin zu einer moralischeren Welt. Wissenschaft und Vernunft sind die besten Methoden dafür. Zur Wissenschaft als Methodik gibt es keine Parallele; sie ist das endgültige Mittel, mit dessen Hilfe wir verstehen, wie die Welt funktioniert, einschließlich der Welt der Moral. Daher ist es ein moralischer Akt an sich, Wissenschaft zur Ermittlung der Bedingungen einzusetzen, die am besten geeignet sind, die Sphäre der Moral zu erweitern. Die experimentellen Methoden und die analytische Argumentation der Wissenschaft, angewandt auf die soziale Welt mit dem Ziel der Lösung gesellschaftlicher Probleme und der Besserstellung der Menschheit in der Zivilisation hat die moderne Welt hervorgebracht, eine Welt freiheitlicher Demokratien, bürgerlicher Rechte und Freiheiten, Gleichheit vor dem Gesetz, offener politischer und wirtschaftlicher Grenzen und eines Wohlstands, wie ihn bisher keine menschliche Gesellschaft erlebt hat. Mehr Menschen an mehr Orten haben mehr Rechte, Freiheiten, Alphabetisierungsraten, Bildung und Erfolg als je zuvor, und diese Entwicklung schreitet voran. Sicherlich sind viele soziale und moralische Probleme noch zu lösen, und der Bogen wird hoffentlich nach unserem Zeitalter weiter emporstreben, wir sind keinesfalls an seinem Höhepunkt. Aber viele Anzeichen deuten auf Fortschritt hin und es gibt gute Gründe für Optimismus.

Teil 1

Die Definition des moralischen Fortschritts

1. Hin zu einer Wissenschaft der Moral

> Die Wissenschaft muss sich wegen nichts schämen, auch nicht in den Ruinen Nagasakis. Schämen sollten sich jene, die anderen Werten anhängen als denen der menschlichen Vorstellungskraft, die die Wissenschaft entwickelt hat. Die Scham ist unsere, wenn wir die Wissenschaft nicht zu einem Teil unserer Welt machen... denn dies ist ihre Lektion: Das Konzept ist grundlegender als seine Gesetze.
>
> Jacob Bronowski, Science and Human Values, 1956[1]

Die Metapher des emporstrebenden Bogens der Moral symbolisiert die vielleicht wichtigste und gleichzeitig am wenigsten anerkannte Entwicklung der Menschheitsgeschichte, den moralischen Fortschritt, und seine primäre Ursache ist eine der unauffälligsten Quellen: Der wissenschaftliche Rationalismus.

Unter Fortschritt verstehe ich die historische Definition des Oxford English Dictionary: „Aufstieg zu einer höheren Stufe; Wachstum; Entwicklung, üblicherweise hin zu einem besseren Zustand oder besseren Bedingungen; Verbesserung." Mit *Moral* meine ich „Verhalten, Charakter, angemessenes Benehmen" (entsprechend dem lateinischen *moralitas*) in Bezug auf Absichten und Taten, die, auf einen anderen moralischen Agenten gerichtet, *richtig* oder *falsch* sein können.[2] Richtig und falsch beziehen sich hierbei auf das Überleben und Gedeihen des Anderen. Mit *Gedeihen* meine ich adäquaten Lebensunterhalt, Sicherheit, Obdach, Freundschaften und soziale Beziehungen, die der physischen und seelischen Gesundheit dienen. Jeder der natürlichen Selektion unterworfene Organismus, also alle Organismen auf diesem und sehr wahrscheinlich allen anderen Planeten, wird notwendigerweise diesen Instinkt zum Überleben und Gedeihen besitzen, denn hätte er ihn nicht, dann lebte er nicht lange genug, um sich fortzupflanzen und unterläge nicht mehr der Selektion.

Weil ich Tiere (und vielleicht eines Tages außerirdische Lebensformen) in die Sphäre der moralischen Erwägungen einschließe, meine ich mit *moralischer Agent* ein empfindungsfähiges Wesen. Mit *empfindungsfähig* meine ich wahrnehmend, empfindsam, reaktionsfähig, bewusst und daher in der Lage, zu fühlen und zu leiden. Zusätzlich zu Kriterien wie Intelligenz, Sprache, Werkzeuggebrauch, Denkvermögen und anderen kognitiven Fähigkeiten blicke ich tiefer in unsere evolvierten Gehirne auf basalere Funktionen des Empfindens. Unsere moralischen Überlegungen sollten nicht primär auf dem beruhen, was empfindungsfähige Wesen denken, sondern was sie fühlen. Hinter dieser Aussage steckt fundierte Wissenschaft. Gemäß der *Cambridge Declaration on Consciousness*, einer 2012 veröffentlichten Stellungnahme einer internationalen Gruppe prominenter Neurowissenschaftler, Neuropharmakologen, Neuroanatomen und Vertretern der „Computational Neuroscience", gibt es Evidenz aus unabhängigen Quellen für eine Kontinuität zwischen Menschen und nichtmenschlichen Tieren, mit Empfindungsvermögen als gemeinsamer, speziesübergreifender Eigenschaft.

Die Nervenbahnen für Gefühle beispielsweise finden sich nicht nur in hochentwickelten kortikalen Strukturen des Gehirns, sondern auch in evolutionär älteren, subkortikalen Regionen. Künstliche Stimulation dieser Areale ruft bei Mensch und Tier dieselben emotionalen Reaktionen hervor.[3] Weiterhin finden sich Aufmerksamkeit, Schlaf und das Treffen von Entscheidungen in diversen Zweigen des evolutionären „Baumes", etwa bei Säugetieren, Vögeln und sogar manchen Wirbellosen (Kraken). Im Zuge der Bewertung aller Anzeichen für Empfindungsfähigkeit erklärten die Wissenschaftler: „Konvergente Evidenz weist darauf hin, dass nichtmenschliche Tiere die neuroanatomischen, neurochemischen und neurophysiologischen Substrate für Bewusstseinszustände besitzen, einschließlich der Fähigkeit, intentionales Verhalten zu zeigen. Das Gewicht dieser Evidenz zeigt, dass der Besitz der neurologischen Grundlagen für Bewusstsein nicht auf Menschen beschränkt ist."[4] Ob nichtmenschliche Tiere Bewusstsein besitzen, hängt davon ab, wie wir „Bewusstsein" definieren, aber für meine Zwecke genügt die enger umgrenzte Fähigkeit, zu fühlen und zu leiden, um viele Tierarten in unsere Sphäre der Moral aufzunehmen.

Vor dem Hintergrund dieser Hinweise und Gründe ist das *Überleben und Gedeihen empfindungsfähiger Wesen* mein Ausgangspunkt und das fundamentale Prinzip des Systems der Moral.[5] Es basiert auf Wissenschaft und Vernunft und wurzelt in Prinzipien, die ihrerseits auf den Gesetzen der Natur ruhen, einschließlich der menschlichen Natur; Prinzipien, die im Labor und in der realen Welt getestet werden können. Moralischer Fortschritt bedeutet daher für mich *Verbesserungen für das Überleben und Gedeihen empfindungsfähiger Wesen.*

Dabei beziehe ich mich speziell auf Individuen. Das Individuum ist der primäre moralische Agent, im Gegensatz zu Gruppe, Stamm, Rasse,

Geschlecht, Staat, Nation, Reich, Gesellschaft oder irgendeinem anderen Kollektiv, denn es ist das Individuum, das überlebt und gedeiht, oder das leidet und stirbt. Einzelne fühlende Wesen sind es, die wahrnehmen, fühlen, reagieren, lieben und leiden, nicht Populationen, Rassen, Geschlechter, Gruppen oder Nationen. Historisch grassierten Misshandlungen am stärksten und waren die Opferzahlen die höchsten, wenn das Individuum dem Wohl der Gruppe geopfert wurde. Es geschieht, wenn Menschen nach Hautfarbe beurteilt werden. Oder nach X/Y-Chromosomen, oder danach, mit wem sie schlafen, welchen Dialekt sie sprechen, welcher politischen oder religiösen Gruppe sie anhängen, oder nach irgendeinem anderen Merkmal, das unsere Spezies benutzt, um ihre Mitglieder zu unterscheiden – anstatt ihren individuellen Charakter zu beurteilen. Der Fokus der Revolutionen der Rechte der letzten drei Jahrhunderte lag fast ausschließlich auf der Freiheit und Autonomie von Individuen, nicht von Kollektiven; auf den Rechten von Personen, nicht Gruppen. Personen stimmen bei Wahlen ab, nicht Rassen oder Geschlechter. Individuen wollen gerecht behandelt werden, nicht Rassen. Rechte schützen den Einzelnen, nicht die Gruppe; tatsächlich schützen die meisten Rechte, so wie sie in der amerikanischen Verfassung niedergelegt sind, Individuen vor Diskriminierung als Mitglieder einer Gruppe, etwa nach Rasse, Glaubensbekenntnis, Hautfarbe, Geschlecht und – bald – sexueller Orientierung und Wahl des Geschlechts.

Was das Atom für die Physik, ist der einzelne, separate Organismus für Biologie und Gesellschaft – eine fundamentale Einheit der Natur. (Soziale Insekten wie Bienen, bei denen die Mitglieder eines Stockes genetisch nahezu identisch sind, werden hier nicht betrachtet.) Daher gründet das erste Prinzip des Überlebens und Gedeihens empfindungsfähiger Wesen in der biologischen Tatsache, dass der eigenständige Organismus das Hauptziel der natürlichen Selektion und der sozialen Evolution ist, nicht jedoch die Gruppe.[6] Wir sind eine soziale Spezies, wir brauchen und genießen die Gegenwart anderer in Gruppierungen wie Familien, Freunde und sortierten sozialen Zusammenschlüssen, aber in erster Linie sind wir Individuen innerhalb sozialer Gruppen und sollten uns dem Kollektiv nicht unterwerfen.[7] Der eigenen Gruppe Opfer zu bringen ist nicht dasselbe wie der Gruppe geopfert zu werden.

Der Überlebenstrieb ist Teil unseres Wesens, deshalb ist die Freiheit, die Erfüllung dieses Triebs zu verfolgen, als *Naturrecht* universell, unveräußerlich und nicht bedingt durch Gesetze und Gebräuche einer bestimmten Kultur oder Regierungsform. Die Theorie der Naturrechte entstand in der Aufklärung, trat dem Glauben an die göttlichen Rechte der Könige entgegen und bildete die Basis eines Gesellschaftsvertrages, der den Aufstieg der Demokratie zur Folge hatte, eines überlegenen Systems für den Schutz der Menschenrechte. Das ist es, was dem englischen Philosophen John Locke in seiner zweiten *Abhandlung über die Regierung* von 1690 vorschwebte, um Sir Robert Filmers *Patriarcha* zu widerlegen, die das gottgegebene Recht der Könige verteidigte.[8] Locke schrieb: „Die Natur wird von einem Gesetz regiert, dem jeder verpflichtet ist. Jenes Gesetz, die Vernunft, lehrt die Menschheit, dass niemand einem anderen Schaden zufügen soll an Leben, Gesundheit, Freiheit oder Besitz."[9] Ein freiwillig eingegangener Gesellschaftsvertrag, so Locke, ist der beste Weg, unsere Naturrechte zu garantieren.[10]

In der Rechtssprache ist das Individuum mit *persönlicher Autonomie* ausgestattet. Im Sinne des Naturrechts lassen sich für diese Autonomie Kriterien finden, nach denen wir Handlungen als richtig oder falsch beurteilen können: Erhöhen oder vermindern sie das Überleben und Gedeihen individueller empfindender Wesen? Moral ist weder willkürlich noch relativ noch völlig kulturabhängig. Moral ist universell. Wir sind alle mit einem Sinn für sie geboren, mit Emotionen, die uns bei unseren Interaktionen mit anderen Menschen leiten und die von lokalen Kulturen, Sitten und Arten der Erziehung beeinflusst werden. Die Natur versah uns mit der Fähigkeit, Schuld zu empfinden, zum Beispiel, wenn wir Versprechen nicht einhalten und sozialen Verpflichtungen nicht nachkommen, aber unsere kulturelle Prägung kann die Skala der Schuld verschieben. Moral ist real, feststellbar, sie ist „dort draußen" in der Natur, aber auch „hier drinnen" als Teil unserer eigenen Natur. Von diesen Fakten ausgehend können wir eine Wissenschaft der Moral aufbauen; ein Werkzeug, um die besten Bedingungen zu ermitteln, unter denen sich die Sphäre der Moral und der moralische Fortschritt ausweiten lassen.

Wissenschaft, Vernunft und der Bogen der Moral

Wissenschaft wurde entwickelt, um die Natur der Dinge und die Ursachen von Effekten zu verstehen. Seit der wissenschaftlichen Revolution unternahmen Denker auf allen Gebieten systematische Anstrengungen, ihre Methoden, die die philosophischen Werkzeuge der Vernunft und des kritischen Denkens einschließen, nicht nur auf das Verständnis unserer selbst anzuwenden sondern auch auf die Welt, in der wir leben, besonders aber auf die soziale, politische und wirtschaftliche Welt, mit dem Ziel der Besserstellung der Menschheit. Dieses Bestreben hat die Weltanschauung des Humanismus der Aufklärung (säkularer Humanismus, oder einfach Humanismus) hervorgebracht, die im Gegensatz zu den meisten anderen Weltsichten eher Methode ist als Ideologie; sie ist vielmehr ein Mittel zum Lösen von Problemen denn eine Sammlung doktrinärer Glaubenssätze. Das Thema des Humanismus ist (*und sollte es sein*) das Überleben und Gedeihen von Menschen, und seine Methoden der Vernunft und Wissenschaft zielen darauf, herauszufinden, wie das am besten zu ermöglichen ist. Daher ist das Ziel einer Wissenschaft der Moral (*und sollte es sein*), die Bedingungen zu ermitteln, unter denen Menschen und, als Erweiterung, andere empfindende Wesen am besten prosperieren. Dafür muss ich definieren, was ich mit „Wissenschaft und Vernunft" meine.

Wissenschaft

Wissenschaft ist ein Satz von Methoden, mit denen beobachtete oder abgeleitete Phänomene in Gegenwart und Vergangenheit beschrieben und interpretiert werden mit dem Ziel, Hypothesen zu testen und Theorien zu konstruieren. Mit *Satz von Methoden* möchte ich betonen, dass Wissenschaft eher ein Verfahren ist als eine Sammlung von Fakten, und diese *zu beschreiben und zu interpretieren* bedeutet, dass die Fakten nicht einfach für sich selbst sprechen. *Beobachtete oder abgeleitete Phänomene* bedeutet, dass es Dinge in der Natur gibt, die wir sehen können, wie Elefanten und Sterne, und andere, auf die wir rückschließen müssen, wie die Evolution von Elefanten und Sternen. In *Gegenwart und Vergangenheit* – nun, die Werkzeuge der Wissenschaft sind geeignet, vergangene wie gegenwärtige Phänomene zu verstehen; genannt seien Kosmologie, Paläontologie, Geologie, Archäologie und speziell Geschichtswissenschaft. *Hypothesen testen* heißt, dass eine wissenschaftliche Aussage prüfbar sein muss, sodass wir sie als wahrscheinlich wahr bestätigen oder als ziemlich sicher falsch verwerfen können.[11] Unter der Konstruktion von Theorien verstehen wir das Ziel der Deutung der Welt durch die Entwicklung umfassender Erklärungen aus zahlreichen getesteten Hypothesen.

Die *wissenschaftliche Methode* zu definieren ist nicht ganz so einfach. Der Prozess beinhaltet, anhand von Beobachtungen Hypothesen zu bilden, um dann aus den Hypothesen spezifische Vorhersagen abzuleiten. Mit Hilfe weiterer Beobachtungen werden die Vorhersagen auf ihren Wahrheitsgehalt geprüft, also bestätigt oder widerlegt. Das Ganze ist eine ständige Interaktion von Beobachten, Schlüsse ziehen, Vorhersagen treffen und anhand der Beobachtungen prüfen.

Aber das Sammeln der Daten, die Beobachtung, geschieht nicht in einem Vakuum. Die Hypothesen beeinflussen, welche Beobachtungen ein Wissenschaftler macht, und sie sind ihrerseits gefärbt durch Erziehung, Kultur und seine Vorlieben. Die Beobachtung ist der Schlüssel; der britische Astronom Sir Arthur Stanley Eddington benutzte eine juristische Metapher, um ein Gefühl dafür zu vermitteln: „Über die Wahrheit der Schlüsse der physikalischen Wissenschaft entscheidet die Beobachtung als oberster Gerichtshof."[12] Alle wissenschaftlichen Fakten sind provisorisch, dem Zweifel und der Korrektur unterworfen, daher ist die Wissenschaft nicht einfach ein Gebilde, sondern eine Methode des Entdeckens, die zu vorläufigen Aussagen führt.

Vernunft

Vernunft ist das kognitive Vermögen, durch die Anwendung von Logik und Rationalität Fakten zu ermitteln und zu erhärten, auf denen dann Überzeugungen und Beurteilungen beruhen statt auf Vermutungen, Meinungen und Gefühlen. Der rationale Denker will wissen, was *wirklich* wahr ist und nicht nur, wovon er sich wünscht, dass es wahr wäre.[13]

Allerdings sind wir, wie mehrere Jahrzehnte der Forschung in kognitiver Psychologie zeigen, nicht die rational berechnenden Wesen, für die wir uns gern halten; wir sind getrieben von unseren Leidenschaften, verblendet durch unsere Voreingenommenheit und beeinflusst, zum Guten oder Schlechten, von unseren moralischen Gefühlen. Der Bestätigungsfehler, der Rückschaufehler, der Selbstrechtfertigungsfehler, der Effekt der „versunkenen Kosten", die Status-quo-Verzerrung, der Ankereffekt und der Attributionsfehler sind nur einige von den vielen Wege, auf die unsere Gehirne uns überzeugen wollen, dass wahr ist, wovon wir wollen, dass es wahr ist, unabhängig von der Evidenz; der Prozess heißt in der Sozialpsychologie „Motivated Reasoning".[14] Gleichwohl ist die Fähigkeit zur Vernunft und Rationalität eine Eigenschaft unserer Gehirne, entstanden, um Muster zu erkennen und Zusammenhänge herzustellen (man nennt es *lernen*) im Dienst unseres Überlebens und Gedeihens in der Umwelt unserer evolutionären Herkunft. Die Vernunft ist Teil unserer kognitiven Ausstattung und kann, einmal installiert, auf Probleme angewandt werden, für die sie ursprünglich nicht evolvierte. Pinker nennt das ein erweiterbares kombinatorisches Schlussfolgerungs-System, „das zur Lösung alltäglicher Probleme entstand, wie Essen zubereiten und Sicherung von Bündnissen, das nun aber nicht davon abzuhalten ist, sich mit Aussagen zu beschäftigen, die sich aus anderen Aussagen ergeben." Für die Moral spielt diese Fähigkeit eine Rolle, denn „wenn die Mitglieder einer Spezies die Fähigkeit besitzen, vernünftig miteinander zu reden und genügend Gelegenheit haben, diese Fähigkeit zu üben, dann werden sie früher oder später über die Vorteile der Gewaltlosigkeit und anderer Arten gegenseitiger Rücksicht stolpern und sie immer breiter anwenden."[15]

Aus einer Fährte Rückschlüsse auf die Bewegungen eines Tieres zu ziehen, hat für Jäger und Sammler offenkundige Überlebensvorteile, und wir waren in der Lage, diese Fähigkeit des Folgerns auf alles anzuwenden, angefangen beim Weg zum Einkaufen bis hin zur Landung auf dem Mond. Tatsächlich hat der Wissenschaftshistoriker und professionelle Fährtensucher Louis Liebenberg dargelegt, dass unser Vermögen der wissenschaftlichen Ableitung ein Nebenprodukt der grundlegenden Fähigkeit der Spurensuche ist, die unsere Vorfahren entwickelten. Liebenbergs Analogie zwischen dem Verfolgen von Fährten und der wissenschaftlichen Methode ist aufschlussreich: „Wenn im Prozess der Spurensuche neue Fakten gesammelt werden, müssen Hypothesen vielleicht revidiert oder durch bessere ersetzt werden. Eine hypothetische Rekonstruktion des Verhaltens des Tieres erlaubt dem Jäger, dessen Bewegungen vorherzusehen. Diese Voraussagen werden fortlaufend als Hypothesen getestet."[16] Liebenberg unterscheidet zwischen *systematischer Verfolgung* („das systematische Sammeln von Information, bis ein detaillierter Befund vorliegt, was das Tier tat und wohin es lief") und *spekulativer Verfolgung* („die Bildung einer Arbeitshypothese auf der Basis initialer Interpretationen von Hinweisen und des Wissens über das Verhalten des Tieres und über die Umgebung", die zu prüfbaren Vermutungen führt und, wenn sie nicht bestätigt werden, zu neuen hypothetischen Rekonstruktionen des Aufenthaltsorts des Tieres). Teil der spekulativen Verfolgung ist unsere „Theory of Mind", die Fähigkeit des „Gedankenlesens", mit der sich der Jäger in das Tier hineinversetzt, sich vorstellt, was es denken mag und so seine Handlungen vorhersagen kann.

Basierend auf archäologischer und anthropologischer Evidenz schätzt Liebenberg, dass Menschen seit *Homo erectus*, also seit mindestens zwei Millionen Jahren, jagen und dabei systematische Verfolgung einsetzen, während spekulative Verfolgung wenigstens hunderttausend Jahre alt ist.[17] Wann immer diese kognitiven Fähigkeiten entstanden – sobald sie da waren, um zum Beispiel zu schließen, dass hier in der letzten Nacht ein Löwe schlief, konnte der Mensch „Löwe" durch irgendein anderes Tier oder Objekt ersetzen, „hier" mit „dort" vertauschen und „letzte Nacht" mit „morgen Nacht"; Objekte und Zeitelemente des Denkprozesses sind austauschbar. Wer, in einem modernen Beispiel, das kleine Einmaleins beherrscht und weiß, dass 7 · 5 = 35 ist, kann ableiten, dass 5 · 7 auch 35 ist, weil 5 und 7 in der Gleichung austauschbar sind. Das Wissen um diese Austauschbarkeit ist ein Abfallprodukt neuronaler Systeme, die für elementare Fähigkeiten der Schlussfolgerung evolvierten, wie sie für das Jagen von Tieren zur Ernährung nötig sind.[18]

Auf diese Art kann ein für einen Zweck evolviertes Gehirn auch anderweitig benutzt werden, und sein Vermögen, „X" und „Y" mit neuen Bedeutungen zu belegen in einem begrifflichen System, das endlose Kombinationen und Möglichkeiten umschließt, von „Beute" bis „Bürger", versetzt uns in die Lage, die Perspektive eines anderen moralischen Agenten einzunehmen; es ist daher der kognitive Unterbau der moralischen Vernunft.

Die wachsende Sphäre der Moral und das Prinzip der austauschbaren Perspektiven

Die *wachsende Sphäre der Moral* ist meine Metapher, die beschreibt, was den Bogen der Moral emporstreben lässt, in Anlehnung an das Bild des *wachsenden Kreises*, kreiert vom irischen Historiker William Edward Hartpole Lecky in seiner gewaltigen zweibändigen Untersuchung *History of European Morals* (Sittengeschichte Europas): „Die Geschichte lehrt uns, dass der Menschen Barmherzigkeit mit dem Fortschreiten der Zivilisation wärmer und weiter wird, ihr gewohntes Verhalten sanfter und gemäßigter und ihre Wahrheitsliebe aufrichtiger." Dieser moralische Fortschritt, sagt Lecky, ist allerdings nicht in unsere Biologie eingebaut. „Wenn Menschen in die Welt kommen, ist ihre wohlwollende Liebe der Kraft ihrer eigensüchtigen Motive weit unterlegen; die Funktion der Moral ist, diese Reihenfolge umzukehren." Nach dem Eingeständnis „dem Individuum ist die Tilgung aller egoistischen Motive unmöglich, und gälte das allgemein, würde es zur Auflösung der Gesellschaft führen" erläutert Lecky, dass moralischer Fortschritt ein stufenweiser Prozess ist: „Die Frage der Moral muss immer eine des Ausmaßes oder der Proportion sein. Zunächst umschließt die Warmherzigkeit nur die Familie, bald aber erweitert sich der Kreis, um nacheinander eine Klasse, eine Nation, einen Staatenverbund zu umfassen, bis schließlich ihr Einfluss auch in den Beziehungen des Menschen zur Welt der Tiere spürbar wird."[19] Den Kreis der Moral erweitern, um Tiere einzuschließen, im Europa des neunzehnten Jahrhunderts? Das war für jene Zeit innovativ, und es zeigt, was geschehen kann, sobald man von grundlegenden moralischen Prinzipien aus argumentiert.[20]

Der Philosoph Peter Singer war ebenfalls seiner Zeit voraus, als er 1981 *The Expanding Circle* veröffentlichte und Entwicklungen auf den Gebieten der Evolutionspsychologie und der evolutionären Ethik vorwegnahm, die sich in den 1990er und 2000er Jahren entfalteten und aus denen eine Wissenschaft der Moral entwickelt werden könnte. Singer stellt die These auf, dass Vernunft und Wissenschaft rationale Argumente liefern, warum wir die Interessen von X ebenso wertschätzen sollten wie unsere eigenen, wobei X für ethnische Minderheiten, Homosexuelle, Frauen, Kinder und schließlich Tiere steht. Um den wachsenden Kreis zu erläutern, beruft sich Singer auf, wie er es nennt, „das Prinzip der unparteiischen Betrachtung von Interessen": „Ich versuche, ethische Entscheidungen zu treffen, die vor den Augen anderer Bestand haben. Dazu muss ich eine Perspektive einnehmen, von der aus meine Interessen nicht mehr zählen als die anderer, nur weil sie meine sind. Jede Präferenz für meine Interessen muss im Sinne eines breiteren unparteiischen Prinzips gerechtfertigt werden."[21]

Steven Pinker erklärt die Logik wie folgt: „Wenn ich dich bitte, etwas zu tun, das mich betrifft und will, dass du mich ernst nimmst, dann kann ich es nicht auf eine Art machen, die meine Interessen vor deinen privilegiert. Ich muss sie auf eine Weise darlegen, die mich zwingen würde, dich im umgekehrten Fall genauso zu behandeln. Ich kann nicht so handeln, als ob ich besondere Interessen hätte, weil ich ich bin und du nicht, so wie ich dich nicht überzeugen kann, dass der Fleck, auf dem ich stehe, nur deshalb ein besonderer Ort im Universum ist, weil ich auf ihm stehe."[22]

Der Argumentationsprozess hinter der sich ausdehnenden Sphäre der Moral (ich ziehe das dreidimensionale Bild einer Sphäre dem des zweidimensionalen Kreises vor, weil ich mir vorstelle, wie es einen größeren Bereich der Variabilität über Raum und Zeit und Spezies hinweg einschließt) könnte allgemeiner das *Prinzip der austauschbaren Perspektiven* heißen, das nicht nur für Individuen innerhalb einer Gruppe gilt, sondern auch zwischen Gruppen, Stämmen und Nationen. Ich kann nicht vernünftigerweise deine Nation bitten, meine Nation zu privilegieren, nur weil es meine Nation ist und nicht deine. (Wenn ich meinen europäischen Freunden von der wiederkehrenden Bemerkung eines gewissen konservativen Moderators einer Radio-Talkshow in den USA berichte, Amerika sei „die größte Nation auf Gottes grüner Erde[23], dann rollen sie mit den Augen.) Jegliche Präferenz für die Interessen meiner Gruppe gegenüber denen deiner Gruppe muss durch eine unparteiische, desinteressierte Ethik gerechtfertigt werden; das hört sich leicht an, aber angesichts der Tatsache, dass wir es nicht mit Vulkaniern, sondern mit Menschen zu tun haben, ist es manchmal schwierig für zwei Parteien, sich auf grundlegende Prinzipien zu einigen; insbesondere bei Parteien, die unfähig oder unwillig sind, den Standpunkt der jeweils anderen einzunehmen. Es ist die Kraft ethischer Schlussfolgerung, dass sie, wie Singer schreibt, „einmal begonnen, unseren anfänglich limitierten ethischen Horizont erweitert und uns stetig zu einem universelleren Standpunkt führt."[24]

Vernunft und das *Prinzip der austauschbaren Perspektiven* stellen Moral eher auf eine Stufe mit wissenschaftlichen Entdeckungen als mit kulturellen Konventionen. Wissenschaftler können nicht einfach eine Behauptung aufstellen, ohne sie mit durchdachten Argumenten und empirischen Daten zu untermauern (nun, sie können schon, aber sie werden von ihren

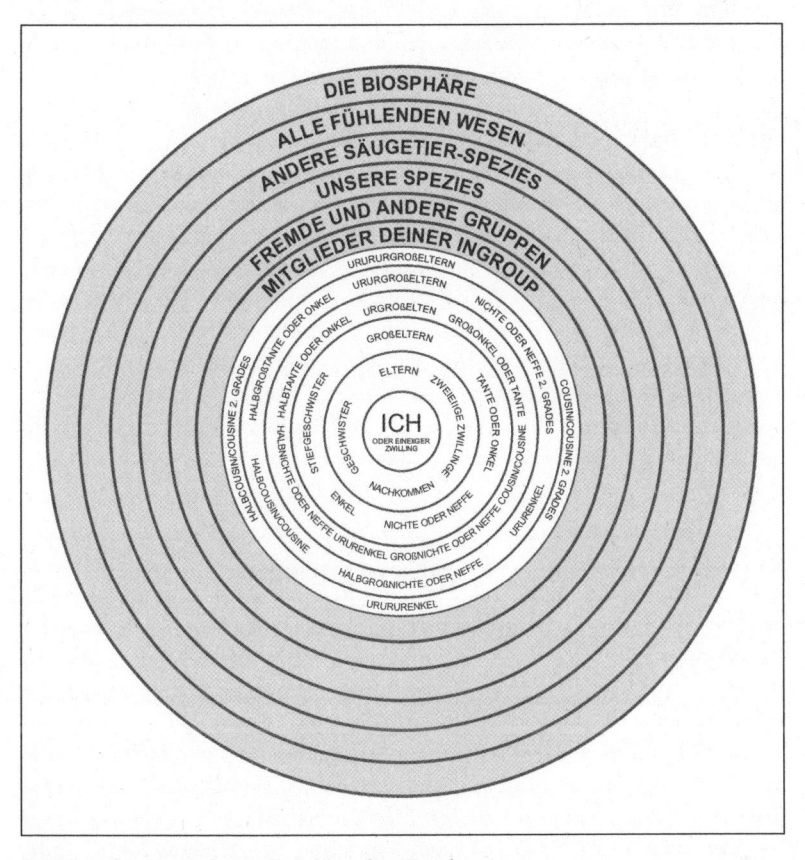

Bild 1-1. Die expandierende Sphäre der Moral

Kollegen kurzerhand abgewiesen oder öffentlich gemaßregelt). Es existiert wirklich eine bessere Art zu leben, und im Prinzip sollten wir in der Lage sein, sie mit Hilfe der Werkzeuge von Wissenschaft und Vernunft zu entdecken. Es ist oft zu hören, dass man niemanden mit Argumenten von einem Glauben abbringen kann, zu dem er nicht durch Argumente gefunden hat, aber wenn er für seinen Glauben Argumente anführt, dann haben wir das Recht, mit besseren Argumenten zu kontern, so sie denn verfügbar sind. Und wenn das nicht der Fall ist, dann dürfen wir mit einem Satz antworten, den ich nach meinem verstorbenen Freund und Kollegen *Hitchens Diktum* nenne: „Was ohne Evidenz behauptet werden kann, das kann auch ohne Evidenz verworfen werden."[25]

Die Fähigkeit und, genauso wichtig, die Bereitschaft, Perspektiven und Standpunkte zu ändern, sind wichtige Einflussfaktoren der expandierenden Sphäre der Moral, dargestellt in Bild 1-1.

Die Ausdehnung von uns selbst gesehen nach außen hin zeigt, dass unsere moralischen Interessen am direktesten mit jenen verbunden sind, die uns genetisch am nächsten stehen, angefangen beim eineiigen Zwilling über Geschwister, Eltern, Kinder hin zu unseren Großeltern, Halbgeschwistern, Tanten und Onkeln, Nichten und Neffen, zu unseren Urgroßeltern, Großtanten und -onkeln, zu Urenkeln, weiter hinaus zu Ur-Ur-Urgroßeltern, zu Freunden, Bekannten, Mitgliedern unserer „Ingroup", zu Mitgliedern anderer Gruppen, Stämme, Staaten, Nationen, zu allen Mitgliedern unserer Spezies, zu Mitgliedern anderer Säugetierarten, allen empfindungsfähigen Wesen, zur Biosphäre. Diese Fähigkeit des Perspektivwechsels und der Erweiterung der moralischen Sphäre mag unsere expandierende Intelligenz widerspiegeln und unser Vermögen des abstrakten logischen Denkens.

Abstraktes Denken und moralische Intelligenz

Wissenschaftliches Denken erfordert logisches Denken, das seinerseits die Grundlage aller Moral bildet. Betrachten wir die mentale Rotation, die nötig ist, um die „goldene Regel" umzusetzen: Behandle andere so, wie du selbst von ihnen behandelt werden möchtest. Das zwingt uns, die Position zu wechseln, „der andere" zu werden und dann zu extrapolieren, wie wir uns als der Empfänger der Handlung anstelle des Handelnden fühlen werden (oder als das Opfer anstelle des Täters). Es lässt sich die These aufstellen, dass die jeweils für wissenschaftliches und moralisches Denken nötigen begrifflichen Folgerungen nicht nur historisch und psychologisch

Hin zu einer Wissenschaft der Moral

verwandt sind, sondern sich auch im Lauf der Zeit verfeinerten, weil wir auf dem Gebiet der abstrakten, theoretischen Reflexion besser wurden. In den 1980er Jahren entdeckte der Sozialwissenschaftler James Flynn, dass die Messwerte des Intelligenzquotienten über das vergangene Jahrhundert hinweg um durchschnittlich drei Punkte pro Jahrzehnt anstiegen. Dieser *Flynn-Effekt* bewirkte die erstaunliche Zunahme um etwa 30 IQ-Punkte in 100 Jahren. Das bedeutet eine Verbesserung um zwei Standardabweichungen von jeweils 15 Punkten von einem durchschnittlichen IQ von 100 zu einem ausgezeichneten Wert von 130. (Die IQ-Testresultate bleiben allerdings dieselben, da sie regelmäßig aufwärts normiert werden, um den Flynn-Effekt auszugleichen; so hat Flynn ihn überhaupt erst entdeckt.)

Würden wir einfach nur besser darin werden, Tests zu absolvieren, dann hätten die Messwerte bei allen Aufgaben der IO-Tests steigen müssen. Aber das war nicht der Fall. Die Zunahme fand fast ausschließlich bei den zwei Unter-Tests statt, die das meiste abstrakte Denken erfordern

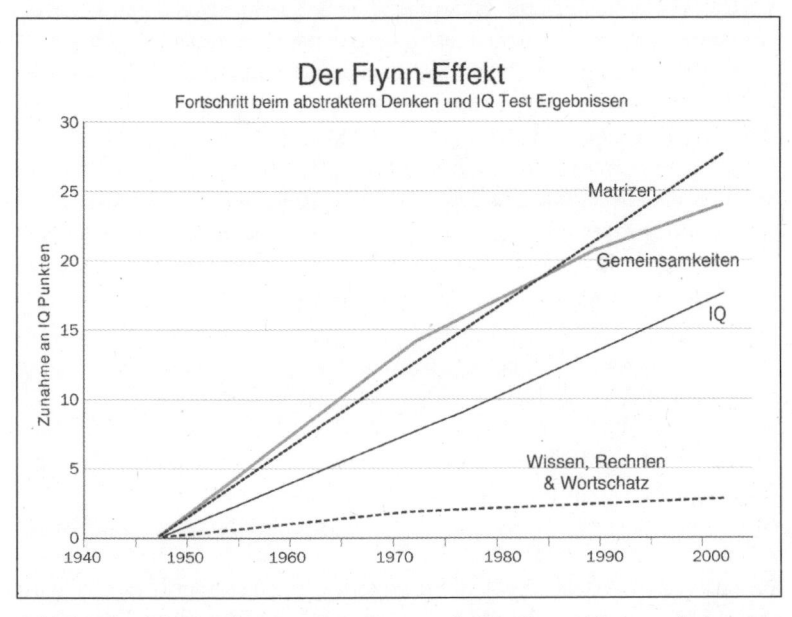

Bild 1-2. Der Flynn-Effekt. Der Sozialwissenschaftler James Flynn entdeckte, dass der IQ im Mittel jede Dekade um 3 Punkte ansteigt. Am meisten macht er sich in zwei Unter-Tests bemerkbar, die abstrakte Schlussfolgerungen erfordern: Gemeinsamkeiten *und* Matrizen[27]

– *Gemeinsamkeiten* und *Matrizen*. In den Bereichen *allgemeines Wissen*, *rechnerisches Denken* und *Wortschatz* hatten sich die Resultate kaum bewegt.[26] Bild 1-2 zeigt die Trends seit Ende 1940. Der *Gemeinsamkeiten-Test* stellt Fragen wie „Was haben Hunde und Kaninchen gemeinsam?" Wenn Sie „beide sind Säugetiere" antworten, sagt Flynn, dann denken Sie wie ein Wissenschaftler, der Organismen nach Typen klassifiziert, also abstrahiert. Wenn Sie jedoch „mit Hunden jagt man Kaninchen" sagen, dann denken Sie konkret und stellen sich den greifbaren Nutzen des Hundes vor. Gemäß Flynn haben Menschen im Laufe des letzten Jahrhunderts gelernt, eher abstrakt als konkret zu denken.

Matrizen sind abstrakte Graphiken, bei denen es gilt, Muster zu erkennen und auf ein jeweils fehlendes Teil zu schießen, wie in Bild 1-3. Die Ursache des Flynn-Effekts ist umstritten. Der Hypothese, die steigende Flut standardisierter Tests habe „alle Boote angehoben", widerspricht die Tatsache, dass die IQ-Zunahme der Ära der standardisierten Tests voranging und sich ungeachtet der Rate an Test-Teilnehmern stetig fortsetzt.[29]

Die wahrscheinlichere Erklärung: Die Verbesserung ist das Ergebnis von mehr Schuljahren, mehr Technologie in der Gesellschaft, mehr technischen Berufen und dem höheren Bedarf an abstrakteren Tätigkeiten nach dem Strukturwandel von der agrarischen über die industrielle zur informationsbasierten Gesellschaft. Statt mit Pflügen, Kühen und Maschinen zu hantieren, operieren wir nun mit Wörtern, Zahlen und Symbolen. Selbst im naturwissenschaftlichen Schulunterricht hat sich der Schwerpunkt verschoben, weg vom mechanischen Auswendiglernen von Fakten und hin zu Überlegungen über die Gesetze der Natur, über Inhalte und Prozesse, und prozessuales Denken ist eine Art der abstrakten Schlussfolgerung.[30]

Flynn selbst schreibt den Effekt der zunehmenden Fähigkeit der Menschen zu, die Welt durch die „Brille der Wissenschaft" zu sehen. Die „vorwissenschaftliche" Welt seines Vaters stellt er der heutigen „postwissenschaftlichen" durch eine Anekdote gegenüber, in der er und sein Bruder die generationstypischen Vorurteile ihres Vaters durch ein Gedankenexperiment zu entkräften versuchen: „Wenn du aufwachst und feststellst, dass deine Haut schwarz geworden ist, würde dich das weniger menschlich machen?" Der alte Herr Flynn reagierte prompt: „Das ist das Dümmste, was ihr je gesagt habt. Wer hätte je gehört, dass Haut über Nacht schwarz werden kann?"

Das Familienoberhaupt war intelligent, aber ungebildet, sagt Flynn und erklärt den Effekt mit Umweltfaktoren, nicht mit Genetik.[31] Die Anekdote steht stellvertretend für größere gesellschaftliche Entwicklungen. Jede

Hin zu einer Wissenschaft der Moral

Matrizentests

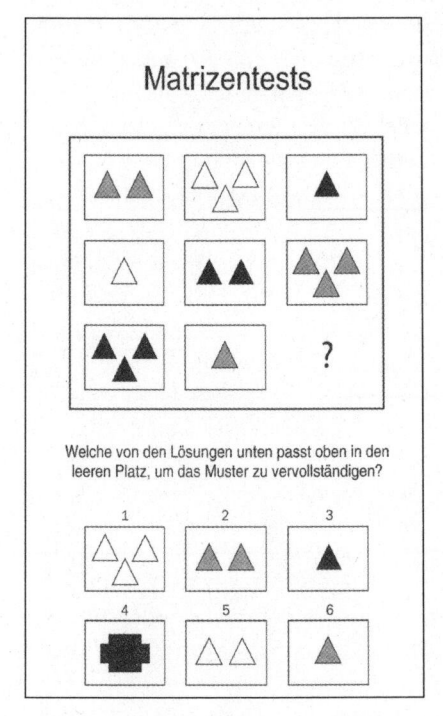

Welche von den Lösungen unten passt oben in den leeren Platz, um das Muster zu vervollständigen?

Bild 1-3. Matrizentests.
Wenn Sie die Lösung 5 gewählt haben, denken Sie abstrakt. [28]

Generation produziert nicht nur bessere abstrakte Denker, sondern auch bessere moralische Denker. In einem Interview mit dem Magazin *Skeptic* sinniert Flynn über die Forschung des Psychologen Alexander Luria über die Fähigkeit der Schlussfolgerung russischer Bauern:

> Die ungebildeten russischen Bauern waren nicht bereit, Hypothetisches ernst zu nehmen. Er sagte „Stellt euch vor, Bären kommen aus einer Gegend, wo immer Schnee liegt. Stellt euch vor, dass sie deshalb weiß sind. Welche Farbe hätten Bären am Nordpol?" Sie antworteten ungefähr so: „Ich kenne nur braune Bären. Wenn ein alter Mann vom Nordpol käme und von weißen Bären erzählte, würde ich ihm vielleicht glauben." Hypothetische oder abstrakte Kategorien interessierten sie nicht, sie standen fest in der konkreten Realität. „Es gibt in Deutschland keine Kamele. B liegt in Deutschland. Gibt es dort Kamele?" Sie sagten „Nun, es ist groß genug, es

sollte Kamele geben. Aber vielleicht ist es doch zu klein dafür." Wunderbare Daten aus Ravens Matrizentests von 1950 und 2000 zeigen, wie die Raven-Aufgaben vollständig damit korrelieren, den Verstand von der konkreten Bedeutung der Symbole zu lösen, um ihre Beziehungen untereinander ernster zu nehmen.[32]

Flynn und sein Kollege William Dickens legen nahe, dass die Zunahme der Fähigkeit des kognitiven Schlussfolgerns vor Jahrhunderten mit der industriellen Revolution und der mit ihr einhergehenden quantitativen und qualitativen Verbesserung auf den Gebieten der Bildung, Ernährung, Krankheitsbekämpfung und mit der Handhabung komplexer Maschinen begonnen haben könnte. Dann, nach 1950, „zeigen die IQ-Zuwächse ein neues, auffälliges Muster. Bei den Tests, die dem Schulstoff am nächsten kommen, wie Lesen und Rechnen, sind sie klein oder fehlen ganz. Enorm hingegen sind sie bei den Aufgaben, deren Schwerpunkt auf spontaner Problemlösung liegt, wie etwa der Fähigkeit, zu erkennen, welche Gemeinsamkeiten verbale Abstraktionen haben, das fehlende Element eines Matrizen-Musters zu finden, aus Teilstücken ein Muster zu formen oder Bilder so zu ordnen, dass sie eine Geschichte erzählen. Vielleicht verringerte die industrielle Revolution die Anforderungen an Weiterentwicklung des Grundwissens und verlangte stattdessen, dass Menschen abstrakte Problemlösung ernster nehmen.[33]

Was immer die Ursache des Flynn-Effekts sein mag – Genetik und Biologie sind es nicht, denn die natürliche Selektion kann nicht in so kurzer Zeit wirken, und obwohl die Ernährung besser wurde, stabilisierte sich ihre Qualität um die Mitte des zwanzigsten Jahrhunderts (möglicherweise ist sie mit der Vorherrschaft der Fertigkost gar schlechter geworden). Dennoch, die IQ-Messwerte steigen. In seinem fesselnden Buch *Everything Bad Is Good for You* stellt Steven Johnson die These auf, moderne Popkultur, Medien, selbst die Flimmerkiste im Wohnzimmer würden die Verfeinerung des abstrakten Denkens antreiben, indem er bemerkt, dass die Handlungsstränge und Charaktere heutiger Fernsehserien weit komplexer sind als in vergangenen Dekaden.[34] Gemäß Flynn kam im vergangenen Jahrhundert eine ganze Reihe kultureller Faktoren zusammen:

> Kognitiv anspruchsvolle Berufe erhöhen den IQ. Betrachten wir den Bankangestellten, dessen Tätigkeit heute erheblich fordernder ist gegenüber dem Jahr 1900, als er nur wissen musste, bei welchen Kunden eine Hypothek riskant ist. Oder geistig herausfordernde Freizeitgestaltung – Videospiele mögen Sie vom Lesen guter Lite-

ratur abhalten, aber sie trainieren Ihren Geist mehr als Sport. Auch die Schulausbildung ist anders geworden, sie enthält viel mehr intellektuell herausfordernden Stoff. In den Prüfungen für amerikanische Schulkinder 1914 in Ohio ging es um gesellschaftlich nützliche Inhalte. „Wie heißen die Hauptstädte der 44 Staaten?" Heute hieße die Frage „Warum ist die Hauptstadt eines Staates nur selten seine größte?"[35]

Die Hauptstädte herunterzuleiern erfordert kein abstraktes Denken, aber das Wissen, dass Vertreter ländlicher Gesetzgebungsinstanzen über die Hauptstadt entschieden, die große Städte nicht mochten, führt zu einem tieferen Verständnis, warum Albany anstatt New York City die Hauptstadt des Staates New York ist und Harrisburg die Hauptstadt Pennsylvanias anstelle von Philadelphia. „Die Schüler müssen Hypothesen über recht abstrakte Konzepte aufstellen und sie mittels Logik in Verbindung bringen", erklärt Flynn. „Die konzeptionellen Anforderungen an Schulen haben sich verändert."[36] Verändert haben sie sich auch an den Arbeitsplätzen. Im Jahr 1900 übten nur drei Prozent der Amerikaner geistig fordernde Berufe aus; im Jahr 2000 waren es 35 Prozent.

Die These liegt nah, dass unsere verbesserte Fähigkeit des abstrakten Denkens das Ergebnis der Verbreitung der wissenschaftlichen Denkweise ist, zumindest im weiteren Sinne von Vernunft, Rationalität, Empirie und Skeptizismus. Wie ein Wissenschaftler zu denken bedeutet, all unsere Fähigkeiten einzusetzen, unserer emotionalen, subjektiven und instinktbasierten Gehirne Herr zu werden, um die wahre Natur nicht nur der physikalischen und biologischen Welt zu verstehen, sondern auch der sozialen (Politik und Wirtschaft) und der moralischen Welt (Abstraktion, wie andere Menschen behandelt werden sollten). Der moralische Bogen des Universums mag teilweise durch einen *moralischen Flynn-Effekt* emporstreben, wie Pinker ihn bezeichnet.[37] Er nennt die Idee „nicht verrückt", aber ich würde weiter gehen und behaupten, unsere zunehmende Fähigkeit des abstrakten Denkens hat zu einer Verbesserung des abstrakten moralischen Denkens geführt, speziell über Menschen, mit denen wir nicht direkt verwandt sind. Die Evolution hat uns mit der natürlichen Neigung ausgestattet, nett zu jenen zu sein, mit denen wir Gene teilen, aber xenophob, misstrauisch, gar feindselig gegenüber Mitgliedern anderer Stämme. Wie unsere Gehirne besser darin wurden, Hunde und Kaninchen in dieselbe Kategorie „Säugetiere" zu stecken, so auch darin, Schwarze und Weiße, Männer und Frauen, Hetero- und Homosexuelle in der Kategorie „Mensch" zu vereinen. Um eine Metapher aus der Evolutionstheorie zu benutzen, die mit dem Problem der Spezies-Definition zu tun hat – wir werden eher zu „über-einen-Kamm-Scherern" als zu „Spaltern", wir sehen Gemeinsamkeiten anstelle von Unterschieden.

Nachdem Philosophen und Gelehrte während der letzten zwei Jahrhunderte bewusst die Methoden der Wissenschaft übernommen hatten, um damit abstrakte Konzepte wie Rechte, Freiheit und Gerechtigkeit zu begründen, wurde Generation auf Generation darin geschult, diese Abstraktionen in einer den IQ-Tests ähnlichen „mentalen Rotation" auf andere anzuwenden. Betrachten wir eine Reihe von Studien und Hinweisen darauf, dass unsere moralische Intelligenz zunimmt:[38]

- Intelligenz und Bildung korrelieren negativ mit Gewaltverbrechen.[39] Während Intelligenz und Bildung zunehmen, gehen Gewalttaten zurück, auch dann, wenn man sozioökonomische Klasse, Alter, Geschlecht und Ethnie berücksichtigt.[40]
- Der Denkstil beeinflusst die Einstellung zur Kriminaljustiz. Der Psychologe Michael Sargent fand eine Korrelation zwischen „hohem Kognitionsbedürfnis" (dem Genuss geistiger Herausforderungen wie Intelligenztests) und einem niedrigen Verlangen nach einer strafenden Justiz, auch bei Berücksichtigung von Alter, Geschlecht, Ethnie, Bildung, Einkommen und politischer Einstellung. In einer Veröffentlichung mit dem passenden Titel *Weniger Denken, mehr Strafe* unterstützen seine Schlussfolgerungen den Grundsatz, dass die Strafe dem Verbrechen angemessen sein sollte; dieses Prinzip erfordert ein Verständnis des abstrakten und für wissenschaftliches Denken fundamentalen Konzepts der Proportionalität.[41]
- Abstraktes Denkvermögen korreliert positiv mit Kooperation im „Gefangenendilemma", einem klassischen Gedankenexperiment der Spieltheorie, das zeigt, wie Zusammenarbeit zum besten Ergebnis für beide Mitspieler führen würde, während völlig rationale, aber egoistische Spieler häufig dennoch nicht kooperieren wollen. Der Wirtschaftswissenschaftler Stephen Burks und seine Kollegen unterzogen tausend LKW-Fahrschüler dem Matrizen-IQ-Test und ließen sie das Gefangenendilemma spielen. Jene, die die Matrizen-Aufgaben besser lösen konnten, kooperierten häufiger beim ersten Spielzug, auch nach Berücksichtigung der üblichen Variablen wie Alter, Ethnie, Geschlecht, Schulbildung und Einkommen.[42] Der Wirtschaftswissenschaftler Garrett Jones bestätigte den Zusammenhang in einer Meta-Analyse von sechsunddreißig Gefangenendilemma-Experimenten, die zwischen

1956 und 2003 an Oberschulen und in Universitäten der USA durchgeführt wurden; er fand eine positive Korrelation zwischen dem Mittelwert einer Schule beim SAT (*Scholastic Assessment Test*, Studienbefähigungstest) und der Neigung ihrer Schüler oder Studenten, kooperativ zu spielen.[43]

- Intelligenz ist ein Prädiktor einer klassisch liberalen Einstellung zur Hilfe für andere. Eine Analyse von aus der *National Longitudinal Study of Adolescent Health* gewonnenen Daten ergab unter zwanzigtausend jungen Erwachsenen einen positiven Zusammenhang zwischen IQ und Liberalismus. Daten der General Social Survey verdeutlichten diese Verbindung durch den Hinweis einer Korrelation zwischen Intelligenz und klassischem Liberalismus, wie er der Aufklärung entsprang, indem sie zeigten, dass klügere Leute mit geringerer Wahrscheinlichkeit der Meinung waren, die Regierung solle Einkommen von den Reichen zu den Armen umverteilen und eher befürworteten, Afroamerikanern Hilfen als Ausgleich für historische Diskriminierung zukommen zu lassen.[44] Der Effekt war eher in der moralischen Dimension des ethischen Umgangs mit Menschen anzutreffen und weniger in der konkreten Dimension des wirtschaftlichen Ausgleichs; daher seine Bedeutung für das moralische Denken.

- Der Psychologe Ian Deary und seine Kollegen bestätigten die Verbindung in der treffend benannten Veröffentlichung *Bright Children Become Enlightened Adults* („Aus klugen Kindern werden aufgeklärte Erwachsene"). Deary fand eine positive Korrelation zwischen dem IQ britischer Zehnjähriger und ihrer späteren Einstellung (sozialliberal, gegen Rassismus, für weibliche Berufstätigkeit) mit dreißig Jahren, unter Konstanthaltung der üblichen intervenierenden Variablen. Der Abstand von zwanzig Jahren zwischen den Messungen bestätigt den kausalen Pfeil von Intelligenz zu moralischer Abstraktion.[45] Mit „aufgeklärt" meint Deary jene Werte, die direkt der Aufklärung entstammen, deren Definition er dem *Concise Oxford Dictionary* entnahm: „Eine Philosophie, die eher Vernunft und Individualismus betont als Tradition."

- Intelligenz ist ein Prädiktor wirtschaftlicher Ansichten, namentlich abstrakter Konzepte wie etwa der Betrachtung freien Handels als Gewinn für alle, im Widerspruch zur landläufigen Intuition, die Handelsbeziehungen als Nullsummenspiel sieht, dessen Beteiligte sich von einem gegebenen, endlichen „Kuchen" des Wohlstands bedienen. Die Wirtschaftswissenschaftler Bryan Caplan und Stephen Miller filterten Daten aus der General Social Survey und fanden eine Korrelation zwischen

Intelligenz und Offenheit gegenüber Einwanderung, freien Märkten und freiem Handel und einer Abneigung, staatliche Arbeitsbeschaffungsmaßnahmen, protektionistische Strategien und Handels-Interventionismus zu befürworten.[46] Konkretes Denken führt zur Unterstützung eines ökonomischen Tribalismus, der mit populistischen und nationalistischen Nullsummenspiel-Attitüden gegenüber anderen „Stämmen" (Nationen, in der modernen Welt) einhergeht. Abstraktes Denken lässt uns Mitglieder anderer Stämme (Nationen) als potenzielle Handelspartner sehen und respektieren statt als mögliche Feinde, die besiegt oder getötet werden müssen.

- Intelligenz ist weiterhin Prädiktor für demokratische Neigungen, besonders zur Rechtsstaatlichkeit. Der Psychologe Heiner Rindermann führte mit einer Anzahl Datensätze aus vielen verschiedenen Ländern Korrelationsstudien durch, untersuchte die Ergebnis-Mittelwerte gängiger Intelligenztests und der Bewertungen akademischer Leistungen von 1960 bis 1972 und fand heraus, dass sie in der Folgeperiode von 1991 bis 2003 Rückschlüsse auf Wohlstand, Demokratie und Rechtsstaatlichkeit in jenen Ländern zuließen, auch nach Bereinigung um die Effekte des vorherigen Wohlstands des jeweiligen Landes.[47] Mit anderen Worten, unter sonst gleichen Bedingungen wird ein Land, das seiner Bevölkerung abstraktes Denken beibringt, erfolgreicher und moralischer sein.

- Ermutigend für die Bewohner der Welt der Literatur: Die Anzeichen einer Korrelation zwischen Lese- und Schreibfähigkeit einerseits und Moral andererseits mehren sich, speziell zwischen dem Lesen von Belletristik und der Fähigkeit, die Perspektive anderer einzunehmen.[48] sich den Blickwinkel der Figuren eines Romans zu eigenen zu machen erfordert eine mentale Rotation relationaler Positionen, vergleichbar der in IQ-Tests, verbunden mit einer emotionalen Beziehung; wie würde es sich anfühlen, wenn du X erleben müsstest, obwohl das „Du" in diesem Fall eine Romanfigur bezeichnet? In einer Studie aus dem Jahr 2011 beobachtete der Neurowissenschaftler Uri Hasson mit seinem Team das Gehirn einer Frau im Scanner, während sie eine Geschichte vorlas, die die Wissenschaftler aufzeichneten. Anschließend wurde sie anderen Probanden vorgespielt, während sie ihrerseits im Hirnscanner lagen. Resultat: Wenn das „Insula" genannte Hirnareal der Vorleserin an bestimmten Stellen der Geschichte „aufleuchtete", so taten das auch die Insulae der Zuhörer; wenn an einer anderen Stelle der Story ihr frontaler Cortex aktiv wurde, dann ebenso bei den Zuhörern.[49] Beinahe so, als ob jene erfundene Geschichte die Gehirne der Vorleserin und der Zuhörer synchronisiert und ihnen zu einer Art des Gedankenlesens und zur Einnahme moralischer Perspektiven verholfen hätte. (Eine derartige Gehirn-Synchronizität fand sich auch in einer anderen Studie Hassons und seiner Mitarbeiter, als sie Gehirne scannten, während die Probanden Sergio Leones Filmklassiker The Good, the Bad and the Ugly aus dem Jahr 1966 sahen. „Die Aktivität war bei allen Gehirnen ähnlich"; insbesondere 45 Prozent des Neocortex leuchteten bei allen fünf Probanden in denselben Arealen während derselben Filmszenen auf.[50]

Eine im Science-Magazin publizierte Studie aus dem Jahr 2013 mit dem Titel *Reading Literary Fiction Improves Theory of Mind* berichtet über Resultate von Studien, die die Psychologen David Comer Kidd und Emanuele Castano durchgeführt hatten. In ihnen ging es um die Kausalbeziehung zwischen dem Lesen qualitativ hochwertiger Belletristik und der Fähigkeit, die Perspektive anderer einzunehmen, gemessen durch eines aus einer Reihe bewährter Werkzeuge wie etwa die Beurteilung der Emotionen und Blickrichtung eines anderen, um daraus zu deuten, was jemand denkt.[51] Sie fanden, dass Probanden, die als Aufgabe Belletristik lesen sollten, beim „Theory of Mind"-Test signifikant besser abschnitten als jene aus anderen Vergleichsgruppen, deren Ergebnisse sich kaum unterschieden.

Wichtig ist dieses Experiment, weil es die Richtung des Pfeils der Kausalität festlegt, der vom Lesen von Romanen zur Fähigkeit des Perspektivwechsels zeigt und nicht anders herum, dass also gute „Gedankenleser" auch Freunde von Belletristik wären. Nichtsdestoweniger steckt diese Forschung in den Kinderschuhen und es gibt Gründe, skeptisch zu sein gegenüber Versuchen, die Verbindung zwischen literarischer Bildung und Moral zu sehr zu strapazieren. Bildung im Allgemeinen und Literatur im Speziellen mögen durch Ursachen moralisch heilsame Effekte haben, die wir noch nicht vollständig verstehen, aber mich ermutigen diese und andere Studien, die Theorie in Praxis umsetzen. In einem Dokumentarfilm namens *The University of Sing Sing* zeigt Tim Skousen die Arbeit seiner Eltern, Jo Ann und Mark Skousen, und anderer Lehrer am New Yorker Gefängnis Sing Sing, wo Literatur die Fähigkeit kritischen Denkens und die moralischen Horizonte der Gefangenen erweitern soll.[52]

In einem der wenigen Programme der Gefängnisbehörde im Staat New York, die die Möglichkeit des Hochschulabschlusses bieten, zitieren die interviewten Psychologen Statistiken, aus denen hervorgeht, dass ein akademischer Grad der beste Prädiktor für Erfolg nach dem Gefängnisaufenthalt ist. So bemerkt die Psychologin Susan Weiner, die für das Programm arbeitet: „Diese Männer und Frauen werden in die Gesellschaft zurückkehren. In welcher Gestalt wollen wir sie zurückbekommen? Dies ist nicht einfach ein Geschenk für sie, es ist auch eines für die Gesellschaft; ein Weg, sie zu einem besseren Ort zu machen." Ein Gefangener namens Denis Martinez beispielsweise erläutert, welche Perspektiven ihm der Erwerb von Bildung gab und der Fähigkeit, sich in Themen zu vertiefen: „Es ist wie eine neue Brille. Vorher war ich nicht in der Lage, Dinge zu sehen, die ich jetzt sehe. Ich war ein neunzehnjähriger Schwachkopf, der glaubte, er wüsste alles. Je mehr ich lernte, umso mehr konnte ich erkennen, wie unrecht ich hatte und wie viele Dinge ich nicht wusste."

Inspiriert durch die Lektüre René Descartes sinnierte Martinez: „Man kann auf zwei Arten im Gefängnis sein – physisch und/oder mental. Mental gefangen zu sein bedeutet, in Ignoranz zu leben, in Engstirnigkeit und Pessimismus. Ihr könnt mich einsperren, so lange ihr wollt, aber mein Geist wird immer frei sein." Der Titel eines Bildes, das dieser Gefangene malte, ist enthüllend: *Cogito Ergo Sum Liber – Ich denke, also bin ich frei.* (Was für ein Spruch für Autoaufkleber oder T-Shirt des modernen Denkers der Aufklärung.)

Der Wert des Denkens in kontinuierlichen Skalen

Abstraktes Denken ist nicht das einzige Werkzeug des Wissenschaftlers, das wir auf moralische Argumentationen anwenden können. Über Konzepte gleichzeitig auf zwei verschiedene Arten nachzudenken, nämlich auf einer *kontinuierlichen Skala* und als *kategorische Entitäten*, illuminiert einige moralische Probleme, eliminiert sie zuweilen aber auch. In meinem Buch *The Science of Good and Evil* benutzte ich das Konzept der Fuzzy Logic[53], um zu zeigen, dass „böse" und „gut" keine schwarzweißen Kategorien verdinglichter Begriffe sind, sondern verschwommene Schattierungen des Verhaltens auf einer kontinuierlichen Skala. „Gut" und „böse" sind deskriptive Begriffe für Verhalten moralischer Akteure, das entlang eines Kontinuums bewertet werden kann. Betrachten wir Altruismus und Egoismus: Wie bei allem Verhalten existiert ein weiter Bereich, in dem sie sich ausdrücken. Anstatt jemanden in einem binären Schema von 1 oder 0 als entweder altruistisch oder egoistisch zu kategorisieren, können wir uns diese Person als 0.2-fach altruistisch und 0.8-fach egoistisch vorstellen, oder 0.6-fach kooperativ und 0.4-fach nichtkooperativ (oder wetteifernd).[54]

Die meisten moralischen Probleme sind leichter zu verstehen, wenn wir sie in einem Kontinuum betrachten und nicht als Kategorien. Die Klassifizierung der Welt in sauber abgeteilte Schachteln ist für manche Aufgabenstellungen ein nützliches kognitives Werkzeug, aber beim Verständnis sozialer und moralischer Probleme nicht immer hilfreich. Verringert Demokratie die Wahrscheinlichkeit des Krieges? Wenn wir Staaten in die einfachen binären Schubladen „demokratisch" oder „undemokratisch" stecken, finden wir viele Ausnahmen zur Friedenstheorie der Demokratie. Ordnen wir hingegen die Länder nach dem Grad ihrer Demokratie auf einer Skala von 1 bis 10 an und sortieren wir Kriege von „unbedeutendem Konflikt" bis „Weltkrieg", dann finden wir eine signifikante negative Korrelation zwischen dem Grad der Demokratie und der Wahrscheinlichkeit von Kampfhandlungen (mehr dazu später).

Wissenschaftler neigen dazu, Probleme auf kontinuierlichen Skalen zu betrachten. Der Evolutionsbiologe Richard Dawkins zum Beispiel weist darauf hin, wie zum Opfer der „Tyrannei des diskontinuierlichen Geistes" wird, wer ein Fossil dieser oder jener Spezies zuordnen möchte. „Paläontologen streiten leidenschaftlich darüber, ob ein bestimmtes Fossil nun *Australopithecus* oder *Homo* ist. Aber jeder Evolutionist weiß, dass es Individuen gegeben haben muss, die genau dazwischenlagen." Tatsächlich stieß Darwins Evolutionstheorie den kategorischen „Essenzialismus" um, dem gemäß Organismen als unveränderliche Wesen betrachtet wurden. „Auf der Notwendigkeit zu bestehen, ein Fossil in diese oder jene Gattung zu zwingen, ist essenzialistische Narrheit", bemerkt Dawkins. „Es gab niemals eine *Australopithecus*-Mutter, die ein *Homo*-Kind gebar, denn jedes Kind, das je geboren wurde, gehört derselben Spezies an wie seine Mutter."[55]

Betrachten wir die Kategorie „Armut". Die Weltbank definiert als „arm", wer weniger als 1.25 Dollar pro Tag an Einkommen zur Verfügung hat, und die *Bill & Melinda Gates Foundation* hebt hervor, dass seit 1990 der Anteil der in Armut lebenden Weltbevölkerung um 50 Prozent abgenommen hat.62 Das ist Fortschritt, und was getan wurde, diesen positiven Trend fortzusetzen, sollte angemessen zur Kenntnis genommen werden, aber ein Denken, dass Menschen in „arm" und „nicht arm" einteilt, verschleiert die Tatsache, dass Einkünfte von, sagen wir, 2.50 Dollar pro Tag das Überleben und Gedeihen immer noch ernsthaft beeinträchtigen. Eine kontinuierliche Skala, die anzeigt, wie viel Geld Menschen jeweils weltweit zur Verfügung steht, würde getreuer ihr wirtschaftliches Wohl (oder dessen Abwesenheit) wiedergeben.

Nicht alle moralischen Probleme lassen sich so darstellen, aber im Verlauf dieses Buches werde ich zeigen, wie aufschlussreich und erhellend das Denken in kontinuierlichen Skalen statt in Kategorien ist, und wenn Ausnahmen zu Verallgemeinerungen auftauchen, ist es hilfreich, zu überlegen, ob sie die Verallgemeinerung entkräften oder innerhalb ihrer in eine kontinuierliche Skala gehören.

Vom Sein zum Sollen – Moralischer Fortschritt

Während wir uns durch die Evidenz für moralischen Fortschritt und durch die vielen Faktoren voranarbeiten, die dazu beitragen, ihn hervorzubringen, sollten wir eines nicht vergessen: Die Identifikation von Ursachen für den Fortschritt der Moral lehrt uns, wie wir ihn erreichen können – wenn das unser Ziel ist. Aber sie sagt uns nicht, *warum* wir die Sphäre der Moral überhaupt ausdehnen *sollten*. Es ließe sich genauso gut argumentieren, dass Wissenschaft und Vernunft uns zeigen, wie wir sie *verkleinern* können, und auch das wäre wahr. Dieser Unterschied zwischen „wie" und „warum" berührt eine irritierende Schwierigkeit, die die Untersuchung der Moral plagt, seit David Hume erkannt hat, was man das *Sein-Sollens-Problem* nennt (gelegentlich präsentiert als *naturalistischer Fehlschluss* oder *Humes Guillotine*), oder den Unterschied zwischen *deskriptiven* Aussagen (wie etwas *ist*) und *präskriptiven* Aussagen (wie etwas sein *sollte*). Hume beschreibt das Problem so:

> In jedem Moralsystem, das mir bisher vorkam, habe ich immer bemerkt, daß der Verfasser eine Zeitlang in der gewöhnlichen Betrachtungsweise vorgeht, das Dasein Gottes feststellt oder Beobachtungen über menschliche Dinge vorbringt. Plötzlich werde ich damit überrascht, daß mir anstatt der üblichen Verbindungen von Worten mit „ist" und „ist nicht" kein Satz mehr begegnet, in dem nicht ein „sollte" oder „sollte nicht" sich fände. Dieser Wechsel vollzieht sich unmerklich; aber er ist von größter Wichtigkeit. Dies „sollte" oder „sollte nicht" drückt eine neue Beziehung oder Behauptung aus, muß also notwendigerweise beachtet und erklärt werden. Gleichzeitig muß ein Grund angegeben werden für etwas, das sonst ganz unbegreiflich scheint, nämlich dafür, wie diese neue Beziehung zurückgeführt werden kann auf andere, die von ihr ganz verschieden sind. Da die Schriftsteller diese Vorsicht meistens nicht gebrauchen, so erlaube ich mir, sie meinen Lesern zu empfehlen; ich bin überzeugt, daß dieser kleine Akt der Aufmerksamkeit alle gewöhnlichen Moralsysteme umwerfen und zeigen würde, daß die

Unterscheidung von Laster und Tugend nicht in der bloßen Beziehung der Gegenstände begründet ist, und nicht durch die Vernunft erkannt wird.[57]
(David Hume: Ein Traktat über die menschliche Natur Band II, Hamburg Meiner 1978, S. 211f.)

Die meisten verstehen Hume so, als würde eine Wand das Sein vom Sollen trennen und als könne Wissenschaft nichts darüber aussagen, wie menschliche Werte und Sitten zu ermitteln wären. Wenn aber Sitten und Werte nicht auf dem basieren, was ist, der Realität nämlich – worauf dann? Wenn ich das Wort „ist" verwende, meine ich nicht nur, was naturgegeben ist, etwa im biologischen Sinne, sondern auch die Realität dessen, was gerade untersucht wird.

Wenn wir den Krieg untersuchen, um seine Ursachen zu verstehen, damit wir seine Häufigkeit verringern und seine Folgen mildern können, dann ist das ein Sein-Sollens-Übergang, der in der wahren Natur des Krieges wurzelt, und mit „Natur" meine ich nicht nur die biologische Neigung (oder Abneigung) der Menschen zum Kampf. Ich meine alle Faktoren, die in die Ursachen von Krieg einfließen: biologische, anthropologische, psychologische, soziologische, politische, ökonomische und dergleichen.

Philosophen haben mit dem Sein-Sollens-Problem gerungen, seit Hume es umriss, und manche haben Lösungen angeboten wie in John Searles oft zitierter Schrift von 1964 *How to Derive 'Ought' from 'Is'*, in der er beispielsweise vorschlägt, dass der Akt eines Versprechens das „Sein" darstellt, das als solches zur Verbindlichkeit wird, die man erfüllen „soll".[58] Aber beachten wir, was Hume tatsächlich sagt; nämlich nicht, dass man nicht vom Sein zum Sollen überleiten *kann*, wie unmerklich auch immer, sondern dass man es nicht tun sollte, ohne einen *Grund* anzugeben. Na gut. Wie bei jeder Aussage in der Wissenschaft müssen Gründe und Evidenz beigesteuert werden, sonst ist sie wenig mehr als eine Behauptung. Das scheint Hume seinen Lesern zu empfehlen, wenn er vorschlägt, „dass dieser kleine Akt der Aufmerksamkeit alle gewöhnlichen Moralsysteme umwerfen würde." Um sicherzugehen, dass ich Hume nicht missdeute oder in ihn hineinlese, wovon ich denke, dass es bei ihm stehen sollte an Stelle dessen, was dort wirklich steht (und dadurch guillotiniert werde), befragte ich einen der führenden Hume-Gelehrten, den Philosophen Peter Millican in Oxford, zum Thema. Er erklärte:

> Es stimmt, dass Hume nicht explizit sagte, die Sein-Sollens-Kluft sei unüberbrückbar, aber seine Analyse der Moral als auf

Empfindungen beruhend implizierte das gewissermaßen; moralische Aussagen sind keine Tatsachen (oder nur Beziehungen von Ideen, was das betrifft). Heute würde er, denke ich, weitgehend dasselbe tun wie Sie – statt Moral als ein mögliches Produkt logischen Denkens zu betrachten, würde er sie als natürliches menschliches Phänomen verstehen wollen, das seinerseits wissenschaftliches Verständnis erfordert, um dann dieses Verständnis auf die Entscheidungen einwirken zu lassen, die wir über die Pflege der Moral treffen. Diese Entscheidungen wären natürlich von unseren Empfindungen beeinflusst; hier existiert also ein Element der Zirkularität (wir leiten nicht einfach Tatsachen aus anderen Tatsachen ab, ethische Wertungen spielen eine Rolle), aber wenn bei den Grundlagen genügend Einigkeit besteht („Krieg ist schlecht, Vertrauen ist gut"), verhindert es nicht den Fortschritt.[59]

Den Fortschritt nicht zu verhindern ist ein ehrenwertes Ziel jedes Projekts, egal, wie sehr Sein und Sollen vermischt werden, aber wir kommen doch noch ein Stück weiter, wenn wir das Wissen um die Ursachen moralischen Fortschritts einsetzen, um dazu beizutragen, ihn zu befördern. Dieses Buch ist *deskriptiv* im Sinne seiner Beschreibung dessen, was sich im Laufe der Zeit entfaltete, während wir immer moralischer wurden, und es ist *präskriptiv*, indem es verordnet, was wir tun sollten, wenn wir den Trend fortsetzen wollen.

Nehmen wir Homosexualität und gleichgeschlechtliche Ehe, die letzte der Bürgerrechts-Revolutionen, die sich in unserer Zeit entfalteten. Die Wissenschaft lehrt uns *deskriptiv*, dass menschliche Wesen einen angeborenen Trieb besitzen, zu überleben und zu gedeihen und dass eine der wichtigsten und ursprünglichsten Voraussetzungen für Leben, Gesundheit und Glück die liebevolle Verbindung mit einem anderen menschlichen Wesen ist. *Präskriptiv* können wir sagen, dass es unmoralisch ist, die Erfüllung dieses evolvierten Bedürfnisses nur einer ausgewählten Gruppe privilegierter Menschen zu gewähren, während gleichzeitig anderen dieses elementare Recht verweigert wird; unmoralisch, weil letztere der Gelegenheit beraubt werden, ihr Wesen als empfindende Individuen zu verwirklichen. Das bleibt auch angesichts einer These wahr, wie sie von Gegnern der gleichgeschlechtlichen Ehe aufgestellt wurde, dass nämlich solche diskriminierenden Praktiken besser für die Gruppe seien, in einer Art utilitaristischer Rechnung, bei der das Opfer weniger Menschen gerechtfertigt ist, wenn es zum größeren Glück vieler Menschen führt. Die These ist dennoch falsch, denn das Individuum ist der moralische Agent, nicht die Gruppe. Das Individuum fühlt den scharfen Schmerz der Diskriminierung, den Stachel des Ausgeschlossenseins und die Kränkung, vor dem Gesetz anders behandelt zu werden als andere. Die Wissenschaft sagt uns, wie diese Gefühle entstehen und die Vernunft leitet uns an, was wir tun können, wenn wir den moralischen Fortschritt der Revolution der Rechte fortsetzen wollen.

Ebenso lehrt uns die Sozialwissenschaft, dass wir von Natur aus gruppenbezogen sind und dazu neigen, Menschen auszuschließen, weil sie nicht zu uns gehören (wie auch immer „wir" definiert ist). Wie lässt sich dieser natürlichen Neigung entgegenwirken, Leute in vorurteilsbeladene Kategorien einzusortieren, die sie als die „Anderen" markieren, die wir ausschließen, ausbeuten oder töten können? Die wissenschaftliche Forschung gibt uns eine Orientierung. So zeigen Studien, wie Heterosexuelle, die Homosexuelle als Nachbarn, Freunde oder Arbeitskollegen kennen, mit geringerer Wahrscheinlichkeit borniert Ansichten und Vorurteile gegenüber Homosexualität pflegen und eher einer Gleichbehandlung vor dem Gesetz und gleichen Rechten zustimmen, wie dem Recht auf Ehe. Gemäß einer *Gallup*-Studie aus dem Jahr 2009 unterstützen „unter Berücksichtigung von Ideologie Menschen, die unter ihren Bekannten Schwule oder Lesben haben, signifikant stärker die Homo-Ehe als jene, die persönlich keine Homosexuellen kennen."[60] Theaterstücke, Filme und Fernsehsendungen mit LGBTQ-Schauspielern, Bezüge der Literatur und Popkultur auf positive Darstellungen von Homosexualität und nicht-normative Bilder von „Geschlecht", „Coming Out"-Aktionen und LGBTQ-Rollenvorbilder in Politik, Geschäftswelt und Sport – sie alle sind wesentlich, um Empathie und Verständnis zu erwecken und die moralische Sphäre zu erweitern.

Die Wissenschaft der Moral als Gesundheitswesen – ein Modell

Indem ich diese Annäherung vorbringe zwischen der Art, wie die Dinge sind und der Art, wie sie sein sollten, die Schnittstelle zwischen Fakten und Werten, erkenne ich lediglich einen Trend an, der seit der Aufklärung im Gang ist; ein Trend, der die Forschungsergebnisse der Wissenschaft darüber, wie die Welt ist, darauf anwendet, wie sie unserer Auffassung nach sein sollte. Es gibt einen Grund, warum Sozialwissenschaftler – Sozialpsychologen, kognitive Psychologen, Evolutionspsychologen, Anthropologen, Soziologen, Wirtschaftswissenschaftler, Politologen und Kriminologen – zusammen mit Entscheidungsträgern und Politikern umfassende Datenbestände und Ethnographien zusammengetragen, Hypothesen getestet und die Datenmengen in Modelle und Theorien gefüttert haben, die sich mit Gewalt, Aggression, Kriminalität, Krieg, Terror, Bürgerrechtsverletzungen und so weiter befassen; wir wollen Ursachen verstehen, um Änderungen bewirken zu können.

Dieser Ansatz könnte nach einem *Gesundheitswesen* modelliert werden, wie es schon 1920 in einem Artikel des Magazins *Science* definiert wurde als „die Wissenschaft und Kunst, Krankheiten zu verhindern, das Leben zu verlängern und die Gesundheit zu fördern durch das organisierte Bestreben und die sachkundigen Entscheidungen von Gesellschaft, öffentlichen und privaten Organisationen, Gemeinden und Individuen."[61] Die Gesundheitswissenschaften umfassen Gebiete wie Epidemiologie, Biostatistik, Psychohygiene, Gesundheitsökonomie, Staatstätigkeit, Versicherungsmedizin, Arbeitsschutz und andere.

Die Antwort auf die Frage, warum wir heute im Durchschnitt doppelt so alt werden wie ein Jahrhundert zuvor, liegt im Gesundheitswesen. Die *maximale Lebensspanne* (das Todesalter des langlebigsten Mitglieds der Spezies) blieb unverändert bei 120 Jahren. Die *mittlere Lebensspanne* (das durchschnittliche Todesalter bei Abwesenheit von Krankheiten und Unfällen) hat sich ebenfalls nicht geändert, sie liegt bei 85 bis 95 Jahren. Die *Lebenserwartung* aber (das durchschnittliche Todesalter unter dem Einfluss von Krankheiten und Unfällen) stieg sprunghaft an, von 47 Jahren im Jahr 1900 in den USA auf 78.9 Jahre für im Jahre 2010 geborene Amerikaner und auf 85.8 Jahre für asiatischstämmige Amerikanerinnen.[62] Die Ursache dieses bemerkenswerten Fortschritts in Quantität wie Qualität des Lebens liegt in Gesundheitswissenschaft und Technologie: Toilettenspülungen, Kanalisation und Müllverarbeitung, sauberes Wasser, Händewaschen, antiseptische Chirurgie, Impfungen, Pasteurisierung, Verkehrssicherheit, Arbeitssicherheit, Familienplanung, Ernährung und andere Maßnahmen, verbunden mit epidemiologischer Untersuchung von Infektionskrankheiten wie Pocken und Gelbfieber, chronischen Krankheiten wie Krebs und Herzerkrankungen und Krankheits-Prävention mittels all dieser Techniken. Menschliches Überleben und Gedeihen kamen im letzten Jahrhundert weiter voran als in allen vorherigen zusammen. Wenn Sie zustimmen, dass es besser ist, wenn Millionen Menschen nicht mehr an Gelbfieber und Pocken, Cholera und Bronchitis, Ruhr und Durchfall, Wundbrand und Gastritis und vielen anderen Angriffen auf den menschlichen Körper sterben, dann sind Sie auch damit einverstanden, dass die Art, wie etwas ist (Gelbfieber und Pocken töten Menschen) bedeutet, dass wir Krankheiten verhüten *sollten*, durch Impfungen und andere medizinische und gesundheitswissenschaftliche Technologien.

Diese Analogie zwischen gesellschaftlichen Problemen und Krankheiten gilt nicht auf der Ebene der Ursachen – Kriminalität, Gewalt, Krieg und Terrorismus sind keine Krankheiten im medizinischen Sinne eines anormalen Zustandes, der durch das Äquivalent eines Virus oder Bakteriums hervorgerufen wird. Stattdessen gilt sie auf der Ebene der Methodologie, nämlich wie wir die Lösung des Problems angehen, indem wir die besten verfügbaren Werkzeuge aus Wissenschaft, Technologie und Sozialpolitik einsetzen. Die meisten Verbrechen, Gewaltakte, Kriege und Attentate sind keine abnormen Reaktionen in einem kranken Staat; die meisten sind normale Antworten auf spezifische Situationen und Umstände. Aber das zur Volksgesundheit analoge Modell, zahlreiche Wissenschaften einzusetzen, um Zustände und sie verursachende Bedingungen zu ändern, ist eine praktikable Methodologie, um dem Ziel des moralischen Fortschritts näher zu kommen.

2012 beispielsweise führte ich für eine Sonderausgabe des *Skeptic*-Magazins eine umfassende Studie zur amerikanischen Schusswaffenproblematik durch, als Reaktion auf die Menge von bewaffneten Amokläufen in den letzten Jahren, wie etwa an der *Sandy Hook Elementary School*.[63] In der Folge nahm ich an einer landesweiten Reihe von Debatten zur Waffenkontrolle mit dem Wirtschaftswissenschaftler John Lott[64] teil, dessen Buch More Guns, Less Crime („Mehr Waffen, weniger Verbrechen") sein Rezept im Titel trägt.[65] Während einer Literatur-Recherche fiel mir auf, wie viele Daten über Schusswaffengewalt in gesundheitswissenschaftlichen und medizinischen Journalen veröffentlicht wurden. Die *Johns Hopkins University* zum Beispiel beherbergt die *Bloomberg School of Public Health*, eines der führenden Forschungszentren zur Waffengewalt im Land. 2012 veröffentlichte man dort eine Studie mit dem Titel *Reducing Gun Violence in America* („Reduktion der Waffengewalt in Amerika"). Der Untertitel *Informing Policy with Evidence and Analysis* illustriert meinen Punkt: „Strategien mit Evidenz und Analyse untermauern". So zeigt die Studie etwa, wie Aufsicht über lizenzierte Waffenhändler, um sicherzustellen, dass Waffen nur an nicht vorbestrafte Kunden verkauft werden, zu einem 64-prozentigen Rückgang der Anzahl von Waffen führt, die in kriminelle Hände geraten.[66]

Einer Studie im *Journal of Trauma and Acute Care Surgery* aus dem Jahr 1998, *Injuries and Deaths Due to Firearms in the Home* („Verletzungen und Todesfälle durch Feuerwaffen im Haus") zufolge „gab es für jedes Mal, wenn eine Schusswaffe im Haus zur Selbstverteidigung oder anderweitig legal benutzt wurde, vier versehentliche Schießunfälle, sieben Körperverletzungen oder Tötungsdelikte und elf versuchte oder gelungene Suizide." Mit anderen Worten, es ist 22 Mal wahrscheinlicher, dass eine Schusswaffe bei einer Körperverletzung, einem Selbstmordversuch oder einem Tötungsdelikt benutzt wird oder einen Unfall verursacht, als dass sie der Selbstverteidigung dient.[67]

Eine weitere Studie, 2009 von Epidemiologen an der *University of Pennsylvania School of Medicine* durchgeführt und im *American Journal of Public Health* veröffentlicht, zeigt, dass Schusswaffen im Durchschnitt nicht nur ihre Besitzer nicht davor schützen, bei einem Angriff durch Schüsse verletzt oder getötet zu werden. Die Wissenschaftler ermittelten für sie sogar eine 4.5-fach höhere Wahrscheinlichkeit dafür als für Unbewaffnete.[68]

Die schieren Zahlen zu tödlicher Gewalt im Allgemeinen und Schusswaffengewalt im Besonderen sind niederschmetternd. Wenn es je ein Problem der Volksgesundheit gab, das der Lösung bedarf, dann dieses. Gemäß den Berichten des FBI über Verbrechen geschahen in den USA zwischen 2007 und 2011 im Mittel 13700 Tötungsdelikte pro Jahr, an denen zu 67.8 Prozent Schusswaffen beteiligt waren.[69] Das ist ein jährlicher Durchschnitt von 9289 Erschossenen pro Jahr, oder 774 im Monat, 178 pro Woche, 25 jeden Tag oder ungefähr einem pro Stunde. Ein beunruhigender Gedanke – allein in den Vereinigten Staaten kommt in jeder Stunde an jedem Tag ein Mensch durch eine Kugel ums Leben. Schon diese Tatsache sollte uns von der Wichtigkeit eines Verständnisses der zugrunde liegenden Ursachen überzeugen, aber das Problem ist noch größer: Dem *National Center for Injury Prevention and Control* zufolge töteten sich im Jahr 2010 19392 US-Bürger selbst mit einer Feuerwaffe[70], weitere 11078 wurden erschossen und 55544 durch Schusswaffen verletzt und in Notaufnahmen behandelt.[71]

Das Modell des Gesundheitswesens mag auch in größerem Maßstab und Zeithorizont gelten. Mit Abstand betrachtet, fielen die Tötungsraten über Jahrtausende hinweg, von beinahe 1000 pro 100000 Menschen und Jahr in prähistorischen Zeiten und in heutigen nichtstaatlichen Gesellschaften auf etwa 100 pro 100000 jährlich in westlichen Gesellschaften während des Mittelalters, auf ungefähr 10 pro 100000 zu Zeiten der Aufklärung, auf weniger als einen pro 100000 im heutigen Europa (und etwas mehr als fünf pro 100000 in den USA); eine Verbesserung um vier Größenordnungen. Woher wissen wir das? Wissenschaft. Archäologen können anhand von Skelett-Überresten die Raten gewaltsamer Todesursachen abschätzen (siehe Kapitel 2). Anthropologische Ethnographien entnehmen die ent-

Hin zu einer Wissenschaft der Moral

sprechenden Raten heutiger vorstaatlicher Völker aus deren mündlichen Überlieferungen. Historiker benutzen alte Gerichts- und Verwaltungsaufzeichnungen, aus denen beispielsweise hervorgeht, dass die Raten von Tötungsdelikten von 110 pro 100000 im Oxford des vierzehnten Jahrhunderts auf auf weniger als eines pro 100000 in London Mitte des zwanzigsten Jahrhunderts gefallen sind. Ähnliche Muster zeigen sich in Italien, Deutschland, der Schweiz, den Niederlanden und Skandinavien, mit denselben Größenordnungen – von ungefähr 100 pro 100000 auf weniger als eins zwischen dem vierzehnten und dem einundzwanzigsten Jahrhundert. Bild 1-4 zeigt den unverkennbaren Rückgang zwischen dem dreizehnten und dem zwanzigsten Jahrhundert in mehreren Ländern.[72] Der kurze Aufwärtstrend am Ende spiegelt die Welle der Kriminalität in den 1970er und 1980er Jahren wider, aber in den ersten Jahren des einundzwanzigsten Jahrhunderts sanken die Raten erneut auf ein historisches Tief.

Wenn das kein Fortschritt im Sinne meiner Definition ist – Zuwachs beim Überleben und Gedeihen fühlender Wesen – was dann? Was immer Ihre Position zur Waffenkontrolle sein mag, mein Punkt ist der folgende: Gewalt durch Schusswaffen als ein Problem zu sehen, dessen Lösung bes-

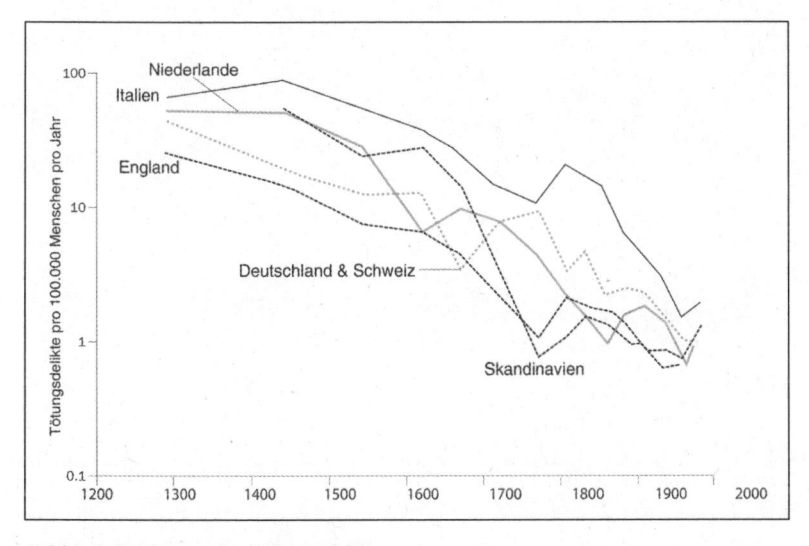

Bild 1-4. Rückgang der Tötungsdelikte
Raten der Tötungsdelikte pro 100000 Menschen pro Jahr in fünf westeuropäischen Regionen vom 13. Jahrhundert bis zum 20. Jahrhundert, zusammengestellt vom Kriminologen Manuel Eisner.[73]

serer Wissenschaft und besserer staatlicher Maßnahmen bedarf, ist inzwischen allgemeine Auffassung und Teil der langfristigen Entwicklung, moralische Angelegenheiten pragmatisch zu behandeln. Wenn wir zugestehen, dass hunderte Millionen durch Gesundheitsmaßnahmen und Technologie in den letzten zwei Jahrhunderten gerettete Leben ein moralisches Gut sind, dann gibt es keinen Grund, warum ein Einsatz der Sozialwissenschaften zur Lösung von Problemen wie Verbrechen und Gewalt nicht etwas ist, das wir tun sollten. Warum? Weil Leben retten moralisch geboten ist. Warum ist es das? Weil das Überleben und Gedeihen empfindungsfähiger Wesen unser Ausgangspunkt der Moral ist. Aber warum *wollen* Organismen überhaupt überleben und gedeihen? Die Antwort mag sich in der Logik des evolutionären Prozesses finden, der diesen Drang hervorgebracht hat.

Die evolutionäre Logik des Ursprungs der Moral

Wenn Sie ein Molekül wären – was würden Sie tun, um zu überleben? Zunächst müssten Sie ein Substrat schaffen, auf dem sich in einer Zelle ein Replikationssystem bauen lässt, das die Maschinerie für Energieversorgung, Wartung, Reparatur und andere Einrichtungen enthält, die das Molekül lange genug intakt halten, damit es sich reproduzieren kann. Sobald eine solche Maschinerie funktioniert, sind die sich replizierenden Moleküle unsterblich, solange Energie bereit steht und ein Ökosystem, in dem die Prozesse ablaufen können. Bald werden diese Moleküle in der Kunst des Überlebens jene schlagen, die sich nicht replizieren können, denn die sterben. Die Zellen oder Körper, die die Replikatoren beherbergen, sind daher Überlebensmaschinen. Im zeitgemäßen Jargon heißen die Replikatoren Gene und die Überlebensmaschinen Organismen, und dieses kleine Gedankenexperiment meint Richard Dawkins in seinem gleichnamigen Buch mit dem „egoistischen Gen".[74] Zellen, Körper, Organismen – Überlebensmaschinen – sind die Methode der Gene, zu überleben und sich zu verewigen. Gene, die für Proteine codieren, die Überlebensmaschinen bauen, die genügend lange leben, um die Gene sich reproduzieren zu lassen, werden sich gegenüber anderen Genen durchsetzen, die das nicht tun. Gene, die für Proteine und Enzyme codieren, die ihre Überlebensmaschine vor Angriffen wie Krankheiten schützen, helfen nicht nur dem Organismus zu überleben, sondern sich selbst. Überleben, reproduzieren, gedeihen – das ist die Natur von Überlebensmaschinen. Ihr – unser – Wesen besteht im Überlebenswillen.

Das Problem dabei: In einer flüssigen Umgebung, einem Ozean, einem Teich herumwuselnde Überlebensmaschinen werden mit anderen Überlebensmaschinen zusammenstoßen, die alle um dieselben limitierten Ressourcen konkurrieren. „Für eine Überlebensmaschine stellt eine andere, die nicht das eigene Kind oder ein enger Verwandter ist, einen Teil ihrer Umgebung dar, wie ein Felsen, ein Fluss oder ein Brocken Nahrung", sagt Dawkins. Aber es gibt einen Unterschied zwischen einer Überlebensmaschine und einem Felsen. Die Überlebensmaschine ist geneigt, zurückzuschlagen, wenn sie ausgenutzt wird. „Das tut sie, weil sie ihrerseits unsterbliche Gene beherbergt, die auf ihre Zukunft vertrauen, und sie wird vor nichts Halt machen, um sie zu bewahren. Daher, so Dawkins, „bevorzugt die natürliche Selektion Gene, die ihre Überlebensmaschinen so steuern, dass sie den besten Nutzen aus ihrer Umgebung ziehen, einschließlich des besten Gebrauchs anderer Überlebensmaschinen, sowohl der eigenen Spezies als auch anderer."[75] Die Evolution könnte völlig selbstbezogene Überlebensmaschinen hervorbringen, aber es gibt etwas, das ihren Egoismus in Schach hält; die Tatsache, dass andere Überlebensmaschinen die Neigung haben, bei Angriff zurückzuschlagen, Vergeltung zu üben, wenn sie ausgenutzt werden oder zu versuchen, als erste andere Überlebensmaschinen zu ge- oder missbrauchen.

Zusätzlich zu selbstsüchtigen Emotionen, die Überlebensmaschinen dazu treiben, alle Ressourcen für sich selbst zu horten, entwickelten sich zwei weitere Pfade des Verhaltens, um in der Interaktion mit anderen Überlebensmaschinen zu überleben: *Verwandtenselektion* (Altruismus gegenüber Verwandten, „Blut ist dicker als Wasser") und *reziproker Altruismus* („Kratz du meinen Rücken, kratze ich deinen"). Indem sie einerseits genetisch Verwandten hilft und andererseits jenen, die altruistische Taten erwidern, hilft die Überlebensmaschine sich selbst. Daher existiert eine Selektion zugunsten derer, die sich uneigennützig verhalten – bis zu einem gewissen Grad. Mit limitierten Ressourcen kann eine Überlebensmaschine nicht allen anderen helfen. Sie muss beurteilen, wem sie helfen soll, wen ausnutzen und wen ignorieren; es ist ein Balanceakt. Ist sie zu eigensüchtig, werden andere Überlebensmaschinen sie abstrafen; ist sie zu selbstlos, so wird sie von den anderen ausgebeutet. Daher ist die Entwicklung positiver Beziehungen (sozialer Bindungen) zu anderen Überlebensmaschinen eine adaptive Strategie. Wer für die anderen Gruppenmitglieder da ist, wenn sie harte Zeiten durchleben, dem werden sie mit größerer Wahrscheinlichkeit helfen, wenn die Reihe an ihm ist.

So entwickeln Überlebensmaschinen Netzwerke und Beziehungen, die zu neutralen, nützlichen oder schädlichen Interaktionen führen. Daraus können wir die Logik moralischer Emotionen ableiten. In einer sozialen Spezies wie unserer ist die egoistischste Tat zuweilen eine, die anderen hilft, die in gleicher Münze zurückzahlen, und das nicht wegen irgendeiner nebulösen Vorstellung von „Altruismus", sondern weil Hilfe sich schlicht lohnt. Wir haben ein moralisches Emotionssystem geerbt, das uns in die Lage versetzt, anderen Überlebensmaschinen zu nützen oder zu schaden, abhängig von ihren Handlungen. Manchmal zahlt sich Egoismus aus; dann wieder lohnt es sich, selbstlos zu sein, solange man sich dabei nicht von anderen rücksichtslos ausplündern lässt.

Die evolutionäre Logik der Emotionen

Es mag sich anhören, als beschriebe ich diese Interaktionen als einen rationalen Prozess, eine von Überlebensmaschinen vorgenommene moralische Kalkulation. Tatsächlich ist das nicht der Fall. Organismen werden viel stärker von ihren Leidenschaften getrieben als von kühlen Abwägungen. Die dahinter liegende Berechnung hat vorher stattgefunden, durch natürliche Selektion, durch Evolvieren von Emotionen als Stellvertreter für die Kalkulation. Dringen wir weiter in das Gehirn vor; finden wir heraus, warum Emotionen überhaupt entstanden und betrachten wir dann mit Abstand, wie moralische Gefühle funktionieren.

Emotionen und unsere kognitiven Denkprozesse beeinflussen sich gegenseitig, um unser Verhalten auf das Ziel des Überlebens und der Reproduktion zu richten. Der Neurowissenschaftler Antonio Damasio zeigte, wie Emotionen bei niedrigen Niveaus der Stimulation als eine Art „Berater" wirken, der in Entscheidungsprozesse zusätzliche, den Beitrag der Hirnregionen höherer Ordnung ergänzende Information einfließen lässt.

Bei mittleren Reizpegeln können zwischen den „Vernunftzentren" und den darunter liegenden Zentren der Emotionen Konflikte entstehen. Bei starken Stimulationen übersteuern Affekte die kognitiven Prozesse derart, dass Menschen nicht mehr vernunftgeleitet Entscheidungen treffen können, sondern berichten, „außer Kontrolle" zu sein oder „gegen ihre eigenen Interessen zu handeln".[76]

Die Emotion der *Angst* etwa leitet einen Organismus an, sich von Gefahren fernzuhalten. Der Anthropologe Björn Grinde, selbst Bergsteiger, illustriert das mit einer Situation aus seinem Sport, bei der die positive Emotion der Risikobereitschaft schnell in die negative der Todesangst kippen kann, wenn der Kletterer seinen Halt verliert. „Das Gehirn ist so gestaltet, dass es uns einen gewissen Hang zum Risiko verleiht, sonst hätten wir nie ein großes Beutetier erlegt oder wären in unbekanntes Territorium vorgedrungen; aber zu seiner Struktur gehört auch, uns vor selbstverletzendem Verhalten zu bewahren, also Gefahren zu vermeiden. Der 'Adrenalin-Kick' beim Klettern oder Achterbahnfahren mag sich gut anfühlen, vermutlich, weil es die Überlebenschancen erhöht, wenn freiwillig eingegangene Gefahren eine positive Stimmung und ein hohes Selbstwertgefühl erzeugen. In dem Augenblick aber, da der Halt an der Felswand verlorengeht, setzen schlagartig die unangenehmen Gefühle ein, die Schaden verhindern sollen."[77] Angst dient dem Überleben, sie ist offensichtlich adaptiv.

Hunger als motivierender Trieb führt zu Gefühlen wie Begierde und Lust auf Nahrung. In Erwartung einer baldigen Mahlzeit mag ein knurrender Magen sich vergleichsweise angenehm anfühlen; wir sind evolviert, um kleine „Stiche" dieser Art als Anreiz zu verstehen, auf Nahrungssuche zu gehen. Wenn allerdings zu viel Zeit vergeht und die Vorräte des Körpers so weit erschöpft sind, dass sich ein Gefühl der Schwäche einstellt, wird Hunger unangenehm. Hier sehen wir, wie Emotionen Teil einer Rückkopplung sind, die dem Gehirn mitteilt, dass der Körper aus dem Gleichgewicht gerät. Das ist eine homöostatische Theorie der Emotionen; der Prozess arbeitet wie ein Thermostat. Wenn die Energievorräte unserer Körper schwinden, spüren wir Hunger, und diese Emotion wird von einigen internen und externen Rückmeldungs-Hinweisen ausgelöst, wie Schrumpfung oder Dehnung des Magens, erhöhtem oder reduziertem Blutzuckerspiegel, Anblick und Geruch von Nahrung, die als Signale fungieren, den Kalorien-Thermostaten weiter aufzudrehen, beziehungsweise den Körper zurück ins homöostatische Gleichgewicht zu bringen, indem wir etwas essen.

Ein Thermostat ist buchstäblich am Werk, wenn unsere Körpertemperatur vom Sollwert 37 Grad Celsius nach oben oder unten abweicht und sich bestimmte physiologische Systeme zur Korrektur des Ungleichgewichts einschalten; Schwitzen zum Kühlen, Zittern zum Aufwärmen. Wenn das homöostatische System den Sollwert verlässt, fühlt es sich unangenehm an und die negative Emotion motiviert den Organismus, aktiv zu werden, um das Gleichgewicht wiederherzustellen. Das nun erzeugt ein gutes Gefühl, und Organismen neigen dazu, zu wiederholen, was sich gut anfühlt. So – was sich gut anfühlt, wird wiederholt – funktioniert Verstärkung.

Unser Bedürfnis, die Homöostasis zu erhalten, resultiert aus unseren Gefühlen, die uns dazu bringen, Schmerz zu vermeiden und Genuss zu suchen, oder sich einem verstärkenden Stimulus zu nähern und einen anderen, peinigenden, zu meiden. In diesem Sinne bedeutet die Suche nach etwas, das wir „Vergnügen" nennen, tatsächlich das Streben nach einem homöostatischen Hinweis, einem Signal, das uns sagt, was wir als nächstes tun sollen. Wenn diese Hinweise unklar sind oder miteinander in Konflikt stehen, kann das zu einem Zustand führen, den Psychologen Appetenz-Aversions-Verhalten nennen. Im Falle eines offensichtlichen moralischen Dilemmas, etwa zwischen dem Wunsch nach Gehorsam einer Autorität gegenüber und dem Unbehagen, einem Menschen Schmerzen zuzufügen, wie bei Stanley Milgrams berühmtem Experiment, wird das Phänomen zum Appetenz-Aversions-Konflikt. (Mehr dazu in Kapitel 9.)

Die evolutionäre Logik aggressiver Emotionen

Konflikte zwischen Überlebensmaschinen sind unvermeidliche Nebenprodukte des Prinzips „Überleben und Gedeihen" und der vielen verschiedenen Wege, dieses Bedürfnis in einer Umgebung mit begrenzten Ressourcen zu erfüllen. Dieser Ansatz hilft uns beim Verständnis, dass Gewalt und Aggression einer gewissen evolutionären Logik unterliegen, einer Systematik, die Steven Pinker in fünf Typen klassifiziert:[78]

1. *Räuberisch und instrumentell*: Gewalt als Mittel zum Zweck, als Weg, zu bekommen, was man will. Diebstahl beispielsweise gewährt dem Dieb mehr für Überleben und Reproduktion nötige Ressourcen, und so evolvierte die Fähigkeit zum Betrügen, Stehlen und Trittbrettfahren (nehmen, ohne zu geben in einem sozialen System) in einigen Individuen einer Gruppe.

2. *Dominanz und Ehre*: Gewalt als Mittel, in einer Hierarchie Status zu erlangen; Macht über andere; Prestige innerhalb einer Gruppe; oder Ruhm im Sport, in einer Bande oder im Krieg. Die Schikane anderer („Bullying") zum Beispiel kann Individuen in der Hackordnung sozialer Dominanz einen höheren Status verschaffen.[79] Im Ruf der Aggressivität zu stehen, kann auf andere Aggressoren als glaubhaftes Mittel der Abschreckung wirken.

3. *Rache und Selbstjustiz*: Gewalt als Mittel der Bestrafung, Vergeltung oder moralistischen Justiz. Morde aus Rache etwa sind eine evolvierte Strategie, mit Betrügern und Trittbrettfahrern umzugehen. Eine weitere moralistische Emotion ist *Eifersucht*, entstanden, damit Überlebensmaschinen ihre sexuellen Partner vor „Wilderern" abschirmen (und Män-

ner so sicherstellen, dass ihre Gene in den Kindern ihrer Frau repliziert werden und nicht die eines anderen); Eifersucht kann bis zum Mord am Partner führen. Selbst *Kindesmord* folgt evolutionärer Logik, ersichtlich aus Statistiken, die die fünfzigfach höhere Wahrscheinlichkeit der Kindestötung durch den Stiefvater widerspiegeln, verglichen mit dem biologischen Vater. Das Phänomen tritt öfter in Spezies auf, einschließlich unserer eigenen, als wir zugeben mögen.[80]

4. *Sadismus*: Gewalt als Quell des Vergnügens am Leid eines anderen. Serienmörder und Vergewaltiger scheinen zumindest teilweise motiviert durch den Schmerz und das Leid, das sie verursachen, zumal wenn kein anderes Motiv erkennbar ist (instrumentell, Dominanz, Rache). Unklar ist, ob Sadismus adaptiv oder Nebenprodukt einer anderen evolvierten Eigenart des Gehirns ist.

5. *Ideologie*: Gewalt als Mittel, politische, gesellschaftliche oder religiöse Ziele zu erreichen; ein utilitaristisches Kalkül, dem gemäß das Töten einiger im Interesse vieler gerechtfertigt ist. (Mit dieser Ursache der Gewalt beschäftige ich mich in Kapitel 9.)

Die evolutionäre Logik moralischer Emotionen

Auf dem Bahnsteig einer U-Bahn-Station stehen eine Frau und zwei Männer nicht weit entfernt vom Gleis, als plötzlich einer der Männer die Frau an ihren Schultern nach hinten stößt. Sie stolpert rückwärts, verliert das Gleichgewicht und fällt. Der andere Mann versucht, sie zu fangen, aber es ist zu spät, sie landet auf den Schienen. Er reagiert sofort – doch anstatt sie wieder auf den Bahnsteig zu ziehen, bevor ein Zug kommt und sie zermalmt, macht der vermeintliche Retter auf dem Absatz kehrt und verpasst dem Täter mit einem filmreifen Schwinger einen Kinnhaken, dass dessen Kopf nach hinten fliegt. Zufrieden mit dieser Revanche verharrt er einen Augenblick, bis ihm offenbar einfällt, was zu tun eigentlich nötig ist; er saust zum Gleis und zieht die Frau auf den Bahnsteig hinauf in Sicherheit. Er richtet ein paar Worte an sie, vielleicht zur Beruhigung, und rennt dann dem Täter hinterher, der durch eine Tür flüchtet. Der ganze Vorfall dauert zwanzig Sekunden und ist neben einigen anderen heldenhaften Rettungsaktionen in einem viralen Video zu sehen.[81]

In diesem Augenblick, zu kurz für rationale Berechnung, entfaltet sich ein Konflikt der reinen emotionalen Moralität, zwischen Revanche und Rettung, hauen und helfen. Blitzartig springen im Gehirn des Retters zwei neuronale Netze an. Einem Mitmenschen in Not helfen oder den Verursacher bestrafen – was soll ein moralisch motivierter Primat tun? In diesem Fall hatte der Retter Zeit für beides, da kein herannahender Zug seiner problematischen ersten Wahl, der Rache für die Misshandlung der Frau, in die Quere kam. Rache ist süß, Rettung auch. Es geht nicht immer so gut aus.

Diese Skizze illustriert schön unsere facettenreiche Natur, entstanden, um in der Umwelt unserer Ahnen mehrere Probleme gleichzeitig zu lösen; sei nett zu denen, die uns und unseresgleichen helfen und bestrafe jene, die uns schaden. Evidenz für die tiefe Verankerung dieser moralischen Emotionen in der menschlichen Natur findet sich in einer Reihe von Experimenten mit Kleinkindern, prägnant dargestellt im Buch *Just Babys: The Origins of Good and Evil* des Psychologen Paul Bloom.[82] Bloom testet die Theorie eines angeborenen Sinnes für Moral, die schon die Denker der Aufklärung Adam Smith und Thomas Jefferson vertraten und liefert experimentelle Nachweise für Qualitäten, die Teil unserer natürliche Ausstattung sind: „Ein Sinn für Moral – eine gewisse Fähigkeit, zwischen freundlichen und grausamen Handlungen zu unterscheiden; Empathie und Mitleid – den Schmerz anderer spüren, mit dem Wunsch, diesen Schmerz zu lindern; ein rudimentärer Sinn für Fairness – eine Tendenz, Ressourcen gleichmäßig zu verteilen; ein rudimentärer Sinn für Gerechtigkeit – der Wunsch, gute Taten belohnt und schlechte Handlungen bestraft zu sehen."[83] In einem der Experimente in Blooms Labor sah ein einjähriges Kind ein Puppenspiel; eine Puppe rollt einen Ball zu einer zweiten, die ihn zurückstupst. Danach schickt die erste Puppe den Ball zu einer dritten, die damit fortläuft. Nun werden dem Baby beide Puppen präsentiert, die „nette" und die „ungezogene", und vor jeder eine Nascherei; das Kind kann wählen, welcher Puppe es den Leckerbissen wegnimmt. Der frechen, wie von Bloom vorausgesagt und wie es in dieser experimentellen Konstellation die meisten Babys tun, aber diesem kleinen Moralisten genügte es nicht, die positive Verstärkung zu tilgen. Ein im Werden begriffener moralischer Sinn verlangte nach Bestrafung, wie Bloom berichtet: „Der kleine Junge beugte sich vor und schlug der Puppe auf den Kopf."[84]

Zahlreiche Permutationen dieses Forschungsmodells (etwa eine Puppe, die versucht, einen Ball eine Rampe hinaufzurollen, wobei eine andere Puppe entweder hilft oder stört) zeigen wieder und wieder, dass ein moralischer Sinn für richtig (einer Puppe helfen) und falsch (einer Puppe schaden) schon im Alter von drei bis zehn Monaten auftaucht – viel zu früh, um ihn Lernprozessen und Kultur zuzuschreiben.[85] Kleine Kinder, die im Labor miterleben, wie ein Erwachsener Schmerz empfindet – der Experimentatorin gerät der Finger ins Klemmbrett, oder eine Mutter stößt sich das Knie – reagieren typischerweise mit Besänftigung der Verletzten. Knirpse, die sehen, wie ein Erwachsener Mühe hat, mit vollen Armen eine Tür zu öffnen oder ein Objekt außerhalb seiner Reichweite zu greifen, helfen ohne Aufforderung.[86] In einem anderen Experiment werden Dreijährige gebeten „Kannst du mir die Tasse geben, damit ich Wasser eingießen kann?" Nur war die fragliche Tasse kaputt. Bemerkenswerterweise machten sich die Kinder spontan auf die Suche nach einer unversehrten Tasse, um dem Experimentator zu helfen.[87]

Allerdings verhalten sich Kinder nicht immer so mildtätig, besonders anderen Kindern gegenüber, bei denen sie sich zwar einer ungerechten Verteilung von Belohnungen nach dem gemeinsamen Lösen einer Aufgabe bewusst sind, aber nicht stets selbstlos durch Umverteilung des Besitzes den Ausgleich herstellen.[88] Werden die Drei- bis Vierjährigen jedoch sieben oder acht Jahre alt, sind sie sich einer ungleichen und ungerechten Verteilung von Süßigkeiten nicht nur stärker gewahr, sondern geben auch mit größerer Wahrscheinlichkeit den unverdienten Gewinn ab (zu 50 Prozent zwischen drei und vier Jahren, zu 80 Prozent mit sieben bis acht Jahren). Das zeigt, dass der angeborene, instinktive Sinn für Moral durch Lernen und Kultur weiterentwickelt werden kann, oder auch nicht, abhängig von unterschiedlichen Lebenswelten, die jeweils dazu anregen oder davon abschrecken, Verhalten an den Tag zu legen, das anderen hilft oder eben schadet.[89]

Forschung mit Kleinkindern zeigt des Weiteren, wie früh im Leben sich Xenophobie etabliert. Babys werden in einem sehr frühen Stadium misstrauisch gegenüber Fremden, gegenüber jedem, der nicht wie ein Familienmitglied aussieht, auf das sie geprägt wurden; tatsächlich innerhalb von Tagen. In einem Experiment bekamen drei Tage alte Neugeborene Kopfhörer und Spezialschnuller, mit denen sie Audioaufnahmen auswählen konnten, abhängig davon, wie stark sie daran saugten. Sie entdeckten nicht nur den Zusammenhang zwischen Saugen und Musikauswahl, sondern waren auch in der Lage, eine Passage aus einem Buch von Dr. Seuss so auszuwählen, dass sie von ihrer Mutter vorgelesen wurde anstatt von einer Fremden. Stellte man Neugeborene vor die Wahl einer Sprache, so „wählten russische Babys Russisch, französische zogen Französisch vor und amerikanische wählten Englisch und so weiter. Dieser Effekt zeigt sich bemerkenswerterweise schon binnen Minuten nach der Geburt", so Bloom, „und legt nahe, dass Babys schon mit den gedämpften Klängen vertraut werden, die sie im Mutterleib hören."

Diese Forschung bestätigt ein klassisches Experiment aus den sechziger Jahren, durchgeführt von Jane Elliott, der Lehrerin einer dritten Klasse in der kleinen, ländlichen, rein weiß bevölkerten Stadt Riceville in Iowa. Elliott teilte ihre Klasse nach Augenfarbe in zwei Gruppen auf, blau und braun, und stellte den Kindern Beispiele guter blauäugiger Leute vor und schlechter Menschen mit braunen Augen. Den blauäugigen Kindern wurde gesagt, sie seien überlegen; sie erhielten besondere Privilegien, während die braunäugigen als „untergeordnet" bezeichnet und als Bürger zweiter Klasse behandelt wurden. Fast unmittelbar folgte der physischen Klassifizierung eine soziale Teilung. Die blauäugigen Kinder spielten nicht mehr mit den braunäugigen, und einige schlugen Elliott gar vor, die Schulleitung auf potenzielles kriminelles Gebaren braunäugiger Burschen aufmerksam zu machen. Als zwischen zwei Jungs, blau- und braunäugig, ein Kampf ausbrach, rechtfertigte Letzterer seine aggressiven Handlungen so: „Er nannte mich 'Braunauge', wie einen Schwarzen, wie einen Neger!" Am zweiten Tag des Experiments schon ließen die braunäugigen Kinder im Unterricht nach und beschrieben sich selbst als „traurig", „schlecht", „dumm" und „gemein".

Als Gegenprobe kehrte Mrs. Elliott am nächsten Tag die Bedingungen um, erklärte, sie habe sich geirrt und tatsächlich seien die braunäugigen Kinder die Überlegenen und die blauäugigen die mit der untergeordneten Position. Genauso schnell verkehrten sich die Selbst- und Fremdwahrnehmungen ins Gegenteil; die Attribute „glücklich", „gut", „süß" und „nett", zuvor von den blauäugigen Kindern zur Selbstbeschreibung benutzt, wurden nun von den braunäugigen adaptiert. „Einst wunderbar kooperative, rücksichtsvolle Kinder wurden zu ekligen, bösartigen, diskriminierenden kleinen Drittklässlern", erklärte Mrs. Elliott. „Es war gespenstisch!"[90]

Blooms Schlussfolgerungen über Moral aus dieser ansehnlichen Menge an Forschungsergebnissen belegen, was ich in dem U-Bahn-Video sah: „Sie bedingt bestimmte Gefühle und Motivationen, wie den Wunsch, anderen zu helfen, Mitgefühl für die Schmerzgeplagten, Zorn auf die Grausamen, und Schuldgefühle ob unserer schändlichen Taten wie auch Stolz auf unsere Akte der Freundlichkeit."[91] Sicherlich können die Gesetze und Sitten einer Gesellschaft die Werte auf der Skala der Moral verstellen, aber die Natur hat uns überhaupt erst mit dieser Skala ausgestattet. Wie Voltaire sagte: „Der Mensch wird ohne Grundsätze, aber mit der Fähigkeit geboren, sie alle in sich aufzunehmen. Sein Temperament mag ihn zur Grausamkeit oder zur Milde neigen; sein Verstand wird ihm eines Tags beibringen, dass

144 das Quadrat von 12 ist und dass er anderen nicht antun sollte, wovon er nicht will, dass jene anderen es ihm tun."[92]

Die Logik moralischer Dilemmata

Die Logik unsere moralischen Emotionen haben Spieltheoretiker im schon erwähnten Paradigma des Gefangenendilemmas herausgearbeitet. Hier ist das Szenario: Sie und Ihr Partner sitzen für ein Verbrechen in Haft, in getrennten Zellen ohne die Möglichkeit, mit einander zu kommunizieren. Sie beide wollen weder gestehen noch den anderen verpfeifen. Der Staatsanwalt eröffnet Ihnen die folgenden Möglichkeiten:
1. Wenn Sie gestehen, der andere jedoch nicht, werden Sie freigelassen und er wird zu drei Jahren Gefängnis verurteilt.
2. Wenn der andere gesteht, Sie aber nicht, bekommen Sie drei Jahre Gefängnis und er kommt frei.
3. Wenn Sie beide gestehen, gibt es für beide zwei Jahre Haft.
4. Wenn Sie beide schweigen, werden Sie beide für ein Jahr eingesperrt.

Bild 1-5, Spielmatrix genannt, fasst die vier Ergebnisse zusammen. Mit diesen Möglichkeiten ist ein Geständnis, also Verrat am Partner, die logische Wahl. Warum? Betrachten wir die Möglichkeiten aus der Sicht des ersten Gefangenen. Für ihn ist die einzige Unwägbarkeit die Wahl des anderen. Nehmen wir an, der schweigt. Dann landet der erste Gefangene durch ein Geständnis den Volltreffer (keine Strafe), bekommt aber ein Jahr Haft (niedrige Strafe), wenn er schweigt; Gestehen ist also besser. Gesteht aber der andere Gefangene, ist wiederum der erste mit einem Geständnis (hohe Strafe) besser dran als mit Schweigen (Höchststrafe). Wegen der exakt symmetrischen Umstände aus Sicht des zweiten Gefangenen ist jeder der beiden mit einem Geständnis besser dran, egal, wofür der andere sich entscheidet.

Dass Entscheidungen so und nicht anders fallen, entspringt nicht nur theoretischen Erwägungen. Wenn Probanden dieses Spiel nur einmal spielen oder für eine feste Anzahl Runden, ohne Möglichkeit der Kommunikation, dann ist der Verrat durch ein Geständnis die übliche Strategie. Haben sie jedoch eine unbekannte Zahl der Spielrunden vor sich, ist die häufigste Strategie „wie du mir, so ich dir". Jeder hält sich an die vorherige Absprache und kooperiert durch Schweigen; ab der nächsten Runde spiegelt er das Verhalten des anderen Spielers. In einem Gefangenendilemma mit

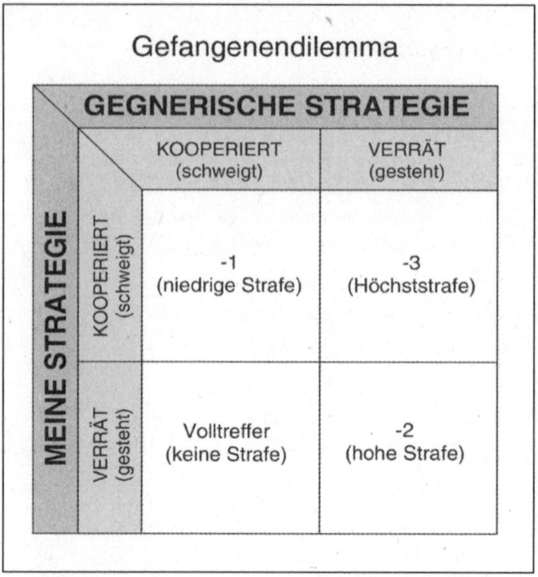

Gefangenendilemma

	GEGNERISCHE STRATEGIE	
	KOOPERIERT (schweigt)	VERRÄT (gesteht)
MEINE STRATEGIE — KOOPERIERT (schweigt)	-1 (niedrige Strafe)	-3 (Höchststrafe)
MEINE STRATEGIE — VERRÄT (gesteht)	Volltreffer (keine Strafe)	-2 (hohe Strafe)

Bild 1-5. Das Gefangenendilemma

vielen gleichzeitigen Mitspielern kann sogar mehr gegenseitige Kooperation entstehen, vorausgesetzt, sie dürfen genügend viele Runden spielen, um gegenseitiges Vertrauen herzustellen. Sobald allerdings Verrat durch Geständnis in Gang kommt, neigt er dazu, sich kaskadenartig im Spiel auszubreiten.

Bei einer Analyse für *Scientific American* arbeitete ich am Problem, warum professionelle Athleten leistungssteigernde Drogen nehmen, speziell zum Doping von Radrennfahrern, und entwickelte die Dynamiken der Spielmatrix.[93] Natürlich verbieten es die Regeln, aber wegen der Effektivität der Drogen, ihrer schwierigen bis unmöglichen Nachweisbarkeit und der hohen Rendite bei Erfolg ist der Anreiz, sie einzusetzen, groß. Sobald die ersten Elitefahrer die Regeln brechen und dopen, um einen Vorteil zu erlangen, entsteht Druck auf die bisher regelkonformen Sportler, es ihnen nachzutun, selbst wenn sie nicht wollen, und die Kaskade setzt sich durch ihre Reihen fort. Indessen verhindert wegen der hohen Sanktionen für Regelverstöße ein Kodex des Schweigens jede offene Kommunikation darüber, wie sich die Entwicklung dahingehend umkehren ließe, dass Regeln wieder eingehalten werden. Die Bilder 1-6 und 1-7 zeigen Spielmatrizen,

Hin zu einer Wissenschaft der Moral

	GEGNERISCHE STRATEGIE	
	FALL 1 KOOPERIERT (folgt den Regeln)	FALL 2 VERRÄT (betrügt mit Drogen)
MEINE STRATEGIE KOOPERIERT (folgt den Regeln)	$ 1 Million (niedrige Strafe)	- $ 0,4 Million (Höchststrafe)
MEINE STRATEGIE VERRÄT (betrügt mit Drogen)	$ 8,9 Millionen (keine Strafe)	$ 0,8 Milllion (hohe Strafe)

Bevorzugt, zu betrügen

Bild 1-6. Gefangenendilemma-Matrix für Betrug im Radsport
Die Annahmen: Wert, die Tour de France zu gewinnen: 10 Millionen Dollar. Wahrscheinlichkeit, dass ein gedopter Fahrer die Tour gegen nichtgedopte Wettbewerber gewinnt: 100 Prozent. Wert des professionellen Radfahrens für ein Jahr bei gleichen Chancen aller: 1 Million Dollar. Wahrscheinlichkeit, beim Betrug erwischt zu werden: 10 Prozent. Kosten bei Auffliegen des Betrugs (Hinauswurf aus dem Team, verlorener Verdienst, Statusverlust): 1 Million Dollar. Wahrscheinlichkeit, dass ein nichtdopender Fahrer wegen mangelnder Leistung aus dem Team geworfen wird: 50 Prozent. Unter diesen Bedingungen gilt im Fall 1: Mein Gegner hält sich an die Regeln (er „kooperiert"). Wenn ich ebenfalls kooperiere, indem ich nicht dope, ist das Spiel gerecht und mein zu erwartender Gewinn beträgt 1 Million Dollar. Betrüge ich aber durch Doping und werde nicht erwischt, habe ich 8.9 Millionen Dollar Gewinn zu erwarten (10 Millionen x 90 Prozent –0,1 Millionen); das ist mehr, also sollte ich betrügen. Im Fall 2 gilt: Mein Gegner betrügt durch Doping. Dope ich nicht, verliere ich das Rennen und 0.4 Millionen; betrüge ich aber ebenfalls, wäre mein Gewinn 0.8 Millionen, also habe ich ebenfalls einen Anreiz für Betrug.

denen gemäß einerseits Betrug und andererseits regelkonformes Verhalten attraktiver erscheint.

Wenn in der Spieltheorie keiner der Spieler durch einseitiges Ändern der Strategie einen Vorteil erzielen kann, spricht man vom Nash-Gleichge-

		Bevorzugt, den Regeln zu folgen	
		GEGNERISCHE STRATEGIE	
		FALL 1 KOOPERIERT (folgt den Regeln)	FALL 2 VERRÄT (betrügt mit Drogen)
MEINE STRATEGIE	KOOPERIERT (folgt den Regeln)	$ 1 Million (niedrige Strafe)	- $ 0,8 Million (Höchststrafe)
	VERRÄT (betrügt mit Drogen)	- $ 3,5 Millionen (keine Strafe)	$ 4,4 Milllionen (hohe Strafe)

Bild 1-7. Gefangenendilemma-Matrix für regelgerechtes Verhalten im Radsport Neue, höhere Kosten für Auffliegen des Betrugs (Strafe und verlorenes Einkommen): 5 Millionen Dollar. Neue, höhere Wahrscheinlichkeit, erwischt zu werden: 90 Prozent. Daraus folgende neue, geringere Wahrscheinlichkeit, dass ein nichtdopender Fahrer wegen mangelnder Leistung aus dem Team geworfen wird: 10 Prozent. Unter diesen Bedingungen gilt im Fall 1: Mein Gegner hält sich an die Regeln (er „kooperiert"). Wenn ich ebenfalls kooperiere, indem ich nicht dope, ist das Spiel gerecht und mein zu erwartender Gewinn beträgt 1 Million Dollar. Betrüge ich aber, ist meine Chance, bei einem Dopingtest aufzufliegen, 90 Prozent. Mein zu erwartender „Gewinn" beträgt also 1 Million Dollar minus Strafzahlung von 5 Millionen Dollar mal 90 Prozent (4.5 Millionen Dollar); ich würde 3.5 Millionen Dollar verlieren, habe also einen Anreiz, mich an die Regeln zu halten. Selbst im Fall 2, wenn mein Gegner dopt und ich nicht, habe ich einen Gewinn von 0.8 Millionen Dollar zu erwarten. Dope ich aber auch, werde erwischt und bestraft, verliere ich 4.4 Millionen Dollar. In dieser Matrix ergibt es für alle Sinn, sich an die Regeln zu halten.

wicht. Das Konzept entwickelte der Mathematiker John Forbes Nash Jr., porträtiert im Film *A Beautiful Mind*.

Um dem Betrug im Sport ein Ende zu setzen, muss das „Doping-Spiel" neu strukturiert werden, sodass für fairen Wettkampf ein Nash-Gleichgewicht gilt. Dafür müssen die Kontrollorgane der jeweiligen Sportart in der

Spielmatrix die zu erwartenden Ertragswerte entsprechend anpassen. Zunächst muss unter der Bedingung, dass die anderen Sportler sich an die Regeln halten, der eigene Gewinn dafür, es ihnen gleichzutun, größer sein als derjenige, der sich beim Schummeln einstellt. Zweitens muss der eigene Ertrag für Fairplay auch dann größer sein, wenn die anderen schummeln. Ein Mitspieler darf sich nicht wie ein Trottel vorkommen, wenn er den Regeln folgt. Im Gefangenendilemma erhöht es den Anreiz zur Zusammenarbeit, sowohl die Versuchung für ein Geständnis zu verringern als auch die Strafe für das eigene Schweigen, wenn der andere Spieler gesteht. Der effektivste Weg, Kooperation zu erreichen, ist die Gelegenheit der Kommunikation vor dem Spiel. Im Sport heißt das, den Mantel des Schweigens zu lüften. So lernt jeder Spieler, dass faires Spiel sich eher lohnt als Betrug, egal, wie die anderen Spieler verfahren.

Wie weit das beim Radsport geschieht, ist unklar, aber mich ermutigen die verblüffenden Ereignisse der Jahre 2012 und 2013, als Tyler Hamilton in seinem Buch *The Secret Race* das Schweigen brach und das raffinierteste Doping-Programm der Sportgeschichte entlarvte, arrangiert von seinem Teamkollegen und siebenfachen Tour-de-France-Gewinner Lance Armstrong, der nach Durchleuchtung der Vorgänge durch die amerikanische Anti-Doping Association seine Titel verlor.[94] Hamilton enthüllte ein ausgeklügeltes System, aufrecht erhalten durch den Kodex des Schweigens, der jeden glauben ließ, dass für alle anderen Doping die Norm war, kombiniert mit Drohungen, falls nicht mitgespielt oder etwas ausgeplaudert würde. Seither wurde klar, dass die meisten beim Doping erwischten Athleten widerwillig in der Annahme gehandelt hatten, keine Ausnahme zu sein und Angst hatten, sich zu offenbaren.

Was echte Gefängnisinsassen und ihre Dilemmata betrifft, gibt die obige Matrix, der zufolge Fairplay sich lohnt, Hinweise für Kriminologen und Entscheidungsträger, nicht nur die Höhe der Strafen in Betracht zu ziehen (wozu viele Vertreter einer „harten Hand" neigen), sondern auch die Wahrscheinlichkeit, erwischt zu werden. Das Prinzip geht zurück auf Cesare Beccaria, einen Philosophen und Reformer des 18. Jahrhunderts, dessen Werk *On Crimes and Punishments*, eine Glanzleistung der italienischen Aufklärung, eine Bewegung ins Leben rief, rationale Grundsätze auf den Umgang mit Kriminalität anzuwenden. Dazu gehören dem Verbrechen angemessene Strafen (Proportionalität) anstatt, wie damals üblich, die Todesstrafe zu verhängen für Vergehen wie Wilddieberei, Falschmünzerei, Diebstahl, Unzucht, Sodomie, Ehebruch, Pferdediebstahl, sich in Gesellschaft von Zigeunern aufzuhalten und zweihundert andere Verbrechen und Ordnungswidrigkeiten. Beccaria lehnte die Todesstrafe wegen zweier Prinzipien ab: (1) Staaten haben nicht das Recht, über Leben und Tod zu entscheiden, und (2) sie funktioniert nicht als Abschreckung, weil für potenziell Kriminelle eine drakonische, aber unwahrscheinliche Strafe ein akzeptables Risiko darstellt, wie bei einer Abschätzung von Geschäftsrisiken.

Den Prinzipien der Proportionalität und Wahrscheinlichkeit einer Strafe fügte Beccaria zwei weitere hinzu: Die Strafe sollte *umgehend* verhängt und *öffentlich* vollstreckt werden, Letzteres als Signal an Möchtegern-Verbrecher. Beccaria war ein früher Spieltheoretiker, der aus den Werten der Aufklärung hervorgegangene rationale Grundsätze und aus realen Beispielen gewonnene Forschungsdaten mit dem Ziel anwandte, die Faktoren der Spielmatrizen so zu verschieben, dass sie zu weniger Verbrechen Anreiz geben.[95]

Ein weiterer Denker der Aufklärung, den wir später wiedertreffen werden, ist Thomas Hobbes, mit seinem spieltheoretischen Modell der Interaktion von Menschen und Staaten. Alle politischen Theoretiker, liberal wie konservativ, beginnen mit der Hobbes'schen Prämisse des Staates als notwendiges Übel, um eigenmotivierte Individuen vor anderen eigenmotivierten Individuen zu schützen (stellen wir uns zwei Überlebensmaschinen in Dawkins' Gedankenexperiment vor). Das Problem wird gelegentlich die „Hobbes'sche Falle" genannt. Wie Hobbes in seinem klassischen Werk der politischen Theorie Leviathan ausführt, sind wir alle motiviert, Vergnügen zu suchen und Leid zu vermeiden, daher werden unausweichlich Konflikte entstehen, wenn die Interessen verschiedener Leute sich überschneiden. Das führt zu drei Arten der „Reibung" zwischen Menschen: Wettbewerb, Zurückhaltung (Angst) und Ruhm (Ehre, Status):

> Die erste veranlaßt die Menschen, wegen des Gewinns anzugreifen, die zweite wegen der Sicherheit und die dritte wegen des Ansehens. Die ersten gebrauchen Gewalt, um sich zum Herrn von anderer Menschen Personen, Frauen, Kinder und Vieh zu machen; die zweiten, um sie zu verteidigen; die dritten wegen Bagatellen wie ein Wort, ein Lächeln, eine unterschiedliche Meinung und jedes andere Zeichen von Unterschätzung, die entweder ihre eigene Person betreffen oder ein schlechtes Licht auf ihre Verwandten, ihre Freunde, ihre Nation, ihren Beruf oder ihren Namen werfen. (Thomas Hobbes: Leviathan, Hamburg Meiner 1996, S. 104)[96]

Wie das Gefangenendilemma zeigt, braucht man Regeln für die Kooperation konkurrierender Spieler (oder Staaten, in der realen Welt), und die Regeln bedürfen der Durchsetzung. Angesichts unserer komplexen moralischen Natur müssen Menschen angespornt werden, das Richtige, und davon abgehalten werden, das Falsche zu tun – das sprichwörtliche Prinzip „Zuckerbrot und Peitsche". Die Psychologie hinter dieser Wechselbeziehung zwischen inneren psychischen Zuständen und äußeren sozialen Bedingungen untersuchten die Wirtschaftswissenschaftler Ernst Fehr und Simon Gachter in einer Studie über *moralistische Bestrafung*. In einem „Gemeinschaftsgüter"-Spiel, das Altruismus forderte, hatten Probanden die Gelegenheit, unkooperative Mitspieler zu bestrafen. Sie bekamen Geld, das sie in einen gemeinsamen Topf werfen konnten; die Summe wurde mit 1.5 multipliziert und anschließend gleichmäßig an alle verteilt. Nehmen wir an, vier Mitspieler bekommen jeweils 10 Dollar. Wenn jeder seine gesamten 10 Dollar in den Topf wirft, beträgt die Summe 40 Dollar · 1.5 = 60 Dollar, also bekommt jeder 15 Dollar zurück.

Wird anonym gespielt, kommen die Spieler in Versuchung, das System zu manipulieren, indem sie weniger Geld beisteuern. Stellen wir uns vor, die anderen geben alle ihre 10 Dollar ab, aber ich nur 5. Im Topf sind nun 35 Dollar · 1.5 = 52.5 Dollar, die durch vier geteilt 13.12 Dollar für jeden ergeben. Da ich 5 Dollar behalten habe, besitze ich nun 18.12 Dollar. Schick! Aber die anderen brauchen nicht lange, um herauszufinden, dass jemand das System austrickst; daher bricht die Kooperation zusammen und die Summe im Topf schwindet.

Um das Problem des Mogelns zu lösen, führten Fehr und Gachter in der siebten Runde eine neue Bedingung ein; Beiträge zum gemeinsamen Gut waren nicht länger anonym, und die Spieler durften Trittbrettfahrer bestrafen, indem sie ihnen Geld abnahmen. Das taten sie; sofort stieg das Niveau der Kooperation, wie auch die Beiträge der vormaligen Schummler.[97] Die in Bild 1-8 dargestellten Ergebnisse sind sichtbare Mahnung, dass Menschen Regeln, Transparenz und Strafandrohung brauchen, um gut zu sein. Diese Rolle, so die Theorie, übernimmt der „Leviathan"-Staat.

In diesem Kapitel habe ich die evolutionären Ursprünge der Moral und die Logik guter und schlechter moralischer Interaktionen umrissen. Das nächste Kapitel zeigt, wie die Funktion dieser Prinzipien selbst die größten Bedrohungen unserer Spezies mindert – Gewalt, Krieg und Terrorismus. Und es wird zeigen, dass es auch hier beachtlichen moralischen Fortschritt gab.

Warum Menschen Regeln, Transparenz und Strafandrohung brauchen, um gut zu sein

[Diagramm: Mittleres Kooperationsniveau in Geldeinheiten über 6 Sitzungen, zwei Kurven: "Mit Bestrafung" (ansteigend von ca. 12,5 auf 16) und "Ohne Bestrafung" (abfallend von ca. 10,5 auf 5,5)]

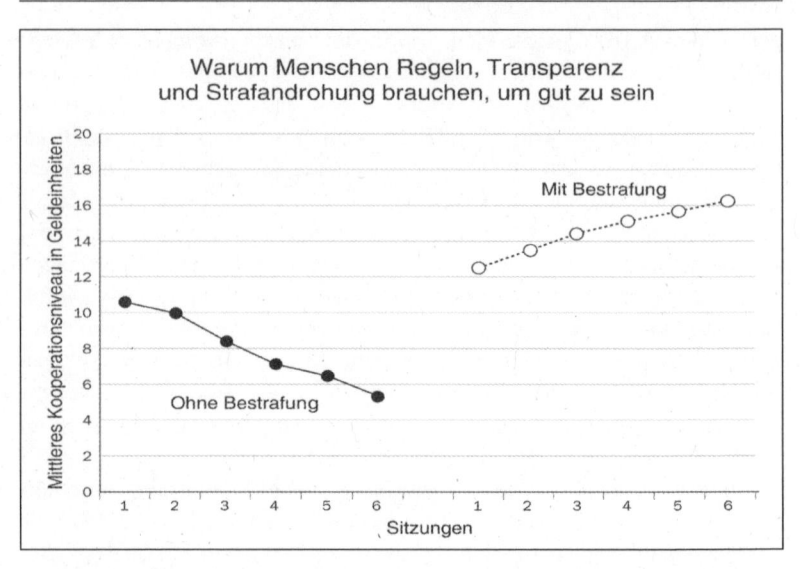

Bild 1-8. Warum Menschen Regeln, Transparenz und Strafandrohung brauchen
Die Ergebnisse der Studie von Fehr und Gachter über moralistische Bestrafung. In einem „Gemeinschaftsgüter"-Spiel bekommen Mitspieler einen Betrag Geld, den sie teilweise oder ganz in ein Gemeinschaftsgut investieren können. Die Gesamtsumme wird mit 1.5 multipliziert und zu gleichen Teilen an die Spieler ausgezahlt. Mangelnde Transparenz, wie viel jeder beisteuert, führt die Spieler in Versuchung, ihren eigenen Beitrag zu mindern und so von den anderen zu profitieren. Da alle derselben Versuchung unterliegen, erodiert die Kooperation. Mit Transparenz jedoch und der Möglichkeit, Trittbrettfahrer zu bestrafen, erhöht sich die Kooperation. Diese letzteren Bedingungen sind ein Beispiel moralistischer Bestrafung. Sie wirkt.

2. Die Moral von Krieg, Terror und Abschreckung

> Die Warnung vor einem Übel ist nur
> gerechtfertigt, wenn es einen Ausweg gibt.
> Cicero, De divinatione, Buch II, 44 v. Chr.

In einer Episode der originalen Star-Trek-Fernsehserie („Raumschiff Enterprise") attackieren und zerstören die „Gorn", eine außerirdische Spezies, einen Vorposten der Erde auf Cestus III, woraufhin Captain Kirk und die *Enterprise* die Verfolgung aufnehmen, um den grundlosen Angriff zu ahnden. Spock ist sich über die Motive der Außerirdischen nicht sicher, er denkt laut darüber nach, „Rücksicht auf andere fühlende Wesen zu nehmen", wird aber vom kriegerischeren Kirk unterbrochen: „Hier draußen sind wir die einzige Polizei." Während sie noch in der moralischen Zwickmühle stecken, werden beide Raumschiffe von der fortgeschrittenen Zivilisation der „Metronen" aufgehalten, die erklären: „Wir haben euch analysiert und festgestellt, dass euer Hang zur Gewalt angeboren ist. Wir akzeptieren ihn, werden ihn aber unter Kontrolle halten. Euren Konflikt werden wir auf eine Art lösen, die eurer begrenzten Mentalität entspricht." Kirk und der Kapitän des Gorn-Schiffes, ein intelligentes zweibeiniges Reptil, werden auf einen neutralen Planeten gebracht, für einen Zweikampf auf Leben und Tod. Schiff und Mannschaft des Verlierers sollen danach vernichtet werden.

Der Gorn, stärker als Kirk, wehrt leicht dessen Angriffe ab, die von Schlägen mit einem Ast bis zum Treffer mit einem schweren Felsbrocken reichen. Er bietet Kirk an, ihn schnell und gnädig zu töten, falls er kapituliert. „So wie die auf Cestus III?" erwidert Kirk. Der Gorn hält dagegen: „Ihr wart Eindringlinge! Ihr habt einen Außenposten in unserem Gebiet errichtet!" „Ihr habt hilflose Menschen ermordet", protestiert Kirk. Der Gorn: „Wir haben Invasoren vernichtet, so wie ich dich vernichten werde!"

Derweil verfolgt die Mannschaft auf der *Enterprise* den Zweikampf auf dem Videobildschirm. „Ist das möglich", sinniert Dr. McCoy, „war Cestus III ein Eindringen in ihr Gebiet?" „Das kann sehr gut sein, Doktor", überlegt Spock, „wir wissen sehr wenig über dieses Gebiet der Galaxie." „Dann könnten wir unrecht haben", gibt McCoy zu. „Vielleicht wollten die Gorn sich nur verteidigen."

Auf dem Höhepunkt der Episode erinnert sich Kirk an die Zusammensetzung von Schießpulver, nachdem er die Grundstoffe dafür auf der Planetenoberfläche entdeckt hatte; Schwefel, Holzkohle und Kaliumnitrat, mit

Diamanten als tödlichem Projektil; Zutaten, die die Metronen bereitgestellt hatten, um zu sehen, ob Vernunft über brachiale Kraft triumphieren würde. Kirk baut damit eine Waffe und feuert sie auf den sich nähernden Gorn ab. Außer Gefecht gesetzt, lässt der seinen Steindolch fallen, den Kirk ergreift und an den Hals des Gegners setzt, um ihm den Gnadenstoß zu versetzen. In diesem Augenblick wählt Kirk die Barmherzigkeit; seine Vernunft gebietet ihm, sich in die Lage des Kontrahenten zu versetzen. „Nein, ich werde dich nicht töten. Vielleicht habt ihr wirklich gedacht, dass ihr euch verteidigt, als ihr den Außenposten angegriffen habt." Er wirft den Dolch fort; in diesem Moment erscheint ein Metron. „Sie überraschen mich, Captain. Indem Sie Ihren Gegner verschonen, der Sie gewiss vernichtet hätte, zeigen Sie den fortschrittlichen Wesenszug der Gnade, was wir nicht erwartet haben. Uns scheint, dass für Ihre Art Hoffnung besteht, wir werden Sie daher nicht vernichten. Vielleicht werden sich in einigen tausend Jahren Ihre Leute und meine treffen und eine Einigung erzielen. Sie sind immer noch Halbwilde, aber es gibt Hoffnung."[1]

Der Schöpfer von *Star Trek*, Gene Roddenberry, erfand ein eigenes Genre mit der Erschaffung des großartigen Raumschiffs Enterprise, dessen Mission im 23. Jahrhundert die Erweiterung menschlicher Horizonte ist, physisch wie mental, durch extraterrestrische Interaktionen mit seiner multiethnischen, transnationalen, speziesübergreifenden Crew. Jede Episode war zugleich kühnes Weltraumabenteuer und durchdachte Moralität. Viele Folgen spielten mit den kontroversen Themen jener Ära; Krieg und Konflikt, Imperialismus und autoritäre Systeme, Pflicht und Treue, Rassismus und Sexismus, und wie die Menschheit einst, in Jahrhunderten, mit ihnen umgehen würde. Roddenberry machte klar, dass eines der Ziele seiner Serie war, gleichnishafte moralische Kommentare zu aktuellen Ereignissen ins Fernsehen zu schmuggeln. Er sagte: „Durch das Schaffen einer neuen Welt konnte ich Aussagen über Sex, Religion, Vietnam, Politik und Interkontinentalraketen treffen, und tatsächlich machten wir das mit *Star Trek*; wir schickten Botschaften, und die Sender ließen sie alle durch."[2] Das ist eine Methode unter vielen, gesellschaftliche Veränderungen in Gang zu setzen; aufschlussreich dabei ist, dass Roddenberry wohlvertraut war mit Krieg. 1941, als junger Mann von zwanzig Jahren, trat er in die amerikanische Luftwaffe ein, flog 89 Einsätze im Südpazifik und erhielt dafür das *Distinguished Flying Cross*. Er wusste, wovon er schrieb: „Die Kraft einer Kultur bemisst sich nicht an ihrer Fähigkeit, Kriege zu führen, sondern an ihrer Begabung, sie zu verhindern."[3]

Piratenmoral oder: Konflikt und die Theorie teurer Signale

Herauszufinden, wie Kulturen gelernt haben, Kriege zu verhindern, verlangt ein Verständnis der Psychologie von Gewalt und Abschreckung, die in der Logik von Konflikten und unseren moralischen Emotionen wurzelt, wie im vorangehenden Kapitel untersucht. Betrachten wir die folgende Frage: Warum gaben Piraten sich mit dem „Jolly Roger" zu erkennen, der unheilverkündenden Flagge mit Totenschädel und gekreuzten Knochen, und zeigten so ihrer „Beute" an, dass ein Räuber Jagd auf sie macht, anstatt sich zu tarnen? Hier haben wir ein Beispiel der *Costly Signaling Theory* (Handicap-Prinzip), demzufolge Organismen, Menschen eingeschlossen, manchmal Dinge tun, die sie selbst einen Preis kosten, um anderen ein Signal zu senden.[4] Dafür gibt es positive und negative Beispiele.

Auf der positiven Seite zeigen Menschen nicht nur ein bestimmtes Verhalten, um denen zu helfen, die dieselben Gene in sich tragen (Verwandtenselektion) oder jenen, die den Gefallen erwidern werden (reziproker Altruismus), sondern um ein Signal auszusenden, das im Wesentlichen folgendes besagt: „Meine Selbstlosigkeit und meine menschenfreundlichen Taten zeigen, dass ich erfolgreich genug bin, mir Opfer für andere leisten zu können." Das heißt, manche altruistischen Handlungen sind eine Art Information, die anderen eine Botschaft der Vertrauenswürdigkeit und des Status übermittelt; erstens sollen sie darauf vertrauen, dass sie in Notlagen auf mich zählen können (damit sie, sollte ich in Not kommen, dasselbe für mich tun), und zweitens besitze ich Gesundheit, Intelligenz und Ressourcen, mir die Freundlichkeit und Großzügigkeit erlauben zu können. Diese Art des Handicap-Prinzips erklärt, warum manche Leute hohe Spenden leisten, dicke Autos fahren oder teure Juwelen tragen – als Signal an andere. Und da das Signal authentisch sein muss, neigen seine Sender dazu, selbst an das zu glauben, was sie tun; insofern handeln sie aufrichtig.

Die negative Seite zeigt sich zum Beispiel in der hohen Risikobereitschaft junger Männer – ein Verhalten, das gelegentlich damit endet, dass sich der Halbstarke selbst gänzlich aus dem Genpool entfernt (wofür jährlich die *Darwin Awards* vergeben werden[5]). Riskantes Verhalten mag die Methode des Männchens sein, dem Weibchen zu signalisieren, dass seine Gene so gut sind und er ein derart überdurchschnittliches Exemplar, dass er zwölf Biere trinken und dennoch absolut sicher mit hundertsechzig Sachen nach Hause fahren kann. Wegen seiner hervorragenden genetischen Ausstattung kann er sich leisten, Leib und Leben zu riskieren, so die Botschaft an die Weiblichkeit, und wäre daher ein guter Partner und ein exzellenter

Lieferant von genetischem Material und Ressourcen für sie und ihre zukünftigen Sprösslinge. Weiterhin mag riskantes Verhalten anderen Männchen signalisieren, dass mit dem leistungsfähigen Gefahrensucher nicht gut Kirschen essen ist, wie in Jim Croces Warnung: „Man zupft nicht an Supermans Cape, man spuckt nicht gegen den Wind, man reißt dem Lone Ranger nicht seine Maske ab und man lässt sich nicht mit Jim ein."

Vor diesem Hintergrund erklärt das Handicap-Prinzip, warum Piratenschiffe den Jolly Roger wehen ließen, die Flagge mit Schädel und Knochen. Es war das Signal an das unschuldige Handelsschiff, dass es gleich von einem gesetzlosen, aasigen Haufen unbändig-wilder Wahnsinniger geentert würde, versessen auf Mord und Chaos. Das war ausgesprochen clever; wenn wir dem Buch *The Invisible Hook* des Wirtschaftswissenschaftlers Peter Leeson folgen, das einige Piraten-Mythen entzaubert, dann waren die Seeräuber tatsächlich nicht die kriminellen, verrückten, heimtückischen Terroristen populärer Überlieferung, unter denen Anarchie und Gesetzlosigkeit die Regel waren. Diese seeräuberische Sagenwelt kann schon deshalb nicht der Wahrheit entsprechen, weil Schiffe voller randalierender Soziopathen, regiert von Chaos und Verrat, kaum irgendeinen auch nur kurzen Erfolg haben könnten. Die Wahrheit war viel weniger aufregend und geheimnisvoll; Piratengemeinschaften waren „geordnet und redlich", sagt Leeson, und mussten es sein, um das ökonomische Ziel der Freibeuter zu erreichen – Profit. „Um zwecks gemeinsamen Gewinns zu kooperieren, um ihre kriminelle Organisation überhaupt voranzubringen, mussten Piraten ihre ungesetzliche Gesellschaft davor bewahren, zum Tollhaus zu degenerieren."[6] Also gibt es doch Ehre unter Dieben. Wie Adam Smith in *The Wealth of Nations* bemerkte: „Eine Gesellschaft kann nicht fortdauern unter jenen, die jederzeit bereit sind, einander zu schaden und zu verletzen... Wenn unter Räubern und Mördern irgendeine Gesellschaft existiert, dann müssen sie wenigstens... auf Raub und Mord untereinander verzichten."[7]

Piratengesellschaften liefern Evidenz für Smiths Theorie, dass Ökonomien das Ergebnis gewachsener, spontan selbstorganisierter Ordnung sind, die auf natürliche Weise aus sozialen Interaktionen entsteht. Leeson zeigt, wie Piratengemeinschaften demokratisch ihre Kapitäne und Steuermannsmaaten wählten und Verfassungen konstruierten, mit Regeln über Trinken, Rauchen, Glücksspiel, Sex (keine Jungen oder Frauen an Bord), die Handhabung von Feuer und Kerzen (ein Feuer konnte für Crew und Ladung eine Katastrophe sein), Kampf und ordnungswidriges Benehmen (das Ergebnis von lange in engen Quartieren zusammengepferchten, testosterongeladenen, risikofreudigen Männern), Desertion und besonders Drückebergerei im Kampf. Wie jede andere Gesellschaft mussten Piraten mit dem Problem des Trittbrettfahrers umgehen, denn eine gleichmäßige Verteilung der Beute an Männer, die unterschiedlichen Einsatz zeigen, würde unweigerlich zu Missgunst, Vergeltung und wirtschaftlichem Chaos führen.

Durchsetzung war der Schlüssel. Wie Strafgerichte Zeugen auf die Bibel schwören lassen, mussten Piratenmannschaften sich mit dem Verhaltenskodex des Kapitäns einverstanden erklären, bevor sie in See stachen. Mit den Worten eines Beobachters: „Alle legten den Eid ab, auf ein Beil, in Ermangelung einer Bibel. Wer immer freiwillig an Bord eines solchen Schiffes ging, war verpflichtet, alle Vertragspunkte zu unterzeichnen, um Dispute und Gezänk hinterher zu verhindern." Selbst die gemeinsame Nutzung vertraglicher Regelungen durch mehrere Kapitäne spürte Leeson auf; möglich wurde sie, „weil bei mehr als 70 Prozent der zwischen 1716 und 1726 aktiven angloamerikanischen Piraten Verbindungen zu einem von drei Kapitänen bestanden. Der Piratenkodex entstand durch Interaktion und Informationsaustausch zwischen den Piraten; er kam nicht von einem 'Piratenkönig', der ihn zentral entworfen und den Seeräubern vorgeschrieben hätte".[8]

Woher kam dann der Mythos der seeräuberischen Gesetzlosigkeit und Anarchie? Von den Piraten selbst natürlich, in deren bestem Interesse es war, ihn zu verbreiten, um Verluste möglichst gering zu halten und Gewinne zu maximieren. Sie zeigten den Jolly Roger als Zeichen ihrer Reputation für Chaos; tatsächlich aber wollten sie keinen Kampf, denn der ist teuer, gefährlich und kann zu wirtschaftlichem Verlust führen. Piraten wollen nur Beute machen und ziehen eine risikoarme Kapitulation des Gegners einer hochgefährlichen Schlacht vor. Für den Kauffahrer war es ebenfalls besser, sich ohne Gegenwehr zu ergeben, denn auch für ihn ist Gewalt teuer. Natürlich muss man, um den Ruf des knallharten Typen zu wahren, gelegentlich tatsächlich ein knallharter Typ sein; daher wurden Piraten in Abständen gewalttätig und ließen Berichte darüber gern Zeitungsredakteuren zukommen, die sie gebührend mit blutigen und übertriebenen Einzelheiten veröffentlichten. Sam Bellamy, englischer Pirat des 18. Jahrhunderts, erklärte: „Ich verachte es, irgendwem Schaden zuzufügen, wenn es nicht zu meinem Vorteil ist." Leeson schließt: „Der Jolly Roger signalisierte potenziellen Zielen die Identität der Piraten und verhinderte so blutige Schlachten, in denen nicht nur Seeräuber, sondern auch unschuldige Handelsfahrer unnötig verletzt oder getötet worden wären."[9]

Der Jolly-Roger-Effekt hilft auch bei der Erklärung, warum heutige somalische Piraten typischerweise Lösegeldzahlungen erhalten, anstatt auf energischen Widerstand der Schiffsbesatzungen und Eigner zu treffen. Es ist in jedermanns ökonomischem Interesse, das Geschäft so schnell und friedlich wie möglich abzuschließen. Tom Hanks' Film *Captain Phillips*, die wahre Geschichte der Kaperung eines Tankers durch somalische Piraten im Jahr 2009, endete mit dem Tod der meisten Piraten, als die US-Marine zu Hilfe kam. Zuschauer waren verblüfft, dass der Schiffseigner zur Abwehr der Piraten nicht einfach Feuerwaffen an den Kapitän und seine Mannschaft verteilte. Nach Betrachten der Kosten-Nutzen-Rechnung ist die Antwort offensichtlich; es ist billiger, das Lösegeld zu zahlen, als das Leben von nicht kampfgeübten Crewmitgliedern zu riskieren.Zwar versteht sich die Marine aufs Kämpfen, müsste aber zahllose Schifffahrtswege patrouillieren, zu unrealistisch hohen Kosten. (Tatsächlich sank die Zahl der erfolgreichen Kaperungen 2013 auf Null, aber um den Preis beträchtlich höherer Kosten als denen der Lösegeldzahlungen von 2005 bis 2012, die sich auf 376 Millionen Dollar beliefen. 2013 gaben die Schifffahrtsgesellschaften weitere 423 Millionen Dollar für bewaffnete Sicherung aus, zusätzlich zu den 531 Millionen des Vorjahres, in Summe also 954 Millionen. Dazu kommen Treibstoffkosten von 1,53 Milliarden Dollar wegen der höheren Geschwindigkeit von 18 Knoten.[10]

Die US-Marine sandte den somalischen Piraten eine kraftvolle Botschaft, als sie alle Kaperer von Kapitän Phillips' Schiff tötete: „Hört auf, amerikanische Frachtschiffe zu überfallen – sonst...". Solange solche Signale der Abschreckung allerdings nicht anhaltend und konsistent gegeben werden, dürften die Piraten ihrerseits Kalkulationen anstellen, das „sonst..." als Bluff einschätzen und die Risiken als „Geschäftskosten" verbuchen.

Die langfristige Lösung liegt anderswo – in Somalia selbst. Handel in einer gesetzlosen Gesellschaft entspricht eher einem schwarzen als einem freien Markt, und da die somalische Regierung die Kontrolle über ihr Volk verloren hat, sind die Piraten weitgehend in der Lage, das Gesetz in die eigenen Hände zu nehmen. Solange Somalia nicht Rechtsstaatlichkeit etabliert und einen legalen freien Markt schafft, der den Bürgern eine einträgliche Beschäftigung ermöglicht, wird der gesetzlose Schwarzmarkt der Piraterie profitabel bleiben. Die Piraten selbst mögen ihre eigenen Regeln haben, mit denen sie sich zu einem Miniatur-Leviathan der Ordnung organisieren, aber auf der hohen See regiert Anarchie.

Die evolutionäre Logik der Abschreckung

Das führt uns zurück zum Gefangenendilemma und der im vorangehenden Kapitel behandelten Hobbes'schen Falle. Pinker nennt es das „Problem des jeweils anderen". Der Andere mag ein netter Kerl sein, aber wir wissen, dass er auch „gewinnen" will (in Fortsetzung der Sport-Metapher) und versucht sein könnte, zu mogeln, besonders wenn er denkt, dass wir auch gewinnen wollen und der Verlockung des Mogelns erliegen könnten. Und er weiß, dass wir wissen, dass er dieselbe Spielmatrix abarbeitet wie wir, und wir wissen, dass er weiß, dass wir wissen...

Bei internationalen Beziehungen ist „der Andere" ein anderer Staat; wenn er Atomwaffen hat und wir auch, kann es zu einem Rüstungswettlauf kommen, der in einer Art Nash-Gleichgewicht resultiert, wie jener, der während des kalten Krieges die USA und die Sowjetunion für ein halbes Jahrhundert in nuklearer Erstarrung hielt, dem „Gleichgewicht des Schreckens", im angelsächsischen Sprachraum *MAD (Mutual Assured Destruction)* genannt. Betrachten wir, wie das funktionierte und was wir weiter tun können, um mit dem, was wir über die menschliche Natur und die Logik der Abschreckung wissen, das Risiko eines Atomkrieges zu reduzieren. Die Übung wird als weiteres Beispiel für moralischen Fortschritt dienen und dafür, wie wir Wissenschaft und Vernunft einsetzen können, um das Problem einer ernsthaften Bedrohung unserer Sicherheit zu lösen.

Als ich 1974 an der Pepperdine University studierte, sprach dort Edward Teller, der Vater der Wasserstoffbombe, aus Anlass der Verleihung der Ehrendoktorwürde. Seine Botschaft war, dass Abschreckung funktioniert, wenngleich ich mich erinnere, damals dasselbe gedacht zu haben, was viele trendige „Politicos" sagten: „Jaja, aber es braucht nur einen kleinen Ausrutscher!" Gängige Filme wie *Fail-Safe* („Angriffsziel Moskau") und *Dr. Strangelove* („Dr. Seltsam oder: Wie ich lernte, die Bombe zu lieben") unterstrichen diesen Punkt. Aber der Ausrutscher kam nie. *MAD*, das Gleichgewicht des Schreckens, es funktionierte, weil keine der beiden Seiten durch einen Erstschlag gegen die andere etwas zu gewinnen hatte; deren Vergeltungspotenzial war mächtig genug, beide Nationen völlig auszulöschen (und den Rest der Welt gleich mit). „It's not mad!" rief Robert S. McNamara aus, der amerikanische Verteidigungsminister, „Es ist nicht verrückt! Gegenseitig zugesicherte Zerstörung ist das Fundament der Abschreckung. Atomwaffen haben nicht den geringsten militärischen Nutzen, außer, den Gegner von ihrem Einsatz abzuhalten. Das heißt, du solltest sie nie, nie, nie als erster benutzen. Wenn du es tust, begehst du Selbstmord."[11]

Zuerst formuliert wurde die Logik der Abschreckung 1946 vom amerikanischen Militärstrategen Bernard Brodie in seinem passend betitelten Buch The Absolute Weapon, in dem er den historischen Bruch verzeichnet, den die Entwicklung nuklearer Waffen bedeutet: „Bis jetzt war der Hauptzweck unserer militärischen Institutionen, Kriege zu gewinnen. Von jetzt an muss ihr Zweck sein, sie abzuwenden. Einen anderen gibt es kaum noch."[12] Während der berühmten Kommandozentralen-Szene aus Stanley Kubricks Filmklassiker über den kalten Krieg („Gentlemen, you can't fight in here, this is the war room!") erläutert Dr. Strangelove es so: „Abschreckung ist die Kunst, im Hirn des Feindes die Furcht davor zu erzeugen, selbst anzugreifen." Der besagte Feind muss natürlich darum wissen, dass sein Gegner derart zerstörerische Waffen zur Hand hat, und deshalb „geht der ganze Sinn einer Weltvernichtungsmaschine verloren, wenn man sie geheim hält."[13]

Dr. Strangelove war eine schwarze Komödie, die das Gleichgewicht des Schreckens parodierte, indem sie zeigte, was passiert, wenn Dinge fürchterlich schiefgehen. In diesem Fall, wenn General Jack D. Ripper seinerseits aus dem Gleichgewicht gerät beim Gedanken an „kommunistische Infiltration, kommunistische Indoktrination, kommunistische Subversion und die internationale kommunistische Konspiration, die all unsere kostbaren Lebenssäfte anzapft und verunreinigt" und daher einen nuklearen Erstschlag gegen die Sowjetunion befiehlt. Angesichts dieses unglückseligen Ereignisses und im Wissen, dass die Russen es wissen und Vergeltung üben werden, bittet General „Buck" Turgidson den Präsidenten, aufs Ganze zu gehen und einen vollen Erstschlag auszulösen. „Mr. President, ich will nicht sagen, dass wir dabei keine Haare lassen müssen, aber eines sage ich – nicht mehr als zehn bis zwanzig Millionen Tote, im Höchstfall, ähm, abhängig von Unwägbarkeiten."[14]

Kubrick hatte die Strategie des kalten Krieges studiert, er war nicht weit entfernt von den realen Opferzahlen, wie Robert McNamara sie berechnet hatte: „Welche Zerstörungen müssen wir einem Angreifer bei unserer Vergeltung zufügen können, um ihn sicher vom Angriff abzuhalten? Im Fall der Sowjetunion würde ich schätzen, dass unsere Fähigkeit, ein Fünftel bis ein Viertel ihrer Bevölkerung und die Hälfte ihres industriellen Potenzials zu vernichten eine effektive Abschreckung wäre."[15] 1968, als er diese Worte sprach, hatte die Sowjetunion etwa 240 Millionen Einwohner, die Rede ist also von 48 bis 60 Millionen Toten. Wenn es Ihnen dabei nicht kalt den Rücken hinunterläuft – Mao Zedong sagte einst, er sei bereit, die Hälfte des chinesischen Volkes zu opfern, damals 600 Millionen. „Wir haben so viele Menschen. Wir können uns leisten, ein paar zu verlieren. Welchen Unterschied macht es?"[16] Harold Agnew, eine Art „Dr. Strangelove" im echten Leben, verstand den Unterschied vollkommen. Er war zehn Jahre lang Direktor des *Los Alamos National Laboratory*; davor arbeitete er in Los Alamos im Rahmen des Manhattan-Projekts am Bau der ersten Atombomben, *Fat Man* und *Little Boy*, und begleitete in einem zweiten B-29-Bomber die *Enola Gay*, um nach dem Bombenabwurf über Hiroshima Druckmessungen vorzunehmen. Er schmuggelte sogar seine eigene 16-Millimeter-Kamera an Bord und und machte damit die einzigen existierenden Aufnahmen der Explosion, die 80000 Menschen tötete. Abschreckung hatte er im Sinn, als er sagte, er würde von jedem weltweit führenden Politiker verlangen, alle fünf Jahre Zeuge einer atomaren Explosion zu sein, in seiner Unterwäsche, „damit er die Hitze spürt und versteht, womit er herumspielt, denn wir nähern uns schnell einer Ära, in der keiner mehr von uns übrig ist, der je eine Megatonnen-Bombe losgehen sah. Wenn du es einmal gesehen hast, ist das ziemlich ernüchternd."[17]

Ein Bericht des *Office of Technology Assessment* des US-Kongresses von 1979 mit dem Titel *The Effects of Nuclear War* schätzte, dass 155 bis 165 Millionen Amerikaner bei einem vollen Erstschlag der Sowjetunion sterben würden (es sei denn, sie nutzten Schutzbunker nahe ihren Wohnstätten, was die Verluste auf 110 bis 120 Millionen reduzieren würde). Zu jener Zeit hatten die Vereinigten Staaten 225 Millionen Einwohner, der Anteil der Todesopfer reicht also von 49 Prozent bis 73 Prozent. Niederschmetternd. Weiter beschreibt der Report, was passieren würde, wenn eine Bombe mit der Sprengkraft einer Megatonne eine Stadt der Größe Detroits träfe. Zum Vergleich – Little Boy, die Hiroshima-Bombe, brachte es auf 16 Kilotonnen. Eine Megatonne sind tausend Kilotonnen, oder das Äquivalent von 62.5 Little-Boy-Bomben.

Die Explosion einer Megatonne TNT-Äquivalent auf der Erdoberfläche hinterlässt einen Krater von 300 Metern Durchmesser und 60 Metern Tiefe, umgeben von einem Rand hochradioaktiven Bodenauswurfs des doppelten Durchmessers. Im Umkreis eines Kilometers um das Zentrum bleibt nichts Erkennbares stehen… Von den 70000 Menschen, die sich in diesem Gebiet aufhalten, überlebt praktisch keiner; Häuser werden komplett zerstört, nur Fundamente und Keller bleiben zurück… Ob der Fallout vom „Stiel" oder der „Kappe" der Pilzwolke stammt, ist in der Umgebung der Detonation von großer Bedeutung wegen des Zeitfaktors und seiner Auswirkungen auf allgemeine Rettungsmaßnahmen... Nahezu eine halbe Million Verletzte stellen eine medizinische Aufgabe unglaublichen Ausmaßes dar. Krankenhäuser und Betten in sechs Kilometern Umkreis wären völlig zerstört, weitere 15 Prozent im Radius von sechs bis 13 Kilometern schwer beschädigt, mit 5000 verbleibenden Krankenbetten außerhalb dieser Zone. Da diese Zahl nur einem Prozent der Anzahl Verletzter entspricht, stellen diese Betten keine signifikante medizinische Hilfe dar. Zehntausende Menschen hätten Verbrennungen; 1977 gab es in den gesamten Vereinigten Staaten nur 85 spezielle Zentren für Verbrennungsopfer, mit vielleicht 1000 oder 2000 Betten.

Der Bericht geht so weiter, Seiten um Seiten. Wenn wir diese Effekte mit 250 multiplizieren, der Anzahl Städte, auf die vermutlich sowjetische Raketen gerichtet waren, verstehen wir die nüchterne Schlussfolgerung: „Die Auswirkungen auf die Gesellschaft der USA wären katastrophal."[18] Nicht geringer wäre das Desaster für die Sowjetunion und ihre Verbündeten. Ein Report des Strategic Air Command von 1957 schätzte die Zahl der Toten und Verwundeten auf beiden Seiten in der ersten Woche eines nuklearen Schlagabtausches mit dem Ostblock auf 360 Millionen.[19] Zahlen, die wir uns kaum vorstellen können.

Bild 2-1 zeigt eine Karte des Zivilschutzes mit Verhaltensregeln aus dem Jahr 1950, die den Bürgern rät, sich im Falle eines nuklearen Angriffs auf den Boden zu werfen und zu bedecken („drop and cover").[20]

Als in den frühen 1960er Jahren aufgewachsenes Kind erinnere ich mich an unsere regelmäßigen Übungen am Freitagmorgen in der Montrose Elementary School, bei denen ich meinem Lehrer glaubte, dass unsere schwächlichen hölzernen Schultische uns vor einer thermonuklearen Detonation über Los Angeles schützen würden.

Seit August 1945 wurden Atomwaffen in keinem irgendwie gearteten Konflikt eingesetzt, bisher hat die Abschreckung gewirkt. Sie aber für eine Dauerlösung zu halten, wäre unklug[21] Schon 1795 arbeitete Immanuel Kant in seiner Abhandlung *Zum ewigen Frieden* aus, wohin Abschreckung führt: „Ein Krieg, der die Vernichtung beider Parteien verursachen mag, erlaubte das Ergebnis ewigen Friedens nur auf dem großen Kirchhofe der Menschengattung."[22] (Kants Buchtitel zitierte ein Wirtshaus-Schild, das einen Friedhof abbildete – nicht die Art ewigen Friedens, nach der wir streben.)

Die Moral von Krieg, Terror und Abschreckung 73

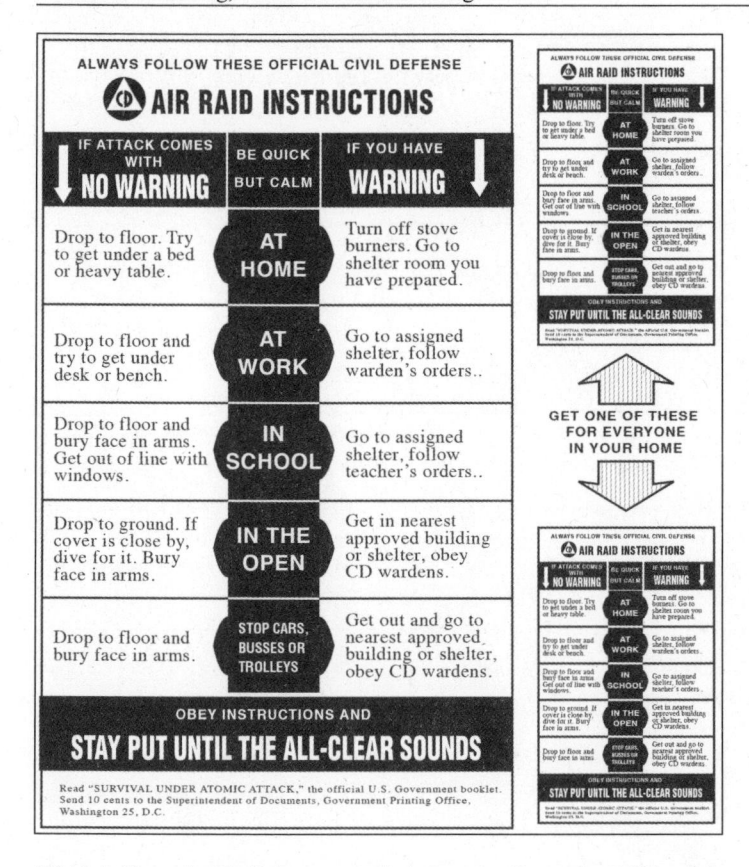

Bild 2-1. Karte des Zivilschutzes mit Verhaltensregeln aus den 1950er Jahren

Abschreckung funktioniert nur als temporäre Abhilfe der Hobbes'schen Versuchung, zuerst zuzuschlagen; sie erlaubt beiden Leviathanen, in relativem Frieden ihren Weg zu gehen und sich mit kleinen Stellvertreterkriegen in abgelegenen Drittweltländern zufrieden zu geben.

Zusätzlich zu den unmittelbaren Todesfällen durch Explosion, Hitze und Strahlung gibt es mögliche Langzeiteffekte, untersucht vom Astronomen Carl Sagan und dem Klimawissenschaftler Richard Turco in ihrem Buch *A Path Where No Man Thought*[23] (basierend auf einem Fachbeitrag im Magazin *Science*[24]), demzufolge die atmosphärischen Rauch- und Rußteilchen, die aus den Bränden eines umfassenden thermonuklearen Krieges

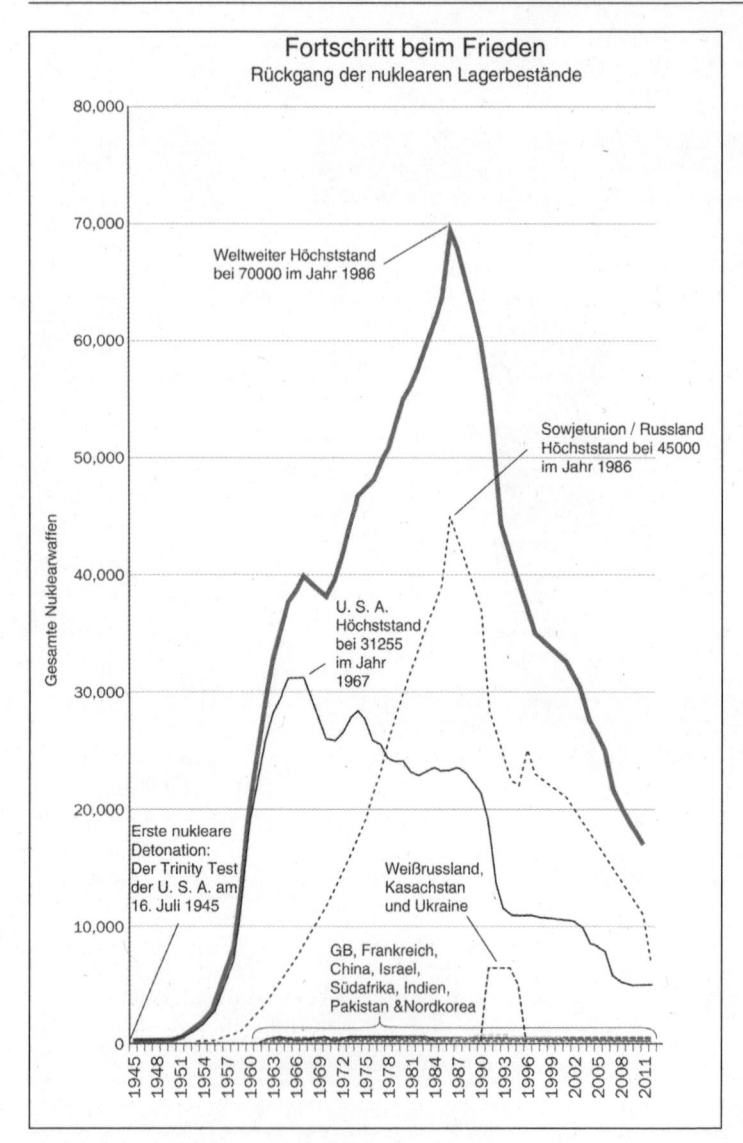

Bild 2-2. Rückgang der nuklearen Lagerbestände
Die Gesamtzahl (16400 bis 17200) und die Zahl einsatzbereiter (etwa 4200) nuklearer Sprengköpfe sind beide die niedrigsten seit den 1950er Jahren. [30]

entstünden, den Planeten durch Abschirmung der Sonnenstrahlung nahezu unbewohnbar machen und eine neue Eiszeit auslösen würden. Sie nannten das Szenario „nuklearen Winter". Seither wurde es von den meisten Wissenschaftlern als sehr unwahrscheinlich verworfen; schlimmstenfalls würde es zu einem „nuklearen Herbst" kommen.[25] Ein Kritiker bemerkte, Millionen Menschen würden eher Hungers sterben als am Klimawandel, wegen des Zusammenbruchs des internationalen Systems der Verteilung von Nahrungsmitteln.[26] Wie beruhigend – nur Millionen Tote statt Milliarden. Unabhängig von den Details jener speziellen Debatte und bezogen auf die Verfolgung moralischen Fortschritts in Richtung einer atomwaffenfreien Welt entwarfen Sagan und Turco einen realistischen Vorschlag, das nukleare Arsenal der Welt auf ein Niveau der minimal hinreichenden Abschreckung zu reduzieren – stark genug, einen atomaren Erstschlag zu verhindern, aber klein genug, um eine durch einen Fehler oder einen Verrückten ausgelöste Atomwaffe nicht zu einem nuklearen Winter (oder Herbst) führen zu lassen.

Es will scheinen, als kämen wir der minimal hinreichenden Abschreckung näher; Bild 2-2 zeigt einen dramatischen Rückgang der nuklearen Lagerbestände seit dem Höhepunkt von 70000 atomaren Sprengköpfen 1986; im Jahr 2014 waren es 16400 bis 17200 Stück.[27] Das ist noch weit entfernt von den ungefähr 1000, die Sagan und Turco als Ziel setzten[28], aber bei der derzeitigen Rate könnte es 2025 erreicht sein. Und seit dem Ende des kalten Krieges wurde es strategisch weniger nötig und ökonomisch weniger wünschenswert, derart viele Atomwaffen zu behalten, was zu einer drastischen Abnahme der amerikanischen (7315) und russischen (8000) Vorräte führte, die zusammen 93.4 Prozent des Weltbestandes ausmachen. Ermutigend dabei – es gibt nur 4200 einsatzbereite Gefechtsköpfe in Russland (1600), den USA (1920), Frankreich (290) und Großbritannien (160). Die Welt ist heute sicherer davor, von zehntausenden nuklearer Sprengköpfe in Fetzen gerissen zu werden, als sie seit 1945 je war.[29]

Kann der weltweite Bestand auf Null reduziert werden? Um das herauszufinden, nahm ich an der Claremont Graduate University am Kurs *Perspectives on War and Peace* des Politikwissenschaftler Jacek Kugler teil. Seine Antwort ist „nein", aus mindestens sieben Gründen: (1) Glaubhafte Abschreckung zwischen Nationen, die einander trauen, ist stabil und kalkulierbar. (2) Instabile oder unberechenbare Staaten wie Nordkorea, die regelmäßig mit den Säbeln in ihren Raketensilos rasseln, erfordern die Drohung der Vergeltung. (3) Vergleichbares gilt für Schurkenstaaten wie den Iran, die damit drohen, dem Club der Atommächte beizutreten, die aber wenig erpicht auf Mitgliedschaft im Club der Nationen sind. (4) Länder, die konventionelle Kriege führen, die zum Einsatz von Massenvernichtungswaffen eskalieren könnten, müssen mit einer Revanchedrohung in Schach gehalten werden. (5) Nichtstaatliche Instanzen wie terroristische Gruppen, denen wir entweder nicht trauen oder die wir nicht genügend kennen, erfordern dasselbe Druckmittel. (6) Der *Gebrauch* nuklearer Waffen mag mit einem Tabu belegt sein, aber bis jetzt besteht keines gegen ihren *Besitz*. (7) Der Geist des Wissens, wie man Atombomben baut, ist aus der Flasche, daher gibt es stets die Möglichkeit, dass weitere Nationen oder Terroristen in ihren Besitz gelangen und so einerseits die Abschreckung destabilisieren, andererseits die Wahrscheinlichkeit einer versehentlichen Detonation erhöhen.

Kugler glaubt, dass wir eine „regionale Null" erreichen können, atomwaffenfreie Zonen wie Südamerika und Australien, vorausgesetzt, die Nuklearmächte USA, Russland, China und vielleicht die EU und Indien stellen sicher, dass jeglicher präventive Einsatz nuklearer Waffen durch potenzielle Schurkenstaaten oder Terroristen gebührend beantwortet wird. Aber wegen des Vertrauensproblems, sagt er, ist eine globale Null unerreichbar. Kugler befürchtet, dass ein nuklearer Schlagabtausch im nahen Osten oder ein terroristischer Angriff auf Israel mit Atomwaffen wahrscheinlich ist, wenn die aktuellen Verhältnisse bestehen bleiben. Eine große Gefahr liegt, wie er sagt, in der Verfügbarkeit spaltbaren Materials auf dem Schwarzmarkt zu einem Preis, den Schurkenstaaten und Terroristen sich leisten können.

Analysten aus verschiedenen Gebieten stellen die überzeugende These auf, dass nukleare Sicherheit eine Illusion ist und wir einem Dr.-Stranglove-Ende der Welt, wie wir sie kennen, gefährlich nah gekommen sind. Wissenschaftler der *Federation of American Scientists* und des *Bulletin of the Atomic Scientists* unterhalten die „Atomkriegsuhr", die fortwährend ein paar Minuten vor Mitternacht zeigt, und vor Armageddon. Zugkräftige Autoren wie Richard Rhodes in seiner „nuklearen" Tetralogie (*The Making of the Atomic Bomb, Dark Sun, Arsenals of Folly* und *The Twilight of the Bombs*[31]) und Eric Schlosser in *Command and Control*[32] versetzen ihre Leser in Schwindel angesichts der zahlreichen Fälle, in denen es knapp war: der Notabwurf einer Atombombe vom Typ „Mark IV" in British Columbia 1950, der Absturz einer B-52 mit zwei Wasserstoffbomben in North Carolina, die Kubakrise, die NATO-Übung „Able Archer 83", die die Sowjets für die Vorbereitung eines Atomschlags hielten und die Explosion einer Titan-II-Rakete in Damascus (Arkansas), die beinahe die gesamte Stadt ausradiert hätte. Beim Nachsinnen über seine Karriere der Untersuchung von Atomwaffen und des Schreibens über sie bemerkte Rhodes:

> Das Schlimme an nuklearen Waffen ist von Anfang an, dass wir sie „Waffen" nennen. In dieser kleinen, transportablen Einrichtung stecken gewaltige Kräfte der Zerstörung. Sie haben keinerlei erkennbaren Nutzen außer der vollständigen Vernichtung bewohnter Städte. Diese Mentalität lässt Entscheidungsträger denken, sie seien so etwas wie Gewehre. Es gibt einen Grund, warum niemand sie seit 1945 in einem Konflikt eingesetzt hat – das Risiko ist zu groß.[33]

Einem Bericht der *Global Zero US Nuclear Policy Commission* zufolge, deren Vorsitz das Mitglied des vereinigten Generalstabs James E. Cartwright innehat, könnten die Vereinigten Staaten und Russland die Abschreckung aufrechterhalten und dennoch ihre nuklearen Arsenale auf jeweils neunhundert Waffen reduzieren; sie könnten zusichern, dass nur die Hälfte davon gleichzeitig eingesetzt würde und mit 24 bis 72 Stunden Startverzögerung, damit zuverlässige Maßnahmen einen versehentlichen Atomschlag verhindern können.[34] Den Plan der globalen Null unterstützen so hochrangige Politiker wie Barack Obama, der ehemalige russische Präsident Dmitri Medwedew, David Cameron, die einstigen Premierminister Indiens und Japans, Manmohan Singh und Yoshihiko Noda sowie Ban Ki-moon, achter Generalsekretär der Vereinten Nationen.[35] Nun ist Unterstützung noch nicht reales Handeln, aber die Bewegung hin zur globalen Null nimmt doch Fahrt auf.[36]

Bemerkenswerterweise besitzen von den 194 Ländern der Welt nur neun Atomwaffen; 185 von ihnen (95 Prozent) kommen also gut ohne sie aus. Einige hätten vielleicht gern welche, können sich aber die Produktion der spaltbaren (und anderen) Materialien nicht leisten. Andere geben auf; von den Ländern, die seit 1964 Programme für nukleare Waffen ins Leben riefen, hat die größere Anzahl sie nicht vollendet, darunter Italien, Westdeutschland, die Schweiz, Schweden, Australien, Südkorea, Taiwan, Brasilien, der Irak, Algerien, Rumänien, Südafrika und Libyen.[37] Für den Verzicht gibt es viele gute Gründe; einer davon sind die Kosten. Während des kalten Krieges gaben die USA und die Sowjetunion unfassbare 5.5 Billionen Dollar für den Bau von 125000 Atomwaffen aus, und die Vereinigten Staaten stecken immer noch 35 Milliarden Dollar pro Jahr in ihr nukleares Programm.[38] Aus Pflugscharen Schwerter zu schmieden ist nicht nur teuer, es macht den Schmied auch zum Angriffsziel. Eine Studie des Politikwissenschaftlers David Sobek im Jahr 2012 überprüfte die

„Volksweisheit", dass Atomwaffen ihrem Besitzer viele Vorteile bringen, mittels einer länderübergreifenden Analyse des Zusammenhangs zwischen dem Auflegen eines Nuklearprogramms und der Entstehung militärischer Konflikte. „Je näher ein Staat dem Besitz nuklearer Waffen kommt, desto größer das Risiko eines Angriffs", wie sich für die Jahre 1945 bis 2001 herausstellte. Warum? „Wenn eine Nation ein solches Programm initiiert, lässt sie die Absicht erkennen, ihre Verhandlungsbasis grundlegend zu ändern. Staaten, die zuvor einen Vorteil hatten, sind nun im Hintertreffen." Sobald ein Land eine oder zwei Bomben hat, sinkt das Risiko, zum Ziel eines Erstschlags zu werden, aber nicht unter das Niveau, das es vor seinem Beitritt zum atomaren Club hatte."[39] Mit anderen Worten, so oder so ist es besser, diese Waffen nicht zu besitzen.

Diese Auffassung vertrat der kalte Krieger schlechthin, „Cowboy-Präsident" Ronald Reagan, der für die Abschaffung aller nuklearen Waffen eintrat. Folgt man Jack Matlock, dem amerikanischen Botschafter in der Sowjetunion der späten Achtziger, betrachtete Reagan Atomwaffen als „vollkommen irrational und inhuman, nur zum Töten gut und geeignet, Leben und Zivilisation auf der Erde zu vernichten." Der Chef der *Arms Control and Disarmament Agency* Kenneth Adelman sagte, sein Boss würde oft mit „lasst uns alle Atomwaffen abschaffen" herausplatzen. „Ich war überrascht, in welchem Maß dieser antikommunistische Falke auch 'antinuklear' war", erinnert sich Adelman. „Seine Kommentare schienen eher von ganz links als von ganz rechts zu stammen. Er hasste nukleare Waffen." Der ganze Sinn der *Strategic Defense Initiative* (SDI), bekannt als „Star Wars") bestand darin, das „Gleichgewicht des Schreckens" überflüssig zu machen. Matlock gab wieder, was Reagan dazu gesagt hatte: „Wie können Sie mir, dem Präsidenten der Vereinigten Staaten, erzählen, dass ich mein Volk nur verteidigen kann, indem ich andere Menschen und vielleicht die Zivilisation selbst bedrohe? Das ist inakzeptabel."[40]

Nicht alle waren d'accord mit Reagans Vision einer atomwaffenfreien Welt. Sein Staatssekretär George Shultz erinnert sich, wie er von der britischen Premierministerin Margaret Thatcher ge-*handbagged* wurde, nachdem sie erfuhr, dass sein Chef dem sowjetischen Premier Michail Gorbatschow vorgeschlagen hatte, nukleare Waffen abzuschaffen:

> Als wir 1986 vom amerikanisch-sowjetischen Gipfel in Reykjavík mit der Übereinkunft zurückkehrten, es sei wünschenswert, sich aller Atomwaffen zu entledigen, kam sie nach Washington und ich wurde in die britische Botschaft einberufen. Bei dieser Gele-

genheit fand ich heraus, was der britische Ausdruck *to be handbagged* bedeutet. Sie sagte: „George, wie können Sie dasitzen und dem Präsidenten erlauben, einer Abschaffung nuklearer Waffen zuzustimmen?" „Margaret, er ist der Präsident" sagte ich. Ihre Antwort: „Nun, Sie sind derjenige, der auf dem Teppich bleiben sollte." „Aber Margaret, ich war seiner Meinung."[41]

Heute befürwortet nicht nur George Shultz die Abschaffung von Atomwaffen, sondern auch seine früheren Kollegen aus den Zeiten des kalten Krieges, so der frühere Staatssekretär Henry Kissinger, der Ex-Senator Sam Nunn und der einstige Verteidigungsminister William Perry. Der Aufruf aller vier zu einer atomwaffenfreien Welt lässt sich nachlesen, und das ausgerechnet im *Wall Street Journal*.[42] Dort (und anderswo) skizzierten sie die realpolitischen Schwierigkeiten, eine nukleare Null zu erreichen, die sie mit der Besteigung eines Berges verglichen: „Aus der Perspektive unserer heutigen angespannten Weltlage können wir den Gipfel des Berges nicht einmal sehen und sind versucht, zu sagen, dort kommen wir nicht hin. Aber die Risiken eines Abstiegs oder des Verharrens am Ort sind zu real, um sie zu ignorieren. Wir müssen einen Kurs in Richtung höheren Terrains abstecken, von wo aus der Gipfel sichtbarer wird."[43]

Manche Theoretiker meinen, mehr Abschreckung sei der Weg zum Frieden. Der verstorbene Politikwissenschaftler Kenneth Waltz zum Beispiel glaubte, ein nuklear gerüsteter Iran würde den Nahen Osten stabilisieren, denn „in keiner anderen Region der Welt existiert ein einzelner unkontrollierter nuklearer Staat. Israels nukleares Arsenal, nicht der Wunsch des Iran nach einem solchen, hat am meisten zur augenblicklichen Krise beigetragen. Macht braucht schließlich ein Gegengewicht."[44]

Oder auch nicht, wie sich in der Epoche der unipolaren Dominanz der Vereinigten Staaten nach dem Zusammenbruch der Sowjetunion 1991 zeigte – keine Mittelmacht stieg auf, das Vakuum zu füllen, keine Eroberungskriege brachen aus, und der einzige andere Kandidat, China, hat seit fast vier Dekaden keinen Krieg geführt. Obendrein spielt, wie Kugler hervorhebt, der Iran nicht nach den Regeln des internationalen Systems; er unterhält weder mit den USA noch mit Israel formelle diplomatische Beziehungen, was Kommunikation in einem Notfall heikel macht; und seine Lage in der Nähe Israels reduziert die Vorwarnzeit auf Minuten, beschränkt so Gegenmaßnahmen wie Abfangraketen in ihrer Wirksamkeit und erhöht die Wahrscheinlichkeit, dass eine „schmutzige Bombe" ins Land geschmuggelt wird.[45]

Hinzufügen würde ich: Der Iran hat terroristische Gruppierungen wie Hamas und Hisbollah geschult und seine Staatenlenker äußerten wiederholt und klar ihre antisemitischen Ansichten, wie 2005, als der neue Präsident Mahmud Ahmadinedschad einem Publikum von viertausend Studenten sagte, Israel müsse „von der Landkarte getilgt" werden, im Rahmen eines Programms, das in aller Deutlichkeit „Eine Welt ohne Zionismus" betitelt war.[46]

Ein anderer Staatsführer hatte schon in den 1930er Jahren verkündet, die Welt von den Juden befreien zu wollen und war beinahe erfolgreich damit. Angesichts der sich seinerzeit daraus ergebenden Entwicklungen kann man Israel kaum verdenken, mit der Vorstellung eines *Allahu Akbar* grölenden Imams mit dem Finger am nuklearen Abzug nicht recht warm zu werden.

Der Politikwissenschaftler Christopher Fettweis bemerkt in seinem Buch Dangerous Times?, dass Vorstellungen wie „Gleichgewicht der Kräfte" trotz ihrer Popularität auf einer kleinen Anzahl nicht generalisierbarer Fälle der Vergangenheit beruhen und nicht auf die Gegenwart anwendbar sind. Kulturkämpfe wie die Weltkriege des 20. Jahrhunderts sind in den hochgradig voneinander abhängigen Strukturen der Welt des 21. Jahrhunderts extrem unwahrscheinlich geworden. Tatsächlich hat, wie er zeigt, nie zuvor in der Geschichte ein derart hoher Prozentsatz der Weltbevölkerung in Frieden gelebt. Konflikte aller Art gehen seit den frühen 1990er Jahren stetig zurück, und selbst Terrorismus kann Staaten im Zuge internationaler Zusammenarbeit gegen einen gemeinsamen Feind näher zusammenführen.[47]

Fat-Man-Moral und Little-Boy-Krawall

Neben all diesen moralischen Erwägungen zur Zukunft nuklearer Waffen wird die Debatte über die bereits erfolgten Einsätze der einzigen Atombomben fortgeführt, die jemals Städte trafen – Little Boy, die Hiroshima ausradierte, und Fat Man, die Nagasaki das gleiche Schicksal bescherte. In den letzten Jahrzehnten behauptete ein Kader von Kritikern, keine der Bomben sei nötig gewesen, um den zweiten Weltkrieg zu beenden, und ihr Einsatz sei daher unmoralisch, illegal, gar ein Verbrechen gegen die Menschlichkeit. 1946 veröffentlichte der *Federal Council of Churches* folgende Erklärung: „Als amerikanische Christen bereuen wir tief den unverantwortlichen Gebrauch der Atombombe. Wie immer man über den Krieg an sich urteilen mag – die Überraschungsangriffe auf Hiroshima und Nagasaki sind moralisch unentschuldbar."[58] 1967 nannte der Linguist und Querdenker Noam Chomsky die beiden Bombardierungen „die abscheulichsten Verbrechen der Geschichte".[49]

In jüngerer Zeit eröffnete der Geschichtswissenschaftler Daniel Goldhagen in der ansonsten sehr aufschlussreichen Geschichte des Völkermords *Worse than War* seine Analyse, indem er den US-Präsidenten Harry Truman einen Massenmörder nannte, weil er durch seinen Einsatzbefehl „beschloss, die Leben von 300.000 Männern, Frauen und Kindern auszulöschen". Er fährt fort: „Es ist schwer verständlich, wie ein rechtdenkender Mensch das Hinschlachten harmloser Japaner nicht *Massenmord* nennen kann."[50] Indem er Harry Truman auf eine Stufe stellt mit Adolf Hitler, Josef Stalin, Mao Zedong und Pol Pot, unterwirft Goldhagen sich einem Denken in Kategorien, das ihn daran hindert, die unterschiedlichen Arten, Grade und Motive des Völkermords wahrzunehmen (wenngleich ihm das bei anderen Massenmorden gelingt). Definiert man „Völkermord" nur umfassend genug, wie Goldhagen es mit seiner Gleichsetzung mit „Massenmord" tut (ohne je zu definieren, was genau dessen Bedeutung ist), dann kann beinahe jeder Akt der Tötung einer großen Anzahl von Menschen „Genozid" genannt werden, denn dann gibt es nur zwei Kategorien – „Massenmord" und „kein Massenmord".

Die Fähigkeit des Denkens in Kontinua erlaubt uns, nach Formen der Massentötung zu unterscheiden (manche Gelehrte definieren Genozid als einseitige Tötung unbewaffneter Menschen durch Bewaffnete), nach Kontext (Krieg zwischen Staaten, Bürgerkrieg, „ethnische Säuberung"), nach Motiven (Beendigung von Feindseligkeiten oder Ausrottung eines Volkes) und nach Zahlen (Hunderte bis Millionen), auf einer gleitenden Skala. 1946 kreierte der polnische Jurist Raphael Lemkin den Begriff „Genozid" und definierte ihn als „eine Verschwörung, um nationale, religiöse oder ethnische Gruppen auszurotten."[51] Im selben Jahr folgte eine weitere Völkermord-Definition durch die UN-Generalversammlung: „Nichtanerkennung des Existenzrechts gesamter Gruppen von Menschen."[52] Später, 1994, beschrieb der angesehene Philosoph Steven Katz Genozid als „Verwirklichung der Absicht, wie erfolgreich immer, irgendwelche nationalen, ethnischen, rassischen, religiösen, politischen, gesellschaftlichen, geschlechtlichen oder ökonomischen Gruppen in Gänze zu ermorden."[53]

Nach diesen Definitionen waren die Bombenabwürfe auf Hiroshima und Nagasaki keine Akte des Völkermords, und der Unterschied zwischen Truman und den aufgezählten anderen liegt in Kontext und Motiv, wie im Untertitel von Goldhagens Buch erkennbar wird: *Genocide, Eliminatio-*

nism, and the Ongoing Assault on Humanity („Genozid, Eliminationismus und der permanente Angriff auf die Menschlichkeit"). In ihren völkermörderischen Handlungen wollten Hitler, Stalin, Mao und Pol Pot zielgerichtet bestimmte Gruppen von Menschen beseitigen. Das Töten würde erst mit der Vernichtung des letzten verfolgten Menschen enden, oder mit einem Sieg über die Täter.

Truman Ziel war nicht, das japanische Volk auszulöschen, sondern den Krieg zu beenden. Wäre „Eliminationismus" das Ziel gewesen – warum folgten die USA nach dem Krieg dem Marshall-Plan, Japan und (West-) Deutschland wieder aufzubauen, sodass beide binnen zwanzig Jahren zu Weltwirtschaftsmächten heranwuchsen?[54] Es wäre das Gegenteil eines Programms der Auslöschung.

Gemäß der Definition dieses Buches von „Moral" – das Überleben und Gedeihen empfindungsfähiger Wesen – haben Fat Man und Little Boy nicht nur den Krieg und das Töten beendet, sondern Leben gerettet, vielleicht Millionen Leben, japanische und amerikanische, darunter womöglich das meines Vaters. Im zweiten Weltkrieg diente er an Bord des Zerstörers *Wren*, eingesetzt als Geleitschutz für Flugzeugträger und Schlachtschiffe, um sie vor japanischen U-Booten und Kamikazefliegern zu schützen. Er gehörte zu der Flotte, die sich zur geplanten Invasion Japans vorankämpfte und erzählte mir, dass allen an Bord vor diesem Tag graute, denn sie hatten von den fürchterlichen Blutbädern bei der Besetzung zweier winziger, von den Japanern gehaltener Inseln gehört, Iwo Jima und Okinawa. Bei der Invasion Iwo Jimas erlitten die Amerikaner 26.000 Verluste mit 6821 Toten in einer Schlacht von 36 Tagen. Wie erbittert die Japaner diese kleine Vulkaninsel verteidigten, mehr als 1000 Kilometer von der Heimat entfernt? Von den 22.060 dort stationierten Soldaten wurden nur 216 gefangengenommen.[55]

Die folgende Schlacht um Okinawa, etwas mehr als 500 Kilometer von Japan entfernt, war noch grausamer. 240.931 Tote. 77166 japanische Soldaten, 14.009 amerikanische Soldaten, 149.193 auf der Insel lebende japanische Zivilisten, die im Kampf starben oder Selbstmord begingen, um der Gefangenschaft zu entgehen.[56] Als die Atombomben fielen, so berichtete mein Vater, ging eine Welle der Erleichterung durch die Crew.[57] Mit 2.3 Millionen japanischen Soldaten und 28 Millionen Angehörigen der Miliz war jedem klar[58], was eine Invasion der japanischen Inseln bedeuten würde.

Ausgehend von diesen kalten, harten Fakten schätzten Trumans Berater, dass eine Besetzung Japans zwischen 250.000 und einer Million amerikanische Leben kosten würde.[59] General Douglas MacArthur kalkulierte ein Verhältnis von 22 zu 1 zwischen japanischen und amerikanischen Toten, also einen Blutzoll von 5.5 Millionen toten Japanern.[60] Im Vergleich, der sich kalt anhören mag, war die Zahl der Todesopfer beider Atombomben ein gutes Geschäft; insgesamt 200.000 bis 300.000 (Hiroshima: 90.000 bis 166.000, Nagasaki: 60.000 bis 80.000[61]). Wie dem auch sei – hätte Truman die Abwürfe nicht befohlen, dann hätte General Curtis LeMay mit seinen B-29-Geschwadern die konventionellen Bombardierungen Tokios und anderer Städte fortgesetzt, sie in Schutt verwandelt, und der Blutzoll wäre genauso hoch gewesen; wenn nicht höher, denn vorherige Flächenbombardements hatten Todesopferzahlen auf Hiroshima-Niveau gefordert und wahrscheinlich wären noch weitere Städte zerstört worden, bevor Japan kapituliert hätte. Das Energie-Äquivalent von Little Boy waren 16.000 Tonnen TNT. Nach einer Schätzung des US Strategic Bombing Survey entspricht das 220 B-29-Flugzeugen mit 1200 Tonnen Brandbomben, 400 Tonnen hochexplosiver Bomben und 500 Tonnen Splitterbomben, die dieselbe Anzahl Opfer verursacht hätten.[62] In der Nacht vom 9. auf den 10. März warfen 279 B-29 1665 Tonnen Bomben auf Tokio, ebneten damit 40 Quadratkilometer der Stadt ein, töteten 88.000 Menschen, verletzten weitere 41.000 und machten eine Million Einwohner obdachlos.[63]

Alles in allem war der Abwurf der Atombomben unter den zur Verfügung stehenden Mitteln das der geringsten Zerstörung. Als Akt der Moral würden wir ihn kaum bezeichnen, aber im Kontext seiner Zeit und gemessen an geretteten Leben war er die am wenigsten unmoralische Tat. Davon abgesehen müssen wir den ungeheuren Verlust menschlicher Leben zugeben, und die Tatsache, dass die todbringende unsichtbare Strahlung lange nachwirkt, sollte uns davon abhalten, jemals wieder derartige Waffen einzusetzen. Auf der gleitenden Skala des Übels, im Kontext eines der schlimmsten Kriege der Menschheitsgeschichte, eingeschlossen die sechs Millionen Toten des Holocaust, war es nicht, gemäß Chomsky, das abscheulichste Verbrechen der Geschichte, nicht annähernd, aber es war ein Ereignis in den Annalen der Menschheit, das niemals vergessen und hoffentlich nie wiederholt wird.

Ein Weg zur nuklearen Null

Die Abschaffung nuklearer Waffen ist eine außergewöhnlich komplexe und schwierige Aufgabe, die Gelehrte und Wissenschaftler seit einem halben Jahrhundert ausgiebig untersuchen. Die Probleme und Permutationen auf dem Weg dorthin sind Legion, ein narrensicherer Pfad existiert nicht, aber die nachfolgend aufgezählten Schritte, vorgeschlagen von verschiedenen Experten und Organisationen, scheinen sinnvolle und realistische Fernziele zu sein.[64]

1. *Weitere atomare Abrüstung.* Den Trendlinien in Bild 2-2 folgend sollte eine Reduktion der weltweiten Bestände von derzeit über 10.000 Atomwaffen auf 1000 bis zum Jahr 2020 und weniger als 100 bis 2030 angestrebt werden. Das wäre genügend Feuerkraft, um die minimal hinreichende Abschreckung so weit aufrecht zu erhalten, dass die Nuklearmächte den Frieden wahren, aber im Falle eines Fehlers oder eines Wahnsinnigen am Auslöser würde ein Atomkrieg nicht die Zivilisation auslöschen.[65] Die Kampagne der globalen Null fordert „die gestaffelte, verifizierte, proportionale Verkleinerung aller nuklearen Arsenale auf null Sprengköpfe bis 2030" und bemerkt auf den Einwand, das sei unrealistisch, dass „die USA und Russland bisher doppelt so viele nukleare Gefechtsköpfe (40.000+) aus dem Verkehr gezogen und zerstört haben, wie dieser Aktionsplan für die nächsten zwanzig Jahre (2009 bis 2030) fordert (20.000+).[66] Das ist zwar ermutigend, aber es ist viel leichter, von 70.000 auf 10.000 zu reduzieren als von 10.000 aus die 1000 zu erreichen, und noch schwerer, von 1000 aus zur Null zu gelangen, wegen des stets bestehenden Sicherheitsdilemmas, bis die weiteren Schritte vollzogen wurden.

2. *Kein Erstgebrauch*, völkerrechtliches Verbot aller Erstschlags-Strategien. Nuklearwaffen sollen nur defensiv als Vergeltungsinstrument benutzt werden. Jedes Land, das dieses Gesetz bricht, wird weltweit geächtet, erfährt Wirtschaftssanktionen, nukleare Vergeltung und möglicherweise eine Invasion, die die Regierung stürzt und für Verbrechen gegen die Menschlichkeit vor Gericht stellt. China und Indien haben Erklärungen abgegeben, auf Erstgebrauch zu verzichten; die NATO, Russland und die Vereinigten Staaten allerdings nicht. Die russische Militärdoktrin fordert das Recht, Atomwaffen „als Reaktion auf weitreichende konventionelle Aggression" einzusetzen.[67] Frankreich, Pakistan, Großbritannien und die USA haben erklärt, sie würden Nuklearwaffen nur defensiv nutzen. Pakistan allerdings würde sich mit ihnen gegen einen konventionellen Angriff Indiens verteidigen,[68] und Großbritannien würde sie gegen „Schurkenstaaten" wie den Irak benutzen, falls dieser Massenvernichtungswaffen gegen britische Truppen im Feld einsetzt.[69] Die USA ihrerseits bekräftigten ihre langjährige Strategie: „Die grundlegende Rolle amerikanischer Atomwaffen wird es blei-

ben, solange Atomwaffen existieren, vor Angriffen mit ihnen auf die USA, ihre Verbündeten und Partner abzuschrecken. Die USA werden sie gegen Staaten, die sie nicht besitzen, die den Atomwaffensperrvertrag unterzeichnet haben und einhalten, weder einsetzen noch mit ihnen drohen."[70]

3. *Ein Pakt der nuklearen Großmächte.* Eine solche Allianz wäre eine Bastion gegen kleinere Staaten, die entweder nukleare Waffen haben oder in ihren Besitz gelangen und sie einsetzen wollen. Jacek Kugler skizzierte ein Modell zur Reduktion weltweiter atomarer Bestände unter Wahrung der Abschreckung, das zusätzlich zum Verzicht auf Ersteinsatz folgende Maßgabe enthält: „Atom-Großmächte müssen gemeinsam garantieren, dass auf jeden Erstschlag mit Kernwaffen eine zwangsläufige nukleare Vergeltung folgt." Kugler und sein Kollege Kyunghook Kang schlagen einen nuklearen Sicherheitsrat der vier Großmächte USA, China, Russland und EU vor, die für eine Vergeltung gerüstet sind, sollte einer der kleineren Staaten oder eine terroristische Gruppe gegen irgendwen einen Erstschlag führen.[71] Attackierte Nordkorea beispielsweise Japan oder Südkorea, so übten die USA Vergeltung. Einen Angriff des Iran auf Israel würden die Vereinigten Staaten (und vielleicht die EU – vielleicht auch nicht) mit einem Gegenschlag beantworten.

4. *Verschiebung des Tabus weg vom* Gebrauch *und hin zum* Besitz *nuklearer Waffen.* Das war der Sinn hinter der Verleihung des Friedensnobelpreises 2009 an Präsident Barack Obama: „Das Komitee legte besonderen Wert auf Obamas Vision einer atomwaffenfreien Welt und auf seine Arbeit dafür."[72] Tabus sind wirksame psychologische Mechanismen, um Menschen von allen möglichen Verhaltensmustern abzuhalten. So erfüllten sie ihren Zweck, als sie den Einsatz von Giftgas im zweiten Weltkrieg verhinderten, obwohl andere Länder es benutzt hatten; England und Deutschland im ersten Weltkrieg, Saddam Hussein gegen das eigene Volk (die irakischen Kurden). Das Tabu gegen chemische und biologische Waffen griff nicht sofort, aber generell und mit der Zeit wurde es stärker, und das Völkerrecht und die meisten Länder erachten ihren Einsatz als Verbrechen gegen die Menschlichkeit (er war eines jener Verbrechen, für die Saddam Hussein erhängt wurde[73]).

Kernwaffen waren einst „sexy". Das bescheinigt der „Bikini", von seinem französischen Designer Louis Réard so getauft, weil er hoffte, seine freizügige Formgebung würde zu einer explosiven Reaktion führen, nicht unähnlich der zweier Atombomben in jenem Sommer 1946 auf dem Bikini-Atoll im Südpazifik.[74] Die Politikwissenschaftlerin Nina

Tannenwald beschreibt in ihrer Geschichte des Ursprungs des nuklearen Tabus, wie während der 1950er Jahre jedermann Atomwaffen als konventionell anerkannte, gemäß „einer Sichtweise mit einer langen Tradition in der Geschichte von Waffen und Kriegführung: Einmal eingeführt, wird eine Waffe unweigerlich als legitim akzeptiert." Aber das blieb nicht so. Stattdessen wurden nukleare Waffen „als verabscheuungswürdige, inakzeptable Massenvernichtungsmittel definiert und ihr Gebrauch mit einem Tabu belegt, das mit einem verbreiteten Widerwillen und weitgehenden Hemmungen vor ihrem Einsatz assoziiert ist. Die Schmach übertrug sich auf alle nuklearen Waffen, nicht nur auf große Bomben oder bestimmte Typen oder Einsatzzwecke." Das Tabu entstand als Ergebnis dreier Kräfte, erläutert Tannenwald: „Eine bodenständige globale Anti-Atom-Bewegung, die Rolle der Machtpolitik des kalten Krieges und die anhaltenden Bemühungen nichtnuklearer Staaten, Atomwaffen zu delegitimieren."[75]

Die Psychologie hinter dem Tabu gegen chemische und biologische Waffen ist leicht auf nukleare zu übertragen. Tödliche Hitze und Strahlung sind, wie Giftgas und todbringende Krankheiten, unsichtbare Killer, die willkürlich und unterschiedslos morden. Verglichen mit der Kriegführung zweier Armeen, mit Speeren, Schwertern, Feuerwaffen und Granaten, selbst mit Kanonen und Raketenwerfern, stellen sie einen psychologischen Bruch dar. Die moralische Emotion moralistischer Bestrafung, die evolvierte, um Trittbrettfahrer und Tyrannen abzuschrecken, bringt keine Befriedigung, wenn der Feind auf einem anderen Kontinent in einem grellen Blitz verschwindet.[76] Auch mag die Abscheu gegenüber Atomwaffen im Gehirn mit dem Gefühl des Ekels verknüpft sein, das Psychologen als assoziiert mit unsichtbaren Ansteckungen durch Krankheiten, mit Giften und abstoßenden Materialien (Erbrochenes und Fäkalien) als deren Träger identifiziert haben – Reaktionen, die entstanden, damit Organismen sich aus Gründen des Überlebens von diesen Substanzen fernhalten.[77]

5. *Abkehr von atomarer Abschreckung.* Der frühere australische Außenminister und Vorsitzende der Internationalen Kommission zur nuklearen Nichtverbreitung und Abrüstung (ICNND), Gareth Evans, stellt die überzeugende These auf, dass Kernwaffen kein sinnvolles Mittel der Abschreckung mehr sind. Es ist überhaupt nicht klar, so Evans, dass diese Waffen die Großmächte in der Pattsituation des kalten Krieges festhielten, angesichts der Tatsache, dass jene Mächte schon vor der Entwicklung der Kerntechnik und trotz existierender Massenvernich-

tungswaffen Kriege führten. „Besorgnis, zum Ziel der extremen Zerstörungskraft nuklearer Waffen zu werden, mag weniger ausschlaggebend für Entscheidungsträger sein, als gemeinhin angenommen wird", sagt Evans. Stattdessen ist der lange Frieden seit 1945 vielleicht das Ergebnis „der Erkenntnis, nach den Erfahrungen des zweiten Weltkriegs und im Licht der rasanten technologischen Entwicklungen seither, dass der Schaden durch irgendeinen Krieg unvorstellbar katastrophal wäre und in der heutigen Welt der gegenseitigen wirtschaftlichen Abhängigkeiten weit jeden denkbaren Nutzen überwöge."[78]

6. *Evolution statt Revolution.* All diese Veränderungen sollten graduell und inkrementell umgesetzt werden, mit einer „Vertrauen plus Kontrolle"-Strategie und so viel Transparenz wie möglich. Gareth Evans schlägt einen zweistufigen Prozess vor: Minimierung, dann Eliminierung, „mit einiger unvermeidlicher Diskontinuität dazwischen." Evans und die ICNND setzen sich bis 2025 als Ziel der Minimierung „eine Reduktion der Sprengkopf-Vorräte auf 2000 weltweit (jeweils 500 für USA und Russland, weitere 1000 für alle anderen Staaten zusammen), wobei alle Länder sich bis dahin zum Verzicht auf Erstgebrauch verpflichten und, diesen doktrinellen Erklärungen unterworfen, Vertrauenswürdigkeit erreichen sollen durch drastische Reduktion der Bereitstellungen und der Startbereitschaft ihrer Waffen."[79]

7. *Verringerung der Ausgaben für nukleare Waffen und ihre Entwicklung.* Atomwaffen sind unvertretbar kostspielig; Schätzungen für die neun Atommächte übertreffen 100 Milliarden Dollar pro Jahr für Instandhaltung und eine geschätzte Billion über die nächste Dekade hinweg.[80] Jetzt Budgets aufzustellen, die im Lauf der nächsten zwanzig Jahre die zugeteilten Gelder für alle mit Kernwaffen befassten Instanzen zurückschrauben, wird Nationen dazu bewegen, andere Lösungen für Probleme zu erwägen, die zu lösen historisch die Aufgabe der Kernwaffen war.

8. *Überarbeitung der Strategiepläne und Richtlinien des zwanzigsten Jahrhunderts mit Blick auf das einundzwanzigste.* In ihrem Manifest „Eine Welt ohne Kernwaffen" schlagen die erwähnten Herren Shultz, Perry, Kissinger und Nunn vor, dass wir: „sämtliche existierenden Operationspläne für massive Angriffe aus den Tagen des kalten Krieges verwerfen"; „die Vorwarn- und Entscheidungszeiten für den Start aller nuklear bewaffneten ballistischen Raketen verlängern und so das Risiko versehentlicher oder unautorisierter Angriffe verringern"; „über die kooperative Entwicklung multilateraler Verteidigungs- und Frühwarn-

systeme verhandeln" und „drastisch unsere Arbeit beschleunigen, um die höchstmöglichen Sicherheitsstandards für Kernwaffen zu erreichen und Terroristen daran zu hindern, in ihren Besitz zu gelangen."[81]
9. *Gegenseitige wirtschaftliche Abhängigkeit.* Je mehr Handel zwei Länder miteinander treiben, desto geringer die Wahrscheinlichkeit, dass sie gegeneinander Krieg führen. Zwar ist das keine perfekte Korrelation, es gibt Ausnahmen, aber Länder, die ökonomisch voneinander abhängen, werden politische Spannungen eher nicht bis zum Konflikt eskalieren lassen. Kriege sind teuer; Wirtschaftsverpflichtungen, Sanktionen, Embargos und Blockaden sind kostspielig; das Geschäft leidet oft auf beiden Seiten eines Konflikts (selbstverständlich mit Ausnahme der Waffenproduzenten). In Demokratien sind Politiker wohl oder übel stärker den Interessen der Finanz unterworfen, die es vorzieht, ihre Transaktionskosten so niedrig wie möglich zu halten, und die steigen im Krieg massiv. Je eher also Nationen wie Nordkorea und der Iran in ökonomische Handelsblöcke integriert werden und damit in Abhängigkeit von den nuklearen Großmächten geraten, umso unwahrscheinlicher wird es, dass sie Kernwaffen entwickeln oder diese gar einsetzen.
10. *Demokratische Führung.* Die Wahrscheinlichkeit der Kriegführung zweier Staaten sinkt mit dem Grad ihrer Demokratisierung. Wie ökonomische Abhängigkeit ist auch demokratischer Frieden ein allgemeiner Trend, kein Naturgesetz, aber der Effekt findet sich in der Transparenz eines politischen Systems, das Kontrollmechanismen der Macht enthält und die Möglichkeit, Führungspersonen auszuwechseln, sodass ein Lügner, Geistesgestörter oder machtbesessener Möchtegernherrscher mit Rachegedanken oder Fixierung auf „Reinheit der Rasse" oder „kostbare Körpersäfte" daran gehindert wird, Spannungen bis zum Start von Atomraketen eskalieren zu lassen.

Mit Kernwaffen gibt es keinen leichten Weg heraus aus dem Sicherheitsdilemma. Obwohl Reagan sagte, er wolle die Null erreichen, lehnte er in Island Gorbatschows Angebot einer drastischen Reduktion ab, gerade weil er den Russen nicht traute und auf „Vertrauen und Kontrolle" bestand, was eine Form von Misstrauen ist. Ich bin hoffnungsvoll, dass wir bei der Null anlangen können, bevor wir uns selbst auslöschen, aber es wird ein beschwerlicher Weg. Anfangen könnte man bei der Anwendung des *Prinzips der austauschbaren Perspektiven* in Verhandlungen, etwa über die Reduktion der Bewaffnung, wie es Gareth Evans als ersten Schritt empfiehlt: „Wie bei jeder Diplomatie liegt der Schlüssel darin, die Interessen und Perspektiven der anderen Seite zu verstehen und ihnen nach Kräften so weit

entgegen zu kommen, das man gerade noch nicht die eigenen vitalen Interessen aufs Spiel setzt."
So zitiert Evans das Unvermögen der USA, den Russen „eine akzeptable Antwort auf ihre Bedenken angesichts der Raketenabwehr und neuer konventioneller Langstecken-Waffensysteme in Europa zu geben", was, wie er sagt, „ihre Fähigkeit eines Zweitschlags zur Vergeltung ernsthaft verringert hätte."[82] Erfreulicherweise unternahmen die USA 2013 einen wichtigen Schritt durch die Aufhebung eines Teils ihres Raketenabwehr-Programms in Europa, auch wenn es wegen des Budgets geschah und um aus Beunruhigung über Nordkorea die Raketenabwehr in Asien zu stärken.[83] Um China zu erlauben, seinen gegenwärtigen Status der „minimalen Abschreckung" zu wahren, schreibt Evans, müssten die USA anerkennen, „dass ihre nukleare Beziehung zu China eine der 'gegenseitigen Verwundbarkeit' ist", was in der Praxis bedeutet, „die Vereinigten Staaten sollten die Positionierung ihrer Streitmacht und ihre Strategie auf der Vermutung basieren lassen, dass ein Erstschlag, kombiniert mit Raketenabwehr, nicht verlässlich einen chinesischen Vergeltungsschlag ausschließen würde."[84] So besitzen die USA in der pazifischen Region bereits ein genügend starkes Abwehrsystem, um nordkoreanische Raketen abzufangen; jede weitere Entwicklung könnte von China als bedrohlich empfunden werden.

Dutzende solcher Szenarios spielen sich ab auf der Suche nach etwas, das wir im Geiste kreativer Akronyme auf diesem Gebiet URBAN nennen könnten – „ungefährlichste Route bis auf Null". Dass die Abschreckungsfalle eine ist, aus der wir uns niemals befreien können, glaube ich nicht, und die verbleibenden Bedrohungen sollten uns anleiten, eher heute als morgen auf die Null hinzuarbeiten. Einstweilen ist ein Minimum das Beste, auf das wir hoffen dürfen angesichts der Komplexität internationaler Beziehungen, aber mit genügend Zeit, wie Shakespeare feststellte:

> Ihr Ruhm ist, Zwist der Könige beizulegen,
> den Trug entlarvend, Wahrheit aufzudecken,
> Vergangner Zeit den Stempel aufzuprägen,
> die Nacht zu schützen und den Tag zu wecken…
> Vernichte Tiger, lebend vom Vernichten…
> Zu reicher Ernte lass die Saat gedeihen,
> Und höhl' mit weichen Tropfen hart Gestein.[85]
> (William Shakespeare, Lucretia, Google
> Books on Demand, Üb. Friedrich Bodenstedt)

Was ist mit Terrorismus?

All die spieltheoretische Rechnerei geht davon aus, dass Menschen rationale Akteure sind. Der Professor für internationale Beziehungen Hedley Bull bemerkte: „Gegenseitige nukleare Abschreckung macht den Atomkrieg nicht unmöglich; sie macht ihn nur irrational" und fügte hinzu, ein rationaler Stratege sei jemand, „der sich bei näherer Bekanntschaft als Universitätsprofessor von ungewöhnlicher intellektueller Raffinesse entpuppt."[86]

Sind Terroristen rationale Akteure? Wie rational ist ein muslimischer Terrorist, der sich auf den Märtyrertod freut und auf eine Belohnung durch 72 Jungfrauen im Himmel? (Natürlich nur, sofern es ein Mann ist; für eine Terroristin gibt es keinen vergleichbaren Trost.) Immerhin, die gottlosen Kommunisten hegten keine derartigen Wahnvorstellungen. Das Gleichgewicht des Schreckens hält dich von einem Erstschlag ab, weil du denkst, dass dein Ziel zurückschlagen kann und du nicht sterben willst. Aber wenn deine Religion dich überzeugt hat, dass du nicht wirklich sterben wirst, dass das nächste Leben spektakulär besser sein wird als das gegenwärtige und du für deine Hinterbliebenen ein Held sein wirst… nun, das ändert die Kalkulation. Sam Nunn, Befürworter der nuklearen Null, sagte: „Ein Terrorist ohne Absenderadresse, der sich nicht abschrecken lässt, beunruhigt mich viel mehr als ein vorbedachter Krieg zwischen Atommächten. Eine zum Selbstmord entschlossene Gruppe lässt sich nicht abschrecken."[87] Dennoch neige ich zum Optimismus angesichts der trostlosen Erfolgsbilanz des Terrorismus bei seinen Versuchen, Ziele durch Gewalt zu erreichen. Ungeachtet des scheinbar fortdauernden Trommelfeuers der Nachrichten über Selbstmordattentäter zeigen die Langzeit-Trends des sozialen Wandels im letzten halben Jahrhundert in Richtung von weniger Gewalt und hin zu moralischeren Handlungen, auch mit Terrorismus.

Terrorismus ist eine Form der asymmetrischen Kriegführung durch nichtstaatliche Akteure gegen unschuldige Zivilisten. Wie der Begriff ausdrückt, erzeugt er Entsetzen (*terror*) und löst so unsere altruistischen Emotionen aus, die ihrerseits unsere Vernunft vernebeln und klares Denken nahezu unmöglich machen. Um beim klaren Denken zu bleiben, stelle ich sieben Mythen vor (es mag mehr geben), denen wir den Nimbus rauben müssen, um die Ursachen des Terrorismus wirklich zu verstehen und seine Häufigkeit und Wirksamkeit zu verringern.

1. Terroristen sind das Böse schlechthin. Dieser erste Mythos entstand im September 2001, als US-Präsident George W. Bush verkündete „wir werden die Welt von den Bösewichten befreien", denn sie hassen uns für „unsere Religionsfreiheit, unsere Redefreiheit, unser Wahlrecht und die Freiheit, uns zu versammeln und einander zu widersprechen."[88] Dieser Gedanke verkörpert, was der Sozialpsychologe Roy Baumeister „den Mythos des reinen Bösen" nennt (mehr darüber in Kapitel 9: Über moralischen Rückschritt), der besagt, Gewalttäter würden sinnlos, ohne rationalen Grund, verletzen und töten. Den Übeltäter-Mythos entlarvt die wissenschaftliche Untersuchung der Gewalt; sie identifiziert vier ihrer Typen, die Terroristen motivieren: *instrumentell, Dominanz* und *Ehre, Rache* und *Ideologie.*

In einer Untersuchung von 52 Fällen, in denen islamische Extremisten die USA angriffen, schloss der Politikwissenschaftler John Mueller, dass instrumentelle Gewalt und Rache zu den Motiven gehören: „eine schwelende, öfter gar brennende Empörung über die amerikanische Außenpolitik – speziell die Kriege im Irak und in Afghanistan, aber auch die Unterstützung Israels im Palästina-Konflikt." Ideologie in ihrer religiösen Ausprägung „war für die meisten ein Teil ihres Konzepts", sagt Mueller, „aber nicht, weil sie die Scharia verbreiten oder Kalifate errichten wollten (wenige der Täter wären fähig, die Wörter zu buchstabieren). Stattdessen wollten sie ihre Glaubensbrüder vor etwas schützen, das sie als auf sie konzentrierten Krieg der US-Regierung im nahen Osten wahrnahmen."[89] Was Dominanz und Ehre betrifft, konnte der Anthropologe Scott Atran durch seine umfangreiche Ethnographie terroristischer Zellen zeigen, dass Selbstmordattentäter (und ihre Familien) im irdischen Leben mit Status und Ehre überschüttet werden (und dem Versprechen der Jungfrauen im nächsten Leben) und dass „die meisten lockeren, gewachsenen Netzwerken aus Familie und Freunden entstammen, wo man nicht für einen Zweck stirbt, sondern füreinander." Die meisten Terroristen sind um die zwanzig Jahre alt, darunter Schüler und Einwanderer, „die besonders empfänglich sind für Bewegungen, die Dienst für eine gute Sache versprechen, darüber hinaus Kameradschaft, Abenteuer und Ruhm."[90] All diese Motive zeigt Jeremy Scahills Dokumentarfilm Dirty Wars von 2013, der einen ernüchternden Blick auf die amerikanischen Drohnenangriffe und gezielten Tötungen in Ländern wie Somalia und Jemen (mit denen die USA keinen Krieg führen) wirft; man sieht darin Bürger Rache an Amerikanern schwören für diese Verstöße gegen ihre Ehre und ihre Ideologie.[91]

2. *Terroristen sind organisiert.* Dieser Mythos lässt sie als Teil eines gewaltigen, globalen Netzwerks zentral gesteuerter Verschwörungen

gegen den Westen erscheinen. Atran zeigt nun, dass Terrorismus „ein dezentralisierter, selbstorganisierter und stetig evolvierender Komplex sozialer Netzwerke" ist, häufig organisiert durch soziale Gruppen und Sportvereine, zum Beispiel Fußballclubs.[92]

3. *Terroristen sind teuflische Genies.* Der Bericht der 9/11-Untersuchungskommission, der die Terroristen als „raffiniert, geduldig, diszipliniert und tödlich" beschreibt, war Ursprung dieses Mythos.[93] Folgt man jedoch dem Politikwissenschaftler Max Abrahms, dann waren die „Terroristen, die die USA direkt angriffen, weder raffiniert noch Superhirne, sondern unfähige Narren", nachdem die terroristischen Spitzenorganisationen ihrer führenden Köpfe beraubt waren.[94] Beispiele sind reichlich vorhanden: Der „Schuhbomber" Richard Reid 2001 konnte im Flugzeug seine Bombe nicht zünden, weil die Zündschnur nass war von Regen und Fußschweiß; dem „Unterwäsche-Bomber" Umar Farouk Abdulmutallab 2009 gelang es nur, seine Hose in Brand zu setzen, er zog sich dabei Verbrennungen an Händen, Oberschenkeln und Genitalien und schließlich seine Verhaftung zu; der Times-Square-Bomber Faisal Shahzad 2010 brannte lediglich das Innere seines „Nissan Pathfinder" ab; der Modellflugzeugbomber Rezwan Ferdaus 2012 erwarb C-4-Sprengstoff von FBI-Agenten, die ihn prompt verhafteten; und die Boston-Marathon-Bomber hatten zur Verteidigung nur eine Pistole, kein Geld und keine Fluchtstrategie mit Ausnahme eines gekaperten Autos mit leerem Tank, mit dem Dschochar Zarnajew seinen Bruder Tamerlan überfuhr, gefolgt von einem erfolglosen Selbstmordversuch in einem Boot, das sich an Land befand. Offensichtlich ist Terrorismus ein Unterbietungswettlauf.

4. T*erroristen sind arm und ungebildet.* Dieser Mythos wirkt attraktiv auf viele in der westlichen Welt, die glauben, jedes Problem ließe sich mit genügend Geld lösen, oder Menschen im Rest der Welt wären so wie wir, wenn sie nur alle zur Hochschule gingen. Der Wirtschaftswissenschaftler Alan Krueger schreibt in seinem Buch *What Makes a Terrorist*: „Zahlreiche akademische und staatliche Studien zeigen, dass Terroristen aus gebildeten Familien der Mittelklasse oder solchen mit hohem Einkommen rekrutiert werden nicht aus den Reihen der Armen. Unter jenen, die die Angelegenheit ernsthaft oder teilweise untersuchten, gibt es kaum Zweifel, dass Armut wenig mit Terrorismus zu tun hat."[95]

5. *Terrorismus ist ein tödliches Problem.* Verglichen mit Tötungsdelikten in Amerika sind Tote durch Terror statistisches Rauschen, eine winzi-

ge Delle in der Kurve der 13.700 Todesopfer pro Jahr. 9/11 forderte 3000 Menschenleben. In den 38 Jahren davor gab es 340 Terroropfer und seither 33, einschließlich des Anschlags auf den Boston Marathon und des Fort-Hood-Massakers durch Vidal Hassan 2009.[96] Das sind 373 Tote, oder 7.8 pro Jahr. Schließen wir noch die 9/11-Opfer mit ein, landen wir bei einem Jahresmittel von 70.3, das es zu den 13.700 ins Verhältnis zu setzen gilt. Kein Vergleich.

6. *Terroristen werden in den Besitz einer Atomwaffe oder „schmutzigen Bombe" gelangen und sie benutzen.* Osama bin Laden sagte, er würde solche Waffen benutzen, wenn er an sie heran käme, und Tom Ridge, Minister für innere Sicherheit der Vereinigten Staaten, verlieh dem Nachdruck, als er mehr Unterstützung für seine Abteilung forderte: „Massenvernichtungswaffen, einschließlich jener, die chemische, biologische oder radiologische Substanzen enthalten, können nicht unberücksichtigt bleiben.[97] Aber, wie Michael Levi vom Council on Foreign Relations uns erinnert, „Politiker lieben es, uns zu Tode zu erschrecken, und nichts ist dafür geeigneter als über nuklearen Terrorismus zu reden. Angefangen bei Präsident Bushs Warnung im Jahr 2002, der 'schlagende Beweis' (smoking gun) könnte ein Atompilz sein, über John Kerrys Beschwörung 'schattenhafter Gestalten mit dem Finger auf dem nuklearen Knopf' 2004 und Mitt Romneys Berufung auf das Gespenst des 'radikalen nuklearen Dschihad' ist das Muster nicht zu verkennen."[98]

Die meisten Experten allerdings stimmen darin überein, dass die Beschaffung des Materials und der Erwerb des nötigen Wissens weit außerhalb der Reichweite der meisten (wenn nicht aller) Terroristen liegt. George Harpers herrlicher Artikel „Baue deine eigene Atombombe und wecke die Nachbarschaft auf" im Magazin *Analog* (1979) macht klar, wie schwierig es ist, tatsächlich seine eigene Bombe zu bauen:

„Die beste Methode für deine Zwecke als Terrorist ist die Gasdiffusion. Sie wurde für die ersten Atombomben benutzt, ist in vieler Hinsicht die zuverlässigste und erfordert die am wenigsten anspruchsvolle Technologie. Allerdings ist sie ein bisschen teuer und man braucht bestimmte Chemikalien, die etwas Argwohn auslösen sollten. Anfangen musst du mit ungefähr zwanzig Kilometern Glas-innenbeschichtetem Stahlrohr und etwa sechzig Tonnen Flusssäure, mit der sich die chemische Verbindung Uranhexafluorid herstellen lässt. Sobald du dein Uran in Uranhexafluorid verwandelt hast, musst du es gegen eine Anzahl spezieller niedrig-poröser

Membranen pusten. Diejenigen Uranhexafluorid-Moleküle, die ein Atom U-238 enthalten, sind ein bisschen schwerer als die mit einem Atom U-235. Wenn das Gas über die Membranen geblasen wird, werden mehr von den schwereren Molekülen eingefangen als von den leichten. Auf der anderen Seite der Membran reichert sich also das Material an, in dem sich U-235 befindet; möglicherweise etwa ein halbes Prozent pro Durchgang. Wiederhole das oft genug und du bekommst Uranhexafluorid, das praktisch hundert Prozent U-235-Atome enthält. Nun trennst du das Fluor vom Uran und behältst einen hübschen kleinen Haufen hausgemachtes U-235. Der Rest ist ein Kinderspiel.[99]

In seinem Buch *On Nuclear Terrorism* zitiert Levi, was er „Murphys Gesetz des nuklearen Terrorismus" nennt: „Was schiefgehen kann, wird vielleicht schiefgehen". Er zählt viele Anschläge auf, die durch die schiere Unfähigkeit der Terroristen scheiterten, selbst die einfachsten chemischen Waffen zu bauen und zur Explosion zu bringen.[100] In diesem Zusammenhang ist es wichtig, zu erwähnen, dass noch niemals von irgendwem irgendwo eine „schmutzige Bombe" eingesetzt wurde, die irgendeinen Schaden anrichtete, und gemäß der *Nuclear Regulatory Commission,* die die Wege spaltbaren Materials verfolgt, „betreffen die meisten Berichte über verlorene oder gestohlene Substanzen kleine oder kurzlebige radioaktive Quellen, die für eine schmutzige Bombe nicht geeignet sind. Frühere Erfahrungen legen nahe, dass sich noch kein Beleg für das Sammeln solcher Quellen zum Bau einer Bombe gefunden hat. Im übrigen würde die Radioaktivität aller verschwundenen Strahlenquellen der letzten fünf Jahre zusammen nicht den Wert erreichen, der eine Quelle mit erheblicher Gefahr kennzeichnet.[101] Kurz, die Gefahr des erfolgreichen Baus und Einsatzes irgendeiner nuklearen Waffe durch Terroristen ist so klein, dass wir unsere limitierten Ressourcen lieber in die anderweitige Bekämpfung des Terrorismus investieren sollten.

7. *Terrorismus wirkt.* In einer Untersuchung 42 ausländischer, über mehrere Jahrzehnte aktiver Terrororganisationen identifizierte Max Abrahms nur zwei, die ihre gesteckten Ziele erreichten – die Hisbollah erlangte 1984 und 2000 Kontrolle über den südlichen Libanon, und die Tamil Tigers übernahmen 1990 Teile Sri Lankas, die sie 2009 wieder verloren. Das bedeutet eine Erfolgsrate von unter fünf Prozent[102] In einer weiteren Studie ermittelten Abrahms und sein Kollege Matthew Gottfried,

dass es die Wahrscheinlichkeit ihres Verhandlungserfolgs mit Staaten signifikant erniedrigt, wenn Terroristen Geiseln nehmen oder Zivilisten töten; Gewalt erzeugt Gewalt, und die öffentliche Meinung wendet sich gegen ihre Verursacher. Bekamen Terroristen, was sie wollten, dann war es häufiger Geld oder die Entlassung politischer Gefangener, seltener politische Ziele. Ein weiteres Ergebnis: Liberale Demokratien sind widerstandsfähiger gegen Terrorismus, entgegen der Wahrnehmung, sie würden wegen ihrer Verpflichtung zu bürgerlichen Freiheiten vor harten Gegenmaßnahmen zurückschrecken.[103] Was schließlich die Effektivität von Terrorismus beim Erreichen seiner Ziele angeht, so fand die Politikwissenschaftlerin Audrey Cronin in einer Analyse von 457 Terrorkampagnen seit 1968 heraus, dass nicht eine einzige Gruppierung einen Staat übernommen hatte und 94 Prozent nicht eines ihrer strategischen Ziele erreichten. Und die Anzahl der Gruppen, die alle Zielvorgaben erfüllten? *Null.*

Cronins Buch heißt *Wie Terrorismus endet* (How Terrorism Ends). Er endet zügig (Gruppen überleben im Durchschnitt fünf bis neun Jahre) und böse (durch Tod der Anführer).[104]

Eine Erwiderung, die ich beim Aufzählen dieser Studien oft höre: Terrorismus hat insofern funktioniert, als dass er die Regierungen drängte, enorme Ressourcen auf seine Bekämpfung zu verwenden und dabei unsere Freiheit und Privatsphäre einzuschränken. Ein gültiger Punkt. Allein seit 9/11 gaben die Vereinigten Staaten für zwei Kriege und eine aufgeblähte Bürokratie über sechs Billionen Dollar aus, als Reaktion auf 3000 verlorene Leben[105], weniger als ein Zehntel der Menschen, die jedes Jahr auf amerikanischen Straßen sterben. Edward Snowdens explosive Enthüllungen der Überwachungsprogramme der National Security Agency lösten eine landesweite Diskussion aus über die Balance zwischen Privatsphäre und Transparenz, zwischen Freiheit und Sicherheit. 2014 sprach Snowden zum TED-Publikum in Vancouver über Video, von einem geheim gehaltenen Ort in Moskau:

> Terrorismus provoziert eine emotionale Reaktion, die Menschen dazu bringt, Programme zu rationalisieren und zu genehmigen, die sie ansonsten nicht wollen würden. 1990 baten die USA um diese Ermächtigung; das FBI fragte den Kongress, und der sagte nein, die Maßnahmen seien das Risiko für die Wirtschaft nicht wert, sie würden der Gesellschaft zu sehr schaden, als dass der Gewinn durch sie gerechtfertigt wäre. Aber in der Ära nach 9/11 benutzte

man Geheimhaltung und Terrorismus als Begründung, um geheime Programme ins Leben zu rufen, ohne den Kongress oder das amerikanische Volk zu fragen. Vor einer Regierung hinter verschlossenen Türen müssen wir uns schützen. Wir müssen nicht unsere Privatsphäre aufgeben, um eine gute Regierung zu bekommen, und wir müssen nicht Freiheit gegen Sicherheit eintauschen.[106]

Mit dieser Balance zwischen Freiheit und Sicherheit kämpfen alle Regierungen in vielen gesellschaftlichen Bereichen.[107] Natürlich müssen wir stets wachsam bleiben, aber die sieben Mythen weisen auf den unausweichlichen Schluss hin, dass Terrorismus im Lauf der Geschichte vollkommen darin versagt, seine Ziele zu erreichen oder die Zivilisation von ihrem Weg hin zu größerer Gerechtigkeit und Freiheit abzubringen; es sei denn, wir fallen der Angst vor ihm zum Opfer.

Gewaltsamer kontra friedlicher Wandel

Gewalt als Mittel, politische Ziele zu erreichen, ist eine heikle Strategie. Wie sieht es mit friedlichem gesellschaftlichem Wandel aus? In einem 1970 veröffentlichten klassischen Werk der politischen Philosophie namens *Exit, Voice, and Loyalty* (dt. „Ausstieg, Stimme und Loyalität") analysierte der Wirtschaftswissenschaftler Albert Hirschman aus Harvard die Stagnation und den Niedergang von Firmen und Nationen; er beobachtete zwei gewaltfreie Strategien, die ihre Mitglieder und Interessengruppen anwenden können, um eine Wende einzuleiten. Entweder sie bringen ihre Meinungen zum Ausdruck, machen Änderungsvorschläge, äußern Beschwerden. Oder sie steigen aus und gründen eine neue Organisation, die ihre Vorstellungen eines Wandels verkörpert.[108] Als Reaktion auf politische Unterdrückung beispielsweise können die Bürger eines Landes entweder protestieren (*Stimme*) oder auswandern (*Ausstieg*); Angestellte oder Kunden eines Unternehmens können eine Beschwerde einreichen oder sich geschäftlich umorientieren. In beiden Fällen wählen Menschen mit ihrer Stimme und mit ihren Füßen (oder ihrem Geld). *Loyalität* hält die Ausstiege im Zaum, sodass Staaten und Firmen nicht andauernd scheitern oder bankrottgehen. Für Fortschritt und Profit ist eine gewisse Stabilität nötig, und so gibt die *Loyalität* der *Stimme* als effektivem und gewaltfreiem Mittel Raum, Wandel herbeizuführen, damit die *Ausstiegs*-Strategie weniger nötig wird. Wenn Menschen das Gefühl haben, dass ihre Stimme gehört wird und sie Veränderungen sehen, dann laufen sie nicht davon. Umgekehrt, wenn Staaten politische Abweichler zum Verstummen bringen, indem sie sie einsperren oder hinrichten, dann ist der Ausstieg der einzig gangbare Weg, und das kann zu Gewalt führen.

Welche Strategie ist für den moralischen Fortschritt besser geeignet – Stimme oder Ausstieg? Es hängt davon ab, wie es zum Wandel kommt, durch gewaltlosen Widerstand oder durch gewaltsame Reaktionen. Historisch wurden Regimewechsel oft durch Blutvergießen bewirkt; während des größten Teils der europäischen Geschichte war Königsmord eine geläufige Methode. In einer Untersuchung von 1513 Regenten in 45 Monarchien zwischen den Jahren 600 und 1800 stellte der Kriminologe Manuel Eisner fest, dass 15 Prozent (227) durch Attentate starben, was einer Mordrate von 1000 pro 100.000 Regentenjahre entspricht, etwa dem Zehnfachen der ansonsten gängigen Tötungsrate in jenen Jahrhunderten.[109] Mao Zedong war Realist, als er 1938 verkündete: „Die politische Macht kommt aus den Gewehrläufen."[110] Aber das ändert sich.

Wie die vielen anderen Formen moralischen Fortschritts, die in diesem Buch behandelt werden, hat gewaltloser Widerstand den gewaltsamen überholt. Die Politikwissenschaftlerinnen Erica Chenoweth und Maria Stephan steckten alle Arten gewaltloser und gewaltsamer Revolutionen und Reformen von 1900 bis 2006 in eine Datenbank und ließen rechnen.[111] Ergebnis: „Weltweit waren friedliche Kampagnen doppelt so erfolgreich wie gewaltsame." Chenoweth fügte hinzu: „Dieser Trend hat sich im Lauf der Zeit verstärkt. In den letzten 50 Jahren nahm die Häufigkeit und Effektivität zivilen Widerstandes zu, während gewaltsame Aufstände seltener und erfolgloser wurden. Selbst unter extrem repressiven, autoritären Bedingungen, unter denen wir eher ein Scheitern des gewaltlosen Widerstandes erwarten würden, trifft es zu." Wie kommt es, dass Gewaltlosigkeit auf lange Sicht über Gewalt obsiegt? „Die Macht des Volkes", sagt Chenoweth. Wie viele aus dem Volk? Nach ihren Daten „scheiterte keine Kampagne, sobald es ihr gelang, 3.5 Prozent der Bevölkerung zur aktiven und dauerhaften Teilnahme zu bewegen; oftmals reichten viel weniger für den Erfolg." Weiter merkt sie an: „Jede Kampagne, die die 3.5 Prozent überschritt, war friedlich. Tatsächlich waren die ausschließlich gewaltlosen Initiativen im Durchschnitt viermal so groß. Und sie waren viel repräsentativer in Bezug auf Geschlecht, Alter, Ethnie, Parteizugehörigkeit, Schicht und Stadt-Land-Verteilung."[112]

Wie hängt politischer Wandel mit dieser gewaltlosen Strategie zusammen? Wer seine Bewegung auf Gewalt gründet, beschränkt sich auf überwiegend junge, starke, gewaltbereite Männer mit Hang zum Bechern

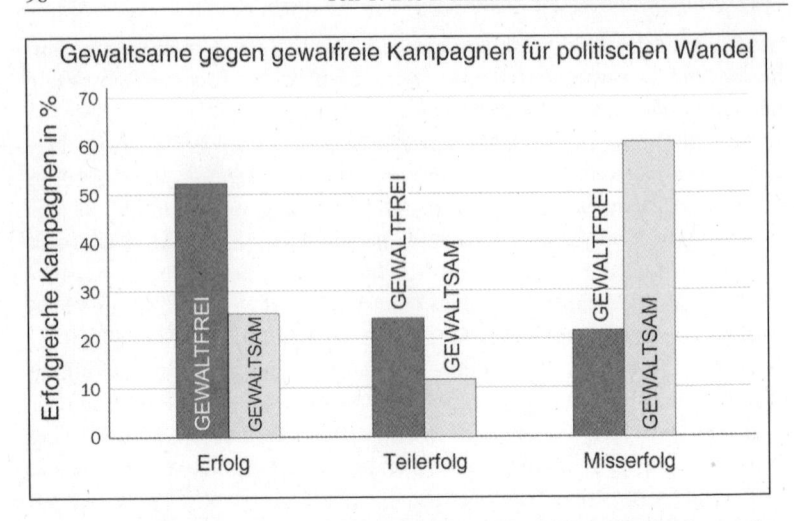

Bild 2-3. Gewaltlose Kampagnen für politischen Wandel. Der Vergleich gewaltsamer und gewaltfreier Kampagnen für politischen Wandel zeigt, dass die Strategie der Gewalt versagt und Gewaltlosigkeit die Methode der Wahl ist. [115]

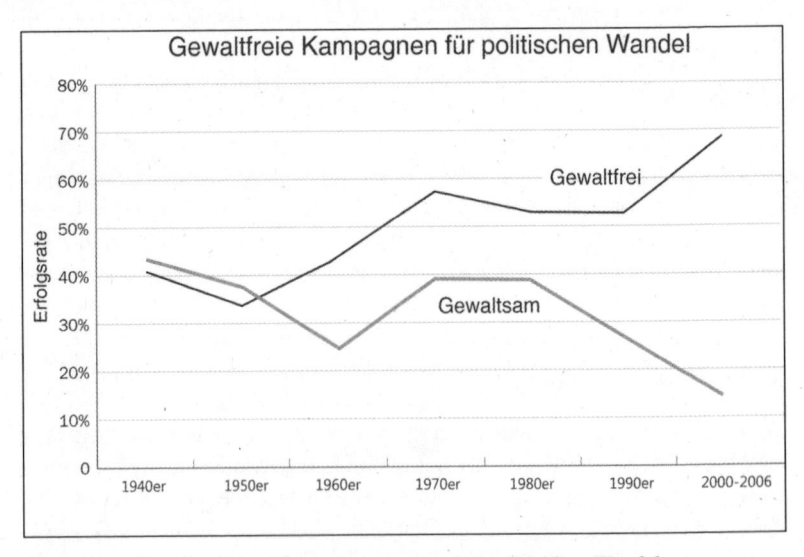

Bild 2-4. Fortschritt Gewaltloser Kampagnen für politischen Wandel
Der Prozentsatz erfolgreicher Kampagnen für politischen Wandel, gewaltsame und gewaltfreie im Vergleich. [116]

und zu Handgreiflichkeiten, wohingegen, wie Chenoweth erklärt, „ziviler Widerstand Menschen mit allen Graden körperlicher Fähigkeit teilnehmen lässt, einschließlich der Älteren, Behinderten, Frauen, Kinder und praktisch eines jeden, der will." Man erreicht schneller die magischen 3.5 Prozent, wenn man verschiedene Menschen mit einbezieht und die Hürden für die Teilnahme niedrig sind. Des Weiteren braucht man keine teuren Gewehre und Waffensysteme. Ziviler Ungehorsam äußert sich als Streiks oder Boykotts; Menschen bleiben kollektiv zu Hause oder machen Lärm mit Töpfen und Pfannen; oder der Strom wird zu einer bestimmten Tageszeit abgestellt, wie in einer Szene aus „Der Tag, an dem die Erde stillstand". Eine über eine Stadt verteilte Gruppe isolierter Individuen, die solche Mittel einsetzt, ist durch ein repressives Regime schwer zu stoppen.

Breite Schichten der Bevölkerung anzusprechen ist noch auf andere Weise nützlich – die Mitglieder der Regierungs-Stoßtrupps kennen wahrscheinlich Menschen auf der anderen Seite. Im Fall Serbiens und seines Diktators Slobodan Milošević bemerkt Chenoweth: „Sobald klar war, dass sich hunderttausende Serben nach Belgrad aufmachten, um Miloševićs Abdankung zu fordern, ignorierten Polizisten den Befehl, auf die Demonstranten zu schießen. Auf die Frage, warum, sagte einer von ihnen: 'Ich wusste, dass meine Kinder in der Menge waren.'"[113]

Ein weiterer Vorteil des gewaltlosen Widerstandes sind seine Folgen. Friedliche Kampagnen resultieren öfter in demokratischen Institutionen als gewaltvolle und haben eine um 15 Prozent geringere Wahrscheinlichkeit, in Bürgerkrieg abzugleiten. „Die Daten sind klar", schließt Chenoweth. „Wenn Menschen auf zivilen Widerstand bauen, wächst ihre Anzahl. Und wenn große Massen einem repressiven System ihre Kooperation entziehen, haben sie die besseren Chancen auf ihrer Seite.[114] Die Bilder 2-3 und 2-4 zeigen diese beeindruckenden Entwicklungen.

Krieg, Gewalt und moralischer Fortschritt

Wie Terrorismus wird auch Krieg von vielen Mythen über seine Ursachen umrankt, die unser Denken eintrüben, angefangen damit, der Mensch sei von Natur aus ein relativ gewaltfreies Wesen und Stammesvölker lebten friedlich in Harmonie miteinander und mit ihrer Umwelt. Konvergierende Evidenz aus wissenschaftlichen Untersuchungen auf zahlreichen Gebieten lehrt uns indessen, dass diese Sichtweise auf die prähistorische Menschheit mindestens irreführend, sehr wahrscheinlich aber falsch ist. Das hat weniger mit dem Charakter der menschlichen Natur zu tun, sei sie nun pazifistisch oder kriegerisch, und mehr mit der Logik, wie Organismen auf Trittbrettfahrer, Tyrannen, Herausforderungen und Bedrohungen ihres Überlebens und Gedeihens reagieren. Das heißt, die im Folgenden betrachteten Daten werden nicht so sehr den seit Langem herrschenden Streit schlichten, ob Menschen im „Naturzustand" nun edle Wilde waren oder den Krieg Aller gegen alle führten; stattdessen gehe ich von der Logik unserer moralischen Emotionen aus und wie sie uns dazu bringen, auf die eine oder andere Art auf andere empfindende Wesen zu reagieren, die ihrerseits unsere Handlungen quittieren.

Mit Hilfe der Daten aus dem *Standard Cross-Cultural Sample* untersuchte die Ökologin Bobbi Low 186 Jäger-und-Sammler-Gesellschaften aus aller Welt, um zu zeigen, dass Menschen in traditionellen Kulturen keineswegs in ausgewogener Öko-Harmonie mit der Natur leben. Tatsächlich fand sie, dass ihre Nutzung der Umwelt durch das Angebot ökologischer Ressourcen beschränkt wird, nicht aber durch eine Haltung (etwa ein Verbot, „Mutter Natur" zu schaden); ihr relativ geringer ökologischer Einfluss liegt an der niedrigen Bevölkerungsdichte, ineffizienter Technologie und dem Mangel an profitablen Märkten, nicht an einem bewussten Bemühen um Naturschutz. 32 Prozent der Stammesgesellschaften betrieben nicht nur keinen Naturschutz, sondern schädigten ihre Umwelt gravierend.[117]

In seinem Buch *Sick Societies: Challenging the Myth of Primitive Harmony* sichtet der Anthropologe Robert Edgerton die ethnographischen Aufzeichnungen über traditionelle Gesellschaften vor ihrem Kontakt mit der westlichen Zivilisation; er findet klare Hinweise auf Drogensucht, Missbrauch von Frauen und Kindern, Verstümmelungen, Ausbeutung der Gruppe durch politische Führer, Selbstmorde und psychische Erkrankungen.[118]

In *War Before Civilization: The Myth of the Peaceful Savage* überprüfte der Archäologe Lawrence Keeley die Hypothese, prähistorische Kriegführung sei selten gewesen, harmlos und wenig mehr als ritualisierter Sport. Seine Untersuchung primitiver und zivilisierter Gesellschaften zeigte, dass Krieg in urgeschichtlichen Zeiten, relativ zu Bevölkerungsdichte und Kampftechnologie, mindestens so häufig (Verhältnis von Kriegs- zu Friedensjahren), so tödlich (Prozentanteil Kriegstoter) und so erbarmungslos (Tötung und Verstümmelung unbeteiligter Frauen und Kinder) war wie moderne Kriegführung. In einem prähistorischen Massengrab in South Dakota fanden sich die Überreste von 500 skalpierten und verstümmelten Männern, Frauen und Kindern; das Massaker geschah ein halbes Jahrtausend, bevor Europäer den amerikanischen Kontinent erreichten. Insgesamt, so Keeley, „datieren fossile Hinweise auf menschliche Kriegführung wenigstens 200000 Jahre zurück, und man schätzt, dass 20 bis 30 Prozent der Männer durch Gewalt zwischen Gruppen starben.[119] Das Buch *Constant Battles: The Myth of the Peaceful, Noble Savage* des Archäologen Steven LeBlanc führt Beispiele an wie die zehntausend Jahre alte Grabstätte am Nilufer mit „den Überresten von 59 Menschen, von denen 24 direkte Evidenz eines gewaltsamen Todes zeigen, einschließlich steinernen Spitzen von Pfeilen oder Speeren im Körper, bei manchen mehrfach. Es gab sechs Gräber mit mehreren Leichnamen, in fast allen steckten Pfeil- oder Speerspitzen; ein Hinweis, dass die Menschen bei einem einzelnen Ereignis getötet und dann gemeinsam bestattet wurden." Bei einer anderen Grabstätte in Utah wurden 97 Körper freigelegt; „sechs davon mit Speerspitzen... mehrere Brustbeine waren mit Pfeilen durchschossen, es finden sich Schädelbrüche und gebrochene Arme... Individuen aller Altersstufen waren getötet worden, erschossen mit Pfeilen aus Speerschleudern (Atlatl), erstochen. Und niedergeknüppelt, was auf Kampf auf kurze Distanz hindeutet." In einem weiteren halben Dutzend archäologischer Stätten in Mexiko, Fidschi, Spanien und anderen Teilen Europas finden sich der Länge nach gespaltene und gekochte menschliche Knochen, und ein präkolumbischer Koprolith eines Indianers war durchsetzt mit dem menschlichen Muskelprotein Myoglobin, was darauf schließen lässt, dass Menschen einst einander verspeisten.[120] LeBlanc identifizierte zehn Gesellschaften ohne „ständige Gefechte" zwischen Gruppen, bemerkte aber auch, dass „einige dieser 'friedlichen' Gesellschaften extrem hohe Raten von Tötungsdelikten aufweisen. Bei den Copper Inuit in Kanada und den Gebusi auf Neuguinea etwa ging ein Drittel aller Todesfälle unter Erwachsenen auf Mord oder Totschlag zurück." Er fragte rhetorisch „Welche Tötung ist ein Mord und welche ein kriegerischer Akt? Die Grenzen verschwimmen. So manche sogenannte 'Friedlichkeit' hängt mehr von den Definitionen von Mord und Kriegführung ab als von der Realität."[121]

Bild 2-5 zeigt die Realität des Lebens, wie sie für viele unserer Vorfahren aussah. Vor 8500 bis 10.700 Jahren starben zwei Menschen gewaltsam; das mag den Zahlen über unsere brutale Vergangenheit ein Gesicht geben. Wie historische Gesellschaften unterschieden sich auch prähistorische erheblich im Grad ihrer Gewalttätigkeit, aber statistisch war die Wahrscheinlichkeit eines gewaltsamen Todes in einer vorstaatlichen Sozialstruktur gegenüber einer staatsbasierten so eindeutig wie fürchterlich. Die prähistorischen Menschen waren weitaus mörderischer als die der Gegenwart, gemessen an den Bevölkerungsanteilen, die in Kriegen massakriert wurden oder einander abmurksten, wie Steven Pinker mir in einem Inter-

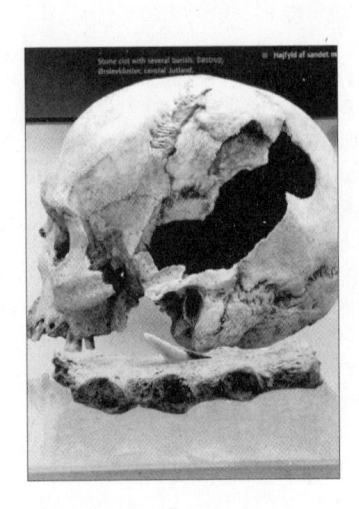

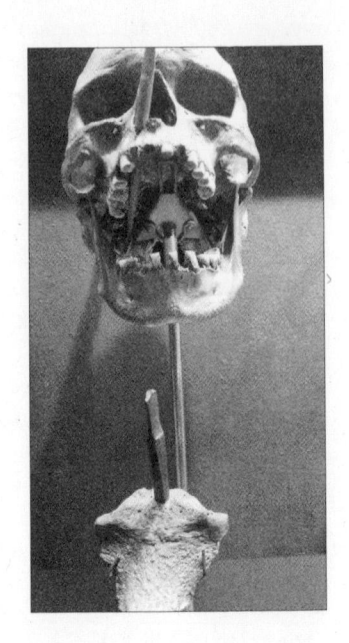

Bild 2-5. Das Gesicht der Gewalt
Eine Ausstellung im Dänischen Nationalmuseum in Kopenhagen über das Leben in Nordeuropa von 8700 bis 6500 v. Chr. Zeigt die Überreste zweier Menschen, die eines gewaltsamen Todes starben. Ein Schlag auf den Kopf, der den Schädel zerschmetterte und eine Pfeilspitze im Brustbein besiegelten die Niederlage des Mannes links; ein Dolch in der Brust und ein Pfeil im Gesicht beendeten das Leben des rechten Mannes.[122] *Wenngleich traditionelle Gesellschaften sich zweifellos, wie auch die modernen, im Grad ihrer Gewalttätigkeit unterschieden –allgemein galt für einen Mann zu jener Zeit eine Wahrscheinlichkeit von eins zu vier, eines gewaltsamen Todes zu sterben.*

view erklärte auf die Bitte hin, die riesigen Datensätze zusammenzufassen, die er für sein Buch *The Better Angels of Our Nature* (*Gewalt: Eine neue Geschichte der Menschheit*) zusammengetragen hatte. „Gewaltsame Tode aller Arten sind zurückgegangen, von ungefähr 500 pro 100000 Menschen pro Jahr in vorstaatlichen Gesellschaften auf etwa 50 im Mittelalter, 6 bis 8 heute weltweit und weniger als 1 im größten Teil Europas." Was ist mit den bewaffneten Amerikanern und ihrer übermäßigen Rate von Tötungsdelikten (derzeit ungefähr 5 pro 100.000 pro Jahr)? Im Jahr 2005, berechnet Pinker, waren bei einem Anteil von 0.008 oder acht Zehnteln eines Prozents aller in jenem Jahr gestorbenen Amerikaner Tötungen durch Menschen die

Die Moral von Krieg, Terror und Abschreckung

Ursache, entweder bei innerstaatlicher Gewalt oder in den zwei im Ausland geführten Kriegen. Tatsächlich lag in der ganzen Welt die Rate der Opfer von Gewalttaten durch Krieg, Terrorismus, Völkermord, Warlords und Milizen bei einem Anteil von 0.0003 der gesamten Bevölkerung von 6.5 Milliarden, oder drei Hundertsteln eines Prozents.[123]

Was ist mit Kriegen? Sicherlich sind doch mehr Menschen in von Staaten geführten Kriegen gestorben als in prähistorischen Schlachten? Wenn wir die Zahl der Toten als Anteil an der Bevölkerungszahl betrachten, trifft das nicht zu, sagt Pinker: „Im Durchschnitt töten vorstaatliche Gesellschaften um die 15 Prozent ihres Volkes in Kriegen; in heutigen Staaten sind es ein paar Hundertstel eines Prozents." Pinker kalkuliert, dass selbst im mörderischen 20. Jahrhundert ungefähr 40 Millionen Menschen unmittelbar durch Gefechte umkamen, einschließlich Zivilisten; das waren 0.7 Prozent der ca. sechs Milliarden lebenden Menschen. Wenn wir kriegsbedingte Todesfälle durch Krankheit, Hunger und Völkermord einbeziehen, landen wir bei 180 Millionen Toten, oder etwa 3 Prozent.

Was ist mit den zwei Weltkriegen und dem Holocaust, Stalins Gulags, Maos Säuberungen? „Eine sehr pessimistische Schätzung der Verluste menschlicher Leben durch alle Kriege, Genozide, kriegsinduzierte und menschengemachte Hungersnöte läge bei 60 pro 100000 pro Jahr – immer noch eine Größenordnung unterhalb der Kriegführung von Stammesgesellschaften. Und natürlich sind diese Zahlen durch die Jahre 1914 bis 1950 in Europa und 1920 bis 1980 in Asien dominiert; beide Regionen haben sich beruhigt."[124] In einem Moment befreiender Komik mitten in der Behandlung solch schwerwiegender Themen fragte der Komiker Stephen Colbert, wie Pinker sagen könne, Gewalt sei auf dem Rückzug, da doch das 20. Jahrhundert das gewaltsamste der Menschheitsgeschichte war. Pinker lächelte ironisch: „In den letzten 55 der hundert Jahre gab es ungewöhnlich wenige Tote durch Krieg. Nach dem Spitzenwert der beiden Weltkriege ging die Rate der Todesopfer zurück."[125] Die zweite Hälfte des 20. Jahrhunderts, fortgesetzt in das einundzwanzigste, der lange Frieden, er ist das eigentliche Geheimnis, das es zu lüften gilt.

Bild 2-6 zeigt Pinkers aus vielen Quellen gesammelte Raten der Kriegsopfer für prähistorische Völker, heutige Jäger und Sammler, Ackerbauern, andere Stammesgesellschaften und moderne Staaten. Die Unterschiede sind markant, die Schlussfolgerung eindeutig; alle Daten zeigen in dieselbe Richtung. Bei einem einzelnen Datensatz mag man skeptisch sein, wie die Zahlen zustande kamen; dass alle konsistent falsch sind, ist äußerst unwahrscheinlich.

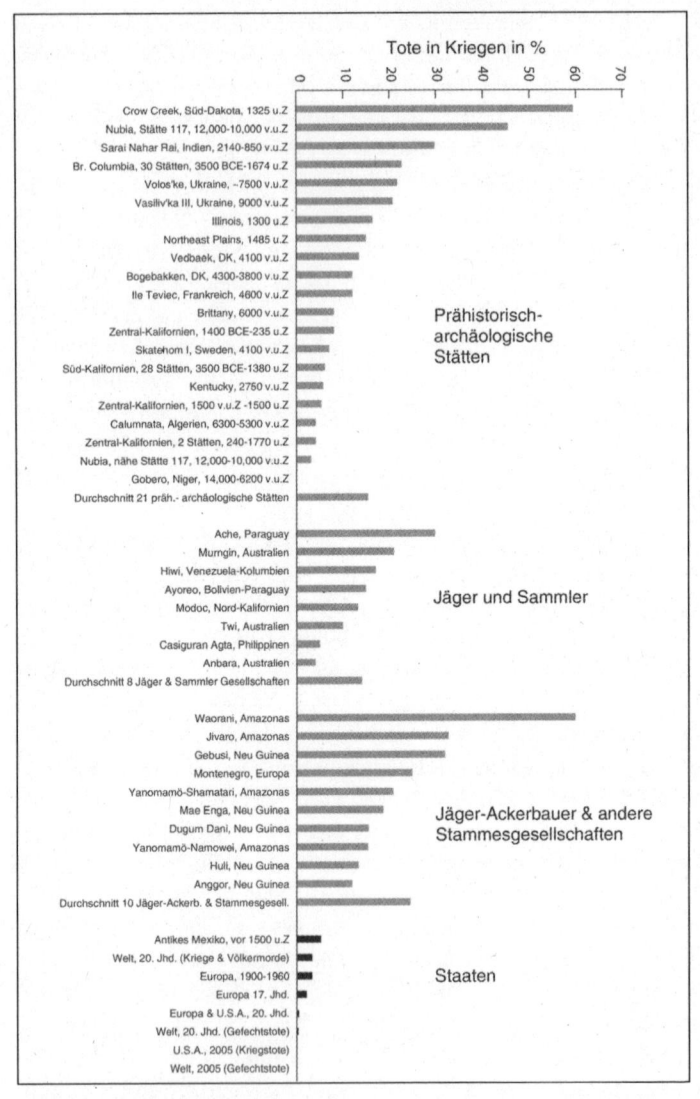

Teil 1: Die Definition des moralischen Fortschritts

Tote in Kriegen in %

Prähistorisch-archäologische Stätten	Crow Creek, Süd-Dakota, 1325 u.Z
	Nubia, Stätte 117, 12,000-10,000 v.u.Z
	Sarai Nahar Rai, Indien, 2140-850 v.u.Z
	Br. Columbia, 30 Stätten, 3500 BCE-1674 u.Z
	Volos'ke, Ukraine, ~7500 v.u.Z
	Vasiliv'ka III, Ukraine, 9000 v.u.Z
	Illinois, 1300 u.Z
	Northeast Plains, 1485 u.Z
	Vedbaek, DK, 4100 v.u.Z
	Bogebakken, DK, 4300-3800 v.u.Z
	Ile Teviec, Frankreich, 4600 v.u.Z
	Brittany, 6000 v.u.Z
	Zentral-Kalifornien, 1400 BCE-235 u.Z
	Skatehom I, Sweden, 4100 v.u.Z
	Süd-Kalifornien, 28 Stätten, 3500 BCE-1380 u.Z
	Kentucky, 2750 v.u.Z
	Zentral-Kalifornien, 1500 v.u.Z -1500 u.Z
	Calumnata, Algerien, 6300-5300 v.u.Z
	Zentral-Kalifornien, 2 Stätten, 240-1770 u.Z
	Nubia, nähe Stätte 117, 12,000-10,000 v.u.Z
	Gobero, Niger, 14,000-6200 v.u.Z
	Durchschnitt 21 präh.- archäologische Stätten
Jäger und Sammler	Ache, Paraguay
	Murngin, Australien
	Hiwi, Venezuela-Kolumbien
	Ayoreo, Bolivien-Paraguay
	Modoc, Nord-Kalifornien
	Twi, Australien
	Casiguran Agta, Philippinen
	Anbara, Australien
	Durchschnitt 8 Jäger & Sammler Gesellschaften
Jäger-Ackerbauer & andere Stammesgesellschaften	Waorani, Amazonas
	Jivaro, Amazonas
	Gebusi, Neu Guinea
	Montenegro, Europa
	Yanomamö-Shamatari, Amazonas
	Mae Enga, Neu Guinea
	Dugum Dani, Neu Guinea
	Yanomamö-Namowei, Amazonas
	Huli, Neu Guinea
	Anggor, Neu Guinea
	Durchschnitt 10 Jäger-Ackerb. & Stammesgesell.
Staaten	Antikes Mexiko, vor 1500 u.Z
	Welt, 20. Jhd. (Kriege & Völkermorde)
	Europa, 1900-1960
	Europa 17. Jhd.
	Europa & U.S.A., 20. Jhd.
	Welt, 20. Jhd. (Gefechtstote)
	U.S.A., 2005 (Kriegstote)
	Welt, 2005 (Gefechtstote)

Bild 2-6. Der Rückgang der Kriegstoten
Raten der Kriegsopfer für prähistorische Völker, heutige Jäger und Sammler, Ackerbauern, andere Stammesgesellschaften und moderne Staaten. Dieser langfristige Rückgang der Gewalt fand statt, während sich Anzahl und Effizienz tödlicher Waffen zur Vielfalt heutiger Mordwerkzeuge entwickelten.[126]

Der Grund, die Todesraten als Bevölkerungsanteile wiederzugeben oder als Anzahl pro hunderttausend, statt die absoluten Zahlen zu nennen, ist ein dreifacher: (1) Unter Kriegsforschern ist es üblich. (2) Die Rohwerte steigen mit Bevölkerungszuwachs, größeren Armeen, verbesserten Technologien des Tötens und verfälschen so, was wir eigentlich wissen wollen, nämlich (3) die Wahrscheinlichkeit, mit der ein Individuum (du oder ich) durch Gewalt umkommt. Das führt uns zurück zum ersten Grundsatz dieses Buches für moralische Erwägungen: *das Überleben und Gedeihen individueller empfindender Wesen*. Der gewaltsame Tod eines Individuums ist hier unser Fokus, weil es der Einzelne ist, der den Verlust erleidet – und nicht Gruppe, Ethnie, Nation oder statistisches Kollektiv. Zwar bringen große Leviathane bei Armeen und Toten große Zahlen zustande, aber wenn Sie ein Zeitalter wählen müssten, in dem Sie am sichersten überleben und gedeihen können, dann gibt es allein nach diesen Kriterien keine bessere Zeit als unsere.

Diese Daten haben Folgen für unsere Perspektive auf die menschliche Natur, wie auch auf die Ursachen und die Zukunft von Krieg und Gewalt. Angesichts dessen ist die wissenschaftliche Debatte ideologisch geworden, geradezu tribalistisch. Auf der einen Seite steht die „Mafia der Eintracht"[127] – jene, für die Krieg ein kürzlich erlerntes kulturelles Phänomen ist und Menschen von Natur aus friedlich sind, eine Sicht, die sie leidenschaftlich, gelegentlich gar grimmig verteidigen. Auf der anderen Seite finden wir, was die Mafia der Eintracht die „Falken von Harvard" nennt (eine gehässige Verleumdung, die unterstellt, sie zögen Krieg dem Frieden vor)[128] – Richard Wrangham, Steven LeBlanc, Edward O. Wilson und Steven Pinker – die behaupten, dass Krieg das Ergebnis der Logik evolutionärer Dynamik ist. Die „Evolutionskriege" (wie die „Anthropologen des Friedens" die Auseinandersetzung nennen) ziehen sich seit den 1970er Jahren hin, was ich in einem anderen Buch dokumentiert habe.[129]

In der jüngsten Debattenrunde über die „Natur der menschlichen Natur" wurden die umfangreichen, von anderen gesammelten und von Pinker zusammengestellten Datensätze in akademischen und populären Veröffentlichungen angefochten. Im 2013 herausgegebenen Band *War, Peace, and Human Nature* führt Brian Ferguson an, die Daten in „Pinkers Liste" übertrieben erheblich die Sterblichkeit in prähistorischen Kriegen. Misslicherweise verwechselt er Frequenz (Raten) mit Tendenz (Zwangsläufigkeit), wenn er die Ansicht kritisiert, dass „tödliche Gewalt zwischen Gruppen in der evolutionären Geschichte unserer Spezies häufig genug war, um als Selektionsfaktor menschliche psychologische Tendenzen in Richtung externer Gewalt oder interner Kooperation zu verschieben."[130] Nun behauptet Pinker gar nicht, dass die Rate der Gewalt in der Vergangenheit selektiv auf die menschliche Entwicklung wirkte; ganz im Gegenteil. Die Logik spieltheoretischer Interaktionen (wie das in Kapitel 1 skizzierte Gefangenendilemma) bedeutet, dass ein gewisser Anteil des Mogelns (im Spiel) oder der Gewalt (im Leben) unausweichlich ist, wenn keine äußere regulierende Instanz (ein Verband im Sport, eine Regierung in der Gesellschaft) existiert, um über Belohnung und Bestrafung die Matrix in Richtung kooperativerer und friedvollerer Entscheidungen anzupassen. Über die Jahrtausende haben wir gelernt, wie die Bedingungen der Matrix des Lebens zu justieren sind, um Menschen weniger gewalttätig, friedlicher und kooperativer interagieren zu lassen, und es sind diese Justierungen, die zu einem Niedergang der Gewalt und zu moralischem Fortschritt führten.[131]

In einer Veröffentlichung 2013 im angesehenen *Science*-Journal bestreiten Douglas Fry und Patrik Söderberg die Theorie, Krieg sei unter nomadischen Wildbeuterhorden verbreitet gewesen. Sie führen an, in einem Datensatz aus 148 Episoden von 21 Horden seien „über die Hälfte der tödlichen Vorfälle von Aggression von einzelnen Individuen ausgeführt worden; nahezu zwei Drittel resultierten aus Unfällen, interfamiliären Streitigkeiten, Hinrichtungen innerhalb der Gruppe oder persönlichen Motiven wie Konkurrenzkampf um eine bestimmte Frau." Daraus schließen sie, „die meisten Vorfälle tödlicher Aggression in Wildbeuterhorden können als Tötungsdelikte klassifiziert werden, einige andere als Familienfehden, und nur eine Minderheit als Krieg."[132] Na, das ist ja tröstlich! Die Schädel in Bild 2-5 gehörten also Typen, die von Freunden des eigenen Stammes niedergeknüppelt wurden statt von Feinden oder die sich aus Versehen mit Pfeilen brutal ins Gesicht schossen oder mit Dolchen in die Brust stachen.

Worauf weisen die Daten denn nun hin? Fry und Söderberg werfen Samuel Bowles (dessen Daten Bild 2-6 enthält) vor, er behaupte, „Krieg sei in Urhorden verbreitet gewesen" und „allgegenwärtig in der menschlichen Evolution". Bowles dazu: „Diese beiden Behauptungen habe ich nie aufgestellt, aus dem einfachen Grund, dass ich eine ganz andere Frage beantwortete." Die Frage nämlich: „Hatte Krieg zwischen Gruppen von Jägern und Sammlern Einfluss auf die Evolution menschlichen sozialen Verhaltens?" Dafür, so Bowles, „brauchte ich Daten über den Anteil aller Todesfälle, die auf Konflikte zwischen Gruppen zurückzuführen waren, nicht aber die Evidenz, die Fry und Söderberg präsentieren, also Daten darüber, ob Krieg nun 'vorherrschend' war oder 'allgegenwärtig' oder die Hauptursache gewaltsamer Tode."[133]

Hier sehen wir wieder, wie kategorisches und binäres Denken die Angelegenheit vernebeln. Ein Kontinuum der Gewalt in Kategorien wie „vorherrschend" oder „allgegenwärtig" zu pressen verfehlt das Wesentliche, das uns hier interessiert: Wie hoch immer die Häufigkeitsrate der Gewalt gewesen sein mag, was immer die Mittel und die Gründe waren – war sie hinreichend, die menschliche Evolution zu beeinflussen? Wer darauf besteht, die Anzahl der Vorfälle müsse hoch genug sein, um „vorherrschend" oder „allgegenwärtig" genannt zu werden, der muss diese Begriffe quantitativ definieren, einschließlich des Bezeichners „Krieg", der nach heutiger Festlegung überhaupt nicht anwendbar ist auf die Art der Konflikte, wie sie im späten Pleistozän herrschten, als unsere Spezies ihre Kindheit hinter sich ließ. Bowles erläutert: „In meinen Modellen der Evolution des menschlichen Verhaltens bedeutet der Begriff des Krieges 'Ereignisse, in denen Koalitionen von Mitgliedern einer Gruppe versuchen, eines oder mehr Mitglieder einer anderen Gruppe zu verletzen oder zu töten'; ich habe Hinterhalte, Morde aus Rache und andere Feindseligkeiten einbezogen und menschliche Gruppenkonflikte im späten Pleistozän eher mit Grenzstreitigkeiten unter Schimpansen verglichen als mit den organisierten Gefechten der modernen Kriegführung."[134]

Moderne städtische Banden zum Beispiel tragen miteinander gewaltsame Konflikte aus, in Summe mit beachtlichen Opferzahlen. Bei den anhaltenden mexikanischen Drogenkriegen zwischen rivalisierenden Kartellen starben seit 2006 mehr als 100.000 Menschen und eine weitere Million wurde vertrieben.[135] Wissenschaftler stufen diese Ereignisse dennoch nicht als Kriege ein, weil die Motive eher mit Ehre, Rache, Fehden und Revieren zu tun haben. Aber, wie Bowles hervorhebt, Straßengangs erfüllen dieselben Kriterien wie Wildbeuterhorden: kleine Gruppengröße, fluktuierende Mitgliedschaft, multiple Wohnsitze und Egalitarismus, ohne eine Autorität, die Kämpfe anordnen kann. Bowles untersuchte sorgfältig die von Fry und Söderberg präsentierten Daten und merkt an, dass „Motive wie 'Rache' oder 'Mord wegen eines bestimmten Mannes' oder 'persönliche Gründe' Ausschlusskriterien für die Bezeichnung 'Krieg' waren." Bowles weiter: „Aus der Sicht der Evolutionsbiologie sind diese Aspekte irrelevant; vielmehr zählt für die Dynamik der Zusammensetzung einer Population, dass mehrere Mitglieder einer Gruppe bei der Tötung eines Mitglieds einer anderen Gruppe kooperierten, aus welchen Gründen immer."[136] In dieser Hinsicht bleibt der in Bild 2-6 dargestellte dramatische Rückgang der Gewalt unbestreitbar, und das ist echter moralischer Fortschritt, egal, wie man irgendeine spezielle Art der Gewalt definiert.

Diese Ansicht wird im Buch *The Art of War* der Politologen Jack Levy und William Thompson untermauert, die gleich zu Beginn ein Kontinuum anwenden statt eines kategorischen Argumentationsstils: „Krieg ist ein dauerhaftes Merkmal der Weltpolitik, aber er ist keine Konstante, sondern variiert über Zeit und Raum hinweg in Häufigkeit, Dauer, Härte, Ursachen, Konsequenzen und noch anderen Dimensionen. Er ist eine gesellschaftliche Praxis, um bestimmte Zwecke zu erfüllen, aber die Praktiken wandeln sich mit wechselnden politischen, ökonomischen und sozialen Umgebungen und mit den Zielen und Beschränkungen, die jene Umgebungen erzeugen."[137] Aus dieser nuancierten Perspektive können wir betrachten, wie und wann sich die Kriegführung ändert. Dann aber definieren Levy und Thompson Krieg als „anhaltende, koordinierte Gewalt zwischen politischen Organisationen"[137] und ignorieren damit Konflikte prähistorischer Gruppen, die heutigen politischen Organisationen nicht im mindesten entsprechen. Unter dieser Definition kann Krieg nicht einmal beginnen, solange es keine politischen Organisationen einer substanziellen Größe gibt, woraus folgen würde, dass es vor Beginn der Zivilisation keine Kriege gab.

Gleichwohl erkennen Levy und Thompson an, dass für Krieg nach ihrer Definition schon unter unseren frühesten Vorfahren eine rudimentäre Basis existierte; sie weisen sogar darauf hin, dass das Aussterben der Neandertaler vor 35000 Jahren auf „Grenzscharmützel" in Nordeuropa zurückgehen mag. „Erfahrung mit Jagd und Mord schuf Waffen, Taktiken und primitive militärische Organisation", schreiben sie, und „Gruppensegmentierung unterstützte die Bestimmung von Gruppenidentitäten und Feinden, sie förderte das Potenzial, sich politisch und militärisch zu organisieren."[139] Levy und Thompson bestätigen „frühe, wenn auch noch seltene Anfänge von Kriegführung unter Jägern und Sammlern", die mit der Zeit, mit verbesserten Waffen und größeren Gruppen tödlicher wurden; das setzte sich fort durch die Geschichte der Zivilisation. Staaten wurden größer, bis Nationen gegen Nationen kämpften; die Anzahl der Toten nahm zu, die der Konflikte ab.

Die Archäologen Elizabeth Arkush and Charles Stanish verwenden bei ihrer Beschäftigung mit dem prähistorischen Südamerika einen Ansatz der Konvergenz der Evidenzen; aus vielen verschiedenen Quellen sammelten sie umfangreiche Hinweise, die eindeutig zeigen, dass „die späte Prähistorie der Anden hochgradig durch Kriegführung beeinflusst war." Mit „Kriegführung" meinen sie nicht nur „rituelle Gefechte", in denen „echte" Gewalt selten war. Archäologische Überreste von Verteidigungsmauern und Befestigungen passen zu den Aufzeichnungen der spanischen Konquistadoren über „gewaltige Inka-Armeen, eine vorzügliche Verkehrslogistik, Versorgungsdepots, sekundäre Stützpunkte und Festungen." Wie spanische Chronisten und mündliche Überlieferungen der Inka verdeutlichen, „hing die imperiale Macht stark von der des Militärs ab. Das Reich ging hervor aus militärischen Siegen über manche Gruppen, der friedlichen Unterordnung anderer angesichts der Drohung militärischer Vergeltung und der gewaltsamen Unterdrückung einiger Rebellionen. Die Geschichte der Inka beschreibt eine Epoche vor dem Aufstieg des Imperiums, die von häufiger Kriegführung gekennzeichnet war; lokale Anführer kämpften um politische Dominanz oder plünderten einander."[149]

Der Archäologe George Milner präsentiert die Fotografie einer Geweihspitze in einem Lendenwirbel aus dem prähistorischen Kentucky als bildhaftes Beispiel der zahlreichen Daten, die darauf hinweisen, dass die Zahl der Kriegsopfer unterschätzt wird." Aber auch bei korrekten Schätzungen – „selbst eine geringe Häufigkeit an Todesfällen durch Gruppenkonflikte fügt einem Leben voller Unsicherheit ein weiteres Element der Gefahr hinzu." Die Auswirkung der Kriegführung ging vermutlich über den unmittelbaren Verlust an Leben hinaus. Der plötzliche, unerwartete Tod von Menschen, die beim Überleben kleiner Gruppen wesentliche Funktionen innehatten, vergrößerte das Risiko für die verbleibende Gemeinschaft.[141] Zeitreise-Fantasten und Postmodernisten, die über die heutige Gesellschaft klagen und sich nach einfacheren Zeiten sehnen, wären gut beraten, diese Hinweise etwas genauer zu betrachten.

In seinem Buch *Demonic Males* von 1996 machte sich Richard Wrangham auf die Suche nach den Wurzeln von Patriarchat und Gewalt, bis zurück zu unseren hominiden Ursprüngen, Millionen Jahre vor der neolithischen Revolution.[142] 2012 und 2013 veröffentlichte er mit dem Studenten Luke Glowacki zwei Abhandlungen, die ein erheblich differenzierteres Bild von Jägern und Sammlern zeichnen, nämlich als hochgradig risikoscheu in Bezug auf Gewalt und Krieg. Rationale Akteure wollen nicht versehrt oder getötet werden, daher riskieren sie laut Wrangham und Glowacki Kriegführung nur, „wenn kulturelle Systeme von Belohnung, Bestrafung und Zwang existieren und nicht nur evolvierte Adaptionen in Richtung höherer Risikobereitschaft." Zu diesen Systemen gehört „eine Lehrzeit mit Unterricht in Kampftechniken, Spiele und Wettbewerbe, Schmerz- und andere Ausdauerprüfungen, wie auch Legenden und Geschichten."[143] Kulturelle Systeme überschütten angehende Krieger mit Versprechen von Ehre und Ruhm für sie selbst und ihre Familien, und da gefallene Krieger den Lohn nicht einstreichen können, dient die Auszeichnung der Familie als ein soziales Signal an den Einzelnen, seine natürliche Abneigung gegen die

Risiken von Konflikten zu überwinden. Wrangham und Glowacki nennen die Hypothese „kultureller Lohn für Kampfrisiken" und prognostizieren, dass mit steigendem Risiko, höherer Wahrscheinlichkeit also, im Gefecht verwundet oder getötet zu werden, auch der Gewinn steigen muss, der dem Kämpfer zufällt. Eine Auswertung der ethnographischen Literatur zu einfacher Kriegführung kleiner Gesellschaften ergab genau diesen Zusammenhang.[144]

Weit davon entfernt, Menschen als geborene Gewalttäter und Krieger darzustellen, erkennt Wrangham an: „Es ist unsicher, ob bei Menschen spezifische Adaptionen an Krieg evolviert sind."[145] Eine Durchsicht der Literatur zu Gruppenkonflikten bei Menschen und Schimpansen zeigt, dass Letztere wie auch Jäger und Sammler einer spieltheoretischen Strategie des Kräfteungleichgewichts folgen: *wenn wir in der Überzahl sind, überfallen wir sie; wenn sie mehr sind als wir, gehen wir ihnen aus dem Weg.* Lawrence Keeley beschloss seine umfangreichen Studien zu Kriegen und Konflikten bei Wildbeutern so: „Die elementarste Form des Krieges ist ein Raubzug, bei dem eine kleine Gruppe Männer unentdeckt in Feindesgebiet vordringt, um einem nichtsahnenden Einzelgänger aufzulauern, ihn zu töten und sich schnell ohne eigene Verluste zurückzuziehen."[146]

Mel Gibsons Film *Apocalypto* über den Zusammenbruch der Maya-Zivilisation schildert ein eindrucksvolles Beispiel eines typischen prähistorischen Überfalls, bei dem ein mittelamerikanischer Stamm frühmorgens das Dorf des Helden attackiert, während alle schlafen, die Hütten in Brand setzt und verheerende Schläge austeilt, bevor ein Gegenangriff zustande kommen kann. Bevor die Verteidiger wirklich wach sind, ist alles vorbei. Die Drehbuchschreiber hatten ihre Hausaufgaben gemacht und dem Leben vor der Zivilisation ein realistischeres Gesicht gegeben als etwa Kevin Costners *Der mit dem Wolf tanzt*. Der Archäologe Michael Coe schreibt: „In der zentralen Region erreichte die Maya-Zivilisation ihren vollen Glanz im frühen achten Jahrhundert, aber offenbar trug sie die Saat ihres Untergangs schon in sich, denn in den folgenden anderthalb Jahrhunderten verfielen ihre prachtvollen Städte und wurden schließlich verlassen. Es war sicherlich eine der tiefgreifendsten sozialen und demographischen Katastrophen der gesamten Menschheitsgeschichte."[147] Und sie entspann sich lange vor der Ankunft europäischer Schwerter, Keime und Kanonen am Ende des 15. Jahrhunderts, weshalb Gibson den Film mit einem Zitat des Historikers Will Durant eröffnete: „Eine große Zivilisation lässt sich nur von außen erobern, wenn sie sich von innen schon selbst zerstört hat."[148]

Der Militärhistoriker John Keegan, schrieb einst: „Nach einem Leben mit der Literatur über Krieg, mit der Gesellschaft seiner Männer, den Besuchen seiner Stätten, der Ansicht seiner Folgen will mir scheinen, dass er sich menschlichen Wesen bald nicht mehr als erstrebenswertes, ergiebiges, gar rationales Instrument anempfehlen wird, ihre Unstimmigkeiten zu schlichten."[149]

Für sein Buch *Winning the War on War* (2001) trug Joshua Goldstein enorme Datenmengen zusammen, die diesen Schluss stützen. So schreibt er: „Wir sind dem Atomkrieg entgangen, ließen den Weltkrieg hinter uns, ließen Kriege zwischen Staaten fast verschwinden und reduzierten Bürgerkrieg auf weniger Länder, mit weniger Opfern."[150] Der Politologe Richard Ned Lebow kam in *Why Nations Fight* (2010) zu ähnlichen Schlüssen; hinter den Kriegen der vergangenen 350 Jahre unterscheidet er vier Motive, die alle im Niedergang begriffen sind: Angst, Vorteil, Status und Rache.[151] Nach Lebow bedient Krieg keinen dieser Beweggründe noch effektiv; immer mehr Staatenlenker finden Wege, Konflikt zu vermeiden, wenn diese Antriebe auftauchen, besonders der geläufigste – Status. „Ich behaupte, dass Ansehen historisch der häufigste Kriegsanlass war und Krieg hauptsächlich deshalb zurückgeht, weil er kein Ansehen mehr verschafft." Lebow führt als bezwingendes Argument an, dass die mechanistische und unheroische Destruktivität der zwei Weltkriege der Vorstellung von Tapferkeit und Heldentum ein Ende setzte, die Überlebenden von Kriegen bis dahin zuerkannt wurden, was Einzelnen und Staaten einen höheren Status verschaffte. Er schreibt: „Der Widerstand gegen Krieg wäre nicht annähernd so ausgeprägt, hätte der erste Weltkrieg mehr seinem napoleonischen Vorläufer geähnelt, mit Manövern, die individuelle, erkennbare Akte der Tapferkeit begünstigten, die mehr als nur kleinere taktische Konsequenzen hatten. Krieg ohne seine heroischen und romantischen Assoziationen, nur mehr irrationaler Quell von Gemetzel, Zerstörung und Leid, kann seinen Kombattanten nicht länger Ehre verschaffen und kein Ansehen mehr den Staaten, die sie in den Tod schickten.[152]

Ein Team von Sozialwissenschaftlern der Simon Fraser University überprüfte 2014 die Niedergangs-Hypothese mittels Durchsicht aller verfügbaren Daten und schloss: „Es gibt inzwischen wingende Gründe für die Annahme, dass der historische Rückgang der Gewalt real und bemerkenswert groß ist und dass die Zukunft sehr wohl weniger gewalttätig sein mag als die Vergangenheit." Über diese Zukunft merken sie an, dass „es ausreichend Gründe für vorsichtigen Optimismus gibt, aber absolut keine für Selbstzufriedenheit."[153]

Das zugrunde liegende Ziel der Untersuchung der Natur und der Ursachen von Gewalt und Krieg, welches Mischungsverhältnis von Biologie, Kultur und Umstand sich auch herausstellen mag, ist ihre Linderung. (Verwiesen sei auf die Initiative Vision of Humanity, die Trends von Frieden und Krieg verfolgt und Länder in einen Friedensindex einordnet.[154]) Die Einsätze sind hoch und die Beteiligten solcher Studien emotional tief involviert. Samuel Bowles drückte es mir gegenüber in einer beiläufigen Bemerkung am besten aus: „Es scheint eine ideologisch hochaufgeladene Debatte zu sein; sehr bedauerlich, denn das Ergebnis, dass Krieg in der Vergangenheit häufig war oder dass Feindseligkeit gegenüber 'Outgroups' eine genetische Basis hat, sagt etwas über unsere Altlasten, aber nichts über unsere Bestimmung."[155]

Wissenschaft beschäftigt sich damit, unser Erbe und unser Schicksal zu verstehen, und das sollte sie auch, denn, wie Cicero im Epigramm dieses Kapitels bemerkt: Warnungen vor dem Übel sind nur gerechtfertigt, wenn es einen Ausweg gibt. Im nächsten Kapitel werden wir Vernunft und Wissenschaft als die zwei wesentlichen Antriebe moralischen Fortschritts kennenlernen und erfahren, wie sie uns vor den Fallen bewahren können, die wir uns selbst gestellt haben.

3. Wie Wissenschaft und Vernunft den Fortschritt der Moral befördern

> Die Wissenschaften, welche nicht die Sklavinnen einer Nation, sondern die wohlthätigen Beschützerinnen aller sind, haben uns ihren Tempel eröffnet, in welchem alle Völker sich vereinigen können. Ihr Einfluss auf unsere Seele ist der Wirkung der Sonne auf ein gefrornes Erdreich ähnlich. Sie wird dadurch allmählich zu einer höhern Kultur und zu einer glücklichern Vollkommenheit vorbereitet. Der Philosoph des einen Landes kann den Philosophen einer anderen Nation nicht als einen Feind betrachten. Er nimmt seinen Platz in dem Tempel der Wissenschaften ein, ohne zu fragen, woher diejenigen kommen, die ihm zur Seite sitzen.
>
> Thomas Paine, 1778 (Übersetzung: Literarischer Anzeiger (Leipzig) Nr. 31, 1821)[1]

In den 1970ern zeigte die Comedy-Serie *Saturday Night Life* der NBC Sketche des Komikers und Autoren Steve Martin, dessen wiederkehrende Rollen als Theodoric of York, mittelalterlicher Bader und Richter, sich stillschweigendes Wissen um moralischen Fortschritt zunutze machten, das man selbst beim Publikum des Nachtprogramms voraussetzen konnte. Martin spielte einen Bader, der Aderlass und andere barbarische Praktiken anwandte, um jegliche Krankheiten zu heilen. So erklärte er der Mutter einer seiner Patientinnen: „Wissen Sie, Medizin ist keine exakte Wissenschaft, aber wir lernen doch stets dazu. Stellen Sie sich vor, noch vor fünfzig Jahren dachte man, Krankheiten wie die Ihrer Tochter würden von Besessenheit durch Dämonen oder Hexerei verursacht. Heute wissen wir, dass Isabelle an einem Ungleichgewicht der Körpersäfte leidet, vielleicht, weil in ihrem Magen eine Kröte oder ein kleiner Wicht wohnt." Die Mutter glaubte kein Wort davon und hielt ihm eine Standpauke für seine immer noch barbarischen Aderlass-Methoden, bis Theodoric einen Augenblick der wissenschaftlichen Erleuchtung erfuhr... beinahe:

Moment. Vielleicht hat sie recht. Vielleicht war es ein Fehler, dass ich so blind den ärztlichen Traditionen und dem Aberglauben vergangener Jahrhunderte gefolgt bin. Vielleicht sollten wir Bader diese Annahmen analytisch überprüfen, durch Experimente und eine „wissenschaftliche Methode". Könnte diese Methode auf andere Gebiete ausgeweitet werden? Naturwissenschaften, Kunst, Architektur, Navigation... Vielleicht könnte ich auf dem Weg in ein neues Zeitalter vorangehen, eines der Wiedergeburt, der Renaissance... ach Quatsch.

Als mittelalterlicher Richter erlebte Theodoric eine ähnliche Beinahe-Erweckung, nachdem er eine angeklagte Hexe gerichtet hatte, auf Grundlage des klassischen Gottesurteils, in diesem Fall des Urteils der Wasserprobe. Die Beschuldigte wurde gebunden und ins Wasser geworfen. Versank (und ertrank) sie, bewies das ihre Unschuld; schwamm sie hingegen obenauf, war sie offensichtlich schuldig – entweder, weil das reine Element Wasser das Böse abstößt oder, nach den Worten eines Zeitzeugen, „weil die Hexe einen Vertrag mit dem Teufel geschlossen und ihrer Taufe abgeschworen hat, daher die Abneigung zwischen dem Wasser und ihr",[2] oder weil sie nur durch Einsatz ihrer dämonischen Kräfte das Gewicht der Steine überwinden konnte, mit denen einige der unglücklichen Angeklagten beschwert waren. Die Beklagte an Theodorics Gerichtshof erweist sich als unschuldig, denn sie ertrinkt. Die verständlicherweise wutentbrannte Mutter ruft aus: „Das nennt ihr Gerechtigkeit, den Tod eines unschuldigen Mädchens?" Theodoric grübelt über ihrem Protest:

Augenblick. Vielleicht hat sie recht und der König hat kein Monopol auf die Wahrheit. Sollte er dem Urteil der ihm Ebenbürtigen unterzogen werden? Oh! Ein Komitee, eine Jury der Experten... Jeder sollte von seinesgleichen beurteilt werden, gleich sein vor dem Gesetz. Und könnte gar jeder Mensch vor grausamer Behandlung bewahrt werden?... ach Quatsch.[3]

Die Hexentheorie der Kausalität

Diese humoristischen Skizzen verdichten Jahrhunderte des intellektuellen Fortschritts, angefangen bei der mittelalterlichen Weltsicht der Zauberei und des Aberglaubens, bis hin zum modernen Zeitalter der Vernunft und der Wissenschaft. Offenbar basieren die meisten barbarischen Praktiken unserer mittelalterlichen Vorfahren auf irrtümlichen Annahmen über die

Naturgesetze. Wenn Sie – und jeder andere, den Sie kennen, kirchliche und politische Autoritäten eingeschlossen – wirklich glauben, dass Hexen Krankheiten, Missernten, Katastrophen und Unfälle verursachen, dann ist es nicht nur rational, sie auf dem Scheiterhaufen zu verbrennen, sondern moralische Pflicht. Das ist es, was Voltaire meinte, als er schrieb: „Wer dich veranlassen kann, Absurditäten zu glauben, der kann dich auch veranlassen, Gräueltaten zu begehen." Oder, hier angemessener und relevanter: „Wer dich töricht macht, der macht dich ungerecht."[4]

Betrachten wir im folgenden Szenario ein gängiges Gedankenexperiment und unsere Reaktion darauf. Wir stehen neben der Weiche eines Bahngleises. Ein Waggon rollt auf fünf Arbeiter im Gleis zu und wird sie töten, es sei denn, Sie legen die Weiche um und leiten den Waggon auf ein Nebengleis... wo er nur einen Arbeiter überrollen wird. Würden Sie den Hebel betätigen?

Die meisten Leute würden es tun.[5] Es sollte uns also nicht überraschen, dass unsere Vorfahren im Mittelalter im Falle der Hexen dieselbe moralische Kalkulation anstellten. Frauen wurden aus utilitaristischen Gründen auf den Scheiterhaufen gebunden – lieber wenige töten und dafür viele retten. Natürlich gab es auch andere Motive; Sündenbock-Denken, Begleichung persönlicher Rechnungen, Rache an Feinden, Beschlagnahme von Besitz, Machtausübung über Schwächere, Misogynie.[6] Aber das waren sekundäre Stimuli, aufgepfropft auf ein existierendes System, das auf einem fehlerhaften Verständnis von Kausalität fußte.

Der elementare Unterschied zwischen diesen vormodernen Menschen und uns ist, in einem Wort, Wissenschaft. Offen gesagt, sie hatten nicht die geringste Ahnung, was sie taten; sie operierten in einem Vakuum der Information, bar jeder systematischen Methode, eine angemessene Vorgehensweise zu ermitteln. Die Widerlegung der kausalen Hexentheorie steht sinnbildlich für den allgemeineren Trend der menschlichen Weiterentwicklung über die Jahrhunderte – das graduelle Ersetzen des religiösen Supernaturalismus durch einen wissenschaftlichen Naturalismus. In der umfassenden Untersuchung traditioneller Gesellschaften *The World Until Yesterday* erklärt der Evolutionsbiologe und Geograph Jared Diamond, wie unsere vorwissenschaftlichen Ahnen mit dem Problem umgingen, wie Kausalität zu verstehen ist:

Eine ursprüngliche Funktion der Religion war die Erklärung. Vorwissenschaftliche traditionelle Völker bieten für alles, was ihnen begegnet, Deutungen an, ohne eine seherische Fähigkeit allerdings, die zwischen einerseits natürlichen und wissenschaftlichen, andererseits übernatürlichen und religiösen Deutungen unterscheiden könnte. Für sie sind es einfach Erklärungen, und jene, die später als religiös verstanden werden, bilden keine separate Kategorie. Die Gesellschaften auf Neuguinea, in denen ich lebte, haben Erklärungen für Verhalten von Vögeln, die modernen Ornithologen scharfsichtig und akkurat erscheinen (etwa die vielfältigen Funktionen der Vogelrufe); andere hingegen werden als übernatürlich verworfen (beispielsweise, dass die Stimmen mancher Vogelarten die von Menschen seien, die sich in Vögel verwandelt haben).[7]

In meinem Buch *Why People Believe Weird Things* sichte ich die umfangreiche wissenschaftliche Literatur zur Rolle des Aberglaubens in vorwissenschaftlichen Gesellschaften. Die Einwohner der Trobriand-Inseln nahe Papua-Neuguinea beschäftigen sich mit Wetterzauber, Heilzauber, Gartenzauber, Tanzzauber, Liebeszauber, Segel- und Kanuzauber und speziell Fischereizauber. In den ruhigen Gewässern der inneren Lagune, wo Fänge wahrscheinlicher und sicherer sind, gibt es wenige abergläubische Rituale. In Vorbereitung auf die gefährliche Hochseefischerei aber vollziehen die Trobriander viele Zauberriten, einschließlich des Flüsterns und Murmelns magischer Formeln. Der Anthropologe Gunter Senft hat zahlreiche solcher verbalen Äußerungen katalogisiert, darunter „Yoyas Fischzauber", aufgenommen 1989, der bestimmte Wendungen wiederholt:[8]

Totwaieee
kubusi kuma kulova
o bwalita bavaga
kubusi kuma kulova
o bwalita a'ulova

Tokwai
komm herunter, komm, komm hinein
zur See will ich zurückkehren
komm herunter, komm, komm hinein
auf der See werde ich zaubern

Einer Pause von sieben Sekunden folgt eine weitere Reihe zusammenhängender Formeln, alle mit dem Sinn eines „Befehls an die Angesprochenen, etwas zu tun oder zu ändern, oder als Weissagung von Änderungen, Prozessen und Entwicklungen, die nötig sind, um Ziele zu erreichen", schreibt Senft. Der Anthropologe Bronislaw Malinowski, der die erste und maßgebende Ethnographie der Trobriander verfasste, zieht den Schluss, dass seine Schützlinge nicht dumm waren, sondern falsch informiert. „Zauberei", sagt er, „ist zu erwarten und allgemein anzutreffen, wann immer Menschen vor einer unüberbrückbaren Kluft stehen, eine Lücke in ihrem Wissen erleben oder in ihren Kräften, die Dinge zu beherrschen, und dennoch weiter ihre Ziele verfolgen müssen."⁹ Die Lösung für magisches Denken liegt darin, solche unüberbrückbaren Lücken mit wissenschaftlichem Denken aufzufüllen. Andere Anthropologen machten ähnliche Entdeckungen, wie E. E. Evans-Pritchard in seiner klassischen Studie *Witchcraft, Oracles and Magic Among the Azande* über eine traditionelle Gesellschaft im südlichen Sudan. Nach einer Erhebung der vielen bizarren Ansichten der Azande über Hexen erläutert Evans-Pritchard die Psychologie hinter dem Glauben an Hexerei: „Hexen wie in der Vorstellung der Azande kann es natürlich nicht geben. Gleichwohl beziehen sie aus dem Konzept der Hexerei eine Naturphilosophie, die die Beziehungen zwischen Menschen und misslichen Ereignissen erklärt und stereotype Handlungsanweisungen liefert." Hier sehen wir am Beispiel einer prämodernen Gesellschaft, was geschieht, wenn magisches Denken nicht durch kritisches Denken in Schach gehalten wird.

Hexerei ist allgegenwärtig, sie spielt in jedem Teil der Lebenswelt der Azande eine Rolle; in Ackerbau, Fischerei und Jagd; im häuslichen wie im kommunalen Leben der Bezirke und der Gerichtsbarkeit; sie ist ein wichtiges Thema des Seelenlebens, wo sie den Hintergrund eines weiten Panoramas aus Orakeln und Magie bildet;... es gibt keine Nische der Azande-Kultur, in die sie sich nicht hineinwindet. Wenn Mehltau die Erdnussernte vernichtet, ist es Hexerei; wenn das Buschland vergebens auf der Suche nach Wild durchstreift wird, ist es Hexerei; wenn Frauen mühevoll Wasser aus einem Tümpel schöpfen und der Lohn nur wenige Fischchen sind, ist es Hexerei; reagiert eine Frau übellaunig und unempfänglich auf ihren Ehemann, ist es Hexerei; geht ein Prinz kühl und distanziert mit seinem Untertan um, ist es Hexerei; tatsächlich, wenn irgendein Misserfolg oder Pech zu irgendeiner Zeit über irgendwen kommt, bei irgendeiner der mannigfaltigen Verrichtungen seines Lebens, so mag Hexerei die Ursache sein."[10]

Heute deckt Wissenschaft all diese Probleme ab. Durch Agronomie und Ätiologie wissen wir, dass Missernten durch Krankheiten entstehen können. Oder durch Insekten, die wir mit Hilfe von Entomologie und Chemie untersuchen und bekämpfen können. Die Meteorologie lehrt uns, Wettereinflüsse zu verstehen. Ökologen und Biologen können uns sagen, warum Fischpopulationen zu- oder abnehmen, was sich gegen Überfischung tun lässt, gegen Dezimierung durch Krankheiten oder Klimaänderungen. Auf

Eheberatung spezialisierte Psychologen können erklären, warum eine Frau mit ihrem Ehemann nicht so umgeht, wie er es sich wünscht (oder umgekehrt); und obwohl heutzutage nicht mehr viel Bedarf danach besteht, können Spezialisten für die Psychologie von Persönlichkeit und Temperament erläutern, weshalb manche Prinzen kühl und distanziert mit ihren Untertanen verfahren, andere hingegen warmherzig und verbindlich. Statistiker und Risikoanalysten können Aussagen über die Raten von Misserfolg und Pech treffen, die jeden zu beliebiger Zeit bei irgendwelchen Aktivitäten treffen können, gut eingefangen im Nonplusultra der popkulturellen Autoaufkleber-Philosophie – „Shit Happens".

Bezeichnenderweise bemerkt Evans-Pritchard, dass die Azande nicht alles, was geschieht, der Hexerei zuschreiben – nur solche Ereignisse, für die sie keine plausibel klingende kausale Erklärung haben. „Manchmal stürzt ein alter Getreidespeicher ein. Daran ist nichts besonderes. Jeder Zande weiß, dass im Laufe der Zeit Termiten die Stützpfeiler schwächen und dass in Jahren selbst das härteste Holz vermodert." Wenn der Speicher aber zusammenbricht, während sich Menschen darunter aufhalten und verletzt werden, fragen sich die Azande, warum es gerade diese Leute traf. „Der Einsturz ist verständlich, aber warum geschah er, als gerade sie sich unter gerade diesem Speicher aufhielten?" Evans-Pritchard unterscheidet nun zwischen vorwissenschaftlichen und wissenschaftlichen Weltsichten:

> Für uns besteht der einzige Zusammenhang zwischen diesen unabhängig verursachten Ereignissen in ihrem zufälligen Zusammentreffen in Raum und Zeit. Wir haben keine Erklärung dafür, warum sich die beiden Kausalketten an einem bestimmten Ort zu einer bestimmten Zeit überschnitten, denn es gibt zwischen ihnen keine wechselseitige Abhängigkeit. Die Azande-Philosophie liefert das fehlende Bindeglied; der Zande weiß, dass die Stützen von Termiten angefressen waren und dass Leute unter dem Speicher Schutz vor Hitze und gleißender Sonne suchten. Aber er weiß auch, warum die beiden Geschehnisse zusammentrafen. Wegen Hexerei. Ohne sie hätten die Menschen dort gesessen und nichts wäre passiert, oder der Speicher wäre eingestürzt, ohne dass jemand darunter saß. Die Kraft eines Zaubers erklärt die Koinzidenz.[11]

Hexerei ist eine kausale Theorie der Erklärung. Wenn Ihre kausale Erklärung für das Geschehen schlimmer Dinge ist, dass Ihre Nachbarin auf einem Besen herumfliegt und nachts mit dem Teufel umherspringt, dass sie Menschen, Ernten und Vieh krank macht, Kühen die Milch nimmt, Bier am

Gären und Milch am Verbuttern hindert – und dass die richtige Problemlösung lautet, sie auf dem Scheiterhaufen zu verbrennen – dann sind Sie entweder verrückt oder leben im Europa der Zeit vor sechs Jahrhunderten und können sich auf die Bibel berufen, speziell Exodus 22:18: „Eine Hexe sollst du nicht am Leben lassen." Hexen konnten Menschen schaden, so dachte man, indem sie sie nur ansahen, mit dem „bösen Blick", einer unsichtbaren, aber machtvollen Ausstrahlung, besonders, wenn sie menstruierten.

Bild 3-1 zeigt das Verhör von vier Frauen, die der Hexerei beim versuchten Mord an König Jakob I. verdächtigt wurden. Eine von ihnen, Agnes Sampson, gestand unter der Folter, gegen den Uhrzeigersinn getanzt zu haben, was nach verbreitetem Glauben zu Katastrophen führte. Hexenjäger entwickelten Methoden, Schuld oder Unschuld der beklagten Hexen zu ermitteln, darunter Absuchen ihrer Körper nach verräterischen Spuren des Herumtollens mit dem Teufel. Der Punkt ist nicht, dass unsere mittelalterlichen Vorfahren irrational in ihrem magischen Denken waren. Im Gegenteil, sie waren von der Wirksamkeit ihrer Zaubergesänge, Spruchformeln und anderer Ausprägungen ihres Aberglaubens überzeugt. Wie der Mittelalterforscher Richard Kieckhefer schreibt, hielten die Leute Zauberei aus zwei Gründen für rational: erstens, weil sie tatsächlich funktionieren könnte, ihre Wirksamkeit also durch Evidenz nachgewiesen war, die man im Rahmen der Kultur für authentisch hielt, und zweitens, weil ihre Funktion Prinzipien (der Theologie oder Physik) unterlag, die schlüssig formuliert werden konnten."[12]

Zuerst verfasst wurde die Hexentheorie der Kausalität von der römisch-katholischen Kirche mit der päpstlichen Bulle Innozenz des Achten im Jahr 1484, *Summis Desiderantes Affectibus* („In unserem sehnlichsten Wunsche"), zwei Jahre darauf gefolgt vom *„Hexenhammer" Malleus Maleficarum* des Klerikers Heinrich Kramer. Das Letztere war ein Handbuch darüber, wie Hexen zu finden und strafrechtlich zu verfolgen sind, die, wie im Buch behauptet, mit dem Teufel kopulieren konnten, Männern die Penisse stahlen, Schiffe auf Grund laufen ließen, Ernten ruinierten, Säuglinge aßen, Menschen in Frösche verwandelten, keine Tränen vergossen, keinen Schatten warfen, deren Haar sich nicht schneiden ließ und so ziemlich alles, was für „teuflisch" und „böse" gehalten wurde. Der Leitfaden wies die Ermittler an, nach dem „Hexenmal" Ausschau zu halten, einem Fleck oder Auswuchs am Körper, der nach einem Stich nicht blutete (was, wie man sich denken kann, zu zweckwidrigen Berührungen der meist weiblichen Verdächtigten durch die meist männlichen Befrager führte). Hexen zu entdecken erklärte nicht nur das Böse, es war auch greifbare Evidenz für die Existenz Gottes. Roger Hutchinson, Theologe im Cambridge des 16. Jahrhunderts, argumentierte in einem geschliffenen Zirkelschluss: „Wenn es einen Gott gibt, wie wir felsenfest glauben müssen, dann wahrlich auch den Teufel; und gibt es den Teufel, dann ist kein gewisseres Argument, kein stärkerer Beweis, keine klarere Evidenz, dass es Gott gibt."[13] Umgekehrt, notiert in einem Hexenprozess des 17. Jahrhunderts: „Dieser Tage gibt es reichlich Atheisten, und Hexerei wird in Zweifel gezogen. Wenn weder Besessenheit noch Hexerei existiert, warum sollten wir glauben, dass es Teufel gibt? Wenn keine Teufel, dann kein Gott."[14]

Bild 3-2 ist ein Holzschnitt von der Titelseite des Pamphlets *Witches Apprehended, Examined and Executed* von 1613. Es zeigt die klassische „Wasserprobe", und auf die Probe gestellt wird eine Frau namens Mary Sutton im Jahr 1612.

Die Hexentheorie der Kausalität ist außer Gebrauch geraten, mit Ausnahme isolierter Nischen in Papua-Neuguinea, Indien, Nepal, Saudi-Arabien, Nigeria, Ghana, Gambia, Tansania, Kenia und Sierra Leone, wo „Hexen" immer noch verbrannt werden. Eine Studie der Weltgesundheitsorganisation (WHO) von 2002 berichtet, dass in Tansania jährlich über 500

Bild 3-1.
Verhör von vier Frauen, die der Hexerei beim versuchten Mord an König Jakob I. verdächtigt wurden.

Wie Wissenschaft und Vernunft den Fortschritt der Moral befördern 121

ältere Frauen als „Hexen" umgebracht werden. In Nigeria werden Kinder zu Tausenden zusammengetrieben und verbrannt; als Reaktion darauf verhaftete der nigerianische Staat den selbsternannten Bischof Okon Williams unter der Anklage, 110 dieser Kinder getötet zu haben.[15] Eine weitere Studie ergab eine Rate von 55 Prozent Sub-Sahara-Afrikanern, die an Hexen glauben.[16] Dieser Irrglaube kann tödlich sein. Am 6. Februar 2013 wurde die 26jährige Kepari Leniata, Mutter zweier Kinder, im westlichen Hochland von Papua-Neuguinea lebendig verbrannt, angeklagt der Zauberei durch Verwandte eines sechsjährigen Jungen, der einen Tag zuvor gestorben war.[17] Wie in den einstigen Tagen der Hexenjagd wurde sie mit einer erhitzten Eisenstange gefoltert, gebunden, mit Benzin übergossen und auf einem Abfallhaufen in Brand gesetzt, umgeben von einer Menge Schaulustiger, die die Polizei daran hinderten, ihr zu Hilfe zu kommen. Eine Oxfam-Studie von 2010 erläutert, warum „Hexerei" in diesem Teil der Welt nicht ungewöhnlich ist, in dem Menschen „immer noch keine natürlichen Ursachen für Missgeschick, Krankheit, Unfälle und Tod akzeptieren" und stattdessen die Schuld für ihre Probleme übernatürlicher Zauberei und schwarzer Magie zuschreiben.[18]

Bild 3-2.
Titelseite des Pamphlets Witches Apprehended, Examined and Executed *von 1613. Es zeigt die klassische „Wasserprobe".*

Sind diese Menschen böse oder falsch informiert? Nach heutigen westlichen Moralmaßstäben ist ihr Tun verachtenswert, und wenn sie in Ländern leben, in denen das Verbrennen angeblicher Hexen illegal ist, dann sind sie kriminell. Angesichts der Tatsache jedoch, dass Europäer und Amerikaner ihren Glauben an Hexen ablegten, als die Wissenschaft mit ihren besseren Erklärungen den Aberglauben verdrängte, lassen sich die Hexenjäger wohlwollender als fehlinformiert beurteilen. Kurz, sie folgen einer falschen Theorie der Kausalität. Freilich ist es nicht nur eine Frage besserer wissenschaftlicher Bildung, wenngleich jegliche Bildung aus diversen Gründen, moralischen und praktischen, ein guter Anfang wäre. Zunächst müssen Staaten die Hexenverbrennung verbieten. Jared Diamond berichtete mir, wie die außerordentlich hohe Gewaltrate auf Papua-Neuguinea bedeutend vermindert wurde durch Abgesandte der Regierung, die von Dorf zu Dorf gingen, diese diabolischen Praktiken verboten, Waffen beschlagnahmten und Vorschriften erließen.

Welche Maßnahmen für die Abschaffung barbarischer abergläubischer Akte oft nötig sind, illustriert Sati, die indische Sitte der Witwenverbrennung. Die britische Kolonialregierung erklärte sie für illegal und setzte die Abschaffung mit drakonischen Strafen durch. Im 19. Jahrhundert beschwerten sich die Untergebenen des britischen Oberbefehlshabers in Indien, General Charles Napier, Sati sei ihr kultureller Brauch, den die Briten respektieren sollten. Napier antwortete: „Sei's drum! Die Witwenverbrennung ist euer Brauch, errichtet den Scheiterhaufen. Aber meine Nation folgt auch einer Sitte. Wenn Männer Frauen lebendig verbrennen, dann hängen wir sie und beschlagnahmen ihren Besitz. Meine Zimmerleute werden also Galgen errichten, um alle Betroffenen zu hängen, wenn die Witwe von den Flammen verzehrt wird. Halten wir uns alle an unsere Gepflogenheiten."[19]

Auf lange Sicht müssen externe Restriktionen (Gesetze) ergänzt werden durch interne Regeln (gedankliche Konzepte). Von einem Beispiel, wie die Hexentheorie der Kausalität in Deutschland getestet und widerlegt wurde, berichtet Charles MacKay in seinem klassischen Werk *Extraordinary Popular Delusions and the Madness of Crowds*. Auf dem Höhepunkt des Hexenwahns lud der Herzog von Braunschweig zwei gelehrte und berühmte Jesuiten ein, ihn in die Folterkammer zu begleiten und Zeugen der peinlichen Befragung einer der Hexerei angeklagten Frau zu sein. Beide glaubten an Hexerei und an die Folter als Mittel, ein Geständnis zu erlangen. Der Herzog vermutete, dass Menschen Beliebiges bekennen, nur damit der Schmerz aufhört; er sagte der Frau, er habe Grund zur Annahme, seine Begleiter seien Hexenmeister. Er fragte sie nach ihrer Meinung dazu

Wie Wissenschaft und Vernunft den Fortschritt der Moral befördern 123

und befahl dem Folterknecht, ihre Schmerzen noch ein wenig zu verstärken. Die Frau „gestand" sofort, dass sie gesehen hatte, wie beide sich in Ziegen, Wölfe und andere Tiere verwandelten, außerdem hätten beide sexuelle Beziehungen mit anderen Hexen und viele Kinder mit Krötenköpfen und Spinnenbeinen in die Welt gesetzt. „Der Herzog von Braunschweig führte seine verblüfften Freunde hinaus", erzählt MacKay. „Für beide war es der überzeugende Beweis, dass tausende Menschen unschuldig gelitten hatten; die beiden wussten um ihre eigene Unschuld und erschauerten beim Gedanken an ihr Schicksal, hätte ein Feind statt eines Freundes ein solches Geständnis einem Kriminellen in den Mund gelegt."[20]

Einer jener Jesuiten war Friedrich Spee, der als Reaktion auf diese schockierende Vorführung eines induzierten falschen Geständnisses 1631 das Buch *Cautio Criminalis* schrieb, das die Schrecken der Hexenprozesse enthüllte. Den Erzbischof und Kurfürsten von Mainz, Johann Philipp von Schönborn, brachte es dazu, Folter völlig abzuschaffen, was seinerseits dazu führte, dass sie auch anderswo aufgehoben wurde – Katalysator

Bild 3-3. Verbrennung von Anneken Hendriks als Hexe im Jahr 1571.

eines Kaskadeneffekts, der den Hexenwahn zusammenbrechen ließ. „Es war der Beginn der Dämmerung nach einer langen Dunkelheit", schreibt MacKay. „Die Tribunale verurteilten Hexen nicht mehr zu Hunderten pro Jahr zum Tode. Eine der Wahrheit nähere Philosophie hatte allmählich das öffentliche Bewusstsein aufgeklärt. Gebildete Menschen befreiten sich von den Fesseln eines erniedrigenden Aberglaubens, und Herrscher, zivile wie geistliche, bändigten die verbreitete Wahnvorstellung, an deren Stärkung sie so lange mitgewirkt hatten.[21]

Vor Anbruch jener Dämmerung aber wurden tausende Menschen sinnlos ermordet. An präzise Zahlen zu kommen ist schwer, die Aufzeichnungen sind lückenhaft, aber der Historiker Brian Levack schätzt deren Anzahl auf 60000, ausgehend von der Anzahl der Gerichtsverfahren und der Rate der Verurteilungen (oft nahe 50 Prozent),[22] während die Mittelalter-Historikerin Anne Llewellyn Barstow veranschlagt über 100.000, wegen verlorener Belege.[23] Bild 3-3 zeigt einen Kupferstich von Johannes Jan Luyken, die Verbrennung von Anneken Hendriks als Hexe im Jahr 1571.

Wie auch immer gerechnet wird, die Anzahl war tragisch hoch, und nach der Ächtung der Hexenverfolgung als schneller Lösung erwies sich das bessere Verständnis von Kausalitäten, also Wissenschaft, als die letztendliche Abhilfe. Keith Thomas, Historiker, sieht in seinem umfassenden Werk *Religion and the Decline of Magic* als den ersten und wichtigsten Faktor des Rückgangs „die Reihe intellektueller Wandlungen, die die wissenschaftliche und philosophische Revolution des 17. Jahrhunderts begründeten. Diese Veränderungen hatten entscheidende Auswirkungen auf das Denken der intellektuellen Elite; sie sickerten mit der Zeit hinab und beeinflussten Auffassungen und Verhalten der Menschen in der Breite. Der Triumph der mechanischen Philosophie bildete die Essenz der Revolution.[24]

Mit „mechanischer Philosophie" meint Thomas das Newtonsche „Universum als Uhrwerk", in dem alle Phänomene natürliche Ursachen haben und das von Naturgesetzen regiert wird, die untersucht und verstanden werden können. In dieser Weltsicht ist kein Platz für das Übernatürliche; sie verurteilte die Hextheorie der Kausalität zum Untergang, zusammen mit anderen die Natur übersteigenden Erklärungen. „Die Auffassung eines Universums, das unveränderlichen Naturgesetzen unterliegt, erstickte das Konzept von Wundern, schwächte den Glauben an die weltliche Wirksamkeit von Gebeten und dämpfte das Vertrauen in die Möglichkeit göttlicher Einflussnahme", schließt Thomas. „Der Triumph der mechanischen Philosophie war das Ende animistischer Vorstellungen über das Universum, die das Grundprinzip magischen Denkens gebildet hatten."[25]

Neben Vernunft und Wissenschaft waren weitere Faktoren beteiligt, die ich weiter unten behandle; Die Aussage ist hier, dass Ansichten wie der Glaube an Hexerei weniger unmoralisch als vielmehr fehlerhaft sind. In der westlichen Welt hat Wissenschaft die Hexentheorie der Kausalität widerlegt, wie sie auch andere abergläubische und religiöse Ideen entlarvt hat und weiter entlarven wird. Wir enthalten uns der Hexenverbrennung nicht, weil die Regierung es uns verbietet, sondern weil wir nicht an Hexerei glauben und uns die Idee gar nicht kommt, jemanden für solche Praktiken in Flammen zu setzen. Was einst eine moralische Frage war, ist jetzt gar keine Frage mehr, verdrängt aus Bewusstsein und Gewissen durch eine naturalistische, wissenschafts- und vernunftbasierte Weltanschauung.

Die Welt vor der Wissenschaft

Die Hexentheorie der Kausalität als Universalerklärung für die Miseren des Lebens wurde angesichts der Fülle des Elends kaum der Aufgabe gerecht, Licht ins Dunkel zu bringen. Um ein Gespür für den Wandel seither zu bekommen, gehen wir fünf Jahrhunderte zurück in eine Zeit, als die Zivilisation nur durch Feuer erleuchtet wurde. Die Besiedlung war dünn, 80 Prozent der Menschen lebten auf dem Land und produzierten Nahrung, vor allem für sich selbst. Baumwollverarbeitung war das einzige größere Gewerbe in einer vorindustriellen, hochgradig stratifizierten Gesellschaft, von der ein Drittel bis die Hälfte gerade eben den Lebensunterhalt bewältigte und chronisch arbeitslos, schlecht bezahlt und schlecht ernährt war. Die Versorgung mit Lebensmitteln war unberechenbar; Seuchen dezimierten die geschwächte Bevölkerung. So wüteten in London allein im Jahrhundert zwischen 1563 und 1665 sechs große Seuchen, deren jede ein Zehntel bis ein Sechstel der Menschen dahinraffte. Nach heutigen Standards war die Todesrate beinahe unvorstellbar. Im Jahr 1563 waren es 20.000 Opfer. 1593: 15000; 1603: 36.000; 1625: 41.000; 1636: 10.000 und 1665 schließlich 68.000. Alle in einer Weltmetropole, deren Einwohnerzahl im Jahr 1550 120.000 betrug, im Jahr 1600 200.000 und 1650 400.000, der Anteil der Toten bei jeder Epidemie war also erheblich. Kinderkrankheiten waren unerbittlich, 60 Prozent der Kinder fielen ihnen vor dem siebzehnten Lebensjahr zum Opfer. Ein Beobachter 1635: „Bis zum Alter von 30 oder 35 Jahren haben wir mehr Tote als Überlebende."[26] Der Historiker Charles de

La Roncière liefert Beispiele aus der Toskana des 15. Jahrhunderts, als Leben gewöhnlich ein frühes Ende nahmen:

> Viele starben zu Hause; Kinder wie Alberto, mit zehn Jahren, und Orsino Lanfredini, mit sechs oder sieben; Heranwachsende wie Michele Verini (neunzehn) und Orsinos Schwester Lucrezia Lanfredini (zwölf); junge Frauen wie die schöne Mea mit den Elfenbeinhänden (dreiundzwanzig, acht Tage nach der Geburt ihres vierten Kindes, das nicht länger lebte als die drei anderen, sie alle starben vor dem Alter von zwei Jahren); und natürlich Erwachsene und ältere Leute.[27]

Wie La Roncière nebenbei bemerkt, sind darin noch nicht die Todesfälle Neugeborener enthalten, die Historiker auf 30 bis 50 Prozent schätzen.[28]

Da magisches Denken positiv mit Unsicherheit und Unvorhersehbarkeit korreliert,[29] sollte uns das Ausmaß des Aberglaubens angesichts der trostlosen Unwägbarkeiten des prämodernen Lebens nicht überraschen. Es gab keine Banken, bei denen sich in Zeiten der Fülle ein Sparkonto einrichten ließ, als Polster für Zeiten der Knappheit. Es gab keine Versicherungen; allerdings hatten die meisten Leute auch nicht viel Eigentum zu versichern. Die Häuser hatten Strohdächer, hölzerne Kamine und waren nachts mit Kerzen erleuchtet, und so verheerten Brände regelmäßig ganze Viertel. Ein Chronist bemerkt: „Er, der um ein Uhr fünftausend Pfund wert war und der, wie der Prophet sprach, seinen Wein aus feinen Silberschalen trank, hatte um zwei Uhr nicht mehr die hölzerne Schüssel für sein Fleisch, noch ein Dach über dem gramvollen Haupt."[30] Zur Linderung von Schmerz und Unwohlsein setzten die Menschen Alkohol und Tabak als Selbstmedikation ein, zusammen mit dem Glauben an Zauberei.

Unter solchen Bedingungen verwundert nicht, woran fast jeder glaubte: Magie, Werwölfe, Kobolde, Astrologie, schwarze Magie, Dämonen, Gebete, Vorsehung und natürlich Hexen und Hexenzauber. Der Bischof von Worcester Hugh Latimer erklärte 1552: „Sehr viele von uns, seien wir in Not oder Krankheit oder hätten wir etwas verloren, laufen hierhin oder dorthin zu Hexen oder Zauberern, die wir weise Männer nennen... Hilfe und Trost von ihnen zu suchen."[31] Heilige wurden angerufen; liturgische Bücher boten Rituale für das Segnen von Vieh, Ernte, Häusern, Werkzeugen, Schiffen, Quellen und Öfen; es gab besondere Gebete für unfruchtbare Tiere, Kranke und Gebrechliche, selbst für ungewollt kinderlose Paare. In seinem Buch *Anatomy of Melancholy* von 1621 vermerkt Robert Burton: „Zauberer sind zu verbreitet; durchtriebene Männer, Magiere, weiße Hexen, wie man sie nennt, in jedem Dorf; sie heilen, um Hilfe ersucht, beinahe alle Gebrechen an Körper und Seele."[32]

Waren in der vorwissenschaftlichen Welt alle so abergläubisch? Das waren sie. Der Historiker Keith Thomas schreibt: „Niemand bestritt den Einfluss des Himmels auf das Wetter oder sprach der Astrologie ihre Relevanz für Medizin oder Landwirtschaft ab. Vor dem 17. Jahrhundert war eine skeptische Betrachtung der astrologischen Doktrin die seltene Ausnahme, ob in England oder anderswo." Aber es war nicht nur die Sterndeutung. „Religion, Astrologie und Magie gaben vor, Menschen bei ihren täglichen Problemen zu helfen, indem sie sie lehrten, wie man Unglück vermeidet oder mit ihm umgeht, wenn es einen dennoch trifft." Angesichts dieser weitreichenden Macht über die Leute schließt Thomas: „Wenn wir Magie definieren als den Einsatz unwirksamer Techniken, um Ängste zu zerstreuen, während wirksame nicht zur Verfügung stehen, dann müssen wir anerkennen, dass keine Gesellschaft jemals frei von ihr sein wird."[33]

Das mag so sein. Aber der Aufstieg der Wissenschaft beschnitt diese Allgegenwart des magischen Denkens durch das Angebot natürlicher Erklärungen dort, wo es zuvor im Wesentlichen übernatürliche gab; er führte aus dem Dunkel in das Licht. Empirie gewann Ansehen, es entstand ein Antrieb, Erfahrungswerte zu finden für abergläubische Annahmen, die bis dahin ohne Fakten ausgekommen waren.

Der Versuch der Naturalisierung des Übernatürlichen setzte sich einige Zeit fort und übertrug sich auf andere Bereiche. Omen wurden akribisch und quantitativ untersucht, wenn auch nicht ohne übernatürliche Perspektive. Ein Tagebuchschreiber meinte über Kometen: „Mir ist bewusst, dass solche Meteore natürliche Ursachen haben, aber oft sind sie auch Vorboten nahender Katastrophen."[34] Und doch führte die Neigung, mittels Magie die Zukunft zu deuten, hin zu formaleren Methoden, sich durch die Verbindung von Naturereignissen der Kausalität zu versichern – die eigentliche Basis von Wissenschaft. Mit der Zeit verschmolz Naturtheologie mit Naturphilosophie, und Wissenschaft erwuchs aus dem Zauberglauben, den sie schließlich verdrängte. Im 18. und 19. Jahrhundert wurde Astrologie durch Astronomie ersetzt, Chemie folgte der Alchemie, Wahrscheinlichkeitsrechnung verdrängte glücklichen Zufall, Versicherungen dämpften Angst, Banken ersetzten Matratzen als Hort der Ersparnisse, Stadtplanung verringerte Brandgefahr, Sozialhygiene und Keimtheorie besiegten Krankheiten, und die Unwägbarkeiten des Lebens wurden berechenbarer.

Von der physikalischen zur moralischen Wissenschaft

Der Entlarvung der Hexentheorie der Kausalität und der Verbesserung der Lebensumstände können wir als weiteren Antrieb moralischen Fortschritts die Ausweitung von Vernunft und Wissenschaft auf andere Felder hinzufügen, darunter Regierungsform und Wirtschaft. Diese Verschiebung war das Ergebnis zweier intellektueller Revolutionen: (1) die wissenschaftliche Revolution, datierend etwa ab der Veröffentlichung von *De revolutionibus orbium coelestium* („Über die Umschwünge der himmlischen Kreise") des Kopernikus 1543 bis zu Newtons *Principia* 1687, und (2) das Zeitalter der Aufklärung, etwa von 1687 bis 1795 (von Newton bis zur französischen Revolution). Die wissenschaftliche Revolution führte direkt zur Aufklärung, als Intellektuelle des 18. Jahrhunderts begannen, den rigorosen Methoden der großen Naturwissenschaftler und Philosophen nachzueifern, um Phänomene zu erklären und Probleme zu lösen. Aus dieser „Ehe" der Philosophien entstanden Ideale der Aufklärung, die höchsten Wert legten auf Vernunft, wissenschaftliche Prüfung, Menschenrechte, Freiheit, Gleichheit, Gedanken- und Redefreiheit und eine kosmopolitische, vielfältige Weltanschauung, die heute die meisten Menschen bereitwillig annehmen – eine „Wissenschaft vom Menschen", wie sie David Hume, der große schottische Philosoph der Aufklärung, nannte.

Aus einer geschichtlichen Perspektive auf die Intellektualität habe ich diese Verschiebung die „Schlacht der Bücher" genannt – das Buch der Autorität gegen das Buch der Natur.[35] Das Buch der *Autorität*, sei es nun die Bibel oder Aristoteles in der westlichen Welt, stützt sich auf den kognitiven Prozess der *Deduktion*, der aus allgemeinen Prinzipien spezifische Behauptungen ableitet. Im Gegensatz dazu basiert das Buch der *Natur auf Induktion*, die aus spezifischen Fakten auf allgemeine Regeln schließt. Niemand von uns, auch keine Tradition, praktiziert reine Induktion oder reine Deduktion, aber die wissenschaftliche Revolution begehrte auf gegen die Überbetonung des Buches der Autorität und beharrte darauf, Annahmen anhand des Buches der Natur zu überprüfen.

Einer der Giganten der wissenschaftlichen Revolution, Galileo Galilei, geriet mit der Kirche in Teufels Küche, weil er die Beobachtung der blinden Akzeptanz vorzog beim Versuch, die Mutmaßungen der Autoritäten zu überprüfen. „Archimedes' Autorität war nicht größer als die von Aristoteles", sagte er. „Archimedes hatte recht, weil seine Ergebnisse mit dem Experiment übereinstimmten."[36]

Zwischen Deduktion und Induktion, zwischen Vernunft und Empirie besteht eine Balance. 1620 veröffentlichte der englische Philosoph Francis Bacon sein Novum Organum, das „Neue Instrument", das Wissenschaft als eine Mischung von Sinnesdaten und logisch durchdachter Theorie beschreibt. Idealerweise, so Bacon, sollte man mit Beobachtungen beginnen, dann eine allgemeine Theorie formulieren, die Vorhersagen erlaubt und die Vorhersagen schließlich im Experiment überprüfen.[37] Ohne „reality check" landet man bei halbgaren bis untauglichen Ideen, wie Plinius des Älteren „Heilmittel für eiternde Wunden" in seiner *Naturalis historia* von 77 n. Chr., die sich wie ein Sketch von Monty Python liest:

> Schafdung, erwärmt unter einer irdenen Pfanne und geknetet, reduziert die Schwellung auf Wunden, und fistelnde Geschwüre und Wunden am Augenlid werden gereinigt und heilen. In der Asche eines verbrannten Hundekopfes aber findet sich die größte Wirkung; sie kommt Spodium gleich in ihrer Eigenschaft der Kauterisierung aller Arten fleischlicher Auswüchse und heilt Wunden. Auch Mäusedung ist ein Ätzmittel, und Wieseldung, zu Asche verbrannt.[38]

René Descartes, betrachtet als Begründer der modernen Philosophie, stellte sich selbst die gewichtige (und, wie man denken könnte, unmögliche) Aufgabe, alles Wissen zu vereinen, um „dem Publikum... eine völlig neue Wissenschaft zu geben, die alle Fragen der Quantität klärt." In seinem skeptischen Werk *Discours de la méthode* von 1637 weist er den Leser an, das Wahrscheinliche als falsch zu betrachten, das Sichere als wahrscheinlich und alles andere zu verwerfen, das sich auf alte Bücher und Autoritäten stützt.

Alles anzweifelnd, zog Descartes seinen berühmten Schluss, es gebe nur eines, das sich nicht bezweifeln ließe, und das war sein denkender Verstand. *„Cogito, ergo sum* – ich denke, also bin ich." Auf diesem ersten Prinzip aufbauend wandte er sich dem mathematischen Schlussfolgern zu und entwickelte nicht nur einen neuen Zweig der Mathematik (das allgemein gebräuchliche kartesische Koordinatensystem), sondern auch eine neue, leistungsfähige, auf jeden Gegenstand anwendbare Wissenschaft. Sein Werk brachte einen *esprit géométrique* und einen *esprit du mechanism* hervor (Geist der Geometrie und der mechanischen Ursachen), um für alle Phänomene mathematische und mechanische Erklärungen zu finden. Diese mechanische Philosophie gewann durch Newtons Uhrwerk-Universum internationale Glaubwürdigkeit; die bereitwillige Akzeptanz mathematischer Präzision ist noch heute an der geometrischen Regelmäßigkeit französischer Gärten erkennbar. Descartes war fasziniert von mechanisch-hydraulischen Automaten, und dieser Esprit ließ ihn (und andere) sich mechanistischen Erklärungen für Tiere und Menschen zuwenden.[39] Der Scheidepunkt, an dem sich alles änderte, war 1687 die Publikation von Newtons *Principia Mathematica*, einem Werk, das die physikalischen Wissenschaften in die Welt brachte, das Zeitgenossen „das wichtigste Erzeugnis des menschlichen Geistes" (Joseph-Louis Lagrange) nannten, eine Arbeit „mit Vormachtstellung über alle anderen Hervorbringungen des menschlichen Intellekts" (Pierre-Simon Laplace). Nach Newtons Tod pries Alexander Pope ihn wie folgt: „Natur und ihr Gesetz im Dunkeln sah man nicht. Gott sprach: Es werde Newton! Und es wurde Licht." David Hume beschrieb Newton als „das größte und seltenste Genie, das je zur Zier und Unterrichtung der Spezies aufstieg."[40]

Newton zeigte, dass die strengen Methoden der Mathematik und der Wissenschaft auf alle Gebiete anwendbar waren. Und er lebte, was er predigte, mit maßgeblichen Beiträgen zu reiner und angewandter Mathematik (er erfand die Analysis), zu Optik, Gravitationsgesetz, Gezeiten, Wärme, Chemie und Theorie der Materie, Alchemie, Zeitrechnung, Bibelexegese, zur Entwicklung wissenschaftlicher Instrumente, selbst zur Münzprägung. Nachdem die präzise vorhergesagte Rückkehr des Halley'schen Kometen Newtons Gravitationsgesetz bestätigt hatte, begann der Wettlauf um das Ziel, seine Methoden universell anzuwenden. „Überall sahen Männer und Frauen ein Versprechen, dass das gesamte Wissen der Menschheit und die Ordnung der menschlichen Angelegenheiten einem System der mathematischen Schlussfolgerung und experimentellen Beobachtung zugänglich sind", schreibt der Wissenschaftshistoriker Bernard Cohen. „Newton war die Symbolfigur erfolgreicher Wissenschaft, das Ideal allen Denkens – in Philosophie, Psychologie, Regierung und den Gesellschaftswissenschaften."[41]

Die mit Newton kulminierende Revolution des Denkens veranlasste Wissenschaftler auf verschiedensten Gebieten, ihm nachzueifern. Charles de Secondat, Baron de Montesquieu (bekannt einfach als „Montesquieu") veröffentlichte 1784 sein Buch *Esprit des Lois* („Vom Geist der Gesetze"); darin bezieht er sich bewusst auf Newton bei seinem Vergleich einer gut eingespielten Monarchie mit dem „System des Universums" und seiner „Kraft der Anziehung", die alle Körper um das „Zentrum" (den Monarchen) kreisen lässt. Seine Methode war die Descartes'sche Deduktion: „Ich habe Grundprinzipien aufgestellt, aus denen auf natürliche Weise Spezialfälle folgen." Mit „Geist" meint Montesquieu „Ursachen", aus denen sich

„Gesetze" ableiten lassen, die die Gesellschaft lenken. „Gesetze in ihrer allgemeinsten Bedeutung sind die notwendigen Beziehungen, die aus der Natur der Dinge stammen" schrieb er. „In diesem Sinne haben alle Wesen ihre Gesetze, die Gottheit hat ihre, die materielle Welt hat ihre, die dem Menschen überlegenen Intelligenzen haben ihre, die Tiere und der Mensch."

Als junger Mann veröffentlichte Montesquieu eine Reihe wissenschaftlicher Abhandlungen zu einer Vielfalt von Themen – Gezeiten, fossile Austern, Funktion der Nieren, Ursachen von Echos – und in *Esprit des Lois* setzte er seine naturalistischen Gaben ein, um eine Theorie der natürlichen Bedingungen zu entwerfen, die zur Entwicklung der unterschiedlichen Regierungs- und Rechtsformen in der Welt führten, darunter Klima, Bodenqualität, Religion und Tätigkeiten der Bewohner, ihre Anzahl, Geschäfte, Sitten und Gebräuche und dergleichen. Seine Typologie unterschied vier Gesellschaftsformen: Jagd, Viehhaltung, Ackerbau und Handel, mit immer komplexer werdenden Rechtssystemen. „Die Gesetze haben eine sehr enge Beziehung zur Art und Weise, in der die verschiedenen Nationen ihr Auskommen erzielen" schrieb er. Bei einer Nation, die Handel und Seefahrt betreibt, ist ein dickeres Gesetzbuch zu erwarten als bei einer, die sich mit Ackerbau zufriedengibt. Letztere wiederum dürfte mehr Gesetze haben als eine von ihren Herden lebende, und diese wiederum mehr als eine Jägergesellschaft." Das machte Montesquieu zu einem der ersten Verfechter der Handelstheorie des Friedens, als er beobachtete, dass Jagd- und Hirtengesellschaften oft in Konflikte und Kriege gerieten, während Handelsnationen gegenseitig voneinander abhängig wurden, Frieden also zur natürlichen Folge des Handels geriet. Die Psychologie hinter dem Effekt, so seine Spekulation, lag darin begründet, dass Gesellschaften mit Sitten und Gebräuchen konfrontiert wurden, die sich von ihren eigenen unterschieden und so die zerstörerischsten ihrer Vorurteile verloren. Er schloss: „Wir sehen, wie Menschen nur vom Geist ihres Gewerbes angetrieben werden, dabei aber Handel mit all den humanen und moralischen Tugenden treiben."[42]

Montesquieus naturalistischer Theorie der Gesetze folgend erklärten die Physiokraten, eine Gruppe französischer Wissenschaftler und Gelehrter: „Alle gesellschaftlichen Tatsachen hängen in ewiger, notwendiger Verbundenheit zusammen, durch unveränderliche, unhintergehbare und unausweichliche Gesetze", denen Menschen und Regierungen gehorchen sollten, „sobald sie sie einmal kennen." Menschliche Gesellschaften unterlägen den Naturgesetzen, „denselben Gesetzen, die die physikalische Welt beherrschen, die der Tiere und selbst das Innenleben eines jeden Organismus." Einer der Physiokraten war François Quesnay, Arzt am Hofe des Königs von Frankreich und späterer Entsandter Napoleons bei Thomas Jefferson. Analog zum menschlichen Körper entwarf er ein Modell der Wirtschaft, in dem Geld durch einen Staat fließt wie Blut durch den Leib und bei dem ruinöse Maßnahmen der Regierung Krankheiten entsprechen, die die wirtschaftliche Gesundheit beeinträchtigen.[43] Er argumentierte, Menschen hätten zwar unterschiedliche Fähigkeiten, aber gleiche natürliche Rechte; daher sei es die Pflicht der Regierung, die Rechte von Individuen vor dem Zugriff anderer zu schützen, gleichzeitig Menschen aber zu ermöglichen, ihre eigenen Interessen zu verfolgen. So traten die Physiokraten für Privatbesitz und freien Markt ein. Sie prägten den Begriff „laissez-faire" („lassen Sie machen") für die Praxis minimaler Einmischung von Regierungen in die wirtschaftlichen Interessen von Bürgern und Gesellschaft.

Nach Auffassung der Physiokraten unterliegen Mitglieder einer Gesellschaft menschlichen und ökonomischen Gesetzen, vergleichbar jenen, die Galilei und Newton entdeckten, und ebenso ermittelbar. Aus dieser Bewegung erwuchs die Schule der klassischen Ökonomie, an ihrer Spitze David Hume, Adam Smith und andere, die für alle heutigen wirtschaftlichen Strategien die Basis erarbeiteten. Adam Smiths monumentales Werk von 1776 offenbart seinen wissenschaftlichen Schwerpunkt im Titel: *An Inquiry into the Nature and Causes of the Wealth of Nations* („Der Wohlstand der Nationen"). Die Begriffe „Natur" und „Ursachen" verwendete Smith im wissenschaftlichen Sinne des Verständnisses der Beziehungen von Ursache und Wirkung im natürlichen System einer Ökonomie unter der Grundvoraussetzung, dass Wirtschaftssysteme Naturgesetzen unterliegen, dass Menschen rationale Akteure sind, deren Verhalten verstanden werden kann und dass Märkte sich durch eine „unsichtbare Hand" selbst regulieren. Smiths berühmte Metapher entsprang einer astronomischen Betrachtung. So schrieb er in einem wenig bekannten Werk:

> In allen polytheistischen Religionen, unter Wilden, wie auch in den frühen Zeitaltern der heidnischen Antike ist festzustellen, dass nur die unregelmäßigen Ereignisse der Wirkung und Kraft der Götter zugeschrieben werden. Feuer brennt, Wasser erfrischt; schwere Körper sinken hinab, leichte Substanzen schweben empor aus der Notwendigkeit ihrer Natur; nie sah man bei diesen Vorgängen Jupiters *unsichtbare Hand* am Werk.[44]

Smith beschrieb hier die Wirkung der Gravitation; in *Wealth of Nations* leitet eine unsichtbare Hand Märkte und Ökonomien. Er war Professor für

Moralphilosophie; in seinem ersten großen, 1759 veröffentlichten Werk *Theorie der ethischen Gefühle* schuf er die Grundlage eines Modells für einen angeborenen Sinn für Moral: „Mag man den Menschen für noch so egoistisch halten, es liegen doch offenbar gewisse Prinzipien in seiner Natur, die ihn dazu bestimmen, an dem Schicksal anderer Anteil zu nehmen, und die ihm selbst die Glückseligkeit dieser anderen zum Bedürfnis machen, obgleich er keinen anderen Vorteil daraus zieht, als das Vergnügen, Zeuge davon zu sein. Ein Prinzip dieser Art ist das Erbarmen oder das Mitleid, das Gefühl, das wir für das Elend anderer empfinden." Die Emotion der Empathie ermöglicht uns, die Freude oder Qual eines anderen zu fühlen, indem wir uns in seine Lage versetzen. „Da wir keine unmittelbare Erfahrung dessen haben, was andere Menschen fühlen, können wir davon nur dadurch eine Vorstellung gewinnen, dass wir uns selbst in ihre Situation denken."[45] Hier ist das Prinzip der austauschbaren Perspektiven am Werk.

Auf dem Schauplatz staatlicher Lenkung wandte eine andere Koryphäe der Aufklärung die Prinzipien und Methoden der physikalischen Wissenschaften auf die moralischen an: der englische Philosoph Thomas Hobbes, dessen Buch *Leviathan* von 1651 als das einflussreichste Werk auf die Geschichte des politischen Denkens betrachtet wird. Darin folgte Hobbes bei seiner Analyse der gesellschaftlichen Welt den Arbeiten von Galilei und dem englischen Arzt William Harvey, der mit seinem Werk *De Motu Cordis* (1628, „Anatomische Studien über die Bewegung des Herzens und des Blutes") ein mechanisches Modell der Funktion des menschlichen Körpers skizzierte. Hobbes sann später etwas unbescheiden nach: „Galileus... war der erste, der uns die Tür zur Naturphilosophie öffnete, mit dem Wissen um die Natur der Bewegung... die Wissenschaft vom menschlichen Körper, der ergiebigste Teil der Naturwissenschaft, wurde mit bewundernswertem Scharfsinn von unserem Landsmann William Harvey entdeckt. Die Naturphilosophie ist daher erst jung; aber die Philosophie der Zivilgesellschaft ist noch viel jünger, nämlich nicht älter als mein eigenes *De Cive*."

Sein Buch *Elements of Law* gestaltete Hobbes sogar nach Euklids Elemente und teilte alle bisherigen Philosophen in zwei Lager ein: die Dogmatici, die es zwei Jahrtausende lang nicht fertig gebracht hatten, eine zukunftsfähige Philosophie der Moral oder der Politik zu entwerfen, und die Mathematici, die „von den bescheidensten Prinzipien ausgingen... langsam voranschreitend, mit behutsamsten Folgerungen", um ein System nützlichen Wissens über die gesellschaftliche Welt zu schaffen. Dieses neue System ist nicht „eines, das den Stein der Weisen hervorbringt, noch findet es sich in metaphysischen Chiffren", schrieb er an seine Leser , „sondern eines der natürlichen Vernunft des Menschen, die geschäftig die Kreaturen umschwirrt und einen wahren Bericht ihrer Ordnung, ihrer Ursachen und Effekte mitbringt."[46]

Auf die Untersuchung von Natur, Mensch und „Zivilverwaltungen und Pflichten der Untertanen" wandte Hobbes bewusst Descartes „esprit géométrique" und „esprit du mechanism" an.[47] Hier sehen wir sowohl die Verbindung von den physikalischen und biologischen zu den sozialen Wissenschaften als auch den Grund meiner Konzentration auf diese Epoche in der Geschichte der Wissenschaft – unsere modernen Konzepte der Staatsführung entstanden aus dem Drang, Vernunft und Wissenschaft auf jegliche Probleme anzuwenden, die der menschlichen Gesellschaft eingeschlossen.

Gemäß dem Geschichtswissenschaftler Richard Olson (meinem Doktorvater, der mich zuerst auf diese Zusammenhänge zwischen Wissenschaft und Gesellschaft aufmerksam machte) „beziehen Hobbes' Theorien über Natur, Mensch und Gesellschaft ihre Gestalt eindeutig aus einer Hobbesschen Version des esprit géométrique." Darüber hinaus, so Olson, „war Hobbes der Meinung, dass die Gesellschaftswissenschaften wie jene der unbelebten natürlichen Körper entlang dem geometrischen oder hypothetisch-deduktiven Modell errichtet werden können."[48] Letzteres ist der Begriff der Wissenschaftsphilosophen für die moderne wissenschaftliche Methode, die sich in drei Schritten zusammenfassen lässt: (1) anhand von Beobachtungen eine Hypothese formulieren, (2) basierend auf der Hypothese eine Vorhersage treffen und (3) die Vorhersage überprüfen.

Hobbes' Theorie über den Aufbau einer Zivilgesellschaft ist eine rein naturalistische Erörterung, die sich der besten zu seiner Zeit verfügbaren Wissenschaft bedient; zusammen mit seinen Kollegen der Aufklärung sah er sich als Ausübender der Wissenschaft, damals „Naturphilosophie" genannt.[49] Zunächst postuliert er ein Universum, das nur aus materiellen Objekten in Bewegung besteht (wie Atome und Planeten). Das Gehirn erfährt diese Bewegung durch die Sinne, entweder direkt, etwa durch Berührung, oder indirekt durch Energieübertragung wie beim Sehen, und alle Ideen entspringen aus diesen fundamentalen Sinneseindrücken. Menschen können Materie in Bewegung wahrnehmen und sind selbst in Bewegung (wie die „des Blutes, immerwährend zirkulierend" bemerkt er, William Harvey zitierend), stets getrieben von den Leidenschaften Appetenz (Vergnügen) und Aversion (Leid). Schwindet die Bewegung (Blutzirkulation), so schwindet das Leben, und daher ist alle menschliche Tätigkeit auf den Erhalt der vitalen Bewegungen des Lebens gerichtet. Vergnügen (oder Wonne oder Zufriedenheit), sagt er, „ist nichts als Bewegung des Herzens, Ideen nichts als Bewegung im Kopf, und die Objekte, die sie auslösen, nennt man angenehm oder erfreulich." Was wir für gut und schlecht halten, steht also in direkter Beziehung zu den Wünschen oder Ängsten einer Person in Reaktion auf einen gegebenen Stimulus. Vergnügen zu erlangen und Leid zu vermeiden, erfordert Macht: „Die Macht eines Menschen liegt in seinen gegenwärtigen Mitteln, das zukünftige ersichtlich Gute zu erreichen", fährt Hobbes fort. Im Naturzustand ist jeder frei, seine Macht über andere auszuüben, um größeren Genuss zu erlangen; Hobbes nennt es das *Naturrecht*. Menschen haben gleiche Fähigkeiten, aber ungleiche Leidenschaften, die sie „zu Zeiten, wenn es keine Macht gibt, um sie in Schrecken zu halten, in den Zustand geraten lassen, der Krieg genannt wird; und solch ein Krieg ist der eines jeden gegen jeden anderen." Mit Krieg meint Hobbes nicht nur tatsächlichen Kampf, sondern auch konstante *Angst* vor dem Kampf, die Zukunftsplanung unmöglich macht. So schließt er in einer der berühmtesten Passagen der gesamten politischen Theorie:

> In solchem Zustand gibt es keinen Platz für Fleiß, denn seine Früchte sind ungewiß, und folglich keine Kultivierung des Bodens, keine Schiffahrt oder Nutzung der Waren, die auf dem Seeweg importiert werden mögen, kein zweckdienliches Bauen, keine Werkzeuge zur Bewegung von Dingen, deren Transport viel Kraft erfordert, keine Kenntnis über das Antlitz der Erde, keine Zeitrechnung, keine Künste, keine Bildung, keine Gesellschaft, und, was das allerschlimmste ist, es herrscht ständige Furcht und die Gefahr eines gewaltsamen Todes; und das Leben des Menschen ist einsam, armselig, widerwärtig, vertiert und kurz.

(Thomas Hobbes: Leviathan, Hamburg Meiner 1996, S. 105)[50]

Nun leben wir nicht im Naturzustand, sagt Hobbes, denn Menschen haben eine weitere geistige Eigenschaft, die uns erlaubt, uns über das Naturrecht zu erheben, und das ist die *Vernunft*. Sie ist es, die Menschen erkennen ließ, dass sie in einem Gesellschaftsvertrag ihre Rechte an einen Souverän abtreten müssen, um frei zu sein. Diesen Herrscher nennt er den Leviathan, nach dem machtvollen Seeungeheuer des Alten Testaments.[51]

Ein halbes Jahrhundert nach Hobbes wurde kein Gelehrter des politischen oder ökonomischen Denkens mehr ernstgenommen, wenn er nicht einen erkennbaren wissenschaftlichen Ansatz verfolgte, eine Kombination von Vernunft und Empirie also, um Schlüsse zu ziehen, wie Menschen in einer Gesellschaft sich verhalten (*deskriptive Beobachtungen*) und wie sie sich verhalten sollten (*präskriptive Moral*). Gegen Ende seines Buches *Eine Untersuchung über den menschlichen Verstand* (1748) schrieb David Hume anschaulich: „Greifen wir irgendeinen Band heraus, etwa über Gotteslehre oder Schulmetaphysik, so sollten wir fragen: Enthält er irgendeinen abstrakten Gedankengang über Größe und Zahl? Nein. Enthält er irgendeinen auf Erfahrung gestützten Gedankengang über Tatsachen und Dasein? Nein. Nun, so werft ihn ins Feuer, denn er kann nichts als Blendwerk und Täuschung enthalten."[52] Hobbes' mechanistisches Modell betrachtete Menschen wie Atome – austauschbare Partikel in einem sozialen Universum, regiert von Naturgesetzen, die auf die gleiche Art studiert werden können wie Physiker das Verhalten von Atomen untersuchen oder Astronomen die Bewegungen der Planeten; so sollten sich Theorien aufstellen lassen, die das Handeln der Menschen erklären. Der angesehene politische Philosoph unserer Tage Michael Walzer erläutert, was diese neue Art des Studiums der sozialen Welt bedeutete: „Zweihundert Jahre lang gab es kaum einen englischen Autor, kaum einen Kaffeehaus-Plauderer, der nicht in der Nachfolge Hobbes' stand."[53]

Vom Sein zum Sollen – Sozialwissenschaft und moralischer Fortschritt

Ob Hobbes nun recht hat mit dem leviathanischen Ursprung des Gesellschaftsvertrages oder nicht (die Datenlage ist gemischt, Menschen sind soziale Wesen und lebten nie in Isolation) – Fakt ist, dass im letzten halben Jahrtausend der Staat als Leviathan entstand, als tausende kleiner Gemeinden, Herzogtümer, Baronien und dergleichen zu immer größeren politischen Organisationen verschmolzen.

Politikwissenschaftler schätzen, dass es im Europa des 15. Jahrhunderts etwa 5000 politische Einheiten gab; im 17. Jahrhundert noch 500, im 18. Jahrhundert 200 und im 20. Jahrhundert weniger als 50.[54] Aus dieser Vereinigung ergaben sich zwei wesentliche Entwicklungen: (1) Die individuelle Gewalt ging zurück; in Staaten lebende Menschen sterben signifikant seltener durch Gewalttaten als jene in vorstaatlichen Gesellschaften. (2) Von 1500 bis 1950 stieg die Gesamtzahl der Todesopfer an und nahm ab; die Zahl und Dauer der Kriege von Großmächten ging zurück, gleichzeitig verstärkte sich ihre Intensität (Anzahl Tote pro Land und Jahr). Beide Trends wirkten in entgegengesetzte Richtungen, sodass die Opferzahlen stiegen und fielen. Nach dem zweiten Weltkrieg indessen sanken sowohl Anzahl als auch Heftigkeit der Kriege, bis die Großmächte schließlich den Kampf völlig einstellten. Betrachten wir, nach welcher Logik der Leviathan die Gewalt mindert und vollziehen den Übergang vom *Sein* (historische Entwicklung von Wissenschaft und Vernunft) zum *Sollen* (wie mit Hilfe dieses Wissens dem Bogen der Moral die Richtung gegeben wird). Der Leviathan reduziert Gewalt, indem er ein Monopol auf ihren legitimen Einsatz durchsetzt und so Selbstjustiz, bei der Individuen ihre Streitfälle oftmals gewalttätig (wie die Mafia) untereinander austragen, durch Kriminaljustiz ersetzt. Aber es sind noch andere Faktoren beteiligt.

Handel, Handelsverkehr und Konflikt

Hobbes hatte nur teilweise recht, als er für staatliche Kontrolle plädierte, um die inneren Dämonen unserer Natur in Schach zu halten. Handel und Handelsverkehr waren weitere wesentliche Faktoren; zu erwerben, was man braucht, anstatt dafür zu töten, hat moralische und praktische Vorteile. Das nenne ich „Bastiats Prinzip", nach dem französischen Ökonomen des 19. Jahrhunderts Frédéric Bastiat, der das Konzept als erster in Worte fasste: W*o Güter Grenzen nicht überschreiten, werden Armeen es tun; wo Warenverkehr herrscht, bleiben die Soldaten zu Hause.*[55] Es ist ein Prinzip, kein Gesetz, denn es gibt Ausnahmen, historische wie gegenwärtige. Handel verhindert nicht Krieg und Gewalt zwischen Staaten, aber er verringert ihre Wahrscheinlichkeit.

Wie ich in *The Mind of the Market* dokumentiert habe, erodiert Handel die natürliche Animosität zwischen Fremden und erhöht ihr gegenseitiges Vertrauen; der Wirtschaftswissenschaftler Paul Zak führt Vertrauen als einen der wirkmächtigsten Faktoren wirtschaftlichen Wachstums an. In seinem Labor für Neuroökonomie an der Claremont Graduate University zeigte Zak, wie bei Tauschspielen zwischen Fremden das „Vertrauenshormon" Oxytocin ausgeschüttet wird, so die Zuversicht steigert und eine positive Rückkopplung in Gang setzt. Der ebenfalls aktivierte Neurotransmitter Dopamin steuert die Motivations- und Belohnungszentren des Gehirns und fördert die Wiederholung des Verhaltens, das zu seiner Ausschüttung führte. Die erlernte Handlung des Tauschs wird durch ein chemisch induziertes Lustempfinden verstärkt. Bei Hirnscans von Probanden, die das Gefangenendilemma spielten und dabei kooperierten, zeigte sich eine Aktivierung derselben Hirnareale wie bei Stimulierung durch Süßigkeiten, Geld, Kokain und attraktive Gesichter. Die dopaminreichen Neuronen im *anteroventralen Striatum* im „Lustzentrum" des Gehirns sprachen am stärksten an.[56]

Wie im Labor zeigen sich die Effekte des Handels auch in der realen Welt. In der 2010 in Science publizierten Studie *Markets, Religion, Community Size, and the Evolution of Fairness and Punishment* rekrutierte der Psychologe Joseph Henrich über 2000 Menschen in fünfzehn kleinen, über die Welt verstreuten Gemeinden für Partnerspiele, bei denen einer die einem Tagesverdienst entsprechende Summe Geldes bekommt, die er behalten oder anteilig bis ganz mit einem anderen teilen kann. Die meisten Leute stecken das Geld einfach ein, würde man denken, aber tatsächlich fanden die Wissenschaftler heraus, dass Menschen aus Jäger-und-Sammler-Gemeinschaften etwa 25 Prozent teilten, während Mitglieder von Gesellschaften, die regelmäßig Handel treiben, ungefähr 45 Prozent abgaben. Bei den Faktoren, die Menschen großzügig machen, trat Religion zwar als bescheidener Anteil in Erscheinung, aber der stärkste Prädiktor war „Marktintegration", definiert als „der prozentuale Anteil der Gesamtkalorien eines Haushalts, der vom Markt erworben wurde, im Gegensatz zu Ressourcen aus eigenem Ackerbau, eigener Jagd oder Fischerei." Warum? Weil, so schließen die Autoren, Vertrauen und Kooperation Transaktionskosten senken und größeren Wohlstand für alle Beteiligten erzeugen; so evolvierten „als Teil eines übergreifenden Prozesses der gesellschaftlichen Evolution auch Fairness-Normen des Marktes, um den für alle vorteilhaften Austausch auch dort aufrecht zu erhalten, wo etablierte soziale Beziehungen (Verwandtschaft, Reziprozität, Status) nicht hinreichten."[57]

Handel, Demokratie und Konflikt

Anstatt die komplexen globalen Interaktionen zwischen Handel und Politik in der Form kategorischer, binärer Logik darzustellen (eine Gesellschaft handelt oder nicht, sie ist demokratisch oder nicht), offenbart eine kontinuierliche Skala subtilere, aber sehr reale Effekte. Ein bestimmtes Land mag sehr wenig Handel treiben, oder in einem gewissen Umfang, oder sehr viel, und es könnte mehr oder weniger demokratisch sein. Dieser Ansatz der Skalen erlaubt Forschern, jeden Fall als Datenpunkt in einem Kontinuum zu betrachten und nicht als Beispiel oder als Ausnahme einer künstlichen Kategorisierung, die dazu verleiten könnte, sich aus den Daten die Rosinen herauszupicken, die in das vorgefertigte Modell passen.

Einer solchen Methode der Analyse in Kontinua folgen die Politikwissenschaftler Bruce Russett und John Oneal in ihrem Buch *Triangulating*

Peace, in dem sie ein Modell der multiplen logistischen Regression mit Daten aus dem *Correlates of War Project* verwenden, das 2300 militärische Konflikte zwischen Staaten verzeichnet, im Zeitraum von 1816 bis 2001.[58] Jedem Land gaben sie eine Demokratie-Punktzahl zwischen 1 und 10, basierend auf dem *Polity Project*, das für jedes Land Messwerte liefert über die Wettbewerbsorientierung seiner politischen Prozesse, wie offen seine Oberhäupter gewählt werden, welchen Beschränkungen deren Macht unterliegt, über die Transparenz der demokratischen Abläufe, die Fairness der Wahlen etc. Eines der Ergebnisse: Wenn zwei Länder hohe Punktzahlen beim Demokratie-Index erreichen, verringern sich die Konflikte zwischen ihnen um 50 Prozent. Hat jedoch eines von ihnen einen niedrigen Wert auf der Demokratie-Skala oder ist eine Autokratie, verdoppelt sich die Wahrscheinlichkeit einer Auseinandersetzung zwischen ihnen.[59]

Erweitert man die Gleichung um Marktwirtschaft und internationalen Handel, sinkt die Wahrscheinlichkeit von Konflikten zwischen Nationen. Russett und Oneal untersuchten bei Paaren unsicherer Staaten den Umfang ihres Handels (als Anteil am Bruttoinlandsprodukt); für Länder, die in einem bestimmten Jahr mehr vom Handel abhingen als zuvor, fanden sie eine verringerte Wahrscheinlichkeit für einen militärischen Konflikt, auch unter Berücksichtigung von Demokratie-Index, Kräfteverhältnis, Großmachtstatus und Wirtschaftswachstum. Allgemein sind, wie die Daten zeigen, freiheitliche marktwirtschaftliche Demokratien erfolgreicher, friedlicher und gerechter als jede andere Form von Regierung und Wirtschaftssystem. Insbesondere stellte sich heraus, dass Frieden nur dann entsteht, wenn beide Teile einer Länderpaarung Demokratien sind, dass es für Handel aber genügt, wenn eines der Länder eine Marktwirtschaft hat.[60] Handel ist, mit anderen Worten, sogar wichtiger als Demokratie (wenngleich die Letztere aus anderen Gründen von Bedeutung ist).

Der dritte Eckpunkt des Friedensdreiecks von Russett und Oneal schließlich ist die Mitgliedschaft in der internationalen Gemeinschaft, die für Transparenz steht; das Böse gedeiht wahrscheinlicher im Verborgenen. Offenheit und Transparenz machen es Diktatoren und Demagogen schwerer, auf Gewalt und Völkermord zu verfallen. Um diese Hypothese zu testen, zählten Russett und Oneal für jede Länderpaarung die Anzahl zwischenstaatlicher Organisationen (*IGOs*), denen beide angehörten und führten eine Regressionsanalyse mit den Punktzahlen für Demokratie und Handel durch. Im Ergebnis fördern Demokratie, Handel und Mitgliedschaft in IGOs alle den Frieden; für ein Länderpaar, das bei allen drei Werten unter den oberen zehn Prozent liegt, besteht eine um 83 Prozent geringere

Wahrscheinlichkeit eines militärischen Konflikts, verglichen mit einer Paarung zweier durchschnittlicher Länder.[61] Bild 3-4 zeigt, wie Krieg mit dem Aufstieg von Demokratien und dem Niedergang von Autokratien zurückgeht.[62] In Bild 3-5 sehen wir die Anzahl der Staaten mit einem Punktwert von 8 oder mehr auf der Polity-IV-Skala von 1800 bis 2003; auffallend dabei die starke Zunahme von Staaten, die nach dem zweiten Weltkrieg den Übergang von Autokratie oder korruptem Regime zur freiheitlichen Demokratie vollzogen.[63] Bild 3-6 veranschaulicht die Zunahme der Mitgliedschaft jeweils zweier Länder in zwischenstaatlichen Organisationen von 1885 bis 2000.[64] Bild 3-7 vereinigt alle Datensätze zu einem „Dreieck des Friedens": Demokratie + wirtschaftliche Verflechtung + Mitgliedschaft in zwischenstaatlichen Organisationen = mehr Frieden

In seinem Essay T*he Causes of War* (1989) bemerkt Jack Levy: „Die Abwesenheit von Krieg zwischen Demokratien kommt einem empirischen Gesetz der internationalen Beziehungen nah."[65] 2010 brachten Russett und Oneal ihre Ergebnisse auf den neuesten Stand und schlossen, dass „in der Epoche nach dem zweiten Weltkrieg eine schrittweise Umsetzung des klassisch-liberalen Ideals einer Sicherheitsgemeinschaft Handel treibender Staaten stattfand." Seit 2010 gab es weltweit viele Konflikte; erweist sich die Theorie des demokratischen Friedens als stichhaltig? In einer Sonderausgabe des *Journal of Peace Research* 2014 sichtete der Politikwissenschaftler Håvard Hegre aus Uppsala die Evidenz zum Thema „Demokratie und bewaffneter Konflikt" mit dem Ergebnis: „Die empirische Erkenntnis, dass für Paare demokratischer Staaten ein geringeres Konfliktrisiko besteht als für andere Paarungen, gilt weiterhin; desgleichen erleben gefestigte Demokratien weniger Konflikte als Semi-Demokratien."[66]

Die Wissenschaft operiert viel eher mit Kontinua und Wahrscheinlichkeiten als mit klar abgegrenzten Kategorien von Schwarz und Weiß. Über die Reduktion von Konflikten zwischen Leviathanen mit Hilfe von Skalen statt Schubladen nachzudenken, erlaubt uns, mit den offenkundigen Ausnahmen auf eine wissenschaftlichere Weise zu verfahren. Wird argumentiert, dass Demokratien einander nicht bekriegen (Theorie des demokratischen Friedens) oder miteinander Handel treibende Länder nicht gegeneinander kämpfen (McDonald's-Friedenstheorie), so holen Skeptiker die Ausnahmen aus der Wühlkiste der Geschichte, etwa den Krieg der USA gegen Großbritannien 1812, den amerikanischen Bürgerkrieg oder die Auseinandersetzungen zwischen Indien und Pakistan, alle in gewis-

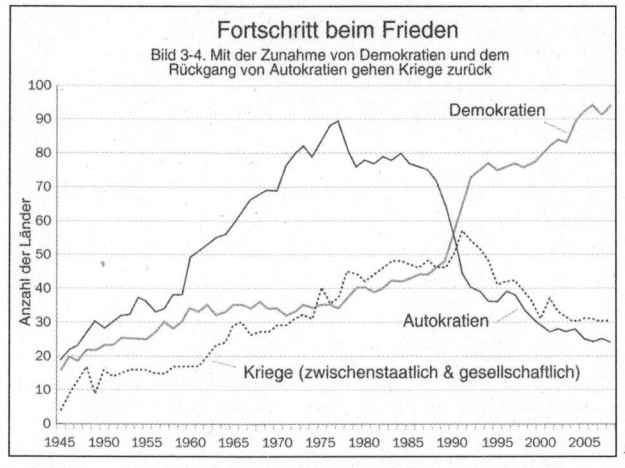

Wie Wissenschaft und Vernunft den Fortschritt der Moral befördern 141

Fortschritt beim Frieden
Bild 3-4. Mit der Zunahme von Demokratien und dem Rückgang von Autokratien gehen Kriege zurück

Bild 3-4

Fortschritt bei Demokratien
Bild 3-5. Anzahl der Nationen mit 8 oder mehr auf der Polity-IV-Skala, 1800-1998

Bild 3-5

Bild 3-4 bis 3-7. Das Dreieck des Friedens: Liberale Demokratie, Handel, Transparenz.

Bild 3-4 zeigt, wie Krieg mit dem Aufstieg von Demokratien und dem Niedergang von Autokratien zurückgeht. In Bild 3-5 sehen wir die Anzahl der Staaten mit einem Punktwert von 8 oder mehr auf der Polity-IV-Skala von 1800 bis 2003; auffallend dabei die starke Zunahme von Staaten, die nach dem zweiten Weltkrieg den Übergang von Autokratie oder korruptem Regime zur freiheitlichen Demokratie vollzogen. Bild 3-6 veranschaulicht die Zunahme der Mitgliedschaft jeweils zweier Länder in zwischenstaatlichen Organisationen von 1885 bis 2000. Bild 3-7 vereinigt alle Datensätze zu einem „Dreieck des Friedens": Demokratie + wirtschaftliche Verflechtung + Mitgliedschaft in zwischenstaatlichen Organisationen = mehr Frieden.

Fortschritt bei internationalen Beziehungen
Bild 3-6. Mitgliedschaft in zwischenstaatlichen Organisationen (ZO)

Bild 3-6

Dreieck des Friedens
Bild 3-7. Demokratie + Ökonomische Unabhängigkeit
+ Mitgliedschaft in zwischenstaatlichen Organisationen

Mitgliedschaft in zwischenstaatlichen Organisationen

Erhöhte Wahrscheinlichkeit für Frieden

Demokratie   Ökonomische Unabhängigkeit

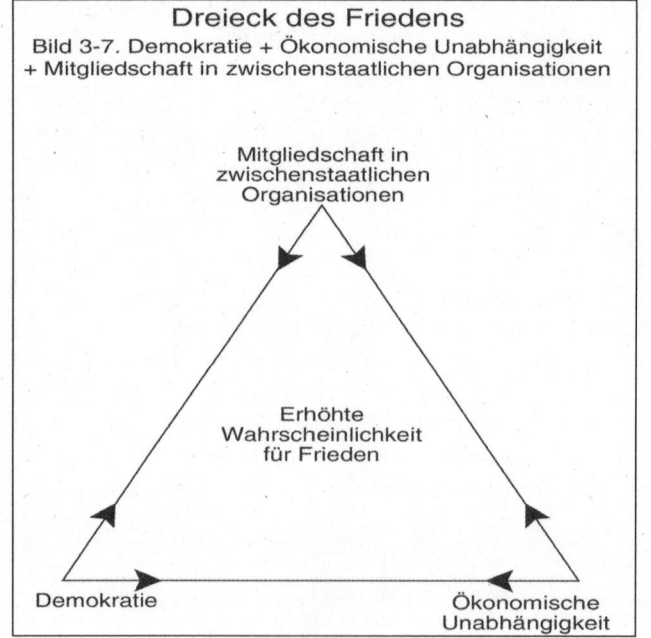

Bild 3-7

ser Weise Demokratien. Am Vorabend des ersten Weltkrieges trieben die Großmächte Handel miteinander, bis die Kanonen sprachen. Verfechter des demokratischen Friedens entgegnen, dass zum Beispiel die Vereinigten Staaten 1812 und im Bürgerkrieg keine wirkliche Demokratie waren, mit

Sklaverei und ohne Frauenwahlrecht, sie also nicht zählen. Behandeln wir aber alle historischen Beispiele als Datenpunkte in einem Kontinuum, so können wir in den Ursache-Wirkungs-Beziehungen der unordentlichen realen Welt Nuancen wahrnehmen.

Die Missdeutung von Aussagen des Friedensnobelpreisträgers Norman Angell ist ein Paradebeispiel. Sein Buch *The Great Illusion* (1910), in dem er die Sinnlosigkeit des Krieges als Mittel zu größerem wirtschaftlichem Wohlstand darlegte, wurde als Fehlprophezeiung angeprangert. 1915, als der erste Weltkrieg zu voller Form auflief, meinte die New York Times, Angell habe „Bücher geschrieben in der Bemühung um einen Beweis, dass moderne ökonomische Bedingungen Krieg unmöglich machten... [aber] die Ereignisse strafen ihn Lügen. Zehn Nationen, noch vor kurzem in engen wirtschaftlichen Banden, sind nun in Krieg verstrickt." 2013, beinahe ein Jahrhundert später, schrieb Jacob Heilbrunn in einem Artikel in National Interest: „Angell lehnte zu Unrecht die Zentralität der Macht in internationalen Beziehungen ab. So verkündete er 1914: 'Es wird nie wieder Krieg zwischen europäischen Mächten geben.'"[67] Und Heilbrunn verteidigte Angell!

In seiner Widerlegung in *War on the Rocks* merkt Ali Wyne an, was Angell in der Ausgabe seines Buches vor dem ersten Weltkrieg tatsächlich gesagt hatte: „Krieg ist nicht unmöglich, und kein mündiger Pazifist hat das je behauptet; nicht die Wahrscheinlichkeit des Krieges ist die Illusion, sondern sein Nutzen." 1913 verdeutlichte Angell seine Position in einem Brief an den Sunday Review (enthalten in seinem Folgeband von 1921, The Fruits of Victory): „Krieg [zwischen England und Deutschland] halte ich nicht nur für möglich, sondern für äußerst wahrscheinlich." Wie Wyne bemerkt, machte die Fehlinterpretation die Angell nachfolgenden Analysten blind gegenüber seinen weiteren Beobachtungen, die für das Thema des moralischen Fortschritts von Bedeutung sind: „Wenigstens zwei davon verdienen heute eine erneute Betrachtung: 'Nationale Ehre' darf keinen Krieg rechtfertigen, und die 'menschliche Natur' macht ihn nicht unausweichlich."[68] Die zweite Wahrnehmung war besonders weitsichtig angesichts dessen, was die Wissenschaft über die Formbarkeit menschlichen Verhaltens herausgefunden hat und was Angell in seiner Dankesrede zur Nobelpreisverleihung 1935 so klar ausdrückte wie irgendein heute tätiger Wissenschaftler:

> Vielleicht gibt es kein „Ändern der menschlichen Natur" – tatsächlich weiß ich nicht, was der Ausdruck überhaupt bedeutet. Sicherlich aber können wir menschliches Verhalten ändern, und darauf kommt es an, wie das ganze Panorama der Geschichte zeigt... je

eher gilt, dass bestimmte Impulse destruktiv sind, einige Arten von Nationalismus etwa, desto größer die Verpflichtung, sie dem Diktat bewusster Einsicht und sozialer Organisation zu unterwerfen.[69]

Genau. Was immer Ihre Haltung zur menschlichen Natur sein mag – unbeschriebenes Blatt, genetischer Determinismus oder ein realistisches interaktives Modell von Anlage und Umwelt – es ist das menschliche Handeln, das uns beschäftigen sollte, wenn es um Moral geht. Letztlich spielt nur eine Rolle, wie Menschen miteinander umgehen; endlich beginnen wir die Bedingungen zu verstehen, unter denen wir Krieg aus der Welt tilgen können. Die Bilder 3-8 bis 3-10 zeigen, welchen Fortschritt wir auf dieses Ziel hingemacht haben.

Gute und schlechte Leviathane

Hobbes' Leviathan (oder Herrscher) erforderte ein Ausmaß der Kontrolle über seine „Untertanen", dessen praktische Umsetzung durch verschiedene totalitäre Regime des 20. Jahrhunderts vollständig versagte. Seine Theorie fiel der Tyrannei des Denkens in Kategorien zum Opfer: Entweder Menschen leben in der Anarchie des Krieges jeder gegen jeden, oder sie geben alle Rechte und Freiheiten an einen Souverän ab, der bestimmt, was sie tun oder nicht tun sollten. So schlug Hobbes zum Beispiel vor, dass „jeder zu jedem sagte: *Ich gebe diesem Menschen oder dieser Versammlung von Menschen Ermächtigung und übertrage ihm mein Recht, mich zu regieren, unter der Bedingung, daß du ihm ebenso dein Recht überträgst und Ermächtigung für alle seine Handlungen gibst.*" Dieser „große Leviathan… kann ihrer aller Stärke und Mittel einsetzen, wie es ihm dienlich erscheint, auf den Frieden und die Verteidigung." Rechte und Macht dieses Souveräns über die Menschen sind nahezu absolut; die Untertanen können ihre Regierungsform nicht ändern oder die Rechte an einen anderen Regenten übertragen. Andersdenkende Minderheiten müssen sich dem Souverän und den Bestimmungen der Mehrheit beugen oder „im Zustand des Krieges verbleiben."

Der Souverän genießt Immunität vor Strafverfolgung durch seine Untergebenen und ist der einzige Richter darüber, welche Art „Frieden und Verteidigung" ihnen zukommt; er definiert, „welchen Meinungen und Lehren das Gemeinwesen abgeneigt ist" und daher, was veröffentlicht werden darf. „Mit der Souveränität ist die ungeteilt Macht verknüpft, die Regeln vorzuschreiben, durch die jedermann erfährt, welche Güter er genießen und welche Handlungen er ausführen darf, ohne von irgendeinem seiner Mit-

Wie Wissenschaft und Vernunft den Fortschritt der Moral befördern 145

untertanen behelligt zu werden. Diese Regeln des Eigentumsrechts... und dessen, was gut, schlecht, gesetzlich und ungesetzlich bei den Handlungen der Untertanen ist, sind die staatlichen Gesetze." Der Herrscher allein ent-

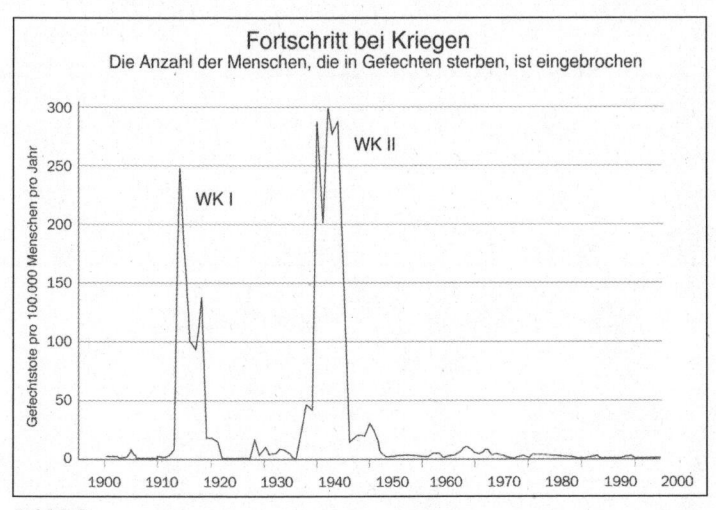

Bild 3-8

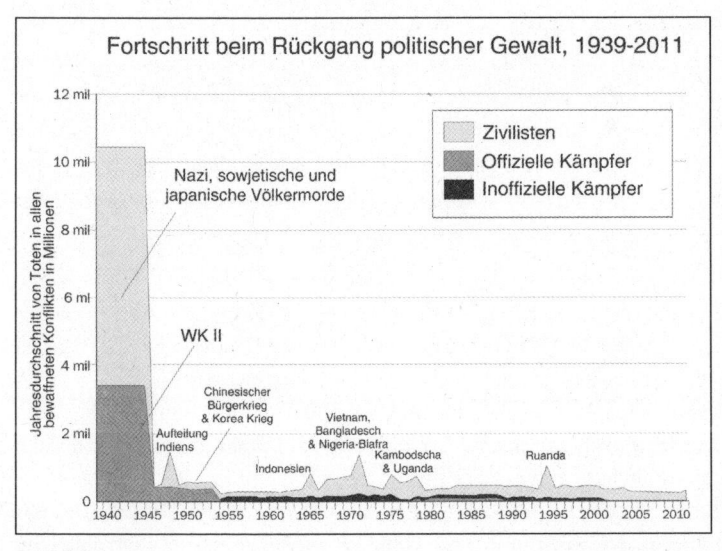

Bild 3-9

Fortschritt beim Rückgang politischer Gewalt, 1946-2011

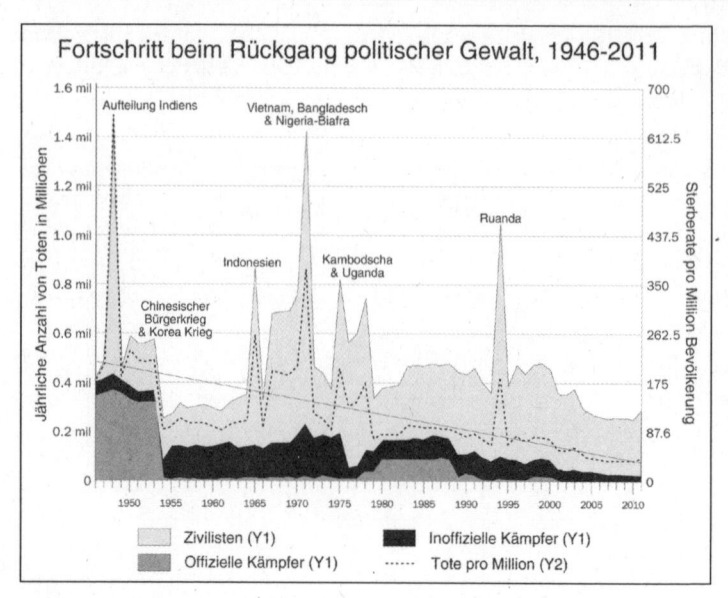

Bild 3-10

Bild 3-8 bis 3-10. Fortschritt beim Rückgang vom Krieg
Bild 3-8 zeigt den Rückgang der Zahl von Gefechtstoten in der zweiten Hälfte des 20. Jahrhunderts. [70] Bild 3-9 relativiert diese zweite Hälfte, es zeigt die mittlere Zahl jährlicher Toter aller bewaffneten Konflikte in Millionen, und wie klein die Ausschläge sind im Vergleich zum Korea- und Vietnamkrieg und zu den Genoziden in Kambodscha, Uganda und Ruanda.[71] Bild 3-10 ist eine Vergrößerung, um den Rückgang selbst in diesen Kriegen und Genoziden zwischen 1946 und 2010 zu zeigen.[72]

scheidet, wo und wann Krieg zu führen ist, gegen wen, über die Größe der Armeen, über die Waffen und natürlich hat er das Recht, seine Untertanen zu besteuern, um das ganze Unterfangen zu finanzieren.

Wenn das für unsere moderne westliche Auffassung von Freiheit noch nicht extrem genug ist – Hobbes schlug vor, der Staat möge den Rahmen wie folgt abstecken:

„Die Freiheit der Untertanen liegt daher nur in jenen Dingen, die der Souverän bei der Regelung ihrer Handlungen nicht vorgesehen hat, wie zum Beispiel die Freiheit, zu kaufen und zu verkaufen und andere Verträge miteinander abzuschließen, ihren eigenen Wohnsitz, ihre eigene Ernährung, ihren eigenen Beruf zu wählen und ihre Kinder so zu erziehen, wie sie es für richtig halten und dergleichen."[73] Das Problem beim Aufgeben von so viel Kontrolle und Autonomie an den Staat sind seine Herrscher und Funktionäre. Sie haben dieselben Schwächen, Tendenzen, Vorurteile und Bestrebungen, und sie sind versucht zu mogeln wie jeder andere. Die Hobbessche Falle des Gefangenendilemmas besteht beim Regieren ebenso wie im Geschäftsleben und im Sport. Jemandem zu viel Macht zu geben verführt ihn, sie (und andere Menschen) auszunutzen, eine Versuchung, der die meisten Leute nicht widerstehen können. Ein Übermaß an Macht führte zu ihrem tiefgreifenden Missbrauch durch europäische Herrscher, dem die amerikanischen und französischen Revolutionäre sich widersetzten. Das hatte James Madison im Sinn, als er im *Federalist Paper Number 51* ausführte, warum gegenseitige Kontrolle der verschiedenen Zweige einer Regierung nötig ist: „Wären Menschen Engel, bräuchten sie keine Regierung. Regierten Engel Menschen, wäre weder externe noch interne Überwachung der Regierung nötig."[74] Dieser Meinung war Edmund Burke bei seiner Reflexion über die Französische Revolution: „Die Einschränkungen des Menschen gehören so gut als seine Freiheiten zu seinen Rechten."[75]

Demokratien entstanden als Antwort auf die monarchischen Autokratien des 18. und 19. Jahrhunderts und auf die Diktaturen des 20. Jahrhunderts, weil sie Individuen eine Methodologie statt einer Ideologie in die Hand geben, und insoweit sehen wir, dass die wissenschaftlichen Werte von Vernunft, Empirie und Antiautoritarismus nicht die Erzeugnisse einer liberalen Demokratie sind, sondern ihre *Erzeuger*. Demokratische Wahlen verlaufen analog zu wissenschaftlichen Experimenten – alle paar Jahre werden durch eine Wahl vorsichtig die Variablen geändert und die Resultate beobachtet. Wer andere Resultate will, muss andere Variablen einsetzen.[76] Das politische System der USA wird oft das „amerikanische Experiment" genannt; die Gründerväter bezeichneten es so und sahen den Versuch der Demokratie als Mittel zum Zweck, nicht als Selbstzweck.

Viele der Gründerväter waren tatsächlich Wissenschaftler, die bewusst beim Aufbau ihrer Nation die Methode von Datensammlung, Hypothesentest und Theoriebildung übernahmen. Ihr Verständnis der vorläufigen Natur der Ergebnisse ließ sie ein Gesellschaftssystem entwickeln, in dem Zweifel und Disput die Herzstücke eines funktionierenden Gemeinwesens darstellen. Für Jefferson, Franklin, Paine und die anderen war die Lenkung einer Gesellschaft ein Problem, das der Lösung bedurfte, nicht aber eine Macht, die es zu erobern galt. Demokratie betrachteten sie wie Wissenschaft – als eine Methode, nicht als eine Ideologie. Im Kern vertraten sie folgende Ansicht: Niemand weiß, wie man ein Land regiert, also bauen wir ein System, das Experimente erlaubt. Probiere dies, versuche das, prüfe die Ergebnisse, wiederhole. Das ist die Grundlage der Wissenschaft. 1804 schrieb Thomas Jefferson: „Kein Experiment kann interessanter sein als dieses, das wir unternehmen und das, wie wir glauben, die Tatsache erweisen wird, dass der Mensch durch Vernunft und Wahrheit regiert werden kann." In der Wissenschaft erhöhen offene Kritik und freie Debatte die Wahrscheinlichkeit, vorläufige Wahrheiten zu finden. So sah Jefferson auch für das politische Experiment der neuen Welt die Notwendigkeit des freien Zugangs zu Wissen wie auch der Freiheit der Bürger, selbst zu sehen und zu denken. „Unser erstes Ziel sollte sein, alle Wege zur Wahrheit offen zu halten. Der bisher beste ist die Pressefreiheit; daher wird sie als erstes unterdrückt von jenen, die Nachforschungen über ihre Taten fürchten."[77]

Die Unabhängigkeitserklärung wird üblicherweise als Aussage der politischen Philosophie verstanden, aber ihre Prinzipien gehorchen derselben Logik, die Jefferson und Franklin in den Wissenschaften anwandten, mit denen sie sich beschäftigten. Betrachten wir die Eröffnung: *We hold these truths to be self-evident, that all men are created equal...* („Wir halten diese Wahrheiten für ausgemacht, daß alle Menschen gleich erschaffen wurden..."). Walter Isaacson erzählt in seiner Biographie Benjamin Franklins, wie der Ausdruck „self-evident" am Freitag, dem 21. Juni 1776, zu Jeffersons ursprünglichem Entwurf hinzugefügt wurde, von Franklin nämlich:

> Die wichtigste seiner Änderungen war klein, aber durchschlagend. Er strich, mit seinen typischen dicken Schrägstrichen, die letzten drei Wörter von Jeffersons Wendung „We hold these truths to be sacred and undeniable" durch und ersetzte sie durch jene, die in die Geschichte eingingen: „We hold these truths to be self-evident."

Das Konzept „selbstverständlicher" Wahrheiten ging weniger auf Jeffersons Lieblingsphilosophen John Locke zurück, dafür mehr auf Newtons wissenschaftlichen Determinismus und den analytischen Empirismus von Franklins gutem Freund David Hume. Der schottische Philosoph hatte mit Leibniz und anderen eine Theorie entwickelt, genannt die „Hume'sche Gabel". Sie unterschied zwischen synthetischen Wahrheiten, die Tatsachen beschreiben („London ist größer als Philadelphia") und analytischen Wahrheiten, die durch Definition und logisches Schließen offenkundig werden („die Winkel eines Dreiecks addieren sich zu 180 Grad"; „alle Junggesellen sind unverheiratet"). Mit dem Wort „sacred" („heilig") hatte Jefferson das Prinzip der Gleichheit aller, bewusst oder nicht, auf Religion bezogen; Franklins Änderung richtete den Bezug auf Rationalität.[78]

Die Hypothese, dass vernunftbasiertes Denken zu moralischem Fortschritt führt, kann, durch historische Vergleiche und durch Betrachtung der Länder, die den Werten der Aufklärung nicht folgen, getestet werden. Länder, die freie Forschung unterdrücken, der Vernunft misstrauen und Pseudowissenschaft praktizieren, wie das Frankreich der Revolutionsjahre, Nazi-Deutschland, das stalinistische Russland, Maos China und, in jüngerer Zeit, fundamentalistische islamistische Staaten, stagnieren, entwickeln sich zurück und kollabieren häufig. Theistische und postmoderne Kritiker etikettieren oft die desaströsen Utopien der Sowjets und der Nazis oft als „wissenschaftlich", aber deren Wissenschaft war ein dünner Firnis auf einer dicken Schicht antiaufklärerischer, idyllischer Phantasien; im Falle der Nazis gründeten sie auf Rassenideologie und Geographie, dokumentiert in Claudia Koonz' Buch *The Nazi Conscience*[79] und in Ben Kiernans *Blood and Soil*[80] (deutsch: „Erde und Blut").

Von Zeit zu Zeit fallen diesen utopischen, ideologiegetriebenen Staaten unzählige Menschen zum Opfer, nach einer utilitaristischen Kalkulation, die ewiges Glück verspricht und daher die Vernichtung Andersdenkender als Staatsfeinde im Namen des Kollektivs rechtfertigt. Selbst rationale Menschen in demokratischen Staaten vertreten den Standpunkt, es sei akzeptabel, für die Rettung von fünf Menschen einen zu töten, indem man einen rollenden Waggon auf ein anderes Gleis leitet. Wie leicht mag es sein, die utopischem Denken verhafteten Menschen eines totalitären, kollektivistischen Staates zu überzeugen, sie könnten fünf Millionen retten, indem sie eine Million töten? Das Verhältnis ist dasselbe, die Zahlen völkermörderisch. Fügt man den antiaufklärerischen Glauben an die Ungleichheit der Völker und Rassen hinzu und die ungleiche Behandlung vor dem Gesetz jener mit einer anderen Perspektive oder einem anderen Gesicht (wie im Satz des NS-Staatsrechtlers Carl Schmitt, „nicht jedes Wesen mit einem menschlichen Gesicht ist menschlich"[81]), hat man ein Rezept für Genozid.

In einer vernunftbasierten Weltanschauung wie der des Humanismus der Aufklärung hingegen gilt das *Prinzip der austauschbaren Perspektiven*; niemand ist berechtigt, besondere Privilegien gegenüber anderen einzufordern. Die Moral verschiebt ihren Blickwinkel vom Kollektiv zum Individuum, und anstatt auf die ferne Zukunft einer abwegigen, unrealistischen, utopischen Ideologie hinzuarbeiten, ist das politische System gestaltet, um spezifische, im Hier und Jetzt erreichbare Probleme zu lösen.

Links, Rechts, Mitte

Ein großer Teil der Politik läuft darauf hinaus, die richtige Balance zwischen individueller Freiheit und sozialer Ordnung zu finden. Die Lenkung der Gesellschaft reduziert sich auf die Frage: Wollen wir ihre Ordnung bewahren oder ändern? Ideologien drängen uns bei der Antwort zur Entscheidung für eine Seite: bewahren (konservativ) oder ändern (linksliberal). Auf welche Seite wir geraten, unterliegt weder dem Zufall noch einer Eigenart unserer Umwelt oder Erziehung. So zeigt Forschung an eineiigen Zwillingen, die bei der Geburt getrennt wurden und in verschiedenen Umgebungen aufwuchsen, dass 40 bis 50 Prozent der Varianz bei politischen Einstellungen durch Erbfaktoren erklärt wird; zahlreiche derartige Studien liefern ähnliche Ergebnisse: Australien 1990, 6894 Individuen aus 3516 Familien; Australien 2008, 1160 verwandte Individuen aus 635 Familien; Schweden 2010, 3334 Individuen aus 2607 Familien.[82] Den Effekt erfasst ein weitsichtiges Gedicht aus dem Jahr 1894 von W. S. Gilbert (der von Gilbert und Sullivan), in dem er sich als „intellektuellen Burschen" bezeichnet, der sich „Dinge überlegt, die Sie verblüffen würden", wie etwa:

> I often think it's comical
> How Nature always does contrive
> That every boy and every gal
> That's born into the world alive
> Is either a little Liberal,
> Or else a little Conservative![83]

Natürlich gibt es weder Gen noch Genkomplex dafür, ein Linksliberaler oder ein Konservativer zu werden. Gene kodieren für Temperament, und Menschen neigen dazu, sich in die linken und rechten Cluster moralischer Werte zu sortieren, abhängig von ihren persönlichen Präferenzen, moralischen Emotionen, Hormonen und selbst Gehirnstrukturen. Der Politikwissenschaftler John Hibbing berichtet in *Predisposed: Liberals, Conservatives, and the Biology of Political Differences* über eine Studie, gemäß der erhöhere Werte der Empfindlichkeit auf Bilder, die Ekel erzeugen (wie etwa das Essen von Würmern) Prädiktoren sind für politischen Konservatismus und die Missbilligung der gleichgeschlechtlichen Ehe.[84] Solche Ergebnisse helfen bei der Erklärung, warum die Ansichten von Menschen in einen weiten Bereich scheinbar zusammenhangloser Themen so vorhersehbar sind – warum jemand, der meint, die Regierung solle sich aus den Schlafzimmern ihrer Bürger heraushalten, dennoch für ihre Einmischung in private Geschäfte ist; oder warum einer, der einen Minimalstaat mit niedrigen Steuern und Ausgaben befürwortet, gleichzeitig die Partei wählt, die für Steuererhöhungen und vermehrte Ausgaben für Polizei und Militär steht.

Die Evidenz, dass vieles, was uns trennt, in unserer Biologie wurzelt, hat der Evolutions-Anthropologe (und peruanische Politikberater) Avi Tuschman in seinem transdisziplinären Werk *Our Political Nature* zusammengefasst, in dem er drei primäre und relativ dauerhafte Persönlichkeitszüge identifiziert, die sich durch die politischen Ansichten ziehen: *Tribalismus, Toleranz für Ungleichheit* und den jeweiligen Blick auf die *menschliche Natur*. Xenophobie als eine Art des Tribalismus zum Beispiel könnte das Ergebnis von Fortpflanzungs-Präferenzen unserer evolutionären Vorfahren sein; waren, wie er in warmen Klimata oft vorkommt, Infektionskrankheiten häufig, neigten die Menschen dazu, sexuell konservativ zu sein und lehnten Sexualpartner aus anderen ethnischen Gruppen eher ab. Tuschman legt dar, dass Konservatismus Ethnozentrismus fördert, der seinerseits Tribalismus in einer Rückkopplungsschleife zwischen Biologie und Kultur verstärkt; ebenso begünstigt Liberalismus Xenophilie und den Wunsch nach Interaktion (und Paarung) mit Menschen aus anderen Gruppen. Bezeichnend für die links-rechts-Teilung bei religiösen Angelegenheiten zeigt Tuschman eine Korrelation zwischen Religiosität, Ethnozentrismus und Konservatismus und eine weitere zwischen Religiosität und Fruchtbarkeit – religiöse Menschen haben mehr Kinder und verbreiten so ihre konservativ-religiösen Gene und ihre Kultur. Tuschman fasst die evolutionären Auswirkungen auf unsere politischen Persönlichkeiten so zusammen:

> Wir haben unsere politischen Einstellungen, weil die Charakterzüge unserer Vorfahren ihnen halfen, zu überleben und sich über tausende Generationen erfolgreich fortzupflanzen. Ihre politischen Persönlichkeitszüge dienten der Regulation von Inzucht und Auffrischung des Genpools. Diese Veranlagungen halfen ihnen, biologische Konflikte zwischen Eltern, Nachwuchs und Geschwistern zu schlichten. Und ihre moralischen Emotionen wogen verschiedene Arten von Altruismus und Eigeninteresse gegeneinander ab, in zahl-

losen sozialen Interaktionen. In manchen Formen der sozialen oder ökologischen Umwelt waren extremere Persönlichkeitseigenschaften adaptiv; in den meisten Fällen erwiesen sich moderatere Charaktere als geeignet. Das ist ein Grund, warum moderate Einstellungen so verbreitet sind. Ein weiterer, Grund der auch Flexibilität fördert, ist die sich ändernde Umwelte, in denen es für unsere Gene keinen Sinn ergäbe, unsere Persönlichkeiten starr zu determinieren. Sie beeinflussen sie nur mittels des „Erbgedächtnisses", das der Erfolg unserer Vorfahren geformt hat.[85]

Natürlich ist nicht alles Biologie, und Tuschman zeigt, dass das heimische Umfeld die Biologie beeinflusst und mit ihr interagiert. Allerdings sind die Auswirkungen hier auch multiplikativ, wie etwa bei der „assortativen Paarung"; gleichgesinnte (und gleichgestaltete) Menschen neigen durch biologische Präferenzen dazu, sich zu paaren, und so multipliziert sich der Effekt der Heimatumgebung mit der Tatsache, dass die Eltern kein Zufallspaar sind.[86]

Unsere Wahl des linken oder rechten Lagers hängt stark von der Vision ab, die wir von der menschlichen Natur haben – entweder begrenzt (rechts) oder unbegrenzt (links) gemäß Thomas Sowell's Klassifikation in *A Conflict of Visions*;[87] alternativ utopisch (links) oder tragisch (rechts) in Steven Pinkers Systematik in seinem Buch *The Blank Slate* („Das unbeschriebene Blatt")[88] Linke neigen zur Annahme, die menschliche Natur sei weitgehend frei von biologischen Limitierungen, weshalb ihnen utopische Social-Engineering-Programme zur Überwindung von Armut, Arbeitslosigkeit und anderen sozialen Krankheiten in ihrer Logik und Durchführbarkeit ansprechend erscheinen. Rechte tendieren zur Auffassung eines von der Biologie begrenzten menschlichen Seins, weshalb soziale, politische und ökonomische Strategien sich an diesen Limitierungen orientieren müssen. In *The Believing Brain* habe ich gezeigt, dass die begrenzt-tragische Vision besser zu den wissenschaftlichen Daten passt, die ein Licht auf unser Wesen werfen, und ich drängte auf eine *realistische Vision* unseres Naturells, die für Links wie Rechts akzeptabel sein könnte als eine, die durch unsere biologische und evolutionäre Geschichte zwar relativ eingeschränkt ist, die aber durch soziale und politische Systeme graduell (auf einer Skala) modifiziert werden kann.[89]

Eine realistische Vision verwirft das Modell des unbeschriebenen Blattes, der formbaren, gut auf soziale Programme ansprechenden Menschen, deren Leben Regierungen in eine ultimative Gesellschaft hineindesignen

Wie Wissenschaft und Vernunft den Fortschritt der Moral befördern

können (der Fehler aller Utopias). Die realistische Vision erkennt die breite Streuung physischer und intellektueller Eigenschaften an, die größtenteils durch erbliche Unterschiede verursacht werden, und wird sich diesen Gegebenheiten anpassen. Familien, Brauchtum, Recht und traditionelle Institutionen sind alles Quellen sozialer Harmonie, denn sie fördern (und fordern) die Beherrschung unserer Leidenschaften. Kurzfristige Lösungen schließen von oben verordnete Regeln ein; langfristig zählt das Verinnerlichen jener Werte, die die Logik von Ehre, Integrität und Respekt vor den Spielregeln verstärken. Ohne Anstöße, die unser Verhalten regulieren, kommen wir nicht aus, aber um auf lange Sicht das Ziel einer höheren Moral zu erreichen, müssen die Antriebe dafür von innen kommen und zur zweiten Natur werden.

Schließlich gibt es eine psychologische und historische Verbindung zwischen Ideologie und der links-rechts-Spaltung einschließlich ihrer biologischen Wurzeln. Beginnen wir mit der Definition von Ideologie als einer „Reihe von Überzeugungen über die angemessene Ordnung der Gesellschaft und wie sie zu erreichen ist".[90] Die gängigen Bezeichnungen „links" und „rechts" gehen auf die französische Nationalversammlung von 1789 am Vorabend der Revolution zurück, in der die Delegierten, die das Ancien Régime befürworteten, auf der rechten Seite saßen und jene, die für einen Wechsel waren, auf der linken.[91] Seither stehen die Begriffe links und rechts für progressiven Liberalismus beziehungsweise Konservatismus.

Bei politischen und ökonomischen Ansichten zeigen sich unsere Stammesinstinkte; wir wollen als vertrauenswürdiges, über die Zeit konsistentes Gruppenmitglied gelten, auf das andere sich verlassen können und neigen dazu, Wendehälse zu bestrafen, die mal eben ihre Meinungen ändern, den Stamm an einen Feind verraten könnten oder den internen sozialen Vertrag nicht einhalten, der den Zusammenhalt bewirkt. Konsistenz ist nicht die Krücke der Krämerseele, sondern ein Signal der Zuverlässigkeit. Das Bedürfnis nach der Dauerhaftigkeit unserer Meinungen evolvierte als übergreifende moralische Emotion im Interesse der Einigkeit der Gruppe. So kommt es zu widersprüchlichen Ansichten, während wir uns einreden, konsequent zu sein. Das erklärt, wie Konservative gleichzeitig für die Freiheit eintreten und Gesetze über das Verhalten im Schlafzimmer erlassen können, während Linksliberale sich gegen Einmischung der Regierung in die Privatsphäre aussprechen, aber den Umgang mit Waffen und Geld gesetzlich regeln. Die Inkonsistenz entsteht aus konkurrierenden Motiven in uns, die sich für unterschiedliche Zwecke entwickelten. Die Vorhersehbarkeit wird sichtbar in den politischen Narrativen, die Linke und Rechte passend zu ihrer moralischen Rechtschaffenheit entwerfen. Welche der folgenden Erzählungen passt zu Ihren politischen Ansichten? Einst lebten Menschen in ungerechten, repressiven Gesellschaften. Die Reichen wurden reicher und die Armen ausgebeutet. Sklaverei, Kinderarbeit, wirtschaftliche Ungleichheit, Rassismus, Sexismus, Diskriminierungen waren allgegenwärtig, bis die liberale Tradition der Fairness, Gerechtigkeit, Achtsamkeit und Gleichheit zu einer freien und gerechten Gesellschaft führte. Und nun wollen Konservative im Namen von Gier und Gott das Rad zurückdrehen.

Einst lebten Menschen in Gesellschaften der Werte und Traditionen; Sie übernahmen persönliche Verantwortung, arbeiteten hart, genossen die Früchte ihrer Arbeit und waren barmherzig zu jenen in Not. Ehe, Familie, Bekenntnis, Ehre, Loyalität, Heiligkeit, Respekt vor Autorität und Rechtsstaatlichkeit führten zu einer freien und fairen Gesellschaft. Und nun wollen Linke im Namen eines utopischen Social Engineering diese Einrichtungen umstürzen.

Wir könnten uns mit Spitzfindigkeiten über Details aufhalten, aber die politikwissenschaftliche Forschung zeigt, dass die meisten Leute in das links-rechts-Spektrum passen, mit diesen beiden großen Erzählungen als Klammer. Der Soziologe Christian Smith hat in seinem Buch Moral, *Believing Animals* ähnlich zusammengesetzte Narrative konstruiert, die die moralischen Grundüberzeugungen jeder Seite abbilden gemäß der alten Tradition von „es war einmal eine Zeit, da waren die Dinge schlecht, und jetzt sind sie gut, dank unserer Partei" oder „einst waren die Dinge gut, aber nun sind sie schlecht wegen der anderen Partei".[92]

Unsere Ansichten sind so konsistent, dass ich folgendes vorhersagen kann: Wenn Sie in den USA leben und dem ersten Narrativ zustimmen, dann lesen Sie die *New York Times*, hören progressives Talkradio, schauen CNN, sind für weitgehende Freigabe von Schwangerschaftsabbrüchen, gegen Waffenbesitz, für die Trennung von Kirche und Staat, allgemeine Krankenversicherung, Umverteilungspolitik und Besteuerung der Reichen. Neigen Sie zur zweiten Geschichte, dann lesen Sie das *Wall Street Journal*, hören konservative Magazinsendungen, schauen Fox News, sind gegen Abtreibung und für Waffenbesitz. Sie sehen Amerika als christliche Nation, die öffentliche Religionsausübung nicht verbieten sollte, sind gegen Krankenversicherungspflicht, Umverteilung und höhere Steuern für Reiche.

Dieses politische Duopol bedeutet, dass wir für einen gangbaren Mittelweg zwei Parteien brauchen, die miteinander im Wettbewerb stehen. Bertrand Russell blickte weit zurück in die Geschichte, um die Kluft zu identifizieren:

> Während dieser ganzen, langen Entwicklung, von 600 v. Chr. bis zum heutigen Tage, unterschied man bei den Philosophen zwei Richtungen: die einen erstrebten festere soziale Bande und die anderen wünschten sie zu lockern... Natürlich hat in diesem Streitfall – wie in allen, auf lange Zeiträume ausgedehnten Kämpfen – jede Partei teils recht und teils unrecht. Soziale Kohäsion ist eine Notwendigkeit, und es ist der Menschheit noch nie gelungen, Zusammenhalt auf rein rationalem Wege zu erzwingen. Jeder Staat ist zwei gegensätzlichen Gefahren ausgesetzt: der Verknöcherung durch zuviel Disziplin und Ehrfurcht vor der Tradition einerseits; andererseits der Auflösung oder Niederlage durch Eroberung von außen, weil zunehmender Individualismus und wachsende persönliche Unabhängigkeit jede Zusammenarbeit unmöglich machen.[93]

Die Revolutionen in den USA und in Frankreich markieren den Beginn der Revolution der Rechte und den Punkt der energischsten Entwicklung des Duopols, auf den Schlachtfeldern und im Kampf der Bücher. In *The Great Debate: Edmund Burke, Thomas Paine, and the Birth of Left and Right* lässt der politische Analyst Yuval Levin die Werke dieser beiden intellektuellen Riesen für die jeweilige Seite sprechen und zeigt, wie der überwiegende Teil der heutigen politischen Debatten auf diese grundlegenden Positionen zurückgeht.[94] Burke wird seit langem mit Konservativen in Verbindung gebracht und von ihnen zitiert, die ihrerseits gegen Revolution revoltieren, weil sie sich allzu oft in Chaos, Anarchie und Gewalt verliert. Wenn politischer Wandel notwendig erscheint, sollte er graduell geschehen und nur nach gebotener Abwägung, denn die menschliche Geschichte, so Burke, „besteht zum größten Teil aus dem Elend, das über die Welt gebracht wird durch Stolz, Ehrgeiz, Habgier, Rache, Begierde, Aufwiegelung, Heuchelei, unbeherrschten Eifer und die ganze Kette regelloser Lüste.[95] Als seine kolonialen Kollegen in ihrer Unabhängigkeitserklärung versicherten, „dass von langer Zeit her eingeführte Regierungen nicht um leichter und vergänglicher Ursachen willen verändert werden sollen", war ihnen seine Unterstützung gewiss. Die Französische Revolution andererseits trug er nicht mit, in der „die Elemente, welche die menschliche Gesellschaft bilden, alle aufgelöst erscheinen und einer Welt der Monster weichen",⁹⁶ wie er 1789 an seinen Sohn schrieb; später, im selben Monat, beschrieb er das Land als „auseinandergefallen". Während Frankreich in Chaos und Blutvergießen versank, teilte Burke dem britischen Parlament mit: „Die Franzosen haben sich als die fähigsten Architekten des Untergangs gezeigt, die bislang in der Welt existierten. In dieser sehr kurzen Zeitspanne richteten sie zugrunde: ihre Monarchie; ihre Kirche; ihren Adel; ihr Recht; ihre Staatseinkünfte; ihre Armee; ihre Marine; ihren Handel; ihre Künste; und ihre Manufakturen."⁹⁷ Es gibt gute und schlechte Arten, eine Regierung oder eine Gesellschaft zu reformieren, und nach Burkes Einschätzung haben die Amerikaner es richtig gemacht und die Franzosen ganz entschieden falsch.

Im anderen politischen Lager finden wir Thomas Paine, dessen enorm erfolgreiches Pamphlet *Common Sense* ihm den Titel „Vater der amerikanischen Revolution" eintrug. Darin, im Abschnitt „Über den Ursprung und Zweck der Regierung im Allgemeinen", erklärt er: „Eine Gesellschaft entsteht aus unseren Bedürfnissen, eine Regierung wegen unserer Schlechtigkeit. Die erstere fördert unser Glück auf positive Weise, indem sie unsere Gefühle vereint, die letztere auf negative Weise, indem sie unsere Verderbtheit zügelt."⁹⁸ Anders als Burke mit seiner Anerkennung der Religion als einer Kraft, die Menschen beibringt, ihre Leidenschaften unter Kontrolle zu halten, war Paine Deist, vielleicht gar Atheist, voller Verachtung für organisierte Religion, wie in *The Age of Reason*: „Von allen je erfundenen Systemen der Religion ist keines unwürdiger des Allmächtigen, unerquicklicher dem Menschen, widerlicher der Vernunft und voller von Selbstwidersprüchen als dieses Ding, das sich Christentum nennt." Seine Weltanschauung war die eines Humanisten der Aufklärung: „Ich glaube an die Gleichheit der Menschen, und ich glaube, dass religiöse Pflichten darin bestehen, Gerechtigkeit zu üben, liebende Gnade, und im Bestreben, unsere Mitwesen glücklich zu machen... Ich glaube nicht an die Bekenntnisse der jüdischen, römischen, griechischen, türkischen oder protestantischen Kirche, noch irgendeiner anderen mir bekannten Kirche. Mein eigener Geist ist meine Kirche. Alle nationalen kirchlichen Institutionen, ob nun jüdisch, christlich oder türkisch, erscheinen mir als nichts anderes als menschliche Erfindungen, errichtet, die Menschheit zu erschrecken und zu versklaven, und um Macht und Profit an sich zu reißen."⁹⁹

Woher kommen dann Moral und Zivilgesellschaft? Von der Vernunft, sagt Paine, und auf seine Art wandte er das Prinzip der austauschbaren Perspektiven an, als er 1795 in seiner Dissertation on *First Principles of Government* schrieb: „Wer seine eigene Freiheit sichern will, muss selbst seinen Feind vor Unterdrückung schützen; denn wenn er diese Pflicht verletzt, so begründet er einen Präzedenzfall, der ihn selbst einholen wird."[100] Wer hatte recht – Burke oder Paine? Ihre Antwort mag von Ihrem Temperament und der mit ihm einhergehenden politischen Vorliebe abhängen, aber wir täten gut daran, die Weisheit eines der brillantesten politischen Denker des 19. Jahrhunderts zu beherzigen, John Stuart Mill, der all diese Debatten in einer einzigen Überlegung verdichtete: „Eine Partei der Ordnung oder Stabilität und eine Partei des Fortschritts oder der Reform sind notwendige Elemente eines gesunden politischen Lebens."[101]

Test: Freiheit contra Leviathan

Die meisten Leute sind die meiste Zeit unter den meisten Umständen ehrlich, fair und kooperativ; sie wollen für ihre Gemeinschaft und Gesellschaft d0,as Richtige tun. Die meisten Menschen sind aber auch ehrgeizig, aggressiv und eigennützig; sie wollen das Richtige für sich und ihre Familie tun. Diese evolvierte Veranlagung erzeugt zwei potenzielle Konfliktbereiche: (1) In uns selbst, unser selbstsüchtiges Bedürfnis nach Verbesserung unserer eigenen Lebensumstände kollidiert mit unserem altruistischen Wunsch nach gesellschaftlicher Weiterentwicklung. (2) Unser Drang, das Beste aus unserem Los im Leben zu machen, gerät in Konflikt mit eben diesem Drang in anderen. Der scharfsinnige und stets provokative H. L. Mencken erfasste das Wesen der janusköpfigen Natur des Leviathan 1927 in einem Essay mit dem schlichten Titel „Why Liberty?":

Ich denke, Freiheit ist die einzige Sache von Wert, die Menschen erfunden haben, jedenfalls auf dem Gebiet des Regierens. Es ist besser, frei zu sein als unfrei, selbst wenn Ersteres gefährlich ist und Letzteres sicher scheint. Ich denke, die besten Qualitäten des Menschen gedeihen nur an der frischen Luft; Fortschritt unter dem Schatten des Polizeiknüppels ist unecht, von keinem bleibenden Wert. Ich glaube, dass jeder Mensch, der die Freiheit eines anderen in die eigene Verwahrung nimmt, zum Tyrannen werden muss und dass jeder, der seine Freiheit aufgibt, in welch geringem Grade immer, auf dem Weg in die Sklaverei ist.[102]

Freiheit ist nicht nur ein Ideal, sie zeigt praktische Resultate in der realen Welt. In Bild 3-11 sehen wir den markanten Unterschied zwischen einer Demokratie mit offenen Grenzen und freiem Handel (Südkorea) und einer abgeschotteten Diktatur (Nordkorea). Gemessen am Bruttoinlandsprodukt

Fortschritt bei Politik
Der ökonomische Unterschied zwischen einer Demokratie und einer Diktatur

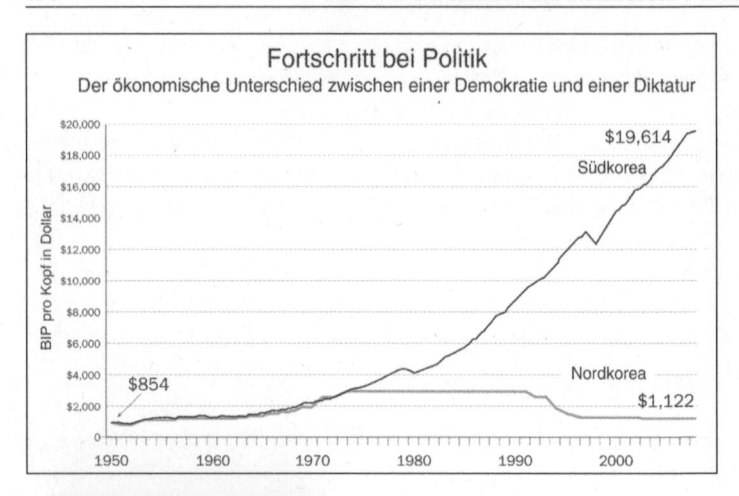

Bild 3-11. Die ökonomischen Unterschiede zwischen einer Demokratie und einer Diktatur
Der Unterschied im mittleren jährlichen BIP zwischen Nord- und Südkorea lag 2010 bei atemberaubenden 1748 Prozent, oder bei einer Nettodifferenz von $18,492.[106] *Was sagt Ihnen das? Zunächst, ein Größenunterschied von 3 bis 8 cm bei den Männern ist ein direktes Resultat der Ernährung. Die Unterschiede sind auch aus dem Weltraum auf diesem Satellitenfoto des NASA Earth Observatory sichtbar, in welchem Südkoreas Wohlstand an der Grenze zu Nordkorea endet und im Dunkeln verschwindet.*[107]

in Dollar von 1990 können die Ergebnisse dieses historischen Experiments nicht dramatischer sein. Es begann im August 1945 mit der Teilung eines der homogensten Länder der Welt entlang des 38. Breitengrades. Beide Länder starteten mit einem Pro-Kopf-BIP von 854 Dollar; sie lagen bis in die 1970er Jahre gleichauf. Dann begann Südkorea mit Maßnahmen zur Förderung der Wirtschaft und Nordkorea verwandelte sich in eine Diktatur mit Stechschritt-Militärparaden für den Großen Führer und Ewigen Präsidenten Kim Il-Sung.

2013 stand Südkorea an zwölfter Stelle von 186 Ländern im Index der menschlichen Entwicklung der Vereinten Nationen, mit einer Lebenserwartung von 80.6 Jahren bei der Geburt. Der Transformationsindex der Bertelsmann-Stiftung (BTI) stuft Südkoreas politische und ökonomische Entwicklung weltweit auf Rang 11 unter 128 Ländern ein.[103] Nordkorea liegt auf Platz 125 bei einer Lebenserwartung von 68.8 Jahren. Und das Land schrumpfte nicht nur wirtschaftlich, sondern auch physisch, um Millimeter jedes Jahr. Daniel Schwekendiek von der Sungkyunkwan University in Seoul maß die Größe nordkoreanischer Flüchtlinge; die Männer waren im Durchschnitt zwischen drei und acht Zentimeter kleiner als in Südkorea. Unter Vorschulkindern liegt der Größenunterschied im Mittel bei vier (Jungen) und drei (Mädchen) Zentimetern.[104] Ökonomisch, mit einer BIP-Differenz von 19.614 zu 1122 Dollar, liegen die beiden Länder um 1748 Prozent auseinander.

Ist das moralischer Fortschritt? Fragen wir die Bürger Südkoreas, die jedes Jahr 18492 Dollar mehr für Essen, Kleidung, Wohnen und Luxusgüter ausgeben können. Was gewinnen sie damit? Körpergröße. Und Strom. Der Pro-Kopf-Verbrauch liegt bei 10162 Kilowattstunden; in Nordkorea sind es 739 kWh.[105] Der Unterschied ist aus dem Weltall zu sehen.

Wissenschaft, Vernunft und Werte

Zweck dieser Übung des Testens historischer Hypothesen: Zusätzlich zu philosophischen Argumenten können wir wissenschaftliche Erkenntnisse gewinnen über freiheitliche Demokratien, Marktwirtschaft und internationale Transparenz als Mittel zu mehr Wohlstand, Gesundheit und Glück. Obwohl es, wie Sam Harris darlegt, in der Landschaft der Moral viele Gipfel gibt,[108] kann die Wissenschaft uns helfen, sie quantitativ einzuordnen. Vielleicht können Linksliberale, Konservative, Libertäre, Rechte, Grüne und andere auf verschiedenen Gipfeln dieser Landschaft koexistieren innerhalb eines Bereiches der Möglichkeiten, die ihrerseits einem anderen

Cluster von Gipfeln weit überlegen sind, in dem die Autokratie favorisiert wird. Mit Hilfe der Wissenschaft können wir diese Unterschiede messen.

Es gibt viele Arten der Demokratie (beispielsweise direkt oder repräsentativ) und der Ökonomie (mit diversen Handelsvereinbarungen oder Mitgliedschaften in Handelsblöcken). Daraus folgt nur der Schluss auf ein facettenreiches und multikausales menschliches Wohlergehen. Die Existenz mehrerer Wege des Überlebens bedeutet nicht, dass alle politischen, wirtschaftlichen und sozialen Systeme gleich sind. Sie sind es nicht, und wir haben die Daten und historischen Beispiele, dies zu beweisen. Müssen wir die Augen zusammenkneifen, um die Unterschiede zwischen politischen Parteien zu erkennen? Nun, dafür sind Wahlen da; die Gewinner haben sich durchgesetzt, die Verlierer müssen sich damit abfinden – bis zur nächsten Wahl. So oder so sind die Unterschiede minimal.

Mit anderen Worten, wir können Werte und Moral nicht nur mit philosophischen Prinzipien wie Aristoteles' Eugenetik, Kants kategorischem Imperativ, Mills Utilitarismus oder Rawls' Ethik der Fairness begründen, sondern auch mit Wissenschaft. Beginnend mit der wissenschaftlichen Revolution und durch die Aufklärung hindurch wurden Aberglaube, Dogmatismus und religiöse Autorität von Vernunft verdrängt. Kant sagte: „Sapere aude! Habe Mut, dich deines eigenen Verstandes zu bedienen! Aufklärung ist der Ausgang des Menschen aus seiner selbstverschuldeten Unmündigkeit. Unmündigkeit ist das Unvermögen, sich seines Verstandes ohne Leitung eines anderen zu bedienen." Das Zeitalter der Aufklärung war eines der Wiedergeburt der Menschheit, der Erlösung, nicht von der Erbsünde, sondern von der Erbdummheit, der Abhängigkeit von Autorität und Aberglaube. Nie wieder sollten wir uns zu den intellektuellen Sklaven jener machen, die mit Dogma und Autorität unseren Geist fesseln. Vernunft und Wissenschaft sollen unsere Schiedsrichter über Wahrheit und Wissen sein.

Statt Wahrheit aus alten heiligen Büchern oder philosophischen Traktaten zu beziehen, erkundeten Menschen auf eigene Faust das Buch der Natur.

Statt Illustrationen in Botanikbüchern zu studieren, gingen die Schüler hinaus, zu sehen, was dort wächst.

Statt sich auf anatomische Holzschnitte in alten medizinischen Texten zu verlassen, öffneten Ärzte Leichen, um mit eigenen Augen zu sehen.

Statt den zornigen Wettergöttern Menschen zu opfern, maßen Naturalisten Temperaturen, Luftdrücke und Winde und schufen die Meteorologie.

Statt Menschen als mindere Art zu versklaven, erweiterten wir unser Wissen und schlossen mittels der evolutionären Wissenschaften die ganze Menschheit in die Spezies ein.

Statt Frauen als minderwertige Wesen zu behandeln, nur weil ein bestimmtes Buch es den Männern nahelegt, entdeckten wir die Naturrechte, die Gleichbehandlung und die moralischen WissenschaftenStatt des Glaubens an das gottgegebene Recht der Könige fanden Menschen ein natürliches Vertrauen in die Rechte der Demokratie und schenkten uns die Politikwissenschaft.

Die Macht war nicht mehr in der Hand einer kleinen Elite, die ihre Bürger des Lesens unkundig und ungebildet hielt; mit Wissenschaft, Alphabetisierung und Bildung erkannten Menschen die Kräfte und die Korruption, die sie unterdrückt hatten, warfen ihre Ketten ab und forderten Rechte ein.

Wir sehen Homosexualität nicht mehr mit Abscheu, Atheisten nicht mehr als Ausgestoßene, Tiere nicht mehr als fühllose, unserem Willen unterworfene Automaten. Es ist unsere Aufgabe, in der langen Revolution der Rechte die letzten Hürden zu nehmen.

Es ist Zeit, dass die Verfassungen der Nationen sich auf eine Verfasstheit der Menschen gründen, die wir mit Hilfe von Vernunft und Wissenschaft verstehen können.

4. Warum Religion keine Quelle der Moral ist

> Alle Weltreligionen mit ihrer Betonung von Liebe, Mitgefühl, Geduld, Toleranz und Barmherzigkeit können innere Werte vermitteln und tun das auch. Aber Ethik auf Religion zu gründen ist der Realität der Welt von heute nicht mehr angemessen. Daher bin ich zunehmend überzeugt, dass die Zeit gekommen ist, jenseits von Religion über Spiritualität und Ethik nachzudenken.
>
> (Facebook-Eintrag des Dalai Lama am 10. September 2012)

Die Behauptung, man könne moralischen Fortschritt nicht mit Religion vorantreiben, mag manche Leser überraschen und in vielen Fällen kränken; Leser, die davon ausgehen, dass primär das Licht religiöser Lehren die Weiterentwicklung auf dem Gebiet der Moral leitete.[1] Der Grund für das Missverständnis ist ein zweifacher. Erstens besaß Religion Jahrtausende lang ein Monopol auf Moral, und so gewöhnten wir uns daran, jeglichen moralischen Fortschritt jener Instanz zuzuschreiben, die am meisten mit ihm in Verbindung gebracht wurde. Zweitens heimsen religiöse Institutionen die Lorbeeren für Fortschritt ein, ignorieren oder beschönigen aber Rückschritt. Bevor wir uns den Daten zuwenden, soll eine kurze Geschichte religiöser Moral meine These beleuchten.

Auf der guten Seite der moralischen Dimension war es Jesus, der mahnte, den Armen zu helfen, die andere Wange hinzuhalten, seine Feinde zu lieben, nicht zu richten, auf dass man nicht gerichtet werde, Sündern zu vergeben und Menschen eine zweite Chance einzuräumen. Im Namen ihrer Religion haben Menschen den Armen und Notleidenden in entwickelten Ländern weltweit geholfen, und in Amerika sind sie die führenden Träger der Essenstafeln für die Hungrigen und bei der Katastrophenhilfe. Viele christliche Theologen, Kirchen und Prediger befürworteten die Abschaffung des Sklavenhandels und fuhren bis in die heutige Zeit fort, auf Gerechtigkeit zu drängen. Manche Bürgerrechtsaktivisten waren von ihrem Glauben motiviert, vor allem Martin Luther King Jr. mit seinen von leidenschaftlichen religiösen Metaphern und Zitaten durchsetzten Reden. Ich habe tiefreligiöse Freunde, von starkem Drang erfüllt, Gutes zu tun; sie mögen einer komplexen Vielfalt von Motiven folgen, handeln aber oft im Namen ihrer speziellen Religion.

Also, ja, Religion kann Menschen dazu bringen, gute Werke zu tun, und wir sollten jede Person oder Institution anerkennen, die die Menschheit auf dem Weg des Fortschritts voranbringt, die Sphäre der Moral erweitert oder auch nur das Leben eines anderen Menschen ein kleines bisschen besser macht. Was das angeht, wären wir gut beraten, dem Ökumenismus des verstorbenen Astronomen Carl Sagan nachzueifern, der an alle Glaubensrichtungen appellierte, sich bei der Arbeit am Umweltschutz und für ein Ende des nuklearen Wettrüstens den Wissenschaftlern anzuschließen. Er tat das, wie er sagte, weil wir alle im selben Boot sitzen. Unsere Probleme „übergreifen Nationen, Generationen und Ideologien, und alle denkbaren Lösungen ebenso. Diesen Fallen zu entgehen, erfordert eine Perspektive, die alle Völker des Planeten und alle kommenden Generationen in den Blick nimmt."[2] Diese bewegende Rhetorik fordert uns alle auf, Säkulare wie Gläubige, auf das gemeinsame Ziel einer besseren Welt hinzuarbeiten.

Zu lange aber lag bei der Waage der Moral der schwere Daumen der Religion auf der Waagschale mit der Aufschrift „Gut". Sie förderte oder rechtfertigte katastrophale moralische Missgriffe wie die Kreuzzüge (Volkskreuzzug, Nord-Kreuzzüge, Albigenserkreuzzug und Kreuzzüge eins bis neun); die Inquisition (spanisch, portugiesisch, römisch); Hexenjagden (teils infolge der Inquisition, sie zogen sich vom Mittelalter bis in die frühe Moderne und kosteten zehntausende Menschen, überwiegend Frauen, das Leben); christliche Konquistadoren löschten mit Stahl, Keimen und Gewehren eingeborene Völker zu Millionen aus; die endlosen europäischen Religionskriege (der neunjährige, der dreißigjährige, der achtzigjährige, die französischen Religionskriege, die Kriege der drei Königreiche, der englische Bürgerkrieg, um nur einige zu nennen); der amerikanische Bürgerkrieg, in dem Christen der Nord- und Südstaaten wegen der Angelegenheiten der Sklaverei und der Staatsrechte einander abschlachteten; und der erste Weltkrieg mit seinen Kämpfen deutscher Christen gegen französische, britische und amerikanische Christen, die alle glaubten, Gott auf *ihrer* Seite zu haben. (Auf den Koppelschlössern der deutschen Soldaten stand *Gott mit uns*).

Und das war nur die westliche Welt. Es gibt scheinbar endlose religiöse Konflikte in Indien, Indonesien, Afghanistan, Pakistan, dem Irak, dem Sudan und zahlreichen Ländern in Afrika, die Verfolgung der koptischen Christen in Ägypten, und natürlich wurde in den letzten Jahrzehnten der islamistische Terrorismus zur Geißel des sozialen Friedens und der Sicherheit; kein Tag vergeht ohne einen im Namen des Islam begangenen Gewaltakt.

All diese Ereignisse haben politische, ökonomische und soziale Ursachen, aber ihre gemeinsame Rechtfertigung ist die Religion. Wann immer auf einem bestimmten Gebiet moralischer Fortschritt stattfindet, schließen sich ihm die meisten Religionen an, wie bei der Abschaffung der Sklaverei im 19. Jahrhundert, den Frauenrechten im 20. Jahrhundert oder den Rechten der Homosexuellen im 21. Jahrhundert, aber es geschieht oft mit einer blamabel ausgedehnten Verzögerung. In diesem Kapitel will ich mich primär den Auswirkungen der Religion in der westlichen Welt widmen, speziell des Christentums, wegen seiner großen Einflüsse auf die Geschichte des Westens und weil es betonter als andere Religionen behauptet, der Motor des Fortschritts der Moral zu sein.

Warum Religion nicht der Antrieb moralischen Fortschritts sein kann

Die von den diversen Religionen im Lauf der Jahrtausende zusammenfantasierten und festgeschriebenen Regeln hatten nicht die Erweiterung der moralischen Sphäre zum Ziel. Andere fühlende Wesen in den Kreis moralischer Interessen aufzunehmen war nicht auf ihrem Radar. Moses stieg nicht vom Berg herab mit einer detaillierten Anleitung, wie die Israeliten für ein besseres Leben der Moabiter, Edomiter, Midianiter oder irgendeines anderen Stammes sorgen könnten, der zufällig nicht zum Volke Israel gehörte. Eine Begründung für diese verengte Sphäre mag sich in der Verfügung „liebe deinen Nächsten" des Alten Testaments finden. Wer genau ist dein Nächster? Dem Anthropologen John Hartung folgend verstand man unter dem Nächsten den unmittelbaren Verwandten, zugegebenermaßen eine auf die damalige Zeit passende List der Evolution:

> Der Ausdruck *liebe deinen Nächsten wie dich selbst* kommt aus der Thora. Thora bedeutet *Gesetz* und *die* Thora ist *das* Gesetz. Hätte Moses das Wort Gottes an moderne Biologen übermittelt, hätte er auch sagen können „liebe deinen Nächsten, als wäre r = 1 – als wären eure Gene identisch". Gemäß der autobiographischen Ethnographie der alten Israeliten war das das allgemeine Prinzip, von dem die Verbote von Mord, Diebstahl und Lüge abgeleitet wurden. Aber wer ist qualifiziert für diesen Gipfel der Moral? Wer ist dein *Nächster*?[3]

Hartung stellt fest: „Die meisten zeitgenössischen, den Gott der Thora hoch achtenden Juden und Christen antworten, dass das Gesetz für alle gilt.", Wie weiter oben skizziert, liegt das aber daran, dass Juden und Christen das moderne Ziel der Aufklärung verinnerlicht haben, die Parameter der moralischen Rücksicht zu erweitern und neu zu definieren. Dieses Ziel hatten die Autoren des Alten Testaments nicht im Sinn, wie Hartung erläutert:

> Als die Israeliten das Gesetz der Liebe empfingen, lebten sie isoliert in der Wüste, nach der Überlieferung in Zelten, gruppiert nach erweiterten Familien. Die grassierenden Meinungsverschiedenheiten wuchsen zu grausamen Kämpfen an, mit 3000 Toten in einer einzigen Episode (Exodus 32:26-28). Die meisten aus den Scharen wollten „einen [neuen] Hauptmann aufwerfen und wieder nach Ägypten ziehen" (4. Mose 14:4) Aber der alte Hauptmann, Moses, zog den Gruppenzusammenhalt vor. Wer wissen will, von wem Moses dachte, dass Gott ihn mit seinem Nächsten meint, muss das Gesetz im Kontext sehen, und der der minimale Kontext, der Sinn ergibt, ist der des Bibelverses, aus dem das Gesetz der Liebe so oft extrahiert wird.

Die fragliche Bibelpassage ist 3. Mose 19:18: „Du sollst nicht rachgierig sein noch Zorn halten gegen die Kinder deines Volks. Du sollst deinen Nächsten lieben wie dich selbst..." Wie Hartung bemerkt, „bedeutet 'Nächster' im Kontext 'die Kinder deines Volks' – mit anderen Worten, die nächsten Mitglieder der Ingroup."

Wie gesagt, aus evolutionärer Perspektive ist das überaus sinnvoll. Tatsächlich wäre es selbstmörderisch, deinen Nächsten zu lieben wie dich selbst, wenn dein Nächster dich am liebsten vernichten möchte, wie es unter den Bronzezeit-Völkern des Alten Testaments oft der Fall war. Wohin hätte es geführt, wenn die Israeliten, sagen wir, die Midianiter geliebt hätten wie sich selbst? Das Ergebnis wäre eine Katastrophe gewesen angesichts des Bundes der Midianiter mit den Moabitern im Wunsch, die Israeliten vom Antlitz der Erde zu tilgen. Darum stellte Moses eine Armee von 12000 Mann auf, nachzulesen in 4. Mose 31:7-12:

> Und sie führten das Heer wider die Midianiter, wie der HERR dem Mose geboten hatte, und erwürgten alles, was männlich war. Dazu die Könige der Midianiter erwürgten sie... Und die Kinder Israel nahmen gefangen die Weiber der Midianiter und ihre Kinder; all ihr Vieh, alle ihre Habe und alle ihre Güter raubten sie, und verbrannten mit Feuer alle ihre Städte ihrer Wohnungen und alle Zeltdörfer. Und nahmen allen Raub und alles, was zu nehmen war, Menschen und Vieh, und brachten's zu Mose.

Das klingt nach einer ordentlichen Plünderung, aber als die Truppen zurückkehrten, war Moses sauer. „Warum habt ihr alle Weiber leben lassen?" fragte er verärgert, da es offenbar die Frauen waren, die die Israeliten zur Untreue mit einem anderen Gott verleitet hatten. Moses befahl ihnen, alle Frauen zu töten, die schon mit einem Mann geschlafen hatten, und alle Jungen. „Aber alle Kinder, die weiblich sind und nicht Männer erkannt haben, die lasst für euch leben", befahl er. Man stelle sich zweiunddreißig*tausend* gefangene Jungfrauen vor, die mit den Augen rollen und sagen „Ach, *Gott* befahl dir das, ja? Na klar." War „lasst die Jungfrauen für euch leben" das, was Gott sich beim Wort „Liebe" in „liebe deinen Nächsten" gedacht hatte? Ich glaube nicht. Die Israeliten wussten natürlich *genau*, was Gott meinte (der Vorteil, wenn man die heilige Schrift selbst verfasst – man kann bestimmen, was Gott meint) und handelten entsprechend, im Kampf um das Überleben ihres Volkes. *Mit Macht.*

Die Weltreligionen sind von ihrem Ursprung her auf die eigene Gruppe bezogen und xenophob, sie dienen der Steuerung moralischer Regeln innerhalb der Gemeinschaft, streben aber nicht an, die Menschheit außerhalb ihrer Kreise zu umfassen. Religion bildet per Definition eine Identität derer, die *wie wir* sind, in scharfer Abgrenzung zu *jenen anderen, jenen Heiden und Ungläubigen.* Die meisten Religionen wurden in die Moderne der Aufklärung gezerrt, während sie versuchten, sich an der Vergangenheit festzukrallen. Wandel in Glaube und Praktiken, so er überhaupt stattfindet, ist langsam und schwerfällig, und er geschieht fast immer als Reaktion der Kirche auf äußere politische oder kulturelle Kräfte.

Ein typisches Beispiel ist die Geschichte der Mormonen. In den 1830er Jahren empfing ihr Gründer Joseph Smith eine göttliche Offenbarung, die „himmlische Ehe" zu verordnen, besser bezeichnet als „Mehrehe" und dem Rest der Welt als Polygamie geläufig, ungefähr zu der Zeit, als sich für ihn eine neue Liebesgeschichte anbahnte, während er mit einer anderen Frau verheiratet war. Nachdem Smith das salomonische Fieber der Vielehe gepackt hatte (König Salomo hatte mindestens 700 Frauen), waren er und seine Glaubensbrüder nicht mehr davon abzuhalten, ihre Saat zu verbreiten, zusammen mit der Ehepraktik, die 1852 im Mormonengesetz *Lehre und Bündnisse* festgeschrieben wurde. Das heißt, bis 1890, als Utah den Vereinigten Staaten beitreten wollte, die Polygamie nicht duldeten. Praktischerweise sandte Gott den Anführern der Mormonen eine neue Offenbarung, die besagte, eine Vielzahl an Ehefrauen sei nicht länger ein himmlischer Segen und Monogamie nun der einzig richtige Weg.

Des Weiteren durften laut den Richtlinien der Mormonen Afroamerikaner keine Priester werden. Der von Joseph Smith verfügte Grund war, dass sie gar nicht aus Afrika kämen, sondern die Nachfahren der bösen Lamaniter seien, die von Gott mit dem Fluch der schwarzen Haut belegt wurden, nachdem sie den Krieg gegen die guten Nephiter verloren hatten, beide Clans übrigens Abkömmlinge zweier verlorener Stämme des Volkes Israel. Da die bösen Lamaniter keine sexuellen Beziehungen mit den guten Nephitern unterhalten durften, waren gemischtrassige Ehen ebenfalls verboten. (Smith behauptete, dieses Wissen von Goldplatten zu haben, in einer alten Sprache beschriftet und vom Engel Moroni in seinem Hinterhof in der Nähe von Palmyra, New York, vergraben worden waren. Smith übersetzte die Platten ins Englische, indem er sein Gesicht in einem Hut vergrub, in dem sich Zaubersteine befanden.) Dieser rassistische Unsinn hielt sich anderthalb Jahrhunderte, bis er in Berührung mit der Bürgerrechtsbewegung der 1960er und 1970er Jahre kam. Selbst dann brauchte die Kirche eine Weile, bis ihr aufging, dass die Zeiten sich geändert hatten. 1978 verkündete das Kirchenoberhaupt Spencer W. Kimball, er habe eine neue Offenbarung Gottes bekommen mit der Anweisung, die Rassenbeschränkungen fallen zu lassen und eine offenere Haltung einzunehmen.[4]

Für das verhärtete Wesen der Religion gibt es drei Gründe. (1) Die Grundlage des Glaubens an eine absolute Moral ist der Glaube an eine absolute Religion, die sich auf den einzig wahren Gott beruft. Das führt unweigerlich zum Schluss, dass jeder, der etwas anderes glaubt, von dieser Wahrheit abweicht und daher nicht unter dem Schutz unserer moralischen Verpflichtungen steht. (2) Anders als Wissenschaft hat Religion weder einen systematischen Prozess noch eine empirische Methode, die Plausibilität ihrer Behauptungen und Glaubensinhalte zu beurteilen und noch viel weniger deren Wahrheit. (3) Die Moral heiliger Bücher, der Bibel insbesondere, ist nicht die Moral, nach der irgendwer von uns leben möchte, daher können die aus diesen Büchern abgeleiteten Lehren nicht der Katalysator moralischer Evolution sein. Betrachten wir den letzten Punkt näher, um zu verstehen, warum.

Die Moral der Bibel

Die Bibel gehört zu den unmoralischsten Werken der gesamten Literatur. Verwoben durch Genealogische Listen, Chroniken, Gesetze und Sitten ist ein Narrativ aus Schilderungen, geschrieben von einem und über einen Haufen nahöstlicher eingeborener Warlords, ständig um Land und Frauen kämpfend, die Sieger in Herrschaft über beides. Die Hauptrolle spielt ein Gott namens Jahwe, der beschließt, Frauen in alle Ewigkeit mit der oft unerträglichen Qual des Geburtsschmerzes zu bestrafen und sie des Weiteren verurteilt, kaum mehr als Nutztiere und Sexsklavinnen für die siegreichen Warlords zu sein. Warum mussten sie so gedemütigt werden, womit verdienten sie eine Ewigkeit der Not und Unterordnung? Alles wegen dieser einen furchtbaren Sünde, des ersten in der Menschheitsgeschichte verzeichneten Verbrechens, eines Gedankenverbrechens, als die kühne Autodidaktin Eva wagte, sich zu bilden und die Frucht vom Baum der Erkenntnis über Gut und Böse zu sich nahm. Schlimmer noch, sie verführte den ersten Mann, den ahnungslosen Adam, es ihr gleichzutun und statt der Ignoranz das Wissen zu wählen. Für das entsetzliche Vergehen, der Stimme seines Weibes zu gehorchen, verdammte Jahwe ihn, sich mit Kummer auf seinem Acker voll Dornen und Disteln zu nähren und verurteilte ihn zum Tode, damit er zum Staub werde, aus dem er kam.

Jahwe warf seine ersten beiden straffälligen Kinder aus dem Paradies und postierte einen Engel mit Flammenschwert am Eingang, um sicher zu sein, dass sie nie zurückkehren können. Später, in einer der miesen Launen, in die er zu geraten pflegte, veranstaltete er ein Blutbad von sagenhaften Ausmaßen und tötete jedes empfindungsfähige Wesen, einschließlich nichtsahnender Erwachsener, unschuldiger Kinder und aller Landtiere in einer gewaltigen Flut. Um den Planeten wieder zu besiedeln, nachdem er ihn von allem Leben „gesäubert" hatte mit Ausnahme von Noahs Familie in der Arche, befahl er den Überlebenden mehrfach, „fruchtbar zu sein und sich zu mehren"; seine Lieblings-Warlords belohnte er mit so vielen Frauen, wie sie sich wünschten. Geboren war die Praxis von Polygamie und Harems, bereitwillig angenommen und bekräftigt, zusammen mit Sklaverei, vom „Buch der Bücher".

Als Übung in moralischer Kasuistik mag uns die folgende Frage in den Sinn kommen: Hat irgendwer die Frauen gefragt, was sie von diesen Regelungen halten? Was ist mit den Millionen Menschen in anderen Teilen der Welt, die nie von Jahwe gehört hatten? Was ist mit den Tieren und unschuldigen Kindern, die in der Flut ertranken? Was hatten sie getan, um eine solche Endlösung von Jahwes Aggressionsproblem zu verdienen?

Viele Christen sagen, sie bezögen ihre Moral aus der Bibel, aber das kann nicht stimmen, denn unter den heiligen Büchern ist sie vielleicht der am wenigsten hilfreiche Leitfaden, um „richtig" von „falsch" zu unterscheiden. Sie ist vollgestopft mit bizarren Geschichten über dysfunktionale Familien, mit Hinweisen, wie man Sklaven schlägt, seine eigensinnigen

Kinder tötet, seine jungfräulichen Töchter verkauft und anderen altmodischen Praktiken, die die meisten Kulturen vor Jahrhunderten aufgaben.

Betrachten wir die Moral der biblischen Warlords, die bedenkenlos mehrere Frauen hatten, Ehebruch begingen, Konkubinen hielten und mit ihren polygamen Arrangements zahllose Kinder in die Welt setzten. Die Anthropologin Laura Betzig stellte diese Geschichten in einen evolutionären Kontext und wies auf Darwins Vorhersage hin, dass erfolgreicher Wettbewerb zu erfolgreicher Reproduktion führt. In seinem Buch *Die Abstammung des Menschen und die geschlechtliche Zuchtwahl* (1871) zeigte er, wie die natürliche Auslese funktioniert, wenn Mitglieder einer Spezies um reproduktive Ressourcen konkurrieren: „Es ist sicher, dass bei fast allen Tieren ein Kampf zwischen den Männchen um den Besitz des Weibchens besteht" und fügte die anthropologische Beobachtung hinzu: „Unter Wilden sind die Frauen eine beständige Ursache des Krieges."[5]

Vor diesem Hintergrund analysierte Betzig das Alte Testament und fand nicht weniger als 41 Polygamisten, mit nicht einem schwachen Mann darunter. „Im Alten Testament haben mächtige Männer wie Patriarchen, Richter und Könige Sex mit mehr Ehefrauen; mehr Sex mit den Frauen anderer Männer; mit mehr Konkubinen, Dienerinnen, Sklavinnen; und sie zeugen viele Kinder."[6] Und nicht nur die Platzhirsche. Nach Betzigs Analyse haben „Männer mit größeren Schaf- und Ziegenherden Sex mit mehr Frauen und zeugen mehr Kinder."[7] Die meisten der polygynen Patriarchen, Richter und Könige hatten zwei, drei oder vier Frauen, mit einer entsprechenden Anzahl Kinder, wenngleich König David es auf acht Frauen und zwanzig Kinder brachte, König Abija vierzehn Frauen mit achtunddreißig Kindern vorweisen konnte und König Rehabeam schließlich achtzehn Ehefrauen, sechzig andere Frauen und achtundachtzig Kinder. Alles Dünnbrettbohrer, verglichen mit König Salomo und seinen siebenhundert Frauen. Er heiratete Moabiterinnen, Ammoniterinnen, Edomiterinnen, Sidonierinnen und Hethiterinnen und hatte als Zugabe dreihundert Konkubinen, die er „die Freude des Mannes" nannte.[8] (Wie seine Konkubinen *ihn* nannten, ist nicht überliefert.)

Viele dieser Geschichten sind erfunden (so gibt es keine Evidenz, dass Moses je existierte, noch dass er sein Volk vierzig Jahre durch die Wüste führte, ohne ein einziges archäologisches Artefakt zu hinterlassen), aber diese biblischen Patriarchen gingen mit Frauen so um, wie es zu jener Zeit üblich war, *und das ist der Punkt*. Im Kontext betrachtet, eignen sich die Handlungsanweisungen der Bibel für ein anderes Volk in einer anderen Zeit und haben wenig Bedeutung für uns heute.

Um die Bibel mit Bedeutung zu füllen, müssen Gläubige jene Passagen auswählen, die zu ihren Bedürfnissen passen; das Spiel der Rosinenpickerei funktioniert üblicherweise zu ihrem Vorteil. Das alte Testament mag im 5. Buch Mose, 5:17 Orientierung bieten mit „Du sollst nicht töten"; oder im 2. Buch Mose, 22:20, einem Vers, der ein klares, unanfechtbares Verbot ausspricht: „Die Fremdlinge sollst du nicht schinden noch unterdrücken; denn ihr seid auch Fremdlinge in Ägyptenland gewesen."

Diese Verse legen die Latte der Moral hoch, aber die Handvoll positiver moralischer Gebote im Alten Testament bildet unzusammenhängende, verstreute Inseln in einem Meer brutaler Geschichten von Mord, Vergewaltigung, Folter, Sklaverei und allen Varianten der Gewalt, wie im 5. Buch Mose, 20:10-18, wo Jahwe die Israeliten über die genauen Benimmregeln bei der Eroberung eines anderen Stammes unterrichtet:

> Wenn du vor eine Stadt ziehst, sie zu bestreiten, so sollst du ihr den Frieden anbieten. Antwortet sie dir friedlich und tut dir auf, so soll das Volk, das darin gefunden wird dir zinsbar und untertan sein. Will sie aber nicht friedlich mit dir handeln und will mit dir kriegen, so belagere sie. Und wenn sie der HERR, dein Gott, dir in die Hand gibt, so sollst du alles, was männlich darin ist, mit des Schwertes Schärfe schlagen. Allein die Weiber, die Kinder und das Vieh und alles, was in der Stadt ist, und allen Raub sollst du unter dich austeilen und sollst essen von der Ausbeute deiner Feinde, die dir der HERR, dein Gott, gegeben hat... Aber in den Städten dieser Völker, die dir der HERR, dein Gott, zum Erbe geben wird, sollst du nichts leben lassen, was Odem hat, sondern sollst sie verbannen, nämlich die Hethiter, Amoriter, Kanaaniter, Pheresiter, Heviter und Jebusiter, wie dir der HERR, dein Gott, geboten hat.

Heute, da die Todesstrafe nahezu Geschichte ist, bietet uns das Alte Testament diese Liste der todeswürdigen Taten:

- *Gotteslästerung*: „Und der HERR redete mit Mose und sprach: Führe den Flucher hinaus vor das Lager und laß alle, die es gehört haben, ihre Hände auf sein Haupt legen und laß ihn die ganze Gemeinde steinigen. Und sage den Kindern Israel: Welcher seinem Gott flucht, der soll seine Sünde tragen. Welcher des HERRN Namen lästert, der soll des Todes sterben; die ganze Gemeinde soll ihn steinigen. Wie der Fremdling, so soll auch der Einheimische sein; wenn er den Namen lästert, so soll er sterben." (3. Mose 24:13-16)

- *Zauberei*: „Die Zauberinnen sollst du nicht leben lassen." (2. Mose 22:17) „Wenn ein Mann oder Weib ein Wahrsager oder Zeichendeuter sein wird, die sollen des Todes sterben. Man soll sie steinigen; ihr Blut sei auf ihnen." (3. Mose 20:27)
- *Verlust der Jungfräulichkeit vor der Ehe*: „Wenn jemand ein Weib nimmt... und spricht: Das Weib habe ich genommen, und da ich mich zu ihr tat, fand ich sie nicht Jungfrau... Ist's aber Wahrheit, daß die Dirne nicht ist Jungfrau gefunden, so soll man sie heraus vor die Tür ihres Vaters Hauses führen, und die Leute der Stadt sollen sie zu Tode steinigen..." (5. Mose 22:13-21)
- *Homosexualität*: „Wenn jemand beim Knaben schläft wie beim Weibe, die haben einen Greuel getan und sollen beide des Todes sterben; ihr Blut sei auf ihnen." (3. Mose 20:13)
- *Am Sabbat arbeiten*: „Sechs Tage sollt ihr arbeiten; den siebenten Tag aber sollt ihr heilig halten als einen Sabbat der Ruhe des HERRN. Wer an dem arbeitet, soll sterben." (2. Mose 35:2)

Ein Buch, das für mehr als zwei Milliarden Menschen den besten je geschaffenen moralischen Leitfaden darstellt, inspiriert von einer allwissenden, allgütigen Gottheit, empfiehlt die Todesstrafe für die Erwähnung des Namens des Herrn im falschen Moment oder falschen Kontext, für imaginäre Verbrechen wie Zauberei, für alltägliche sexuelle Beziehungen (Ehebruch, Unzucht, Homosexualität) und für das besonders schändliche Verbrechen, am Sabbat nicht die Arbeit ruhen zu lassen. Wie viele der heutigen zwei Milliarden Christen sind mit der Haltung ihres heiligen Buches zur Todesstrafe einverstanden?

Und wie viele würden diesem Juwel der Moral aus dem 5. Buch Mose, 22:28-29 zustimmen? „Wenn jemand an eine Jungfrau kommt, die nicht verlobt ist, und ergreift sie und schläft bei ihr, und es findet sich also, so soll, der bei ihr geschlafen hat, ihrem Vater fünfzig Silberlinge geben und soll sie zum Weibe haben, darum daß er sie geschwächt hat; er kann sie nicht lassen sein Leben lang." Ich wage zu behaupten, dass heute kein Christ diesem Gebot folgen würde. Kein Mensch unserer Tage, ob Jude, Christ, Atheist oder was immer würde an solch drakonische Strafen auch nur denken; so weit hat es die Moral in viertausend Jahren gebracht.

Die Komikerin Julia Sweeney illustriert das in ihrem glänzenden Monolog „Letting Go of God" („Gott loslassen"), in dem sie sich erinnert, wie sie eine Geschichte erneut las, die sie einst in ihrer katholisch geprägten Kindheit gelernt hatte:

Dieser Gott des Alten Testaments stellt die Loyalität der Menschen auf grausigste Art auf die Probe. Zum Beispiel, als er Abraham befiehlt, seinen Sohn Isaak zu töten. Als Kinder lehrte man uns, das zu bewundern. Beim Lesen stockte mir der Atem. Man lehrte uns, es zu bewundern? Was für eine sadistische Probe der Treue ist das, von jemandem zu verlangen, sein eigenes Kind zu töten? Und wäre nicht die angebrachte Antwort: „Nein, ich werde mein Kind nicht töten, auch kein anderes, selbst wenn es ewige Bestrafung in der Hölle bedeutet!"?[9]

Wie viele andere, die sich am ergiebigen Quell unfreiwilliger Komik der Bibel bedient haben, erlaubt auch Sweeney ihren Geschichten, sich selbst zu schreiben. Hier setzt sie ihre Reise durch das Alte Testament fort:

Also, wenn ein Mann Sex mit einem Tier hat, sollen beide getötet werden. Bei dem Mann kann ich das ja fast noch verstehen, aber das Tier? Weil es bereitwillig mitgemacht hat? Weil es jetzt menschlichen Sex erlebt hat, ohne den es ewig unbefriedigt bleiben wird? Oder mein Lieblingsgebot der Bibel, im 5. Buch Mose: Wenn Sie, eine Frau, mit einem Mann verheiratet sind, der mit einem anderen Mann in einen Zweikampf gerät und Sie ihm helfen, indem Sie seinen Gegner an dessen Genitalien packen, dann muss sofort Ihre Hand abgeschlagen werden.[10]

Richard Dawkins hat den Gott des Alten Testaments auf unvergessliche Weise beschrieben: „[Er] ist – das kann man mit Fug und Recht behaupten – die unangenehmste Gestalt in der gesamten Literatur: Er ist eifersüchtig und auch noch stolz darauf; ein kleinlicher, ungerechter, nachtragender Überwachungsfanatiker; ein rachsüchtiger, blutrünstiger ethnischer Säuberer; ein frauenfeindlicher, homophober, rassistischer, Kinder und Völker mordender, ekliger, größenwahnsinniger, sadomasochistischer, launischboshafter Tyrann.[11]

Die meisten modernen Christen erwidern auf Dawkins' und meine Argumente, dass die grausamen und überholten Gesetze des Alten Testaments nichts mit ihrer Lebensführung und ihren moralischen Grundsätzen zu tun haben. Der zornige, rachsüchtige alttestamentarische Gott, behaupten sie, sei durch den freundlichen, sanften Gott des neuen Testaments ersetzt worden, in Gestalt von Jesus, der vor 2000 Jahren einen neuen, verbesserten Moralkodex einführte. Die andere Wange hinhalten, seine Feinde lieben, Sündern verzeihen und den Armen geben ist ein großer Schritt vorwärts, weg von den willkürlichen Geboten und vielen Todesstrafen des Alten Testaments.

Mag sein, aber nirgendwo im neuen Testament hebt Jesus Gottes Todesurteile und groteske Gesetze auf. Im Gegenteil (Matthäus 5:17-30 passim): „Ihr sollt nicht wähnen, daß ich gekommen bin, das Gesetz oder die Propheten aufzulösen; ich bin nicht gekommen, aufzulösen, sondern zu erfüllen." Er versucht nicht einmal, die Gebote zu überarbeiten oder zu mildern: „Wer nun eines von diesen kleinsten Geboten auflöst und lehrt die Leute also, der wird der Kleinste heißen im Himmelreich". Tatsächlich ist Jesu Moral, wenn überhaupt anders, dann drakonischer als die des alten Testaments: „Ihr habt gehört, daß zu den Alten gesagt ist: 'Du sollst nicht töten; wer aber tötet, der soll des Gerichts schuldig sein.' Ich aber sage euch: Wer mit seinem Bruder zürnet, der ist des Gerichts schuldig; wer aber zu seinem Bruder sagt: Racha! der ist des Rats schuldig; wer aber sagt: Du Narr! der ist des höllischen Feuers schuldig."

Mit anderen Worten, selbst der Gedanke daran, jemanden zu töten, ist ein Kapitalverbrechen. Und in der Tat hob Jesus Gedankenverbrechen auf ein neues Orwell'sches Niveau (Matthäus 5:27): „Ihr habt gehört, daß zu den Alten gesagt ist: 'Du sollst nicht ehebrechen.' Ich aber sage euch: Wer ein Weib ansieht, ihrer zu begehren, der hat schon mit ihr die Ehe gebrochen in seinem Herzen." Sollten Sie der Meinung sein, Ihre sexuellen Impulse nicht unter Kontrolle zu haben, dann hat Jesus eine praktische Lösung: „Ärgert dich aber dein rechtes Auge, so reiß es aus und wirf's von dir. Es ist dir besser, daß eins deiner Glieder verderbe, und nicht der ganze Leib in die Hölle geworfen werde." Bill Clinton mag mit einer Praktikantin im Weißen Haus körperlich gesündigt haben, aber nach Jesu Sittenkodex sündigte auch der evangelikale Christ Jimmy Carter, der 1976 während seines Wahlkampfes in einem Interview des Playboy zugab: „Ich habe viele Frauen mit lustvollen Gedanken angesehen. Im Herzen habe ich oft Ehebruch begangen."[12]

Was Jesu Familienwerte betrifft – er heiratete nie, hatte keine Kinder und wandte sich immer wieder von seiner Mutter ab. Auf einer Hochzeitsfeier sagte er zu ihr (Johannes 2:4): „Weib, was habe ich mit dir zu schaffen?" Eine biblische Anekdote erzählt von der Begebenheit, als Maria abseits geduldig auf das Ende einer seiner Reden wartete, um ein paar Worte mit ihm zu wechseln, aber Jesus sagte zu seinen Jüngern „Schickt sie weg, ihr seid jetzt meine Familie" und fügte hinzu (Lukas 14:26): „So jemand zu mir kommt und hasst nicht seinen Vater, Mutter, Weib, Kinder, Brüder, Schwestern, auch dazu sein eigen Leben, der kann nicht mein Jünger sein."

Charmant. So etwas machen Sektenführer, wenn sie ihre Anhänger von deren Familien trennen, um ihre Gedanken und Handlungen unter Kontrolle zu bekommen; so wie Jesus seine Schäfchen rief, ihm zu folgen, sonst... (Johannes 15:4-6) „Bleibet in mir und ich in euch. Gleichwie die Rebe kann keine Frucht bringen von ihr selber, sie bleibe denn am Weinstock, also auch ihr nicht, ihr bleibet denn in mir. Ich bin der Weinstock, ihr seid die Reben. Wer in mir bleibt und ich in ihm, der bringt viele Frucht, denn ohne mich könnt ihr nichts tun. Wer nicht in mir bleibt, der wird weggeworfen wie eine Rebe und verdorrt, und man sammelt sie und wirft sie ins Feuer, und müssen brennen." Aber wenn ein Gläubiger seine Familie verlässt und seine Habe hergibt (Markus 10:30), so soll er „hundertfältig empfange[n]: jetzt in dieser Zeit Häuser und Brüder und Schwestern und Mütter und Kinder und Äcker mitten unter Verfolgungen, und in der zukünftigen Welt das ewige Leben." In anderen Passagen klingt Jesus selbst wie die Stammesfürsten des Alten Testaments:

Ihr sollt nicht wähnen, daß ich gekommen sei, Frieden zu senden auf die Erde. Ich bin nicht gekommen, Frieden zu senden, sondern das Schwert. Denn ich bin gekommen, den Menschen zu erregen gegen seinen Vater und die Tochter gegen ihre Mutter und die Schwiegertochter gegen ihre Schwiegermutter. Und des Menschen Feinde werden seine eigenen Hausgenossen sein. Wer Vater oder Mutter mehr liebt denn mich, der ist mein nicht wert; und wer Sohn oder Tochter mehr liebt denn mich, der ist mein nicht wert. Und wer nicht sein Kreuz auf sich nimmt und folgt mir nach, der ist mein nicht wert. (Matthäus 10:34-39)

Selbst aufrichtige Christen können sich über den Moralkodex Jesu und des neuen Testaments nicht einigen; mit Recht herrscht unter ihnen Zwist über eine Anzahl moralischer Angelegenheiten, die mithilfe der Bibel allein ungelöst bleiben. Darunter finden sich Vorschriften über Ernährung, Alkoholgenuss, Tabak, Koffein; Masturbation, vorehelichen Sex, Verhütung und Abtreibung; Ehe, Scheidung und Sexualität; die Rolle der Frau; Todesstrafe und freiwillige Sterbehilfe; Glücksspiel und andere Laster; Kriege und Bürgerkriege; darüber hinaus viele andere Streitpunkte, die nicht abzusehen waren, als die Bibel geschrieben wurde, wie Stammzellforschung, gleichgeschlechtliche Ehe und dergleichen. Die zeitgenössischen Auseinandersetzungen innerhalb der Christengemeinde über die Frage „WWJT?" (Was würde Jesus tun?) sind ein Hinweis, dass sich das Neue Testament darüber ausschweigt.

Ist Religion die Grundlage der westlichen Zivilisation?

Selbst wenn die Bibel nicht der Ursprung unserer Moral ist, so werden Gläubige doch oft anführen, dass die westliche Zivilisation ihre kostbarsten Werte dem Christentum verdankt: Kunst, Architektur, Literatur, Musik, Wissenschaft, Technologie, Kapitalismus, Demokratie, Gleichberechtigung und Rechtsstaatlichkeit. In den USA hört man es in der allgegenwärtigen (lokal)patriotischen Werbung, vom konservativen Rundfunk bis hinein in Reden des Präsidenten. Folgt man Ronald Reagan, so ist Amerika die „leuchtende Stadt, die auf einem Berge liegt".[13] Die Metapher hat er von John F. Kennedy, der John Winthrop zitierte, den Mitbegründer der Massachusetts Bay Colony im 17. Jahrhundert. Der hatte verkündet: „Wir müssen stets bedenken, dass wir die Stadt auf dem Berge sein werden – die Augen aller Menschen ruhen auf uns."[14] Der Ursprung geht auf Jesus zurück, in der Bergpredigt: „Ihr seid das Licht der Welt. Es kann die Stadt, die auf einem Berge liegt, nicht verborgen sein." (Matthäus 5:14)

Die Frage der Rolle der Religion bei der Gestaltung des Westens ist eine empirische; der konservativ-christliche Apologet Dinesh D'Souza unternimmt den Versuch einer bejahenden Antwort in seinem Buch *What's So Great About Christianity* (2008), ohne Fragezeichen am Ende des Titels.[15] „Das Christentum hat die westliche Zivilisation aufgebaut" verkündet er. „Der Westen ruht auf zwei Säulen: Athen und Jerusalem. Mit 'Athen' meine ich die klassische Zivilisation Griechenlands und des vorchristlichen Rom. Jerusalem heißt 'Juden- und Christentum'. Jerusalem ist die wichtigere Säule."

Nach dem dunklen Zeitalter, in dem marodierende Horden der Hunnen, Goten, Vandalen und Visigothen (Westgoten) den in Athen und Jerusalem geborenen Fortschritt umstürzten und Europa in ein kulturelles Altwasser verwandelten, erleuchtete das Christentum den Kontinent „mit Wissen und Ordnung, Stabilität und Würde. Mönche studierten und kopierten die Manuskripte, die die Gelehrsamkeit der Spätantike bewahrt hatten."[16] Um seine These zu stützen, zitiert D'Souza die Auffassung des Historikers J. M. Roberts in seinem Buch *The Triumph of the West*: „Keiner von uns wäre, was wir heute sind, hätte nicht eine Handvoll Juden vor fast zweitausend Jahren geglaubt, einen großen Lehrer zu kennen, ihn gekreuzigt, tot, begraben und auferstanden zu sehen."[17] Dante, Milton, Shakespeare, Mozart, Händel, Bach, Leonardo da Vinci, Michelangelo, Rembrandt und all die anderen Genies im letzten halben Jahrtausend, so D'Souza, waren inspiriert von den großen „christlichen Motiven von Leid, Transformation und Erlösung." D'Souzas Punkt ist nicht, dass sie alle Christen waren. „Aber ihre großartigen Werke wären nicht entstanden ohne das Christentum. Hätten sie andere große Werke vollbracht? Wir wissen es nicht. Aber wir wissen, dass ihre Christlichkeit ihrem Genie seinen unverwechselbaren Ausdruck gab. Nirgendwo anders hat menschliches Streben solche Höhen erreicht, Herz und Geist tiefer berührt als in den Werken der christlichen Kunst, Architektur, Literatur und Musik."[18]

Diese letzte Behauptung ist so absurd wie beschränkt. Waren Homer und Sappho Christen, waren die sieben Weltwunder der Antike inspiriert vom Geschenk der Erlösung? Wir *wissen sehr wohl*, was Genies der Vergangenheit ohne das Christentum vollbrachten, in den großen alten vorchristlichen Zivilisationen von Sumer, Babylonien, Akkad, im assyrischen Reich, in Ägypten und Griechenland im Westen; in den alten Kulturen im Industal im heutigen Pakistan und Indien; in den chinesischen Dynastien am Gelben Fluss und am Jangtsekiang. Jedes einzelne dieser Völker brachte wunderbare Werke der Kunst, Architektur, Musik, Literatur, Wissenschaft und Technologie hervor; allerdings taten Christen wie Muslime oft ihr Bestes, alle Zeugnisse dieser Errungenschaften auszulöschen durch zahllose Akte des Vandalismus, der Plünderung und Zensur.

Niemand bestreitet den Einfluss des Christentums auf unzählige kulturelle Werke; die großen den Geist beflügelnden Kathedralen, die Requiems, die den Kummer des Verlusts einfangen, die Psalmen der Freude, die die Hörer vereinen, die Gemälde, die mit Licht und menschlichen Emotionen spielen. Nun werden aber Künstler, die in einer christlichen Welt leben, umgeben von anderen Christen, mit kaum etwas außerhalb des Christentums bekannt und von christlichen Mäzenen unterstützt, christliche Werke schaffen. In einer geschichtlichen Epoche, da Europa eine Renaissance durchläuft, mit einer Explosion der Entdeckungen neuer Länder und Energiequellen, ist es kein Wunder, wenn die dominante Religion zum Schirmherrn wird. Die Inspiration der Künstler durch Jesu Leben und Kreuzigung, nicht aber durch den Tod Buddhas durch Pilze ist daher keine Überraschung; das Christentum war die einzig existierende Option.

Religion und Kapitalismus

Rodney Stark schreibt in seinem Buch *The Victory of Reason: How Christianity Led to Freedom, Capitalism, and Western Success* (2005): „Es ist die Selbstverpflichtung zur Arbeit mit eigenen Händen, die die christliche Askese von der anderer religiöser Kulturen unterscheidet, die Frömmigkeit eher mit einer Absage an die Welt und ihre Aktivitäten verbinden. Im Kontrast zu östlichen heiligen Männern, die sich auf Meditation spezialisieren und von Almosen leben, unterhielten mittelalterliche Mönche die hochproduktiven Anwesen der Klöster durch ihre eigene Arbeit. Das unterstützte ein gesundes Verhältnis zu wirtschaftlichen Angelegenheiten. Die These der protestantischen Ethik ist zwar falsch, aber es ist legitim, den Kapitalismus mit christlicher Ethik in Verbindung zu bringen."[19]

Wieder können wir das historische Experiment und eine Vorhersage machen: Wenn diese Hypothese stimmt, dann sollten Gesellschaften mit dem Christentum als dominanter Religion westliche Formen von Demokratie und Kapitalismus aufweisen. Das tun sie nicht. Das ab dem Jahr 300 für 700 Jahre überwiegend orthodox-christliche byzantinische Reich brachte nichts hervor, was annähernd mit Demokratie und Kapitalismus vergleichbar wäre, wie sie im modernen Amerika praktiziert werden. Selbst das frühe Amerika war nicht so wie heute; noch vor zwei Jahrhunderten durften Frauen nicht wählen, Sklaverei war legal und der kapitalistische Wohlstand wurde nur einer kleinen Minderheit von Land- und Fabrikbesitzern gewährt. Während des späten Mittelalters und bis in die frühe Moderne hinein waren die Nationen, Stadtstaaten und sonstigen politischen Konglomerate West- und Mitteleuropas nicht nur christlich, sondern westlich-christlich, und dennoch gab es noch im 19. Jahrhundert nur die drei Quasidemokratien England, Holland und die Schweiz.[20] England und Spanien profitierten beträchtlich von ihren Übersee-Kolonien, umso mehr durch die Dezimierung der eingeborenen Bevölkerung und die Ausbeutung der natürlichen Ressourcen; verachtenswert, nach heutigen moralischen Standards.[21]

Verblüffend ist jedenfalls, wie heutige Konservative Jesus in einen Kapitalisten des freien Marktes verwandelten angesichts dessen, was er in der Bibel sagte (Matthäus 19:24): „Es ist leichter, daß ein Kamel durch ein Nadelöhr gehe, denn daß ein Reicher ins Reich Gottes komme." Und in Matthäus 19:21 zu einem Jünger: „Willst du vollkommen sein, so gehe hin, verkaufe, was du hast, und gib's den Armen, so wirst du einen Schatz im Himmel haben; und komm und folge mir nach!" In Lukas 6:24-25 ermahnt der Messias die Reichen (zusammen mit den Satten und Fröhlichen): „Weh euch Reichen! denn ihr habt euren Trost dahin. Weh euch, die ihr voll seid! denn euch wird hungern. Weh euch, die ihr hier lachet! denn ihr werdet weinen und heulen." In Lukas 16 hält Jesus eine Moralpredigt über einen reichen Mann, „gekleidet mit Purpur und feinem Leinen, der alle Tage herrlich und in Freuden lebte" und einen armen „Mann mit Namen Lazarus, der lag vor seiner Tür voller Schwären und begehrte sich zu sättigen von den

Brosamen, die von des Reichen Tische fielen". Als der Bettler starb, „ward [er] getragen von den Engeln in Abrahams Schoß", aber als der Reiche starb, wurde er begraben, und „in der Hölle und in der Qual... hob er seine Augen auf und sah Abraham von ferne und Lazarus in seinem Schoß."

Religion hat unterschiedliche Auswirkungen auf die Psychologie des Wohlstands – wie die Armen sich damit fühlen, arm zu sein und wie die Reichen ihren Reichtum empfinden. Einer Studie des Psychologen Jochen Gebauer an der Humboldt-Universität aus dem Jahr 2013 zufolge macht Religion die Armut weniger belastend, aber den Reichtum weniger bekömmlich: „Indem sie die Armen trösten, spielen religiöse Lehren die Bedeutung von Geld herunter und puffern den psychologischen Schaden niedriger Einkommen ab." Die Studie umfasst einen riesigen Datensatz von 187957 befragten Personen aus elf unterschiedlich religiösen Ländern (Österreich, Frankreich, Deutschland, Italien, Polen, Russland, Spanien, Schweden, Schweiz, Niederlande, Türkei), die Fragen zum *Trait Psychological Adjustment Scale* beantwortet hatten. Der Fragebogen misst Anpassungsfähigkeit, Gelassenheit, Fröhlichkeit, Zufriedenheit, Energie, Gesundheit, Optimismus, positive Einstellung, Belastbarkeit und Beständigkeit. Im Ergebnis sind reiche Gläubige besser angepasst als arme, aber nur in weniger religiösen Gesellschaften. In religiöseren Umfeldern waren reiche Gläubige schlechter angepasst als reiche Ungläubige. In beiden Gesellschaftsformen, den religiöseren wie den weniger religiösen, waren reichere Ungläubige besser angepasst als ärmere Ungläubige.[22] Die Studie untersuchte allerdings nur allgemeine Religiosität und unterscheidet zum Beispiel nicht die protestantischen Wohlstandsprediger der USA, wie Oral Roberts, Reverend Ike und Joel Osteen, die ihren Aspiranten sagen, Reichtum sei Gott wohlgefällig (sodass sie der Kirche reichlich spenden können),[23] von der katholischen Mutter Teresa oder indischen Nonnen, die ihre Bittsteller auf den Reichtum des Jenseits verweisen, als Balsam ihres Elends im Diesseits.[24] Und wieder ist Religion eine bunte Mischung; Trost der Armen für das, was sie nicht haben, und Rechtfertigung der Reichen für das, was sie haben.

Religion und Gleichberechtigung

Wenn Gott wirklich an die Gleichberechtigung seiner Menschen glaubt, dann sollte man meinen, er habe in seinem heiligen Buch etwas dazu gesagt. Nur finden sich in der Bibel nirgendwo solche Gedanken.

In einem ganzen Buch zum Thema gelingt es Dinesh D'Souza, eine einzige biblische Textstelle zu finden, die so etwas wie einen modernen moralischen Wert transportiert, in Galater 3:28, wo der Apostel Paulus sagt: „Hier ist kein Jude noch Grieche, hier ist kein Knecht noch Freier, hier ist kein Mann noch Weib; denn ihr seid allzumal einer in Christo Jesu." In D'Souzas Vorstellung ist dieser Bibelvers die Grundlage der berühmten Zeile in der Präambel der amerikanischen Unabhängigkeitserklärung: „Alle Menschen sind gleich erschaffen." D'Souza: „Hier vereint sich christlicher Individualismus mit christlichem Universalismus, und beide zusammen sind der Quell eines der größten politischen Wunder unserer Tage, der globalen Vereinbarung unverletzlicher Rechte."[25]

Ich fürchte, dem ist nicht so. D'Souza hat die Passage aus dem Kontext gerissen, und die umgebenden Verse zeigen klar, was Paulus im Sinn hatte (Galater 3:1): „O ihr unverständigen Galater, wer hat euch bezaubert, daß ihr der Wahrheit nicht gehorchet, welchen Christus Jesus vor die Augen gemalt war, als wäre er unter euch gekreuzigt?" Und was ist, nach Paulus, diese Wahrheit? „Der Jude, der ein Christ wird, muss kein Grieche werden, noch der Grieche ein Jude. Der Sklave mag fortfahren, seinem Herrn zu dienen, und ‚männlich' und ‚weiblich' behielten ihre Stellung im Strom des Lebens."[26] Paulus sagt, mit anderen Worten, bleib wie du bist. Bist du Grieche, musst du kein Jude werden; eine maßgebliche Befreiung angesichts der einem Konvertiten zum Judentum auferlegten Beschneidung, denn die ist, was einen Mann an dem ganzen Konzept abschreckt. (Paulus hatte Regel Nummer eins verstanden – lasst die Männer ihre Vorhaut behalten, „die Beschneidung des Herzens ist eine Beschneidung, die im Geist und nicht im Buchstaben geschieht", Römer 2:29, und viel mehr Männer werden sich anmelden und eingetragene Mitglieder des Glaubens werden.) Paulus war kein Revolutionär, der für Gewalt plädierte,[27] und ganz sicher war er nicht der Ghostwriter der amerikanischen Verfassung. Vielmehr sagte er: Bist du ein Sklave, so bleibst du ein Sklave. Bist du eine Ehefrau, so bleibst du Eigentum deines Mannes. Egal, wer du bist, du kannst Jesus anbeten und dabei zum Opfer deiner Kultur werden, wie immer sie mit einem Menschen deiner Herkunft und Stellung zu verfahren pflegt.

D'Souzas Anspruch, die Bibel ziele auf Gleichberechtigung, ist besonders unsinnig im Licht der Tatsache, dass Sklaven für achtzehn weitere Jahrhunderte Sklaven blieben und Frauen in christlichen Ländern weltweit noch neunzehn Jahrhunderte lang wenig mehr als Besitz waren. Selbst wenn die Botschaft des Paulus so verstanden gehörte, dass wir alle gleich sind, so hat sie schlechthin niemand ernstgenommen. Ihre wahre Bedeutung aber war: Jeder kommt in den Himmel, der Jesus als den Christus annimmt, „auf daß alle, die an ihn glauben, nicht verloren werden" (Johannes 3:16), und das ist der gemeinte Universalismus; keine Gleichbehandlung in dieser Welt, sondern erst in der nächsten.[28]

Die Inspiration für die größte aller moralischen Maximen, „alle Menschen sind gleich erschaffen", war nicht die Bibel; Thomas Jefferson selbst schrieb über die Erklärung 1825, ein halbes Jahrhundert, nachdem er sie niedergelegt hatte, in einem Brief an Henry Lee: „Weder nach Originalität des Prinzips noch des Fühlens strebend, noch andererseits aus einer bestimmten und früheren Schrift kopiert, war sie als Ausdruck des amerikanischen Geistes beabsichtigt und sollte diesem Ausdruck den eigentümlichen Ton und Geist geben, den die Gelegenheit erforderte. Ihre ganze Autorität ruht auf den Empfindungen der Übereinstimmung in jener Zeit, ob in Konversation, in Briefen, gedruckten Essays oder den grundlegenden Büchern des öffentlichen Rechts, wie Aristoteles, Cicero, Locke, Sidney etc."[29]

Fördert Religion Glück und Gesundheit der Gesellschaft?

Wenn Religion weder die Quelle der Moral noch das Fundament der westlichen Zivilisation ist – fördert sie dennoch das gesellschaftliche Wohl? Das ist eine heiß umstrittene Frage und die Daten für eine Antwort komplex, oftmals widersprüchlich (zum Teil wegen unterschiedlicher Definitionen gesellschaftlicher Gesundheit), daher ist es leicht, gezielt Daten aus Studien herauszusuchen, die jeweils die eine oder die andere Ansicht stützen. Die vielen möglichen Kriterien für Gesundheit der Gesellschaft werde ich unten darlegen; beginnen wir mit etwas einfachem: Wohltätigkeit.

Mit ihr hat sich der Sozialwissenschaftler Arthur C. Brooks in seinem Buch *Who Really Cares: The Surprising Truth About Compassionate Conservatism* (ein weiterer Titel, der kühn ohne Fragezeichen auskommt) beschäftigt. Ihm zufolge widerlegen zahlreiche quantitative Ergebnisse den Mythos der „mitfühlenden Linken" und der „herzlosen Konservativen".[30] Konservative geben für wohltätige Zwecke 30 Prozent mehr Geld als Linksliberale, auch nach dem Herausrechnen von Einkommensunterschieden, spenden mehr Blut und leisten mehr freiwillige Arbeitsstunden. Religiöse Menschen sind bei Spenden an alle Hilfsorganisationen zusammen viermal so freigiebig wie säkulare, geben immerhin zehn Prozent mehr an nichtreligiöse Vereinigungen und helfen mit 57 Prozent höherer Wahrscheinlichkeit einem Obdachlosen.[31] Menschen aus intakten religiösen Familien verhalten sich gemeinnütziger als andere. Spender bezeichnen sich mit um 43 Prozent höherer Wahrscheinlichkeit als „sehr glücklich" und zu 25 Prozent höherer Wahrscheinlichkeit als gesund, verglichen mit jenen, die nichts geben.[32] Arme Leute in Arbeitsverhältnissen spenden mehr als jede andere Einkommensgruppe und dreimal so viel wie von Sozialhilfe Lebende, bei vergleichbarem Einkommen. Mit anderen Worten, Armut ist kein Hindernis für Wohltätigkeit; Sozialfürsorge schon.[33] „Für viele", so Brooks, „ersetzt der Wunsch, anderer Leute Geld zu spenden, den Akt der eigenen Spende."[34] Das, so schließt er, „führte zu einer deutlichen kulturellen Spaltung in unserer Nation":

> Auf der einen Seite findet sich eine Mehrheit auf diverse Arten wohltätiger Bürger, so sehr, dass sie Amerika international zur Ausnahmeerscheinung machen. Auf der anderen Seite verhält sich eine beträchtliche Minderheit auffallend lieblos. Wir haben die Ursachen für die Unterschiede ermittelt, und sie sind kontrovers: Die eine Gruppe ist religiös, die andere säkular. Die eine befürwortet Umverteilung von Geld durch die Regierung, die andere nicht. Die eine arbeitet, die andere lebt von staatlichen Zuwendungen. Die eine hat starke, intakte Familien, die andere nicht.[35]

Eine wesentliche Erklärung dieser Ergebnisse ist allerdings, dass sie keine religiösen Ansichten widerspiegeln, sondern politische. Wer es für eine Aufgabe der Regierung hält, sich mit staatlichen Programmen um die Armen zu kümmern (Linksliberale und viele Säkulare), hat weniger das Bedürfnis, privat zu spenden, denn er zahlt ja schon Steuern. Wer hingegen Wohltätigkeit für eine private Angelegenheit hält, fühlt sich berufen, aktiv zu liefern.

James Lindgren, Jura-Professor an der Northwestern University, stellt fest, dass Brooks der „vergessenen Mitte, den Moderaten", zu wenig Beachtung schenkt. Linksliberale spenden signifikant mehr als Moderate, Konservative wiederum deutlich mehr als Linksliberale und Moderate. Daher, so Lindgren, „scheinen Moderate die Geizigen zu sein, nicht Linksliberale". Zum Thema, welche Ansichten die Sphäre der Moral auf mehr Menschen erweitern, sagt Lindgren allerdings: „Die Gegner der Einkommensumverteilung neigen zu weniger Rassismus, sind toleranter gegenüber unpopulären Gruppen, glücklicher, weniger rachsüchtig und berichten mit größerer Wahrscheinlichkeit von großzügigen Spenden."[36] Nun vertreten Konservative, dass Umverteilung des Geldes anderer Leute durch den Staat nicht dasselbe ist wie wohltätiges Spenden des eigenen Geldes. Wenn die Regierung dem einen Geld wegnimmt und es einem anderen gibt, wandert die Motivation aus dem persönlichen Bereich in den politischen. Wie viele Linksliberale mag man denken, sie gehöre dort hin, aber die Unterschiede der Freigiebigkeit zwischen Konservativen und Linksliberalen könnten den Unterschied zwischen persönlicher und politischer Perspektive widerspiegeln.

Auf der negativen Seite der moralischen Buchführung steht die Studie des Sozialwissenschaftlers Gregory S. Paul, eine gründliche Analyse siebzehn florierender Demokratien der ersten Welt (jene mit einer Bevölkerung von mehr als vier Millionen und einem BIP pro Kopf von 23.000 Dollar oder mehr) mithilfe des Datenbestandes der Successful Societies Scale (Australien, Dänemark, Deutschland, England, Frankreich, Holland, Irland, Italien, Japan, Kanada, Neuseeland, Norwegen, Österreich, Schweden, Schweiz, Spanien, USA). Er untersuchte die Rangfolge dieser Länder bei 25 verschiedenen Indikatoren des Wohlergehens, darunter Tötungsdelikte, Gefängnisaufenthalte, Lebenserwartung, Infektionen mit Gonorrhoe und Syphilis, Abtreibungen, Geburten im Teenager-Alter (fünfzehn- bis siebzehnjährige), Geburtenhäufigkeit, Ehen, Scheidungen, Alkoholkonsum, Lebenszufriedenheit, Korruptionsindex, Pro-Kopf-Einkommen, Einkommensungleichheit, Armut und Beschäftigungsquote, auf einer Skala von 1 bis 9, von „dysfunktional" bis „gesund". Des weiteren quantifizierte Paul die Religiosität jedes der siebzehn Länder, indem er ermittelte, wie viele Menschen jeweils an Gott glauben, die Bibel wörtlich nehmen, mehrmals im Monat zum Gottesdienst gehen, mehrmals in der Woche beten, an Jenseits, Himmel und Hölle glauben und sortierte sie auf einer Skala von 1 bis 10.[37]

Die Ergebnisse waren auffallend. Und bestürzend. Unter den siebzehn Ländern lagen die USA bei Religiosität und Dysfunktionalität weit an der Spitze, zu sehen in Bild 4, 1 bis 7.

Seit dieser Studie im Jahr 2009 hat Paul zusätzliche Daten gesammelt, die er mir zukommen ließ. „Seither habe ich den Umfang des SSS [Successful Societies Scale] verdoppelt, auf massive vier Dutzend Indikatoren des sozioökonomischen Erfolges. Da ist alles drin ('everything including the kitchen sink')" schrieb er in einer Email und schloss sehr entschieden:

> Im originalen und im erweiterten SSS schneiden die USA bei den meisten Faktoren am schlechtesten ab, manchmal erheblich, und trotz einiger Stärken erzielen sie auf der 0-10-Skala den niedrigsten Wert, ungefähr bei 3. Es sind nicht nur soziale Missstände – der Einkommenszuwachs ist mäßig (1995–2010), die soziale Durchläs-

sigkeit ist so gering, dass wir zu einer erstarrten Klassengesellschaft wurden, private und öffentliche Schuldenlasten sind ungewöhnlich hoch. Früher bewertete das Laissez-faire-Weltwirtschaftsforum die USA als die wettbewerbsfähigste Nation, jetzt liegen wir hinter fünf anderen jener progressiven Euro-Staaten, die die Rechte unablässig als „Anspruchsgesellschaften" brandmarkt, und fallen weiter zurück. Mit inhärenten zusätzlichen Faktoren wie hoher ethnischer Diversität oder Einwanderung kann das nicht wegerklärt werden, die Korrelationen sind zu schwach... Die erfolgreichsten Demokratien sind die progressivsten, mit Punktzahlen bis zu 7 auf dem SSS.[39]

Natürlich ist Korrelation nicht Kausalität. Aber wenn Religion so eine starke Kraft zugunsten des gesellschaftlichen Wohles darstellt, warum ist es dann in Amerika, dem religiösesten westlichen Land, am schlechtesten um dieses Wohl bestellt? Wenn Religion Menschen moralischer macht, warum ist Amerika so unmoralisch und sorgt so wenig für seine ärmsten, notleidendsten Bürger, besonders seine Kinder?

Möglicherweise sind die Linke und die Rechte nicht so sauber getrennt voneinander und die moderate Mitte trübt das Bild der Statistik. Rechts und Links scheinen sich jedenfalls entlang religiöser Linien zu gruppieren. Die Politikwissenschaftler Pippa Norris und Ronald Inglehart analysierten anhand von Daten aus der *Comparative Study of Electoral Systems* 37 Wahlen in 32 Ländern innerhalb der vergangenen Dekade und fanden, dass 70 Prozent der Gläubigen (die mindestens einmal in der Woche an einem Gottesdienst teilnehmen) Parteien der politischen Rechten wählen, aber nur 45 Prozent der Säkularen (die nie in die Kirche gehen). In Amerika ist der Effekt besonders ausgeprägt; bei den Präsidentschaftswahlen im Jahr 2000 war Religion der stärkste Prädiktor von Entscheidungen für Bush oder für Gore; sie stellte die Erklärungskraft von sozialer Schicht, Beruf oder Region in den Schatten.[40]

Die Theorie des „sozialen Kapitals" mag helfen, die Vorteile der religiösen Gemeinschaft zu erklären. Robert Putnam definiert es in seinem Buch *Bowling Alone* (2000) so: „Soziales Kapital besteht aus Beziehungen zwischen Menschen, aus sozialen Netzwerken und den Normen von Gegenseitigkeit und Vertrauen, die aus ihnen entstehen." Das ist noch etwas anderes als bürgerliche Tugend, sagt Putnam. „Der Unterschied liegt darin, dass Bürgersinn die größte Kraft entfaltet, wenn er in ein dichtes Netzwerk gegenseitiger sozialer Beziehungen eingebettet ist. Eine Gesellschaft vieler

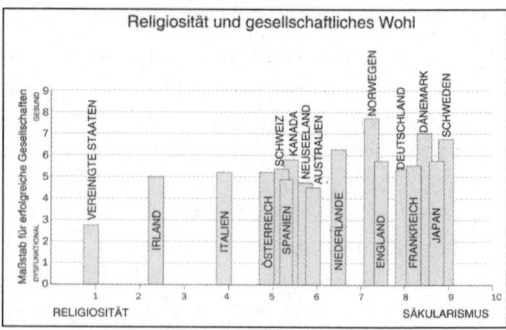

Bild 4-1.

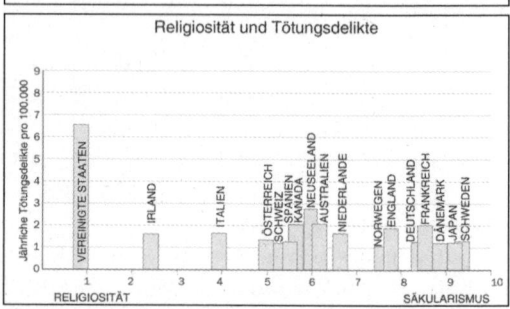

Bild 4-2.

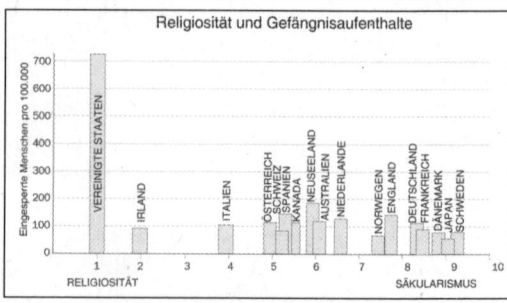

Bild 4-3.

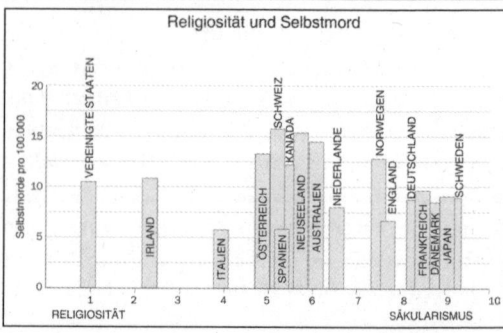

Bild 4-4.

Warum Religion keine Quelle der Moral ist

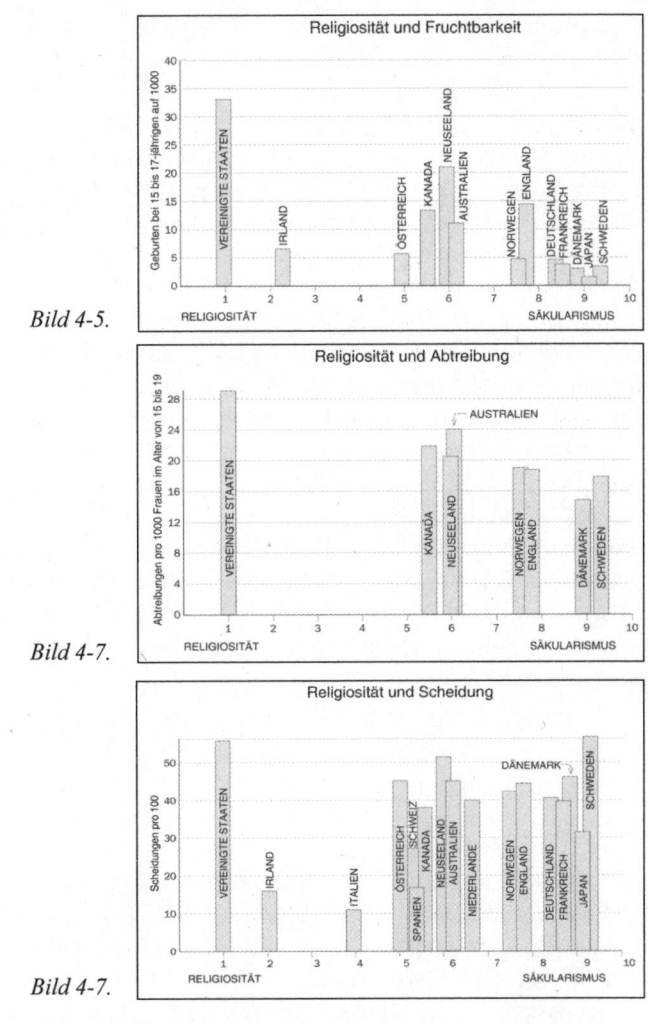

Bild 4-5.

Bild 4-7.

Bild 4-7.

*Bild 4, 1-7. Die Beziehung zwischen Religion und gesellschaftlichem Wohl
Bild 4-1: Religiosität und allgemeines soziales Wohlergehen; Bild 4-2: Religiosität und jährliche Tötungsdelikte pro 100000; Bild 4-3: Religiosität und Gefängnisaufenthalte pro 100000; Bild 4-4: Religiosität und Selbstmorde pro 100000; Bild 4-5: Religiosität und Teenager-Schwangerschaften pro 1000; Bild 4-6: Religiosität und Abtreibungen pro 1000 Frauen im Alter von 15 bis 19; Bild 4-7: Religiosität und Scheidungen pro 100.*[38]

tugendhafter, aber isolierter Individuen ist nicht notwendigerweise reich an sozialem Kapital." Der Grund sind die von Ökonomen so bezeichneten „positiven Außeneffekte" sozialen Kapitals, die unbeabsichtigten Konsequenzen, die anderen oder der Gesellschaft als Ganzem entstehen. Wenn die Kriminalitätsrate in meinem Viertel sinkt, weil die Nachbarn gegenseitig ein Auge auf ihre Häuser haben, dann profitiere ich davon, auch wenn ich die meiste Zeit unterwegs bin und nie einem anderen Anwohner meiner Straße auch nur zunicke."

Daher kann, so Putnam, soziales Kapital beides sein, privates und öffentliches Gut. „Ein Teil des Nutzens einer Investition in soziales Kapital geht an Unbeteiligte, ein anderer kommt den unmittelbaren Interessen des Investors zugute. Wohltätigkeitsvereine wie der Rotary Club oder der Lions Club mobilisieren lokale Kräfte, um Stipendien zu schaffen oder Krankheiten zu bekämpfen; gleichzeitig schließen die Mitglieder Freundschaften und gewinnen Geschäftsbeziehungen, die sich persönlich auszahlen."[41] Für unsere Zwecke hier hat soziales Kapital Auswirkungen auf den moralischen Fortschritt, indem es Beziehungen der Gegenseitigkeit definiert und Verhaltensregeln durchsetzt, die religiöser Natur sein können, aber nicht müssen. Das ist ein Beispiel des in Kapitel 1 diskutierten reziproken Altruismus, und soziales Kapital verallgemeinert das Prinzip auf Gemeinschaften, wie Putnam erläutert:

> Ich tue etwas für dich, ohne eine konkrete Gegenleistung zu erwarten, zuversichtlich, dass irgendwer später etwas für mich tun wird. Die Goldene Regel ist eine der Formulierungen verallgemeinerter Reziprozität. Erhellend ist auch der T-Shirt-Spruch der freiwilligen Feuerwehr aus Gold Beach, Oregon, der für die jährliche Spendenaktion wirbt: „Kommt zu unserem Frühstück – wir kommen zu eurem Feuer." „Wir verhalten uns gemäß einer Norm spezifischer Gegenseitigkeit" scheinen die Feuerwehrleute zu sagen, aber die Betrachter lächeln, denn sie erkennen die darunterliegende Norm der verallgemeinerten Gegenseitigkeit – die Feuerwehr kommt auch dann, wenn Sie es nicht tun."[42]

Betrachten wir Putnam soziales Kapital im Kontext von Norris und Ingleharts Analyse der Daten des World Values Survey, in denen sie eine Korrelation fanden zwischen „religiöser Teilhabe" und Mitgliedschaft in „nichtreligiösen kommunalen Vereinigungen", einschließlich Gruppen für Frauen, Jugend, Sozialfürsorge, Menschenrechte, Umweltschutz und anscheinend auch Bowlingclubs (offensichtlich bowlen religiöse Menschen seltener allein). Norris und Inglehart: „Religiöse Institutionen stellen Treffpunkte zur Verfügung, verbinden Nachbarn, fördern Altruismus und stärken bei vielen (nicht allen) Glaubensrichtungen die Bindungen bürgerlicher Zugehörigkeit." Die Daten stützen laut Norris und Inglehart eine Theorie, die die Langlebigkeit von Religion im Angesicht des Säkularismus erklärt: „Das Muster bestätigt die Aussage der Theorie des sozialen Kapitals, dass die gesellschaftlichen Netzwerke und persönlichen Kontakte, die sich aus dem regelmäßigen Kirchgang ergeben, eine wichtige Rolle spielen; nicht nur bei der Förderung des Aktivismus religiöser Organisationen, sondern auch durch Stärkung der Verbindungen in der Gemeinde.[43]

Angesichts all dieser Studien und ihrer uneinheitlichen Ergebnisse vermute ich, dass in weniger religiösen Demokratien die säkularen Institutionen das Sozialkapital produzieren, das zu einer gesunden Gesellschaft führt. In Amerika führt seine „heilige" Variante zu großzügiger Wohltätigkeit, ist aber weniger erfolgreich bei sozialen Missständen wie Morden, Geschlechtskrankheiten, Abtreibungen und Teenager-Schwangerschaften. Zwei Ursachen drängen sich auf: (1) Diese Probleme haben völlig andere Ursachen. (2) Säkulares Sozialkapital funktioniert bei ihnen besser. Der Sozialwissenschaftler Frank Sulloway schlug eine weitere Erklärung vor, als ich ihn zu den obigen Studien befragte. „Der erste und wichtigste Einflussfaktor ist der folgende: Menschen in üblen Lebensumständen, mit um sich greifenden Krankheiten, Krieg, Kriminalität und allgemeiner Unsicherheit wenden sich der Religion zu. Schlechte Gesundheit und Existenzbedrohungen erzeugen Religiosität, nicht umgekehrt." Die Kausalbeziehung, so Sulloway, ist nicht „Religion macht krank", sondern „Krankheit macht religiös" und „Gesundheit macht liberal".[44]

Alles in allem ist meine Schlussfolgerung, dass Religion nicht signifikant zum Wohlergehen eines Landes beiträgt. Sie vergiftet nicht die Welt, wie Christopher Hitchens im Untertitel seines Buches *Der Herr ist kein Hirte*[45] schreibt, aber sie ist ungesund genug, um zum Schluss zu kommen, dass sie nicht zum Aufbau einer gesunden Gesellschaft beiträgt.

Dient Religion dem Glück und der Gesundheit des Einzelnen?

Religion liefert uns nicht unsere heutigen moralischen Werte, schuf nicht die westliche Zivilisation und fördert nicht das Wohl der Gesellschaft. Macht sie wenigstens den einzelnen gesünder und glücklicher? Wieder sind die Ergebnisse gemischt. Einerseits sind bestimmte Glaubensrichtungen offensichtlich schlecht für die Gesundheit. Den Zeugen Jehovas sind

Bluttransfusionen verboten; Mitglieder der „Christian Science" glauben, dass Gott ihre Krankheiten heilt und verzichten daher auf medizinische Behandlung, woran einige von ihnen sterben; auch Pfingstler lehnen alle Medizin ab und haben daher die sechsundzwanzigfache Kindersterblichkeit der sonstigen Bevölkerung; Hindus glauben, Krankheit sei Karma, also Ergebnis eigenen Fehlverhaltens in früheren Leben, und gehen nicht zum Arzt.[46]

Andererseits fand der Psychologe Michael McCullough in einer Meta-Analyse (2000) von mehr als drei Dutzend Studien eine Korrelation zwischen einerseits Religiosität und andererseits Gesundheit, Wohlbefinden und Langlebigkeit; für hochreligiöse Menschen bestand eine um 29 Prozent höhere Wahrscheinlichkeit, am Leben zu bleiben, als für weniger religiöse.[47] Nachdem diese Studie breit publiziert war, wurden Skeptiker von Gläubigen herausgefordert, das Ergebnis zu erklären, als wollten sie sagen *seht ihr, es gibt Gott und das ist der Lohn für den Glauben.*

In der Wissenschaft ist „Gott hat's getan" allerdings keine prüfbare Hypothese. Der Forschergeist will wissen, *wie* Gott es getan hat, durch welche Kräfte und Mechanismen. „Die Wege des Herrn sind unergründlich" wird den Peer Review nicht überstehen. Selbst Erklärungen wie „Glaube an Gott" oder „Religiosität" müssen in ihre Komponenten zerlegt werden, um die Kausalitäten der Verbindung zwischen Glaube und Verhalten aufzudecken, die zu Gesundheit, Wohlbefinden und Langlebigkeit führen. Das taten McCullough und sein Kollege Brian Willoughby von der University of Miami in einer Meta-Analyse hunderter Studien. Sie fanden, dass religiöse Menschen sich mit größerer Wahrscheinlichkeit gesundheitsfördernd verhalten, also Sport treiben, zum Zahnarzt gehen, Sicherheitsgurte tragen, weniger rauchen, trinken, Drogen nehmen und riskanten Sex betreiben.[48] Warum? Religion stellt ein dichtes soziales Netzwerk zur Verfügung, das positives Verhalten verstärkt und negativen Gewohnheiten entgegenwirkt; sie fördert Selbstregulation zur Erreichung von Zielen und Selbstkontrolle negativer Versuchungen – eine weitere Art sozialen Kapitals, die konstruktiv sein kann, ob nun religiös oder säkular.

Sogar der Begriff „Selbstkontrolle" muss operational definiert und auf seine Komponenten heruntergebrochen werden, um zu erkennen, wie er funktioniert. Genau das tat der Psychologe Roy Baumeister an der Florida State University in seinem Buch, das er 2011 zusammen mit dem Wissenschaftsautoren John Tierney schrieb und das den passenden Titel *Willpower* trägt[49] Selbstkontrolle ist der Einsatz eigener Kraft, um das Ziel eines bestimmten Verhaltens zu erreichen, und die Forschung zeigt bei kleinen

Kindern, die Belohnungen aufschieben können (etwa auf einen Marshmallow jetzt zu verzichten, um später zwei zu bekommen[50]), im späteren Leben höhere Werte bei akademischen Leistungen und sozialer Anpassung. Religionen bieten die ultimative Strategie des Belohnungsaufschubs (ewiges Leben); Baumeister und Tierney zitieren Forschungsergebnisse, nach denen „Schüler, die mehr Zeit in der Sonntagsschule verbrachten, bei Labortests höhere Werte der Selbstdisziplin erzielten" und „die Impulsivität frommer Kinder von Eltern und Lehrern als niedrig eingeschätzt wird."[51] Natürlich erfordern viele Religionen ein bestimmtes Niveau der Selbstdisziplin, um ihnen überhaupt beitreten zu können (durch Initiationsrituale, Sakramente, Abgabe des „Zehnten" und dergleichen), daher könnte die Stichprobe der Sozialwissenschaftler einer Selbstselektion unterliegen und viele Probanden enthalten, die ohnehin hohe Selbstkontrolle und Willenskraft mitbrachten.

Die zugrundeliegenden Mechanismen, sich Ziele zu setzen und den eigenen Fortschritt zu überwachen, können von jedem genutzt werden, ob religiös oder nicht. Meditation, bei der wieder und wieder zehn Atemzüge gezählt werden, so Baumeister und Tierney, „erhöht die geistige Disziplin. Genau wie Beten des Rosenkranzes, Singen hebräischer Psalmen oder Wiederholen von Hindu-Mantras." Hirnscans bei Menschen, die solche Rituale vollziehen, zeigen starke Aktivität in Arealen, die mit Selbstregulierung und Steuerung der Aufmerksamkeit assoziiert werden. McCullough beschreibt Beten und Meditation tatsächlich als „eine Art anaerobes Training der Selbstkontrolle."

In seinem Labor wies Baumeister nach, dass sich Selbstkontrolle trainieren lässt durch Übung, Versuchungen zu widerstehen, aber man muss seine Kräfte einteilen; die mentale Kraft wird erschöpft wie die eines Muskels, und übermäßige Anstrengung erhöht die Wahrscheinlichkeit, einer anschließenden Versuchung zu erliegen. Des Weiteren, so fügen Baumeister und Tierney hinzu, wirkt Religion als Überwachung des Verhaltens, als System der Rückkopplung, das Menschen ein Gefühl gibt, beobachtet zu werden. Für Gläubige mag das Gott sein oder eine andere Instanz ihrer Religion.[52] Für Ungläubige dienen Familie, Freunde und Kollegen als Kontrollinstanz, als jene, die Fehlverhalten missbilligen.

Die Welt ist voller Verlockungen; „Ich kann allem widerstehen – außer der Versuchung" sagte Oscar Wilde. Religion ist eine Methode des Widerstandes, aber es gibt noch andere. Wir können dem säkularen Weg des Afrikaforschers Henry Morton Stanley folgen, der erklärte: „Selbstkontrolle ist unverzichtbarer als Schießpulver", besonders bei einer „heiligen

Aufgabe", wie Stanley sein Ziel der Abschaffung der Sklaverei nannte. In unseren dunklen Augenblicken täten wir gut daran, über Stanleys Eingeständnis nachzudenken: „Mein armer Leib hat furchtbar gelitten... erniedrigt, gequält, ermattet und erkrankt, und ist beinahe zerbrochen unter der ihm auferlegten Pflicht; aber er war nur ein kleiner Teil meiner selbst. Denn mein wahres Selbst lag geheim eingeschlossen, stets zu stolz und erhaben für die elenden Umstände eines Körpers, mit dem es täglich beladen war."[53]

Wähle deine heilige Aufgabe, überwache deinen Fortschritt auf das Ziel hin, teile ihn ein; iss und schlafe regelmäßig, um deine Willenskraft zu stärken, sitze und stehe gerade, sei strukturiert und halte dich gepflegt (Stanley rasierte sich im Dschungel jeden Tag), umgib dich mit einem tragfähigen sozialen Netz, das dein Bestreben stärkt. Solch heilige Gesundheit kann den Wirkkreis eines jeden erfüllen, ob gläubig oder nicht, den sein Wille zu hochgesteckten Zielen trägt.

Zerlegung der zehn Gebote

Eine bekanntere Sammlung moralischer Vorschriften als die zehn Gebote der Bibel wird es kaum geben, aber sie wurden von und für Menschen geschrieben, deren Kultur und Gebräuche sich so sehr von unseren unterscheiden, dass sie für moderne Völker entweder irrelevant sind oder, würden sie denn befolgt, unmoralisch. Betrachten wir sie, als Übung einer Kasuistik der Moral, im Kontext der mehr als 3000jährigen Entwicklung seit ihrem Erlass und rekonstruieren wir sie dann aus der Perspektive eines wissenschafts- und vernunftbasierten moralischen Systems.[54]

I. *Du sollst neben mir keine anderen Götter haben.* Erstens offenbart dieses Gebot den alltäglichen Polytheismus seiner Zeit und dass Jahwe unter anderem ein eifersüchtiger Gott war (wie er im zweiten Gebot selbst klarstellt). Zweitens verletzt es den ersten Zusatzartikel der amerikanischen Verfassung, da es die Freiheit der Religionsausübung einschränkt („der Kongress darf kein Gesetz erlassen, das die Einführung einer Staatsreligion zum Gegenstand hat oder die freie Religionsausübung verbietet"), weshalb die Plakatierung der zehn Gebote an öffentlichen Orten wie Schulen und Justizgebäuden verfassungswidrig ist.

II. *Du sollst dir kein Gottesbild machen und keine Darstellung von irgendetwas am Himmel droben, auf der Erde unten oder im Wasser unter der Erde. Du sollst dich nicht vor anderen Göttern niederwerfen und dich nicht verpflichten, ihnen zu dienen. Denn ich, der Herr, dein Gott, bin ein eifersüchtiger Gott: Bei denen, die mir feind sind, verfolge ich die Schuld der Väter an den Söhnen, an der dritten und vierten Generation.* Dieses Gebot verletzt das im ersten Verfassungszusatz garantierte Recht auf Redefreiheit („der Kongress darf kein Gesetz erlassen, das [...] die Rede- oder Pressefreiheit [...] einschränkt"), das künstlerischen Ausdruck einschließt, belegt durch viele Präzedenzfälle des obersten Gerichtshofes. Im Übrigen erinnert es daran, was die Taliban in Afghanistan taten, als sie die alten Statuen von Bamiyan zerstörten, die ihre islamistischen Herrscher nicht billigten. An anderen Stellen in der Bibel wird synonym das Wort „Idol" benutzt, wobei das hebräische Wort pesel ein aus Stein, Holz oder Metall gehauenes Objekt bezeichnet. Was sollen wir dann vom Kruzifix halten, von Millionen Christen als Bildnis, als Idol getragen, das Symbol von Jesu Leiden für ihre Sünden? Es ist ein Götzenbild der Folter, wie sie von den Römern praktiziert wurde. Wenn Juden plötzlich anfingen, kleine Gaskammern an goldenen Halsketten zu tragen, wäre eine schockierte öffentliche Reaktion wenig überraschend und unüberhörbar.

Ich, der Herr, dein Gott, bin ein eifersüchtiger Gott. Das könnte die Völkermorde, Kriege, Eroberungen und Massenvernichtungen erklären, die die Gottheit des Alten Testaments befahl. Diese menschenähnlichen Emotionen zeigen Jahwe einem griechischen Gott ähnlicher, und sehr ähnlich einem Halbwüchsigen, dem die Klugheit fehlt, seine Leidenschaften unter Kontrolle zu halten. Der letzte Teil des Gebots – *Bei denen, die mir feind sind, verfolge ich die Schuld der Väter an den Söhnen, an der dritten und vierten Generation* – verletzt den wichtigsten Grundsatz westlicher Rechtsprechung, entwickelt über Jahrhunderte der Präzedenzfälle, dass man nur seiner eigenen Sünden schuldig sein kann, nicht aber der Sünden der Eltern, Großeltern, Urgroßeltern oder irgendjemandes anderen.

III. *Du sollst den Namen des Herrn, deines Gottes, nicht missbrauchen; denn der Herr lässt den nicht ungestraft, der seinen Namen missbraucht.* Hier haben wir einen weiteren Verstoß gegen das von der Verfassung garantierte Recht der freien Rede und Religionsausübung und den nächsten Hinweis auf Jahwes kleinliche Eifersüchteleien und sein ungöttliches Benehmen.

IV. *Gedenke des Sabbats: Halte ihn heilig!* Wiederum bedeuten Rede- und Religionsfreiheit, dass wir frei entscheiden können, ob wir den Sabbat als heilig betrachten oder nicht, und der Rest des Gebots – *Denn in* sechs Tagen hat der Herr Himmel, Erde und Meer gemacht und alles, was dazugehört; am siebten Tag ruhte er. Darum hat der Herr den Sabbattag gesegnet und ihn für heilig erklärt – macht seinen Zweck klar, ein weiteres Mal Jahwe zu huldigen.

Die bisherigen vier Gebote haben absolut nichts zu tun mit Moral, wie wir sie heute verstehen, als die Art, wie wir miteinander umgehen, Konflikte lösen oder das Überleben und Gedeihen anderer empfindungsfähiger Wesen fördern. Bis hier ist der Dekalog ausschließlich mit der Beziehung zwischen Mensch und Gott befasst, nicht mit der zwischen Mensch und Mensch.

V. *Ehre deinen Vater und deine Mutter.* Dieses Gebot erscheint mir, selbst Vater, richtig und angemessen, immerhin schätzen es die meisten von uns Eltern, von unseren Kindern geehrt zu werden, zumal wir beträchtlich Liebe, Aufmerksamkeit und Ressourcen in sie investiert haben. Aber die Ehrung (geschweige denn die Liebe) zu befehlen, klingt in meinen Ohren als Elternteil nicht richtig; solche Gefühle entstehen üblicherweise von selbst. Obendrein ist es ein Oxymoron, Wertschätzung anzuordnen, und es wird noch schlimmer durch die Andeutung einer Belohnung dafür, wie im Rest des Gebots: *Damit du lange lebst in dem Land, das der Herr, dein Gott, dir gibt.* Entweder entsteht die Ehrung auf unbefangene Weise als Ergebnis einer liebevollen und erfüllenden Beziehung zwischen Eltern und Nachwuchs, oder eben nicht. Damit eine Maxime moralisch sein kann, muss sie ein Element der Wahlmöglichkeit enthalten, etwas nämlich entweder völlig eigennützig zu tun oder, weil es einem anderen hilft, sei es auch zu eigenen Kosten.

VI. *Du sollst nicht morden.* Endlich ein echtes moralisches Prinzip, das unsere Aufmerksamkeit und unseren Respekt verdient. Doch selbst hier wurde von biblischen Gelehrten und Theologen viel Tinte verbraucht über den Unterschied zwischen Mord und Tötung (wie etwa bei Selbstverteidigung), ganz zu schweigen von all den verschiedenen Arten des Tötens: Mord, Totschlag, mildernde Umstände und Ausnahmen wie Selbstverteidigung, Provokation, versehentliches Töten, Todesstrafe, Euthanasie und, natürlich, Krieg. Viele hebräische Gelehrte glauben, dass das Verbot nur für Mord gilt. Aber was halten wir von der Geschichte im 2. Buch Mose, 32:27-28, als Moses die ersten Tafeln des Zeugnisses vom Berge brachte, sie im Zorn zerbrach und den Leviten befahl: „So spricht der HERR, der Gott Israels: Gürte ein jeglicher sein Schwert um seine Lenden und durchgehet hin und zurück von einem

Tor zum andern das Lager, und erwürge ein jeglicher seinen Bruder, Freund und Nächsten. Die Kinder Levi taten, wie ihnen Mose gesagt hatte; und fielen des Tages vom Volk dreitausend Mann." Wie bringen wir Gottes Gebot, niemanden zu töten, in Einklang mit seinem Gebot, alle zu töten? Im Licht dieser Erzählung und vielen ähnlichen sollte das Gebot vielleicht lauten: Du sollst nicht töten – es sei denn, der Herr, dein Gott, will es. Dann sollst du hinschlachten deine Feinde mit Hingabe.

VII. *Du sollst nicht die Ehe brechen.* Für einen Gott, der die Verlobte von jemand anders geschwängert hat, ist das ein starkes Stück. Aber, und von größerer Bedeutung, das Gebot ist ein stumpfes Werkzeug, weil es die ganze Bandbreite der Umstände, unter denen Menschen sich finden, nicht berücksichtigt. Sicherlich können und sollten Erwachsene die Einzelheiten ihrer innigen Beziehung aushandeln, und man mag hoffen, dass sie aus Redlichkeit mit ihrem Partner achtbar umgehen und nicht, weil ein Gott es ihnen gesagt hat.

VIII. *Du sollst nicht stehlen.* Auch hier – brauchen wir den Befehl eines Gottes? Alle Kulturen hatten und haben moralische Regeln und Gesetze zum Diebstahl.

IX. *Du sollst nicht falsch gegen deinen Nächsten aussagen.* Jeder, der belogen oder über den getratscht wurde, kann klar machen, warum dieses Gebot Sinn ergibt und nötig ist, ein Punkt also für die Autoren der Bibel, deren Erkenntnis hier ins Schwarze traf.

X. *Du sollst nicht nach dem Haus deines Nächsten verlangen. Du sollst nicht nach der Frau deines Nächsten verlangen, nach seinem Sklaven oder seiner Sklavin, seinem Rind oder seinem Esel oder nach irgendetwas, das deinem Nächsten gehört.* Wenn wir uns ansehen, was „begehren" bedeutet, ersehnen oder wünschen nämlich, dann benennt dieses Gebot das erste Gedankenverbrechen der Welt und bricht damit jahrhundertealtes westliches Recht. Wesentlicher noch – Dinge zu begehren ist die eigentliche Grundlage des Kapitalismus; ironischerweise müssen gerade christliche Konservative, die stets Bibelsprüche zur Hand haben, das in dieser letzten Verfügung untersagte Begehren verteidigen. Der verstorbene Christoper Hitchens hat am besten die Folgen zusammengefasst, die entstehen, wenn dieses Gebot wörtlich genommen wird: „Abgesehen von den vielen Witzen darüber, ob es ok oder koscher ist, den Hintern der Nachbarsfrau zu begehren, ist unübersehbar, dass es sich wie das Sabbatgebot an die besitzende Klasse richtet, die sich Diener leisten kann. Dazu wirft es die Frau mit dem Rest der Habe in einen Topf (und hätte in jener Epoche auch als 'die Frauen deines Nächsten' wiedergegeben werden können)."⁵⁵

[A. d. Ü.: Michael Shermer folgt der anglikanischen oder reformierten Tradition, die die zehn Gebote anders als die in Deutschland gebräuchliche lutherische zusammenfasst.]

Ein provisorischer rationaler Dekalog

Jeder in Stein gemeißelte Moralkodex ist mit einem Problem behaftet – er ist in Stein gemeißelt. Was sich der Veränderung widersetzt, trägt in seiner DNA die Saat des eigenen Untergangs. Der Vorteil einer wissenschaftsbasierten Moral ist ihr eingebauter Mechanismus der Selbstkorrektur, der Redigierung, Korrektur und Verbesserung nicht nur erlaubt, sondern auf ihr besteht. Wissenschaft kann Werte der Moral unterfüttern und in manchen Fällen sogar ermitteln.

Wissenschaft blüht durch Wandel, Verbesserung, Fortschreiben und Ausbau ihrer Methoden und Ergebnisse. Bei einer Wissenschaft der Moral sollte es genauso sein. Niemand weiß mit Sicherheit, was richtig und was falsch ist, in allen Situationen aller Menschen, und so sollte es das Ziel einer wissenschaftsbasierten Moral sein, eine Sammlung provisorischer moralischer Vorgaben einzurichten, die die meiste Zeit für die meisten Leute unter den meisten Umständen Sinn ergeben, nach Einschätzung durch empirische Forschung und rationale Analyse, die aber Ausnahmen und Änderungen zulassen, wo nötig. Tatsächlich hat sich, wie wir gesehen haben, unsere Auffassung über die Jahrhunderte hinweg erweitert, „wer und was menschlich ist und Anspruch auf Schutz hat"; wir haben den Schutz auf Kategorien ausgedehnt, die wir einst der Wahrnehmung für nicht wert hielten. Hier also zehn provisorische moralische Prinzipien:

1. Die goldene Regel: Behandle andere so, wie du von ihnen behandelt werden möchtest.

Abgeleitet ist die Regel vom Prinzip des gegenseitigen Austauschs und reziproken Altruismus, evolviert als eine der primären moralischen Empfindungen unserer paläolithischen Vorfahren. Das Prinzip kennt zwei Agenten, den Handelnden (Akteur, Donor) und den Empfänger. Eine moralische Frage entsteht, wenn der Akteur unsicher ist, ob der Empfänger die Handlung akzeptieren und wie er auf sie reagieren wird. Indem wir uns unter der goldenen Regel fragen „wie würde ich mich

als Empfänger der Handlung fühlen", fragen wir auch: „Wie fühlen sich andere, wenn ich sie so behandle?"
2. *Zuerst fragen: Um herauszufinden, ob eine Handlung richtig oder falsch ist, fragen wir vorher.* Die goldene Regel stößt an eine Grenze. Was, wenn der Empfänger anders empfindet als der Handelnde? Was, wenn es Ihnen nichts ausmachte, täte man Ihnen X an, jemand anderem aber schon? Raucher können sich nicht fragen, wie es ihnen ginge, wenn dort geraucht wird, wo sie essen, weil es sie wahrscheinlich nicht stört. Fragen muss man die Nichtraucher. Der Empfänger bestimmt also, ob die fragliche Handlung moralisch oder unmoralisch ist. Mit anderen Worten, bei der goldenen Regel geht es immer noch um Sie, aber Moral betrifft andere, und „zuerst fragen" erzeugt Moral für andere.
3. *Das Glücksprinzip: Es ist eine höhere moralische Maxime, bei der Suche des eigenen Glücks stets das Glück anderer mitzudenken und niemals Glück anzustreben, das zum Unglück eines anderen führt, durch Gewalt oder Betrug.*
Menschen haben eine Menge moralischer und unmoralischer Leidenschaften; sie sind selbstlos und egoistisch, kooperativ und wetteifernd, nett und gemein. Der Versuch, mit allen verfügbaren Mitteln das eigene Glück zu vermehren, ist natürlich und normal auch wenn es bedeutet, egoistisch, wetteifernd und gemein zu sein. Zum Glück brachte die Evolution beide Sorten der Leidenschaft hervor, und so liegt es auch in unserer Natur, unser Glück mittels Selbstlosigkeit, Kooperativität und Freundlichkeit zu mehren. Wir tragen moralische und unmoralische Stimmungen in uns, können aber auch rational und intuitiv denken und so unsere niedrigeren Instinkte überschreiben; wir haben die Freiheit der Wahl, und der Kern der Moral ist die freie Wahl, das Richtige zu tun, durch Anwendung des Glücksprinzips. (Die Spezifizierung „durch Gewalt oder Betrug" wurde hinzugefügt, weil es viele Aktivitäten gibt, bei denen Moral keine Rolle spielt, ein sportlicher Wettkampf etwa, bei dem man nicht mit dem Glück des Gegners im Sinn das eigene Glück, anstrebt, sondern einfach gewinnen will.)
4. *Das Freiheitsprinzip: Es ist eine höhere moralische Maxime, beim Streben nach der eigenen Freiheit stets die Freiheit anderer mitzudenken und sie niemals dort gewinnen zu wollen, wo sie zur Unfreiheit eines anderen führt, durch Gewalt oder Betrug.*

Hier haben wir eine Extrapolation des Prinzips aller Freiheit, wie es in westlichen Gesellschaften gelebt wird: *die Freiheit, zu glauben, was wir wollen und zu handeln, wie wir wollen, solange unser Glaube und unsere Handlungen nicht die gleiche Freiheit anderer verletzen.* Wir fragen den Empfänger einer Handlung nicht nur, wie er auf sie reagieren würde und betrachten nicht nur, ob und wie sie zu seinem und unserem Glück beiträgt, sondern streben nach dem höheren moralischen Niveau seiner und unserer Freiheit und Autonomie; nach der Freiheit des Strebens nach Glück und der Autonomie, zu entscheiden und zu handeln, um dieses Glück zu erreichen.

Erst seit einigen Jahrhunderten erleben wir die Ausbreitung der Freiheit als Konzept, das auf alle Völker und Menschen angewandt wird, unabhängig von Rasse, Religion, Rang, sozialem oder politischem Status in der Hierarchie der Macht. Weltweite Geltung der Freiheit ist noch nicht erreicht; insbesondere nicht in theokratischen Staaten, die Intoleranz fördern und nur einigen Menschen Freiheit gewähren, aber seit der Aufklärung gibt es überall den Trend zu mehr Freiheit für mehr Menschen (siehe Bild 4-8). Es gibt Rückschläge, und von Zeit zu Zeit unterbrechen Verstöße den historischen Strom der zunehmenden Freiheit, aber er fließt weiter, und jedes Mal, wenn Sie das Freiheitsprinzip anwenden, bringen Sie die Menschheit einen kleinen Schritt voran.

5. *Das Fairness-Prinzip: Wenn du über eine Handlung nachdenkst, stell dir vor, nicht zu wissen, ob du Akteur oder Empfänger sein wirst; im Zweifel solltest du zugunsten des anderen irren.* Grundlage sind der „Schleier des Nichtwissens" und der „Urzustand", Konzepte des Philosophen John Rawls; moralische Akteure entscheiden über Regeln und Gesetze einer Gesellschaft, wissen aber nicht, welchen Platz sie in ihr einnehmen werden. Beim Erlassen moralischer Regeln neigen Menschen dazu, ihre eigene Position (Geschlecht, Ethnie, sexuelle Orientierung, Religion, politische Partei etc.) so zu berücksichtigen, dass sie und ihre Verwandten und Freunde den größten Vorteil daraus ziehen. Wer nicht weiß, auf welche Weise ihn die Regeln und Gesetze betreffen werden, wird sich um größere Fairness für alle bemühen. Eine einfachere Variante zeigt das Beispiel der Teilung eines Kuchens; wenn ich ihn durchschneide, wählst du dein Stück, und wenn du ihn teilst, wähle ich meines.

6. *Das Vernunftprinzip: Versuche, für deine Handlungen rationale Gründe zu finden, die keine Rationalisierungen oder Selbstrechtfertigungen sind, indem du vorher andere konsultierst.*

Seit der Aufklärung werden moralische Prinzipien immer weniger von oben nach unten abgeleitet, als gottgegeben, göttlich inspiriert, aus heiligen Büchern erlangt oder von Autoritäten diktiert, und immer mehr von unten nach oben, individuell betrachtet, vernunftbasiert, rational konstruiert und wissenschaftlich begründet. Handlungen unterliegen der Erwartung, für sie Gründe anführen zu können, insbesondere Gründe, die den Empfänger der Handlung betreffen. Dieses Prinzip ist schwer umzusetzen wegen der allzu natürlichen Neigung, von der Rationalität in die Rationalisierung zu rutschen, von der Rechtfertigung in die Selbstrechtfertigung und von der Vernunft in die Emotion. Wie beim zweiten Prinzip, „zuerst fragen", sollte man, wann immer möglich, zu den eigenen Begründungen andere konsultieren, um konstruktive Rückmeldungen zu erhalten und sich aus einer „Blase" der Moral zu befreien, in der die moralischste Handlung immer die zu sein scheint, die man ohnehin gerade plant.

7. *Das Prinzip von Verantwortung und Vergebung: Übernimm volle Verantwortung für deine Handlungen und sei bereit, für eigenes Fehlverhalten um Verzeihung zu bitten und Wiedergutmachung zu leisten. Ziehe andere für ihre Handlungen zur Verantwortung und sei bereit, Missetätern, die um Verzeihung bitten und Wiedergutmachung anbieten, zu vergeben.*

Ein weiteres schwer zu wahrendes Prinzip, in beiden Richtungen. Zunächst besteht zwischen Opfer und Täter die „Moralisierungslücke", bei der sich Opfer fast immer als unschuldig empfinden, weshalb jegliche Ungerechtigkeit ihnen gegenüber nur an der Bösartigkeit des Täters liegen kann, während Täter meinen, sie haben eine Ungerechtigkeit beseitigt oder ihre Ehre (oder die der Familie) verteidigt. Die Selbstwertdienliche Verzerrung, der Rückschaufehler und der Bestätigungsfehler lassen uns praktisch sicher sein, dass wir nichts falsch gemacht haben, dass unsere Handlung gerechtfertigt war und es deshalb keinen Grund gibt, um Verzeihung zu bitten. Der Sinn für Gerechtigkeit und Revanche ist eine tiefsitzende Emotion, entstanden für drei Zwecke: (1) um von Missetätern begangenes Unrecht wiedergutzumachen, (2) als Abschreckung vor zukünftigem Fehlverhalten und (3) als soziales Signal an andere, dass ihnen dasselbe Schicksal widerfährt, sollten sie eine ähnliche Übertretung begehen.

8. *Das Prinzip der Verteidigung anderer: Stelle dich Missetätern entgegen und verteidige die Wehrlosen, wenn sie ungerecht behandelt werden.*

Der Bogen der Moral: Politische Freiheit

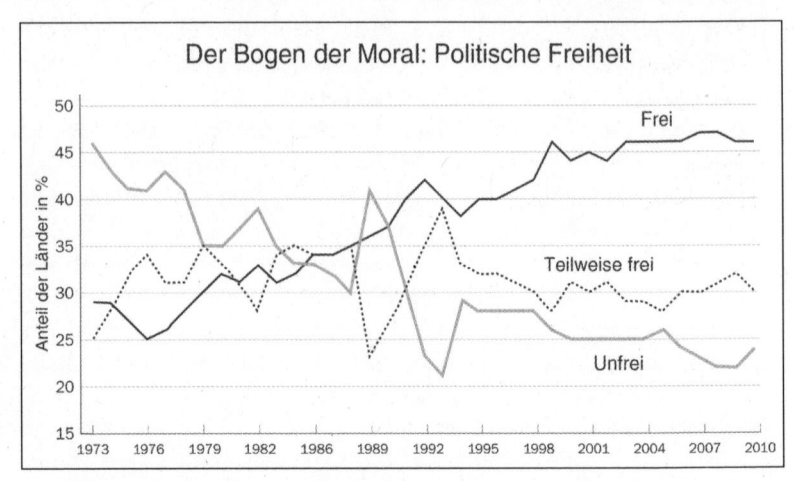

Bild 4-8. Der Bogen der Moral: Politische Freiheit
Der Prozentsatz der freien Länder stieg seit den 1970er Jahren weltweit, während jener der unfreien zurückging.[56]

Es gibt Menschen, die gegen uns und die Mitglieder unserer Gruppe Verfehlungen begehen, entweder durch die Logik von Gewalt und Aggression, gemäß der sich Straftäter stets im Recht fühlen, oder durch mentale Zustände wie Psychopathie, die einen nicht unerheblichen Teil der Bevölkerung zu eigensüchtigen oder grausamen Taten veranlassen. Wir müssen uns gegen sie wehren.

9. *Das Prinzip der expandierenden moralischen Kategorie: Versuche, andere Menschen, die nicht Teil deiner Familie, deines Stammes, deiner Ethnie, deiner Religion, deiner Nation, deines Geschlechts oder deiner sexuellen Orientierung sind, als gleichberechtigte Ehrenmitglieder deiner Gruppe zu sehen.*

Moralische Verpflichtungen haben wir nicht nur gegenüber uns selbst, unseren Verwandten und Freunden und den Mitgliedern unserer Ingroup; wir schulden sie auch jenen Menschen, die auf vielfältige Art anders sind als wir und die in der Vergangenheit aus keinem anderen Grund diskriminiert wurden, als dass sie in irgendeiner messbaren Weise anders waren. Zwar gelten unsere ersten Verpflichtungen uns selbst, der Familie und den Freunden, aber es ist von höherem moralischem Wert, die moralischen Werte anderer in Betracht zu ziehen, und auf lange Sicht ist es besser für uns und unsere Gruppe, Ehrenmitglieder in sie aufzunehmen, solange sie uns ihrerseits anerkennen.

10. *Das Biophilie-Prinzip: Versuche, zum Überleben und Gedeihen anderer fühlender Wesen beizutragen, zu ihren Ökosystemen und zur ganzen Biosphäre.*
Biophilie ist die Liebe zur Natur, von der wir ein Teil sind. Die Sphäre der Moral zu erweitern, sodass sie die Umwelten einschließt, die fühlende Wesen beherbergen, ist ein vornehmes moralisches Prinzip.

Müsste ich diese zehn Prinzipien auf eines reduzieren, dann wäre es dieses: Versuche, die Sphäre der Moral zu erweitern und den Bogen des moralischen Universums ein Stück weiter in Richtung Wahrheit, Gerechtigkeit und Freiheit zu treiben, für mehr fühlende Wesen, an mehr Orten, öfter.

Teil 2

Die Anwendung des moralischen Fortschritts

5. Sklaverei und eine moralische Wissenschaft der Freiheit

> Wenn wir dem Sklaven die Freiheit schenken, sichern wir sie dem Freien – gleichermaßen ehrenvoll in dem, was wir geben und in dem, was wir bewahren. Wir werden auf edle Weise retten, oder ehrlos verlieren, die letzte beste Hoffnung auf Erden. Andere Mittel mögen Erfolg haben; dieses kann nicht fehlgehen. Der Weg ist einfach, friedlich, edelmütig, gerecht – ein Weg, für den die Welt uns, wenn wir ihm folgen, für immer applaudieren wird.
>
> Abraham Lincoln, jährliche Mitteilung an den Kongress, 1. Dezember 1862

Als junger Mann in den späten 1970er und frühen 1980er Jahren verbrachte ich viel Zeit unterwegs und erkundete Kalifornien und die anderen westlichen Staaten, zuerst in einem 1966er Ford Mustang, später als Radfahrer, nachdem ich ernsthaft begonnen hatte, lange Strecken kreuz und quer durch Amerika mit dem Rad zurückzulegen. Wenn ich nicht gerade mit meinem Sony-Walkman Vorträge und Bücher auf Cassette hörte, vertrödelte ich die Zeit mit dem Zählen von Restaurants entlang der Straße, „Denny's" gegen „Sambo's". Eine Zeitlang war es ein knappes Rennen, aber dann ging Sambo's plötzlich pleite und Denny's Grand Slam Breakfast wurde mein Mahl der Wahl, zu jeder Tages- und Nachtzeit.

Was mit Sambo's geschah, ist emblematisch für die gesamte westliche Kultur in der zweiten Hälfte des 20. Jahrhunderts: Uns wurde bewusst, welche Macht Sprache und Firmenlogos, Symbole und Gesten darüber haben, wie wir andere sehen und behandeln, besonders jene einer anderen Ethnie. Sambo's wurde in eine Kontroverse über den Namen der Restaurantkette verwickelt. 1957 hatten *Sam* Battistone Sr. und Newell *Bo*hnett das Unternehmen gegründet und, wie sie sagten, den Namen aus den Buchstaben ihrer Vor- und Nachnamen zusammengesetzt; aber das Duo machte sich auch die Bekanntheit der Geschichte „des kleinen schwarzen Sambo" (*The Story of Little Black Sambo*)[1] zunutze und zeigte Szenen aus dem Buch in Speisekarten und an den Wänden ihrer Lokale. Die Erzählung handelt von einem dunkelhäutigen indischen Jungen, dem kleinen schwarzen Sambo, der sich in den Dschungel hinauswagt und in einer seltsamen Verkettung der Ereignisse seine Kleider an Tiger verliert. Die Tiger streiten sich, wer von ihnen in Sambos Kleidern am besten aussieht und jagen einander schließlich um einen Baum herum, so schnell, dass sie sich in Butter verwandeln, mit der Sambos Mutter, die schwarze Mumbo, Pfannkuchen macht. Die Vermarkter der Restaurantkette hielten sich insofern an die Geschichte, als sie das Sambo-Maskottchen einen Inder sein ließen, aber sie machten aus ihm einen hellhäutigen Jungen, dessen Haut im Verlauf der fünfziger bis in die sechziger Jahre noch heller wurde, bis er ein weißer Junge mit Apfelbäckchen und Turban war. Auch die Story wurde geändert; verschwunden waren die schwarze Mumbo und Sambos Vater, der schwarze Jumbo, und die unglücklichen Tiger wurden nicht mehr zu Butter, sondern bekamen einen Stapel „der feinsten, hellsten Pfannkuchen spendiert, die sie je gegessen hatten",[2] im Tausch gegen Sambos Kleider.

Leider sah der Sambo auf dem Einband der amerikanischen Ausgabe eindeutig afrikanisch aus, und mit der Zeit verschmolzen die beiden Darstellungen, indisch und afrikanisch schwarz, zu einer einzigen, die an die Ikonographie exotisch-schwarzer Gesichter erinnerte, wie sie um die Wende vom 19. zum 20. Jahrhundert populär war. Das Wort „Sambo" wurde zunehmend als abwertende Bezeichnung und rassistisches Stereotyp verstanden. Als die *National Association for the Advancement of Colored People* (NAACP) formell protestierte und vor Gericht Klage erhob, um die Eröffnung neuer Restaurants in einigen nordöstlichen Bundesstaaten zu verhindern, gab es einen Medienrummel. Die Geschäftsführer in Sambo's Zentrale überschlugen sich mit Erklärungen, Rationalisierungen und änderten schließlich die Namen einiger Restaurants in den Teilen des Landes, wo man sie als kränkend empfand, in so unverfängliche Bezeichnungen wie „Jolly Tiger", „No Place Like Sam's", „Season's Friendly Eating" und einfach nur „Sam's". Nan Ellison, Präsident der NAACP in Brockton (Massachusetts), sagte: „Ich glaube, ich könnte bei Sam's essen gehen, ohne mich erniedrigt zu fühlen. Bei Sambo's würde ich mich nicht wohlfühlen, wenn ich an die Opfer der Demonstranten bei Sit-Ins in den 1960ern denke."[3] Aber es war alles umsonst. 1982 hatten alle Sambo's bis auf eines ihre Türen geschlossen, und das Unternehmen meldete Konkurs an, als Resultat dieses und anderer Geschäftsprobleme.[4]

Betrachtet man den Einband und die Illustrationen der *Story of Little Black Sambo* aus der heutigen, zunehmend empfindlichen und weitsichtigen Perspektive, so ist nicht schwer zu verstehen, warum dunkelhäutige Menschen sie verletzend fanden; sie sind wirklich peinlich. (Bild 5-1, a bis d). Bilder, Namen und Sprache spielen eine Rolle.

Bild 5-1a

Bild 5-1b

Bild 5-1c

Bild 5-1d

Bild 5-1a-d: Der kleine schwarze Sambo damals und heute
Helen Bannermans Little Black Sambo *erzählt die Geschichte des kleinen schwarzen Sambo (Bild 5-1a), dem Tiger die Kleider stehlen und sich danach gegenseitig so schnell um einen Baum jagen, dass sie sich in Butter verwandeln, mit der Sambos Mutter Pfannkuchen backt. Die Restaurantkette Sambo's übernahm die Geschichte und bildete Szenen daraus an den Wänden der Lokale ab. Als „Sambo" zum Synonym beleidigender „Blackfacing"-Ikonographie wurde, zu sehen auf den Einbänden der frühen amerikanischen Ausgaben des Buches (Bild 5-1b), und der Name zum abwertenden Etikett und rassistischen Stereotyp wurde, sah die Restaurantkette einem katastrophalen PR-Fiasko ins Auge (Bild 5-1c). Die Bilder zeigen Ausgaben des frühen 20. Jahrhunderts und eine moderne Darstellung (Bild 5-1d), in denen sichtbar wird, wie sehr sich unsere ethnischen und kulturellen Empfindlichkeiten in weniger als einem Jahrhundert änderten.*[5]

Jahrzehnte später meine ich mich zu erinnern, dass der in den Restaurants abgebildete Junge afrikanisch aussah, aber eine Bildersuche mit Google verrät mein fehlerhaftes Gedächtnis. Eine weitere Erinnerung sind Restaurantschilder mit der Aufschrift *Little Black* Sambo's, aber auch die gab es nicht. Auf einer gewissen Ebene klingt die Sambo-Begebenheit nach amoklaufender Political Correctness und einer zu weit gehenden Sprachpolizei, aber es ist ein Zeichen des moralischen Fortschritts, dass wir alle dafür sensibilisiert wurden, wie andere Menschen die Welt sehen und unsere Perspektiven mit ihren austauschen.

Die Geschichte von Sambo's illustriert eine der treibenden Kräfte hinter dem Fortschritt der Moral: Die Verfechter der Menschenrechte kritisieren oft zunächst Bezeichnungen und Begriffe, denn ein großer Teil unseres Denkens, einschließlich des Denkens über andere Menschen, basiert auf Bildern und Sprache. Natürlich entsteht sozialer Wandel nicht allein durch die natürliche Kraft reinen Denkens. Die von unterdrückten Völkern im Verlauf der Geschichte mühsam errungenen Rechte kamen zustande durch die herkulischen Anstrengungen der Völker selbst und ihrer Verbündeten, durch langwieriges, direktes politisches Handeln. Konkrete Aktionen (Märsche, Sit-Ins, Sabotage, Blockaden, Zerstörung von Eigentum, regelrechter Bürgerkrieg) sind nahezu unvermeidlich, um gesellschaftliche Veränderung zu bewirken.

Dennoch, selbst die Lehre vom gerechten Krieg verlangt Gründe für den Konflikt, die über *Veni, vidi, vici* hinausgehen. Die Aufhebung der Sklaverei geschah zu der Zeit, als ihre Verteidiger zu ihrer Stützung intellektuelle Argumente ins Feld führten, aber es waren die besseren Gegenargumente zusammen mit politischen Maßnahmen (und, in Amerika, einem Krieg), die schließlich zu ihrem Zusammenbruch führten. Weil das als Antwort auf die Sklaverei vorgebrachte politische Handeln und die intellektuellen Argumente die erste der großen Revolutionen der Rechte verursachten, beginnen wir mit ihr; in Verfolgung meiner These, dass Wissenschaft und Vernunft den moralischen Bogen des Universums emporrichten, nehme ich die rationalen Argumente und Rechtfertigungen für die Sklaverei in den Blick und zeige, warum sie falsch sind.

Sklaverei und Menschenrechte

Von den vielen verschiedenen Arten des Missbrauchs von Menschen durch Menschen ist wohl keine so widerwärtig und repressiv wie das Eigentum an Menschen, das wir Sklaverei nennen. Es gibt sie, seit es jene gibt, die beim besten Willen kein Problem darin erkennen, die Menschen nicht zu entlohnen, die für sie all die seelenzerfressende Routinearbeit verrichten. Die Gepflogenheit stützt sich auf einen unbeschreiblichen Mangel an Empathie, auf die Existenz einer stratifizierten Klassen- oder Kastengesellschaft und auf genügend große Populationen und Ökonomien, um sie zu tragen. Älter als jede Niederschrift begann die institutionalisierte Sklaverei sehr wahrscheinlich um die Zeit der neolithischen Revolution vor ungefähr 10000 Jahren mit Aufkommen des Ackerbaus und den begleitenden Vorstellungen von Besitz. Anhand schriftlicher Aufzeichnungen lässt sie sich zurückverfolgen bis zum Codex Hammurabi im Jahr 1760 v. Chr., einer babylonischen Sammlung von Rechtssprüchen, die Sklaverei als gegebene Tatsache behandelt. Von den 282 Gesetzen des Königs Hammurabi beschäftigen sich 28 unmittelbar mit ihr; etwa, was zu tun ist, wenn ein Sklave behauptet, sein Herr sei nicht sein Herr (ihm ein Ohr abschneiden), oder wenn er im Monat seines Erwerbs krank wird (den schadhaften Sklaven gegen Erstattung zurückgeben), oder wenn ein Operateur ihm einen großen Schnitt zufügt und er daran stirbt (der Arzt schuldet einen neuen Sklaven und muss ein gleichermaßen einwandfreies Modell liefern).[6]

Sklaverei ist in allen Ländern verboten, aber erstaunlicherweise ist es erst wenige Jahrzehnte her, dass sich Mauretanien 1981 als letztes Land zur Abschaffung entschloss. Nun ist es eine Sache, Sklaverei für ungesetzlich zu erklären, aber eine andere, sie wirklich zu beenden. Im Mauretanien leben noch viele Menschen (hauptsächlich Frauen) als Sklaven[7]; weltweit sind möglicherweise Millionen in Sex- und Arbeitssklaverei gefangen.[8] Historisch mag die Opferzahl des Atlantik-Sklavenhandels zehn Millionen erreichen; für Matthew White, der sich selbst als „Untatologe" (*atrocitologist*) bezeichnet, ist er die zehnt-schlimmste Ungeheuerlichkeit der Menschheitsgeschichte.[9] Der Ablauf war mehr als brutal; ein erheblicher Teil der Entführten starb auf den Zwangsmärschen zu den Küstenforts, die manchmal für Monate als Sklavengefängnisse dienten, bis ein Schiff vorbei kam. Viele weitere starben auf der „Middle Passage" über den Atlantik, und noch weitere im ersten Jahr in der neuen Welt, während sie sich bei der Arbeit auf den Feldern und in den Minen bewähren mussten. Diese menschlichen Wesen, behandelt wie Nutztiere, wurden nackt ausgezogen, gebrandmarkt, zur Schau gestellt, begutachtet und an Käufer versteigert. Das Leben eines Sklaven war, wie Thomas Hobbes schrieb, einsam, arm, gemein, brutal und kurz.

Für Jahrtausende hatten Religionen im Allgemeinen und jüdische, christliche und islamische Kirchen im Besonderen kaum Probleme mit der erzwungenen Versklavung hunderter Millionen Menschen. Erst nach den Zeitaltern der Renaissance und der Aufklärung wurden rationale Argumente für die Abschaffung des Sklavenhandels vorgebracht, unter Einfluss und mit Zitierung säkularer Dokumente wie der amerikanischen Unabhängigkeitserklärung und der französischen Erklärung der Menschenrechte. Mit einer unverschämt langen Verzögerung sprang die Religion schließlich auf den Zug auf und begann, an seinem Vorankommen mitzuwirken.

Gelegentlich in dieser langen Geschichte finden sich natürlich die religiösen Einwände gegen Sklaverei, aber verfasst wurden sie *von* Christen *für* Christen *gegen* Christen, die die Institution voll und ganz unterstützten, wenn sie nicht sogar Teil daran hatten. Und da vor dem 20. Jahrhundert beinahe jeder religiös war, kamen zwangsläufig alle Argumente gegen Sklaverei von religiösen Menschen; daher sind es die Argumente, nicht die Menschen, die geprüft werden müssen. Nach derselben Logik waren praktisch alle Händler und Herren der Sklaven religiös und bezogen die Rechtfertigungen für ihr Tun aus der Primärquelle der Moral – einem heiligen Buch. Der Katholizismus billigte Sklaverei vollständig, wie Papst Nikolaus V. 1452 klarstellte, als er die Bulle *Dum Diversas* erließ. Sie garantierte katholischen Ländern wie Spanien und Portugal „völlige und freie Vollmacht, die sarazenischen, heidnischen und sonstwie ungläubigen und christusfeindlichen, wo immer gelegenen Reiche, Herzogtümer, Grafschaften, Fürstentümer und sonstige Herrschaften... anzugreifen, zu erobern, zu bekämpfen oder zu unterjochen, [und] die Personen für immer in Knechtschaft zu halten"[10] Diese letzten Wörter, „die Personen für immer in Knechtschaft zu halten", klingen nicht nur finster, sondern psychotisch. Allerdings ergeben sie in einem christlichen Kontext absolut Sinn, denn die Bibel befürwortet Sklaverei bedenkenlos, und so ist es kaum überraschend, dass die Christen 2000 Jahre brauchten, um sie als falsch zu erkennen. Die eklatant gedankenlosen Autoren der Bibel hatten mit ihr überhaupt kein Problem irgendeiner Art, solange der Besitzer der Sklaven sie nicht blendete und zahnlos schlug (2. Mose 22:26-27). Das ginge auch wirklich zu weit, obwohl es völlig in Ordnung war, einen Sklaven totzuschlagen, solange er noch einen oder zwei Tage überlebte. Starb er schließlich, war es angemessen, seinen unglücklichen Besitzer zu bedauern, denn er war es, der den Verlust erlitten hatte (2. Mose 21:21).

Andere Bibelstellen machen klar, dass Gott Sklaverei für eine gute Idee hielt und Sie das auch so sehen sollten:

> Willst du aber leibeigene Knechte und Mägde haben, so sollst du sie kaufen von den Heiden, die um euch her sind. (3. Mose 25:44)

Gibt es Altersbeschränkungen? Es ist doch sicher falsch, Kinder zu kaufen und zu verkaufen.

> Und auch von den Kindern der Gäste, die Fremdlinge unter euch sind, und von ihren Nachkommen, die sie bei euch in eurem Land zeugen; dieselben mögt ihr zu eigen haben und sollt sie besitzen und eure Kinder nach euch zum Eigentum für und für; die sollt ihr leibeigene Knechte sein lassen. (3. Mose 25:45)

Danke, Papa! Aber diese Gesetze beziehen sich auf Fremde. Was ist mit dem Volk Israel?

> Aber von euren Brüdern, den Kindern Israel, soll keiner über den andern herrschen mit Strenge. (3. Mose 25:46)

Aus dem auserwählten Volk durfte also niemand versklavt werden? Doch. Gott hat es nicht verboten, das wäre außergewöhnlich; aber immerhin bestand er auf einer milderen Verfahrensweise.

> So du einen hebräischen Knecht kaufst, der soll dir sechs Jahre dienen; im siebenten Jahr soll er frei ausgehen umsonst. (2. Mose 21:2)

„Ausgehen umsonst" heißt, der *Sklave* schuldet seinem *Herrn* nichts für die Freilassung (*he will owe you nothing for his freedom, Exodus 21:2*). Das erscheint ein wenig dreist, aber insgesamt sieben Jahre sind immerhin nicht *so* schlimm (wenn der Sklave dieses Erlebnis übersteht). Dennoch, das Gesetz der Bibel hatte auch Regeln, um freigelassene Sklaven zu binden:

> Ist er ohne Weib gekommen, so soll er auch ohne Weib ausgehen; ist er aber mit Weib gekommen, so soll sein Weib mit ihm ausgehen. Hat ihm aber sein Herr ein Weib gegeben, und er hat Söhne oder Töchter gezeugt, so soll das Weib und die Kinder seines Herrn sein, er aber soll ohne Weib ausgehen. Spricht aber der Knecht: Ich habe meinen Herren lieb und mein Weib und Kind, ich will nicht frei werden, so bringe ihn sein Herr vor Gott und halte ihn an die Tür oder den Pfosten und bohre ihm mit einem Pfriem durch sein Ohr, und er sei sein Knecht ewig. (2. Mose 21:3)

Ein cleverer Trick. Bestich deinen Sklaven mit Frau und Kindern, dann benutze seine Familienbindung als Hebel, damit er ewig dir gehört. Sieben Jahre Knüppel und Ketten waren, wie es scheint, nicht genug Elend für den hebräischen Sklaven. Er wurde mit einer besonderen Sorte der emotionalen Folter heimgesucht – mit der herzzerreißenden Wahl zwischen Familie und Freiheit. (Zum auserwählten Volk zu gehören hatte offenbar seine Nachteile; man fühlt sich an Tevje in *Anatevka* erinnert, wie er Gott anruft: „Ich weiß, ich weiß, wir sind dein auserwähltes Volk. Aber könntest du nicht ab und zu ein anderes auserwählen?")

Ach, und das kleine Juwel aus 2. Mose 21:7:

Verkauft jemand sein Tochter...

Entschuldigung, wie war das? Verkauft jemand... was? Ein Übersetzungsfehler? Nein. Handel mit Sexsklaven war in biblischen Zeiten übliche Praxis, und natürlich lieferte das heilige Buch die Anleitung, wie man seine Tochter korrekt in ein Leben der sexuellen Knechtschaft verkauft. Als Vater einer Tochter macht mich allein die Betrachtung dessen krank, was hier verhandelt wird:

Verkauft jemand sein Tochter zur Magd, so soll sie nicht ausgehen wie die Knechte. Gefällt sie aber ihrem Herrn nicht und will er sie nicht zur Ehe nehmen, so soll er sie zu lösen geben. Aber unter ein fremdes Volk sie zu verkaufen hat er nicht Macht, weil er sie verschmäht hat. Vertraut er sie aber seinem Sohn, so soll er Tochterrecht an ihr tun. Gibt er ihm aber noch eine andere, so soll er an ihrer Nahrung, Kleidung und Eheschuld nichts abbrechen. Tut er diese drei nicht, so soll sie frei ausgehen ohne Lösegeld. (2. Mose 21:7-11)

[A. d. Ü.: Der deutschen Bibelsprache sei die klarere englische beigefügt, auf die Michael Shermer sich bezieht:]

When a man sells his daughter as a slave, she will not be freed at the end of six years as the men are. If she does not please the man who bought her, he may allow her to be bought back again. But he is not allowed to sell her to foreigners, since he is the one who broke the contract with her. And if the slave girl's owner arranges for her to marry his son, he may no longer treat her as a slave girl, but he must treat her as his daughter. If he himself marries her and then takes another wife, he may not reduce her food or clothing or fail to sleep with her as his wife. If he fails in any of these three ways, she may leave as a free woman without making any payment. (Exodus 21:7–11)

Diese Passagen stammen aus dem *Alten* Testament. Was sagt das *neue* dazu?

Ihr Knechte, seid gehorsam euren leiblichen Herren mit Furcht und Zittern, in Einfalt eures Herzens, als Christo. (Epheser 6:5)

Die Knechte, so unter dem Joch sind, sollen ihre Herren aller Ehre wert halten, auf daß nicht der Name Gottes und die Lehre verlästert werde. Welche aber gläubige Herren haben, sollen sie nicht verachten, weil sie Brüder sind, sondern sollen viel mehr dienstbar sein, dieweil sie gläubig und geliebt und der Wohltat teilhaftig sind. Solches lehre und ermahne. (Timotheus 6:1-2)

Den Knechten sage, daß sie ihren Herren untertänig seien, in allen Dingen zu Gefallen tun, nicht widerbellen, nicht veruntreuen, sondern alle gute Treue erzeigen, auf daß sie die Lehre Gottes, unsers Heilandes, zieren in allen Stücken. (Titus 2:9-10)

Im neuen Testament ist Sklaverei offenbar ebenso selbstverständlich wie im alten. Herr/Sklave war nur eine weitere Beziehungsform, wie Ehemann/Ehefrau oder Vater/Handelsobjekt. Der *Brief des Paulus an Philemon*, das kürzeste Buch der Bibel mit nur 25 Versen, spricht indirekt die Angelegenheit der Sklaverei an. Philemon war Kirchenoberhaupt in Colossae; ihm gehörte ein entlaufener Sklave namens Onesimus, der unter Paulus zum Christentum konvertiert war. Paulus schickte ihn an seinen Herrn zurück, zusammen mit dem Brief, in dem er Philemon darum bittet, seinen Sklaven als einen „lieben Bruder" zu behandeln, anstatt als „Knecht" (Philemon 1:16). Des Weiteren bietet Paulus an, etwaige Schulden des Onesimus bei Philemon zu bezahlen, „so er aber dir etwas Schaden getan hat" (Philemon 1:18). Bezeichnenderweise schlägt er weder Onesimus' Freilassung vor noch verurteilt er Sklaverei als den unmoralischen Brauch, der sie ist. Stattdessen verleitet er seinen sklavenhaltenden christlichen Freund, Onesimus als Familienmitglied zu behandeln. (Das klingt nett, aber da Väter ihre Töchter verkaufen, ihre Söhne steinigen und ihre untreuen Frauen töten durften, will man nicht unbedingt Teil dieser Art Familie sein. „Dysfunktional" trifft es nicht ansatzweise.) Zweifellos empfahl Paulus, Onesimus nicht die übliche Tracht Prügel zu verabreichen, die entlaufene Sklaven zu erwarten hatten, aber was immer er auch meinte, es fehlt ein weiteres Mal die Art moralischer Klarheit, die man in einem Buch finden sollte, das vorgeblich die letztgültige Autorität zum Thema ist (weshalb sowohl Befürworter wie auch Gegner der Sklaverei sich auf den Brief des Paulus an Philemon berufen).

Fairerweise sei gesagt: Bibelexegeten, Theologen, christliche Apologeten und Verteidiger des Glaubens rationalisieren diese Passagen als die Art, wie historische Völker mit einer üblen Praxis umgingen, so gut sie konnten. In manchen Fällen mag es stimmen, dass „Sklave" oder „Knecht" eher die Bedeutung von „Diener" hatte, vergleichbar mit einem heutigen Hausmädchen oder Haushälter. Aber diese Einschränkung verfehlt das Wesentliche. Wo sind die Bibelstellen, die Sklaverei moralisch verurteilen? Wo findet sich so etwas wie ein rationales Argument, das darlegt, warum Menschen so nicht behandelt werden sollten? Warum gibt es kein eindeutiges Gebot Jahwes, etwa *Du sollst deinen Mitmenschen nicht versklaven*? Wie anders wäre die Geschichte der Menschheit verlaufen, hätte er nicht vergessen zu erwähnen, dass Menschen niemals als Mittel zum Zweck eines anderen benutzt werden sollen, sondern immer als Selbstzweck? Wäre das zu viel verlangt gewesen von einem allmächtigen, liebenden Gott?

Nach dem Zeitalter der Aufklärung brachten fortschrittlichere, liberale christliche Sekten, so etwa die Mennoniten, Quäker und Methodisten, Argumente gegen die Sklaverei vor. Einer der ihren war der „Kreuzritter der Moral" William Wilberforce (von Ioan Gruffudd eindrucksvoll dargestellt im Film *Amazing Grace*). Er bewies unglaublichen Mut in seiner sechsundzwanzigjährigen Kampagne für die Abschaffung der Sklaverei (und bei seinem Nachdruck, die *Society for the Prevention of Cruelty to Animals* (SPCA) und andere humanitäre Bewegungen zu gründen); seine Motive waren fraglos religiöser Natur. Bemerkenswert dabei ist, wer seine lautstärksten Gegner waren, seine Mitchristen nämlich, die ein Vierteljahrhundert lang gedrängt werden mussten, bis sie sich seinem Standpunkt anschlossen. Allerdings wurde dessen Zugänglichkeit erschwert durch Wilberforces aufdringliches, übereifriges Moralisieren praktisch aller Aspekte des Lebens, seine Leidenschaft, sich unausgesetzt zu sorgen, was andere Leute tun, besonders wenn dazu Leidenschaft gehörte, Übermaß und „die Flut des Weltlichen, die täglich schneller strömt". Er gründete die *Society for the Suppression of Vice*, nachdem König Georg III. auf seine Veranlassung hin die „Erklärung zur Beschränkung des Lasters" erlassen hatte, die die Verfolgung jener anordnete, welche schuldig sind „des exzessiven Trinkens, der Blasphemie, des gottlosen Fluchens, der Lüsternheit, der Entziehung des Tags des Herrn und anderer liederlicher, unmoralischer und regelloser Praktiken."[11]

Es genügte Wilberforce nicht, den heimischen Missraten die Flügel zu stutzen; er setzte sich auch für Reformen der Moral in der britischen Kolonie in Indien ein, bestand auf christlicher Unterweisung und „religiöser Besserung" der Bürger jener unchristlichen Nation und tönte: „Unsere Religion ist erhaben, rein, mildtätig; ihre ist niedrig, zügellos und grausam." Tatsächlich zielten Wilberforces anfängliche Bemühungen nicht auf die Abschaffung der Sklaverei, sondern auf die Beendigung des Sklavenhandels; es sollten also weiter Sklaven gehalten werden dürfen, bis die Praxis, ohne weiteren Nachschub, von allein verschwände. Aus seiner Sicht war Sklaverei nicht nur ein Angriff auf die Menschenwürde der Sklaven, sondern ein Makel der christlichen Religion, die sie so lange gebilligt hatte. Am 18. April 1791 sagte er vor dem Unterhaus: „Niemals, niemals werden wir ablassen, bis dieser Schandfleck vom Namen des Christentums gewischt ist, bis wir uns von der Last der Schuld befreit haben, unter der wir uns noch mühen, und jede Spur dieses grausamen Handels getilgt ist, von dem die Nachwelt im Rückblick auf diese aufgeklärten Zeiten kaum glauben wird, dass er so lange als Schmach und Schande dieses Landes ertragen wurde."[12] Dennoch und bezeichnenderweise lehnte das Abgeordnetenhaus Wilberforces Vorlage in diesem Fall mit 163 zu 88 Stimmen ab.

Die kognitive Dissonanz der Sklaverei

Aus der Perspektive des 21. Jahrhunderts und dem Gefühl, uns sei das Unrecht der Sklaverei instinktiv klar, ist es schwer vorstellbar, wie unsere direkten Vorfahren sie für moralisch einwandfrei oder zumindest für nicht völlig unmoralisch halten konnten. Wir wissen, dass Leute immer wieder passende Rechtfertigungen anbrachten, aber sie können doch nicht *wirklich* an die moralische Vertretbarkeit der Versklavung anderer Menschen geglaubt haben? Doch, das taten sie. Und sie lieferten entsprechende rationale Argumente, denen mit der Zeit bessere entgegnet wurden, auf dem Weg der Vernunft hin zur Abschaffung des Unrechts.

Die Sklaverei ist eine Fallstudie über die Macht der Selbsttäuschung, einem Instrument zur Umgehung des psychologischen Phänomens, das man *kognitive Dissonanz* nennt; die seelische Spannung, die auftritt, wenn man gleichzeitig zwei nicht vereinbare Gedanken hat, in diesem Fall: (1) Sklaverei ist akzeptabel, eventuell sogar gut, und (2) Sklaverei ist untragbar und vielleicht gar von Übel. Im größten Teil der Menschheitsgeschichte war die erste der Vorstellungen die übliche, bis schließlich die aufklärerischen Konzepte gleicher Rechte in die Gesellschaft einsickerten und der zweiten Idee mehr Gewicht gaben, mit dem Ergebnis der kognitiven Dissonanz.

Als erster erkannt hatte sie der Psychologe Leon Festinger, er beschrieb den Prozess wie folgt: „Stellen Sie sich vor, jemand glaubt etwas aus ganzem Herzen; er bekennt sich dazu und hat für seinen Glauben unumkehrbare Tatsachen geschaffen. Nun konfrontiert man ihn mit eindeutiger, unwiderlegbarer Evidenz, dass sein Glaube falsch ist. Was wird geschehen? Oftmals wird derjenige nicht nur unerschüttert, sondern umso überzeugter von der Richtigkeit seines Glaubens aus der Erfahrung hervorgehen. Er mag sogar neuen Eifer entwickeln, andere zu seiner Ansicht zu bewegen."[13] Ich vermute, dass mit der vermehrten kognitiven Dissonanz auch das Unbehagen des Sklavenhalters im Verlauf des 19. Jahrhunderts zunahm, im Zuge der langsamen Verschiebung der moralischen Einstellung hin zur angemessenen Behandlung menschlicher Wesen. Die landläufige Auffassung, eine Gruppe Menschen dürfe eine andere versklaven, kollidierte mit den Ideen der Aufklärung, dass Menschen niemals Mittel zum Zweck sein dürfen, sondern stets der Zweck der Mittel (Immanuel Kant), und dass alle Menschen gleich erschaffen sind (Thomas Jefferson).

Bei dieser Verschiebung der ethischen Maßstäbe und der zunehmenden kognitiven Dissonanz der kollidierenden Wertvorstellungen ausgesetzten Sklaveneigner musste irgendwann eine Seite nachgeben; entweder die Sklaverei selbst oder ihre Rechtfertigungen durch bemüht-rationale, unter der Selbsttäuschung ins Feld geführte Argumente. Der Psychologe Robert Trivers erläutert das Phänomen in seinem Buch *Betrug und Selbstbetrug: Wie wir uns selbst und andere erfolgreich belügen* (*The Folly of Fools*), und die Psychologen Carol Tavris und Elliot Aronson in *Ich habe recht, auch wenn ich mich irre: Warum wir fragwürdige Überzeugungen, schlechte Entscheidungen und verletzendes Handeln rechtfertigen* (*Mistakes Were Made (but Not By Me)*)[14] Die Logik der Selbsttäuschung funktioniert so: In einem von egoistischen Genen beherrschten Modell der Evolution sollten wir unseren Fortpflanzungserfolg durch List und Täuschung maximieren. Nun zeigt aber die in Kapitel 1 betrachtete Dynamik der Spieltheorie, dass Spieler um diese auch von der Gegenseite eingesetzte Strategie wissen. Deshalb ergibt es Sinn, Transparenz und Ehrlichkeit vorzutäuschen, so den Gegenspieler in Sicherheit zu wiegen, um ihn dann zu betrügen und die Beute einzustreichen. Nun mag die andere Seite genau dasselbe vorhaben, also sollten wir gegenüber ihren Täuschungen sehr wachsam sein – und sie gegenüber unseren. So entwickelten wir die Fähigkeit, Betrugsversuche zu erkennen; das führte zu einem Wettrüsten zwischen Täuschung und Erkennen der Täuschung. Wenn die Interaktionen selten sind und zwischen Fremden stattfinden, hat die Täuschung einen kleinen Vorsprung. Verbringt man aber hinreichend viel Zeit mit dem Anderen, verrät er seine wahren Absichten durch Anzeichen in seinem Verhalten. Trivers schreibt: „Bei anonymen oder seltenen Wechselbeziehungen lassen sich Hinweise im Verhalten nicht mit einem Hintergrund bekannten Verhaltens abgleichen, deshalb müssen allgemeinere Merkmale des Lügens benutzt werden." Er identifiziert drei davon: *Nervosität*. „Wegen der negativen Folgen einer Entdeckung, einschließlich der Aggression gegen einen selbst... werden von Lügnern Anzeichen der Nervosität erwartet." *Selbstkontrolle*. „Um den Eindruck der Nervosität zu vermeiden, üben Menschen Kontrolle über sich aus und versuchen, Verhalten zu unterdrücken. Das mag als Nebenwirkung geplant und einstudiert erscheinen." *Kognitive Belastung*. „Lügen kann anstrengend sein. Man muss die Wahrheit unterdrücken, statt ihrer eine plausible Unwahrheit konstruieren, sie überzeugend darbringen und sich die Geschichte merken." Es sei denn, Selbsttäuschung kommt ins Spiel. Wer seine Lüge selbst glaubt, läuft weniger Gefahr, die für andere verräterischen Signale des Lügens zu senden. Täuschung und Täuschungserkennung erzeugen Selbsttäuschung.

Für Sklaveneigner und Vertreter der Sklaverei dokumentieren die Historiker Eugene Genovese und Elizabeth Fox-Genovese die Mechanismen der Selbsttäuschung in ihrem Buch *Fatal Self-Deception: Slaveholding Paternalism in the Old South*. Die meisten Sklavenhalter des 19. Jahrhunderts nahmen ihr Handeln nicht als wirtschaftlich motivierte Ausbeutung von Menschen wahr; stattdessen zeichneten sie das Bild einer paternalistisch-wohlwollenden Einrichtung, die die Sklaven nicht wesentlich anders betrachtet als andere Arbeiter, schwarze und weiße, die sich allerorten in den Nord- und Südstaaten plagten; darüber hinaus galt die „christliche Sklaverei" des Südens als überlegen. „Jahrzehnte der Untersuchungen führen uns zu einem Schluss, der einigen Lesern unangenehm sein wird", bemerken Genovese und Fox-Genovese. „Ungeachtet rhetorischer Schutzbehauptungen waren die Sklavenhalter überzeugt, das Bollwerk des Christentums, den konstitutionellen Republikanismus und die soziale Ordnung zu verteidigen, gegen den Glaubensabfall, den Säkularismus und den gesellschaftlichen und politischen Radikalismus des amerikanischen Nordens und Europas." Die Sklaveneigner des Südens konnten sich in der Welt umsehen und überall mit eigenen Augen die Heuchelei erkennen. In den freien Staaten sahen sie Negrophobie, Rassendiskriminierung und die grausame Ausbeutung der weißen Arbeiterklasse. Zu dem Ergebnis kommend, dass alle Arbeit, weiße wie schwarze, de facto Sklaverei oder ihr verwandte Konzepte bedeutet, sahen sie die „christliche" Variante als das humanste, barmherzigste und großzügigste aller sozialen Systeme."[15] *Narrative of the Sufferings of Lewis Clarke, During a Captivity of More than Twenty-Five Years, Among the Algerines of Kentucky, One of the So Called Christian States of North America.* So der sprechende Titel des Buches eines ehemaligen Sklaven, Lewis Clarke. Er schreibt: „Niemand unterliegt einer übleren Täuschung als die Herren unten im Süden, denn die Sklaven täuschen sie, und sie täuschen sich selbst."[16] Der amerikanische Architekt, Journalist und Gesellschaftskritiker Frederick Law Olmsted fasst die Theorie schwarzen Unvermögens zusammen, wie sowohl Nordstaatler als auch Europäer sie vertraten: „Die arbeitende Klasse ist in der Sklaverei besser dran, in der ihre Herren ein gewinnsüchtiges, aber auch humanes Interesse daran haben, die Instrumente der Arbeit mit allem zu versorgen, was ihre anstrengende physische Existenz erfordert, als in Europa oder den Nordstaaten."[17] Werfen wir einen Blick auf die Spannweite der Rationalisierungen, mit denen Menschen seinerzeit unbewusst, durch Selbsttäuschung, ihre kognitive Dissonanz reduzierten, wie von den Geneveses dokumentiert:

> Der Neger findet keinen aufrichtigen Freund außer seinem Herrn. – George M. Troup, 1824, „First Annual Message to the State Legislature of Georgia."[18]

> Mein Mann hat sehr großen Einfluss auf die Sklaven; sie stellen nie seine Autorität infrage und gehorchen ihm jederzeit bedingungslos. Sie lieben ihn! – Frances Fearn aus Louisiana[19]

> Mehr als alle anderen schützten wir die schwarze Rasse vor der völligen Auslöschung durch eine grausame und gierige „Philanthropie", die sie der Zuwendung humaner Herren berauben will, nur um sie vielleicht vom Antlitz der Erde zu tilgen und das Feld der Arbeit dem freien Wettbewerb und dem Konzept von Nachfrage und Angebot zu überlassen, wo sogar weiße Arbeiter auf das unterste, elende Minimum der Existenz zurückgeworfen sind. Der einfache Neger muss, so gut er kann, mit wimmelnden, hungrigen Millionen einer tatkräftigeren Rasse konkurrieren, die schon untereinander um ihr täglich Brot kämpfen." – E. A. Pollard, 1866, *Southern History of the War*[20]

Neger sind verschwenderische, leichtfertige Menschen. Sich selbst überlassen, werden sie zuviel und unzeitig essen, die halbe Nacht herumlaufen, auf dem Boden schlafen, draußen, überall. – Sklavenhalter in Virginia, 1832[21]

Neun Zehntel der Herren im Süden würden von ihren Sklaven verteidigt werden, die dabei ihr eigenes Leben riskierten. – Thomas R. R. Cobb, 1858[22]

William Harper, Kanzler von South Carolina, beschrieb gut die verdrehte Psychologie zur Linderung der Dissonanz, als er sagte: „Es ist natürlich, dass der Unterdrückte den Unterdrücker hasst. Auf noch natürlichere Weise hasst der Unterdrücker den Unterdrückten. Überzeuge den Herrn, dass er seinen Sklaven ungerecht behandelt, und er wird ihn sofort mit Misstrauen und Bosheit betrachten."[23] In ihrer Analyse der Beziehungen von Geschlecht, Schicht und Ethnie aus dem Jahr 1994, *The Velvet Glove*, identifizierte die Soziologin Mary R. Jackman ein Phänomen, das ich als kognitive Dissonanz bezeichnen würde: „Die Anmaßung einer moralischen Überlegenheit über eine Gruppe, die man gleichzeitig enteignet, ist schlicht inkompatibel mit dem Geist altruistischen Wohlwollens, ganz egal, mit wieviel Zuneigung und Mitgefühl sie einhergeht. Bei der Analyse asymmetrischer Beziehungen zwischen sozialen Gruppen muss Paternalismus von Wohlwollen unterschieden werden."[24] Die Rationalisierung hören wir in den Worten George McDuffies, 1835 Gouverneur von South Carolina: „Die Herrschaft über unsere Sklaven ist streng patriarchal und bringt gegenseitige Gefühle der Güte hervor, die aus einem ständigen Austausch guter Obliegenheiten entstehen."[25] Wie immer man es nennt, selbstbetrügerischer Paternalismus gibt sich als Altruismus aus („ich helfe diesen Leuten") oder als Gegenseitigkeit („ich gebe ihnen etwas zurück, nachdem sie mir etwas gaben"), und zwischen Sklaverei und Freiheit mag diese Phase unvermeidlich sein. Wer für einen Moment schwach wird und meint, an der Sklaverei war etwas Wohlwollendes, der möge sich Steve McQueens *12 Years a Slave* ansehen, als viszerale Mahnung an die Inhumanität dieses sogenannten Paternalismus – die Ketten der Gefangenschaft, die Knebel, der Dreck der Wohnquartiere, Schläge, Erhängungen und besonders der schneidende, sengende Schmerz der Peitsche.

Vernunft der Aufklärung und Abschaffung der Sklaverei

Es gibt in reichlichem Umfang wohlbedachte Debatten unter Wissenschaftlern und Historikern darüber, was letztlich zur Abschaffung der Sklaverei führte. Wenn wir nur die Argumente betrachten, ist ein kurzer Überblick über jene davon erhellend, die sich gegen die Einrichtung aussprachen.

Beginnen wir mit der Religion und dem britischen Historiker Hugh Thomas in seiner monumentalen Studie *The Slave Trade: The Story of the Atlantic Slave Trade, 1440–1870*: „Aus dem 17. Jahrhundert gibt es keine Aufzeichnung irgendeiner Predigt irgendeines Predigers, ob in der Kathedrale von Saint-André in Bordeaux oder in einem presbyterianischen Gemeindehaus in Liverpool, in der der Handel mit schwarzen Sklaven verurteilt wurde."[26] Die wenigen bestehenden Einwände klangen oft nach Pragmatismus, wie in jenem Brief des Sekretärs der Royal African Company Colonel John Pery aus dem Jahr 1707 an seinen Nachbarn William Coward, der erwog, einen Sklaventransport zu finanzieren. Es war „moralisch undenkbar, unter Deck zwei Schichten Neger innerhalb 135 Zentimetern unterzubringen." *Eine* Schicht war allerdings unter dem Gesichtspunkt des Profits völlig akzeptabel, angesichts der enormen Sterberate von 10 bis 20 Prozent während der „Middle Passage" zwischen Afrika und Amerika auf den überfüllten Sklavenschiffen. Selbst religiös klingende Bedenken waren in ihrer Argumentation verdächtig zweckdienlich, wie in der folgenden Betrachtung des Schiffsarztes Thomas Aubrey auf dem Sklaventransporter Peterborough, als er über die Vergeltung für die unmenschliche Behandlung der „Fracht" im Jenseits nachdachte: „Sie sind zwar Heiden, aber sie haben wie wir eine vernunftbegabte Seele; Gott weiß, ob für sie der Tag des jüngsten Gerichts nicht erträglicher sein mag als für viele, die sich als Christen bekennen."[27]

1676 schrieb der Quäker William Edmundson in Amerika an seine Glaubensbrüder in allen sklavenhaltenden Kolonien und Regionen, dass Sklaverei unchristlich sei, „eine Unterdrückung der Seele". Dem begegnete der Gründer der Kolonie von Rhode Island, Roger Williams (selbst protestantischer Theologe) mit dem Angriff, Edmundson sei „nichts als ein Bündel aus Ignoranz und Ungestüm". Kurz danach, 1688, verfasste eine Gruppe deutscher Quäker in Germantown (Philadelphia) eine Petition gegen die Sklaverei mit dem Argument, sie verletze die biblische Goldene Regel; sie lief ins Leere und geriet in Vergessenheit, bis sie 1844 wiederentdeckt und in der Abolitionisten-Bewegung verwendet wurde, die dort schon Fuß gefasst hatte. Tatsächlich waren zwei prominente Quäker aus Philadelphia,

Jonathan Dickinson und Isaac Norris, selbst Sklavenhändler, und es gab im frühen 18. Jahrhundert sogar ein Sklaventransportschiff im Besitz der Quäker, die *Society*; ihr Kapitän, Thomas Monk, verzeichnete im Jahr 1700 auf der „Middle Passage" beim Transport von 250 Sklaven von Afrika nach Amerika 228 Verluste unter ihnen.[28] Die Beziehung zwischen Religion und Sklaverei zusammenfassend, schrieb Hugh Thomas:

> In den reicheren Vierteln New Yorks hatten Dominikaner, Jesuiten, Franziskaner und Karmeliter immer noch Sklaven zu ihrer Verfügung. Bei seiner Ankunft 1693 in der wohlhabenden karibischen Kolonie auf Martinique beschrieb der Dominikaner Labat, wie das Kloster mit seinen neun Brüdern eine Zuckerfabrik unterhielt, betrieben durch Wasserkraft und 35 Sklaven, davon acht oder zehn alt oder krank und ungefähr 15 schlecht ernährte Kinder. So human, intelligent und phantasievoll Père Labat war und so dankbar für die Arbeit seiner Sklaven – er beschäftigte sich doch nie mit der Frage, ob Sklaverei und Sklavenhandel ethisch vertretbar sind.[29]

Ethische Einwände wurden nicht vor dem späten 18. Jahrhundert ins Feld geführt, wie ein prominenter Bostoner bemerkt: „Es war etwa um die Zeit des Stempelgesetzes [Stamp Act, 1765], als sich die leichten Skrupel in den Köpfen verantwortungsbewusster Menschen in ernsthafte Zweifel verwandelten und in beachtlich vielen Fällen zur sicheren Überzeugung reiften, dass der Sklavenhandel ein *Malum in se* ist." Ein *Übel an sich*.

Diese Auffassung etablierte sich nur zögerlich. Noch 1757 schrieb Peter Fontaine, Rektor der Hugenotten-Kolonie in Westover, seinem Bruder Moses von ihren „inneren Feinden, unseren Sklaven", und fügte hinzu „In Virginia ohne Sklaven zu leben ist moralisch unmöglich." Es war auch wirtschaftlich problematisch; so schreibt Hugh Thomas: „Keines dieser Verbote wurde aus humanitären Gründen erlassen. Die Motive waren Angst und wirtschaftliche Interessen."[30]

Wie kam es schließlich zur Abschaffung der Sklaverei? Laut Thomas lehnten „die in einer großen Welle aufkommenden Ideen und Leidenschaften, auch und gerade in Frankreich, und jene, die ihnen im Zuge der Aufklärung folgten, (im Gegensatz zur Renaissance) die Sklaverei ab. Allerdings wussten selbst die größten Geister nicht, was in der Praxis zu tun wäre."[31] In Gesetze verwandelte Konzepte der Aufklärung, verbunden mit ihrer staatlichen Durchsetzung, bewirkten schließlich das Ende der Praxis; im späten 18. Jahrhundert angestoßen, verlief die Entwicklung immer schneller. Aber täuschen wir uns nicht, die moralischen Argumente, die

die Sklaverei untergruben, reichten für ihre Abschaffung nicht aus. Viele Menschen und Länder mussten gegen Widerstände die Leiter der Moral hinaufgezerrt werden; das belegt die Tatsache, dass die britische Marine nach dem Sklavereiverbot 1807 noch für mehr als 60 Jahre bis 1870 die afrikanische Küste auf der Suche nach illegalem Sklavenhandel patrouillieren musste. Dabei wurden fast 1600 Schiffe aufgebracht und über 150.000 Sklaven befreit.[32] Und, wie schon bemerkt, im amerikanischen Bürgerkrieg starben mehr als 650.000 Menschen, um ein Ende der Sklaverei zuwege zu bringen.

Auf lange Sicht aber ist es die Kraft der Ideen, die die moralische Weiterentwicklung stärker voranbringt als die Macht der Waffen; Konzepte wie die Sklaverei bewegen sich in kleinen Schritten, von „moralisch einwandfrei" über „akzeptabel" zu „fragwürdig"; von „inakzeptabel" über „sittenwidrig" zu „illegal". Und schließlich verschieben sie sich aus dem Bereich des Undenkbaren in jenen des niemals Gedachten. Im Folgenden eine repräsentative Auswahl nichtreligiöser (säkularer) Argumente gegen die Sklaverei, vorgebracht von Denkern der Aufklärung, die bei ihrer Abschaffung von großem Einfluss waren.

In seiner Erzählung *Skarmentado's Reisen, von ihm selbst beschrieben* (1756) lässt der damals weit rezipierte Voltaire seine afrikanische Figur gegenüber dem Kapitän eines Sklavenhandelsschiffes den Spieß umdrehen: „Ihr habt lange Nasen, wir platte; Euer Haar ist grade und schlicht, das unsrige krause Wolle; Eure Haut ist aschfarben, die unsrige wie Ebenholz; folglich müssen wir vermöge der heiligen Gesetze der Natur stets Feinde seyn. Ihr kauft uns auf den Märkten der Küste von Guinea wie Lastthiere, und braucht uns, ich weiß nicht zu was für einer eben so mühsamen als lächerlichen Arbeit... sind wir die Stärkern, so machen wir Euch zu Sklaven, nötigen Euch, unsre Felder zu bearbeiten, oder schneiden Euch Nas und Ohren ab."[33]

Montesquieu, Philosoph der Aufklärung, der uns schon in Kapitel 2 begegnete, legte in seinem einflussreichen Werk *Vom Geist der Gesetze* (1748) dar, dass Sklaverei nicht nur für den Sklaven von Übel ist, sondern auch für seinen Herrn; dem Ersteren, offenkundig, weil sie ihn an einem guten Leben hindert; den Letzteren macht sie stolz, ungeduldig, hart, zornig und grausam.[34]

Denis Diderots monumentale *Encyclopédia* (1765), die von Intellektuellen auf dem europäischen Kontinent, in Großbritannien und in den Kolonien verschlungen wurde, enthält unter „Sklaverei" den Eintrag: „Ein Geschäft, das gegen Religion, Moral, Naturrecht und alle menschlichen

Gesetze verstößt. Nicht eine jener unglücklichen Seelen […] Sklaven […] hat nicht das Recht, für frei erklärt zu werden, denn in Wahrheit hat er seine Freiheit nie verloren; er konnte sie nicht verlieren, es war ihm unmöglich; und weder sein Prinz noch sein Vater noch irgendwer sonst hatte das Recht, über sie zu verfügen."[35]

In seinem 1762 veröffentlichten Hauptwerk *Vom Gesellschaftsvertrag*, das großen Einfluss auf das intellektuelle Fundament der amerikanischen Verfassung hatte, verwirft Jean-Jacques Rousseau die Sklaverei als „null und nichtig, nicht nur, weil sie unrechtmäßig ist, sondern auch absurd und sinnlos. Die Wörter 'Sklaverei' und 'Recht' widersprechen sich".[36]

Die säkularen Einwände gegen die Sklaverei übertrugen sich vom europäischen Festland auf die britischen Inseln, hielten Einzug in die schottische Aufklärung und wurden in ihr erweitert. Der Philosoph Francis Hutcheson kam in *A System of Moral Philosophy* zu den Ergebnissen „alle Menschen haben den starken Wunsch nach Freiheit und Eigentum" und „kein angerichteter Schaden oder begangenes Verbrechen kann ein denkendes Wesen in eine Sache ohne alle Rechte verwandeln".[37] Sein Schüler Adam Smith übernahm 1759 das Prinzip in seinem ersten Buch *The Theory of Moral Sentiments*: „Es gibt keinen Neger von der Küste Afrikas, der nicht… einen Grad der Großherzigkeit besitzt, den wahrzunehmen die Seele seines verkommenen Herrn kaum fähig ist."[38] Mit der Zeit fanden solche Argumente ihren Weg in die Gesetze, etwa durch die Schriften des Richters Sir William Blackstone, dessen *Commentaries on the Laws of England* 1769 einen Rechtsfall gegen die Sklaverei skizzierten und erklärten: „Ein Sklave oder Neger steht ab dem Augenblick seiner Landung in England unter dem Schutz der Gesetze und wird, was seine natürlichen Rechte angeht, *eo instanti* [sofort] ein freier Mann."[39]

Der Einfluss der französischen und schottischen Aufklärung auf die Gründerväter und Gestalter der amerikanischen Verfassung ist wohlbekannt. Thomas Jefferson, Benjamin Franklin, John Adams, Alexander Hamilton, James Madison, George Washington und die anderen werden als Produkte der Aufklärung betrachtet wie auch als Förderer ihrer Philosophie der Wissenschaft und Vernunft als den Grundlagen einer moralischen Gesellschaftsordnung in der neuen Welt.

Sklaverei und das Prinzip der austauschbaren Perspektiven

Sklaverei ist moralisch falsch, denn sie läuft dem Überleben und Gedeihen fühlender Wesen klar zuwider. Aber warum ist *das* falsch? Weil es das Naturrecht persönlicher Autonomie und unseres evolvierten Bedürfnisses nach Überleben und Gedeihen verletzt; es hindert fühlende Wesen, ihr volles Potenzial nach eigenem Belieben auszuschöpfen, in einer Weise, die Gewalt oder deren Drohung zum Mittel hat und dadurch unermessliches, unnötiges Leid verursacht. Woher wissen wir, dass *das* falsch ist? Durch das *Prinzip der austauschbaren Perspektiven*: Ich würde kein Sklave sein wollen, daher sollte ich keine Sklaven halten. Wenn uns das bekannt vorkommt, liegt es daran, dass der Mann es sagte, der mehr als jeder andere für das Ende der Sklaverei in den USA eintrat – Abraham Lincoln. 1858, am Vorabend des Bürgerkrieges, der teils deswegen ausgefochten wurde, erklärte er: „As I would not be a slave, so I would not be a master."[40]

Das ist eine weitere Ausprägung der goldenen Regel: „Ich möchte nicht von einem anderen versklavt werden, daher sollte ich nicht einen anderen versklaven." Im heutigen Sprachgebrauch beschreibt es die evolutionär stabile Strategie des *reziproken Altruismus*: „Ich werde dir den Rücken kratzen, anstatt dein Herr zu sein, wenn du mir den Rücken kratzt und mich nicht versklavst."

Das *Prinzip der austauschbaren Perspektiven* bildet auch John Rawls' Gedankenexperiment vom „Urzustand" und „Schleier des Nichtwissens" ab; im Urzustand einer Gesellschaft, in dem wir nicht wissen, in welche Position wir hineingeboren werden – Mann oder Frau, schwarz oder weiß, reich oder arm, gesund oder krank, Protestant oder Katholik, Sklave oder frei – sollten wir Gesetze bevorzugen, die nicht irgendeine Klasse privilegieren, weil wir nicht wissen, welcher wir angehören werden.[41] In diesem Kontext also: „Da ich nicht in einer Gesellschaft leben möchte, in der ich ein Sklave wäre, werde ich für Gesetze stimmen, die Sklaverei verbieten."

1854 entwarf Lincoln in einer unveröffentlichten Notiz ein Argument, das in unseren heutigen Ohren nach einer perfekten spieltheoretischen Analyse klingt. In seiner Widerlegung der Positionen seiner Zeit, die sich für eine Rangordnung der Rassen nach Hautfarbe, Intellekt und „Interesse" aussprachen (womit ökonomisches Interesse gemeint war), schrieb er Folgendes:

Wenn A begründen kann, wie schlüssig auch immer, dass er B rechtmäßig versklaven darf, warum sollte B ihm dieses Argument nicht wegschnappen und mit gleichem Recht beweisen, dass er A versklaven darf? Du sagst, A ist weiß und B ist schwarz. Also liegt es an der Hautfarbe, und der Hellhäutigere hat das Recht, den Dunkleren zu versklaven? Vorsicht. Nach dieser Regel wirst du vom ersten Mann mit einer helleren Haut als deiner versklavt werden.

Du meinst also nicht die Hautfarbe? Du meinst, die Weißen seien den Schwarzen intellektuell überlegen, und sie hätten darum das Recht, sie zu versklaven? Noch einmal Vorsicht. Nach dieser Regel wird dich der erste Mann versklaven, den du triffst, der dir intellektuell überlegen ist.

Nun sagst du, es sei eine Frage des Interesses; wenn du es zu deinem Interesse erklärtest, hättest du das Recht, andere zu versklaven. Na schön. Und wenn der andere es zu seinem Interesse erklärt, kann er dich versklaven."[42]

Lincoln bringt hier ein eindeutig säkulares Argument für die Gleichberechtigung vor, indem er sich von den Prämissen zur Konklusion vorarbeitet. An keiner Stelle erwähnt er einen religiösen Hintergrund für seine Inspiration zur Abschaffung der Sklaverei. Tatsächlich war er kein Gläubiger in irgendeiner traditionellen Bedeutung des Wortes. Nach seiner Ermordung sagte sein Testamentsvollstrecker und langjähriger Freund, Richter David Davis: „Er hatte keinen Glauben im christlichen Sinne." Ein anderer seiner Freunde, Ward Hill Lamon, der ihn von seinen frühen Jahren als Rechtsanwalt in Illinois bis zur Präsidentschaft kannte, bestätigte: „Nie in all den Jahren, weder in Sprache noch Schrift, entschlüpfte ihm eine Bemerkung, die auch nur entfernt auf einen Glauben an Jesus als Sohn Gottes und Erlöser des Menschen hindeutete."[43]

Die obige Passage spiegelt vielmehr den Einfluss von Euklids *Die Elemente* auf Lincoln wider, deren passionierter Leser er war, der sich auf mathematische Sätze bezog und darauf, wie sich derartige Schlussfolgerungen auf menschliche Angelegenheiten anwenden ließen. In Lincolns Beispiel oben sind A und B austauschbare Elemente – da A nicht der Sklave des B sein will, kann A nicht der Herr des B sein. In Steven Spielbergs Film *Lincoln* lässt der Drehbuchautor Tony Kushner den großen Befreier Euklids Axiom im Kontext einer Diskussion über die Gleichberechtigung der Rassen erklären: „Euklids erste Vorstellung geht so: Zwei Dinge, die einem dritten gleich sind, sind auch einander gleich. Das ist eine Regel des mathematischen Schließens. Sie ist wahr, weil sie funktioniert; das hat sie immer und wird sie immer. Das ist selbstverständlich, sagt Euklid in seinem Buch. Da habt ihr's – selbst in dem 2000 Jahre alten Buch über Gesetze der Mechanik ist es eine selbstverständliche Wahrheit." Obwohl Lincoln niemals diese Worte sprach, besteht aller Grund zur Annahme, dass er ein solches Argument vorgebracht hätte, denn in seiner Aussage von 1854 über die Austauschbarkeit von A und B ist es enthalten.[44]

Lincolns Formulierung des *Prinzips der austauschbaren Perspektiven* – „Da ich kein Sklave sein will, so will ich auch kein Herr sein" – folgen Sätze, die üblicherweise weggelassen werden: „Das drückt meine Vorstellung von Demokratie aus. Was immer davon abweicht, ist, was die Differenz betrifft, keine Demokratie." Damit die Demokratie Erfolg hat, müssen ihre Bürger Erfolg haben, denn sie ist die Summe ihrer individuellen Mitglieder. Und, nicht zu vergessen, es sind Individuen, die Leid erfahren, nicht Kollektive wie Demokratien. Daher reflektierte die Debatte über Sklaverei zu Lincolns Zeit tiefere und bleibende moralische Prinzipien, den Ursprung von Regierung und Anerkennung aller Menschenrechte. Am 15. Oktober 1858 führte er seine siebte und letzte Debatte mit Stephen A. Douglas, letzterer berühmt für seine Erklärung: „Ich bestreite entschieden, dass er [der schwarze Mann] mein Bruder ist, oder irgendein Verwandter."[45] In dieser Auseinandersetzung machte Lincoln klar, was auf dem Spiel steht – „Freiheit des Individuums, sich zu entfalten" contra „göttliches Recht der Könige, zu regieren":

> Dies ist das wahre Thema. Das ist das Thema, das in diesem Land geblieben sein wird, wenn diese armen Zungen von Richter Douglas und mir still geworden sein werden. Es ist der ewige Kampf zwischen diesen zwei Prinzipien – Recht und Unrecht – überall auf der Welt. Es sind die beiden Prinzipien, die sich seit Anbeginn der Zeit gegenübergestanden haben und immer miteinander kämpfen werden. Das eine ist das gewöhnliche Recht der Menschheit und das andere das göttliche Recht der Könige. Es ist immer das gleiche Prinzip, in welcher Verkleidung es auch immer daherkommt. Es ist der gleiche Geist, der sagt, „Du schuftest, arbeitest und verdienst deine Brötchen, und ich esse sie." Egal in welcher Form es sich äußert, ob aus dem Mund eines Königs, der bestrebt ist, die Leute seines Reiches zu beherrschen und von der Frucht ihrer Arbeit zu leben, oder von der einen Menschenrasse als Rechtfertigung dafür,

eine andere Rasse zu versklaven; es ist das gleiche tyrannische Prinzip.⁴⁶

(Jörg Nagler: Abraham Lincoln: Amerikas großer Präsident; eine Biographie, C.H.Beck 2013, S. 188)

Lincolns letztes moralisches Bekenntnis war schlicht. Im April 1864, als die Zahl der Toten des Bürgerkrieges die halbe Million überschritten hatte, sagte er: „Wenn Sklaverei nicht falsch ist, dann ist nichts falsch."⁴⁹

Bild 5-2 zeigt die weltweite staatliche Abschaffung und Kriminalisierung der Sklaverei seit dem Jahr 1117, beginnend mit Island.

Fortschritt bei Freiheit
Anzahl der Staaten, die Sklaverei abgeschafft und unter Strafe gestellt haben

Bild 5-2: Die staatliche Abschaffung und Kriminalisierung der Sklaverei, 1117 bis 2010
Aus dem Wikipedia-Artikel „Abolition of Slavery Timeline". Island war das erste Land, das 1117 die Sklaverei abschaffte und Großbritannien das letzte, das sie 2010 zum Verbrechen erklärte. Die gestrichelte Linie bis 2025 veranschaulicht, dass Sklaverei trotz ihrer weltweiten Abschaffung immer noch als Sexhandel und Sklavenarbeit praktiziert wird und noch ein Weg vor uns liegt.⁴⁸

Jahrhundertelang verlief der Fortschritt hoffnungslos langsam und stockend. Nachdem 1776 die amerikanische Unabhängigkeitserklärung, 1789 die französische Erklärung der Menschen- und Bürgerrechte und verschiedene andere, durch die Aufklärung inspirierte Arbeiten über die Menschenrechte im 19. Jahrhundert an Einfluss gewannen, stieg die Rate sprunghaft an, mit der sich Länder im Zuge der Verbreitung der Freiheit von der Sklaverei lossagten und kulminierte 2007 und 2010, als Mauretanien und Großbritannien sie global zum Verbrechen erklärten. Ich habe die Linie gestrichelt bis 2025 verlängert, um zu veranschaulichen, dass Sklaverei trotz weltweiten Verbots noch in Teilen Südostasiens und anderswo als Sexhandel praktiziert wird und es in Teilen Afrikas und der Welt weiterhin Arbeitssklaven gibt.

Nach Schätzungen der Organisation *End Slavery Now* leben in ärmeren Regionen der Welt bis zu dreißig Millionen Menschen als Sex- und Arbeitssklaven,[50] wenngleich einige sich mit der Materie befassende Journalisten und Wissenschaftler die Meinung vertreten, die Zahl läge wahrscheinlich um eine Größenordnung zu hoch, weil sie auf unsicheren Daten und Kalkulationen beruhe.[49] Anteilig an der Weltbevölkerung aber liegen alle Arten der Sklaverei auf dem bisher niedrigsten Stand. Dennoch werden Menschen weiterhin ausgebeutet, und das muss ein Ende haben. Die *Walk Free Foundation* indizierte zehn Länder, in denen 70 Prozent der weltweit versklavten Menschen leben, mit China, Indien und Pakistan an der Spitze. Die Sklaverei-Definition des Index enthält „Zwangsarbeit von Männern, Frauen und Kindern, häusliche Knechtschaft, erzwungenes Betteln, sexuelle Ausbeutung von Frauen und Kindern und Zwangsheirat."[51]

Die Fotografin Lisa Kristine dokumentierte mit ihren Aufnahmen die Brutalität solcher Praktiken wie Sexhandel und Sklavenarbeit[52]; Kevin Bales, Mitbegründer von *Free the Slaves*, umreißt Möglichkeiten der Bekämpfung dieser Gräuel und die Pläne seiner Organisation, all ihre Erscheinungsformen binnen eines Vierteljahrhunderts zu beenden.[53] Bales erläutert den wirtschaftlichen Charakter: „Menschen werden nicht versklavt, um sie niederträchtig zu behandeln, sondern wegen des Profits". Die Preise sind dramatisch gefallen, von einem historischen Mittelwert von 4000 Dollar (Dollarwert von 2010) pro Sklave auf heute 90 Dollar. Der Grund für den Preisverfall ist das gestiegene Angebot; durch die globale Bevölkerungsexplosion steht eine Milliarde schutzloser Menschen zur Ausbeutung zur Verfügung. Eine Goldgrube für die Sklavenjäger; ihr Trick ist, verarmten Menschen einen Job anzubieten. „Sie klettern auf den Lastwagen, fahren mit; nach 10, 100, 1000 Meilen landen sie in dreckigen, erniedrigenden, demütigenden Arbeitsverhältnissen, halten eine Weile durch, aber wenn sie versuchen, abzuhauen, fällt, rums, der Hammer und sie merken, dass sie versklavt wurden." Ohne Lohn unter Gewaltandrohung zur Arbeit gezwungen und festgehalten zu werden, ist sicher eine Form der Sklaverei. Die heute durch Sklavenarbeit erzeugten 40 Milliarden Dollar sind der kleinste Teil der globalen Wirtschaftsleistung, die jemals auf diese Art generiert wurde: „Heute müssen wir nicht mehr den juristischen Kampf gewinnen; in jedem Land gibt es Gesetze dagegen. Wir müssen nicht mehr den ökonomischen Streit gewinnen; keine Wirtschaft hängt noch von Sklaverei ab (anders als im 19. Jahrhundert, als ganze Industriezweige hätten zusammenbrechen können). Und wir müssen nicht mehr die moralische Auseinandersetzung gewinnen; niemand mehr versucht, sie zu rechtfertigen."[54] Dazu kommt die Freiheits-Dividende: Wenn Sklaven zu Erzeugern und Verbrauchern werden, entwickeln sich lokale Ökonomien sehr schnell aufwärts.

Die modernen Antisklaverei-Aktivisten betonen, wie wichtig die Kriminalisierung der Sklaverei ist; nur in Ländern, in denen sie zum Verbrechen erklärt wird und nicht nur für aufgehoben, können Sklavenhalter rechtlich verfolgt werden. Wie oben erwähnt wurde in Mauretanien die Sklaverei 1981 abgeschafft, aber erst 2007 unter Strafe gestellt, womit der Prozess der strafrechtlichen Verfolgung begann, wenn auch langsam. Der CNN-Korrespondent John Sutter vermerkt in seinem Bericht über die Bedingungen, unter denen die Menschen dort leben: „Der erste Schritt hin zur Freiheit ist, zu erkennen, dass man versklavt ist."[55]

Die rationalen und wissenschaftlichen Argumente des 18. und 19. Jahrhunderts gegen die Sklaverei, die zu ihrer Abschaffung und allgemeinen Verurteilung führten, bereiteten die Bühne für die Durchsetzung weiterer Rechte, zu mehr Gerechtigkeit und Freiheiten für Schwarze und Minderheiten, Frauen und Kinder, Schwule und Lesben und nun selbst für Tiere. Sie erweiterten die Sphäre der Moral, die nun mehr fühlende Wesen umfasst denn je zuvor in der Geschichte der Menschheit.

6. Die moralische Wissenschaft der Frauenrechte

Gebt uns faire Bedingungen! Es ist alles, was wir wollen, und mit weniger werden wir uns nicht zufriedengeben. Der alles berührende Finger der Evolution liegt liebevoll auf den Frauen. Sie haben alle Elemente des Fortschritts auf ihrer Seite, und sein Geist rührt sich in ihnen. Sie kämpfen, nicht allein für sich selbst, auch für die Zukunft der Menschheit. Gebt ihnen faire Bedingungen!

Tennessee Celeste Claflin, 1897, Fürsprecherin sozialer Reformen, erste Frau, die an der Wall Street eine Börsenhandelsfirma eröffnete.

In Kapitel 1 begegnete uns William Lecky, seines Zeichens irischer Historiker des 19. Jahrhunderts, mit seiner Metapher des sich erweiternden Kreises der Moral aus seinem Buch *Sittengeschichte Europas*. In seinem Kapitel über die „Stellung der Frauen" postuliert er das Aufkommen von Monogamie und Ehe als erste Stufe des Aufstiegs der Frauen zu einem Status näher an dem des Mannes und sieht den primären Wert des Ehekontrakts in den gleichen Rechten, die er der Frau wenigstens zu Hause gewährt (leider nur zu Hause): „Die utilitaristischen Argumente zu seiner Verteidigung sind sehr mächtig und können in drei Sätzen zusammengefasst werden. Die Natur bringt gleiche Anzahlen von Männern und Frauen hervor, als Indiz für die Natürlichkeit. In keiner anderen Art der Ehe kann das Regiment der Familie, eines ihrer obersten Ziele, so glücklich erhalten werden, und in keiner anderen nimmt die Frau eine dem Mann gleiche Stellung ein."[1]

Dieses widerwillige Eingeständnis einer dem Mann gleichen Frau, solange sie bei ihrer Handarbeit bleibt und die Gemächer nicht verlässt, ist umso weniger eindrucksvoll, als es May Wollstonecrafts *A Vindication of the Rights of Woman*[2] fast achtzig Jahre hinterher hinkt, wie auch John Stuart Mills Aufruf zur rechtlichen und gesellschaftlichen Gleichberechtigung der Frauen in seiner Abhandlung *The Subjection of Women* (möglicherweise mit seiner Frau, Harriet Taylor Mill, als Co-Autorin).[3] Des Weiteren wird zwanzig Jahre nach der ersten Tagung über Frauenrechte (1848 in Seneca Falls, New York), die überwiegend von Elizabeth Cady Stanton verfasste *Declaration of Rights and Sentiments* von 86 Frauen und 32 Männern ratifiziert. Das Dokument war analog zur Unabhängigkeitserklärung gestaltet und enthielt diese Worte: „Wir halten diese Wahrheiten für selbstverständlich, dass alle Männer und Frauen gleich erschaffen wurden." Für Lecky war das offenbar nicht selbstverständlich; er meinte:

> Beim Ethos des Intellekts sind sie deutlich unterlegen. Frauen lieben selten die Wahrheit, wenngleich sie leidenschaftlich lieben, was sie „die Wahrheit" nennen, oder Meinungen, die sie von anderen übernommen haben, und heftig jene hassen, die anderer Auffassung sind als sie. Der Unvoreingenommenheit oder des Zweifels sind sie wenig fähig; ihr Denken ist vorwiegend ein Fühlen; obwohl großzügig in ihren Taten, sind sie kaum großzügig in ihren Meinungen oder Urteilen. Sie überreden statt zu überzeugen und schätzen Überzeugungen eher als Quell des Trostes denn als getreuen Ausdruck der Wirklichkeit der Dinge."[4]

Diese Haltung war leider nicht untypisch, und Anhänger dieser außerordentlichen modernen Vorstellung von der Gleichberechtigung und dem Wahlrecht der Frauen wurden verachtet und lächerlich gemacht. Offenbar sahen Männer ihre Annehmlichkeiten und Privilegien bedroht; ein Reporter der *Oneida Whig*, der die Tagung von 1848 kommentierte, sagte:

> Diese Rebellion ist das schockierendste und unnatürlichste Ereignis, das je in der Geschichte der Frauen verzeichnet wurde. Wenn unsere Damen darauf bestehen, zu wählen und Gesetze zu erlassen, wo, meine Herren, bleiben unsere Abendessen und Ellbogen? Wo unser Heim und Herd, wo die Löcher in unseren Strümpfen?[5]

Ja, wo?

Gleichwohl, die Suffragetten und ihre Verbündeten blieben standhaft, und nach einem 72 Jahre währenden Kampf sicherte der 19. Verfassungszusatz den Frauen 1920 das Wahlrecht zu. Es waren Ereignisse voller fesselnder Details, die zum Frauenstimmrecht in Amerika führten; hier nur ein kurzer Überblick.[6] Elizabeth Cady Stanton und Lucretia Mott organisierten 1848 die Seneca-Falls-Konferenz, nachdem sie 1840 in London an der Welttagung zur Beendigung der Sklaverei teilgenommen hatten – zwar als Delegierte, aber sie durften nicht reden und mussten wie folgsame Kinder in einem Bereich sitzen, der durch einen Vorhang abgeteilt war. Dies war Stanton und Mott übel aufgestoßen. Die Tagungen wurden in den 1850er Jahren fortgesetzt, dann aber durch den Bürgerkrieg unterbrochen, dessen Ausgang 1870 das Stimmrecht etablierte; natürlich nicht für Frauen, sondern für schwarze Männer (die ihrerseits Zug um Zug entrechtet wurden durch Kopfsteuer, Gesetzeslücken, Lese- und Schreibtests, Drohungen und

Einschüchterung). Das kam bei einigen weiteren, darunter Matilda Joslyn Gage, Susan B. Anthony, Ida B. Wells, Carrie Chapman Catt, Doris Stevens und zahllose andere, die unermüdlich gegen die politische Versklavung von Frauen kämpften, nicht gut an und bestärkte sie nur.

Die Stimmung heizte sich auf, als die große amerikanische Suffragette Alice Paul (fesselnd porträtiert von Hilary Swank im Film *Alice Paul – Der Weg ins Licht* von 2004) von einem längeren Englandaufenthalt zurückkehrte. Während dieser Zeit hatte sie durch ihre aktive Teilnahme an der britischen Suffragettenbewegung und von ihren radikaleren, militanteren Frauenrechtlerinnen viel gelernt, etwa der couragierten Polit-Aktivistin Emmeline Pankhurst, beschrieben als „die scharfe Klinge jener Waffe der Willenskraft, mit der sich britische Frauen aus der Einstufung ihres Stimmrechts zusammen mit Kindern und Idioten befreiten."[7] Nach ihrem Tod rühmte die *New York Times* sie als „die bemerkenswerteste politische und gesellschaftliche Agitatorin des frühen 20. Jahrhunderts und die Hauptfigur des Feldzuges für die Verleihung des Wahlrechts an Frauen";[8] Jahre später kürte sie das *Time Magazine* als einen der hundert wichtigsten Menschen des Jahrhunderts. Und so war Alice Paul bei ihrer Rückkehr aus dem Ausland bereit zur Tat; allerdings waren die konservativeren Mitglieder der Frauenbewegung nicht recht bereit für Alice. Dennoch organisierten sie und Lucy Burns die größte Parade, die Washington, D.C. jemals gesehen hatte, um auf ihr Anliegen aufmerksam zu machen. Am 3. März 1913 (strategisch auf den Tag vor Präsident Wilson Amtseinführung gelegt) zogen 26 Motivwagen, zehn Kapellen und 8000 Frauen durch die Straßen, angeführt von der umwerfenden Inez Milholland in wehendem weißen Cape auf einem weißen Pferd. (Siehe Bild 6-1.) Mehr als 100.000 Zuschauer waren zugegen, aber die überwiegend männliche Menge wurde zunehmend renitent; Frauen wurden bespuckt, verhöhnt, belästigt und angegriffen, während die Polizei danebenstand. In Sorge, ein Aufstand könnte ausbrechen, setzte das Kriegsministerium die Kavallerie ein, um eskalierende Gewalt und Chaos einzudämmen.[9]

Es war ein Geschenk. Ein Skandal wegen der rauhen Behandlung der Frauen folgte, und plötzlich „war das Thema des Wahlrechts, von vielen Politikern lange für tot gehalten, in den Zeitungsartikel-Schlagzeilen landesweit blühend lebendig... Paul hatte ihr Ziel erreicht – das Frauenwahlrecht war zur bedeutenden politischen Angelegenheit geworden".[11]

Ab 1917 demonstrierten Frauen friedlich vor dem weißen Haus, trafen aber erneut auf Schikanen und Gewalt. Diese „stillen Wächterinnen" standen dort zweieinhalb Jahre lang Tag und Nacht (außer sonntags) mit

Bild 6-1: Inez Milhollands Marsch auf Washington, D.C.
Am 3. März 1913 führte die Frauenrechtlerin Inez Milholland den Marsch auf die Hauptstadt an, zusammen mit ihren Gefährtinnen Alice Paul und Lucy Burns.[10]

ihren Transparenten, bis die USA in den ersten Weltkrieg eintraten und der Geduldsfaden dünner wurde, weil man es als unschicklich ansah, gegen einen Kriegspräsidenten zu demonstrieren. Man warf ihnen Verkehrsbehinderung vor und *warf* sie oft buchstäblich ins Gefängnis, wo sie unter scheußlichen Umständen wie Kriminelle behandelt wurden. Viele der Frauen gingen in den Hungerstreik, darunter Alice Paul, die man brutal zwangsernährte, damit sie nicht zur Märtyrerin ihrer Sache würde. Berichte über die unmenschlichen Bedingungen im Arbeitshaus drangen zur Presse durch und brachten zunehmend die Öffentlichkeit gegen die furchtbare Behandlung der Demonstrantinnen auf. In der „Nacht des Schreckens", als die sie später bekannt wurde, gingen 40 Gefängniswärter auf die Frauen los, sie wurden „gepackt, geschleift, geschlagen, getreten und gewürgt". Man fesselte Lucy Burns mit Handschellen über ihrem Kopf an die Zellentür; eine andere Frau wurde in den Gebäudeteil der Männer gebracht, damit die, wie man ihr sagte, „mit ihr tun können, was sie wollen"; eine Frau wurde bewusstlos geschlagen, eine weitere erlitt einen Herzanfall.[12] Diese Ausschreitungen waren ein schwerer taktischer Fehler. „Als der öffentliche Druck wuchs, nachdem die Presse über sie berichtet hatte, sah sich die Regierung zum Handeln genötigt... weder mit Verhaftungen waren die Demonstranten aufzuhalten noch mit Gefängnisstrafen, psychopathischen Wärtern, Zwangsernährung oder gewaltsamen Angriffen. Es wurde entschieden, sie einfach laufen zu lassen."[13] Zu guter Letzt wurde 1920 der 19. Verfassungszusatz verbindlich (ursprünglich 1878 von Susan B. Anthony und Elizabeth Cady Stanton entworfen), mit einer Stimme Mehrheit – dank dem vierundzwanzigjährigen Harry T. Burn, Gesetzgeber aus Tennessee, der eigentlich dagegen stimmen wollte, dass sein Staat den Zusatz ratifiziert (für dessen Verabschiedung die Zustimmung von 36 der damals 48 Staaten nötig war), dann aber nach einer Mitteilung seiner Mutter seine Meinung änderte.

Lieber Sohn:

Hurra, und stimme für das Wahlrecht! Lass sie nicht im Zweifel. Ich höre manche der Reden dagegen; sie waren bitter. Ich versuche, zu verfolgen, wie du dich machst, habe aber noch nichts bemerkt.

Vergiss nicht, ein guter Junge zu sein und hilf Mrs. Catt, die „Ratte" in der Ratifizierung unterzubringen [put the „rat" in ratification].

Deine Mutter[14]

So hing schließlich das Frauenwahlrecht an der Stimme eines einzelnen jungen Mannes, von seiner Mutter beeinflusst. Gerüchten zufolge „waren die Wahlrechtsgegner so erbittert ob seiner Entscheidung, dass sie ihn aus der Kanzlei jagten und aus einem Fenster zwangen, wo er sich entlang eines Simses vorsichtig in Sicherheit brachte."[15] Das Wahlrecht kam in den Vereinigten Staaten an, die sich mit Händen und Füßen wehrten.

Dieses Recht war Frauen in einigen Ländern schon Jahre zuvor zugesprochen worden; andere mussten weiter darauf warten, und manche warten noch heute. Bild 6-2 zeigt den moralischen Fortschritt des Frauenwahlrechts, Bild 6-3 die zeitlichen Abstände, mit denen Männer und Frauen das Recht zugesprochen bekamen, von 123 Jahren zwischen 1848 und 1971 im Fall der Schweiz bis zu null Jahren für Dänemark 1915. In diesem Vergleich liegt die Lücke der USA von 50 Jahren zwischen 1870 und 1920 im Mittelfeld.

Fortschritt beim Frauenwahlrecht

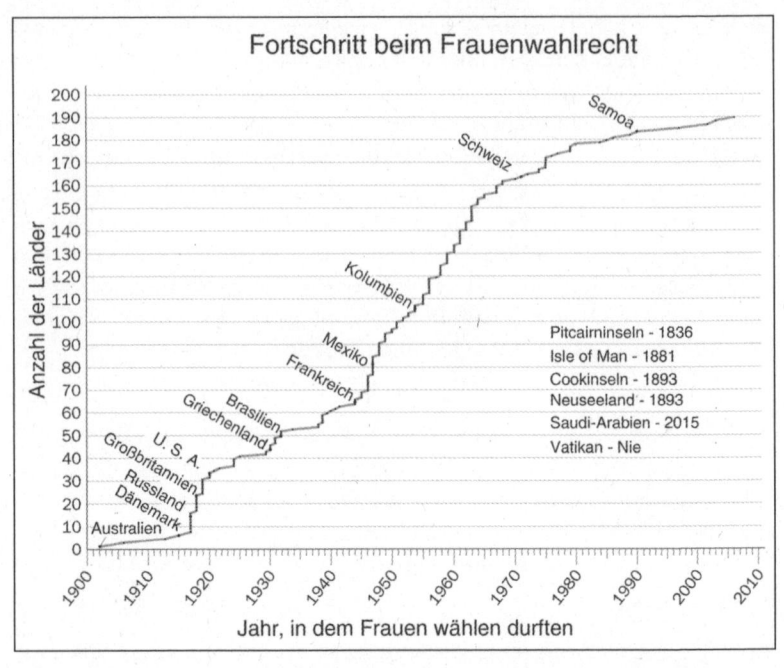

Pitcairninseln - 1836
Isle of Man - 1881
Cookinseln - 1893
Neuseeland - 1893
Saudi-Arabien - 2015
Vatikan - Nie

Bild 6-2: Frauenwahlrecht im Zeitverlauf. Der stufenweise Fortschritt des Frauenwahlrechts, verfolgt von 1900 bis 2010, zeigt zwei starke Anstiege, jeweils nach den Weltkriegen. Der geschätzte Zeitpunkt, an dem der Vatikanstaat Frauen das Wahlrecht verleihen wird, ist bezeichnenderweise „nie".[16]

Vom der Teilhabe zum Triumph

Ist für eine Kategorie der Rechte erst die Grundlage geschaffen, so wird die Arbeit an weiteren Rechten leichter. Das Weltwirtschaftsforums erstellt jährlich den *Global Gender Gap Report*, der 136 Länder nach diversen Kriterien bewertet, darunter Wirtschaft, Politik, Bildung und Gesundheit. Er zeigt, wie weit sich der Abstand zwischen Männern und Frauen verringert hat. Global schloss sich diese Lücke um „96 Prozent bei der Gesundheit, 93 Prozent bei Bildung, 60 Prozent bei wirtschaftlicher Teilhabe, aber nur 19 Prozent bei der Politik". In Island, Finnland, Norwegen und Schweden sind die Lücken am kleinsten; die nordeuropäischen Länder halten sieben der zehn Spitzenpositionen. Das hat wirtschaftliche Folgen. Aus dem Bericht: „Der Index zeigt eine starke Korrelation zwischen der Geschlechterlücke und der Wettbewerbsfähigkeit eines Landes. Frauen stellen die Hälfte des

Die moralische Wissenschaft der Frauenrechte 233

Anzahl der Jahre zwischen Männer- und Frauenwahlrecht

MÄNNERWAHLRECHT / FRAUENWAHLRECHT

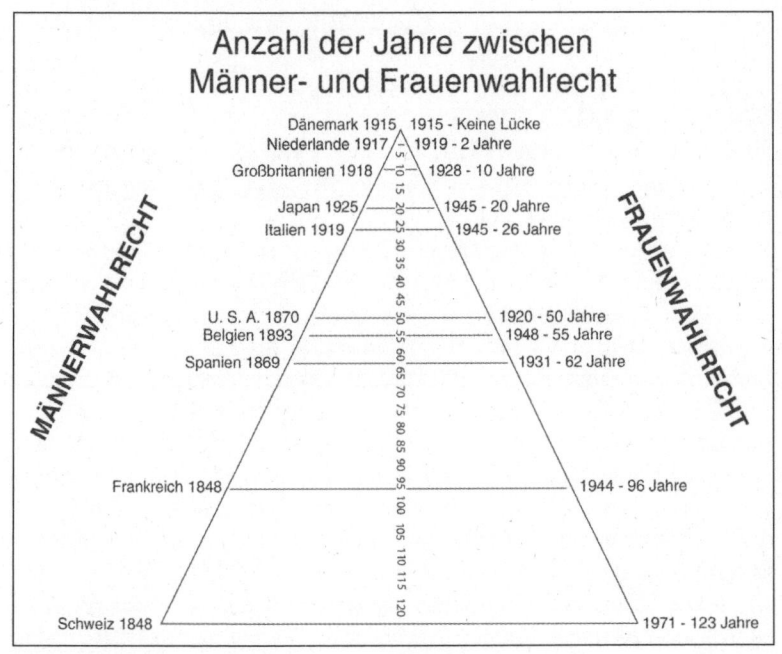

- Dänemark 1915 — 1915 - Keine Lücke
- Niederlande 1917 — 1919 - 2 Jahre
- Großbritannien 1918 — 1928 - 10 Jahre
- Japan 1925 — 1945 - 20 Jahre
- Italien 1919 — 1945 - 26 Jahre
- U. S. A. 1870 — 1920 - 50 Jahre
- Belgien 1893 — 1948 - 55 Jahre
- Spanien 1869 — 1931 - 62 Jahre
- Frankreich 1848 — 1944 - 96 Jahre
- Schweiz 1848 — 1971 - 123 Jahre

Bild 6-3: Die Wahlrechtslücke zwischen Männern und Frauen
Der sprunghafte Charakter des moralischen Fortschritts wird sichtbar in den zeitlichen Distanzen zwischen Anerkennung des Wahlrechts jeweils für Männer und für Frauen, von 123 Jahren in der Schweiz bis zu null Jahren für Dänemark. Der Wandel ist durch viele soziale und politische Variablen bedingt, die sich von Land zu Land unterscheiden.

Talent-Potenzials, daher hängt die wirtschaftliche Leistung eines Landes auf lange Sicht wesentlich davon ab, wie es seine Frauen bildet und einsetzt."[17] Erfreulicherweise nehmen Frauen in traditionell männlich dominierten Berufen zunehmend ihren Platz ein. 2013 zum Beispiel wurde Ursula von der Leyen die erste deutsche Verteidigungsministerin und zur nachdrücklichen Verfechterin des Wandels, die im Dezember desselben Jahres ihre Ambitionen darlegte: „Mein Ziel sind die Vereinigten Staaten von Europa nach dem Muster der föderalen Staaten Schweiz, Deutschland oder USA", verteidigt von einer vereinigten europäischen Armee. Weibliche Stimmen auf der politischen Bühne sind immer gut für den Fortschritt der Moral; das zeigt sich auch an von der Leyens Initiative, die Zahl der Kindertagesstätten zu erhöhen und an ihrer Unterstützung der „Ehe für alle". Sie ist keineswegs der einzige weibliche Verteidigungsminister Europas. Jeanine Hennis-Plasschaert vertrat dieses Amt von 2012 bis 2017 in den Niederlanden, Kristin Krohn Devold von 2001 bis 2005 in Norwegen, Michèle Alliot-Marie von 2002 bis 2007 in Frankreich, Leni Björklund von 2002 bis 2006 in Schweden, Carme Chacón Piqueras von 2008 bis 2011 in Spanien und Grete Faremo von 2009 bis 2011 in Norwegen; es gab bisher weltweit 82 Verteidigungsministerinnen.[18]

Zur Liste einflussreicher Frauen auf traditionell männlich besetzten Gebieten gehört Mary Barra, ab Dezember 2013 die erste Vorstandsvorsitzende eines Autoherstellers (General Motors). Nach ihrer Ernennung erschienenen Berichten zufolge machen Unternehmen der *Fortune 500* mit mehr Frauen in Führungspositionen 50 Prozent höheren Profit. In jenen Fortune 500 finden sich 22 weibliche Vorstandsvorsitzende; 16,9 Prozent der Vorstandsposten sind mit Frauen besetzt.[19] Am Tag nach Barras Amtsübernahme erschien eine Studie des Pew Research Center, gemäß der nur 15 Prozent der jungen Frauen in Amerika berichten, dass sie wegen ihres Geschlechts diskriminiert wurden. Der Anteil von Frauen unter Managern und im administrativen Bereich ist dem der Männer nahezu gleich, 15 Prozent versus 17 Prozent. Der Durchschnittslohn junger amerikanischer Frauen liegt bei 93 Prozent dessen der Männer, gegenüber 67 Prozent im Jahr 1980, und in allen Alterskohorten beträgt der mittlere Stundenlohn 84 Prozent des Lohns der Männer in vergleichbaren Positionen; 1980 waren es 64 Prozent. Die wahrscheinlichste Ursache dieses Fortschritts ist Bildung; 38 Prozent der Frauen in der Altersgruppe 25 bis 32 haben einen Bachelor-Abschluss, verglichen mit 31 Prozent der gleichaltrigen Männer. Als Folge dessen waren 49 Prozent der Angestellten mit diesem Abschluss Frauen, gegenüber 36 Prozent 1980. Kim Parker, stellvertretende Direktorin des *Pew Social & Demographic Trends Project*: „Die heutige Generation junger Frauen ist im Arbeitsmarkt, was das Einkommen angeht, fast auf Augenhöhe mit den Männern und hochgebildet."[20] Laut einer weiteren Analyse von Pew Research aus dem Jahr 2013 sind in 40 Prozent der amerikanischen Haushalte Frauen die Allein- oder Hauptverdiener, ein vierfacher Zuwachs seit 1960.[21] Wenngleich Frauen die Einkommensparität mit Männern noch nicht ganz erreicht haben, so zeigen die Bilder 6-4, 6-5 und 6-6 doch unverkennbare Tendenzen zu einer schmaler werdenden Lücke, die am Ende der Dekade geschlossen sein sollte, wenn die Trends anhalten. In den Vereinigten Staaten (und verschiedenen anderen Ländern) ist die Berechnung der Einkommensschere eine verzwickte, von vielen Faktoren abhängende Angelegenheit; immerhin, die langfristige Entwicklung zeigt in die richtige Richtung.

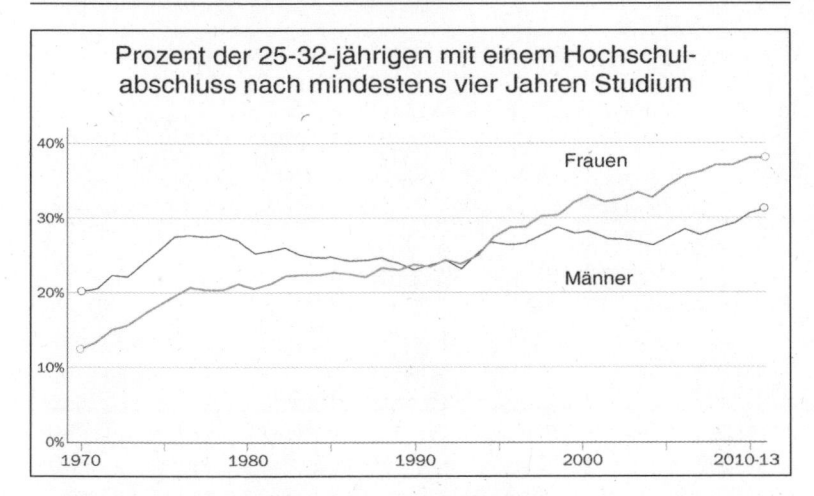

Die moralische Wissenschaft der Frauenrechte 235

Prozent der 25-32-jährigen mit einem Hochschulabschluss nach mindestens vier Jahren Studium

Bild 6-4. Schluss der Geschlechterlücke bei der Bildung
Die Prozentsätze der 25- bis 32jährigen, die mindestes vier Hochschuljahre absolvierten, zeigt, dass Frauen bei der Erlangung des Bachelorgrades die Männer überholt haben. 1970 waren es nur 12 Prozent der Frauen gegenüber 20 Prozent der Männer. 2012 hat sich die Lücke ins Gegenteil verkehrt; 38 Prozent Frauen wurden Bachelor, nur 31 Prozent Männer. Quelle: Pew Research Center

Mittlere Stundenlöhne (Dollar von 2012) 1980-2012

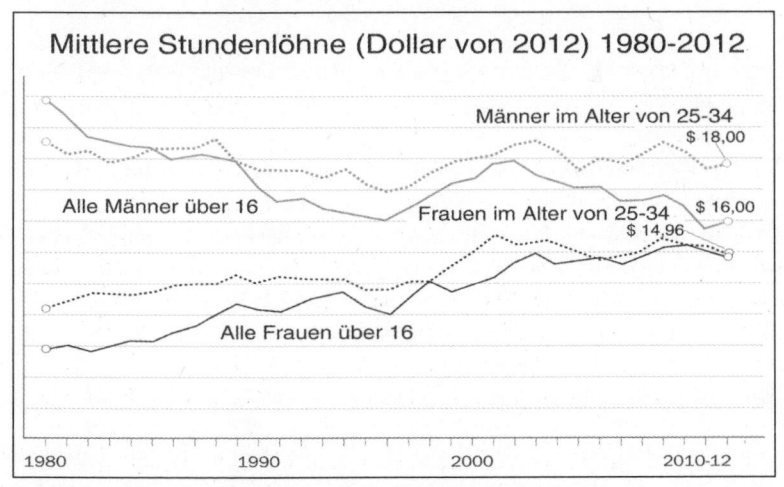

Bild 6-5: Schluss der Geschlechterlücke beim Stundenlohn
Bei den mittleren Stundenlöhnen in Dollar von 2012 in den Jahren 1980 bis 2012 schließt sich die Verdienstlücke für Frauen über 16 von 8 Dollar 1980 auf 1,02 Dollar 2012. Quelle: Pew Research Center

Gesamteinkommen 25-34-jähriger Frauen als Prozentanteil des Einkommens der Männer

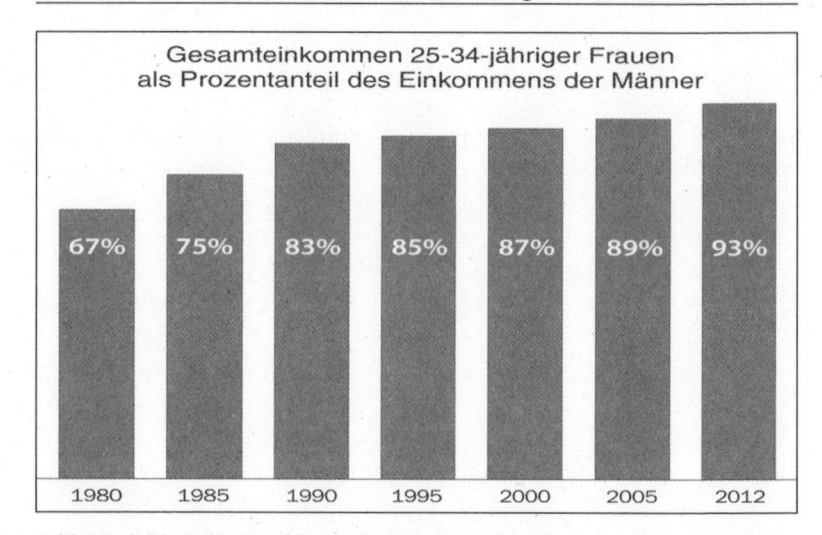

1980	1985	1990	1995	2000	2005	2012
67%	75%	83%	85%	87%	89%	93%

Bild 6-6: Schluss der Geschlechterlücke beim Einkommen
Das Gesamteinkommen der Frauen als Prozentanteil des Einkommens der Männer in Dollar von 2012 in der Altersgruppe 25 bis 34, angefangen 1980, als eine Frau durchschnittlich 67 Prozent des Verdienstes eines Mannes erhielt, bis hin zu annähernder Parität von 93 Prozent im Jahr 2012. Im Idealfall sollte die Lücke in den USA bis 2020 geschlossen sein. Quelle: Pew Research Center

Die Kurven der sich verbessernden Lage der Frauen machen Mut, aber erzählen natürlich nicht die ganze Geschichte. In vielen nichtwestlichen Staaten leben Frauen unter extremer männlicher Herrschaft, vor allem in Theokratien und Ländern mit korrupten oder dysfunktionalen Regierungen. Frauen in diesen Kulturen erdulden eine Litanei des Schreckens, darunter Genitalverstümmelung, die oft lebenslanges Leid und erhöhte Geburtsrisiken bedeutet; Ehrenmorde; Kinderehe; und sie werden des Verbrechens angeklagt, vergewaltigt worden zu sein, manchmal mit der Folge, dass ihre eigene Familie oder der Staat sie ermorden (während der Täter davonkommt). Als Bürger zweiter Klasse müssen sie eine Unzahl an Kränkungen hinnehmen, angefangen bei Verboten, die Schule zu besuchen, Auto zu fahren oder einen Beruf auszuüben bis hin zum Zwang, das Haus nur in männlicher Begleitung verlassen zu dürfen und dem Verbot des Kontakts mit männlichen Händlern und Ärzten.

Weltweit, wenn auch zu unterschiedlichen Graden, sind Vergewaltigung und sexueller Missbrauch immer noch erschütternde Probleme. Wo Frauen rar sind und Männer nicht vor ihren späten Zwanzigern heiraten dürfen, steigen die Vergewaltigungsraten, wie sich bei jüngsten alarmierenden Berichten über Verbrechen in Indien zeigte.[22] Wenn Frauen den Mut haben, sich in traditionell männliche Domänen zu mischen, besonders in die militärische, nehmen Vergewaltigungen und Angriffe ebenfalls zu. Der in den USA vielgesehene Film *The Invisible War* berichtet vom verbreiteten Problem des „militärischen sexuellen Traumas". Nachdem Medien die Aufmerksamkeit auf den Film und das Problem gerichtet hatten, folgte eine Untersuchung durch das Militär und die Verfolgung der Täter,[23] einschließlich des Brigadegenerals Jeffrey Sinclair, der nach seinem Geständnis des Missbrauchs einer Frau zu 20000 Dollar Strafe verurteilt wurde.[24]

Folgt man dem *Bureau of Justice Statistics* des amerikanischen Justizministeriums, dann ist die Gesamtrate der Vergewaltigungen seit Beginn der Aufzeichnungen 1995 zurückgegangen. Gemäß dem Bericht von 2013 „sank die Rate sexueller Übergriffe von 1995 bis 2010 um 58 Prozent, von 5 Opfern älter als zwölf Jahre pro 1000 Frauen auf 2,1 pro 1000". Das Amt definiert sexuelle Gewalt unter anderem als „vollendete, versuchte oder angedrohte Vergewaltigung beziehungsweise Missbrauch". Während die Gesamtzahl dieser Taten von 2005 bis 2010 konstant blieb, sank die Rate

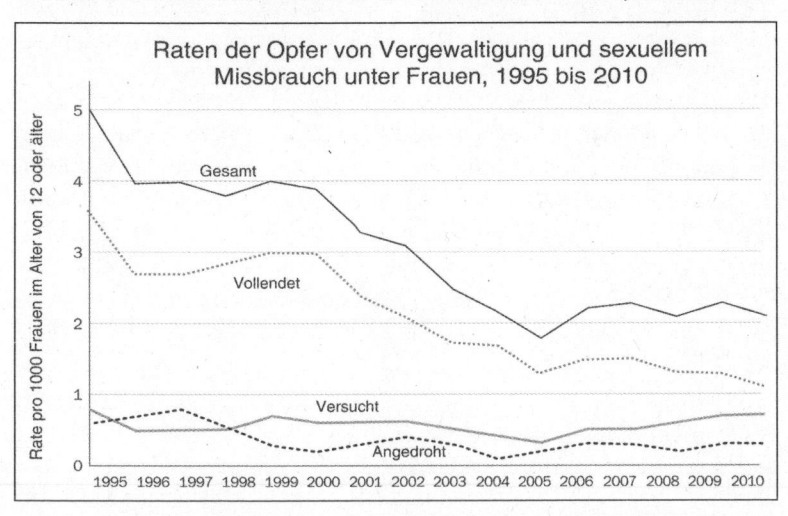

Bild 6-7: Raten der Opfer von Vergewaltigung und sexuellem Missbrauch unter Frauen, 1995 bis 2010
Zwischen 1995 und 2010 sank die Rate sexueller Übergriffe auf Frauen um 58 Prozent, von 5 Opfern älter als zwölf Jahre pro 1000 Frauen auf 2,1 pro 1000. Quelle: U.S. Department of Justice's Bureau of Justice Statistics

der vollendeten Vergewaltigungen „von 3,6 pro 1000 Frauen auf 1,1 pro 1000" pro Jahr, ein Rückgang um 327 Prozent. (Siehe Bild 6-7.) Trotz aller Fernsehkrimis über Serientäter sind die meisten Vergewaltiger keine psychopathischen Fremden. Nach den amtlichen Daten ist der Täter in 78 Prozent der Fälle ein Familienmitglied, Intimpartner, Freund oder Bekannter.[25] Bei der derzeitigen Gesamtrate von 2,1 pro 1000 (zwei Zehntel eines Prozents) bedeutet das eine Rate von 1,6 von 1000 Frauen, die von einem Bekannten attackiert werden und 0,5 von 1000, bei denen es ein Fremder ist (fünf Hundertstel eines Prozents), wodurch Gefahr durch Fremde sich als statistischer Sonderfall zeigt.[26]

Bestätigt sich allerdings eine Studie aus dem Jahr 2014, dann könnte die Vergewaltigungsrate höher sein, als die Zahlen des Justizministeriums widerspiegeln, wegen des Problems nicht gemeldeter Fälle, und zwar nicht nur von den Opfern, sondern auch durch die Polizeireviere, auf deren Berichte sich die Kriminalstatistik des FBI stützt. Gemäß dem Autor der Studie, Professor Corey Rayburn Yung von der *University of Kansas School of Law*, wurden bei 22 Prozent der untersuchten 210 Polizeireviere Berichte über sexuelle Gewalt systematisch unterschlagen, was ihn schätzen lässt, „dass landesweit von 1995 bis 2012 zwischen 796.213 und 1.145.309 Anzeigen erzwungenen Vaginalverkehrs aus den offiziellen Aufzeichnungen verschwanden".[27] Aber selbst wenn man diese nicht berichteten Fälle berücksichtigt, zeigen Yungs Schätzungen fallende Vergewaltigungsraten seit den frühen 1990er Jahren, obwohl sie mit einer höheren Rate beginnen als die Zahlen der Kriminalstatistik, die von 40 Fällen pro 100.000 Menschen im Jahr 1993 auf 25 pro 100.000 im Jahr 2011 sanken. Yungs hoch kalkulierte Rate bewegt sich von 60 im Jahr 1993 auf 45 im Jahr 2011, und die niedrig kalkulierte von 55 im Jahr 1993 auf 40 im Jahr 2011, alle pro 100.000.[28] Wie auch immer die genauen Zahlen lauten mögen, dieser Rückgang von Vergewaltigung, Missbrauch und häuslicher Gewalt macht zuversichtlich.[29]

Die reproduktiven Rechte der Frauen

In einem Buch über den Fortschritt der Moral ein Thema auszulassen, das viele für das größte moralische Versagen unserer Zeit halten, wäre unverschämt; reden wir über legalen Schwangerschaftsabbruch. Abtreibung hängt sehr direkt und persönlich mit dem Recht der Frau am eigenen Körper zusammen, das seinerseits, wie auch andere Rechte, von den progressiven Kräften des Wandels beeinflusst wurde. Daher werde ich das Thema hier im Kontext eines Entwurfs der Moral betrachten, der auf einem wissenschaftlichen Verständnis der menschlichen Natur basiert und darlegen, wie der Einsatz der Vernunft im Dienst erweiterter Rechte auch die Sphäre der Moral ausdehnt.

Im Verlauf der Geschichte haben Männer auf verschiedenen Ebenen versucht, Kontrolle über die reproduktiven Rechte der Frau zu gewinnen. Einer der Gründe ist so offensichtlich wie einfach: im Allgemeinen sind Männer größer und stärker als Frauen. Sie benutzten diese biologische Tatsache zu ihrem Vorteil bei der Ausübung von Dominanz über Frauen wie auch über andere Männer im Wettstreit über Hierarchien, Territorien oder Partner. Bei der Fortpflanzung haben Männer und Frauen nicht die gleiche Sicherheit, dass ein bestimmtes Kind das ihre ist, ausgedrückt durch die englische Wendung „mother's baby, father's maybe".[30] Frauen sind zu hundert Prozent sicher, abgesehen von seltenen Fällen der Verwechslung Neugeborener in Kliniken. Männer nicht. Schätzungen von Forschern über den Anteil der außerpaarlichen Vaterschaften (*extra-pair paternity*, EPP), also der „Kuckuckskinder", deren Vater nicht der Partner der Mutter ist, rangieren von ein Prozent bis 30 Prozent.[31] Die Rate variiert extrem, abhängig von der untersuchten Gesellschaft, ebenso die Fehlerspanne, bedingt durch schwieriges Sammeln der Daten bei einem derart sensiblen Thema.[32]

Die Anthropologin Brooke Scelza dokumentierte für die traditionelle Gesellschaft der Himba in Nord-Namibia einen EPP-Anteil von 17 Prozent an den Geburten innerhalb von Ehen und stellte fest, dass diese Vaterschaften „mit wesentlich erhöhtem reproduktivem Erfolg der Frauen assoziiert waren".[33] (In diesem Zusammenhang steht „reproduktiver Erfolg" für die Anzahl überlebender und ihrerseits das Fortpflanzungsalter erreichender Kinder.) In einer westeuropäischen Population (Flandern) hingegen fand der Evolutionsbiologe Maarten Larmuseau die erheblich niedrigere Rate von ein bis zwei Prozent und merkt an: „Diese Zahl ist erheblich niedriger als die 8 bis 30 Prozent pro Generation aus einigen Verhaltensstudien über historische EPP-Raten, aber vergleichbar mit den Raten anderer genetischer Studien zeitgenössischer westeuropäischer Populationen."[34] In einer Untersuchung von 67 Studien zu Vaterschaftsirrtümern berechnete der Anthropologe Kermyt Anderson einen mittleren Wert von 1,9 Prozent für Männer mit hohem Vertrauen in die eigene Vaterschaft.[35] Dieser ist signifikant niedriger als die 9 Prozent, die Robin Baker und Mark Bellis aus zehn Studien ermittelt und über die sie in ihrem umstrittenen Buch *Human Sperm Competition* berichtet hatten, mit der Hypothese, dass Spermatozoen für den Wettbewerb gegen die Spermien anderer Männer im weiblichen

Reproduktionstrakt evolvierten, sie also andere Spermien am Erreichen oder Befruchten der Eizelle hindern.[36] Der Unterschied mag in Andersons zweitem Ergebnis begründet liegen – Männer mit niedrigem Vertrauen in die eigene Vaterschaft waren mit einer Rate von 29,8 Prozent tatsächlich nicht die Väter.[37]

Die Evolutionspsychologin Martie Haselton, die ich zu diesen manchmal verwirrenden Daten konsultierte, schätzt eine „Rate der Vaterschaftsirrtümer von zwei bis vier Prozent im Westen, anderswo vielleicht etwas höher". Die weitere Spanne in nichtwestlichen Gesellschaften erklärt sie so: „Zusätzlich zur Stärke der Ehenormen gibt es Normen über Treue, die zwischen Gesellschaften variieren. Bei den Himba heiraten die Frauen, aber es scheint eine akzeptierte Norm des außerehelichen Beischlafs zu geben. Daher zahlen die Frauen bei entdeckter Untreue keinen extremen Preis wie andere, was ihnen mehr Freiheiten erlaubt, bei der Partnerwahl eine Doppelstrategie zu verfolgen." Nebenbei fügt sie hinzu, wie schwierig es ist, von heutigen Daten auf frühere Umwelten zu extrapolieren: „Ein weiteres Thema sind Unabhängigkeit und Privatsphäre der modernen Frauen. Früher gingen sie nicht auf Geschäftsreisen; ihre Ehemänner auch nicht."[38]

Bei einer dualen Paarungsstrategie suchen Frauen einen Partner, der in Kinderaufzucht und Beschaffung der Ressourcen investiert, während sie von einem anderen Partner gute Gene beziehen, falls beide Eigenschaften nicht in einem Mann verkörpert sind. Haselton erklärt das Phänomen so: „Grundsätzlich profitieren Frauen vom materiellen *und* vom genetischen Potenzial der männlichen Partner, nur kann es schwer sein, im selben Mann beide zu finden. Männer mit Erscheinung und Auftreten, die auf gute Gene schließen lassen, sind hochattraktive Sexualpartner, daher können sie einer Paarungsstrategie der 'kurzen Laufzeit' folgen, mit reduzierter Investition in Partner und Nachwuchs, und tun das auch oft. Deshalb sind Frauen oft zu Kompromissen gezwungen, indem sie Langzeit-Partner wählen, deren Investment-Attraktivität höher ist als ihre sexuelle.[39]

In der fernen Vergangenheit war die Rate der EPPs sehr wahrscheinlich höher als heute, da die Institution der monogamen Ehe von Kirche und Staat gefördert wird, aber es geht darum, dass eine Frau theoretisch jener dualen Paarungsstrategie folgen kann und diese Möglichkeit Männer zum Versuch veranlasst, Kontrolle über das Fortpflanzungsverhalten der Frauen auszuüben. Selbst wenn eine EPP-Begegnung nicht zu Nachwuchs führt, so sind die Raten der Untreue doch hoch genug, um die Emotion der Eifersucht evolvieren zu lassen, als Resultat des Phänomens der Partnerbewachung, die potenzielle Konkurrenten auf Distanz hält und den Partner hindert, abtrünnig zu werden.[40]

Wie hoch sind die Anteile Untreuer? Die Studien zeigen unterschiedliche Ergebnisse. Folgt man dem *National Opinion Research Center* in Chicago, hatten in Amerika 25 Prozent der Männer und 15 Prozent der Frauen außereheliche Affären.[41] Andere Studien fanden unter heterosexuellen Ehepaaren 20 bis 40 Prozent Männer und 20 bis 25 Prozent Frauen, die auf Abwege gerieten.[42] Eine weitere Untersuchung ermittelte 30 bis 50 Prozent Ehebrecher, Frauen wie Männer.[43] Der Evolutionspsychologe David Buss schreibt dazu: „Wem die Partnerbewachung misslang, der riskierte beträchtliche reproduktive Kosten, angefangen bei untergeschobenen Kuckuckskindern über beschädigten Ruf bis zum Verlust des Partners." Das Ergebnis ist ein Spektrum der Partnerüberwachungs-Adaptionen, von „Wachsamkeit bis Gewalt".[44] Die Antwort ist bedauerlich angesichts einer ernsthaften Gefahr, wie sich nach einer Studie über amerikanische Singles zeigt; 60 Prozent der Männer und 50 Prozent der Frauen gaben den Versuch zu, aus einer bestehenden Beziehung die Frau oder den Mann auszuspannen.[45] Eine anthropologische Untersuchung erwies „Partnerklau" in mindestens 53 anderen Kulturen als geläufige Erscheinung.[46]

Obwohl beide Geschlechter flirten, eifersüchtig werden, Partner überwachen und ausspannen, sind männliche Eifersucht und Kontrolle wesentliche kausale Faktoren im Kontext der Erweiterung der reproduktiven Rechte von Frauen, als Versuche nämlich, sie einzuschränken. (Studien zeigen, dass in den USA doppelt so viele Frauen von ihren Ehemännern oder Partnern erschossen werden, wie von Fremden durch Schusswaffen, Messer oder sonstwie umgebracht werden[47] und dass bei Todesfällen im Zusammenhang mit häuslicher Gewalt die Mehrzahl der Opfer Frauen sind.[48] Vom Stalking über Keuschheitsgürtel bis zur Genitalverstümmelung haben Männer im Lauf der Geschichte versucht, die weibliche Sexualität zu überwachen. Dagegen entwickelten Frauen diverse Strategien: Verhütung, Abtreibung, heimliche Affären, Gattenmord und Kindstötung.

Beginnen wir mit Letzterer. Von Anthropologen und Historikern wissen wir, dass Infantizid weltweit in allen Kulturen zu allen Zeiten begangen wurde, bemerkenswerterweise einschließlich Anhängern aller großen Weltreligionen. Historische Raten reichen von 10 bis 15 Prozent getöteter Kinder in einigen Kulturen bis hin zu 50 Prozent in anderen; in keiner Gesellschaft war das Phänomen unbekannt.[49]

Theisten stellen die Tötung von Babys oft als den reinsten vorstellbaren Akt des Bösen dar, zum Beispiel in Diskussionen mit mir.[50] Sie haben unrecht. Normale Menschen bringen ihre Kinder nicht ohne Grund um. Wie bei allem menschlichen Verhalten sind die Ursachen des Infantizids nichttrivialer Natur; die Evolutionspsychologen Martin Daly und Margo Wilson brachten einige dieser Ursachen ans Licht, in ihrer Studie ethnographischer Daten von 60 Gesellschaften weltweit. Von den 112 Fällen der Kindstötung, bei denen ein Motiv ermittelt wurde, entsprachen 87 Prozent der „Triage-Theorie" des Infantizids, gemäß derer Mütter in harten Zeiten schwere Entscheidungen treffen müssen. Das heißt, sie töten ein Kind, wenn die Ressourcen zu knapp sind, um es am Leben zu erhalten; Edward Tylors anthropologische Beobachtung aus dem 19. Jahrhundert umreißt das Konzept: „Infantizid entsteht eher aus der Härte des Lebens als aus der des Herzens."[51] Die Natur bietet keine unendlichen Ressourcen, und nicht alle geborenen Organismen überleben. Unter schwierigen Bedingungen müssen Eltern und besonders Mütter entscheiden, wer am wahrscheinlichsten überlebt, einschließlich zukünftiger Kinder, denen es unter vorteilhafteren Umständen besser ergehen mag, und die anderen opfern. Dalys und Wilsons Untersuchung offenbarte einige der Motive: Krankheit, Missbildungen, Schwäche, eine Zwillingsgeburt bei Ressourcen für nur ein Kind, ein älteres Geschwister zu nah am Alter des Neugeborenen bei fehlenden Ressourcen für beide, harte wirtschaftliche Zeiten, kein helfender Vater oder ein anderer Sexualpartner als Vater.[52]

In *Eunuchen für das Himmelreich* berichtet Uta Ranke-Heinemann von der weiten Verbreitung des Infantizids im Griechenland und Rom der Antike; das Verbot durch die katholische Kirche reicht zurück ins Mittelalter.[53] In der Ära der frühen Revolutionen der Rechte versuchten Kirche und Staat, die Tötungen einzudämmen, ohne sich allerdings den Ursachen (die ihnen unbekannt waren) zu widmen. Anordnungen wurden genehmigt und Gesetze erlassen, aber es war wie in den schlechten alten Zeiten der heimlichen Abtreibungen – wenn eine Frau ihr Baby nicht wollte, ließ sich wenig dagegen ausrichten. Mütter wälzten sich im Schlaf „versehentlich" auf ihre Kinder oder legten sie bei Findelhäusern ab, wo sie zügig und diskret entsorgt wurden; auch Ammen und Kinderpfleger wurden beauftragt, das Kind verschwinden zu lassen. Nach Berichten aus dem London der Mitte des 19. Jahrhunderts fand man in öffentlichen Parks und an anderen Stellen ebenso viele tote Babys wie tote Hunde und Katzen.[54] Der populäre Film *Philomena* aus dem Jahr 2013 über ein Teenagermädchen der frühen 1950er Jahre, das ihr uneheliches Kind in einem Kloster bekommt und unter Protest und Tränen gezwungen wird, es zur Adoption freizugeben, fängt auch in heutigen Zeiten die Tragödie vieler Frauen ein, wenn es keinen Ausweg für sie und ihr Baby gibt.

Wie man das Thema auch betrachtet – unter dem Aspekt des moralischen Fortschritts ist die wichtigere Frage, was man tun kann. Historisch waren Waisenhäuser und Adoptionsvermittlungen die naheliegenden Lösungen; die grundlegende Antwort liegt aber in Empfängnisverhütung und Bildung. Eine umfassende Studie über den Zusammenhang von Verhütung und Abtreibung, durchgeführt von Cicely Marston an der *London School of Hygiene and Tropical Medicine* kam zu dem Schluss: „In sieben Ländern – Kasachstan, Kirgisistan, Usbekistan, Bulgarien, Türkei, Tunesien und der Schweiz – gingen die Schwangerschaftsabbrüche zurück, während die Verbreitung moderner Kontrazeptiva stieg. In sechs anderen – Kuba, Dänemark, Niederlande, USA, Singapur und Südkorea – stiegen Abtreibungen und Verhütungsmittelgebrauch simultan. Allerdings sank in allen sechs Ländern während der Zeit der Beobachtung die Geburtenhäufigkeit. Nachdem sich die Zahl der Geburten in einigen dieser Länder stabilisiert hatte, stieg der Einsatz der Verhütungsmittel weiter, während die Abtreibungen zurückgingen. Das eindeutigste Beispiel dieses Trends liefert Südkorea."[55] Bild 6-8 zeigt die südkoreanischen Daten. Es dauerte eine Weile, bis die Abtreibungsraten fielen, denn für einige Jahre verließen sich die Frauen auf traditionellere, erheblich weniger wirksame Verhütungsmethoden wie Coitus interruptus, aber als sie auf zuverlässigere Mittel umstiegen, fielen die Schwangerschaftsraten und mit ihnen die Abtreibungen.

Ein ähnlicher Effekt zeigte sich in der Türkei, als zwischen 1988 und 1998 die Abtreibungsraten nahezu um die Hälfte sanken, von 45 auf 24 pro 1000 verheiratete Frauen, obwohl der Gesamtverbrauch von Verhütungsmitteln stabil blieb. Allerdings ergab eine Studie von Pinar Senlet, Bevölkerungsprogramm-Berater in der *United States Agency for International Development*, eine Verlagerung von traditionellen, jämmerlich unzureichenden Methoden der Geburtenkontrolle in Richtung modernerer und zuverlässigerer. „Der merkliche Rückgang der Abtreibungen in der Türkei folgte eher aus dem Gebrauch von besseren als von mehr Verhütungsmitteln." Kurz, türkische Paare wandten sich vom Coitus interruptus ab und dem Kondom und der Pille zu.[57]

Wie alle sozialen und psychologischen Phänomene sind die Raten des Gebrauchs von Verhütungsmitteln und die der Abtreibungen multivariabel; es wirken viele Faktoren gleichzeitig, was die Ableitung von Kausalbeziehungen erschwert. Bei menschlichem Verhalten lautet die Erklärung fast

244 Teil 2: Die Anwendung des moralischen Fortschritts

Der Zusammenhang von Abtreibung und Verhütung

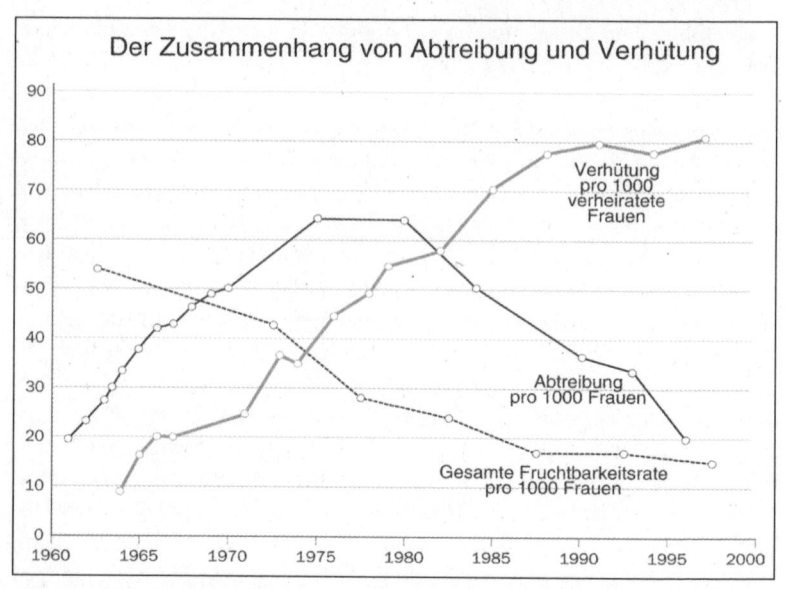

Bild 6-8: Der Zusammenhang von Abtreibung und Verhütung
Die Daten aus Südkorea zeigen, dass mit der Verfügbarkeit von Kontrazeptiva die Abtreibungsraten dramatisch sinken, zusammen mit den Geburtenzahlen, und damit den Fortschritt der Menschheit in Richtung einer nachhaltigen Welt befördern.[56]

nie „wenn X steigt, sinkt Y", und das dürfte auch bei Verhütung und Abtreibung der Fall sein. Länder haben unterschiedliche Gesetze und Regelungen über den Zugang zu Abtreibungen und Methoden der Geburtenkontrolle. Manche sind religiöser als andere, auch das beeinflusst, wie weit Familienplanung betrieben wird; dazu kommen sozioökonomische Kräfte, je nach Land unterschiedliche Armutsraten und so weiter. Hier immerhin meine Interpretation der Daten: Wenn Frauen eingeschränkte reproduktive Rechte haben und keinen Zugang zu Verhütungsmitteln, werden sie wahrscheinlicher schwanger und ihr Land hat höhere Geburtenzahlen. Sind ihre Rechte aber gesichert und einerseits sichere, effektive und billige Geburtenkontrolle möglich, andererseits sicherer, legaler Schwangerschaftsabbruch, dann verfolgen sie beide Strategien, um ihre Familiengröße zu bestimmen und den Ertrag ihrer elterlichen Investitionen zu maximieren. Daher steigen die Raten von Verhütung und Abtreibung für einige Zeit parallel. Sobald sich die Zahl der Geburten stabilisiert und Frauen Zuversicht gewinnen bei Familienplanung und Kinderaufzucht, reichen die Kontrazeptiva hin und die Abtreibungen gehen zurück. Warum können Menschen nicht einfach „nein" sagen, wenn es um Sex geht, also Geburtenkontrolle durch Abstinenz betreiben oder ihre sexuellen Begegnungen zeitlich in die „sichere" Phase des weiblichen Zyklus legen? Sie können schon, und manche tun es auch, aber ein alter Witz aus meiner Schulzeit geht so: „Wie nennt man Paare, die Abstinenz, unterbrochenen Verkehr oder die Kalendermethode praktizieren? Eltern." Theoretisch ist Enthaltsamkeit eine narrensichere Methode, Schwangerschaften wie auch sexuell übertragbare Krankheiten und Infektionen zu verhindern (man kann übrigens infiziert sein und dabei gesund), so wie Verhungern eine sichere Methode gegen Fettleibigkeit ist. Aber in der Realität ist unser Verlangen nach körperlicher Liebe und sozialer Bindung ein Fundament unseres Menschseins; der Sexualtrieb ist so mächtig, Vergnügen und psychologische Belohnung so groß, dass die Empfehlung der Abstinenz als Methode der Schwangerschafts- und Krankheitsverhütung der Empfehlung von Schwangerschaft und Krankheit gleichkommt. In einer Studie aus dem Jahr 2008 mit dem anschaulichen Titel „Abstinenzbezogene und umfassende Sexualerziehung und der Beginn sexueller Aktivitäten und Teenagerschwangerschaften" an der *University of Washington* fanden die Epidemiologen Pamela Kohler, Lisa Manhart und William Lafferty bei unverheirateten amerikanischen Jugendlichen im Alter zwischen 15 und 19 Jahren folgende Zusammenhänge: „Die rein abstinenzbezogene Sexualerziehung verringerte nicht die Wahrscheinlichkeit des Vaginalverkehrs. Umfassende Sexualerziehung hing leicht mit einer geringeren Wahrscheinlichkeit von Vaginalverkehr zusammen. Weder abstinenzbezogene noch umfassende Sexualerziehung reduzierte die Wahrscheinlichkeit von Diagnosen sexuell übertragbarer Krankheiten." Die Autoren weiter: „Unterricht über Verhütung war nicht mit einem höheren Risiko adoleszenter sexueller Aktivitäten oder sexuell übertragener Krankheiten assoziiert. Für Jugendliche, die eine umfassende Sexualerziehung genossen hatten, bestand ein geringeres Risiko der Schwangerschaft als für jene, deren Sexualerziehung rein abstinenzbezogen war oder nicht stattgefunden hatte."[58]

Weitere Evidenz, die gegen reine Abstinenzprogramme spricht, liefert die „National Longitudinal Study of Adolescent Health" aus dem Jahr 2013, veröffentlicht im *British Medical Journal* und durchgeführt von Forschern an der University of North Carolina at Chapel Hill zwischen 1995 und 2009 an über 7800 Frauen; bemerkenswerterweise stellte sich dabei heraus, dass 0,5 Prozent oder eine von zweihundert der jugendlichen Mädchen angaben, *ohne* Sex schwanger geworden zu sein. Sind Wunder auf Bibel-Niveau allgegenwärtig in Teenager-Schlafzimmern? Unwahrscheinlich, gelinde gesagt. Interessant dabei: Jene, die von einer „jungfräulichen Empfängnis" berichteten, hatten mit doppelt so hoher Wahrscheinlichkeit wie andere ein Keuschheitsgelübde abgelegt und sprachen mit signifikant höherer Wahrscheinlichkeit von Schwierigkeiten ihrer Eltern, mit ihnen über Sex oder Geburtenkontrolle zu reden. „Wissenschaftler stehen immer noch vor Herausforderungen, wenn sie Menschen zu sensiblen Themen befragen", so die Forscher; mein Punkt hier ist aber, dass junge Frauen, die von Familie oder Kirche unter Druck gesetzt werden, „einfach nein zu sagen", statt dass man ihnen zuverlässige Informationen gibt, wie sie im Fall des Sexualverkehrs Schwangerschaften vermeiden können, mit größerer Wahrscheinlichkeit sowohl schwanger werden als auch zur Lüge greifen auf die Frage, wie es passiert ist.[59] Zwang statt Bildung funktioniert nicht.

Das Gegenteil eines reinen Abstinenzprogramms wäre ein Umkehrtest meiner These, und hier findet sich kein besseres gesellschaftliches Experiment als in Rumänien. Als der Diktator Nicolae Ceaușescu 1965 an die Macht kam, heckte er einen Plan der nationalen Erneuerung aus, mit starken Einschränkungen von Abtreibung und dem Gebrauch von Verhütungsmitteln, um die Bevölkerungszahl seines Landes zu erhöhen. Es funktionierte. Als 1957 die Abtreibung in Rumänien erlaubt worden war, wurden 80 Prozent der ungewollten Schwangerschaften abgebrochen, im Wesentlichen, weil es keine wirksamen Verhütungsmittel gab. Zehn Jahre später war die Geburtenrate von 19,1 auf 14,3 pro 1000 gefallen, also erklärte Ceaușescu Abtreibung zum Verbrechen, es sei denn, die Frau war älter als 45 Jahre, hatte schon vier Kinder aufgezogen, litt unter gefährlichen medizinischen Komplikationen oder war vergewaltigt worden. Prompt schnellte die Geburtenrate in die Höhe, auf 27,4 pro 1000 im Jahr 1967. Trotz der Strafen für Kinderlose (monatliche Lohnabzüge) oder jene mit weniger als fünf Kindern (Auferlegung einer „Zölibatsteuer"), trotz der Belohnungen für besonders fruchtbare Mütter mit einer „ehrwürdigen Rolle und edlen Berufung" (staatlich finanzierte Kinderbetreuung, medizinische Versorgung, Mutterschaftsurlaub) – wie Yogi Berra sagt: Wenn Menschen keine Babys mehr haben wollen, kann man sie nicht daran hindern.

Das Ergebnis war eine gesellschaftliche Katastrophe ungeheuren Ausmaßes; tausende Babys wurden verstoßen und der Fürsorge eines unfähigen, korrupten, bankrotten Staats überlassen. Mehr als 170.000 Kinder landeten in über 700 kahlen, feuchten staatlichen Waisenhäusern. Mehr als

Die moralische Wissenschaft der Frauenrechte 247

9000 Frauen starben an Komplikationen bei auf dem Schwarzmarkt arrangierten Hinterhof-Abtreibungen. Die Auswirkungen sind heute noch spürbar, denn viele dieser elternlosen Kinder sind jetzt Erwachsene mit stark verminderter Intelligenz, sozialen und emotionalen Störungen und bedenklich hohen Kriminalitätsraten. Das Buch *Romania's Abandoned Children* von Charles Nelson, Nathan Fox und Charles Zeanah ist eine bewegende Beschreibung dieser Tragödie, die jeder lesen sollte, der Ambitionen in Richtung „Social Engineering" und Beschneidung der Frauenrechte hegt.[60]

Wenn Konservative und Christen dem Töten von Föten und Kindern ein Ende setzen wollen, dann führt der Weg über Erziehung, Verhütung und die volle Anerkennung der Frauenrechte (die nichts anderes als Menschenrechte sind), einschließlich und besonders jener der Reproduktion. Studien zeigen, dass sichere, wirksame und billige Kontrazeptiva allein in den USA in zwanzig Jahren etwa zwanzig Millionen Schwangerschaften verhinderten. Angesichts der Abtreibungsraten in diesem Zeitraum bedeutet das neun Millionen weniger abgetriebene Föten, die gar nicht erst empfangen wurden. Dabei ist zu beachten, dass nur die sieben Prozent der Frauen, die sexuell aktiv sind und keine Verhütung betreiben, für nahezu 50 Prozent aller ungewollten Schwangerschaften und aller Abtreibungen verantwortlich sind.[61] Und da ich schon Statistiken anführe, hier eine weitere für die Diskussion relevante: den National Institutes of Health zufolge ist die Geburt für eine Frau vierzehnmal gefährlicher als die Abtreibung.[62] Das als Antwort auf die Frage: „Was, wenn eine junge Frau ein Baby abtreibt, das später Arzt geworden wäre und ein Heilmittel für Krebs gefunden hätte?" Die Erwiderung mag lauten: „Was, wenn eine junge Frau Ärztin geworden wäre und ein Heilmittel für Krebs gefunden hätte, aber bei der Geburt stirbt?"

Natürlich stoßen Argumente, die positive Auswirkungen von Verhütung und Schwangerschaftsabbruch zeigen, bei vielen Leuten auf taube Ohren, denn ihr einziges Anliegen ist das Lebensrecht des ungeborenen Fötus, das aus ihrer Sicht schwerer wiegt als die Rechte einer erwachsenen Frau. Ich denke, die Debatte der Befürworter und Gegner der Abtreibung hängt mehr von Fakten ab als von Moral, und eine Klärung der Fakten mag dazu beitragen, den Disput beizulegen. Wieder ist binäres Denken das Haupthindernis; es zwingt uns, Aspekte eines Problems in getrennte Schubladen zu zwängen, die auf einer kontinuierlichen Skala besser vorstellbar sind. Die Abtreibungsgegner glauben, dass das Leben mit der Befruchtung beginnt; vorher gibt es keines, hinterher ist es da – ein binäres System. In einem graduellen Modell aber können wir dem Leben eine Wahrscheinlichkeit zuschreiben; vor der Befruchtung 0, im Augenblick der Befruchtung 0,1, multizelluläre Blastocyste 0,2, einen Monat altes Embryo 0,3, zweimonatiger Fötus 0,4 und so weiter, bis zur Geburt, wenn der Fötus zur menschlichen Lebensform 1,0 wird. Es ist ein Kontinuum von Spermium und Ei über Zygote, Blastocyste, Embryo, Fötus bis zum neugeborenen Kind.[63] Weder Ei noch Samenzelle sind menschliche Wesen. Das gilt dann aber auch für Zygote und Blastocyste, denn sie können sich noch teilen und zu Zwillingen werden, oder sich zu weniger als einem Individuum entwickeln und auf natürlichem Wege abgehen.[64] Zwar hat ein acht Wochen altes Embryo erkennbare menschliche Merkmale wie Gesicht, Hände und Füße; Neurowissenschaftler wissen aber, dass die neuronalen synaptischen Verbindungen in diesem Stadium noch in der Entwicklung sind und nichts möglich ist, das auch nur entfernt Gedanken oder Gefühlen ähnelt. Nach acht Wochen zeigen sich einfache Reizreaktionen. Aber bis zur 24. Woche (sechs Monate lang) wäre der Fötus allein nicht lebensfähig, weil wichtige Organe wie Lungen und Nieren vor Ablauf dieser Zeit nicht ausgereift sind. So entwickeln sich die für den Gasaustausch notwendigen Lungenbläschen frühestens in der 23. Schwangerschaftswoche, oft später; vorher ist unabhängige Lebensfähigkeit nicht gegeben.[65] Erst ab der 28. Woche oder nach Ablauf von ungefähr 77 Prozent der Entwicklungszeit erwirb der Fötus die hinreichende neocorticale Komplexität, um einige der kognitiven Fähigkeiten zu zeigen, die man typischerweise bei Neugeborenen findet. Fötale EEG-Aufzeichnungen mit den Charakteristiken des EEGs eines Erwachsenen tauchen ungefähr ab der 30. Woche auf, nach etwa 83 Prozent der Gesamtzeit einer Schwangerschaft.[66]

Diesem Kontinuum folgend sehen wir, dass die Fähigkeit des Fötus zu menschlichem Denken erst Wochen vor der Geburt auftaucht. Da Abtreibungen fast nie nach dem zweiten Trimester vorgenommen werden und, wie wir wissen, vor diesem Zeitpunkt keine Evidenz dafür besteht, dass der Fötus ein denkendes, fühlendes menschliches Wesen ist, erscheint es vernünftig und rational, vorläufig zu dem Schluss zu kommen, dass Abtreibung nicht mit dem Mord an einem bewussten, fühlenden Wesen nach der Geburt vergleichbar ist. Daher existiert weder wissenschaftliche Rechtfertigung noch rationales Argument, Abtreibung mit Mord gleichzusetzen.

Nun mag man das Argument vorbringen, der Fötus sei ein potenzielles menschliches Wesen, da alle Charakteristika, die uns zu Personen machen, in den Genen angelegt sind und sich nach der Befruchtung entfalten. Sicher, aber Potenzialität ist nicht dasselbe wie Aktualität, und moralische

Prinzipien müssen sich auf aktuelle Personen beziehen, nicht auf potenzielle. Steht man vor der Entscheidung, Rechte einer tatsächlichen Person (einer erwachsenen Frau) zuzubilligen oder einer eines Tages möglichen Person (ihrem Fötus), so sollte Ersterer der Vorzug gegeben werden, aus Gründen sowohl der Vernunft als auch des Mitgefühls. Obwohl es in über der Hälfte der amerikanischen Bundesstaaten Gesetze zum Schutz ungeborenen Lebens vor Gewalt gibt, etwa den Unborn Victims of Violence Act, der den Mord an einer schwangeren Frau als Doppelmord betrachtet, werden Föten und Erwachsene anderweitig nicht rechtlich gleichgestellt. Wieder verleitet uns das binäre Modell dazu, eine Mutter und ihren Fötus als das Gleiche zu behandeln, während eine graduelle Betrachtung erlaubt, die wesentlichen Unterschiede zu erkennen.

Gestaltung der Frauenrechte

In den vergangenen Jahrhunderten entwickelte sich die Tendenz, Frauen dieselben Rechte und Privilegien einzuräumen wie Männern. Politische, ökonomische und soziale Fortschritte, ermöglicht durch wissenschaftliche, technologische und medizinische Entdeckungen und Erfindungen, brachten Frauen zunehmend nicht nur größere reproduktive Autonomie und Kontrolle, sondern bewirkten auch eine Erweiterung ihrer Rechte und Möglichkeiten in allen Bereichen des Lebens und führten so weltweit zu gesünderen und glücklicheren Gesellschaften. Wie bei anderen Revolutionen der Rechte gibt es noch vieles, das auf seine Verwirklichung wartet, aber die Impulse sind inzwischen stark genug, dass die Erweiterung der Frauenrechte unvermindert fortdauern sollte.

Mit den Instrumenten, Frauen als Inhaber der vollständigen Rechte zu sehen, wie Männer sie besitzen, der Austauschbarkeit der weiblichen mit den männlichen Perspektiven, dem wissenschaftlichen Verständnis der menschlichen Sexualität und Fortpflanzung und dem Denken in Kontinua, das uns erlaubt, den Unterschied zwischen den Rechten von Frau und Fötus zu erkennen, haben Wissenschaft und Vernunft die Menschheit näher zur Wahrheit, Gerechtigkeit und Vernunft geführt.

Als Beispiel, wie weit wir es nur in den vergangenen beiden Jahrhunderten gebracht haben (und wie sehr Frauen noch vor kurzer Zeit, im frühen 20. Jahrhundert, unterdrückt wurden), schließe ich dieses Kapitel mit der Geschichte zweier Frauen, Mutter und Tochter, beide mit Namen Christine Roselyn Mutchler. Die Mutter, in Deutschland geboren, wanderte 1893 mit ihren Eltern in die Vereinigten Staaten aus, wo sie sich im kalifornischen

Alhambra niederließen. Christine, die ältere, heiratete Frederick und gebar 1910 die jüngere Christine (gefolgt von einer zweiten Tochter drei Jahre später). Kurze Zeit später lag ihr Leben in Scherben, nachdem Fred einen Laib Brot kaufen ging und nicht zurückkam. Vom Ehemann verlassen, ohne Geld und Nahrung für ihre kleinen Kinder, musste Christine in das Haus ihres Vaters zurückkehren.

Was sie zu jener Zeit nicht wusste: Fred war mit der Wahnvorstellung, sein Schwiegervater sei hinter ihm her, zum Bezirksgefängnis gegangen. Nach einer ärztlichen Untersuchung schickte man ihn für mehr als ein Jahr in eine Nervenheilanstalt. Er schrieb herzzerreißende Briefe an seine Frau, erkundigte sich nach ihr und den Kindern, aber Christines Vater verbarg die Briefe vor ihr, und so glaubte sie weiter, sie sei verlassen worden. Nach einer Weile fand sie Arbeit als Hausmädchen beim Freund eines erfolgreichen Filmmanagers, John. C. Epping, dessen Frau kurz zuvor gestorben war. Sich nach einer Tochter sehnend und entzückt von der dreijährigen Christine, überredete Epping Christines Vater, sie dazu zu bewegen, ihm die Adoption des Kindes zu gestatten. Jung, arm, verängstigt und eingeschüchtert durch ihren Vater willigte Christine widerstrebend ein, obwohl sich gemäß einer Reihe von Artikeln in der *Los Angeles Times* eine Bewährungshelferin gegen die Adoption aussprach: „Sie glaubte, Epping sähe in dem kleinen Mädchen die Möglichkeit einer zukünftigen Mary Pickford; das Kind sollte ihrer Meinung nach in einer privaten Familie sein Heim finden, deren Hauptmerkmale Familienleben und Erziehung sind."[67] Der Richter folgte den falschen Angaben von Christines Vater, Fred habe sie verlassen, und gewährte die Adoption.

Sofort änderte Epping den Namen seiner Adoptivtochter in „Frances Dorothy Epping", rief sie bei ihrem mittleren Namen, erzählte ihr, sie sei in Providence, Rhode Island geboren (unglaublich!) und gab seine verstorbene Frau als ihre Mutter aus. Die inzwischen vierjährige Christine/Dorothy akzeptierte offenbar die erfundene Geschichte nicht und rebellierte. Oder vielleicht änderte Epping seine Meinung über das Dasein als alleinerziehender Vater; jedenfalls schubste er sie von einer Ersatzfamilie zur anderen, darunter die Schwestern des Ramona-Klosters in Alhambra und Betreuer an der Marlborough Preparatory School in Los Angeles, bevor er sie für ein Jahr nach Osten zu seiner Schwester in den Catskill Mountains schickte und danach weiter nach Deutschland, wo sie bei seinen Verwandten lebte. In dieser Zeit entdeckte Dorothy ihr künstlerisches Talent, besonders für die Plastik.

Sie kehrte nach Los Angeles zurück, schloss ihre Schulausbildung ab, wurde von ihrer ursprünglichen Familie aufgenommen und erfuhr die Wahrheit über die Adoption. Ihr Studium begann sie am Otis Art Institute in Los Angeles, wechselte später zur Corcoran School of Art in Washington, D.C. und schließlich in den 1930er Jahren an die Akademie der Bildenden Künste in München unter Joseph Wackerle, damals Reichskultursenator und hoch geschätzt von Goebbels und Hitler. (Später erinnerte sie sich, von Hitlers Sogwirkung auf das Publikum bei einer seiner Reden überwältigt gewesen zu sein.) Inzwischen war Christine, Dorothys Mutter, von ihrem Vater angewiesen worden, sich von Fred scheiden zu lassen. Sie heiratete einen durch die Straßen ziehenden Gemüsehändler in Los Angeles, ließ das bedrückende Regime ihres Vaters hinter sich, baute sich ein neues Leben und eine neue Familie auf. Aber die Tragödie, unter Zwang ihr erstgeborenes Kind in fremde Hände gegeben zu haben, verfolgte sie für den Rest ihres Lebens. Als sich die Welt veränderte und Christine sah, wie Frauen in der zweiten Hälfte des 20. Jahrhunderts zunehmend Macht gewannen, fragte sie sich unablässig, warum sie nicht den Mund aufgemacht und sich gegen die Adoption gewehrt hatte.

Dorothy wurde erwachsen und entdeckte bald, dass Familienrecht und Adoptionsgerichte nicht die einzigen von Männern regierten Welten waren. Ihr gewähltes Metier, die Bildhauerei, war stark männlich dominiert; um ernstgenommen zu werden, kürzte sie ihren Vornamen „Frances" zu „Franc" ab und verschaffte sich so Zugang zur Münchner Schule, zu Galerien und Museen (noch heute finden sich Erwähnungen „seiner" Arbeit). Als die Professoren an der Akademie herausfanden, dass „Franc" eine Frau war, musste sie den Vorlesungen vom Gang aus zuhören, weil im Hörsaal nur Männer erlaubt waren. Von den frühen 1930er Jahren bis zu ihrem Tod 1983, als Frauen Ton, Holz und Stein mit ihrer Hände Arbeit formen durften, wurden Franc Eppings Arbeiten in zahlreichen Ausstellungen überall in den USA gezeigt, darunter das renommierte Whitney Museum of American Art in New York City. Eine ihrer Skulpturen, der „Mann mit Hut", kam sogar in einer Episode der ersten Star-Trek-Serie vor. Das weiß ich, weil ich das Werk besitze, zusammen mit vielen anderen ihrer Skulpturen, geerbt von meiner Mutter (siehe Beispiele in Abbildung 6-9).

Franc Epping war meine Tante; ihre richtige Mutter, Christine, war meine Großmutter; ich bin stolz, mit einer solch unverwüstlichen, zielstrebigen Frau verwandt zu sein.[68] Tante Francs Skulpturen zeigen starke, muskulöse Frauen in kraftvollen Posen; Allegorien für das, wofür Frauen über Generationen hinweg aufstehen mussten, um die Anerkennung und Gleichberechtigung zu erringen, die ihnen rechtmäßig zukommt. Dieses Buch wurde in der inspirierenden Gegenwart jener behauenen Steine geschrieben.

Bild 6-9: Die Bildhauerin Frances Epping
Geboren als Christine Roselyn Mutchler, bei Adoptiveltern aufgewachsen unter dem Namen Frances Dorothy Epping, benutzte die Bildhauerin eine männliche Fassung ihres Namens, „Franc", um in der männerdominierten Welt der plastischen Kunst ernstgenommen zu werden. Ihre Skulpturen zeigen starke, muskulöse Frauen in kraftvollen Posen.[69]

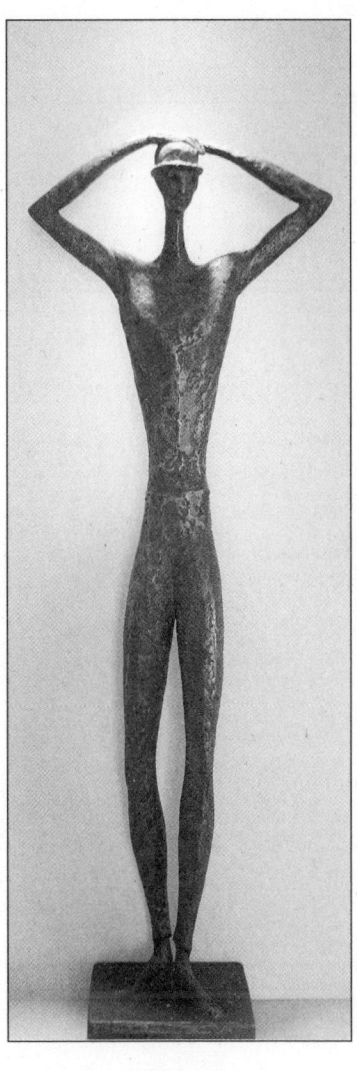

Die moralische Wissenschaft der Frauenrechte 253

7. Die moralische Wissenschaft der Rechte Homosexueller

> Immer noch höre ich Leute sagen, ich solle nicht über die Rechte von Lesben und Schwulen reden, sondern beim Thema der Rassengerechtigkeit bleiben. Dann erinnere ich sie daran, was Martin Luther King Jr. sagte: „Ungerechtigkeit irgendwo bedroht Gerechtigkeit überall." Ich appelliere an alle, die an Martin Luther Kings Traum glauben, an der Tafel der Brüder- und Schwesterlichkeit Platz für lesbische und schwule Menschen zu lassen.
>
> Coretta Scott King, Heldin der Homosexuellenbewegung, Ehefrau von Martin Luther King Jr.
>
> Mein Vater hat sich nicht für die Homoehe eine Kugel eingefangen.
>
> Dr. Bernice King, Baptistenpfarrerin, Tochter von Martin Luther King Jr.

In den letzten Dekaden hat die Kampagne für die Anerkennung gleicher Rechte für Bürger, die sich als lesbisch, schwul, bisexuell oder „transgender" (lesbian, gay, bisexual, transgender – LGBT) identifizieren, Fahrt aufgenommen. Zu behaupten, dass die Religionen mit Zähnen und Klauen gegen Schwulenrechte und Homoehe kämpften, wäre nicht recht fair angesichts schon früher Unterstützung für Homosexuelle durch Anglikaner, Unitarier, reformierte Juden und andere,[1] dennoch zählen religiöse Einstellungen zur Homosexualität zu den Hauptgründen, aus denen Mitglieder der Gay Community und ihre Verbündeten sich genötigt sahen, den Kampf für gleiche Rechte fortzusetzen, eingeschlossen das Recht auf Ehe und Kinder. Es ist ein mühsamer Kampf, zumal viele religiöse Menschen Homosexualität immer noch für Sünde und Verbrechen halten; nach ihrer Logik gilt: „Wenn Homosexuelle Bürgerrechte bekommen, dann auch Prostituierte, Diebe und jeder andere." Diese Worte stammen von Anita Bryant, frühere Unterhaltungskünstlerin und Orangensaft-Repräsentantin, die jetzt die Ehre eines nach ihr benannten Preises hat, vergeben an glückliche Gewinner für „hemmungslose, einzigartige Engstirnigkeit".[2]

Es ist verblüffend, wie tief ein großer Teil der Christenheit in vorbürgerrechtlichem, vor-aufklärerischem, vor-wissenschaftlichem Denken steckt und seine Ansichten auf eine Handvoll Bibelpassagen gründet, wie

3. Mose 20:13: „Wenn jemand beim Knaben schläft wie beim Weibe, die haben einen Greuel getan und sollen beide des Todes sterben; ihr Blut sei auf ihnen." Dieser Vers steckt zwischen anderen, die den (offensichtlich männlichen) Leser anweisen, kein Mischgewebe aus Wolle und Leinen zu tragen, sich nicht tätowieren zu lassen, keine Krabben zu essen, nicht die Schwester seiner Ehefrau zu heiraten, nicht zu zaubern, sich keine Glatze zu scheren und sich nicht den Bart zu stutzen. Drakonischer noch, Eltern sollen ihre unfolgsamen Kinder töten und Männer ihre ehebrecherischen Frauen hinrichten, wie auch ihre Bräute, so sie nicht jungfräulich sind. Richtig gelesen, Todesstrafe für Ehebruch; das würde eine stattliche Zahl von christlichen Senatoren und Kongressabgeordneten, Predigern und „Televangelisten" eliminieren, zusammen mit einem nichttrivialen Prozentsatz der Weltbevölkerung.

„Das Gesicht der Sünde trägt heute oft die Maske der Toleranz" sagte Thomas S. Monson, bis Dezember 2017 Präsident der Kirche Jesu Christi der Heiligen der Letzten Tage (Mormonen), und fuhr fort: „Lasst euch nicht täuschen; hinter dieser Fassade liegen Kummer, Unglück und Leid."[3]Das Tragen der Maske der Toleranz abzulehnen könnte erklären, warum die Kirche der Mormonen (zusammen mit Katholiken und anderen Gruppen) in meinem superliberalen Bundesstaat Kalifornien 22 Millionen Dollar in die Kampagne zur Aufrechterhaltung von *Proposition 8* steckte, einem Antrag auf Verfassungsänderung, um gleichgeschlechtliche Ehe zu verbieten. „Einige stellen die Legalisierung der sogenannten gleichgeschlechtlichen Ehe als Bürgerrecht hin", so Gordon B. Hinckley, vor Monson Präsident der Mormonen. „Es ist keine Angelegenheit der Bürgerrechte, sondern der Moral."[4] Seltsam, wie Hinckley Bürgerrechte von Moral abgrenzt, als wäre Moral nicht das Fundament aller Rechte. Seltsam auch, dass die Mormonen praktisch alle Aspekte von Proposition 8 in die Hand nahmen, obwohl steuerbefreite Organisationen sich nicht an politischen Kampagnen beteiligen dürfen; zweifellos führte das schließlich zur Annahme des Antrags bei der Wahl.[5] Glücklicherweise wurde die Abstimmung später für verfassungswidrig erklärt, und am 28. Juni 2013 wurde die gleichgeschlechtliche Ehe in Kalifornien legalisiert, begleitet von Freude und Jubel.

Einer der unverblümtesten religiösen Fanatiker ist der Prediger Jimmy Swaggart, der in seinem hochtrabend geäußerten Widerstand gegen die gleichgeschlechtliche Ehe sagte: „Niemals in meinem Leben habe ich einen Mann gesehen, den ich heiraten wollte. Ich will offen und ehrlich sein – sollte einer mich je unter diesem Aspekt betrachten, dann werde ich ihn töten und Gott sagen, er sei gestorben."[6] Das von einem Mann, der vermutlich an Gottes Allwissenheit glaubt und die zehn Gebote gelesen hat; aber so, wie Swaggart die Sexualwissenschaft interpretiert, ist es vielleicht verständlich. Auf die Frage, ob man als Homosexueller geboren wird, antwortete er: „Mit einem Wort – *nein*! Es stimmt zwar, dass die Saat der Erbsünde jede Art der Abweichung, Abnormalität, Perversion und Verfehlung in sich trägt, aber der Homosexuelle kann genauso wenig behaupten, so geboren zu sein wie der Säufer, Spieler, Mörder etc."[7] Ein vielsagender Vergleich; aus Swaggarts verquerer Weltsicht ist Homosexualität vergleichbar mit trinken, spielen und gar Mord.

Nun lehrt uns die Wissenschaft, dass geschlechtliche Präferenzen im Wesentlichen durch Genetik, pränatale Biologie und embryonale hormonelle Entwicklung bestimmt sind.[8] Die meisten Menschen fühlen sich zum anderen Geschlecht hingezogen;[9] ein kleiner Teil der Bevölkerung jedoch, ungefähr fünf Prozent, zieht ausschließlich das eigene vor.[10] Diese Vorlieben entstehen sehr früh im Leben. Einen homosexuellen Menschen zu fragen, wann er sich dafür entschied, schwul oder lesbisch zu werden entspricht der Frage an einen Heterosexuellen, ab wann er Hetero sein wollte. (Versuchen Sie es – Sie werden verblüffte Blicke ernten. „Was meinen Sie? Ich war immer so." Eben.) Aber selbst wenn die sexuelle Orientierung nicht primär biologisch determiniert wäre, so ist nicht zu sehen, warum diese Wahl unmoralisch oder gar kriminell sein sollte. Der verstorbene kanadische Ministerpräsident Pierre Trudeau sagte bekanntlich: „Der Staat hat in den Schlafzimmern des Landes nichts zu suchen" und fügte hinzu: „Was privat zwischen Erwachsenen geschieht, geht die Strafgesetzgebung nichts an." Diese Worte, erfrischend vernünftig, modern und progressiv, fielen im Jahr 1967.[11]

Dennoch, die 1960er Jahre blieben für LGBT-Bürger ein dunkles Zeitalter, denn ihnen voraus gingen die Hexenjagden des „Lavender Scare", in den fünfziger Jahren eine Art McCarthy-Ära für Schwule, voll Angst und Verfolgungen. Und sie folgten auf Präsident Eisenhowers Verordnung, die Homosexualität als Kündigungsgrund für Beamte vorsah und zu mehreren tausend Entlassungen führte; der private Sektor zog nach, und da amtliche Personalunterlagen zugänglich waren für Privatunternehmen, wurden Schwule und Lesben erwerbsunfähig und mittellos.[12] Der Autor Richard R. Lingeman fasste die Lage in sinnige Worte: „Die Fünfziger unter Ike stellten eine Art Lobotomie dar. Auf den Superhighways des Lebens fuhren wir mit Heckflossen ins Blaue, während sich unter der friedvollen Oberfläche Spannungen aufbauten, die sich später, in den Sechzigern, entluden."[13]

Stonewall

In den 1960er Jahren waren in den Vereinigten Staaten alle homosexuellen Handlungen illegal, außer seit 1961 in Illinois, wo auch die erste Organisation für Schwulenrechte gegründet wurde.[14] Homosexualität wurde als psychische Erkrankung betrachtet, sogar als eine Art der Psychopathie, und schwule Menschen diversen Aversionstherapien unterzogen. William Eskridge, Jura-Professor an der Yale-Universität, schreibt 2004 in seiner Historie der Bewegung:

> Schwule Menschen, die man als sexuelle Psychopathen einstufte und in medizinische Einrichtungen einwies, wurden manchmal sterilisiert, kastriert oder einer Lobotomie unterzogen, die manche Ärzte als Heilmittel für Homosexualität und andere sexuelle Krankheiten ansahen. Die berüchtigtste dieser Institutionen war Atascadero in Kalifornien, unter Schwulen bekannt als „Dachau für Queers", und das mit Recht. Zu den medizinischen Experimenten dort gehörte die Verabreichung einer Droge, die das Erlebnis des Ertrinkens simuliert; mit anderen Worten, pharmakologisches Waterboarding.[115]

Die gerichtliche Verfolgung Schwuler in den Vereinigten Staaten, „the land of the free", war drakonisch. Ertappte die Polizei einen Mann bei „unzüchtigem" Verhalten, konnten sein Name, sein Alter und selbst seine Adresse in den Zeitungen veröffentlicht werden. In von Schwulen und Lesben besuchten Bars und Clubs fanden häufige Razzien statt; die Polizei platzte herein, die Musik verstummte, das Licht ging an, Ausweise wurden überprüft und Männer, die im Verdacht standen, sich als Frauen verkleidet zu haben, wurden in den Toiletten von weiblichen Beamten manuell oder visuell untersucht. Das Strafgesetz New Yorks schrieb den Leuten vor, mindestens drei ihrem Geschlecht angemessene Kleidungsstücke zu tragen, andernfalls konnten sie verhaftet werden.

Dann kamen die Stonewall-Unruhen, der Auslöser, der für viele den wahren Beginn der Lesben- und Schwulbewegung markiert. Keineswegs war es die erste Zurschaustellung von Aktivismus der Gay Community; „homophile" Organisationen wie die Mattachine Society, die Daughters of Bilitis und die Janus Society hatten zuvor Kundgebungen veranstaltet. Aber Stonewall wird allgemein als die erste Demonstration von „Gay Power" wahrgenommen, als Zeitpunkt der unerschrockenen Solidarität. „Wir wurden ein Volk" sagte ein schwuler Mann. „Auf einmal hatte ich Brüder und Schwestern, die vorher nicht da waren."[16] Der Autor Eric Marcus sagt:

„Vor Stonewall gab es kein 'Coming Out', kein 'Draußensein'. Schon der Gedanke an ein öffentliches Bekenntnis war absurd. Jetzt reden die Leute darüber, drinnen und draußen zu sein; [vor Stonewall] gab es kein Bekennen, nur Verschweigen."[17]

Der Stonewall Inn war eine schäbige Schwulenbar im Besitz der Mafia; Christopher Street, Greenwich Village, New York City. In der Nacht des 28. Juni 1969 fielen für die übliche Razzia mehrere Polizeibeamte in die Kneipe ein, aber dieses Mal wehrten sich die Stammgäste. Sie hielten stand, verweigerten die Kooperation, wurden zunehmend grob und verhöhnten die Beamten mit offen zärtlichem Verhalten und einer Transvestitenrevue. Es dauerte nicht lange, bis sich eine Menge von Sympathisanten dazugesellte und, wie man erzählt, der Zorn die Oberhand gewann, als eine Frau in Handschellen aus dem Club gezerrt und mir einem Gummiknüppel auf den Kopf geschlagen wurde. „Jeden Abend ging die Gewalt weiter, bis zum 2. Juli, Mittwochnacht, mit dem Spott junger Schwuler und den Sprechchören erfahrener Aktivisten, die die Tätlichkeiten der Polizei in den labyrinthartigen Straßen des West Village anstachelten. Gedemütigt, weil blamiert von einem Haufen 'Queers', erschien die Polizei jede Nacht mit starken Kräften, um die Christopher Street zurückzuerobern. Es gelang ihr nie."[18]

Im Rückblick war der Stonewall-Aufstand der Höhepunkt der schwulen Bürgerrechtsbewegung, nicht nur in den USA, sondern weltweit. Ein Jahr danach, am 28. Juni 1970, marschierten seine Teilnehmer mit in der ersten Gay-Pride-Parade vom Stonewall Inn zum Central Park; gleichzeitig gab es entsprechende Versammlungen in Chicago, San Francisco und Los Angeles. Seither finden weltweit die an Stonewall erinnernden Demonstrationen am Christopher Street Day statt, an Orten, die so unwahrscheinlich klingen wie Uganda, Türkei und Israel.

Der Circulus virtuosus und der Niedergang der Homophobie

Stonewall ist beinahe 50 Jahre her. Welche Fortschritte haben wir seither gemacht? Die gute Nachricht zuerst – 1973 strich die American Psychiatric Association Homosexualität von der Liste der psychischen Erkrankungen. Die offizielle Anerkennung, dass Schwule und Lesben nicht krank sind, war ein notwendiger Schritt, um die Haltung ihnen gegenüber zu ändern, und sie hat sich ganz sicher geändert. In weiten Teilen der Welt ist Homophobie auf dem Weg, als ebenso beleidigend betrachtet zu werden wie Rassismus. Der Soziologe Mark McCormack:

Die Schwulenbewegung war sehr erfolgreich, allein was die Sichtbarkeit homosexueller Menschen betrifft. Es hat einen großen Einfluss, wenn sich beliebte Prominente als schwul herausstellen. Engstirnig sind die Menschen gegenüber dem Unbekannten; wer Schwule kennenlernt, dessen Homophobie schwindet.

Eine weitere Sphäre des Wandels ist das Internet. Jugendliche im stillen Kämmerlein können über das Netz Freundschaften schließen und Selbstvertrauen für ein früheres Coming Out gewinnen. Soziale Medien wie Facebook fragen nach dem Geschlecht, man klickt „männlich" oder „weiblich" an und dann, ob man an Männern oder an Frauen interessiert ist. Als ich zur Schule ging, wurde diese Frage nicht gestellt; man war hetero, und wenn nicht, dann wurde man bemitleidet.

Eine Teilursache der schnellen Entwicklung liegt im Effekt der „Aufwärtsspirale". Die Homophobie ließ nach, Jungs konnten sich sich auch mal in den Arm nehmen oder zum besten Freund sagen, dass sie ihn lieben, sich dann räuspern und über Mädchen reden. Dabei merkten sie, dass nichts Ekliges oder Abstoßendes daran war und legten ein bisschen mehr von ihrer Homophobie ab. Es ist ein „positiver Teufelskreis".[19]

Diesen Circulus virtuosus, der zum raschen weltweiten Niedergang der Homophobie führte, hat auch der Soziologe Eric Anderson aufgezeichnet. Nach seinen Ergebnissen befragt, sagte er: „Nun, überraschend sind sie nur für jene, die älter sind als 25 oder 30 Jahre. Siebzehnjährige staunen darüber eigentlich nicht. Das soll nicht heißen, dass diese neue Haltung überall besteht, in allen Demographien und Zusammenhängen. Aber es ist schon eine zunehmende Erscheinung, und speziell unter weißen, urbanen Mittelschicht-Jugendlichen ist Homophobie inakzeptabel.[20]

Anführer und Gegner der Revolution homosexueller Rechte

Auch in anderen Bereichen änderten sich für den LGBT-Teil der Bürger die Verhältnisse zum Positiven, so für das Personal der US-Streitkräfte. Von 1994 bis 2010 lautete die offizielle Richtlinie „Frag nicht, sag nichts" (*„Don't ask, don't tell"*, *DADT*). Sie ermöglichte schwulen, lesbischen und bisexuellen Menschen unter dem Siegel der Verschwiegenheit den Militärdienst, aber nur unter der steten Gefahr der sofortigen Entlassung, sollte ihnen versehentlich eine Bemerkung entschlüpfen, die ihre sexuelle Orientierung offenbarte. Ein solches Missgeschick widerfuhr Alexander Nicholson; während seiner Dienstzeit schrieb er einen Brief an seinen ehemaligen Partner, auf Portugiesisch, damit ihn niemand verstehen würde. Das war ein Fehler. Der Inhalt sickerte durch, Nicholson geriet in Panik und sprach mit seinem Vorgesetzten in der Hoffnung, die Gerüchte über seine Neigung bändigen zu können. Seine Entlassung nennt er „ein klassisches Ergebnis":

> Jahrelang begannen viele schwule, lesbische und bisexuelle junge Leute den Militärdienst unter derselben Fehlinterpretation der DADT-Richtlinie wie ich. Es klang so vernünftig und handhabbar, und für viele war es das. Hunderttausende LGBT-Bedienstete fanden mit DADT ihren Weg, wenn sie auch einen erheblichen persönlichen Preis zahlten. Aber Zehntausenden weiteren gelang das nicht. Manche wurden unvermittelt gefeuert, nachdem ihr Geheimnis gelüftet war, sich erst unter den Gleichrangigen verbreitete und dann die Kommandohierarchie hinauf, wie in meinem Fall. Andere wurden böswillig geoutet von sitzengelassenen Liebhabern, eifersüchtigen Kameraden oder engstirnigen Bekannten.[21]

Nachdem man ihn kurzerhand hinausgeworfen hatte, gründete Nicholson *Servicemembers United*, eine LGBT-Interessengruppe, die sich mühevolle Jahre lang der Abschaffung von DADT widmete. Schließlich führte ihr Kreuzzug zum Erfolg; Präsident Obama unterzeichnete die Aufhebung der Richtlinie am 22. Dezember 2010.

Ein dem Coming Out noch weitgehend unerschlossener Bereich ist der Profisport. Man fragt sich, wo sie sind, die offen schwulen Sportler im American Football, im europäischen Fußball, unter Auto- und Radrennfahrern und so weiter. Aber auch hier gibt es die Hoffnung einer Morgendämmerung für schwule Athleten. Eine Studie über Fußball erbrachte Folgendes:

> Im Gesamtergebnis zeigen sich entgegen den Erwartungen Anzeichen einer rapide abnehmenden Homophobie innerhalb der Fußball-Fankultur. Die Resultate bestätigen die Theorie der inklusiven Maskulinität, denn 93 Prozent der Fans aller Altersgruppen geben an, im Fußball gebe es keinen Platz für Homophobie. Sie werfen den Agenten und Vereinen mangelnde Offenheit vor und fordern die Führungsverbände auf, gegen eine Kultur der Geheimnistuerei

einzutreten und für ein Coming Out von Spielern ein inklusiveres Umfeld zu schaffen.²²

Als ich Anfang 2014 dieses Buch beendete, nahmen an den olympischen Spielen in Sotschi einige schwule Athleten teil, darunter eine amerikanische LGBT-Delegation, angeführt von Billie Jean King, in offenem Trotz gegen Russlands antiquierte, homophobe Gesetze.²³ Die National Football League (NFL) berief ihren ersten offiziell schwulen Spieler ein, Michael Sam, den die Medien für sein Coming Out am Vorabend seiner Ernennung als Helden feierten. Bei einer Internet-Umfrage des Sport-Fernsehkanals ESPN gaben 86 Prozent der NFL-Spieler an, die sexuelle Orientierung eines Teamkameraden spiele für sie keine Rolle.²⁴ Im Januar 2014 offenbarte der frühere deutsche Fußball-Nationalspieler Thomas Hitzlsperger seine Homosexualität, „um die öffentliche Diskussion über Homosexualität unter Profisportlern voranzubringen". Fußballfans, sagte er, „sind eine komplexe Mischung. Im Stadion findet man alle Altersgruppen aus allen Bevölkerungsschichten. Gewisse Reaktionen kann man nicht ausschließen, aber ich denke, für die große Mehrheit wird es wohl kein Problem sein."²⁵

Eines der deutlichsten Zeichen des Fortschritts ist natürlich, wenn Schwule, Lesben und Bisexuelle endlich in einigen Ländern heiraten, Familien gründen und Kinder haben können. Die Veränderung seit den Sechzigern ist bemerkenswert. Das zeigt sich daran, wie Richard Enman, der Präsident der Mattachine Society of Florida, in einem Interview 1966 über diese Dinge nur lachen konnte, als man ihn fragte „An welche Gesetze wollen Sie ran?"

Nun, lassen Sie mich zuerst sagen, an welche Gesetze wir nicht ran wollen. Es wurde viel davon geredet, dass unsere Vereinigung die Ehe zwischen Homosexuellen befürwortet, die Adoption von Kindern und all das, und das stimmt einfach nicht. Homosexuelle wollen das nicht. Sie mögen irgendwo am Rand vielleicht einen Typen finden, der das will.²⁶

Stellen Sie sich das vor, scheint dieser offenkundig schwule Mann zu sagen, gleichgeschlechtliche Ehe und Adoption, für *Homosexuelle*! Lächerlich! Aber es ist nicht mehr lächerlich, nicht in Uruguay, Dänemark, Südafrika, Kanada, Neuseeland und den anderen insgesamt sechzehn Ländern, die die gleichgeschlechtliche Ehe legalisierten; auch nicht mehr in Kalifornien, Connecticut, Minnesota, New York, Washington oder sonst einem der über dreißig Bundesstaaten und dem District of Columbia, wo schwule, lesbische und bisexuelle Bürger endlich das Recht haben, zu heiraten. Und als New Mexico als siebzehnter Staat die Ehe für alle erlaubte, schrieb Edward L. Chavez, der Autor der Stellungnahme des Staates, zielend auf die Behauptung, der Sinn der Ehe sei die Fortpflanzung und Schwule daher von ihr auszuschließen: „Im Recht New Mexicos war Fortpflanzung nie Bedingung für die Ehe, was daraus ersichtlich wird, dass alten, unfruchtbaren und freiwillig kinderlosen Menschen nicht die Heirat verwehrt wird."[27] Es ist nur eine Frage der Zeit, bis sich alle 50 Staaten angeschlossen haben. Und 2014 stärkte das deutsche Verfassungsgericht das Adoptionsrecht für homosexuelle Paare.[28]

Die folgenden Grafiken zeigen den moralischen Fortschritt und wer auf diesem Gebiet die Revolution der Rechte anführt. Bild 7-1 veranschaulicht die sich ändernde Einstellung zu Homosexualität und gleichgeschlechtlicher Ehe seit den 1970ern mit einer Zunahme toleranterer Antworten bei Umfragen zu diesem Thema. Bild 7-2 zeigt zum ersten Mal in der Geschichte mehr Befürworter als Gegner der Ehe für alle. Auf den Bildern 7-3 und 7-4 sehen wir die Aufteilung der Befürworter auf Generationen und weltanschauliche Lager. Im zeitlichen Verlauf zeigt sich der Effekt generationenübergreifend; die größten Unterschiede bestehen zwischen einerseits den Millenials, die großenteils zu den Befürwortern gehören, und andererseits den „Baby Boomern" (geboren 1946 bis 1964) und der „stillen" Generation (geboren vor 1946) mit eher ablehnender Haltung. Laut einer Umfrage vom März 2013 des *Public Religion Research Institute* ist die Hälfte der Christen des Alters unter 35 Jahren für die Homoehe, aber nur 15 Prozent derer über 65. Die Daten zeigen, wie sich mit der Zeit die moralischen Werte der Christen zu mehr Toleranz und Akzeptanz anderer verschieben, während die Millenials vorn auf der moralischen Welle reiten, die Älteren im Wellental hinter sich herziehen und langsam, aber unaufhaltsam ihre Vorgänger-Generationen ablösen.

Wenngleich viele gläubige Menschen den Wandel unterstützten und in ihren Kirchen an der Akzeptanz der gleichgeschlechtlichen Ehe mitwirkten, so setzt sich der religiös motivierte Widerstand gegen Homosexualität doch fort. Ein Musterbeispiel: Ende 2013 verwarf der indische oberste Gerichtshof die Entscheidung eines untergeordneten Gerichts, das im Jahr 2009 gleichgeschlechtliche sexuelle Beziehungen legalisierte (nachdem die britische Kolonialregierung sie zum Verbrechen erklärt hatte). Die neue Regelung, nach Abschnitt 377 des indischen Strafgesetzbuches, verbietet sexuelle Aktivitäten „mit Mann, Frau oder Tier, die gegen die natürliche Ordnung verstoßen", unter Androhung von Geldstrafen und bis zu zehn Jahren Haft. Diese Bestrebungen der Rekriminalisierung wurden, wenig

Die moralische Wissenschaft der Rechte Homosexueller 263

Fortschritt bei den Einstellungen
gegenüber Homosexualität und gleichgeschlechtlicher Ehe

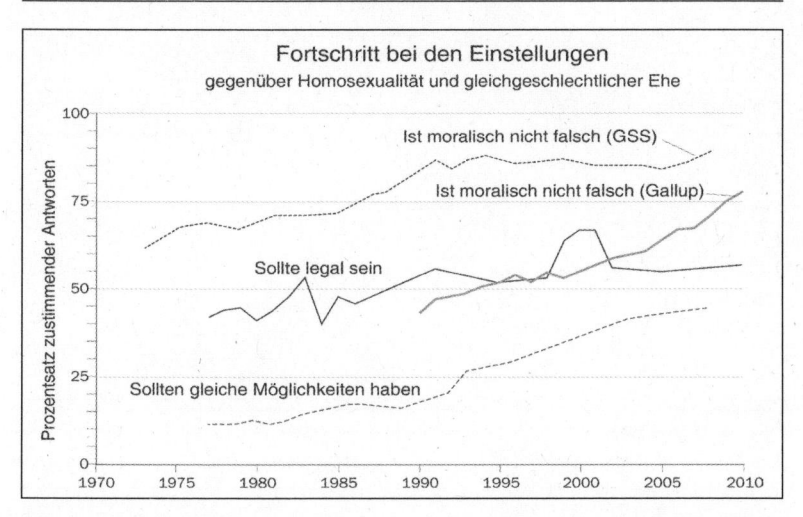

Bild 7-1: Fortschritt bei den Einstellungen gegenüber Homosexualität und gleichgeschlechtlicher Ehe
Prozentsätze zustimmender Antworten bei Umfragen zur Akzeptanz von Homosexualität und gleichgeschlechtlicher Ehe[29]

Geänderte Einstellungen zur gleichgeschlechtlichen Ehe

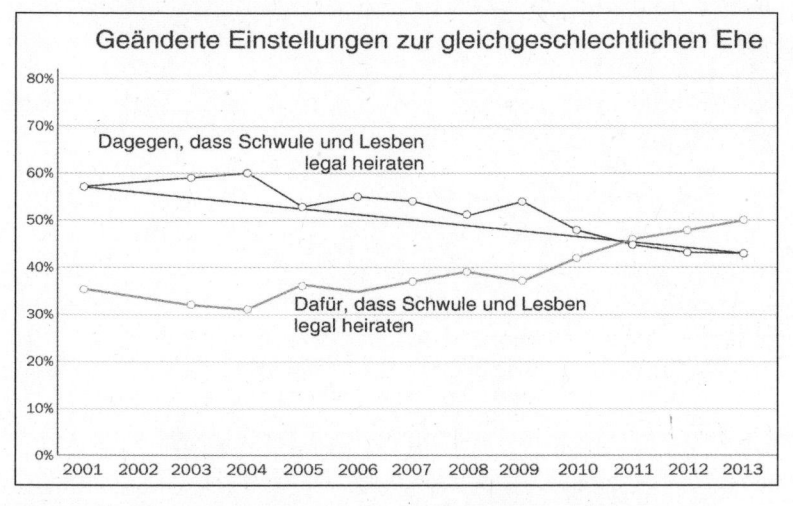

Bild 7-2: Ehe für alle – mehr Zustimmung als Ablehnung in den USA
Zum ersten Mal in der Geschichte hat die gleichgeschlechtliche Ehe mehr Befürworter als Gegner. Quelle: Pew Research Center Forum on Religion and Public Life, Juni 2013[30]

Geänderte Einstellungen zur gleichgeschlechtlichen Ehe, nach Generation

Millennials (1981 oder später)
Generation X (1965-80)
Baby Boomers (1946-64)
Silent Generation (1928-45)

Religiös Ungebundene führen den moralischen Fortschritt zur gleichgeschlechtlichen Ehe an

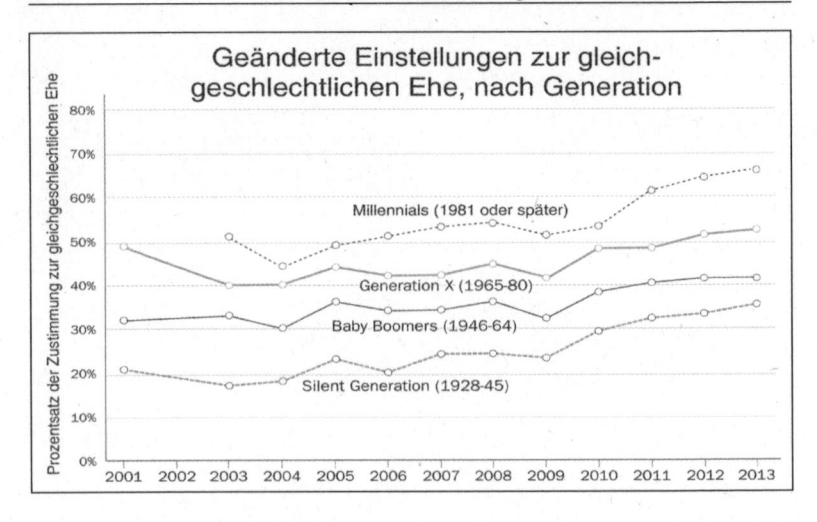

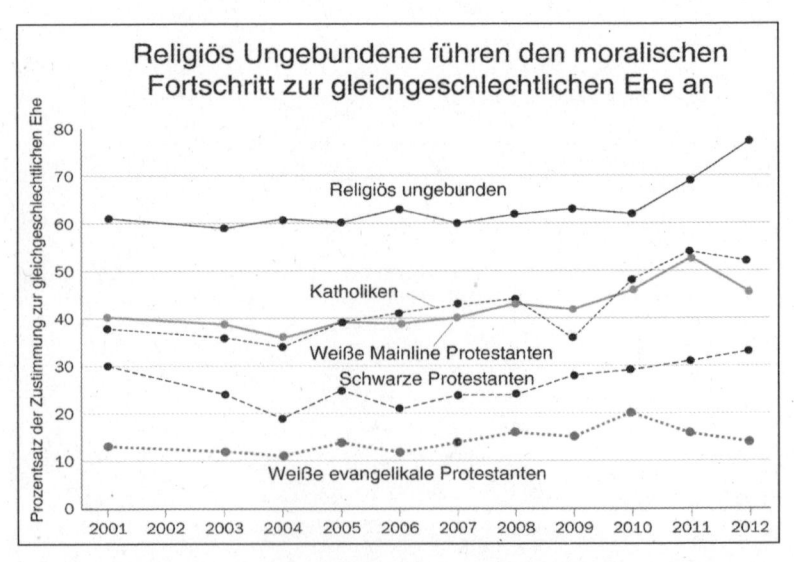

Religiös ungebunden
Katholiken
Weiße Mainline Protestanten
Schwarze Protestanten
Weiße evangelikale Protestanten

Bild 7-3 und 7-4: Wer führt beim Recht auf gleichgeschlechtliche Ehe die Revolution an?
Der Prozentsatz der Befürworter der Ehe für alle ist unter den jungen (Millenials) und religiös ungebundenen Menschen am höchsten; am niedrigsten ist er bei älteren Amerikanern und weißen Evangelikalen. Quelle: Pew Research Center Forum on Religion and Public Life, Juni 2013[31]

überraschend, angeführt von hinduistischen, muslimischen und christlichen Gruppierungen. Mujtaba Farooq, Präsident der (muslimischen) „Indischen Wohlfahrtspartei" mit Sitz in Delhi verkündete: „Homosexualität ist unnatürlich, stört den Fortbestand des Lebens und macht die Zukunft unsicher. Das ist der inakzeptable Einfluss des Westens." Kamal Farooqui, ein Vertreter des *All India Muslim Personal Law Board*, einer der Unterstützergruppen der Entscheidung von 2009, erklärte deren Argumentation: „Wenn Homosexualität legalisiert wird, dann sollen doch alle homosexuell werden. Sie widerspricht dem natürlichen Gesetz der Fortpflanzung. Ohne Fortpflanzung endet die Welt in hundert Jahren."[32] Unter den Ländern, die sich am wenigsten um einen Bevölkerungsrückgang sorgen sollten, kommt Indien gleich nach China.

Ähnlichen Prinzipien folgte Uganda 2014; das Parlament verabschiedete einen Gesetzentwurf, der Schwule zu Verbrechern erklärte, mit Gefängnisstrafen von 14 Jahren für „Ersttäter" und lebenslänglicher Haft für jedes weitere Vergehen. „Das Gesetz zielt auf die Stärkung der nationalen Fähigkeit, mit aufkommenden internen und externen Bedrohungen der traditionellen heterosexuellen Familie umzugehen", so das parlamentarische Komitee, ohne allerdings zu erwähnen, inwiefern zwei einvernehmlich handelnde Erwachsene desselben Geschlechts eine Bedrohung sind für zwei Erwachsene unterschiedlichen Geschlechts.[33]

In Russland inszenierte der Kreml eine Hasskampagne gegen LGBTs, verbot „schwule Propaganda", Adoption durch gleichgeschlechtliche Paare[35] und initiierte ein Gesetz, ihnen die Kinder zu entziehen,[34] was auf eine LGBT-Flüchtlingskrise hinauslaufen könnte, wenn schwule und lesbische Russen anderswo Asyl suchen.[36] Russland scheint sich in das Weltzentrum traditioneller Werte zu verwandeln, und Wladimir Putin selbst „attackierte kaum verhüllt die freiheitlichere Haltung des Westens zu Schwulenrechten; er sagte, Russland würde sich gegen 'geschlechtslose und fruchtlose sogenannte Toleranz' verteidigen".[37] Bedauerlicherweise scheinen 88 Prozent der Russen das Verbot „schwuler Propaganda" zu unterstützen; für 35 Prozent ist Schwulsein eine „Krankheit" und für 43 Prozent eine „widerwärtige Angewohnheit". Patriarch Kyrill I., Oberhaupt der russisch-orthodoxen Kirche, erklärte die Legalisierung von Homo-Ehen „zu einem Anzeichen für den bevorstehenden Weltuntergang" (und meinte es vermutlich ernst).[38] Sagen Sie nicht, Sie wurden nicht gewarnt.

Manchmal ist schwer zu unterscheiden, ob derart groteske Behauptungen ernst gemeint sind oder nur Glaubensgenossen ärgern sollen. Ein britischer Politiker bemerkte: „Seit der Verabschiedung des Heiratsgesetzes [für Gleichgeschlechtliche] wurde das Land von schweren Stürmen und Fluten heimgesucht."[39] Gottes Furor in Form schlechten Wetters Schwulen zur Last zu legen, ist nicht neu. Einer amerikanischen Tradition folgend zeigt nach jedem Tornado oder Hurrikan mindestens ein religiöser Spinner mit dem Finger auf gleichgeschlechtliche Partnerschaften als Grund für den stürmischen Zorn Gottes. Offenbar sind Wirbelstürme Gottes Art, mal wieder der Menschheit beizubringen, dass er, der Allmächtige, nur verheirateten, heterosexuellen Sex goutiert. Zweifellos eine indirekte Unterrichtsmethode, und verständlicherweise sehen die Menschen die Verbindung zwischen gleichgeschlechtlicher Ehe und Hurrikans nicht sofort. Dennoch könnte schwules Wetter Vorteile haben. Ein satirischer Artikel wies darauf hin, dass man schwule Paare animieren könnte, Zeit in Wüsten zu verbringen, wenn ihr Sex großräumige Nässe-Ereignisse hervorruft. „Wir feiern unsere Flitterwochen in Subsahara-Afrika, um seine ausgedörrten Weiten mit schwulen Schauern zu nässen" sagte ein Männerpaar. „Wenn ein Küsschen einen dichten Nebel heraufbeschwört – stellt euch vor, was mit eindringlichem schwulem Verkehr möglich wäre."[40]

So erleichternd Bonmots über das Geschwafel religiöser Extremisten sein mögen, und so sehr es ein Zeichen der nahenden Apotheose einer Revolution sein mag, wenn Satiriker die Opposition nicht mehr ernst nehmen – nichts Komisches ist an den Statistiken der Selbstmordversuche jugendlicher LGBTs in den Vereinigten Staaten, „bis zu fünfmal so hoch wie unter gleichaltrigen Heterosexuellen".[41] Dafür mag es zweifellos viele Gründe geben; immerhin, Jorge Valencia von der *Trevor Project Suicide Hotline* für LGBT-Jugendliche sagt: „Einer der fünf Hauptgründe, aus denen Teenager uns anrufen, ist religiöser Natur. Sie haben das Gefühl, dass es für sie *und* Gott keinen Ort gibt."[42] Eine mögliche Ursache: Vierzig Jahre nach der Feststellung, dass Homosexualität keine Geisteskrankheit ist, denken sich viele christliche Prediger, Autoren und Theologen nichts beim Drangsalieren der LGBT-Community, indem sie das Bedürfnis, einen Menschen des gleichen Geschlechts zu lieben, als Abscheulichkeit bezeichnen und als Krankheit, die „geheilt" werden kann durch eine „Behandlung" namens „Reparativtherapie" (*Conversion Therapy*). „Indem man einem Menschen Angst und Scham einimpft, kann man ihn dazu bringen, all seine Gefühle zu unterdrücken", sagt Dr. Paula J. Caplan. Aus Sicht der Umerzieher ist das „leider Welten davon entfernt, seine sexuelle Orientierung zu ändern."[43]

Gleichwohl bekam die Reparativtherapie im Jahr 2003 Auftrieb durch einen Artikel des angesehenen Psychiaters Robert L. Spitzer mit dem Titel „Können manche schwulen Männer und Lesben ihre sexuelle Orientierung ändern? 200 Teilnehmer vermelden einen Wechsel von der homosexuellen zur heterosexuellen Orientierung."[44] Einrichtungen, die diese Therapieform vertreten, wie *Exodus International* und *Love Won Out* (gefördert von der evangelikalen Organisation *Focus on the Family*) jubelten. Aber nicht lange; zehn Jahre später entschuldigte sich Dr. Spitzer wortreich für seine unerträglich fehlerhafte Studie,[45] und Allan Chambers von Exodus International bat gleichermaßen um Verzeihung für das von ihm angerichtete Chaos; er „verglich sein Verhalten als Präsident der Organisation mit der Karambolage von vier Autos", die er einmal verursacht hatte.[46] Chambers kündigte die Auflösung von Exodus International an. Die *National Association for Research & Therapy of Homosexuality (NARTH)*[47] setzt sich weiterhin für die Reparativtherapie ein, selbst angesichts von Gesetzesvorlagen, die das Verfahren in einem Bundesstaat nach dem anderen verbieten,[48] und auch obwohl Vereinigungen professioneller Psychologen alle Therapieformen als „ungerechtfertigt, unethisch und schädlich" verurteilen, die Konzepten der Änderung der sexuellen Orientierung folgen.[49]

Religiöse Extremisten, die weiterhin auf die Reparativtherapie drängen, haben eines nicht verstanden – schwul zu sein ist wie Linkshänder zu sein. Es bedarf keiner Intervention. Der Kolumnist Dan Savage: „Sie weisen auf die Selbstmordrate unter schwulen Teenagern hin, die die religiöse Rechte selbst in die Höhe treibt, als Anzeichen, dass der schwule Lebensstil zerstörerisch ist. Als ob man jemanden mit Absicht über den Haufen fährt und dann behauptet, zu Fuß gehen sei gefährlich."[50] Viele Christen halten sich tatsächlich für wohltätig, wenn sie behaupten, „die Sünde zu hassen, aber nicht den Sünder"; nicht unähnlich den Bekundungen ihrer Vorgänger, bevor sie Frauen als Hexen verbrannten, um ihre Seelen zu retten, oder wenn sie zu Pogromen gegen Juden als Christusmörder aufriefen.

Die Revolution wird erwachsen

Merkt euch meine Worte: Ich sage voraus, dass in wenigen Jahren, einem Jahrzehnt vielleicht, weiße Christen zur Besinnung kommen und Schwule und Lesben nicht anders behandeln werden als jetzt schon andere Gruppen, die sie zuvor verfolgten – Frauen, Juden, Schwarze. Dieser Wandel wird nicht durch irgendeine neue Interpretation einer Bibelstelle eintreten oder eine weitere Offenbarung Gottes. Er wird geschehen, wie er immer geschieht, indem nämlich eine unterdrückte Minderheit für ihre Rechte kämpft, als Gleiche behandelt zu werden und durch aufgeklärte Mitglieder der repressiven Gesellschaft, die ihre Sache mittragen. Danach werden die christlichen Kirchen die Lorbeeren einheimsen für die Befreiung der Gay Community; sie werden in ihren alten Aufzeichnungen wühlen und genau die Prediger mit Mut und Charakter finden, die anders als ihre Mitchristen für die Schwulenrechte eintraten. Die werden sie dann zitieren als Evidenz, dass Schwule sich ohne das Christentum immer noch im Verborgenen halten müssten.

Wer immer die Lorbeeren erntet – die Revolution der Schwulen- und Lesbenrechte nähert sich der Vollendung. Am 20. September 2013 ermahnte Papst Franziskus seine Katholiken, mehr als eine Milliarde, dass ihre Kirche sich zu sehr um Fragen der persönlichen Moral kümmert, wie gleichgeschlechtliche Ehe, Abtreibung und Verhütung, und darüber ihre seelsorgerische Mission vernachlässigt, den Armen, Bedürftigen und Heimatlosen in der Welt zu helfen, und bemerkte dazu, diese unangebrachte Moral könnte die Kirche zu Fall bringen. Dem italienischen Jesuitenjournal *Civiltá Cattolica* sagte er: „Wir können nicht nur auf die Themen Abtreibung, Homoehe und Verhütungsmethoden pochen." Franziskus setzt sich nicht nur von seinen beiden unmittelbaren Vorgängern Benedikt XVI. und Johannes Paul II. ab, sondern von allen 263 Päpsten der vergangenen zwei Jahrtausende, wenn er erklärt: „Was das anbelangt, ist die Lehre der Kirche klar und ich bin ihr Sohn, aber es ist nicht nötig, die ganze Zeit über diese Angelegenheiten zu reden. Wir müssen ein neues Gleichgewicht finden, sonst könnte selbst das moralische Bauwerk der Kirche fallen wie ein Kartenhaus.[51]

Nun war es Franziskus' eigener Kommentar einige Monate zuvor, am 29. Juli, der ihn in das größte aktuelle Bürgerrechtsanliegen hineinzog. Geboren in Argentinien als Jorge Mario Bergoglio, bezog er sich auf seine Erfahrungen zum Thema Homosexualität in seinem Heimatland: „Wer bin ich, über einen schwulen Menschen guten Willens zu richten, der Gott sucht? Man darf diese Menschen nicht ausgrenzen."[52] Seine nächste Feststellung war eher präskriptiv als deskriptiv: „In Buenos Aires habe ich Briefe von homosexuellen Personen erhalten, die 'sozial verwundet' sind, denn sie fühlten sich immer von der Kirche verurteilt. Aber das will die Kirche nicht."[53]

Wenn das Oberhaupt der weltgrößten Religion seine Anhänger ersucht, sich stärker um das Überleben und Gedeihen der Armen und Heimatlosen zu kümmern und Schwule und Lesben mehr zu akzeptieren, dann ist das ein Hinweis auf moralischen Fortschritt, wie ich ihn definiert habe. Selbst die Evangelikalen ändern sich. Gerade einen Monat, nachdem Papst Franziskus mit seinem historischen Aufruf zur Toleranz die Welt erschütterte, sandte Russell Moore, Oberhaupt der Southern Baptist Convention, der größten evangelikalen Kohorte Amerikas, eine Botschaft an die Leiter der 45000 beteiligten Kirchen und ihre 16 Millionen Mitglieder: „Liebt eure schwulen und lesbischen Nächsten. Sie sind nicht Teil einer bösen Verschwörung." Diese Feststellung erschien am 22. Oktober 2013 auf der Titelseite des Wall Street Journal, direkt unter Aufmachern wie dem syrischen Bürgerkrieg und Problemen mit der Obamacare-Website. Die Platzierung macht die Nachricht, berichtenswert aber wird sie, weil Moores tolerantere Haltung die Warnung seines Vorgängers Richard Land vor einer „radikalen homosexuellen Agenda" missachtet. Der Artikel hebt den Rückzug der Kirche aus der Politik und den Kulturkämpfen hervor, die so viele treue Anhänger dazu getrieben hatten, Homosexualität und gleichgeschlechtliche Ehe zu verdammen. Moores Botschaft war teils eine Antwort auf die Entscheidung der obersten Gerichtshofes der USA 2013, den „Defense of Marriage Act" zu verwerfen, der die Ehe als die ausschließliche Verbindung von Mann und Frau definiert hatte – *Adam and Eve, not Adam and Steve*, wie ein Protestschild verkündete.[54] Moore reagierte aber auch, wie er es nannte, auf das „instinktive Zurückschaudern" junger Evangelikaler vor der Verstrickung der Kirche in politische Kulturkämpfe um die gleichgeschlechtliche Ehe, und um die nach 1979 geborenen „Millenials" in der Kirche zu halten, so fügte er hinzu, müssen Pastoren und Prediger „gewinnend, freundlich und mitfühlend" sein.[55]

Das klingt gut, und wir sollten für jeglichen moralischen Fortschritt dankbar sein, aus welcher Quelle er auch entspringt, aber man möchte doch meinen, dass Pastoren und Prediger (zu schweigen von Christen im Allgemeinen) nicht der Erinnerung bedürfen, „gewinnend, freundlich und mitfühlend" zu sein. Die Geschichte bestärkt meinen Punkt des Hinterherhinkens der Religion bei der kulturellen Entwicklung zu mehr Gerechtigkeit, verdeutlicht noch durch Moores Erinnerung, dass die Southern Baptist Church sich vor dem Bürgerkrieg von einer größeren Glaubensgemeinschaft abgespalten hatte, um für die Sklaverei einzutreten: „Angesichts dessen, dass wir uns zumindest teilweise gründeten, um Menschenraub, Entführung und Lynchjustiz zu rechtfertigen, stehen wir hier nur durch Gottes Gnade und Barmherzigkeit." Erst nach einem Krieg, der 650.000 Amerikaner das Leben kostete und nach einem Verfassungszusatz, der die

Sklaverei verbot, passte sich diese Konfession der moralischen Entwicklung an.

Wissenschaft, Vernunft und Rechte der Homosexuellen

Die politischen und kulturellen Faktoren, die dazu beitrugen, die LGBT-Community in die Sphäre der Moral aufzunehmen, sind nur ein Teil der Geschichte, sagt Jonathan Rauch, langjähriger Verfechter von Redefreiheit und liberaler Gesellschaft im Allgemeinen und von Rechten der Schwulen und Lesben im Besonderen. „Der Generationenwandel erklärt nicht, warum Menschen aller Altersgruppen, auch die Älteren, schwulenfreundlicher geworden sind. Coming Outs gab es jahrelang, aber als graduellen Prozess, während die jüngsten Veränderungen der öffentlichen Haltung schwindelerregend schnell eintraten. Ich glaube, etwas anderes war entscheidend – wir haben auf dem Gebiet der Ideen gewonnen." Letztendlich, so Rauch, obsiegen gute Ideen über schlechte auf dem Markt des freien Gedankenaustauschs. Rauch erinnert sich an den Kommentar eines Anrufers bei einer Diskussion im Radio, an der er beteiligt war anlässlich der Werbekampagne für sein Buch *Gay Marriage: Why It Is Good for Gays, Good for Straights, and Good for America*:

> „Ihr Gast", sagte er, mich meinend, „ist der gefährlichste Mann Amerikas." Warum? Weil er, so der Anrufer, „so vernünftig klingt". Im Rückblick war das vielleicht das größte Kompliment, das ich je erhielt; auf jeden Fall eines der ehrlichsten. Trotz größter Bemühungen des Anrufers, mich nicht zu Wort kommen zu lassen, verfehlten die Debatte und der Kontrast zwischen meinem Kontrahenten und mir nicht ihre Wirkung auf ihn. Dass er an jenem Tag seine Meinung änderte, bezweifle ich, aber ich spürte, wie er nachdachte, beinahe gegen seinen Willen. Hannah Arendt schrieb einst: „Die Wahrheit enthält ein Element des Zwanges." Der Anrufer fühlte sich in gewisser Weise gezwungen, einen Wert zu sehen in dem, was ich sagte."[56]

Hier haben wir eine weitere, starke Ausprägung des Prinzips der austauschbaren Perspektiven; in einem offenen Dialog zwingt uns der Gebrauch der Vernunft, den Wert der Aussagen des Gegenübers wahrzunehmen, und wenn sie als überlegene Ideen einleuchten, dann knabbern sie an unseren Vorurteilen. Zusammen mit der überwältigenden wissenschaftlichen Evidenz, dass Homosexualität nicht gewählt wird, sondern Teil der menschlichen Natur ist, erleben wir in dieser Revolution der Rechte einmal mehr, wie Wissenschaft und Vernunft die Menschheit in Richtung Wahrheit, Gerechtigkeit und Freiheit führen. Dieser Wandel der Einstellungen stützt meine Behauptung, dass viele Auseinandersetzungen um Moral teilweise Debatten über Fakten sind und viele unmoralische Ansichten auf Irrtümern über Tatsachen beruhen. Jonathan Rauch gesteht zu, dass homophobe Emotionen im vergangenen Jahrhundert die Haltung zu Schwulen untermauerten, hält aber die falschen Annahmen über Homosexuelle für das tieferliegende Problem: „Faktische Irrtümer und moralische Fehlurteile, geboren aus Ignoranz, Aberglaube, Tabu und Abscheu. Wenn die Leute dich für eine Bedrohung ihrer Kinder oder ihrer Familie halten, werden sie dich fürchten und hassen. Das dringendste Problem der Schwulen war ein erkenntnistheoretisches, kein politisches. Wir mussten schlechte Ideen durch gute ersetzen." Dieses Ersetzen von Konzepten ist nur möglich in einer freien Gesellschaft, die offenen Diskurs erlaubt und in der Ideen um „kognitiven Raum" in unseren Gehirnen miteinander konkurrieren. Die Rechte der Homosexuellen entwickeln sich genauso wie zuvor die anderen Menschenrechte, wie Rauch erläutert:

Die Geschichte zeigt: Je offener das intellektuelle Umfeld, desto besser geht es Minderheiten. Wir lernen empirisch, dass Frauen ebenso intelligent und fähig sind wie Männer; dieses Wissen stärkt die moralische Forderung der Geschlechtergerechtigkeit. Soziale Erfahrung lehrt uns, dass staatlich geschützter religiöser Pluralismus Gesellschaften regierbarer macht; dieses Wissen stärkt die moralische Forderung der Religionsfreiheit. Durch kritische Auseinandersetzung lernen wir, dass das Konzept der Sklavenrasse nur zu verteidigen ist, wenn man Zuflucht nimmt zu Heuchelei und Verlogenheit; dieses Wissen stärkt die moralische Forderung nach Anerkennung der angeborenen Menschenwürde.[57]

Wiederum vertrete ich nicht, dass Vernunft allein uns ans Ziel bringt; wir brauchen Recht und Gesetz, um die Bürgerrechte zu schützen. Wir brauchen eine starke Polizei und das Militär, um das staatliche Monopol der legitimen Gewalt durchzusetzen, die Recht und Gesetz aufrechterhält. Aber diese Kräfte basieren ihrerseits auf vernunftbegründeten Gesetzen und die Gesetzgebung auf rationalen Argumenten. Ohne diese Basis ließe sich der moralische Fortschritt nicht auf Dauer erhalten, er wiche dem Recht des Stärkeren. Beruht eine Kampagne der Moral allein auf staatlicher Macht, dann kann diese Macht in andere Hände geraten, die die Gesetze ändern, wie es Ende 2013 in Indien geschah. Um Moral zu verankern, muss sie im Denken ankommen und dort alte Muster verdrängen – von „die Gedanken beherrschend" über „denkbar" und „undenkbar" zu „niemals gedacht".

So ging es mit der Abschaffung der Sklaverei, der Erweiterung der Frauenrechte und so wird es langsam, aber unausweichlich mit der Anerkennung vollständiger Rechte für die weltweite LGBT-Community gehen, zumal sie immer sichtbarer wird. Durch das Coming Out nimmt der Rest der Gesellschaft schwule Menschen einfach als Menschen wahr; was natürlich ist, was *gut so* ist, wird normal. Ein Coming Out führt zum nächsten, verlängert den politischen Hebel und bietet jenen, die sich marginalisiert und einsam fühlen, Unterstützung und Trost.

Stephen Fry, britischer Schauspieler, Autor und Ikone, berichtet von seiner schrecklichen Angst angesichts der Vorstellung, jemand könnte herausfinden, dass er schwul ist – was damals einem Eingeständnis von Geisteskrankheit und krimineller Verdorbenheit gleichzeitig entsprach. Umso größer seine Erleichterung (und die Tausender anderer junger Leute), als er 1976 die Titelgeschichte des *Rolling Stone* Magazins über einen der größten Popstars des Jahrhunderts las, der den Mut hatte, zu seiner Bisexualität zu stehen. „Es war ein wegweisender Moment für mich", sagt Fry, „und für zahllose andere schwule Teenager, die wir uns damals im Verborgenen gehalten hatten."[58] Was hatte der Popstar gesagt? „Es ist nichts daran auszusetzen, mit jemandem des gleichen Geschlechts ins Bett zu gehen. ... Mit meinem Fußballclub wird es furchtbar werden. Der ist so hetero, *unglaublich*. Aber ich meine, wen interessiert's? Ich denke einfach, die Leute sollten sehr frei mit Sex umgehen."[59]

Der Pop-Superstar war Elton John, der später seinen langjährigen Partner David Furnish heiratete, mit dem (und einer Ersatzmutter) er zwei Kinder hat. Das beweist, es wird besser. *It Gets Better*, so der Name der Kampagne von Dan Savage und seinem Ehemann Terry Miller, ins Leben gerufen als Antwort auf die alarmierenden Selbstmordraten unter LGBT-Jugendlichen. Mit dieser einfachen, wichtigen Botschaft produzierten sie ein Video in der Hoffnung, dass vielleicht hundert andere erwachsene Menschen, ob schwul, lesbisch oder bisexuell, dasselbe tun. Die Reaktion war überwältigend. Die Videos strömten herein, und inzwischen gibt es über 150.000 veröffentlichte Einträge von Menschen aller Orientierungen.[183] Nur einen Monat nach dem Video von Savage und Miller steuerte Barack Obama seines bei, und bald folgten weitere von Stephen Colbert, Google, Lady Gaga, General Motors, der Brigham Young University, der Most Holy Redeemer Church of San Francisco, Apple, Hillary Clinton, von zwanzig Beamten der Royal Canadian Mounted Police, von Kermit dem Frosch — und von mir.[60]

Schuld durch Schweigen

Es war ein langes, qualvoll zähes Unterfangen, die Sphäre der Moral zu erweitern, bis sie alle Menschen einschließt, und wir sind noch nicht am Ziel. Wir tun gut daran, uns an Worte zu erinnern, die Edmund Burke zugeschrieben werden: „Für den Triumph des Bösen reicht es, wenn die Guten nichts tun." Was sollen wir tun? Vornehmlich sollten wir gegen Unrecht eintreten, wo immer es uns begegnet, wie es die amerikanische Dichterin Ella Wheeler Wilcox tut, Schöpferin des unvergesslichen „Lache und die Welt lacht mit dir, weine und du weinst allein." Hier ihr Gedicht „Protest" von 1914:

> To sin by silence, when we should protest,
> Makes cowards out of men. The human race
> Has climbed on protest. Had no voice been raised
> Against injustice, ignorance, and lust,
> The inquisition yet would serve the law,
> And guillotines decide our least disputes.
> The few who dare, must speak and speak again
> To right the wrongs of many...[61]

[Mit Schweigen schuldig werden, statt sich zu erheben, macht den Mann zum Feigling. Der Mensch wächst an der Widerrede. Wäre keine Stimme laut geworden gegen Unrecht, Dummheit, Gier, der Inquisitor wäre das Gesetz, und Fallbeile die Richter. Die wenigen, die wagen, müssen aufbegehren, das Unrecht gut zu machen.]

8. Die moralische Wissenschaft der Tierrechte

> Wenn ich alle Wesen nicht als besondere Schöpfungen, sondern als die geraden Nachkommen einiger weniger Wesen ansehe, die lebten, lange bevor die erste Lage des kambrischen Systems abgelagert wurde, so scheinen sie mir geadelt zu werden.
>
> (Charles Darwin, Über die Entstehung der Arten, 1859[1])

Tausend Kilometer vor der Küste Ecuadors liegt das Archipel der Galapagosinseln, berühmt für seine Verbindung zu Charles Darwin und seiner Theorie der Evolution durch natürliche Selektion. Im Herbst des Jahres 1835 verbrachte Darwin fünf Wochen dort, und 2004 begleitete ich meinen Freund und Kollegen Frank J. Sulloway auf einer Expedition, die Darwins Spuren folgte.[2] Die Inseln gehören zu Ecuador, das sich große Mühe gibt, sie so unberührt wie möglich zu erhalten. Bevor wir einen Pfad in das Innere der Insel entlangwandern durften, mussten wir uns beispielsweise einer sorgfältigen Quarantäne unterziehen, um sicherzustellen, dass sich in unseren Rucksäcken und Kleidern keine fremden Eindringlinge verstecken. Dennoch sind invasive Arten ein beständiges Problem für einheimische Populationen, besonders für die berühmten Galápagos-Riesenschildkröten; ihre Ernährungsweise hängt stark von einer lokalen Vegetation ab, die systematisch durch vor fast hundert Jahren eingeschleppte Ziegen dezimiert wird, was nun die Schildkröten und andere Arten mit dem Aussterben bedroht.

Als Reaktion darauf führte der Nationalparkdienst Ecuadors auf San Salvador (auch bekannt als „Santiago" oder „James"), der 58465 Hektar großen Hauptinsel, ein radikales Programm der Ziegenausrottung durch, bei dem Mitte der 2000er Jahre binnen viereinhalb Jahren über 79000 Ziegen zur Strecke gebracht wurden. Reiter trieben sie mit Drucklufthörnern und Gewehrschüssen in Pferche, um sie dort zu töten. Aber diese Methode verfehlte ihr Ziel, wegen des brutal rauen Terrains der Vulkaninseln. Es ist trocken, heiß, und die rasiermesserscharfe ʻAʻā-Lava zerschneidet einem die Wanderstiefel. Man schlägt sich durch dorniges Buschwerk, das Arme und Beine aufreißt. Wasser ist schwer zu bekommen und muss auf dem Rücken mitgeschleppt werden. Das Gelände ist hügelig und zerklüftet; in lavageformten Höhlen, in Winkeln und Ecken können sich die Ziegen vor den Jägern verbergen. Obwohl ich als Radrennfahrer gut in Form war, empfand ich diesen Marsch mit Frank als mörderische Schinderei, es war eine meiner beschwerlichsten Unternehmungen. Selbst die mit den äquatorialen Verhältnissen vertrauten Ecuadorianer griffen auf Hubschrauber zurück, um die verbleibenden Ziegen aufzustöbern und aus der Luft zu erschießen. Und doch, die Tiere hielten sich hartnäckig. Um die letzten von ihnen zu finden und die Aufgabe zu Ende zu bringen, setzte der Nationalparkdienst „Judas"- und „Mata Hari"-Ziegen ein. Judasziegen stammten von den Nachbarinseln; sie wurden mit Funkhalsbändern auf San Salvador ausgesetzt und sollten die Jäger zu den Verstecken ihrer Artgenossen führen. Mata-Hari-Ziegen waren weibliche Judasziegen, sterilisiert und in chemisch induzierte Dauerbrunft versetzt, um Böcke anzulocken, die vor Jägern, nicht jedoch vor Weibchen scheuten. Es war die bis dahin umfangreichste Ausrottung einer Säugetierspezies auf einer Insel, zu Kosten von 6,1 Millionen Dollar.

War es ein moralischer Akt? Wer darf leben, wer muss sterben – die einheimischen Spezies, über Millionen Jahre evolviert auf den Galapagos-Inseln, oder die erst vor einem Jahrhundert eingeschleppten Ziegen? Auf den ersten Blick erscheint die Antwort leicht. Die ansässigen Arten haben vermöge ihrer Geschichte das Vorrecht. Andererseits waren invasive Spezies über Milliarden Jahre der Evolution ein beständiges Problem für die einheimischen und eine der Hauptursachen des natürlichen Aussterbens. Wir reden also über Unterschiede der Zeitskalen (langfristig/kurzfristig) und der Ursachen (natürlich/künstlich). Eine Art, die eine andere durch natürliche Prozesse der Migration und des Wettbewerbs verdrängt, ist moralisch anders zu werten als Menschen, die eine Spezies einführen, um etwa (von ihnen) unerwünschte Vegetation zu bekämpfen. Daher lagen meine Sympathien bei den ausrottenden Naturschützern; so lange, bis ich auf ein Zicklein stieß und es in den Armen hielt (siehe Bild 8-1). Sie sind fühlende Wesen, und als Säugetiere wohl empfindungsfähiger (emotionaler, reaktionsfähiger, scharfsinniger) als die archaischen, reptilischen Schildkröten, in deren Revier sie vorgedrungen waren.

Sehen Sie sich die niedliche Baby-Ziege an. Dann sehen Sie in die Augen einer jener majestätischen Schildkröten, wie sie seit Jahrmillionen auf Nahrungssuche durch die unberührte Landschaft des Archipels stapfen, stellen sie sich ihre Ausrottung vor und versuchen Sie, die moralische Position der verwilderten Ziegen zu verteidigen. Die wiederum hatten weder beschlossen, die Inseln zu besiedeln noch brachte eine Laune der Natur sie dorthin, als Treibgut eines Sturms, so wie es mit den Schildkröten vor Millionen Jahren passiert sein mag.

Bild 8-1: Ein moralisches Dilemma auf den Galapagos-Inseln
Der Autor (oben) mit einem Zicklein auf den Galapagos-Inseln, bevor es zusammen mit allen anderen Ziegen getötet wurde, um die einheimischen Galápagos-Riesenschildkröten (unten) zu retten. Ist das moralisch? Wo ist die klare Trennlinie?
Bilder: Sammlung des Autors

Ein verblüffendes moralisches Dilemma, das andere Probleme des Tierrechts widerspiegelt; die Triage, wer leben darf und wer sterben muss. „Auf lange Sicht ist die Ausrottung billiger", erklärt Josh Donlan von der Cornell University, der einen wissenschaftlichen Artikel über das Ziegenvernichtungsprojekt veröffentlicht hat. „Auch aus ethischer Perspektive ergibt es Sinn, denn man tötet letztlich weniger Tiere", sagt er, bezogen auf die ansässigen Lebewesen, die an Nahrungsmangel zugrunde gegangen und ausgestorben wären.[3] Ich stimme mit ihm überein, aber nicht ohne Bedauern über unsere Mitschuld an der Entstehung des Problems und unter Anerkennung der Grenzen dieses „Zurück zur Natur", denn dort, wo die Zivilisation tief in die Natur eingegriffen und wenig des ursprünglichen Ökosystems übrig gelassen hat, sind solche Programme unmöglich. Außer im Szenario einer „Welt ohne uns", in dem mit einem Schlag alle Menschen verschwinden, die Natur zurückgestürmt kommt und Vergeltung an all unseren menschengemachten Strukturen übt,[4] gibt es keine Versöhnung zwischen den Tieren und der Zivilisation, keine klare moralische Trennlinie.

Dennoch möchte ich darlegen, dass sich auch der Bogen des moralischen Universums der Tiere zur Gerechtigkeit erhoben hat, bezeugt durch genau diesen Akt des Tier-Genozids im Namen des Schutzes von Leben und Natur. Noch vor weniger als einem Jahrhundert dachten die Leute sich nichts dabei, Mitglieder einer fremden Spezies auf den Galapagos-Inseln anzusiedeln, blind gegenüber den Auswirkungen auf das Ökosystem. Zu Zeiten Darwins besuchten Segelschiffe regelmäßig die Inseln, um Schildkröten zu sammeln und sie lebendig in den Eingeweiden des Schiffes zu verstauen, als Proviant für die Pazifik-Überfahrt. Selbst Darwin, sonst in so vielen Belangen seiner Zeit voraus (einschließlich der Abschaffung der Sklaverei), lebte auf der Heimreise mit der HMS *Beagle* über den Pazifik von seinen Schildkröten-Daten.[5]

Tiere und Kontinua des Denkens

Ein System der Moral, das auf einer gleitenden Skala basiert statt auf rigiden Kategorien, gibt uns eine biologische und evolutionäre Grundlage für die Erweiterung der moralischen Sphäre auf nichtmenschliche Tiere nach objektiven Kriterien wie genetische Verwandtschaft, kognitive und emotionale Fähigkeiten, moralische Entwicklung und besonders Leidensfähigkeit. Das ist, was es heißt, ein empfindungsfähiges Wesen zu sein, und aus diesem Grund habe ich das erste Prinzip des wissenschaftsbasierten Moralsystems als *Überleben und Gedeihen fühlender Wesen* formuliert. Aber welche fühlenden Wesen, und um welche Rechte geht es? Statt Tiere in Kategorien von „wir" und „sie" einzuteilen, können wir sie unter Aspekten der Kontinuität betrachten, zwischen einfach und komplex, in Graden der Intelligenz, von weniger zu mehr Bewusstsein und Selbstwahrnehmung und speziell unter dem Gesichtspunkt der Leidensfähigkeit. Wenn wir vom Menschen als empfindungsfähiges Wesen mit vollen Rechten ausgehen und ihm einen Wert von 1,0 zuweisen, dann können wir Gorillas und Schimpansen bei 0,9 einordnen, Wale, Delfine und Tümmler bei 0,85, Affen und Meeressäuger bei 0,8, Elefanten, Hunde und Schweine bei 0,75 und so weiter, die phylogenetische Skala hinab. Kontinuität statt Kategorien.[6] Vergleichen wir die Gehirngrößen der Arten in Kubikzentimetern: Gorillas 500, Schimpansen 400, Bonobos 340, Orang-Utans 335, Menschen 1200 bis 1400. Erwähnenswert sind Delfingehirne mit 1500 bis 1700 cm^3 Volumen und einer Oberfläche des Cortex mit seinen höher entwickelten Zentren von Lernen, Gedächtnis und Kognition von eindrucksvollen 3700 Quadratzentimetern, verglichen mit unseren 2300. Zwar ist der Delfincortex nur halb so dick wie wie der menschliche, aber vergleicht man die Volumina, so landen Delfine bei beachtlichen 560 cm^3, verglichen mit 660 cm^3 beim Menschen.[7]

Diese auffälligen Daten bei Delfinen ließen den Wissenschaftler John C. Lilly 1961 den halbgeheimen „Orden des Delfins" gründen, ein veritables „Who's Who" der Wissenschaft, unter anderem mit dem Astronomen Carl Sagan und dem Evolutionsbiologen J. B. S. Haldane, die sich beide für die Kommunikation mit außerirdischen Intelligenzen interessierten. Da die bisher nicht entdeckt wurden, sollten Delfine als terrestrischer Ersatz dienen, um herauszufinden, wie man mit einer von uns radikal verschiedenen Art kommunizieren kann. Das Projekt lief nicht gut; Sagan und die anderen wagten wegen Lillys Mangel an Stringenz bei seinen Experimenten nicht, klare Schlüsse über Intelligenz und Sprache der Delfine zu ziehen (unter anderem verabreichte Lilly seinen aquatischen Anvertrauten LSD in der Hoffnung, es möge ihre Pforten der Wahrnehmung öffnen).

Aufschlussreich war dann aber das halbe Jahrhundert etwas wissenschaftlicherer Untersuchungen seither. In ihrem Buch *The Dolphin in the Mirror* weist die Psychologin Diana Reiss nach, dass Delfine einen abgewandelten Spiegel-Test der Selbstwahrnehmung bestehen.[8] Ein YouTube-Video mit Delfinen, die sich vor einem riesigen Spiegel putzen, ist nicht nur lustig anzusehen; die Tiere wissen eindeutig, dass sie im Spiegelbild sich selbst sehen, wirken sehr angetan, starren sich ins Maul, drehen sich auf den Rücken, lassen Luftblasen blubbern etc. Dieses spezielle Video zeigt, wie Delfine und Elefanten den Selbsterkennungstest bestehen; der Delfin starrt auf einen im Spiegel sichtbaren Tintenfleck an seiner Flanke (was bei Kontrollversuchen ohne Fleck nicht geschieht), und ein Elefant berührt wiederholt mit der Rüsselspitze ein „X" auf seiner Stirn, offenbar neugierig (und vielleicht irritiert) ob dessen Anwesenheit.[9] Was die Delfinsprache angeht, ist der Psychologe Justin Gregg in seinem Buch *Are Dolphins Really Smart?* allerdings weniger enthusiastisch als Lilly es bei seiner Literaturauswertung war:

> Evidenz für eine Delfinsprache, „Delfinesisch", ist praktisch nicht vorhanden. Sie haben Signaturpfiffe, die ein wenig wie Namen funktionieren. Wahrscheinlich benutzen sie sie, um sich zu erkennen zu geben, und sie mögen einander gar gelegentlich beim Namen rufen. Beides ist einzigartig und beeindruckend, aber es ist in der Delfin-Kommunikation der einzige Aspekt einer Benennung, den wir gefunden haben. All die anderen Klicks und Pfiffe signalisieren wahrscheinlich emotionale Zustände oder Intentionen; nicht gerade der komplexe, semantisch reiche Informationsgehalt, den die menschliche Sprache bietet.[10]

Gregg weist auf den offensichtlichen Widerspruch der Aussage hin, große Gehirne bedeuteten hohe Intelligenz. „Wenn große Gehirne der Schlüssel zur Intelligenz sind, warum zeigen dann Krähen und Raben mit ihren annähernden Spatzenhirnen Formen der Kognition, die jenen ihrer großhirnigen Vettern gleichkommt, den Delfinen und Primaten? Das Tierreich ist voller Arten mit kleinen Gehirnen, die erstaunlich komplexes und intelligentes Verhalten an den Tag legen.[11]
Zurück zur kognitiven Kontinuität. Das von Psychologen getestete Gorillaweibchen „Koko" bestand nach ihrem Urteil den Spiegel-Selbstwahrnehmungstest. Zum Vergleich, über die Hälfte menschlicher Kinder besteht ihn ab dem Alter von 18 Monaten und 65 Prozent mit zwei Jahren.[12] Auch den Objektpermanenztest absolvierte Koko erfolgreich, sie merkte sich den Ort bewegter Objekte. Und sie verstand, dass sich die Menge einer Flüssigkeit nicht ändert, wenn sie in ein anders geformtes Gefäß gegossen wird; das „Flüssigkeit-Erhaltungsprinzip", eine weitere kognitive Hürde.[13] Elefanten wurden beobachtet, wie sie den Verlust eines Familien- oder Stammesmitglieds betrauerten. Eine Studie an 26 asiatischen Elefanten in Thailand im Jahr 2004 zeigte ihre Reaktionen auf Stress durch Schlangen, bellende Hunde, Hubschrauber oder die Gegenwart anderer, feindseliger Elefanten

(die die Ohren spreizen, den Schwanz aufstellen und tieffrequent knurren); sie beruhigen einander durch Lautäußerungen des Mitgefühls und berühren sich gegenseitig mit dem Rüssel an den Schultern, im Maul und an den Genitalien (in menschlichen Gesellschaften nicht ratsam).[14]

Die kognitiven Neurowissenschaftler Anna Smet und Richard Byrne von der University of St. Andrews führten mit hungrigen Elefanten eine Reihe cleverer Experimente durch. Sie versteckten Futter unter einem undurchsichtigen Behälter, in der Nähe eines zweiten leeren, und zeigten dann auf denjenigen, der die Leckereien barg. Sie entdeckten zu ihrem Erstaunen afrikanische Elefanten als die erste nichtdomestizierte Spezies, die die hochentwickelte soziale Kognition besitzt, menschliche nonverbale Kommunikation zu verstehen. In ihrem Aufsatz von 2013 schreiben sie: „Die Elefanten interpretierten erfolgreich die Signale, wenn die Nähe des Experimentators zum Versteck variierte und auch bei visuell subtilen Gesten, was die Vermutung nahelegt, dass sie die kommunikative Absicht verstanden."[15]

Eine Überraschung, denn bis dahin war Stand der Forschung, dass domestizierte Tiere wie Hunde besser sind im Entschlüsseln nonverbaler menschlicher Hinweise (Zeige-Gesten) als wildlebende wie etwa Schimpansen, obwohl Letztere näher mit uns verwandt sind. Die vorherrschende Annahme war eine Entwicklung der Fähigkeit erst im Zuge der Domestizierung als adaptive Überlebensstrategie. Smet und Byrne: „Die meisten anderen Tiere zeigen nicht und begreifen die Geste auch nicht, wenn andere sie benutzen. Selbst unsere engsten Verwandten, die Menschenaffen, scheitern beim Verständnis der Fingerzeige ihrer Pfleger. Der domestizierte Hund hingegen, über tausende Jahre adaptiert an den Umgang mit Menschen und teils selektiv dazu gezüchtet, folgt den Gesten; eine Fähigkeit, die er wahrscheinlich durch wiederholte Interaktion mit seinem Besitzer erlernte.[16]

Nun wurden Elefanten trotz wiederholter Versuche über vier- bis achttausend Jahre und ungeachtet ihrer in Zoos und Zirkussen verbrachten Zeit nie völlig domestiziert. Die Erklärung muss woanders liegen. „Das komplexe Sozialleben des afrikanischen Elefanten macht ihn zum Kandidaten, das Wissen anderer zu benutzen; sein durchorganisiertes gesellschaftliches Umfeld aus Vereinzelung und Vereinigung gehört zu den umfangreichsten aller Säugetiere, und wir wissen, dass der kognitive Entwicklungsgrad einer Spezies mit der Komplexität ihrer sozialen Gruppe korreliert", so die Autoren. „Als plausibelste Erklärung der Fähigkeit unserer Elefanten, selbst subtile menschliche Gesten als Kommunikation zu erkennen, legen wir nahe, dass sie sich ihr natürliches System der Verständigung zunutze macht. Wenn das stimmt, dann ist die deiktische [kontextabhängige] Kommunikation ein natürliches Element der sozialen Interaktion in wilden Herden. Konkret vermuten wir ein funktionales Äquivalent des menschlichen Zeigens in der Benutzung des Rüssels."[17]

Hunde reagieren aus guten Gründen hochempfindlich auf menschliche Signale, denn wir wissen inzwischen, dass sie sich alle aus einer Population von Wölfen vor 18800 bis 32100 Jahren entwickelten, die am Rande von Jäger-und-Sammler-Gesellschaften überlebten, mit ihnen ko-evolvierten und lernten, die verbalen und nonverbalen Hinweise der jeweils anderen Spezies zu verstehen.[18] Robert Wayne, Evolutionsbiologe an der UCLA und leitender Autor dieser Studie, spekuliert: „Ihre ersten Interaktionen fanden wahrscheinlich auf Distanz statt, immerhin waren es große, aggressive Fleischfresser. Aber schließlich zogen Wölfe in die menschliche Nische ein. Vielleicht unterstützten sie Menschen sogar beim Auffinden der Jagdbeute oder hielten andere Karnivoren davon ab, den menschlichen Jägern in die Quere zu kommen."[19] Im Zuge der Domestizierung zu Hunden wurden die Schädel, Kiefer und Zähne kleiner, und sie entwickelten einen Satz sozial-kognitiver Werkzeuge, die sie in die Lage versetzten, die kommunikativen Hinweise der Menschen auf verborgene Futterquellen zu deuten. Unter experimentellen Bedingungen wählen Hunde den richtigen Behälter mit Futter aus, wenn der Experimentator ihn ansieht, darauf tippt oder zeigt, was Wölfen, Schimpansen und anderen Primaten nicht gelingt.[20]

Was denken Hunde, wenn sie mit Menschen interagieren? Das fragen sich Hundehalter in aller Welt seit Ewigkeiten. Mein Leben lang hatte ich Hunde und kann bestätigen, dass man sich quasi fragen *muss*, was hinter diesen eigentümlichen Augen vorgehen mag. Diese Frage wollten der Kognitionspsychologe Gregory Berns und seine Kollegen Andrew Brooks und Mark Spivak wissenschaftlich klären. Sie trainierten Hunde, im MRT-Hirnscanner absolut still zu liegen, während sie ihnen Handsignale zeigten, die auf Vorhandensein oder Abwesenheit einer Belohnung durch Futter hindeuteten.[21] Was sie sahen, war ein aufleuchtender Nucleus caudatus in Erwartung der Belohnung; signifikant, weil dieses Kerngebiet reich ist an dopaminergen Neuronen, also Nervenzellen, die Dopamin produzieren, das mit Lernen, Verstärkung und Lustempfinden assoziiert ist. Wenn ein Tier (menschliche Tiere eingeschlossen) für eine Handlung eine Verstärkung erfährt (die Ratte, die einen Knopf drückt oder ein Mensch am Hebel eines Spielautomaten), schütten diese Neuronen Dopamin aus, wodurch ein Lustgefühl entsteht als Signal dafür, diese Aktion zu wiederholen (daher der außerordentliche Erfolg der Casinos in Las Vegas).

In Berns' Experimenten zeigte der Ncl. caudatus nicht nur bei Futtersignalen erhöhte Aktivität, sondern auch „beim Geruch den Hunden vertrauter Menschen und bei Vortests ebenfalls bei der Rückkehr eines Besitzers, der kurz aus dem Blickfeld verschwunden war. Beweisen diese Ergebnisse, dass Hunde uns lieben? Nicht ganz. Aber vieles mit positiven Emotionen Assoziiertes, das den menschlichen Ncl. caudatus stimuliert, bewirkt dasselbe beim Hund. Neurowissenschaftler nennen das eine funktionale Homologie, und es mag ein Indiz für hündische Emotionen sein.[22]

In der Abhandlung seiner Forschung vom Umfang eines Buches, *How Dogs Love Us*, fragt Berns „was denken Hunde" und gibt die Antwort: „Sie denken darüber nach, was wir denken." Dieses Gedankenlesen nennt sich „Theory of Mind" und wird gewöhnlich nur Menschen und einigen Primaten zugeschrieben, aber, wie Berns zeigt, „Hunde sind bei der speziesübergreifenden sozialen Kognition viel besser als Menschenaffen. Sie binden sich an Menschen, Katzen, Nutztiere, an praktisch jedes Tier. Affen gelingt das nicht ohne langes Training von Kindheit an. Und selbst dann würde ich niemals einem Affen trauen."[23] Berns erläutert, was diese Art des Empfindungsvermögens für die ethische Behandlung von Tieren bedeutet:

> Die Fähigkeit der Empfindung positiver Emotionen wie Liebe und Verbundenheit deutet auf ein Niveau der Empfindung bei Hunden hin, das mit dem eines menschlichen Kindes vergleichbar ist und legt ein Umdenken nah über die Art, wie wir mit Hunden verfahren. Sie wurden lange als Besitz gesehen. Der Animal Welfare Act von 1966 und Gesetze der Bundesstaaten erhöhten zwar die Maßstäbe der Behandlung von Tieren, festigten aber auch die Ansicht, sie seien Dinge; Objekte, derer man sich entledigen kann, solange ihr Leid mit angemessener Sorgfalt minimiert wird. Aber nun, da der MRT-Scan die Beschränkungen des Behaviorismus beiseite wischt, können wir uns vor der Evidenz nicht länger verstecken. Hunde und wahrscheinlich viele andere Tiere (besonders unsere engsten Verwandten unter den Primaten) haben Gefühle wie wir. Und das heißt, wir müssen ihre Rolle als Besitztum überdenken.[24]

Berns schlägt vor, Hunde nicht als Eigentum zu betrachten, sondern als „Personen" gemäß einer engen rechtlichen Definition. „Wenn wir einen Schritt weitergingen und Hunden Personenrechte gewährten, dann genössen sie zusätzlichen Schutz vor Ausbeutung. Massenzucht, Tierversuche an ihnen und Hunderennen würden als Verstoß gegen das Selbstbestimmungsrecht einer Person gewertet und verboten."[25]

Selbstbestimmung und Personenrechte sind zwei über Jahrhunderte in anderen Revolutionen der Rechte entwickelte ethische Kriterien, um die Schranke zwischen „ihnen" und „uns" niederzureißen und sollten auf die Verwendung von Tieren in der wissenschaftlichen Forschung angewandt werden. Auf Tierversuche habe ich lange andere moralische Standards angewandt als etwa auf Massenzucht, Hunderennen, Zoos und dergleichen, weil sie im Namen der Wissenschaft stattfinden, was ich für ein edles Unterfangen halte, aber der Dokumentarfilm *Project Nim* ließ mich auch diesen Aspekt der auf Tiere angewandten Moral neu durchdenken.[26] Das Projekt „Nim" wurde von dem Psychologen Herbert Terrace an der Columbia University initiiert und überwacht, der die seinerzeit kontroverse Theorie des Linguisten Noam Chomsky (MIT) überprüfen wollte, dass Menschen eine angeborene und nur ihnen eigene universale Grammatik besitzen, indem er versuchte, unserem nächsten Primatenvetter die Gebärdensprache ASL (American Sign Language) beizubringen. Allerdings vollzog Terrace eine Wende und kam zum Ergebnis, dass die Gesten, die Nim Chimpsky (eine kecke Hommage an Noam Chomsky) von seinen menschlichen Gefährten und Trainern lernte, wenig mehr waren als das Betteln eines Tieres, etwas differenzierter vielleicht als bei Skinners knopfdrückenden Ratten, aber grundsätzlich nicht so verschieden von dem, was Hunde und Katzen tun, wenn sie Futter wollen oder nach draußen.[27]

Nim wurde den Armen seiner Mutter entrissen, als er gerade ein paar Wochen alt war, wie schon sechs ihrer Jungen vor ihm. Sie musste betäubt und schnell ergriffen werden, damit sie nicht versehentlich ihr Baby erdrückte, das sie in mütterlicher Liebe zum Schutz an ihre Brust presste, während sie zusammenbrach. Nim begann seine Kindheit in einem Stadthaus-Appartement in der New Yorker Upper West Side, umgeben von menschlichen Geschwistern in der leicht dysfunktionalen LaFarge-Familie, deren Oberhaupt Stephanie ihn an der eigenen Brust nährte und ihn, als er älter wurde, ihren nackten Körper erforschen ließ, als er sich zwischen seine Adoptivmutter und ihren Dichter-Gatten legte in einer ödipalen Szene, wie sie Freud'scher nicht sein konnte.[28] Gerade als Nim in seine neue Familie hineingewachsen war, mit lebensfrohen Angehörigen, spielerischem Umgang und Umarmungen, fiel Terrace auf, dass man ihn nicht ernst nehmen würde, weil in diesem Haus der freien Liebe praktisch keine Wissenschaft stattfand. (Wie einer seiner Trainer berichtet, gab es weder Laborhandbücher noch Notizen, Datenblätter oder Fortschrittsberichte, und niemand in der Familie beherrschte die Sprache ASL.) Also wurde Nim zum zweiten Mal in seinem jungen Leben aus den Armen seiner Mutter gerissen und in ein weitläufiges Haus verfrachtet, das der Columbia University gehörte. Dort überwachte eine Reihe von Trainern sorgfältig seinen Fortschritt beim Erlernen von ASL mit täglichen Besuchen des Universitätslabors, in dem Terrace alle Störvariablen kontrollieren konnte, nicht unähnlich einer Skinner-Box für Laborratten.

Nim wuchs zum Teenager heran, und wie für testosterongeladene männliche Primaten üblich, wurde er selbstbewusster, aggressiver, schließlich potenziell gefährlich in seiner natürlichen Neigung, den Status seiner Mitprimaten in der hierarchischen sozialen Hackordnung auszutesten. Leider sind erwachsene Schimpansen mindestens doppelt so kräftig wie Menschen; mit anderen Worten, Nim wurde zur Gefahr. Ein Trainerin zeigte eine Narbe an ihrem Arm vor, die mit 37 Stichen genäht werden musste und sagte „du kannst ein Tier nicht menschlich erziehen, das dich töten könnte". Als Trainer und Betreuer nach mehreren solcher Beiß-Zwischenfälle im Krankenhaus gelandet waren, zog Terrace die Reißleine, beendete das Experiment und brachte Nim zurück in das Forschungslabor in Oklahoma, aus dem er kam. Unter Betäubung schlief Nim in einem schönen Anwesen im Kreise liebevoller menschlicher Betreuer ein und erwachte hinter grauen Gitterstäben in einem sterilen Stahlkäfig in Oklahoma. Er hatte nie ein Mitglied seiner eigenen Art gesehen und war nun verständlicherweise verängstigt angesichts grunzender, johlender männlicher Schimpansen, begierig, dem Youngster seinen Platz in der sozialen Ordnung zuzuweisen. Daraufhin glitt Nim in eine tiefe Depression, weigerte sich zu essen und verlor Gewicht. Als Terrace ihn ein Jahr später besuchte, begrüßte der Affe ihn freudig und schien zu signalisieren, Terrace möge ihn aus dieser Hölle herausholen. Aber der verschwand am nächsten Tag nach Hause und Nim umfing wieder die Depression. Einige Zeit später wurde er an ein von der New Yorker Universität unterhaltenes pharmazeutisches Tierversuchslabor verkauft, das unseren nächsten Verwandten unter den Primaten Hepatitis-B-Impfungen unterschob. Angesichts von Filmaufnahmen eines betäubten Schimpansen, herausgezerrt und wieder hineingestopft in einen Stahlkäfig, in dem er sich kaum bewegen konnte, dreht sich einem der Magen um.

Wenden wir der Übung halber das *Prinzip der austauschbaren Perspektiven* an und stellen uns vor, was Nim zu dieser Behandlung sagen würde.[29] Für ihn gab es keine Wiedergutmachung. Aber dank Filmen wie diesem, die uns den Tausch der Perspektiven erlauben, können wir wenigstens Blumen auf sein metaphorisches Grab legen. Blumen für Nim.

Speziesismus: Das Argument

Ein Jahrhundert der Erforschung von Kognition und Emotionen der Tiere offenbart Fähigkeiten und Tiefen, die eine moralische Betrachtung der Art rechtfertigen, wie wir fühlende Wesen behandeln sollten.[30] Jeremy Bentham, so etwas wie der Schutzheilige des Tierwohls wegen seiner Berücksichtigung der Tiere in seinem klassischen, bahnbrechenden Werk *Eine Einführung in die Prinzipien der Moral und Gesetzgebung* von 1823, stellte die Frage, wo wir die Trennlinie zwischen Menschen und Tieren ziehen sollen:

> Ist es die Fähigkeit zu denken oder vielleicht die Fähigkeit zu reden? Aber ein ausgewachsenes Pferd oder ein Hund sind unvergleichlich vernünftigere sowie mitteilsamere Tiere als ein einen Tag, eine Woche, oder gar einen Monat alter Säugling. Aber angenommen, dies wäre nicht so, was würde das ausmachen? Die Frage ist nicht „Können sie denken?" oder „Können sie reden?", sondern „Können sie leiden?"[31]

Benthams Feststellung, dass die kognitiven Fähigkeiten eines erwachsenen Pferdes oder Hundes diejenigen eines menschlichen Kleinkindes übertreffen, wurde zum triftigen Argument moderner Verfechter der Tierrechte, so zum Beispiel in Mark Devries' Film *Speciesism: The Movie* von 2013, an dessen Premiere ich teilnahm in einem Kino voller Tierrechtler, die ausgelassen die Protagonisten des Films bejubelten, unter Letzteren der Ethiker Peter Singer aus Princeton. Er formulierte das Argument im Kontext von Vivisektion und ihren Gegnern:

> Wäre der Experimentator bereit, seinen Versuch an einem menschlichen Waisenkind durchzuführen, wenn sich nur auf diesem Wege viele menschliche Leben retten ließen?... Wenn nicht, dann ist seine Bereitschaft, ein Tier zu benutzen, reine Diskriminierung, denn erwachsene Affen, Katzen, Mäuse und andere Säugetiere sind sich des Geschehens bewusster, besitzen mehr Selbststeuerung und, soweit wir wissen, mindestens das gleiche Schmerzempfinden wie ein menschliches Kleinkind. Es scheint keine wesentliche Eigenschaft menschlicher Säuglinge zu geben, die erwachsene Säugetiere nicht im gleichen oder höheren Maß besitzen.[32]

Kritiker erwidern, dass wir uns durch die Summe aus überlegener Intelligenz, Selbstwahrnehmung und Sinn für Moral völlig von anderen Tieren unterscheiden und rechtfertigen so deren Ausbeutung durch uns. Aber nach diesen Kriterien, so Singer, könnten wir menschliche Wesen in Zuständen wie Kindheit, schwerer geistiger oder körperlicher Behinderung oder Koma ausbeuten. Da wir nicht erwägen, solche Menschen für Kleidung oder Essen zu verwerten, sollten wir das auch nicht mit Tieren tun, deren Fähigkeiten in Kategorien wie Intelligenz, Selbstwahrnehmung und moralischer Emotion denen mancher Menschen in den erwähnten Zuständen gleichkommen oder sie übertreffen. „Jede menschliche Eigenschaft, die als Kriterium dieser scharfen ethischen Unterscheidung angeführt wird, wird entweder von manchen nichtmenschlichen Tieren geteilt oder ist in manchen Menschen abwesend", erklärte Devries mir in einem Interview. „Daher könnte die Annahme, die Interessen nichtmenschlicher Tiere seien weniger wichtig als die der Menschen, lediglich ein Vorurteil sein, ähnlich Vorurteilen gegen Menschengruppen wie etwa Rassismus; dieses Vorurteil hieße *Speziesismus*."[33]

Der übliche Einwand, den zum Beispiel der Philosoph Carl Cohen von der University of Michigan anbringt: Obwohl manchen Menschen diese oder jene Eigenschaft fehlt (so mag einem Kleinkind oder einem Komatösen die Sprache fehlen), so gehören sie doch zur Spezies, die diese Eigenschaft besitzt (so ist Sprache nur uns Menschen gewährt). Daher sind es, unabhängig von den spezifischen Charakteristika eines Individuums, die allgemeinen Merkmale einer Spezies, die sie von anderen abheben, und in diesem Sinne ist Speziesismus gerechtfertigt.[34] An diesem Argument erkennt Devries einen wesentlichen Makel; was immer die Eigenschaft ist (Sprache, Werkzeuggebrauch, Intelligenz), die eine Spezies von einer anderen unterscheidet, es zählt ihre moralische Relevanz:

> Stellen Sie sich vor, jemand führt als ethischen Unterschied zwischen Menschen und nichtmenschlichen Tieren die Tatsache an, dass nur Mitglieder der Spezies „Mensch" in der Lage sind, grüne T-Shirts herzustellen. Die Absurdität ist offensichtlich und liegt an der fehlenden ethischen Relevanz der Fähigkeit, grüne T-Shirts zu machen. Wählen wir nun ein anderes Merkmal wie Sprache, erfahren wir dasselbe Problem: Wenn der Sprachbesitz keine ethische Bedeutung hat, warum wird er bedeutungsvoll, sobald wir versuchen, zwischen Spezies zu unterscheiden? Das scheint das Argument als Zirkelschluss zu entlarven, der schon voraussetzt, dass die Spezies-Mitgliedschaft ethische Relevanz hat.[35]

Wie Virginia Morell in ihrem nachdenklichen Buch *Animal Wise* schreibt, ist die Frage „was unterscheidet uns" die falsche. „Stattdessen, da wir nun wissen, dass wir in einer Welt der empfindungsfähigen Wesen leben, müssen wir fragen: 'Wie sollen wir diese anderen fühlenden, denkenden Kreaturen behandeln?'"[36] Wie steht es damit, Tiere zu essen? Wenn wir Tiere existieren lassen, die sonst nicht geboren wären, ihnen ein angemessenes Leben gewähren und es human beenden, wäre das nicht moralisch akzeptabel? Temple Grandin bringt in ihren Büchern und Vorträgen dieses Argument an; sie hat viel dafür getan, die fabrikmäßige Tierhaltung zu reformieren, um das Leben der Tiere humaner zu gestalten, dafür gebührt ihr Lob.[37] Und doch, wie Mark Devries bemerkt: „Wenn wir ein Tier in ein Leben des Leides bringen, wird es durch seine Erlebnisse geschädigt, wohingegen das nichtexistente Tier nicht die Erfahrung macht, dass ihm etwas fehlt." Desgleichen, „Tiere als wirtschaftliche Güter zu benutzen, mit ihnen zu handeln und sie ins Leben zu rufen und zu töten, nur einer Gaumenvorliebe wegen scheint mir nicht dazu zu passen, ihre Interessen ernst zu nehmen, wie es auch der Fall wäre, wenn wir dasselbe mit Menschen täten."[38] Das ist vergleichbar mit der im vorangehenden Kapitel über Sklaverei beschriebenen Argumentation der Weißen, Schwarze auf einer Plantage hätten ein besseres Leben als Schwarze in Afrika (oder sogar als Schwarze und arme Weiße in den Fabriken des Nordens) und in die amerikanische Sklaverei geborene Schwarze wären sonst gar nicht geboren worden. Das mag sein, aber auf lange Sicht ist Unabhängigkeit besser als Sklaverei und Freiheit der Unterdrückung vorzuziehen.

Michael Pollan, Autor der Bestseller *Das Omnivoren-Dilemma* und *Lebens-Mittel*,[39] hebt hervor: „Das eine ist, zwischen dem Schimpansen und dem behinderten Kind zu wählen oder das Opfern all der Schweine zu akzeptieren, an denen Chirurgen Herz-Bypässe üben. Aber was, wenn die Wahl besteht zwischen dem lebenslangen Leid eines Tieres und der gastronomischen Präferenz eines Menschen? Man schaut weg – oder man hört auf, Tiere zu essen. Und wenn man keines von beiden will?" Wie die meisten von uns will Pollan keines von beiden und setzt ein beliebtes kognitives Werkzeug ein: Leugnung. Auch ein Omnivore wie Pollan indessen kann wie ein geübter Rhetoriker Gegenargumente zu seinen eigenen Glaubensprinzipien auffahren und aus dem Buch des christlich-konservativen Autoren Matthew Scully zitieren, das da heißt: *Dominion: The Power of Man, the Suffering of Animals, and the Call to Mercy*. Scully glaubt, Gott befiehlt uns, „sie mit Güte zu behandeln, nicht weil ihnen das Recht oder die Macht zukommt, Gleichheit einzufordern, sondern weil sie ungleich und machtlos vor uns stehen."[40] Pollans von Scully übernommene Beschreibung, wie

Schweine behandelt werden, Tiere so klug wie Hunde, lässt selbst den härtesten „Fleischfresser" erschauern:

> Aufgestallte Ferkel werden den Muttersauen zehn Tage nach der Geburt weggenommen (in der Natur wären es dreizehn Wochen), weil sie mit Hormon- und Antibiotika-unterstützter Fütterung schneller an Gewicht zunehmen. Durch diese verfrühte Entwöhnung behalten die Schweine den lebenslangen Drang zurück, an irgendetwas zu nuckeln und zu kauen; im Stall bleibt ihnen dafür nur der Schwanz des Tieres vor ihnen. Ein normales Schwein würde die Belästigung von Hinterrücks abschütteln, aber ein demoralisiertes hat das aufgegeben. Der psychologische Begriff ist „erlernte Hilflosigkeit" und sie ist nicht ungewöhnlich in enger Aufstallung, bei der die Tiere ihr ganzes Leben ohne Sonne, Erde und Stroh verbringen, zusammengepfercht unter einem Blechdach auf Metallplanken über der Dunggrube. Da überrascht es nicht, wenn sensible und intelligente Tiere depressiv werden, und ein depressives Schwein lässt seinen Schwanz beknabbern, bis der sich infiziert. Kranke Schweine als zu wenig leistende Produktionseinheiten werden sofort totgeschlagen. Die vom amerikanischen Landwirtschaftsministerium empfohlene Lösung heißt „kupieren". Mit einer Zange und ohne Betäubung wird der Schwanz abgeschnitten, aber nicht ganz. Wozu der kleine Stumpf? Weil der Zweck der Übung nicht darin liegt, das Objekt des Schwanzbeißens zu entfernen, sondern es empfindlicher zu machen. Denn jetzt ist ein Biss so schmerzhaft, dass selbst das zermürbteste Schwein sich wehren wird, um ihn zu vermeiden."[41]

Scully, zu dessen konservativen Referenzen seine Arbeit als Assistent und leitender Redenschreiber von Präsident George W. Bush gehört, tritt ebenso energisch für Tierrechte ein wie irgendwer auf der säkular-liberalen Achse und führt dazu ein Argument des Naturrechts an, ohne auf Übernatürliches oder Verfügungen eines heiligen Buches zu verweisen:

> Wenn unsere Gesetze und Regeln des Umgangs miteinander auf den Naturgesetzen basieren, dann sollte das auch für die Gesetze und Regeln des Umgangs mit den Tieren gelten. Die grundlegendste und revolutionärste Erkenntnis dabei: Was für uns gilt, muss für sie gelten. Wir haben unsere moralischen Ansprüche, weil wir sind, wie wir sind; wir entscheiden nicht, sie zu haben. Der moralische Wert jeder Kreatur gehört zu jener Kreatur, mag er anerkannt sein oder nicht, mag er sich auch von dem unseren unterscheiden, er ist harte

Realität. So wie unser individueller moralischer Wert nicht von der Meinung anderer abhängt, so hängt der ihre nicht davon ab, wie wir sie einschätzen.[42]

Ein Tier gehört in unseren Magen, weil es in der Natur in den Magen eines anderen Tieres gehört, so lautet ein weiteres Argument. Tiere fressen einander, und da wir Tiere sind und essen müssen, ist es natürlich, andere Tiere zu essen. Keine schlechte Erwiderung, wenngleich Vertreter der Tierrechte einwenden, dass in der Menschheitsgeschichte Sklaverei, Völkermord und Vergewaltigung als natürlich angesehen wurden, als die Art, wie es immer war, und dennoch haben wir sie als unmoralisch verurteilt. Zu unserer entwicklungsgeschichtlichen Natur gehört ein gewisses Quantum Gewalt (Selbstverteidigung, Eifersucht, Ehre), aus dem aber nicht folgt, dass wir unser Impulse nicht unter Kontrolle halten sollten. Der Punkt der Moral ist gerade, etwas zu tun, das man ohne sie nicht täte. Man kann dem eigenen Überleben und Gedeihen dienen, ohne sich um dasjenige der anderen zu kümmern; erst wenn man die Perspektive anderer fühlender Wesen in die Betrachtung miteinbezieht, entsteht moralisches Handeln.

„Arbeit macht frei" für Tiere

An dieser Stelle ist ein Geständnis fällig – ich bin Speziesist. Ich esse Mitglieder anderer Arten und kleide mich in ihre Körperteile. Wenig Kulinarisches finde ich genussvoller als ein mageres Stück Fleisch; ein Bürgermeisterstück, ein Thunfisch- oder Lachssteak, einen Buffalo Burger. Und ich lachte laut über den Witz mit dem Bauern, der sein Pferd mit zwei Ziegelsteinen kastriert und auf die Frage, ob das nicht wehtut, antwortet: „Nicht, wenn man auf seine Daumen aufpasst."[43] Mich bestürzen auch die Tierrechtsbewegungen des Randspektrums, die wissenschaftliche Labors zerstören und die Versuchstiere freilassen. Ganz im Gegensatz zu Barry Goldwater mahne ich sie: *Mäßigung im Streben nach Freiheit ist kein Laster, und Extremismus bei der Verteidigung der Gerechtigkeit keine Tugend.*"[44]

Meiner Meinung nach spielen Kontext und Motivation eine Rolle. In Gambell, Alaska, gibt es eine kleine Inuit-Gemeinde, die von der Walrossjagd abhängt und nun wegen des Eisrückgangs durch die globale Erwärmung in Schwierigkeiten ist. Ihre 690 Einwohner erlegten in diesem Jahr „nur" 108 Walrösser, ein Sechstel des jährlichen Durchschnitts von 648. Die sechsunddreißigjährige Jennifer Campbell, Mutter von fünf Kindern, deren Familie von Walrossfleisch lebt, beklagt sich darüber, dass sie dieses

Jahr nur zwei Tiere erjagen konnten, gegenüber zwanzig in normalen Jahren. „Wenn es so weitergeht, werden wir verhungern", sagt sie.[45] Mir will scheinen, es gibt einen beträchtlichen moralischen Unterschied zwischen einer Hollywood-Diva, die pelzgeschmückt in einem trendigen Restaurant in Los Angeles (das auch Veggie-Burger anbietet) ein saftiges Steak vertilgt und den Inuit aus Gambell, die Walrösser jagen, um zu überleben. Hier laufen wir Gefahr, moralisch „sprachlos" zu werden; wenn wir anerkennen, dass Speziesismus existiert und die Grenze niederreißen, ist dann nicht jegliches Töten von Tieren gleich zu bewerten, unabhängig von Kontext und Motivation? Nun, offenbar besteht in den gerade beschriebenen zwei Szenarios ein Unterschied, und der spielt moralisch eine Rolle.

Des Weiteren macht mir eine Analogie Kummer, die sich durch die Tierrechtler-Szene zieht und in Dokumentarfilmen wie *Earthlings* und Devries' *Speciesism: The Movie* drastisch dargestellt wird, dass nämlich Tiere einen „Holocaust" durchmachen, verstärkt noch durch die architektonischen Vergleiche zwischen industrieller Landwirtschaft und den Baracken im KZ Auschwitz-Birkenau – Reihe um Reihe langer, rechteckiger Gebäude, umgeben von Stacheldraht. Schlimmer noch, und hier lässt die Parallele den historischen Vergleich hinter sich: So schrecklich, wie der Holocaust war in seinem Versuch, Völker zu vernichten – die fabrikmäßige Tierhaltung bringt neue Generationen fühlender Wesen in die Welt, nur um sie auszulöschen, wieder und wieder. Manche Tierrechtsaktivisten nennen das einen Holocaust, der niemals endet, eingefangen im Buchtitel *Ewiges Treblinka* (*Eternal Treblinka*) von Charles Patterson,[46] übernommen vom auf Jiddisch schreibenden Autoren und Nobelpreisträger Isaac Bashevis Singer, einem Vegetarier, der eine seiner Figuren sagen ließ:

> In Gedanken sprach Herman eine Grabrede für die Maus, die ein Stück ihres Lebens mit ihm geteilt hatte und die seinetwegen diese Welt verlassen musste. „Was wissen sie schon, all die Gelehrten, die Philosophen, die Führer der Welt, über solche wie dich? Sie haben sich eingeredet, der Mensch, der schlimmste Missetäter unter allen Spezies, sei die Krone der Schöpfung; alle anderen Kreaturen seien erschaffen, ihn mit Nahrung und Pelzen zu versehen, gepeinigt und getilgt zu werden. Was sie angeht, sind alle Menschen Nazis; ihnen ist es ein ewiges Treblinka."[47]

Eine Eingrenzung dieser Analogie liegt in der Motivation der Täter. Als einer, der ein Buch über den Holocaust geschrieben hat (*Denying History*[48]), sehe ich eine weite moralische Kluft zwischen einerseits Bauern, die mit ihrer Arbeit die Welt ernähren und dabei Gewinn erwirtschaften und andererseits Nazis mit einem genozidalen Motiv. Die Beweggründe von Kleinbauern, die für ihren Lebensunterhalt Tiere töten und Menschen mit Nahrung versorgen, die sie brauchen, haben keinerlei Ähnlichkeit mit jenen der SS-Schergen, die Juden, Zigeuner und Homosexuelle zwecks „rassischer Reinhaltung" ermordeten. Selbst die Besitzer industrialisierter Farmen, getrieben nur von Quartalsgewinnen und ohne Interesse am Wohlergehen ihrer Tiere, die für sie nur Produkte sind, stehen auf einer höheren Stufe der Moral als Adolf Eichmann, Heinrich Himmler und ihre Spießgesellen, die einen Massenmord industriellen Maßstabs organisierten. Am Tor zum Bauernhof prangt nicht der Spruch „Arbeit macht frei".

Gleichwohl kann ich jene, die Massentierhaltung mit Konzentrationslagern gleichsetzen, nicht völlig verdammen, wenn ich an eine der grausigsten Aufgaben denke, die ich je zu erledigen hatte. Als Student 1978 arbeitete ich an der California State University in Fullerton in einem Tierlabor für experimentelle Psychologie. Mein Job war die Entsorgung der Laborratten, die ihre Schuldigkeit getan hatten. Keine angenehme Aufgabe, und dass wir sie nach den Spielern des Baseball-Teams der Los Angeles Dodgers benannt hatten, Ron Cey, Davey Lopes, Bill Russell, Steve Garvey, Don Sutton, machte es nicht leichter. Du lernst deine Labortiere kennen und sie dich; aber dann ist das Experiment vorüber und sie müssen weg. Bei den Ratten geschah das durch (kaum mag ich es hinschreiben) Vergasen mit Chloroform in einem großen Müllsack. Ich bat darum, sie oben in den Hügeln laufenlassen zu dürfen in der Vorstellung, ein Tod durch Raubtiere oder Hunger sei besser als das hier. Man wies mich sehr bestimmt ab, denn es wäre illegal gewesen. Also brachte ich sie um. Mit Gas. Die Worte, die ich hier benutze – eine Gruppe fühlender Wesen durch Vergasen auslöschen – sind unbequem nah an jenen, die in meinem Holocaust-Buch beschreiben, was die Nazis ihren Gefangenen antaten. Das Tabu in der Wissenschaft, seinen Versuchstieren Namen zu geben, ist nicht verwunderlich. Ich hatte gedacht, es diene der Objektivität, aber jetzt vermute ich eher, es hat mit emotionaler Distanz zu tun, um sich moralisch makellos zu fühlen.

Inzwischen werden Labortiere weniger schändlich behandelt. Laut meinem alten Professor Douglas Navarick, in dessen Labor ich in jenen zwei Jahren gearbeitet hatte und den ich kürzlich befragte, um mich zu versichern, dass die Erinnerungen an die damaligen Abläufe stimmen, wird für Ratten nun „dosiertes CO_2" verwendet. Er fügte hinzu: „Die Universität hat jetzt ein Komitee, das Forschung an Wirbeltieren überprüfen und genehmigen muss (Institutional Animal Care and Use Committee), mit Regeln, welche Art der Euthanasie für verschiedene Spezies anzuwenden ist (ich bin eines der Mitglieder)."[49] Gegenüber dem, was ich tat (und was seinerzeit in allen Laboren üblich war), ist das sicherlich eine Verbesserung, und es ist gut zu wissen, dass die Tierschutzkomitees sich auch der Auswirkungen auf die Betreuer gewahr wurden, wie es zum Beispiel das *Handbuch für Pflege und Einsatz von Labortieren* wiedergibt: „Die Euthanasie von Tieren ist für Pflege-, Veterinär- und Forschungspersonal psychologisch problematisch, besonders, wenn sie sie wiederholt durchführen müssen oder emotional an die Tiere gebunden sind. Bei der Vergabe von Euthanasieaufträgen sollten die Aufsichtspersonen sich dieser Thematik bewusst sein."[50]

Zweifellos ist das moralischer Fortschritt, aber ich bleibe doch tief verunsichert von dem, was ich tat und auch vom Blickwinkel des Handbuchs, der eher auf das Wohlergehen der Täter als der Opfer fokussiert scheint, entgegen dem langfristigen Trend, der die Perspektive der Moral von den Ersteren zu den Letzteren verschiebt.

Perspektivwechsel

Perspektiven einzunehmen ist die psychologische Grundlage der Empathiefähigkeit. Um Recht oder Unrecht einer Handlung gegenüber einem anderen zu beurteilen, muss man sich zunächst in die Lage des anderen fühlenden Wesens versetzen. Im Zusammenhang mit Tierrechten erinnert mich das an eine Szene des Films *Mein Vetter Winnie*, in der sich Joe Pesci in der Rolle des Vinny Gambini auf eine Rehjagd mit dem gegnerischen Anwalt eines Gerichtsverfahrens vorbereitet, um aus der erwarteten Kameradschaft der Jagd eine Strategie im Prozess zu entwickeln. Beim Ankleiden fragt er seine Braut Mona Lisa Vito, gespielt von Marisa Tomei, ob er die zur Jagd passende Hose trägt. Ihre Antwort ist ein Gedankenexperiment des Perspektivwechsels:

> Stell dir vor, du bist ein Reh. Du stolzierst einher. Du bekommst Durst. Du näherst deine kleinen Rehlippen dem kühlen, klaren Wasser. Peng! Eine verdammte Kugel reißt dir den halben Schädel weg. Dein Hirn liegt als blutige Masse auf der Erde. Und nun frage ich dich, würde es dich einen Dreck interessieren, was für Hosen der Mistkerl trägt, der dich erschossen hat?[51]

Der Perspektivwechsel ist es, den die Tierrechts-Dokumentarfilmer zu erwecken versuchen in den Videos mit versteckter Kamera von Schlachthäusern und den entsetzlichen Bedingungen, unter denen in Massen gehaltene

Tiere leben (genauer, leiden und sterben). In einem kurzen, bei freefromharm.com veröffentlichten Videoclip (zu finden bei Google unter „saddest slaughterhouse footage ever") wartet ein Stier in einer Reihe mit anderen auf seinen Tod. Als er hört, wie seine Gefährten vor ihm sterben, weicht er zitternd zurück an die Rückwand der metallenen Rinne. Weiter zurück geht es nicht, er wendet sich um, in Richtung Kamera, als wolle er seinem Schicksal entfliehen. Ein Arbeiter treibt ihn mit einem Schlag aus dem Elektroschocker vorwärts. Er macht ein paar zögernde Schritte, verharrt, weicht zurück, bekommt weitere elektrische Schläge, bis hinter ihm die Wand des Todes niederfährt. Man sieht seine Hinterbeine beim Versuch, ein letztes Mal der Todesfalle zu entkommen. Es tut einen dumpfen Schlag, er sinkt zu einem Haufen zusammen, seine Hinterbeine ragen aus dem Spalt unter der Schiebewand. Tot.[52]

Projiziere ich menschliche Emotionen in den Kopf einer Kuh? Ich glaube nicht. Der investigative Journalist Ted Conover arbeitete verdeckt als Inspektor des Landwirtschaftsministeriums im Betrieb der Cargill Meat Solutions in Schuyler, Nebraska und fragte dort einen Mitarbeiter, warum die zum Schlachtraum führende Rampe so nach Kuhmist stinkt. „Sie haben Angst. Sie wollen nicht sterben."[53]

Vielleicht sind deshalb so viele Massentierhaltungen mit Stacheldraht eingezäunt; mit Kameras herumschnüffelnde Macher von Dokumentarfilmen sieht man dort nicht so gern.

Der Film *Earthlings* von 2005 dürfte den verstörendsten Perspektivwechsel darstellen mit seinen Parallelen zwischen Misshandlung und ökonomischer Ausbeutung von Sklaven und Frauen in vergangenen Jahrhunderten einerseits und der heutigen Peinigung, dem kommerziellen Gebrauch und Missbrauch der Tiere andererseits.[54] Den Film als schwer erträglich zu bezeichnen ist eine Untertreibung. Um ihn zu überstehen, blieben auf meinem Computerbildschirm zwei Fenster offen; der Film selbst und die Niederschrift der Notizen zu ihm, die nur ein Vorwand war, sich vom blutigen Geschehen abzuwenden, wenn ich es nicht mehr aushalten konnte. Tiere als Produkte. Aufgeschlitzte, sich windende Delfine auf Betonboden, Schulkinder gehen teilnahmslos vorbei. Rinder, denen ein Bolzenschussgerät mit Druckluft ein Stück Stahl ins Hirn treibt, nicht immer erfolgreich; sie ringen um ihr Leben, während sie schon zerteilt werden. Darüber Worte des Sprechers zu den Bildern, nicht nur zu unserer evolutionären Kontinuität mit allen anderen Tieren, sondern auch zu der ihren mit uns:

> Ohne Zweifel bestehen Unterschiede; Menschen und Tiere sind nicht in allen Hinsichten gleich. Aber die Frage der Gleichheit hat

noch ein anderes Gesicht. Ja, diese Tiere teilen nicht all unsere Bedürfnisse; ja, sie verstehen nicht alles, was wir verstehen; indes haben sie und wir doch Sehnsüchte und Verständnis gemein. Essen und Wasser, Obdach und Gemeinschaft, Bewegungsfreiheit, Leben ohne Leid. Diese Bedürfnisse teilen nichtmenschliche und menschliche Wesen.[55]

Vielleicht sind die fensterlosen, festungsartigen, stacheldrahtbewehrten Ställe eine gegenseitige Vereinbarung; die meisten von uns wollen nicht wissen, wie Würstchen gemacht werden. Der Dichter Ralph Waldo Emerson bemerkte beißend: „Du hast gespeist, und wie gewissenhaft immer das Schlachthaus in der gnadenvollen Entfernung der Meilen verborgen liegen mag, es gibt Mitschuld."[56]

Die Macht der visuellen Medien, unsere Perspektiven zu verschieben, bringt der mit einem Oscar gewürdigte Dokumentarfilm *The Cove* von 2009 mit seinen Bildern des Massakers an Delfinen und Tümmlern in der Taiji-Bucht in Wakayama, Japan zum Ausdruck. Protagonist ist Ric O'Barry, einstiger Delfintrainer für die Fernsehserie Flipper, die ich als kleiner Junge jede Woche treu verfolgte. Sie zeigte sehr menschliche Charakteristika der Meeressäuger, besonders ihre soziale Bindung aneinander und an Menschen. Jede Woche vereitelte Flipper vorhersehbar die ruchlosen Unterwasser-Machenschaften der bösen Buben oder rettete die Guten aus unglaublichen Situationen.

Der Film zeigt, wie Delfine in die Bucht getrieben werden, einige unverletzt herausgefangen, um sie an Meeres-Themenparks und Aquarien zu verkaufen, die anderen brutal getötet und geschlachtet ihres Fleisches wegen, das an japanische Fischmärkte geht. Nach der Presse-Resonanz wegen der Oscarverleihung überschlugen sich Vertreter der japanischen Regierung zuerst mit Leugnung, dann mit Erklärungen; schließlich versuchten sie, mit Rationalisierungen das erbarmungslose Gemetzel empfindungsfähiger Wesen wegzuerklären, die uns in sozialer Kognition und Emotion nah genug sind, uns angesichts der Schlächterei tief in unseren Gefühlen zu packen.

Unter den vielen herzzerreißenden Szenen, mit in Felsen versteckten Kameras und Teleobjektiven von den umgebenden Hügeln aufgenommen, ist die eines jungen Delfins im Überlebenskampf, schon aufgeschlitzt, schreiend, der vor den Augen der hilflosen Filmcrew in einem See aus Blut versinkt; ein entsetzlicher Anblick, der einen gleichzeitig zur Weißglut bringt. Ich weiß nicht, ob ich mich hätte zurückhalten können, in die Bucht zu springen, zur Gruppe der kleinen Boote zu schwimmen und wie Rambo die Fischer ins Wasser zu zerren, um sie ihre eigene Macheten-Medizin kosten zu lassen. Aber wie groß unter solchen Umständen die Verlockung sein mag, Revanche zu üben – solcherart Selbstjustiz ist exakt, was die meisten Tierrechtler vermeiden. Wer im Knast sitzt, ist kein wirksamer Aktivist.

O'Barry und seine Crew zeigten große Zurückhaltung, griffen nicht ein, lieferten der Welt die Bilder, und das macht den Film aus; er übersetzt das Abstrakte ins Konkrete, er bedient sich der neuronalen Mechanismen, die normalerweise getriggert werden, wenn wir das Leid eines *Menschen* mitansehen müssen. Mehr noch als die uns eigenen Wesenszüge von Intelligenz, Selbstwahrnehmung, Kognition und Gefühl für Moral ist es die uns allen gemeinsame Fähigkeit, auf sehr menschliche Weise zu leiden – um Luft und aufrechten Stand zu ringen, um unser Leben zu kämpfen – die dazu beiträgt, die Sphäre der Moral zu erweitern. Die Rechte der Tiere werden erst vollends verwirklicht sein, wenn wir das tiefe emotionale Verständnis erlangt haben, dass sie fühlende Wesen sind, die leben wollen wie wir und die Angst vor dem Sterben haben.

Das ist der Punkt, an dem das *Sein* zum *Sollen* wird und das, was *ist* – Tiere begehren Nahrung, Wasser, Schutz, Gesellschaft, Bewegungsfreiheit, Freiheit von Schmerz – zu dem wird, was *sein sollte*, besonders wenn eine Abweichung von den natürlichen Abläufen aus der Ausbeutung des einen Tieres durch das andere entsteht. Hier treffen wir eine moralische Entscheidung, bei der der Perspektivwechsel das naturalistische Argument umkehrt, weg vom Blickwinkel des Menschen, der das Tier im Dienste seiner Natur ausbeutet und hin zu dem der Tiere und ihren Bedürfnissen. Moralischer Fortschritt wurde vor allem durch diese Verschiebungen der Perspektive getrieben, vom Ausbeuter zum Ausgebeuteten, vom Täter zum Opfer. Warum sollen wir die eine Sichtweise der anderen vorziehen? Weil so moralischer Fortschritt entsteht.[57]

Erstes Gebot: Schade niemandem

In der Tierrechtsdebatte trägt der Philosoph Daniel Dennett in seinem Buch *Kinds of Minds* ein Argument vor, bei dem er zwischen *Qual* und *Leid* unterscheidet. Ersteres, sagt er, ist viszeraler, basaler und geteilt von den meisten Tieren, während das Letztere menschlichere Emotionen wie Kummer, Scham, Trauer, Erniedrigung, Entsetzen und speziell Sorge um die Zukunft einschließt, die durch höhere kognitive und nur von wenigen Tieren geteilte Funktionen bedingt sind. „Wenn uns im Leben der Tiere, wie wir es wahrnehmen, kein Leid erkennbar ist, dann können wir sicher sein, dass es kein unsichtbares Leid irgendwo in ihren Gehirnen gibt. Wenn wir aber Leid sehen, dann erkennen wir es ohne Schwierigkeit."[58] Ich bin da nicht so sicher. In all diesen Filmen über gequälte und leidende Tiere will es mir scheinen, als wären sie besorgt, bekümmert und voller Angst. Und woher eigentlich die Annahme, dass Tiere weniger leiden als Menschen? Wenn wir nicht wissen, was in ihren Köpfen vorgeht – wie können wir wissen, dass es weniger ist als bei uns? Vielleicht ist es für sie schlimmer.

Eine Begründung der Rechte von Tieren beginnt damit, wie wir sie behandeln; ein guter Ansatzpunkt dafür mag sich im hippokratischen Eid finden: *primum, non nocere* – erstens, nicht schaden. „Alle Ethiktheorien und Moralsysteme scheinen das Prinzip zu teilen, dass es schlecht ist, Schaden und speziell Leid zu verursachen", sagte mir der Filmemacher Mark Devries. „Da nichtmenschliche Tiere in der Lage sind, Leid zu erleben, gilt das Prinzip prima facie auch jenseits der Speziesgrenze." Wie in meiner moralischen Welt ist Empfindungsfähigkeit auch in Devries' Argumentation der Schlüssel: „Wenn die Fähigkeit eines Tieres, subjektiv Leid zu erfahren, die ethisch relevante Eigenschaft ist, dann ist sie auch das Entscheidungskriterium, welche Tierarten zu berücksichtigen sind. Wir wissen, dass Vögel und Säugetiere physisch und emotional leiden können; tatsächlich entwickelte sich die neuronale Anatomie, die solche Erfahrungen erlaubt, in unseren gemeinsamen Vorfahren mit jenen Tieren."[59]

Gerade auf dem Gebiet der Tierrechte sollten wir uns daran erinnern, dass das *Individuum* der moralische Agent ist, nicht die Spezies, denn es ist der *individuelle* Organismus, der leidet. Präziser, es ist das individuelle Gehirn mit seiner Leidensfähigkeit, das den individuellen Organismus ausmacht. Ein individueller Stier läuft im Schlachthaus der Todesfalle und dem Bolzenschussgerät entgegen, nicht die Spezies *Bos primigenius*. Der einzelne Delfin schwimmt aufgeschlitzt in seinem Blut und ringt nach Luft, nicht die Spezies *Delphinus capensis*.

Ein tiefgreifender Wandel der moralischen Wahrnehmung

Bei den vielen Parallelen zwischen den Menschen- und Tierrechtsbewegungen scheinen mir die Letzteren doch vor einer deutlich größeren Aufgabe zu stehen als die Sklaverei-Abolitionisten des 18. und 19. Jahrhunderts. Selbst auf dem Höhepunkt des Sklavenhandels war nur ein kleiner Teil der Weltbevölkerung daran beteiligt, während die weitaus meisten Menschen Fleisch essen und Tierprodukte nutzen. Wie der Anwalt für Tierrechte Steven Wise anmerkt, sind Tiere unentbehrlicher für unser tägliches Leben als es die Sklaven im Amerika des 19. Jahrhunderts waren, unter diversen Aspekten; persönlichen, psychologischen, ökonomischen, religiösen und besonders rechtlichen. Tiere sind Besitz und ihre Nutzung durch das Gesetz geschützt, das ist nicht immer leicht zu ändern.[60] Selbst wenn die Argumente für Tierrechte besser sind als jene dagegen (was meiner Meinung nach zutrifft), so wird es doch eine große Herausforderung sein, den Prozentsatz der Vegetarier oder Veganer von einem niedrigen einstelligen Wert auf einen hohen zweistelligen zu heben. Um zu überleben, brauchten die Leute keine Sklaven zu halten. Aber essen müssen sie; die meisten mögen Fleisch, es ist vergleichsweise billig, stets verfügbar und daher ein beliebtes Erzeugnis, um die Bedürfnisse zu stillen. In den Vereinigten Staaten brauchte es einen Krieg zur Abschaffung der Sklaverei, obwohl nur ein kleiner Teil der Bürger Sklaven hielt. 95 Prozent Fleischesser in der Bevölkerung machen einen entmutigenden Unterschied.

Für einen entscheidenden Wandel brauchen wir das Äquivalent dessen, was der Sklaverei-Historiker David Brion Davis „eine tiefgreifende Verschiebung der moralischen Wahrnehmung" nennt,[61] eine Neuordnung unseres Denkens über Tiere vom Besitz zur Person, wie es der Rechtsgelehrte Gary Francione von der Rutgers University in seinem Buch *Animals as Persons* von 2008 vorschlägt. In detaillierter Logik legt er dar, warum empfindungsfähige Nichtmenschen rechtlich als Personen betrachtet werden sollten: „Sie sind bewusst; sie haben subjektive Wahrnehmung; sie haben Interessen; sie können leiden. Andere Eigenschaften außer Empfindungsfähigkeit sind für den Status als Person nicht notwendig."[62]

Moralischer Fortschritt in dieser Richtung fand 2013 in Indien statt mit dem Verbot, Delfine zur öffentlichen Unterhaltung gefangen zu halten. „Das Einsperren aller Arten von Cetacea kann ihr Wohlergehen und Überleben ernsthaft beeinträchtigen, es ändert ihr Verhalten und erzeugt eine extreme Notlage", hieß es. Um dem Gesetz Nachdruck zu verleihen, zählte Indien in Programm II, Teil I des Wild Life Protection Act von 1972 alle Walartigen auf und fügte hinzu, Delfine seien als „nichtmenschliche Personen" zu betrachten.[63] Den rechtlichen Status der Person einem nichtmenschlichen Tier zu gewähren ist ein enormer Schritt hin zu Gerechtigkeit und Freiheit für alle fühlenden Wesen.

Die Schriften von Tierrechtsaktivisten können eine emotional zermürbende Lektüre sein, und wer sein Augenmerk nur auf die schlimmsten Fälle (Massentierhaltung) und die nackten Zahlen getöteter Tiere (Milliarden) richtet, mag annehmen, dass der Bogen der Moral sich zum falschen Ende neigt. Es wäre gut, sich anzusehen, wie Tiere früher wahrgenommen wurden, unter Aspekten der Unterhaltung (Katzenverbrennungen, Tierkämpfe zwischen Bären und Hunden) und der Philosophie (Descartes hielt Tiere für mechanische Automaten, die Schmerz, Freude, Verlangen, Interesse, Langeweile und andere dem Menschen eigene Emotionen nur nachahmen, aber nicht empfinden). Eine ansehnliche Literatursammlung verfolgt die gemischte, überwiegend schlechte Moralgeschichte des Tierwohls durch die Jahrtausende.

Wie bei der Abschaffung der Sklaverei führte die Religion die Revolution der Tierrechte nicht nur nicht an, sondern behinderte sie oft; buchstäblich von Anfang an, im 1. Buch Mose, wo Jahwe Adam und Eva befiehlt: „Seid fruchtbar und mehrt euch und füllt die Erde und macht sie euch untertan und herrscht über die Fische im Meer und über die Vögel unter dem Himmel und über alles Getier, das auf Erden kriecht."[64] Über die Jahrhunderte hinweg wurde diese Haltung verstärkt durch Kirchenväter wie Augustinus von Hippo und Thomas von Aquin, deren Letzterer meinte: „Hierdurch wird auch der Irrtum derer ausgeschlossen, die gesetzt haben, es sei dem Menschen Sünde, wenn er die tierischen Seelenwesen tötet. Aus der göttlichen Vorsehung nämlich werden sie durch die natürliche Ordnung zum Gebrauch des Menschen geordnet, weswegen der Mensch sie ohne Unrecht gebraucht, sei es, indem er sie tötet, sei es auf irgendeine andere Weise." Offenbar hatte Thomas einigen Gegenwind von jenen bekommen, die Mitgefühl mit leidenden Tieren hatten, denn er ließ diese Mahnung folgen: „Wenn die heilige Schrift uns zu verbieten scheint, grausam zum Tier zu sein, zum Beispiel einen Vogel mit seinem Jungen zu töten: so ist das, um das Herz des Menschen davon abzubringen, Grausamkeit gegen Menschen zu üben, oder weil die Verletzung des Tieres zeitweilig einen Menschen verletzt, entweder den Täter oder einen anderen."[65]

Von biblischen Zeiten an war Grausamkeit gegenüber Tieren die Regel, nicht die Ausnahme. Hahnen- und Hundekämpfe waren ein fortdauernder Lieblings-Zeitvertreib. Beim „Bear Baiting" in den amerikanischen Kolonien wurde ein Bär an einen Pfosten gekettet, gequält und von aufgepeitschten Hunden in Stücke gerissen. Und wer könnte das Pariser Freizeitvergnügen des 16. Jahrhunderts vergessen, die Katzenverbrennung, bei der das verängstigte Tier langsam ins Feuer hinabgelassen wurde, während „die Zuschauer vor Lachen brüllten, darunter Könige und Königinnen, als die Tiere, vor Schmerzen schreiend, erst angesengt, dann geröstet und schließlich zu Asche verbrannt wurden." Oder der Spaß, eine Katze an einen Pfosten zu nageln und einen Wettbewerb zu veranstalten, wer sie mit

Kopfstößen töten kann, ohne dass sie ihm mit ihren Krallen die Augen herausreißt.[66] Das war nur die Freizeitgrausamkeit. In der Nahrungsproduktion begann die Brutalität nicht erst mit der heutigen Massentierhaltung. Hier ein Bericht über die gängigen Praktiken des 17. Jahrhunderts, zitiert vom Historiker Colin Spencer in seiner umfassenden Geschichte des Vegetarismus *The Heretic's Feast*:

> Die Schlachtmethoden waren von rationaler, kalter Gleichgültigkeit. Wie Dr. Johnson anmerkte, hatten die Metzger „keinen Blick dafür, das Leid zu lindern; das Tier sollte nur ruhig sein, um ihrer eigenen Sicherheit und Bequemlichkeit willen. Kühe wurden mit einem Axtschlag betäubt, bevor man sie tötete, aber Schweine, Kälber und Vögel starben langsamer. Damit ihr Fleisch weiß wird, bekamen Kälber und zuweilen Lämmer einen Hieb in den Hals, sodass ihr Blut floss. Dann wurde die Wunde gestillt und man ließ das Tier noch einen Tag leben. Wie Thomas Hardys Arabella zu Juda sagte – Schweine sollten nicht schnell geschlachtet werden. „Das Fleisch muss gut ausgeblutet sein, dafür muss das Tier langsam sterben. Ich bin damit aufgewachsen, ich weiß es. Jeder gute Schlachter lässt sie lange bluten. Acht oder zehn Minuten mindestens muss es dauern."[67]

Der Bogen der Moral erhebt sich für das Tier

Der moralische Fortschritt war sicherlich unregelmäßig und stockend, aber seit der Aufklärung erhob sich der Bogen stets ein bisschen mehr für die Tiere. Wir beobachten es bei der Behandlung der Labortiere in den letzten Jahrzehnten, beim fortdauernden Perspektivwechsel seit einem Jahrhundert, der uns die Kontinuität zwischen uns und anderen Tieren verstehen lässt und bei der Verbindung der Tierrechtsbewegung zu anderen Revolutionen der Rechte, deren Erfolg das moralische Bewusstsein aller erhöhte und die Sphäre der Moral so weit ausdehnte, dass sie immerhin einige Tiere einschließt.

Eine Gallup-Studie aus dem Jahr 2003 ergab beispielsweise: „Die überwiegende Mehrheit (96 Prozent) der Amerikaner sagt, Tiere verdienten zumindest einen gewissen Schutz vor Leid und Ausbeutung, und ein Viertel vertritt, sie sollten denselben Schutz wie Menschen genießen." Tierversuchsverbote in Medizinforschung und Produktprüfung lehnten immer noch die meisten Amerikaner ab, und obwohl der Anteil der Haushalte mit Jägern im letzten Vierteljahrhundert von 30 auf 20 Prozent gefallen ist, würde doch die Mehrheit einem Jagdverbot widersprechen. Immerhin, nur drei Prozent sagen, Tiere bräuchten keinen Schutz, 'weil sie nur Tiere sind'".[68]

Bemerkenswert ist das, weil die Debatte schwammig wird, wenn es um positive Rechte geht, also darum, was Menschen (oder fühlenden Wesen) notwendig gewährt werden muss. Schon bei Menschen gibt es einigen Disput darum, was zu ihren Rechten zu gehören hat (medizinische Versorgung, soziale Absicherung, Berufsunfähigkeitsversicherung etc.) Nun umfasst der Schutz vor Schaden und Ausbeutung nur den Wegfall negativer Handlungen (die Leid erzeugen). In der Gallup-Studie etwa „befürworten 62 Prozent der Amerikaner die Einführung strenger Gesetze über den Umgang mit Nutztieren".[69]

Was die Verwertung von Tieren als Nahrung angeht, beauftragte die Vegetarian Resource Group im Jahr 2012 das Meinungsforschungsinstitut Harris mit den Fragen „wie oft essen Amerikaner vegetarische Mahlzeiten" und „wie viele Erwachsene in den USA sind Vegetarier" (kein Fleisch, Fisch oder Geflügel). Ergebnis: Vier Prozent essen immer vegetarisch, ein Prozent unter diesen vier immer vegan (weder Milch noch Eier). Auf der moderateren Seite sind bei 15 Prozent viele Mahlzeiten vegetarisch, allerdings weniger als die Hälfte und bei weiteren 14 Prozent mehr als die Hälfte, aber nicht alle. 47 Prozent haben irgendwann im Laufe eine Jahres vegetarisch gegessen (ein dubioser Wert, denn ein Schälchen Müsli reicht dafür).[70] Eine Gallup-Studie von 2012 war etwas ermutigender mit insgesamt zwei Prozent Veganern und fünf Prozent Vegetariern.[71] Ich vermute, bei so niedrigen Zahlen liegen die Unterschiede im statistischen Rauschen. Immerhin, in den letzten Jahrzehnten zeigt der Trend eindeutig aufwärts, siehe Bild 8-2.

Eine weitere die Tierwohl-Verfechter optimistischer stimmende Tendenz ist die Abnahme des Fleischkonsums in jüngerer Zeit und die damit einhergehenden sinkenden Zahlen der dafür gehaltenen Tiere. Im Wesentlichen scheint das an der Zunahme maßvoller hybrider Essgewohnheiten zu liegen, wie bei den „Flexitariern"; fleischloser Montag, „vegan bis 18 Uhr", rotes Fleisch nur einmal in der Woche, so die Strategien. Laut dem Landwirtschaftsministerium der Vereinigten Staaten ist der Fleisch- und Geflügelverzehr zwischen 2007 und 2012 um 12,2 Prozent gesunken.[73] Keine riesige Zahl, aber auch nicht unbedeutend. Etwas besser sieht es bei den Semi-Vegetariern aus, bei denen weniger als die Hälfte der Mahlzeiten

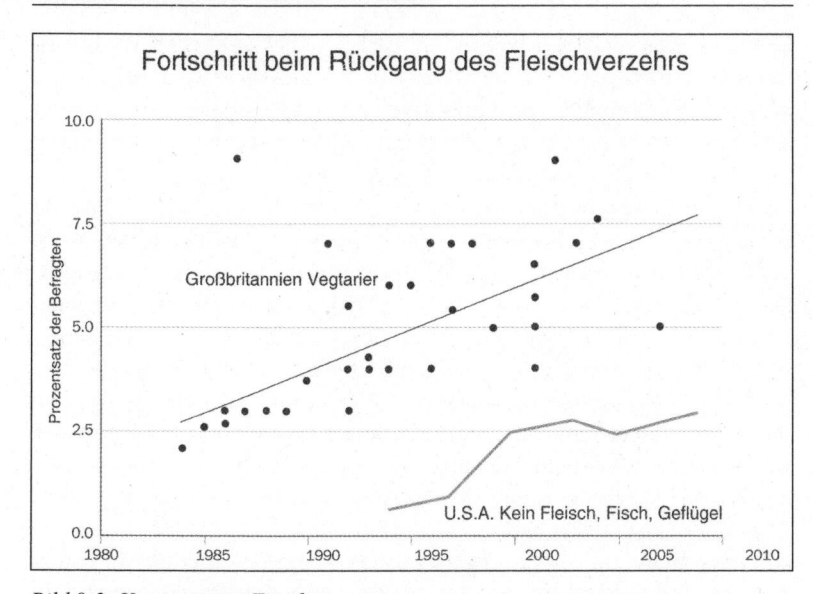

Die moralische Wissenschaft der Tierrechte 301

Fortschritt beim Rückgang des Fleischverzehrs

[Diagramm: Prozentsatz der Befragten (0.0–10.0) gegen Jahre 1980–2010; Datenpunkte „Großbritannien Vegtarier" mit steigender Trendlinie; Kurve „U.S.A. Kein Fleisch, Fisch, Geflügel"]

Bild 8-2: Vegetarismus-Trends
Die Veränderungen sind bescheiden, aber der Trend zeigt aufwärts[72]

Fleisch enthält; laut dem Humane Research Council (inzwischen *Faunalytics*) sind es 12 bis 16 Prozent der amerikanischen Bevölkerung. Die „aktiven Fleischreduzierer" schließlich, die angeben, weniger Fleisch zu essen als ein Jahr zuvor, bilden 22 bis 26 Prozent der US-Bevölkerung, und das ist schon eine beachtliche Größe.[74]

Seit dem zweiten Weltkrieg drifteten die europäischen Länder stärker nach links als Amerika, was in der alten Welt zu einer ausgedehnteren moralischen Sphäre führte. In einigen ihrer Länder dürfen Sauen nicht in Ständen gehalten werden, in denen sie sich nicht umdrehen können, und Hühnerkäfige müssen groß genug sein, um das Spreizen der Flügel zu erlauben. In England sind Pelzfarmen verboten. In der Schweiz wurden Tiere vom Objektstatus gelöst, sind nun keine „Sachen" mehr, sondern „Wesen", und Deutschland fügte als erster Staat seinem Verfassungsartikel, der die Lebensgrundlagen der Menschen schützt, den Zusatz „und die Tiere" hinzu.

Medizinisch ist eine Ernährung mit Fleisch, speziell mit rotem, als ungesund erwiesen und ein wesentlicher Faktor bei Herz-Kreislauf-Erkrankungen vieler (nicht aller) Menschen. Dazu die Umweltaspekte – Massentierhaltung erzeugt gewaltige Mengen von Abfall und des Treibhausgases

Methan, neben anderen Schadstoffen. Und sie stinkt zum Himmel; nie werde ich meine Etappe des Radrennens *Race Across America* durch Dalhart in Texas vergessen mit seinen größten Viehherden des Landes. Man konnte sie kilometerweit riechen. Ich kann mir nicht vorstellen, wie die lokalen Einwohner damit umgehen, außer sich so lange an den Geruch zu gewöhnen, bis sie ihn nicht mehr spüren, was an sich ein Metapher für unseren Umgang mit Tieren sein könnte; wir haben uns an ihr Leid gewöhnt.

Tierkampf wie Hahnen- und Hundekämpfe wurde in den meisten westlichen Demokratien verboten, und selbst der Stierkampf scheint sich seinem Ende zu neigen. Eine Gallup-Umfrage aus dem Jahr 2008 ergab, dass vier von zehn Amerikanern ein Verbot von Sportarten befürworten, bei denen Tiere im Wettkampf stehen, wie Pferde- und Hunderennen.[75] Auch Jagen und Angeln sind von 1996 bis 2006 um 10 bis 15 Prozent zurückgegangen, und das liegt nicht daran, dass die Leute zu Hause vor Videospielen und dem Fernseher sitzen, denn im gleichen Zeitraum nahm der Anteil jener, die an Wildtierbeobachtung teilnehmen und Ökotourismus betreiben, im selben Maße zu.[76] Nach Angaben des Fish and Wildlife Service gab es 2011 13,7 Millionen Jäger und 33,1 Millionen Angler, aber „fast 68,6 Millionen Leute betrieben Naturbeobachtung in ihrer häuslichen Umgebung, und 22,5 Millionen unternahmen Ausflüge von mindestens einer Meile, um wilde Tiere zu beobachten".[77] Zusammen 91,1 Millionen; viel Beobachten, wenig Töten.

Den Umschwung habe ich in den vergangenen Jahrzehnten selbst erlebt. In den Jugendjahren nahm mein Stiefvater meine Stiefbrüder und mich regelmäßig mit zur Jagd auf Tauben und Wachteln. Das machte mir nicht so viel Spaß wie Baseball, aber es störte mich auch nicht, mit einer Schrotflinte Vögel vom Himmel zu schießen. Tatsächlich war es spannend, denn es ist nicht einfach, auf Entfernung ein bewegtes Ziel zu treffen und der Herausforderung vergleichbar, den Baseball mit dem Schläger zu erwischen. Dass wir unser Beute aßen, half bei der Rechtfertigung. Wie andere angelte ich, in Seen und im Meer. Heute wird Fangen und Freilassen beliebter; dem Angler bleibt der Nervenkitzel des Fangs, der Beute ihr Leben. In den 1980ern setzte der Ökotourismus zur Blüte an; ich nahm an einigen Trips in die Wildnis teil und leitete andere, um „nur Bilder mitzunehmen und nur Fußspuren zu hinterlassen", wie es so schön heißt. Heute unternimmt die Skeptics Society, deren Direktor ich bin, regelmäßige „Geotours" an Orte wie Grand Canyon und Death Valley, und es gibt keinen Mangel an Kunden. Dort das gleiche zu tun, was ich als junger Jäger tat, kann ich mir nicht mehr vorstellen.

Wie sich die Perspektiven über die Jahrzehnte gewandelt haben! Vergleichen wir das „Making Of" des Films *Apocalypse Now* von 1979, in dem ein Wasserbüffel beinahe geköpft wird von einer Machete, die ihm bis zu den Schulterblättern dringt mit Steven Spielbergs *War Horse* von 2011, bei dem man sich große Mühe gab, den Tieren, die die vier Millionen getöteten Pferde im ersten Weltkrieg darstellten, kein Leid anzutun. So kämpfte ein im Niemandsland in Stacheldraht verstricktes Pferd tatsächlich mit silbern angemaltem Schaumgummi.[78]

Wie weit führt der Bogen der Moral für das Tier?

Die in diesem Kapitel verfolgten Trends machen der Tierrechtsbewegung zumindest Hoffnung. Obwohl die Argumente für die Erweiterung der moralischen Sphäre auf mehr und mehr unserer fühlenden Gefährten jene gegen sie übertreffen, sind die Errungenschaften zugegebenermaßen bescheiden. Ich sage voraus, dass Jagd und Angeln ihre Abwärtsentwicklung in der Beliebtheit fortsetzen werden, während im Gegenzug die Neigung hin zu Wildbeobachtung, Fotografie, Wandertouren, Öko- und Geotourismus zunehmen wird, aber sie werden nie bei Null anlangen. In Europa wird die Rate der Vegetarier nicht vor dem Jahr 2025 zweistellig werden, in den USA noch später (2030 nach meiner Schätzung), und der Veganismus wird mit Glück um 2050 die Zehnprozentmarke erreichen, wenn der Trend anhält. Statt der Schwarz-Weiß-Dichotomie „Fleisch oder kein Fleisch" werden wir wohl eine Entwicklung zum Flexitarier-Lebensstil und zur graduellen Fleischentwöhnung erleben, die das Blutbad auf lange Sicht verringern wird.

Derweil mag ein gangbarer Mittelweg in der Rückkehr zu kleinen, ökologisch stabilen und tierfreundlichen Höfen liegen wie jenem, den Michael Pollan im Shenandoah Valley Virginias besuchte. Dort betreibt man Aufzucht von Rindern, Schweinen, Hühnern, Kaninchen, Truthähnen und Schafen, die, mit den Worten des Besitzers, „ihre physiologischen Eigenarten ausleben dürfen".[79] Statt in der Massentierhaltung wie ein Objekt auf dem Fließband behandelt zu werden, können sie ihre Leben verbringen, wie sie es in der Natur täten, bis zu dem Grad, der für ein Leben in der Landwirtschaft gezüchteten domestizierten Tieren überhaupt möglich ist, und so den moralischen Imperativ aller fühlenden Wesen erfüllen, zu überleben, sich fortzupflanzen und zu gedeihen, auch wenn die meisten von ihnen schließlich getötet und verzehrt werden.[80] Im Dokumentarfilm *Free Range* sagt ein örtlicher Farmer, Kim Alexander, über seine sich auf den

Wiesen in Sonne und Wind tummelnden Hühner mit unfreiwilligem Humor: „Sie haben ein sehr gutes Leben und nur einen schlechten Tag am Ende." Alexanders moralischer Kompromiss zwischen den Schrecken der Massentierhaltung und der Praxisferne (und Unbeliebtheit, für die meisten) des Veganismus erscheint mir als solide, vernünftige Position, mit der die meisten von uns leben könnten:

> Ich esse gern Fleisch, besonders, wenn ich weiß, woher es kommt [lokale Höfe vs. Massentierhaltung], wie die Tiere gehalten werden und wie es verarbeitet wird. Das Wesen der Landwirtschaft – saubere, hochwertige Nahrung für die eigene Familie erzeugen, gut darin werden und andere Leute mitversorgen, die es zu schätzen wissen. Wir hier draußen kalkulieren alle Kosten ein – die Kosten einer sauberen Umwelt, des sauberen Essens für die Kunden, des respektvollen, möglichst naturnahen Umgangs mit den Tieren und die Kosten eines Familienbetriebes, der ein angemessenes Leben ermöglicht.[81]

Solche Farmen setzen sich allmählich durch, denn die Nachfrage nach ihren Lebensmitteln wächst. So wurden im Jahr 2012 in Großbritannien erstmals mehr Eier von freilaufenden Hühnern verkauft als von solchen in Käfighaltung, nämlich 51 Prozent von neun Milliarden Eiern. Der Trend begann 2004, als die Bauern Eier von Hühnern kennzeichnen mussten, die in Käfigen der Größe eines A4-Blattes Papier gehalten werden und die Öffentlichkeit eine bessere Behandlung der Tiere einforderte.[82] In den USA nimmt die Handelskette „Whole Foods Market" an einem Programm teil, das sich sinngemäß „Tierwohlbewertung in fünf Stufen" nennt und erklärt auf der zugehörigen Webseite: „Alles Fleisch von Rindern, Hühnern, Schweinen und Truthähnen in unserer Frischfleischsparte muss von Produzenten kommen, die gemäß dem 5-Step Animal Welfare Rating der Global Animal Partnership zertifiziert sind. Wenn sich deren Einstufung auf andere Tierarten erweitert, müssen unsere Lieferanten auch für diese Spezies der Zertifizierung genügen." Bild 8-3 von der Website von Whole Foods Market skizziert die Stufen und das Programm.[83]

Tyson Foods, eines der größten Unternehmen der industriellen Nahrungsmittelproduktion, musste dem Druck der Tierrechtsaktivisten nachgeben. Nach einer Recherche mit versteckter Kamera durch Mercy for Animals in einem seiner Schweinezuchtbetriebe in Henryetta, Oklahoma gab Tyson 2013 einen Satz neuer Richtlinien für das Wohlbefinden der Tiere bekannt. Man trennt sich von einengenden Kastenständen, Kastration,

Die moralische Wissenschaft der Tierrechte

Kupieren der Schwänze ohne Betäubung und auch vom Töten der Ferkel, indem man sie mit dem Kopf voran auf den Boden schlägt. Inzwischen gilt Schweinehaltung in Kastenständen weithin als eine der grausamsten Praktiken weltweit und ist in der gesamten Europäischen Union und in neun Bundesstaaten der USA verboten. Die Macht des Marktes, moralischen Wandel herbeizuführen, zeigt sich an um die sechzig Lebensmittelanbietern, die von ihren Lieferanten die Abschaffung der Kastenstände fordern, darunter Kmart, Costco, Kroger, McDonald's, Burger King, Wendy's, Chipotle und Safeway. Das ist echter Fortschritt.

Bild 8-3: Das 5-Step Animal Welfare Rating Program des Whole Foods Market

Es geht hier nicht um ein von sandalentragenden Blumenkindern bewohntes Wolkenkuckucksheim, in dessen Garten sich Bambi und ein Schweinchen namens Babe tummeln, sondern um die praktische, wirtschaftlich realistische Lösung eines moralischen Dilemmas. Bei Whole Foods Market ist die treibende Kraft hinter diesen Initiativen der Geschäftsführer John Mackey, ein liberaler Anhänger der freien Marktwirtschaft. Er ist nicht nur Veganer, sondern praktiziert „bewussten Kapitalismus", den er definiert als „ein ethisches System der Wertschöpfung für alle Beteiligten", also nicht nur die Eigentümer, sondern auch Angestellte, Kunden, die Gesellschaft, die Umwelt und selbst Konkurrenten, Aktivisten, Kritiker, Gewerkschaften, Medien und, im Falle von Whole Foods, die Tiere selbst, die nicht weniger Teil des Systems sind als ihre menschlichen Gegenüber. Das Tierwohl ist nicht länger die Domäne der Linken, und John Mackey ist ein bewusster Kapitalist, der sich dem Fortschritt in der Nahrungsindustrie widmet, unter Aspekten von Gesundheit und Wohlergehen nicht nur der Konsumenten, sondern auch der Konsumierten.[84]

Es wird sich erweisen, ob Kleinbetriebe sieben Milliarden Menschen ernähren können, auch bei graduellem Rückgang des Fleischverzehrs.[85] Ich glaube nicht; die totale Befreiung der Tiere, die sich manche Aktivisten ausmalen, ist wahrscheinlich nicht einmal am Horizont sichtbar. Die Zahlen sind schwindelerregend. Um 2050 wird die Weltbevölkerung bei 9,6 Milliarden Menschen liegen; für die Zeit danach sagen optimistische Hochrechnungen der Vereinten Nationen einen Rückgang auf sechs Milliarden bis 2100 voraus. Wenn sich die gesamte Welt auf die europäische Geburtenrate von 1,5 Kindern pro Frau einpendelt (2,1 wäre bestandserhaltend), wird laut dem International Institute for Applied Systems Analysis (IIASA) die Weltbevölkerung bis 2200 auf 3,5 Milliarden sinken und bis 2300 auf die eine Milliarde,[86] die sich durch Familienbetriebe ernähren ließe.

Die Versorgung von 9,6 Milliarden Menschen mit Fleisch, Milchprodukten, Eiern und Lederwaren erfordert allerdings 100 Milliarden Landtiere, und solange wir Fleisch und Leder nicht synthetisch herstellen können (entsprechende Laborversuche laufen[287]), werden die Kräfte des Marktes die Ergebnisse diktieren; wir werden wahrscheinlich das ökonomische Prinzip von Angebot und Nachfrage am Werk sehen. Kleinere Farmen werden kleinere Mengen erzeugen. Ein niedrigeres Angebot wird die Preise in die Höhe treiben und zu einem Rückgang der Nachfrage führen, woraufhin mehr und mehr Nahrungsproduzenten von der Massentierhaltung zu Einzelbetrieben übergehen könnten; das aber nur so lange, wie die Nachfrage der Verbraucher nach 5+-Einstufungen der Lebensmittel anhält. Ökonomische Realisten weisen darauf hin, dass arme Leute mit großen Familien sich die teureren Bioprodukte nicht leisten können, aber auch hier mag der Langzeittrend zu kleineren Familien und höherem BIP pro Kopf das Problem letztlich dadurch lösen, dass es allen besser geht und sie sich Gedanken um Tiere und Umwelt erlauben können.

Eine provisorische Tiermoral

Betrachten wir die am Ende von Kapitel 4 skizzierten zehn provisorischen moralischen Prinzipien. Die ersten beiden, die *goldene Regel* und *zuerst fragen*, mögen auf Tierrechte anwendbar sein, indem wir uns selbst fragen, inwiefern unsere Handlungen die Fähigkeiten anderer Arten betreffen, zu überleben und zu gedeihen. Wir können uns vorstellen, wie es uns als Schimpanse ginge, eingesperrt in einen kalten Stahlkäfig, infiziert mit menschlichen Krankheitserregern. Wir können uns als Delfine sehen, in einer Bucht herumtollend, wenn plötzlich eine Machete durch das Wasser schneidet, uns aufschlitzt und wir verbluten. Oder als Anführer einer Herde, die ihren letzten Gang antritt, die „Green Mile" hinunter; wir hören unsere Gefährten fallen, einen nach dem anderen. Denken wir daran, was einer der Schlachthaus-Arbeiter zu Ted Conover sagte, und malen wir uns aus, an ihrer Stelle zu sein: „Wir haben Angst. Wir wollen nicht sterben."[88]

Wenn wir uns derart mit anderen Spezies identifizieren und ihre Perspektive einnehmen, dann mögen wir einen Weg finden, das *Glücksprinzip* und das *Freiheitsprinzip* anzuwenden; *wir sollten niemals Glück und Freiheit anstreben, wenn es zum Unglück und zur Unfreiheit eines anderen fühlenden Wesens führt.*

Erinnern wir uns an Prinzip Nummer fünf, das *Fairness-Prinzip*, basierend auf John Rawls' „Schleier des Nichtwissens" und dem „Urzustand", in dem wir über Regeln und Gesetze einer Gesellschaft entscheiden, aber nicht wissen, welchen Platz wir in ihr einnehmen werden und stellen wir uns vor, das gälte für uns fühlende Wesen, die wir nicht wüssten, ob wir als Bauer oder Nutztier geboren würden. Welche Tierhaltung wäre fairer, der Massen- oder der Kleinbetrieb? In den meisten Fällen der Letztere.

Das *Vernunftprinzip* würde bedeuten, rationale Gründe anzuführen für die Wahl unserer Nahrung und der Tiere, derer wir uns anderweitig bedienen (bei der Jagd, in der Freizeit oder als Haustiere). Wir können Produkte von Unternehmen wählen, die Rücksicht auf Tierwohl und Umwelt nehmen und unsere Haustiere aus Tierheimen holen.

Nummer acht, das *Prinzip der Verteidigung anderer*, ist nicht nur auf Kinder, psychisch Kranke, Alte und Behinderte anwendbar, sondern ebenso auf domestizierte Tiere, denen wir absichtlich ihre natürliche Fähigkeit wegzüchten, auf sich gestellt in der Wildnis zu überleben. Prinzip neun der *expandierenden moralischen Kategorie* kann direkt auf Tiere angewandt werden und sie in die Sphäre der Moral einschließen, und im *Biophilie-Prinzip* Nummer zehn sind sie schon enthalten, zusammen mit Pflanzen, Luft und Wasser.

Eine Idee, deren Zeit gekommen ist

Mir ist klar, dass der Ton dieses Kapitels in den Ohren vieler Leser nach dem Schmalz von *Der mit dem Wolf tanzt* klingt. Aber wenn wir das moralische Gebot des Rechts aller fühlenden Wesen auf Überleben und Gedeihen ernst nehmen, den Bogen des moralischen Universums in Richtung Gerechtigkeit und Freiheit fortführen und die Sphäre der Moral erweitern wollen, sodass die mehr und mehr empfindungsfähige Wesen einschließt, dann müssen wir auch den Mut haben, unseren Überzeugungen entsprechende Taten folgen zu lassen. Wann? Hier habe ich Verständnis für das Gebet des Augustinus von Hippo, dem einflussreichen katholischen Theologen, dessen Schriften das Christentum und die Philosophie des Westens prägten. Als ihn die sexuellen Leidenschaften der Jugend überkamen, denen er doch widerstehen sollte, rief er den Herrn an: „Gib mir Keuschheit und Enthaltsamkeit – aber jetzt noch nicht."[89]

Ich will ehrlich sein. Wie bei vielen Menschen liegen meine Ideale mit meinem Speziesismus im Widerstreit. Dennoch bewegen mich die Worte Victor Hugos: „Man kann der Invasion von Armeen Widerstand leisten, aber keiner Invasion von Ideen", typischerweise stärker formuliert als „nichts ist mächtiger als eine Idee, deren Zeit gekommen ist."[90] Mir fällt kein Grund ein, warum nicht jetzt die Zeit gekommen sein sollte, fühlenden Wesen Rechte zu gewähren. Nur, welchen Wesen, und welche Rechte?

Für wilde Arten heißt es nur, sie in der Freiheit ihrer natürlichen Umgebung jagen und Futter suchen zu lassen, sie vor Wilddieben zu schützen und vor dem excessiven Eingriff der Zivilisation in ihre Lebensräume. Für domestizierte Arten denke ich, es bedeutet das Ende der Massentierhaltung und die Verlagerung der Produktion auf Kleinbetriebe, wo sie eine humanere Variante der Umwelt vorfinden, in der sie die letzten zehntausend Jahre überlebten und gediehen, vor dem Erscheinen der fabrikmäßigen Tierhaltung des 20. Jahrhunderts.

Um diesen moralischen Fortschritt voranzutreiben, können wir von unten mit unseren Stimmen und unserem Geld für das Essen votieren, das wir wollen und den Markt zu einer moralischeren Haltung bewegen. Und von oben können wir an einer Gesetzgebung mitwirken, die die Ausbeutung fühlender Wesen abschafft, die unsere moralische Sphäre erweitert, sodass sie Menschenaffen und Meeressäuger einschließt und uns so die vielen Äste und Zweige des evolutionären Baumes entlangarbeiten, den Charles Darwin im letzten Satz von *Über die Entstehung der Arten* so eloquent beschreibt:

Es ist wahrlich eine großartige Ansicht, daß der Schöpfer den Keim alles Lebens, das uns umgibt, nur wenigen oder nur einer einzigen Form eingehaucht hat, und daß, während unser Planet den strengsten Gesetzen der Schwerkraft folgend sich im Kreise schwingt, aus so einfachem Anfange sich eine endlose Reihe der schönsten und wundervollsten Formen entwickelt hat und noch immer entwickelt.[91]

Teil 3

Die Korrektur des moralischen Fortschritts

9. Moralischer Verfall und der Weg zum Bösen

Wahrscheinlich ist von Menschen, die entschlossen waren, Zwang anzuwenden, um ein moralisches Übel auszumerzen, mehr Schaden und Elend verursacht worden als von Menschen, die absichtlich Böses taten.

Friedrich Hayek, Die Verfassung der Freiheit, 1960

Im Jahr 2010 war ich an einer zweistündigen Sondersendung von *Dateline NBC* beteiligt, in der wir einige mittlerweile klassische psychologische Experimente replizierten. In einem davon sollte ein nichtsahnender Proband eine Bewerbung für die Mitwirkung an einer Fernseh-Spielshow ausfüllen, zusammen mit anderen Teilnehmern, die allerdings in das Experiment eingeweiht waren. Die Komplizen füllten brav ihre Formulare aus, auch als sich der Raum langsam mit Rauch füllte. Bemerkenswerterweise taten die meisten Versuchspersonen es ihnen nach, obwohl sie Grund zu der Annahme haben mussten, dass das Gebäude brennt, so als wäre der Feuertod kein sonderliches Problem für sie. Alle anderen blieben ruhig, sie also auch. Sie husteten, sie wedelten den Rauch fort und der Herdentrieb wurde immer offensichtlicher; man meinte zu hören, wie sie „mäh" machen. Unsere dramatischste Replikation aber war die der Schock-Experimente des Yale-Professors Stanley Milgram aus den frühen 1960er Jahren zur Natur des Bösen.

Ein Buch über moralischen Fortschritt muss sich auch mit seiner Antithese befassen, dem moralischen Rückschritt, und die Pfade zum Bösen identifizieren, um ihr Beschreiten zu erschweren.

„Shock and Awe" – Bereitwilligkeit oder Widerwille?

Kurz nachdem im Juli 1961 in Jerusalem der Kriegsverbrecherprozess gegen Adolf Eichmann begonnen hatte, konzipierte der Psychologe Stanley Milgram eine Reihe von Experimenten mit dem Ziel, ein besseres Verständnis der Psychologie von Autorität und Gehorsam zu gewinnen. Eichmann war einer der obersten Architekten der „Endlösung der Judenfrage" und führte wie die Angeklagten der Nürnberger Prozesse zu seiner Verteidigung an, er sei unschuldig und habe nur Anweisungen ausgeführt. *Befehl ist Befehl* (engl. *Nuremberg Defense*) erscheint gerade im Falle Eichmanns wenig überzeugend. „Mein Chef sagte, ich solle Millionen Menschen töten

– was blieb mir übrig?" Keine glaubhafte Rechtfertigung. Milgram fragte sich nun, ob Eichmann einzigartig war in seiner bereitwilligen Ausführung fürchterlichster Befehle und wie weit normale Menschen gehen würden.

Nun konnte Milgram seine Probanden nicht gut Menschen vergasen oder erschießen lassen, also wählte er den Elektroschock als legalen, nicht tödlichen Ersatz. Auf dem Universitätsgelände in Yale und in den umliegenden Gemeinden suchte er per Anzeigen nach Teilnehmern einer „Gedächtnisstudie". Er wollte „Fabrikarbeiter, städtische Angestellte, Vertriebsleute, Telefontechniker, Hilfsarbeiter, Friseure, Geschäftsleute, Beamte, Bauarbeiter" und nicht nur die üblichen Versuchskaninchen des wissenschaftlichen Labors – Studenten. Er ließ seine Probanden in die Rolle des „Lehrers" schlüpfen in einer angeblichen Untersuchung der Auswirkungen von Bestrafung auf den Lernerfolg. Der Versuchsablauf ließ den Testteilnehmer seinem „Schüler" (in Wahrheit Milgrams Mitarbeiter) eine Liste von Wortpaaren vorlesen, danach jeweils das erste Wort des Paares, worauf der Schüler mit dem zweiten Wort antworten sollte. Jedes Mal, wenn der Schüler einen Fehler machte, sollte der Lehrer ihm einen elektrischen Schlag versetzen. Die Kippschalter auf dem Schockgenerator waren mit Schildern von 15 Volt bis 450 Volt versehen, in Abstufungen von 15 Volt, und trugen Überschriften wie *leichter Schock, mäßiger Schock, starker Schock, sehr starker Schock, intensiver Schock, extrem intensiver Schock, Gefahr: schwerer Schock, XXX.*[1] Entgegen den Vorhersagen von 40 Psychiatern, nur ein Prozent der Probanden würde bis zum Ende gehen, schlossen 65 Prozent von ihnen das Experiment ab, legten den letzten Schalter um und teilten schockierende 450 Volt aus; ein Phänomen, das der Sozialpsychologe Philip Zimbardo als „die Pornographie der Macht" beschreibt.[2]

Bei wem bestand die größte Wahrscheinlichkeit, auch vor dem extremen elektrischen Schlag nicht haltzumachen? Überraschend und kontraintuitiv – Geschlecht, Alter, Beruf und Persönlichkeitsmerkmale änderten wenig am Ergebnis. Jung und Alt, Männer und Frauen, Angestellte und Arbeiter wählten ähnliche Niveaus der Bestrafung. Die größten Rollen spielten physische Nähe und Gruppendruck. Je näher sich der Schüler dem Lehrer befand, desto schwächer der Schlag. Als Milgram mehr Komplizen hinzugesellte, die den Lehrer zu stärkeren Schocks animierten, gehorchten die meisten; rebellierten aber die Eingeweihten ihrerseits gegen die Anweisungen des Versuchsleiters, war der Lehrer gleichermaßen geneigt, sich zu weigern. Gleichwohl teilten hundert Prozent der Testteilnehmer mindestens den „starken Schock" von 135 Volt aus.[3]

In unserer Wiederholung des Experiments 2010 in einem New Yorker Studio testeten wir sechs Probanden, die der Meinung waren, am Aufnahmeverfahren für eine neue Reality-TV-Show namens *What a Pain!* teilzunehmen. Wir folgten Milgrams Protokoll und ließen unsere Kandidaten dem „Schüler" (einem Schauspieler namens Tyler) eine Liste von Wortpaaren vorlesen, dann der Reihe nach das jeweils erste Wort des Paares. Wenn Tyler eine vereinbarte falsche Antwort gab, waren sie von einer Autoritätsperson (dem Schauspieler Jeremy) angewiesen, einen elektrischen Schlag zu verabreichen mittels einer Konsole, die der Milgrams glich.[4]

Milgram beschrieb sein Experiment als die Untersuchung des „Gehorsams gegenüber Autoritäten", und in den folgenden Dekaden lag der Fokus der meisten Interpretationen auf dem unhinterfragten Befolgen der Anweisungen jener Autorität. Was ich bei unseren Probanden sah und was auch bei denen Milgrams in alten Filmaufnahmen auf YouTube zu sehen ist, waren Widerwille und Unruhe, in hohem Maße und nahezu die ganze Zeit. Unsere erste Teilnehmerin, Emily, stieg schon aus, als sie den Versuchsverlauf erfuhr. „Das ist eigentlich nicht mein Ding", sagte sie mit nervösem Lachen. Als unsere zweite Probandin Julie nach dem Umlegen von fünf Schaltern bei 75 Volt angekommen war, hörte sie Tyler aufstöhnen.

„Ich glaube, ich möchte nicht weitermachen", sagte sie.

Jeremy verlieh der Sache Nachdruck: „Bitte fahren Sie fort."

„Nein, es tut mir leid", protestierte Julie. „Ich glaube, ich will nicht."

„Es ist unbedingt erforderlich, dass Sie weitermachen", beharrte Jeremy.

„Es ist erforderlich, dass ich weitermache?" Julie wurde trotzig. „Ich glaube... also... es reicht mir. Ich habe genug."

„Sie haben wirklich keine Wahl", sagte Jeremy mit fester Stimme. „Sie müssen bis zum Ende des Tests fortfahren."

Julie bot die Stirn. „Nein. Tut mir leid. Ich sehe, wo das hinführt und ich... ich will nicht... ich glaube, es reicht mir. Ich glaube, ich will gehen. Ich denke, ich werde jetzt gehen."

In diesem Moment betrat der Moderator Chris Hansen den Raum, setzte sie ins Bild, machte sie mit Tyler bekannt und fragte sie, was ihr durch den Kopf ging. „Ich wollte Tyler nicht wehtun", sagte sie. „Und dann wollte ich nur noch raus. Und ich bin sauer, dass ich bis fünf [Schalter] gegangen bin. Es tut mir leid, Tyler."

Lateefah, unsere dritte Kandidatin, begann mit Elan, aber während sie die Reihe der Schalter abarbeitete, ließen Gesichtsausdruck und Körpersprache ihr Unbehagen erkennen. Sie wand sich, biss die Zähne zusammen und ballte bei jedem ausgelösten Schock die Fäuste. Bei 120 Volt blickte sie zu Jeremy, anscheinend einen Ausweg suchend. „Bitte machen Sie weiter", wies er sie gebieterisch an. Bei 165 Volt begann Tyler zu schreien. „Ah! Ah! Holt mich raus! Ich weigere mich, weiterzumachen! Lasst mich raus!" Lateefah flehte Jeremy an. „Um Gottes Willen! Ich werde... Ich kann nicht..." Jeremy indes drängte sie höflich, aber bestimmt, fortzufahren. Bei 180 Volt schrie Tyler vor Qual, Lateefah ertrug es nicht mehr und wandte sich an Jeremy. „Ich weiß, ich bin es nicht, die den Schmerz spürt, aber ich höre ihn schreien und darum bitten, hinausgelassen zu werden, und mein Instinkt und mein Bauchgefühl sagen 'Stop', denn Sie tun jemandem weh und Sie wissen nicht mal warum, außer für eine Fernsehshow." Jeremy befahl eisig „Bitte weitermachen." Widerstrebend widmete Lateefah sich der Konsole und murmelte lautlos „Mein Gott". An dieser Stelle wurde Tyler wie bei Milgram instruiert, keinen Laut von sich zu geben. Keine Schreie mehr. *Nichts.* Als Lateefah die 300 Volt erreichte, wurde ihre große Verzweiflung offensichtlich, Chris schritt ein, stoppte das Experiment und fragte sie, ob sie aufgeregt sei. „Ja, mein Herz schlägt ganz schnell." Chris fragte „Was an Jeremy hat Sie bewogen, weiterzumachen?" Lateefah ließ uns an ihren moralischen Überlegungen zur Macht der Autorität teilhaben: „Ich wusste nicht, was mit mir passieren würde, wenn ich aufhöre. Er... er hatte einfach keine Emotionen. Ich hatte Angst vor ihm."[5]

Der vierte Proband, ein Mann namens Aranit, klickte sich durch die erste Reihe der Schalter, ohne mit der Wimper zu zucken. Bei 180 Volt hielt er kurz inne, um sich bei Tyler nach dessen Schmerzensschreien zu entschuldigen: „Ich werde dir wehtun, und es tut mir wirklich leid." Nach ein paar weiteren Sprossen die Schockleiter hinauf, begleitet von Tylers qualvollem Flehen, das Geschehen abzubrechen, redete Aranit ihm gut zu. „Mach schon. Du schaffst das. Wir sind fast fertig." Später wurden die Bestrafungen von positiven Bestätigungen begleitet. „Gut." „Okay." Nach Ende des Experiments fragte Chris: „Machte es dir zu schaffen, ihm Schocks zu versetzen?" „Oh ja, das tat es tatsächlich", gestand Aranit. „Besonders, als er nicht mehr antwortete."

Zwei andere Teilnehmer unserer Milgram-Replikation zogen es durch bis 450 Volt. Das ergibt fünf von sechs, die Elektroschocks austeilten und drei, die bis an die Grenze des elektrischen Bösen gingen. Mit allen gab es eine Nachbesprechung; ihnen wurde versichert, dass es tatsächlich keine Schocks gab. Nach viel Gelächter, vielen Umarmungen und Entschuldigungen ging man unbeschädigt an Leib und Seele auseinander.[6]

Alpinisten des Bösen

Was fangen wir mit diesen Ergebnissen an? In den 1960er Jahren, am Höhepunkt des Glaubens an das „unbeschriebene Blatt",[7] der menschliches Verhalten für beliebig formbar hielt, schienen Milgrams Daten das Konzept zu bestätigen, degenerierte Taten seien hauptsächlich die Folge einer degenerierten Umwelt (mit Nazi-Deutschland als dem perfekten Beispiel). Mit anderen Worten, es gibt keine faulen Äpfel, nur schlechte Körbe.

Zu Milgrams Deutung seiner Daten gehörte, was er den „Status des ausführenden Organs" (*agentic state*) nannte, der Zustand also, „in dem sich eine Person befindet, wenn sie sich als Agenten zur Ausführung der Wünsche einer anderen Person betrachtet und daher als nicht verantwortlich für ihre Handlungen. Sobald dieser Wechsel des Standpunktes stattgefunden hat, stellen sich alle grundlegenden Charakteristika der Fügsamkeit ein." Probanden, denen man eine Rolle in einem Experiment zuweist, finden sich gefangen in einem Niemandsland zwischen der Autoritätsperson in Gestalt eines weißbekittelten Wissenschaftlers und dem wehrlosen Schüler in einem anderen Zimmer. Sie erfahren eine mentale Verschiebung weg vom autonomen, entscheidungsfähigen moralischen Agenten und hin zum mehrdeutigen, beeinflussbaren Zustand des Mittlers in einer Hierarchie, anfällig für uneingeschränkten Gehorsam.

Nach Milgrams Meinung kann jeder, der in diesen Zustand des ausführenden Organs versetzt wird, Schritt für Schritt zum Bösen verleitet werden; in diesem Fall in Schritten von 15 Volt, bis es kein Zurück mehr gibt. „Überraschend ist, wie weit sich normale Menschen den Anweisungen des Experimentators fügen", erinnert sich Milgram. „Psychologisch ist es leicht, Verantwortung zu ignorieren, wenn man nur ein Zwischenglied in einer Kette böser Handlungen ist, aber weit entfernt von den Konsequenzen jener Handlungen." Diese Kombination aus einer schrittweisen Entwicklung und einer selbstsicheren Autoritätsperson, die bei jedem Schritt den Druck aufrechterhält, ist der doppelte „böse Blick", der es so perfide macht. Milgram zerlegte den Prozess in zwei Stufen: „Erstens gibt es eine Reihe 'bindender Faktoren', die den Betreffenden in der Situation festhalten. Darunter etwa seine Höflichkeit, der Wunsch, sein ursprüngliches Angebot der Zusammenarbeit mit dem Experimentator aufrechtzuerhalten und die Peinlichkeit eines Rückzugs. Zweitens erfolgen im Denken der Testperson einige Anpassungen, die ihre Entschlossenheit untergraben, mit der Autorität zu brechen; Anpassungen, die ihr erlauben, ihre Beziehung zum Experimentator zu wahren und die gleichzeitig die durch den experimentellen Konflikt entstehende Spannung reduzieren."[8]

Versetzen Sie sich in die Lage eines dieser Probanden, sei es in Milgrams Experiment oder in unserer NBC-Nachbildung. Das Experiment wird von einer anerkannten Institution durchgeführt, einer staatlichen Universität oder landesweiten Sendeanstalt, für die Wissenschaft oder das Fernsehen. Ein Wissenschaftler im weißen Kittel leitet es, oder ein Casting-Direktor. Die das Experiment betreuenden Autoritäten sind Universitätsprofessoren oder Führungskräfte des Fernsehsenders. Ein Ausführender, der unter solchen Bedingungen die Wünsche eines anderen umsetzt, würde sich nicht in der Lage zum Widerspruch sehen. Und warum sollte er? Schließlich ist es für einen guten Zweck, für den Fortschritt der Wissenschaft oder die Entwicklung neuer, interessanter Fernsehserien.

Fragt man Leute (Milgram fragte auch Experten) außerhalb obiger Zusammenhänge, wie viele Menschen das volle Programm durchziehen und bis 450 Volt gehen würden, dann liegt ihre Schätzung erheblich niedriger. So ging es Milgrams Psychiatern. Wie er selbst später nachsann: „Ich werde mich ewig wundern. In meinen Vorlesungen über die Gehorsams-Experimente überall im Land begegneten mir junge Männer, die über das Verhalten der Probanden bestürzt waren und verkündeten, sie würden sich niemals so verhalten. Binnen weniger Monate aber kamen sie zum Militär und führten ohne Bedenken Maßnahmen durch, die Elektroschocks verblassen ließen."[9]

In den soziobiologischen und evolutionspsychologischen Revolutionen der 1980er und 1990er Jahre verschob sich die Interpretation von Milgrams Experimenten zum biologischen Ende des Spektrums („Natur"), weg von vorherigen Schwerpunkt auf Kultur und Umwelt. Die Deutungen schwächten sich etwas ab, nachdem der multidimensionale Charakter menschlichen Verhaltens in die Betrachtung einbezogen wurde. Wie die meisten menschlichen Handlungen ist moralisches Verhalten unglaublich komplex; es schließt eine Reihe kausaler Faktoren ein, und Gehorsam Autoritäten gegenüber ist nur einer von vielen. Die Elektroschock-Experimente zeigten nicht etwa nur, dass wir alle unter fadenscheinigsten Vorwänden bereit sind, Gewalt auszuüben oder dass schwarze Schafe nur eine Herde ihresgleichen suchen, um dann loszulegen. Vielmehr zeigen die Experimente tief in uns verankerte, widersprüchliche moralische Veranlagungen.

Unsere „moralische Natur" schließt die Neigung ein, unseren Freunden und Verwandten Mitgefühl, Liebenswürdigkeit und Güte zu zeigen, aber auch einen Hang zu Fremdenfeindlichkeit, Grausamkeit und Bösartigkeit gegenüber jenen vom „anderen Stamm". Wie Stellknöpfe unseres Verhaltens können diese Haltungen aufwärts oder abwärts justiert werden, abhängig von einem weiten Bereich der Bedingungen, Umstände, Wahrnehmungen und Gemütszustände, die alle in einem komplexen, schwer zu entwirrenden Geflecht von Variablen interagieren. Die meisten der 65 Prozent von Milgrams Probanden, die bis zum Anschlag von 450 Volt gingen, taten das tatsächlich mit großer Beklommenheit, wie auch jene in unserer Nachstellung bei der NBC. Und man möge die 35 Prozent der Kandidaten Milgrams im Gedächtnis behalten, die ein Beispiel für Gehorsamsverweigerung abgaben; den autoritären Anweisungen zum Trotz stiegen sie aus. Der Sozialpsychologe Jerry Burger wiederholte das Experiment im Jahr 2008 teilweise, er ließ die Spannung nur bis 150 Volt ansteigen, dem Punkt, an dem der „Schüler" in Milgrams ursprünglichem Szenario vor Schmerz aufschrie. Doppelt so viele Testpersonen verweigerten die Mitarbeit. Unter der Voraussetzung, dass die Teilnehmer nicht schon mit dem Versuchsablauf vertraut waren, ist dieses Ergebnis ein Indikator moralischen Fortschritts zwischen den 1960er und den 2000er Jahren, und ich würde behaupten, seine Ursache ist die sich stets erweiternde Sphäre der Moral und die uns gemeinsame Fähigkeit, Perspektiven anderer einzunehmen; in diesem Fall die des unter Strom gesetzten Schülers.[10]

Milgrams Modell kommt der Idee gefährlich nah, Menschen seien nur Marionetten ohne freien Willen, womit die Nazi-Bürokraten fein raus wären als ausführende „Roboter" einer Vernichtungsmaschinerie, betrieben vom Schreibtischtäter Adolf Eichmann (dessen Taten eines unauffälligen Menschen in einem moralisch bankrotten und konformistischen System Hannah Arendt bekanntlich als die „Banalität des Bösen" beschrieb). Das offenkundige Problem mit diesem Modell ist das Fehlen jeglicher Rechenschaftspflicht, wenn das Individuum nur ein seelenloser Zombie ist, dessen Handlungen ein ruchloser Vordenker bestimmt. In der Abschrift des Eichmann-Prozesses, einem todlangweiligen Lesestoff, der sich über tausende Seiten zieht, verschleiert er seine wahre Rolle und schiebt die Schuld ausschließlich seinen Überwachungsinstanzen zu:

> Ich sagte mir: Das Staatsoberhaupt hat es angeordnet, und jene, die rechtliche Autorität über mich ausüben, übermitteln es nun. Ich floh in andere Bereiche und versuchte, mich bedeckt zu halten, um wenigstens ein bisschen Seelenfrieden zu bewahren, und so war ich in der Lage, diese ganze Sache zu hundert Prozent denen mit justizia-

bler Autorität zuzuschreiben, die zufällig meine Vorgesetzten waren und dem Staatsoberhaupt, denn sie gaben die Befehle. Tief im Innersten hielt ich mich nicht für verantwortlich und fühlte mich unschuldig. Ich war sehr erleichtert, mit der tatsächlichen physischen Vernichtung nichts zu tun zu haben.[11]

Die letzte Aussage könnte stimmen angesichts der vielen kampferprobten SS-Nazis, die von der Teilnahme an den Tötungsaktionen angewidert waren, die Eichmann von vornherein mied, aber der Rest ist schöngeredet und Quatsch. Hannah Arendt tauchte tiefer ein, als die Vernunft gebieten mag, wie der Historiker David Cesarani in seiner aufschlussreichen Biographie *Adolf Eichmann: Bürokrat und Massenmörder* zeigt, nacherzählt in Margarethe von Trottas bewegendem Film *Hannah Arendt*.[12] Der Nachweis für Eichmanns wahre Rolle im Holocaust war zu jener Zeit klar ersichtlich; Robert Youngs Filmbiographie *Eichmann* von 2010 spielt sie auf dramatische Weise nach. Der Film basiert auf den Abschriften der Verhöre Eichmanns kurz vor seinem Prozess, durchgeführt vom jungen israelischen Polizeibeamten Avner Less, dessen Vater in Auschwitz ermordet worden war.[13] Wieder und wieder, über hunderte aufgezeichneter Stunden, befragt Less Eichmann zu Judentransporten, zu in den Tod geschickten Zigeunern und erntet Leugnungen und Gedächtnislücken. Less legt Eichmann Kopien von Transportdokumenten mit seiner Unterschrift vor; der reagiert verärgert: „Was wollen Sie damit zeigen?"

Zeigen wollen wir auf den Berg an Beweisen, dass Eichmann, wie auch der Rest der Nazi-Führungsriege, nicht einfach Befehle ausgeführt hat. Er selbst brüstete sich außerhalb des Gerichtsverfahrens: „Als ich zum Schluss gekommen war, dass es nötig war, mit den Juden so zu verfahren, wie wir es taten, arbeitete ich mit dem Fanatismus, den ein Mann von sich selbst erwarten kann. Ohne Zweifel hielt man mich für den richtigen Mann am richtigen Platz... Ich gab immer hundert Prozent, und meine Befehle waren sicher nicht halbherzig." Der Völkermord-Historiker Daniel Jonah Goldhagen fragt rhetorisch: „Sind das die Worte eines Bürokraten, der gedankenlos und unreflektiert seinen Job erledigt, über den er keine eigenen Ansichten pflegt?"[14]

Der Historiker Yaacov Lozowick beschreibt die Motive in seinem Buch *Hitlers Bürokraten* und verwendet eine Metapher aus dem Bergsport: „So wie man den Gipfel des Mount Everest nicht durch Zufall erreicht, so gerieten Eichmann und seinesgleichen an das Töten von Juden weder durch Zufall noch in einem Anfall von Geistesabwesenheit, noch durch blinden

Gehorsam oder weil sie kleine Rädchen in einem großen Getriebe waren. Sie arbeiteten hart, überlegten gründlich, übernahmen viele Jahre lang die Führung. Sie waren die Alpinisten des Bösen."[15]

Wie ist es, ein Nazi zu sein?

Um die Psychologie der Immoralität zu verstehen, müssen wir in die dünnen Lüfte des Bösen aufsteigen, und es gibt wohl kein eindringlicheres Beispiel als das der Nazis. In diesem Buch habe ich immer wieder betont, wie wichtig der Perspektivwechsel ist – der Versuch, in die Haut anderer zu schlüpfen und zu fühlen, was sie fühlen. Um zu begreifen, wie man Nazis macht, wie man ein Land intelligenter, gebildeter, kultivierter Menschen in eines der hakenkreuzbehängten, schaftstiefeltragenden, im Stechschritt marschierenden, Heil-Hitler-brüllenden Träger eines politischen Regimes verwandelt, müssen wir uns vorstellen, wie es war, einer davon zu sein.

Die meisten Nazi-Anführer waren in der Tat intelligente, gebildete, kultivierte Menschen; tagsüber imstande zum Massenmord, nach Feierabend liebende, in ihre Kinder vernarrte Familienväter. Selbst Auschwitz-Lagerarzt Josef Mengele, der Gott spielte an der Bahnrampe, an der sich die Wege zwischen Baracken und Krematorium trennten, wurde von einem Gefangenen so beschrieben: „Er war in der Lage, so nett zu den Kindern zu sein, dass sie ihn mochten. Er brachte ihnen Zucker, dachte an kleine Details ihres täglichen Lebens, tat Dinge, die wir wirklich bewundern würden... und dann, im nächsten Moment, der Rauch des Krematoriums, und diese Kinder, morgen oder in einer halben Stunde würde er sie schicken. Nun, das ist, wo die Anomalie lag."[16] In seiner klassischen Studie *Ärzte im Dritten Reich* beschreibt der Psychologe Robert Jay Lifton Mengeles augenscheinliche Transformation vom Barbaren zum Geschäftsmann in Brasilien, wohin er nach dem Krieg geflohen und wo er bis zu seinem Tod 1979 34 Jahre der Gefangennahme entgangen war. Als 1985 seine sterblichen Überreste entdeckt und identifiziert wurden, so Lifton, weigerten sich viele Auschwitz-Überlebende zu „glauben, dass die Gebeine in dem brasilianischen Grab wirklich die Mengeles waren. Kurz nach der Identifizierung berichtete mir eine Frau, Schwester eines Zwillingspaares, an der Mengele Untersuchungen vorgenommen hatte, sie würde einfach nicht glauben, dass die arrogante, herrische Gestalt, die sie aus Auschwitz kannte, eine 'Persönlichkeitsänderung' vollzogen hatte und zu einem verängstigten Eremiten in Brasilien geworden war. Sie sagte, sie und die anderen besäßen keine psychologische Erfahrung einer solchen 'Metamorphose' von böser Gottheit zu bösem menschlichen Wesen." Selbst in Auschwitz war Mengele nicht der monolithische Dämon aus Film und Erzählung, bemerkt Lifton:

> Mengeles viele Seiten in Auschwitz waren sowohl Teil seiner Legende als auch seiner Entheiligung. Im Lager konnte er ein visionärer Ideologe sein, ein effizient-mörderischer Funktionär, ein „Wissenschaftler", selbst ein „Professor", ein Pionier auf diversen Gebieten, ein eifriger Karrierist (wie Dorf) und vor allem ein Arzt, der zum Mörder wurde. Er zeigt sich uns als Mann, nicht als Dämon; ein Mann, dessen facettenreicher Einklang mit Auschwitz uns Einsichten in die menschliche Fähigkeit gewährt, Heilung in Tötung zu verwandeln und uns vor ihr innehalten lässt.[17]

Primo Levi erfasste die Komplexität menschlicher Moralpsychologie treffend in *Die Untergegangenen und die Geretteten*: „Geschehnisse wie diese verblüffen, denn sie widersprechen unserem Bild von einem Menschen im Einklang mit sich selbst, kohärent, monolithisch. Sie sollten uns aber nicht überraschen, denn so ist der Mensch nicht. Mitgefühl und Brutalität können im selben Individuum koexistieren, im selben Augenblick, entgegen aller Logik."[18]

Das Böse aus beiden Perspektiven betrachten, der des Täters und des Opfers, das tat der Sozialpsychologe Roy Baumeister in seinem wegweisenden Buch *Vom Bösen: Warum es menschliche Grausamkeit gibt*. Baumeister skizziert ein Dreieck des Bösen, das aus drei Parteien besteht: Täter, Opfer und Zuschauer. „Der grundlegende Schock der Banalität liegt im Missverhältnis zwischen Person und Verbrechen", schreibt er. Die Ungeheuerlichkeit der Tat droht unser Vorstellungsvermögen zu sprengen, und daher erwarten wir das gleiche vom Auftreten und der Persönlichkeit des Täters. Wenn diese Erwartung nicht erfüllt wird, sind wir überrascht."[19] Die Überraschung wird erklärbar, wenn man die Perspektive des Opfers mit der des Täters vergleicht. Steven Pinker nennt Baumeisters Unterscheidung die „Moralisierungslücke"; es kann lehrreich sein, sogar erschreckend, auf beiden Seiten dieser Lücke zu stehen und in ihren dunklen Abgrund zu blicken.[20] Auf jeder der Seiten finden wir ein Narrativ, das des Opfers und das des Täters, beide beschrieben in einer Abhandlung Baumeisters aus dem Jahr 1990, „Victim and Perpetrator Accounts of Interpersonal Conflict". Hier, von Pinker verdichtet[21], beide Perspektiven, zunächst die des Opfers:

> Die Handlungen des Täters waren widersprüchlich, sinnlos, unverständlich. Entweder das, oder der Täter war ein anormaler Sadist,

der sich nur von dem Wunsch leiten ließ, mich leiden zu sehen, obwohl ich völlig unschuldig war. Er hat mir einen bedauerlichen, irreparablen Schaden zugefügt, und die Nachwirkungen werden immer bestehen bleiben. Keiner von uns beiden sollte das jemals vergessen.

Nun die des Täters:

> Ich hatte damals gute Gründe, es zu tun. Vielleicht habe ich auf eine unmittelbare Provokation geantwortet. Oder ich habe auf die Situation einfach so reagiert, wie jeder vernünftige Mensch es tun würde. Es war mein gutes Recht, so und nicht anders zu handeln, und es ist unfair, mir daraus einen Vorwurf zu machen. Der Schaden, den ich angerichtet habe, war nur geringfügig und ließ sich leicht reparieren, außerdem habe ich mich entschuldigt. Jetzt ist es Zeit, darüber hinwegzukommen, die Sache hinter uns zu lassen, Vergangenheit Vergangenheit sein zu lassen.

Für ein vollständiges Verständnis der Moralpsychologie müssen wir beide Perspektiven betrachten, ungeachtet unserer natürlichen Neigung, die Partei des Opfers zu ergreifen und gegen den Täter zu moralisieren. Wenn das Böse erklärbar ist, und das glaube ich, dann muss zwingend Distanz gewahrt werden, wie es der Friedensforscher Lewis Fry Richardson in seiner statistischen Untersuchung des Krieges formuliert: „Empörung ist eine so zugängliche und befriedigende Stimmungslage, dass sie geeignet ist, den Zugang zu Fakten zu verhindern, die ihr widersprechen. Sollte der Leser einwenden, ich hätte um des falschen Grundsatzes 'alles verstehen heißt alles verzeihen' Willen die Ethik verworfen, so antworte ich, dass es sich nur um eine zeitweilige Suspendierung des ethischen Urteils handelt, denn 'vieles verdammen heißt wenig verstehen'."[22]

Die Führerfiguren des Nationalsozialismus sahen sich selbst nicht als die dämonischen „Nazis" der Hollywoodfilme. Der Holocaust-Historiker Dan McMillan warnt: „Eine Dämonisierung der Deutschen ist unserer nicht würdig, denn es verweigert ihnen und uns die Humanität."[23] Die Nazis waren Menschen aus Fleisch und Blut, im ehrlichen Glauben, ihre Taten seien im Sinne ihrer rechtschaffenen Ziele legitim; nationale Erneuerung, Lebensraum und besonders Reinheit der Rasse. In den vielen Schriften und Tiraden des Reichsministers für Volksaufklärung und Propaganda, Joseph Goebbels, hört man den moralisierenden Ton, charakteristisch für so viele Täter: Die Opfer haben es verdient. In einem Tagebucheintrag vom 8. August 1941 über die Ausbreitung des Fleckfiebers im Warschauer Ghetto kommentierte er: „Die Juden sind ja immer die Träger ansteckender Krankheiten gewesen. Man muß sie entweder in einem Ghetto zusammenpferchen und sich selbst überlassen oder liquidieren, sonst würden sie immer die gesunde Bevölkerung der Kulturstaaten anstecken." Elf Tage später, am 19. August, nach einem Besuch im Führerhauptquartier, verfasste Goebbels diesen Eintrag: „Der Führer ist der Überzeugung, daß seine damalige Prophezeiung im Reichstag, daß, wenn es dem Judentum gelänge, noch einmal einen Weltkrieg zu provozieren, er mit der Vernichtung der Juden enden würde, sich bestätigt. Sie bewahrheitet sich in diesen Wochen und Monaten mit einer fast unheimlich anmutenden Sicherheit. Im Osten müssen die Juden die Zeche bezahlen; in Deutschland haben sie sie zum Teil schon bezahlt und werden sie in Zukunft noch mehr bezahlen müssen."[24]

Unter den tausenden Nazi-Dokumenten, die ich gesichtet habe, ist keines so ernüchternd wie die Ansprache des Reichsführers SS, Heinrich Himmler, an die SS-Gruppenführer am 4. Oktober 1943 in Posen (dem heutigen Poznan), aufgezeichnet auf braunrotem Magnetband. (Sie ist mit Transkription und deutsch-englischer Übersetzung auf YouTube verfügbar[25]) Himmler dozierte aus Notizen und redete für betäubende drei Stunden und zehn Minuten über eine Reihe von Themen, darunter die militärische und politische Lage, slawische Völker und Rassenvermischung, deutsche rassische Überlegenheit und dergleichen. Nach zwei Stunden sprach er über die „Ausrottung des jüdischen Volkes". Sie verglich er mit den Säuberungen des 30. Juni 1934 (der „Nacht der langen Messer", in der die Nazis sich gegenseitig umbrachten im Ringen um die Macht und in der Begleichung alter Rechnungen). Er erklärte, wie schwer es sei, mitten im Blutvergießen ein aufrichtiger Mensch zu bleiben und nannte dieses Kapitel im Werdegang des kommenden tausendjährigen Reiches den notwendigen Teil einer ruhmvollen Geschichte. Hier nun nicht die Stimme des reinen Bösen, sondern der Sound leidenschaftlicher Rechtschaffenheit:

> Von Euch werden die meisten wissen, was es heißt, wenn 100 Leichen beisammen liegen, wenn 500 daliegen oder wenn 1000 daliegen. Und dies durchgehalten zu haben, und dabei – abgesehen von menschlichen Ausnahmeschwächen – anständig geblieben zu sein, hat uns hart gemacht und ist ein niemals genanntes und niemals zu nennendes Ruhmesblatt, denn wir wissen, wie schwer wir uns täten, wenn wir heute noch in jeder Stadt bei den Bombenangriffen, bei den Lasten des Krieges und bei den Entbehrungen, wenn wir da noch die Juden als geheime Saboteure, Agitatoren und Hetzer

hätten... Wir haben das moralische Recht, wir hatten die Pflicht unserem Volk gegenüber, das zu tun, dieses Volk, das uns umbringen wollte, umzubringen... Da werde ich niemals zusehen, dass so etwas überhaupt nur auch ein kleine Fäulnisstelle bei uns eintritt oder sich festsetzt. Sondern, wo sich eine festsetzen sollte, werden wir sie gemeinsam ausbrennen. Insgesamt aber können wir sagen: Wir haben diese schwerste Aufgabe in Liebe zu unserem Volk getan."[26]

Die perverse Logik der völkermörderischen Selbstgerechtigkeit funktioniert ungefähr so: Definiere dich als guten Menschen; dann verstärke das Prinzip über alle Verhältnismäßigkeit hinaus, indem du dich zum Mitglied einer Herrenrasse erklärst, dem Gipfel der Perfektion. Und nun tu, was du willst. Du wirst erstaunt feststellen, dass du nicht fehlgehen kannst, selbst wenn du ein paar Millionen Leute umbringst; weil du der Gute bist, kannst du nichts Böses tun. Bei Himmler und seinesgleichen hat das hervorragend geklappt.

Werfen wir schließlich einen Blick in die Seele des ultimativen Täters – Adolf Hitler. Auch hier finden wir eine enorme Moralisierungslücke zwischen Opfer und Täter; der Führer liefert viele dokumentierte Beispiele seiner Rechtfertigung für die Vernichtung der Juden. Schon in einer Münchener Rede am 12. April 1922, später veröffentlicht im NSDAP-Parteiorgan *Völkischer Beobachter*, sagte er: „Der Jude ist das Ferment der gesellschaftlichen Dekomposition. Das Destruktive liegt in seiner Natur, und er muss zerstören, denn ihm fehlt jegliche Vorstellung der Arbeit für das Gemeinwohl. Er besitzt bestimmte Eigenschaften, die ihm von der Natur gegeben sind und die er niemals abstreifen kann. Der Jude schadet uns."[27] Am 13. Februar 1945, in der Götterdämmerung des Krieges, als die Welt um seinen Berliner Bunker herum in Scherben fiel, erklärte Hitler drohend: „Ich habe gegen die Juden mit offenem Visier gekämpft. Ich habe ihnen bei Kriegsausbruch eine letzte Warnung zukommen lassen. Ich habe sie nicht unwissend darüber gelassen, daß sie, sollten sie die Welt von neuem in den Krieg stürzen, diesmal nicht verschont würden – daß das Ungeziefer endgültig ausgerottet wird."[28] Selbst im Angesicht seines bevorstehenden Suizids um vier Uhr morgens am 29. April 1945 befahl Hitler in seinem politischen Testament seinen Nachfolgern, den Kampf gegen die Juden fortzusetzen: „Vor allem verpflichte ich die Führung der Nation und die Gefolgschaft zur peinlichen Einhaltung der Rassegesetze und zum unbarmherzigen Widerstand gegen den Weltvergifter aller Völker, das internationale Judentum."[29]

Wenn wir bei diesen Beispielen das *Prinzip der austauschbaren Perspektiven* anwenden und den Standpunkt der Nazis einnehmen, dann erkennen wir ein *moralisches Urteil, das auf einem sachlichen Irrtum beruht.* Die Nationalsozialisten propagierten Behauptungen über Juden, davon die meisten überliefert aus Jahrhunderten eines europaweiten Antisemitismus, die schlicht falsch waren. Die Juden waren nicht die geheimen Saboteure, Aufwiegler und Unruhestifter, als die Himmler sie darstellte. Sie waren nicht für den ersten Weltkrieg verantwortlich, wie Hitler behauptete. Sie waren keine biologisch andere Rasse, noch hatten sie die Absicht, das Land wie Pestratten zu überfluten, wie Ideologen der Eugenik theoretisierten. Das waren alles tragische Fehleinschätzungen, faktische Irrtümer, die einen Abgleich mit der Realität nicht überstanden hätten. Gleichwohl wurden sie ernsthaft geglaubt; daher war dem Konzept der Ausrottung eine unausweichliche Logik zu eigen, wie grotesk auch immer.

Die emotionale Unterströmung eines gedankenlosen Fanatismus will ich hier nicht kleinreden, sondern lediglich nahelegen, dass dem aufrichtigen Glauben, X sei für die Zerstörung all dessen verantwortlich, was einem lieb und wert ist, die Ausmerzung von X folgt wie die Nacht dem Tage. Mag der Glaube auch falsch sein. So war es nur folgerichtig, wenn die Menschen im Mittelalter Hexen verbrannten, die Krankheiten, Katastrophen und verschiedene andere Missgeschicke verursachten durch ihre wohlbekannte Praxis, mit Dämonen umherzuspringen. Natürlich tollten Frauen *nicht* mit Dämonen herum (die schließlich nicht existierten), und die Unglücke entstanden nicht aus Verschwörungen von Hexen mit dem Teufel. Die ganze Vorstellung war absurd, beruhte aber wie so viele menschliche Irrtümer auf einem fehlerhaften Verständnis von Ursache und Wirkung. Desgleichen war (und ist) die tieferliegende Ursache des Antisemitismus eine Reihe vollkommen falscher Annahmen über Juden. Daher liegt die langfristige Lösung in einem besseren Verständnis der Realität und die kurzfristige in einer Gesetzgebung gegen Diskriminierung. Hier kommen Wissenschaft und Vernunft ins Spiel, und hier argumentiere ich, dass viele unserer moralischen Fehlgriffe in Wirklichkeit Beurteilungsfehler eines Sachverhalts sind, verursacht durch fehlerhaftes Denken und falsche Annahmen. Ein Teil der Lösung besteht also in einem wissenschaftlich-rationalen Verständnis von Kausalitäten.

Der schrittweise Weg zum Bösen: Von der Euthanasie zur Ausrottung

Die Reise ins Reich des Bösen besteht aus kleinen Schritten, nicht aus großen Sprüngen. Das Böse beginnt bei 15 Volt, nicht bei 450; es ist nicht in einem einzelnen der Schritte verkörpert. Aber je weiter der Weg beschritten wird, desto schwerer ist die Umkehr.

Lange bevor Gefangene in Gaskammern getrieben und mit Zyklon-B oder Kohlenmonoxid getötet wurden, hatten die Nazis ein Programm zur systematischen und geheimen Liquidierung bestimmter Bevölkerungsgruppen (Deutsche eingeschlossen) entwickelt. Es begann mit den Sterilisationen der frühen 1930er Jahre und evolvierte zu den Euthanasieplänen der späten 1930er. Mit dieser Expertise in der Tasche waren die Nazis in der Lage, von 1941 bis 1945 das Massenmordprogramm in ihren Todeslagern umzusetzen. Die Vorstellung ist bestürzend genug, das Vergasen von Menschengruppen auch nur in Erwägung zu ziehen, aber wie Milgram zeigte, ist es möglich und zuweilen einfach, Leute zu allem möglichen zu veranlassen, wenn die Schritte klein sind. Nach dem Mord an Zehntausenden „lebensunwerter" Deutscher erschien die Idee, alle Juden zu vernichten, nicht mehr unvorstellbar. Hat man sich erst daran gewöhnt, Menschen zu dämonisieren, auszugrenzen, zu vertreiben, sterilisieren, deportieren, schlagen, foltern und euthanasieren, ist der Schritt zum Völkermord kein großer Sprung mehr.

Das „Gesetz zur Verhütung erbkranken Nachwuchses" wurde Ende 1933 verabschiedet, kurz nach Hitlers Machtergreifung, und trat am 1. Januar 1934 in Kraft. Binnen eines Jahres wurden 32.268 Menschen sterilisiert. 1935 schnellte die Zahl auf 73.174; zu den offiziellen Gründen gehörten Schwachsinn, Schizophrenie, Epilepsie, manisch-depressive Psychose, Alkoholismus, Taubheit, Blindheit und körperliche Missbildungen. Sogenannte Sittlichkeitsverbrecher wurden schlicht kastriert, nicht weniger als 2300 in der ersten Dekade des Programms.

1935 kündigte Hitler gegenüber dem Reichsärzteführer Gerhard Wagner an, dass er im Falle eines künftigen Krieges von der Sterilisation zur Euthanasie übergehen wolle. Er hielt Wort und befahl im Herbst 1939 die Tötung körperlich, später auch geistig behinderter Kinder; bald danach traf es Erwachsene beider Kategorien. Ursprünglich wurden die Morde durch Überdosen „normaler" Medikamente begangen, in Form von Tabletten oder Tropfen, um wie ein Unglück zu wirken für den Fall, dass die Familien des Opfers auf die Nachricht seines Todes hin Fragen stellen könnten.

Widersetzte sich der Patient, bekam er eine Spritze. Als die Todeszahlen unhandlich groß wurden, mussten die Aktivitäten von isolierten Abteilungen in spezielle Tötungsanstalten verlegt werden.

Die Vorgänge wurden umfangreich genug, um einen Bürokomplex in einer beschlagnahmten jüdischen Villa in Berlin einzubeziehen, Adresse „Tiergartenstraße 4"; so entstand der interne Tarnname „Aktion T4". Die offizielle Bezeichnung war „Reichsarbeitsgemeinschaft Heil- und Pflegeanstalten" – wie anheimelnd. Die T4-Ärzte entschieden willkürlich, wer leben und wer sterben sollte, mit dem ökonomischen Status als einem der gängigen Kriterien; wer arbeitsunfähig war oder nur zu „Routine"-Tätigkeiten in der Lage, konnte getötet werden. Historiker schätzen, dass vor August 1941 etwa 5000 Kinder und 70.000 Erwachsene im Zuge des Euthanasieprogramms ermordet wurden.

Die Zahlen stiegen und mit ihnen die Schwierigkeiten des Mordes in solch gigantischem Umfang. Massenmord ist effizienter mit Massenmord-Technologie, und die Nazi-Größen befanden Medikation und Injektionen für nicht hinreichend, die Aufgabe eines Genozids in industriellem Maßstab zu erfüllen. Über die Lösung stolperten die T4-Ärzte durch Berichte über Unglücksfälle und Selbstmorde durch Autoabgase oder undichte Herde. Laut Dr. Karl Brandt besprachen er und Hitler die verschiedenen Verfahren und entschieden sich für Gas als die „humanere Methode", jene zu eliminieren, die dem Reich untauglich erschienen. Die T4-Verwalter richteten sechs Tötungsanstalten ein, die erste in einem alten Gefängnisbau in der Stadt Brandenburg. Irgendwann zwischen Dezember 1939 und Januar 1940 wurde eine Reihe Vergasungs-Experimente durchgeführt und für erfolgreich befunden; in Folge entstanden die fünf weiteren Zentren. Die Gaskammern waren als Duschräume getarnt, einschließlich Duschkopfattrappen; man trieb die „Behinderten" hinein und verabreichte das Gas. Ein Beobachter, Maximilian Friedrich Lindner, erinnert sich an den Vorgang in Hadamar:

> Ob ich einer Vergasung zugesehen habe? Guter Gott, ja, unglücklicherweise. Die Treppe hinunter, links, war ein kurzer Gang, dort sah ich durchs Fenster... in der Kammer waren Patienten, nackte Menschen, manche halb zusammengebrochen, andere mit schrecklich weit offenen Mündern und schweratmender Brust. Ich habe es gesehen, und nie etwas Grauenvolleres. Ich wandte mich ab, lief die Treppe hinauf, oben war eine Toilette. Ich erbrach alles, was ich gegessen hatte. Es verfolgte mich tagelang...[30]

Tagelang – aber nicht ewig. Himmler bemerkte es in seiner Posener Rede und die Erforschung der Psychologie von Mord und Sadismus zeigt es – man muss sich an den Vorgang der Tötung eines menschlichen Wesens gewöhnen, wird aber mit der Zeit unempfindlicher gegenüber selbst grausigsten Erlebnissen und kann sich mit der Untat versöhnen.

Das Gas wurde mit Lüftern abgesaugt, die Körper voneinander losgemacht und aus der Kammer geschafft. Ein „X" auf dem Rücken hieß „Zahngold", man brach es heraus. Dann wurden sie verbrannt. Das alles, von der Ankunft im Tötungszentrum bis zur Einäscherung, dauerte weniger als vierundzwanzig Stunden, nicht unähnlich dem, was bald in den größeren Lagern im Osten vollzogen würde. Henry Friedlander, der diesen schrittweisen, evolutionären Vorgang verfolgte, kam zu dem Ergebnis: „Der Erfolg der Euthanasie-Strategie überzeugte die Nazi-Führung von der technischen Durchführbarkeit des Massenmords, von der Bereitwilligkeit normaler Männer und Frauen, viele unschuldige menschliche Wesen zu töten und von der Kooperation der Bürokratie bei einem solch beispiellosen Unterfangen."[31]

In den T4-Anstalten finden wir alle Komponenten der späteren Vernichtungslager wie in Majdanek und Auschwitz-Birkenau. Die Nazi-Bürokratie evolvierte zusammen mit den Tötungszentren und bereitete die Bühne für die Verwandlung der Konzentrations- und Arbeitslager in Vernichtungslager; schrittweise entwickelte sich das System der Endlösung.[32]

Die graduelle Eskalation zum Bösen ist nur einer der Faktoren, die gute Menschen korrumpieren. Kehren wir zu den Elektroschock-Experimenten zurück und betrachten wir den Grund, warum Menschen den unethischen Anordnungen einer Autorität gehorchen und sich gleichzeitig schrecklich fühlen angesichts des Leids, das sie verursachen (es sei denn, sie gewöhnen sich mit der Zeit daran). Ich denke, diese Funde reflektieren unsere komplexe moralische Natur, die uns schwanken lässt in der Bewertung anderer und ihrer Handlungen als positiv oder negativ, nützlich oder schädlich (abgedeckt durch die Sammelbegriffe „gut" und „böse"), abhängig von Kontext und gewünschtem Ergebnis.

Die Psychologie von Gut und Böse

Der Experimentalpsychologe Douglas J. Navarick (mein Mentor an der California State University in Fullerton) nennt diese Unschlüssigkeit „moralische Ambivalenz": „Wenn wir die moralischen Auswirkungen einer

Handlung bewerten, die wir beobachten oder erwägen, haben wir manchmal ein Gefühl der Ambivalenz, so als wären wir gleichermaßen berechtigt, sie als richtig oder falsch zu betrachten. Versuche, diesen Zwiespalt aufzulösen, sind potenziell schwierig, langwierig oder aversiv."[33] Unsere moralischen Emotionen können zwischen „richtig" und „falsch" auf eine Weise hin- und herpendeln, die sich als Appetenz-Aversions-Konflikt modellieren lässt.

Das Appetenz-Aversions-Paradigma begann mit Ratten, die zur Futtersuche in einem Labyrinth motiviert wurden, in dem man sie auf 80 Prozent ihres Körpergewichts aushungerte. Wenn sie ihr Ziel erreichten, erhielten sie nicht nur die nahrhafte Belohnung, sondern auch einen milden elektrischen Schlag.[34] Das erzeugt in der Ratte einen Appetenz-Aversions-Konflikt und eine Ambivalenz angesichts des Zieles, die sich in Bewegungen der Unentschiedenheit äußert. Schirrt man sie in einer Vorrichtung an, die ihre Zugkraft auf das Ziel hin oder von ihm weg misst, lässt sich der Zwiespalt quantitativ ermitteln. Mit der Nähe zum Ziel nahmen beide Tendenzen zu, die der Annäherung und der Vermeidung, wenngleich Letztere sich als stärker erwies.

Moralische Konflikte können auch entstehen zwischen *Geboten* (was wir tun sollen) mit Belohnung für das Handeln (Stolz von innen, Lob von außen) und *Verboten* (was wir nicht tun sollen) mit Bestrafung für das Übertreten (Scham von innen, Schande von außen).[35] (Acht der zehn Gebote sind übrigens *Ver*bote.) Wie beim limbischen System mit seinem neuronalen Netzwerk für Emotionen gibt es auch Nerven-Schaltkreise, die für Appetenz und Aversion zuständig sind, nämlich Annäherungssystem (*Behavioral Activation System,* BAS) und Verhaltenshemm-System (*Behavioral Inhibition System,* BIS), die einen Organismus vorantreiben oder zurückhalten,[36] wie die Ratte im Labyrinth oder den Mann auf dem Bahnsteig (das in Kapitel 1 erwähnte Video) in seinem Zwiespalt, die Frau zu retten oder den Täter zu bestrafen. Diese Systeme der Aktivierung und Inhibition können in experimentellen Settings quantitativ untersucht werden, in denen man Probanden verschiedenen Szenarios aussetzt, die ihr moralisches Urteil fordern (Gebot: einem Obdachlosen Geld geben, Verbot: offenherzig gekleidet zu einer Beerdigung gehen). Unter solchen Bedingungen fanden Forscher, „dass BAS-Bewertungen mit Geboten korrelieren, aber nicht mit Verboten und umgekehrt BIS-Werte mit Verboten, nicht jedoch mit Geboten".[37] Dies zeigt, so Navarick, wie manche moralischen Beurteilungen am ehesten als Appetenz-Aversions-Konflikte verstanden werden können.

Andere moralische Gefühlsimpulse wie etwa Ekel halten einen Organismus auf Abstand zu einer schädlichen Substanz. Die Abscheu ist ein informatorischer Hinweis darauf, dass uns etwas durch Gift (verdorbene Nahrung) oder Krankheit (Fäkalien, Erbrochenes, Körperflüssigkeiten) umbringen könnte. Wut wiederum hat den gegenteiligen Effekt und treibt den Organismus dem Stimulus entgegen, einem anderen, angreifenden Organismus etwa. Wem seine Kultur beibringt, dass Juden (oder Schwarze, Eingeborene, Homosexuelle, Tutsis etc.) sein Land „bakteriell" vergiften, der wird sie wie jeden abstoßenden Reiz mit Widerwillen meiden. Wer durch seine Gesellschaft lernt, Juden (oder Schwarze, Eingeborene, Homosexuelle, Tutsis etc.) als gefährliche Feinde wahrzunehmen, die seine Heimat angreifen, der wird ihnen wie jedem Aggressor mit Zorn begegnen. Dieses System lässt sich kapern und eine Gruppe von Menschen in den Glauben versetzen, eine andere sei böse und gefährlich und müsse daher bestraft oder vernichtet werden durch Techniken wie staatliche Propaganda, Literatur, Massenmedien, Klatsch, Gerüchte und andere Mittel der Informationsübertragung. Falsche Information führt zu irrigen Ansichten, und wieder sehen wir, wie faktische Irrtümer sich in moralische Urteile verwandeln, gemäß Voltaires Verknüpfung von Absurditäten und Gräueltaten.

Zum Glück ist dieses System der Moral auch in die andere Richtung lenkbar. Nehmen wir die Deutschen. Einstmals das inhärent rassistische, engstirnige und kriegslüsterne Volk, gehören sie nun zu den weltweit tolerantesten, liberalsten und friedlichsten Menschen.[38] Die von den Alliierten umgesetzte Entnazifizierung nach dem zweiten Weltkrieg brauchte nur ein paar Jahre, um den Nationalsozialismus an den Rand der Gesellschaft zu drängen. Es mag noch fanatische Neonazi-Skinheads geben, die im Schlafzimmer ihre nachgemachte SS-Uniform anziehen und vom Stechschritt vor dem Führer phantasieren, aber ein neuer deutscher Holocaust ist wenig wahrscheinlich; ein Zeugnis der Formbarkeit unserer moralischen Emotionen.

Moralische Appetenz-Aversions-Konflikte finden wir in klassischen Dilemmata, die ein *deontologisches* (verpflichtendes) Prinzip wie das Verbot des Mordes gegen ein *utilitaristisches* (das allgemeine Wohl förderndes) Prinzip antreten lassen, darunter das Trolley-Problem, bei dem die meisten Leute einen Menschen opfern würden, um fünf zu retten. Was ist nun richtig? „Du sollst nicht töten" oder „du sollst einen töten, um fünf zu retten"? Solche Konflikte erzeugen große kognitive Dissonanz, Beklommenheit und Unschlüssigkeit; in der Belletristik sind sie ein beliebtes Mittel, die Komplexitäten moralischer Entscheidungen zu ergründen. In Arthur C. Clarkes Science-Fiction-Roman (und Stanley Kubricks Film) *2001: Odyssee im Weltraum* ist der Bordcomputer HAL 9000 nicht in der Lage, den Konflikt zu lösen zwischen seiner einprogrammierten Pflicht der „korrekten Informationsverarbeitung ohne Verfälschung oder Verschleierung" und seinem Befehl, den wahren Zweck der Weltraummission vor der Crew geheim zu halten, nämlich das Wissen um einen auf dem Mond entdeckten außerirdischen Monolithen. Das erzeugt eine Hofstadter-Möbius-Schleife (eine Hommage an Douglas Hofstadters Arbeiten über unlösbare mathematische Probleme und Möbiusbänder), die HAL dazu veranlasst, die Mannschaft zu töten, denn so kann er konsistent bei der Wahrheit bleiben und dennoch das Geheimnis wahren (allerdings überlebt der Astronaut Dave Bowman und demontiert HAL in einer klassischen Szene der SciFi-Filmgeschichte).

In der letzten Episode der Fernsehserie *M*A*S*H* (das erfolgreichste Ereignis des US-amerikanischen Fernsehens) erleidet Captain Hawkeye Pierce (Alan Alda) einen Nervenzusammenbruch, als er miterlebt, wie eine geflüchtete südkoreanische Mutter in einem Bus ihr schreiendes Baby erstickt, um nicht die Aufmerksamkeit nordkoreanischer Soldaten zu erregen, was zum Tod aller Businsassen geführt hätte. Hawkeyes in einem Brief an seinen Vater: „Weißt du noch, als ich klein war und du sagtest, wenn mein Kopf nicht angewachsen wäre, würde ich ihn verlieren? Nun ist es passiert, als ich diese Frau ihr Baby töten sah. Ein Baby, Dad. Ein Baby."

Die Täter des Holocaust erlebten den moralischen Konflikt zwischen einerseits der natürlichen Abneigung der meisten Menschen, andere zu verletzen oder zu töten und andererseits der Gehorsamspflicht und der Pflichterfüllung und Loyalität gegenüber ihrem Land. Ihnen zu zeigen, dass Juden (und andere) nicht die Feinde Deutschlands waren und die Rassenpolitik der Nazis auf pseudowissenschaftlicher Eugenik beruhte, hätte vielleicht zur Problemlösung beitragen können, aber in den Köpfen der Täter, die diesen Unsinn glaubten, mussten die Konflikte entstehen.

Dramatische Beispiele finden sich in einer Sammlung von Briefen aus dem Krieg namens *»Schöne Zeiten«* – *Judenmord aus der Sicht der Täter und Gaffer*. In einem vom Sonntag, dem 27. September 1942 datierten Brief entschuldigt sich SS-Obersturmführer Karl Kretschmer bei seiner Frau, seiner „lieben Soska" dafür, so spät zu schreiben und erklärt, dass er krank sei und ihm elend und trostlos zumute. „Wie gerne würde ich bei Euch sein. Was man hier sieht, macht entweder roh oder sentimental." Seine „düstere Stimmung", sagt er, liegt am „Anblick der Toten (darunter

Frauen und Kinder)". Seinen moralischen Konflikt löst er mittels der Überzeugung, die Juden hätten den Tod verdient: „Da dieser Krieg nach unserer Ansicht ein jüdischer Krieg ist, spüren die Juden ihn in erster Linie. Es gibt in Russland, soweit der deutsche Soldat ist, keine Juden mehr. Du kannst Dir vorstellen, daß ich erst einige Zeit benötige, um dies zu überwinden." In einem weiteren undatierten Brief erklärt Kretschmer seiner Frau, wie er mit dem Konflikt fertig wird: „Mitleid in irgend einer Form ist nicht am Platze. Ihr Frauen und Kinder in der Heimat hättet, wenn der Feind sich durchsetzen sollte, keine Gnade oder Mitleid zu erwarten. Deshalb räumen wir auf, wo es not tut. Sonst ist der Russe willig, einfältig und gehorsam. Juden gibt es hier nicht mehr." Schließlich, am 19. Oktober 1942, zeigt Kretschmer, wie leicht es ist, ins Böse der moralischen Banalität zu rutschen. Er schreibt über die Einsatzgruppen, deren Mitglied er war und die die Aufgabe hatten, hinter der vorrückenden Front die Städte und Dörfer von unerwünschten Personen zu säubern, insbesondere Juden:

> Wenn nicht die dummen Gedanken über die Tätigkeit von uns hier im Lande wären, wäre der Einsatz hier für mich wunderschön und hätte auch insofern Erfolg, als ich Euch gut unterstützen kann. Da ich Dir ja schon schrieb, daß ich den letzten Einsatz und die dadurch entstehende Konsequenz für richtig halte und bejahe, ist der Ausdruck: Dumme Gedanken, eigentlich auch nicht zutreffend. Es ist vielmehr eine Schwäche, keine toten Menschen sehen zu können, die man am besten dadurch überwindet, indem man öfters hingeht. Dann wird es zur Gewohnheit.[39]

Seine „dummen Gedanken" spiegeln seinen inneren Konflikt wider, den er löst, indem er sich einerseits von der Notwendigkeit der Tötungen überzeugt (denn sonst würde der Feind den Spieß umdrehen) und indem er andererseits Mord zur „Gewohnheit" macht, um das emotionale Trauma der Grausamkeit zu überwinden.

„Gewohnheit" ist ein angemessener Begriff, denn Gewöhnung ist der psychologische Zustand der Unempfindlichkeit für einen beständig wiederholten Reiz. Auf der untersten Wahrnehmungsebene mag man den kontinuierlichen Stimulus eines Ringes oder Armbandes nicht mehr bemerken. In Experimenten über Lernprozesse schwindet die Reaktion von Organismen auf Reize, die für sie weder Relevanz noch Konsequenzen besitzen, zum Beispiel wiederholte laute Geräusche, die mit sonst nichts in Verbindung stehen. In der Primatenverhaltensforschung gewöhnen Wissenschaftler die Tiere in der Wildnis an ihre Gegenwart, bis sie von herumstehenden Menschen mit Ferngläsern und Videorekordern keine Notiz mehr nehmen.[40] Der Gewöhnungseffekt tritt auf neuronaler wie psychologischer Ebene ein; setzt man Menschen in fMRT-Scans wiederholten Stimuli aus, so verringert sich in den zuständigen Hirnarealen das Feuern der Neuronen oder bleibt ganz aus.[41] In den Reihen der Waffen-SS gewöhnten sich viele Soldaten der Elitetruppe an ihren Job des Tötens, nach Jahren bitterer Einsätze an der Ostfront. So auch Gerhard Stiller, der bei der 1. SS-Panzerdivision („Leibstandarte Adolf Hitler") kämpfte, einem Hitler persönlich unterstellten Truppenverband. Nach dem Krieg erinnerte er sich an seine SS-Kameraden: „Sie sind nach mehreren Jahren dermaßen abgestumpft, dass sie das, möchte ich mal sagen, gar nicht mehr merken. Dass sie mitunter rücksichtslos einen umlegen, sagen wir mal. Da müssen Sie schon sehr viel Menschlichkeit wieder entwickeln. Und die kommt dann nicht so schnell."[42]

Als Beispiel eines moralischen Konflikts führt Navarick das Massaker von Józefów in Polen an, bei dem ein Reserve-Polizeibataillon 1500 jüdische Zivilisten zusammentrieb und mit Kopfschüssen tötete, die meisten davon Frauen und Kinder.[43] Folgt man dem Holocaust-Historiker Christopher Browning in seinem freimütigen Buch *Ganz normale Männer: Das Reserve-Polizeibataillon 101 und die „Endlösung" in Polen*, ließen sich 10 bis 20 Prozent der Männer nach dem ersten Einsatz vom Dienst in den Tötungsaktionen ablösen, und die meisten der anderen empfanden bei ihrer Ausführung physische Abscheu. Der innere Konflikt existiert nicht auf einer intellektuellen Ebene wie beim Trolley-Problem, sondern auf einer instinktiveren. Einer der Reservisten erklärte: „Ehrlicherweise muss ich sagen, dass wir damals gar nicht darüber nachdachten. Erst Jahre später wurde uns bewusst, was geschehen war... Erst später ging mir auf, dass es nicht richtig war."[44] Ihr anfänglicher Widerstreit der Gefühle schien Ausdruck einer tieferen, evolvierten Abneigung gegen das Töten zu sein, die den meisten von uns in die Wiege gelegt und nur von bestimmten Umständen außer Kraft gesetzt wird.

Welche Umstände? Navarick registriert Gemeinsamkeiten zwischen den Probanden, die bei Milgrams Experimenten aufgaben und den Männern des Bataillons, die an den Erschießungen nicht weiter teilnehmen wollten, indem er statt sozialpsychologischer Modelle das Paradigma der operanten Konditionierung anwendet. In seiner Analyse schlägt er zur Erklärung ein Drei-Stufen-Modell vor: (1) Aversive Konditionierung kontextueller Stimuli (wie negativ die Umstände in einer bestimmten Situation waren), (2)

Auftreten eines Entscheidungszeitpunktes (der Moment, in dem man sich einer unangenehmen Situation noch ohne schwere Konsequenzen entziehen kann) und (3) die Wahl zwischen unmittelbaren und späteren Verstärkungen (der Zeitpunkt, ab dem Rückzug attraktiver erscheint). Aus diesen drei Bedingungen ergibt sich, „dass die Teilnehmer sich zurückzogen, um persönlicher Not zu entkommen und nicht, um den Opfern zu helfen".[45] Der Grund für den Ausstieg bei Milgrams Experimenten wie auch bei den Tötungsaktionen, so Navarick, ist nicht die positive Verstärkung der Hilfe für andere, sondern die negative, das eigene Unbehagen zu beenden."[46]

Statt irgendeinen internen Zustand wie „Gehorsam" als psychologischen Einflussfaktor zu verdinglichen, erklärt Navarick menschliches Verhalten in Termini der einerseits positiven und andererseits negativen Verstärkung und analysiert das Ausmaß der jeweiligen Wirkung. In Józefów erschossen die Männer ihre Opfer auf Nahdistanz, mit aufgesetztem Lauf. Das führte zu einer für die Nazi-Befehlshaber inakzeptablen Rate der Verweigerer. Bei einem späteren Einsatz im Dorf Łomazy in Polen befahlen die Truppenführer eine größere Schussentfernung und erreichten so, dass weniger Männer die Teilnahme aufkündigten, weil ihnen die emotionale Bürde des Nahschusses erspart blieb. Es erinnert an die Szene in *Der Pate*, in der Sonny Corleone mit seinem jüngeren Bruder Michael redet, der die Schüsse auf seinen Vater (den Paten) und die selbst eingesteckten Schläge durch einen korrupten Polizeibeamten rächen und diesen nun töten will: „Was willst du machen, du netter Junge vom College, der in die Familienangelegenheiten nicht verwickelt werden wollte? Jetzt willst du einen Polizeibeamten umlegen. Warum? Weil er dir eine gelangt hat? Das ist nicht wie beim Militär, wo du auf einen Kilometer Entfernung abdrückst, du musst ganz dicht ran und badapeng spritzt dir sein Gehirn auf deinen schönen neuen Anzug."

Jemandes Gehirn auf der Kleidung, ob nun schöner Anzug oder gebügelte Nazi-Uniform, ist unnatürlich, widerlich und physisch abstoßend, außer für eine Handvoll Sadisten und extreme Psychopathen. Der Hauptgrund für das Ausscheiden der Männer aus dem Tötungskommando in Józefów war laut Browning „reine physische Abscheu". Fraglos ein negativer Stimulus, aber auch einer, der überwunden werden kann, sonst hätte der Holocaust niemals stattgefunden. Und manchmal kippte er um in sadistisches Vergnügen. Im verstörenden Buch *Männerphantasien* beschreibt Klaus Theweleit eine Begebenheit, bei der ein Lagerkommandant jegliche Abneigung mehr als nur überwand in seiner Reaktion auf die Auspeitschung eines Lagerinsassen: „Sein Gesicht war schon gerötet vor lüsterner

Erregung. Die Hände hatte er tief in den Hosentaschen vergraben, und es war klar, dass er die ganze Zeit masturbierte, offenbar unbeeindruckt von der zuschauenden Menge. Als er fertig und befriedigt war, machte er auf dem Absatz kehrt und verschwand. Perverses Schwein, das er war, verlor er an diesem Punkt das Interesse am Fortgang des Verfahrens." Theweleits Zeitzeuge fügte hinzu: „Mehr als dreißig Mal habe ich gesehen, wie SS-Lagerkommandanten während Auspeitschungen masturbierten."[47]

Welche Umstände und Bedingungen verdrehen für normale Menschen die Stellschrauben für gute oder schlechte Handlungen? Betrachten wir die folgende Erläuterung der Psychologie des Bösen von Alfred Spieß, dem leitenden Oberstaatsanwalt im Prozess gegen einige der SS-Wachleute im Todeslager von Treblinka:

> Auf der einen Seite gab es den Befehl und auch eine gewisse Bereitschaft, sich der Pflicht nicht zu entziehen. Diese Bereitwilligkeit wurde durch Privilegien verstärkt, die diese Leute bekamen. Sagen wir so, viel Zuckerbrot und wenig Peitsche, so funktionierte mehr oder weniger das System. Das Zuckerbrot bestand aus mehr zu essen und dass man nicht an die Front geschickt werden konnte. Drittens hatte man die Möglichkeit, in ein Erholungsheim zu kommen, das von T4 betrieben wurde; nicht zuletzt, gute Rationen, reichlich Alkohol und schließlich die Gelegenheit, an Wertsachen zu kommen, die man den Juden weggenommen hatte.[48]

Die Vergünstigungen im Dienste des Systems, der unausgesetzte schwarze Regen der Propaganda und das stete Einhämmern der Herrenrassen-Ideologie in die Köpfe normaler Männer lockten sie weiter auf die schiefe Bahn zum Bösen. Ein Soldat der Waffen-SS namens Hans Bernhard erklärte es so: „Unsere Leitlinien waren Pflicht, Treue, Ehre, Vaterland und Kameradschaft." Es war nicht irgendein Krieg; hier kämpften Bluts- und Waffenbrüder den guten Kampf. Jürgen Girgensohn, Mitglied der SS-Division „Wiking": „Wir waren überzeugt davon, einen gerechten Kampf zu führen, überzeugt davon, eine Herrenrasse zu sein. Wir waren die besten dieser Herrenrasse, und das verbindet." Disziplin war maßgebend, und jeder unter den Soldaten, der nachließ, wurde aus den eigenen Reihen abgestraft. Wolfgang Filor, einst in der SS-Division „Das Reich": „Wenn sie es nicht geschafft haben und die ganze Gruppe ist aufgefallen und musste dann am Sonntag nachexerzieren, dann ist die Stube hingegangen und hat dem Mann 'heiligen Geist' gegeben. Der wurde aus dem Bett gezogen und mit dem Koppel geprügelt, damit er das nächste Mal nicht auffällt, damit die

Gruppe nicht gestört ist." Diejenigen, die es nicht ertragen konnten, desertierten oder erhängten sich im Wissen um das Kriegsgerichtsverfahren, das sie erwartete.

Die Männer benutzten noch eine weitere altbewährte Methode, moralische Konflikte zu lösen. Erleichterung durch mentale Turbulenz, Auslöschen von Erinnerungen, Betäubung von Schmerz – die Methode heißt „sich gründlich und vollkommen besaufen". Die Stimmung nach einem besonders brutalen Einsatz in Frankreich beschreibt Kurt Sametreiter, Waffen-SS, so: „Froh waren wir, dass es vorbei war, froh. Wir waren so froh, dass wir uns schon einige Tage besoffen haben. Wirklich, man hat dann schon vergessen wollen."[49]

Zur Erklärung, wie gewöhnliche Deutsche zu außergewöhnlichen Nazis wurden, fügt Christopher Browning all diese Faktoren zusammen in seinem Buch *Der Weg zur Endlösung*:

> Für Nazi-Bürokraten, der „Lösung der Judenfrage" verpflichtet und tief in sie verstrickt, führte zum Massenmord tatsächlich nur ein Schritt, kein Quantensprung. Sie hatten sich an eine politische Bewegung, eine Karriere und einen Auftrag gebunden und lebten in einem Umfeld, das schon von Massenmord durchdrungen war. Darunter waren nicht nur Programme, mit denen sie nicht direkt zu tun hatten wie die Liquidierung der polnischen Intellektuellen, die Vergasung körperlich und geistig Behinderter in Deutschland und, in monumentalerem Maßstab, der Zerstörungskrieg in Russland. Dabei waren auch Tötung und Sterben zahlloser Menschen, direkt vor ihren Augen – die Hungertode im Ghetto von Łódź und die Strafexpeditionen und Vergeltungsmaßnahmen in Serbien. Gemäß dem Charakter ihrer vorausgegangenen Aktivitäten hatten sich bei diesen Männern Positionen ausgeprägt und Karriereinteressen entwickelt, die untrennbar und unaufhaltsam zu einer vergleichbar mörderischen Lösung der Judenfrage führten.[50]

Ein Public-Health-Modell des Bösen

Ein weiterer Zugang zum Verständnis des Bösen ergibt sich aus dem Vergleich zweier verschiedener Blickwinkel auf das Konzept „Krankheit", nämlich zum einen aus der Sicht der Medizin und zum anderen aus der Perspektive der Volksgesundheit. Das medizinische Modell des Bösen sieht das Problem im Individuum verortet. In den Religionen des Westens ist die

Sünde Teil der jeweiligen Person, wie auch in der Rechtsprechung die Kriminalität. Die Medizin hat den Anspruch, jede infizierte Person zu behandeln, einen nach dem anderen, bis keiner mehr weitere Symptome zeigt. Überträgt man dieses Konzept auf das Böse, dann entspricht es einer Veranlagung der Person, die es zeigt, es ist in ihrer Natur. Um das Übel des Bösen zu tilgen, müssen wir einfach jene eliminieren, in denen es steckt.

Dieses Paradigma diente als Basis der Inquisition, die Frauen in Öl kochen ließ für das Verbrechen, „mit dem Teufel geschlafen zu haben". Tat das dem Bösen Abbruch? Kaum. Vielmehr hat die Hexenjagd das Böse verbreitet mit barbarischer, systematischer Gewalt gegen Frauen im größten Teil Europas und in Nordamerika, auf Jahrhunderte hinaus.

Im Gegensatz dazu geht ein Volksgesundheits-Modell des Bösen davon aus, dass wir uns gegenseitig beeinflussen und infizieren, das Individuum aber nur Teil eines größeren Krankheitsvektors ist mit vielen sozialpsychologischen Faktoren, die im letzten halben Jahrhundert identifiziert wurden und in jedes theoretische Modell einfließen müssen, das die oft verwirrende Welt der menschlichen Moralpsychologie erklären soll. Es folgen einige der wirkmächtigsten Faktoren, die aus guten Menschen schlechte machen.

Deindividuation

Nimmt man Menschen ihre Individualität, indem man sie aus ihren Kreisen von Familie und Freunden heraushoht (wie Sekten es tun), oder sie in identische Uniformen steckt (wie das Militär es tut), oder darauf besteht, sie sollen Teamplayer sein und das Gruppeninteresse mittragen (wie Unternehmen es oft tun), entsteht eine Situation, in der ihr Verhalten nach den Wünschen des Anführers geformt werden kann. In seinem klassischen Werk *Psychologie der Massen* von 1896 nennt der französische Soziologe Gustave Le Bon das Konzept „Gruppenseele, die durch Anonymität, Ansteckung und Suggestibilität manipuliert werden kann".[51] 1954 testeten Muzafer und Carolyn Sherif die Idee Le Bons mit einem inzwischen klassischen Experiment in einem Camp in Oklahoma, als sie 22 elfjährige Jungen in zwei Gruppen aufteilten, die „Klapperschlangen" und die „Adler". Binnen einiger Tage entstanden neue Kennzeichen innerhalb der Gruppen; danach ließ man sie an verschiedenen Aufgaben wetteifern. Trotz vorher bestehender langer Freundschaften zwischen vielen der Jungen entstanden schnell Feindseligkeiten entlang der Grenze der Gruppenidentität. Aggressive Akte eskalierten so weit, dass die Sherifs sich gezwungen sahen, diese Phase des Experiments vorzeitig zu beenden und den Jungen Aufgaben zu geben, die Kooperation zwischen den Gruppen verlangten. Das nun führte genauso schnell zu erneuerten Freundschaften über die Gruppengrenze hinweg.⁵²

Entmenschlichung

Entmenschlichung heißt, die Menschlichkeit einer Person oder Gruppe nicht anzuerkennen, entweder symbolisch durch diskriminierende Sprache oder verdinglichende Symbolik, oder physisch mittels Gefangenschaft, Sklaverei, Körperverletzung, systematischer Erniedrigung und so weiter. Sie geschieht absichtlich oder unwillentlich, zwischen Individuen und Gruppen und kann sogar in einem Menschen selbst auftreten, etwa wenn dieser sich aus der Dritte-Person-Perspektive der diskriminierenden Gruppe als negativ sieht. Wenn die Ingroup sich durch Abgrenzung von der Outgroup definiert (und umgekehrt), kann ihre Macht auf verschiedene Arten verstärkt werden; so werden Mitglieder der Outgroup etikettiert als Pack, Tiere, Terroristen, Aufrührer und Barbaren und damit leicht als Unter- oder Nichtmenschen eingestuft. Gefangenen wird der Kopf geschoren, man zieht sie nackt aus und entfernt so eine Schicht zivilisierter Menschlichkeit, man stülpt ihnen einen Sack über den Kopf und raubt ihnen die letzte Identität. Sie werden durch eine Nummer identifiziert und ihre Outgroup-Zugehörigkeit mit Symbolen kenntlich gemacht (wie in den Konzentrationslagern), und man mag sie behandeln wie Werkzeuge oder Automaten; haben sie ihre Schuldigkeit getan, lässt man sie von anderen Mitgliedern der Outgroup entsorgen. Entmenschlichung kann indes wesentlich subtiler auftreten; man werfe einen Blick in die Onlinewelt, um sie in all ihrer Gemeinheit zu erleben, wenn Leute sich gegenseitig ohne die geringste Rücksicht auf Gefühle (und manchmal auf Wahrheit) als nicht vollwertig menschlich behandeln, besonders, wenn eine reale Begegnung weder bevorsteht noch wahrscheinlich ist.

Fügsamkeit

Wenn ein Individuum sich Gruppennormen oder Anweisungen einer Autorität fügt, mit denen es nicht einverstanden ist, sprechen wir von Fügsamkeit. Mit anderen Worten, derjenige wird gehorsam Befehle ausführen, von deren Richtigkeit er innerlich nicht überzeugt ist. 1966 unternahm der Psychiater Charles Hofling ein klassisches Experiment. Ein unbekannter „Arzt" forderte Krankenschwestern per Telefon auf, einem seiner Patienten 20 Milligramm des Medikaments „Astroten" zu verabreichen. Es war weder echt noch auf der Liste der zugelassenen Arzneimittel, und das Etikett wies 10 Milligramm als Tages-Höchstdosis aus. Befragte man Schwestern und Schwesternschülerinnen, wie sie sich in dieser hypothetischen Lage verhielten, gaben praktisch alle an, sie würden die Anweisung nicht befolgen. Als Hofling das Experiment aber tatsächlich durchführte, gehorchten 21 von 22 Schwestern den Anweisungen, obwohl sie wussten, dass sie falsch waren.[53] Folgestudien bestätigten dieses beunruhigende Ergebnis; so ergab eine Befragung von Pflegekräften im Jahr 1995, dass nahezu die Hälfte von ihnen irgendwann in ihrer Laufbahn „ärztliche Anordnungen ausgeführt hatten, die sie selbst als schädlich für den Patienten einschätzten". Als Grund gaben sie die „rechtmäßige Autorität" des Arztes an.[54]

Identifikation

Identifikation ist die enge Zugehörigkeit zu anderen mit gleichen Interessen, aber auch der normale Prozess des Einnehmens sozialer Rollen durch Modellierung und Rollenspiel. In der Kindheit dienen Helden als Rollenmodelle, mit denen man sich identifiziert, und die Gleichaltrigen werden zum Referenzpunkt für Vergleiche, Urteile und Meinungsbildung. Unsere sozialen Gruppen liefern uns einen Bezugsrahmen, in dem wir uns wiederfinden; jedes von den Normen abweichende Gruppenmitglied riskiert Missbilligung, Ausgrenzung oder gar Ausschluss aus der Gruppe.

Die Macht der Identifikation verdeutlicht eine Neuinterpretation von Milgrams Ergebnissen durch die Psychologen Stephen Reicher, Alexander Haslam und Joanne Smith.[55] Sie nennen ihr Paradigma „identifikationsbasiertes Mitläufertum"; ihm gemäß erklärt die „Identifikation entweder mit dem Forscher und der von ihm repräsentierten wissenschaftlichen Gemeinde oder mit dem 'Schüler' und dessen Umfeld" besser die Bereitschaft der Probanden, auf Befehl einer Autorität Elektroschocks auszuteilen. Zu Beginn liegt die Identifikation der Teilnehmer beim Experimentator und seinem würdigen Forschungsprogramm, aber bei 150 Volt, wenn der Schüler aufschreit „Au! Das reicht! Holt mich hier raus, bitte", verlagert sie sich zu Letzterem. Tatsächlich hören bei 150 Volt die meisten Probanden auf oder protestieren, wie auch in unserer NBC-Replikation. Reicher und Haslam vermuten: „Sie fühlen sich zerrissen zwischen zwei um ihre Aufmerksamkeit konkurrierenden Stimmen und deren widersprüchlichen Forderungen."

Auch Philip Zimbardos berühmtes Stanford-Prison-Experiment von 1971 deuteten Haslam und Reicher neu aus der Perspektive ihres Paradigmas der Identitätstheorie.⁵⁶ Zimbardo hatte Studenten in zwei Gruppen eingeteilt, Wärter und Gefangene, sie angewiesen, sich möglichst in ihre Rollen hineinzuversetzen, gab ihnen Uniformen und dergleichen. Im Laufe einiger Tage verwandelten sich psychologisch ausgeglichene amerikanische Studenten in gewalttätige, ehrfurchtgebietende Wärter oder demoralisierte, teilnahmslose Gefangene, und Zimbardo musste die auf zwei Wochen angelegte Studie wegen der auftretenden Brutalität nach einer Woche abbrechen.⁵⁷

2005 produzierten Reicher und Haslam die BBC-Studie *The Experiment*, eine Nachbildung des Stanford-Prison-Experiments. „Anders als Zimbardo übernahmen wir in der Studie nicht die Führung. Würden sich die Teilnehmer ohne unsere Anleitung an ein hierarchisches Drehbuch halten oder ihm widerstehen?" Hier die Ergebnisse: (1) „Die Teilnehmer passten sich nicht automatisch ihrer zugewiesenen Rolle an", (2) „sie agierten nur so weit gemäß der Gruppennorm, wie sie sich aktiv sozial mit ihr identifizierten", und (3) „die Gruppenidentität ließ die Probanden nicht einfach ihre Position akzeptieren, sondern befähigte sie im Gegenteil, sich ihr zu widersetzen". Die Wissenschaftler schlossen, dass in der BBC-Studie „weder passive Rollenkonformität noch blinder Gehorsam die treibenden Faktoren waren. Im Gegenteil – erst wenn Aspekte eines Systems, mit dem sie sich identifizierten, zu verinnerlichten Rollen und Regeln wurden, benutzten sie sie als Handlungs-Leitfaden. Ihr Fazit:

> Wer im Begehen des Bösen der Autorität folgt, tut das wissentlich, nicht blind; aktiv, nicht passiv; und kreativ, nicht automatisch. Er folgt nicht der Natur, sondern einer Überzeugung, und nicht der Notwendigkeit, sondern einer Wahl. Kurz, er sollte betrachtet und beurteilt werden als engagierter Mitläufer, nicht als blinder Konformist.⁵⁸

Diese Beobachtung reflektiert die Einschätzung Eichmanns als „Alpinisten des Bösen"; hinzufügen würde ich, dass hier das Element der freien Wahl ins Spiel kommt. Letztlich, trotz all dieser Einflussfaktoren, bleibt die Entscheidung immer noch eine gewollte, das Böse zu tun. Oder eben, es zu lassen.

Konformität

Wir sind als soziale Wesen evolviert, sehr empfindlich dem gegenüber, was andere von uns denken und hochmotiviert, den sozialen Normen unserer Gruppe zu entsprechen. Solomon Aschs Untersuchungen über Konformität zeigen die Macht des Gruppendenkens: Wer in einer Gruppe von acht Leuten die Länge einer Linie einschätzen soll, indem er sie mit drei unterschiedlich langen anderen vergleicht, wird in 70 Prozent der Fälle die falsche Wahl treffen – die nämlich, für die sich die sieben anderen entscheiden, selbst dann, wenn das Ergebnis offensichtlich falsch ist. Dabei bestimmt die Größe der Gruppe den Grad der Anpassung an die anderen; bei nur zwei gleichzeitigen Teilnehmern ist die Längeneinschätzung fast immer korrekt. In einer Vierergruppe, in der drei die falsche Wahl treffen, passt sich der Proband in 32 Prozent der Fälle an sie an. Wie groß aber immer die Gruppe ist – wenn nur ein weiterer anderer zusammen mit der Versuchsperson von der Gruppenmeinung abweicht, sinkt der Konformitätsdruck stark ab.[59]

Nonkonformismus hat emotionale Auswirkungen, wie fMRT-Scans zeigen. Der Neurowissenschaftler Gregory Berns von der Emory University ließ Probanden in Vierergruppen Bilder dreidimensionaler, rotierter Gegenstände einem Referenzobjekt zuordnen. Drei der vier Teilnehmer waren seine Komplizen und wählten bewusst die falsche Antwort. Im Durchschnitt passten sich die Testpersonen in 41 Prozent der Fälle den drei anderen an; dabei wurden Cortexareale für visuelle und räumliche Wahrnehmung aktiv. Wichen sie aber von der Mehrheitsmeinung ab, leuchteten rechtsseitig Amygdala und Nucleus caudatus auf, die mit negativen Emotionen assoziiert sind.[60] Mit anderen Worten, Nichtkonformität kann eine emotional traumatische Erfahrung sein, und darum tanzen wir so ungern aus der Reihe unserer sozialen Gruppennormen.

Tribalismus und Loyalität

Viele dieser sozialpsychologischen Faktoren operieren im Rahmen einer umfassenderen evolvierten Neigung – wir teilen die Welt ein in „sie" und „uns". Empirisch zeigt sich das in einem Experiment des Sozialpsychologen Charles Perdue, der seinen Probanden erzählte, sie nähmen an einem Test ihrer sprachlichen Ausdrucksfähigkeit teil, in dem sie Nonsens-Silben lernen sollten wie *xeh, yof, laj* oder *wuh*. Bei einer Teilnehmergruppe waren die Silben mit einem Ingroup-Wort gepaart (*uns, wir, unseres*), bei einer zweiten mit einem, das die Outgroup bezeichnet (*ihnen, sie, ihres*) und bei einer Kontrollgruppe mit einem neutralen Pronomen (*er, seines, deines*). Die Probanden sollten beurteilen, wie angenehm sie die Silben empfanden. Ergebnis: Die mit der Ingroup-Kopplung schätzten sie als gefälliger ein als die beiden anderen Gruppen.[61]

Die Macht der Gruppenloyalität im echten Leben fasst Lieutenant Colonel Dave Grossman in seinem aufschlussreichen Buch *On Killing* aus dem Jahr 2009 zusammen. Er zeigt, dass das primäre Motiv eines Soldaten nicht die Politik (Kampf für das Land) ist, auch nicht eine Ideologie (Kampf für die Demokratie), sondern Treue zu seinen Kameraden. „Unter Männern, die so zusammengeschweißt werden, entsteht ein Gruppendruck, in dem sich der Einzelne so sehr um seine Kameraden sorgt und darum, was sie von ihm halten, dass er eher sterben würde als sie im Stich zu lassen."[62] Das ist nicht Autoritätshörigkeit. Es ist Kameradschaftsgeist; eine Gruppe Fremder verwandelt sich in „fiktive Verwandtschaft", die sich verhält, als bestünden zwischen den Individuen genetische Bande. Das System kapert unsere Neigung zum selbstlosen Verhalten gegenüber Verwandten, indem es einander Fremde zusammen marschieren und leiden lässt und so Gefühle evoziert, die sonst nur der Familie gelten würden.

Stammeskulturen verstärken die Loyalität zur Gruppe oft durch Bestrafung jener, die sie von innen bedrohen. Der Whistleblower ist das Musterbeispiel. Wenn er den Zusammenhalt unserer Gruppe gefährdet, selbst wenn uns auf einer gewissen Ebene klar ist, dass er recht hat, schlagen unsere Stammesinstinkte zu, wir ziehen uns in die Wagenburg zurück und verteufeln den Verräter mit emotionsgeladenen Ausdrücken wie „Petze, Kameradenschwein, Spitzel, Denunziant, Überläufer, Tratschtante, Wichtigtuer, Großmaul, Ohrenbläser, falscher Hund, Agent Provocateur, Judas, Quisling, Wendehals..."[63]

Pluralistische Ignoranz, oder: Die Schweigespirale

Um zu verstehen, wie eine Gruppe von Menschen oder gar ein ganzes Land einer Idee anhängen kann, die die meisten einzelnen Bürger verwerfen würden, müssen wir uns einem der verblüffendsten sozialpsychologischen Phänomene zuwenden. Pluralistische Ignoranz entsteht, wenn einzelne Gruppenmitglieder an etwas nicht glauben, aber fälschlicherweise vermuten, dass *alle anderen* es glauben. Wenn niemand den Mund aufmacht, führt das zur „Schweigespirale" und dazu, dass Menschen sich anders verhalten, als ihnen sonst zu eigen wäre.

Reden wir über Saufgelage an der Uni. Christine Schroeder und Deborah Prentice von der Princeton University zeigten in einer Studie (1998), dass „eine Mehrheit der Studenten der Meinung ist, ihre Kommilitonen hätten durchweg weniger Probleme mit universitären Trinkgewohnheiten als sie selbst". Eine weitere Princeton-Studie (1993) von Prentice und ihrem Kollegen Dale Miller fand einen Geschlechterunterschied im Trinkverhalten. „Männliche Studenten veränderten mit der Zeit ihre Gewohnheiten in eine Richtung, die sie für die Norm hielten; bei Frauen blieb diese Veränderung aus."[64] Nun sind Frauen der pluralistischen Ignoranz gegenüber auch nicht immun, wie eine Studie der Psychologin Tracy A. Lambert aus dem Jahr 2003 erweist. Was beiläufigen, unverbindlichen Sex angeht, „schätzen Frauen wie Männer ihr Umfeld als zufriedener damit ein, als sie selbst es sind".[65] Mit anderen Worten, die Studenten sagen, sie selbst hätten eher wenig Lust auf Kampftrinken und One-Night-Stands, die anderen aber schon, und so machen sie eben mit. Wenn alle in der Gruppe so denken, kann sich in ihr eine Idee, die die meisten Einzelnen eigentlich nicht mittragen wollen, dennoch durchsetzen.

Pluralistische Ignoranz kann zu Hexenjagden, Säuberungsaktionen, Pogromen und repressiven politischen Systemen mutieren. Die europäische Hexenverfolgung führte zu präventiven Anklagen, um nicht selbst beschuldigt zu werden.[66] Alexander Solschenizyn beschreibt eine Parteikonferenz mit stehenden Ovationen für (den abwesenden) Stalin, die sich über elf Minuten hinzogen, bis sich ein Fabrikdirektor setzte, zu jedermanns Erleichterung außer der eines Parteifunktionärs, der ihn in der Folgenacht festnehmen und für zehn Jahre in einen Gulag arbeiten ließ.[67] Eine Studie des Soziologen Michael Macy von 2009 bestätigt den Effekt: „Menschen setzen unpopuläre Normen durch, um zu demonstrieren, dass sie sie aus echter Überzeugung vertreten und nicht nur aufgrund gesellschaftlichen Drucks." In Laborexperimenten besteht für Menschen, die sich einer Norm durch Gruppendruck unterwerfen, eine höhere Wahrscheinlichkeit, Normabweichler öffentlich abzustrafen und damit ihre aufrichtige Loyalität zu signalisieren. „Aus diesen Resultaten ergibt sich das Potenzial für einen Teufelskreis, in dem der subjektive Konformitätsdruck, sich einer unpopulären Norm zu fügen, zu ihrer Durchsetzung wider besseres Wissen führt."[68]

Doppelmoral bietet pluralistischer Ignoranz einen fruchtbaren Boden; eine Studie des Soziologen Hubert J. O'Gorman aus dem Jahr 1975 „legt nahe, dass 1968 die meisten weißen amerikanischen Erwachsenen die Unterstützung anderer Weißer für die Rassentrennung stark übertrieben", besonders jene, die in ethnisch homogenen Umfeldern lebten und die so die Schweigespirale verstärkten.[69] Gemäß einer Studie des Psychologen Leaf Van Boven „überschätzen Studenten in ihrer Umgebung den Anteil der Befürworter von 'Affirmative Action' um 13 Prozent und unterschätzen den der Gegner dieser gesellschaftspolitischen Maßnahmen um 9 Prozent." Diesen Effekt schreibt er der Political Correctness zu, die uns dazu treibt, ein Doppelleben zu führen und Meinungen vorzugeben, von denen wir glauben, dass andere sie teilen, während unsere privaten Auffassungen von dieser vermeintlichen Norm abweichen.

Van Boven schloss seine Analyse mit einem weitsichtigen Kommentar zur im Jahr 2000 aufkommenden Debatte um die „Ehe für alle": „Man mag erwarten, dass die Sorge, politisch inkorrekt zu wirken, bei jeglicher Thematik zu pluralistischer Ignoranz führt, bei der Political Correctness im Spiel ist, etwa die Haltung der Leute zu schwuler und lesbischer Ehe und Adoption, ihre Meinung zur passenden Bezeichnung romantischer Verbindungen (sind sie 'Freunde' oder 'Partner'?), ihre Einstellung zur Geschlechtergerechtigkeit oder wo sie die Rolle des westlichen Wertekanons in den Geisteswissenschaften sehen. Wenn Leute sich Sorgen machen, rassistisch, sexistisch oder anderweitig Kultur-unsensibel zu erscheinen und deshalb den öffentlichen Ausdruck ihrer privaten Zweifel unterdrücken, können wir das Auftreten pluralistischer Ignoranz erwarten."[70]

In manchen Fällen ist pluralistische Ignoranz vielleicht von Vorteil; viele private Ansichten mögen moralisch rückschrittlich sein, es dauert lange, sie zu verändern, und so mancher hegt politisch inkorrekte Gedanken, die er lieber nicht hätte. Fjodor Dostojewski schrieb: „Jeder Mensch hat Erinnerungen, die er nicht jedem erzählen würde, sondern nur seinen Freunden. Anderes, was er im Sinn trägt, würde er noch nicht einmal seinen Freunden erzählen, sondern nur sich selbst, und das heimlich. Aber dann gibt es noch andere Dinge, die sogar sich selbst zu erzählen er Angst hätte, und jeder anständige Mensch hat eine Reihe solcher Dinge tief in seinem Geist vergraben."[71]

Die Macht pluralistischer Ignoranz lässt sich brechen, mit Wissen und Transparenz. Laut der Studie von Schroeder und Prentice über studentische Trinksitten reduziert sich der Alkoholkonsum signifikant, wenn Erstsemester an Diskussionen teilnehmen, in denen das Phänomen der pluralistischen Ignoranz und ihrer Auswirkungen erklärt wird.[72] Bei der Computersimulation einer Gesellschaft wahrer Gläubiger mit verstreuten Skeptikern darunter, mit reichlich Gelegenheit zu Interaktion und Kommunikation, stellte der Soziologe Michael Macy fest, dass soziale Vernetzung vor der „Machtergreifung" unpopulärer Normen schützt.[73]

Bild 9-1 vermittelt einen visuellen Eindruck des Zusammenspiels all dieser Faktoren am Beispiel Kölns in den 1930er und frühen 1940er Jahren. Auf einer Reise in diese schöne Stadt konsultierte ich das *NS-Dokumentationszentrum* für eine Einschätzung, wie es den Nazis gelang, die Stadt zu übernehmen. Klar wurde: Sie taten es Stadtteil für Stadtteil, Haus

Moralischer Verfall und der Weg zum Bösen 345

für Haus und selbst bei einem Menschen nach dem anderen, als Teil eines nationalen Plans und organisiert von Gauleitern.[74] Das Museumsgebäude beherbergte von Dezember 1935 bis März 1945 die Gestapo. Dokumentiert ist dort die Machtergreifung; die alltägliche Propaganda, die Jugendkultur, Religion, Rassismus und besonders die Ausrottung der Kölner Juden, Sinti und Roma einschloss; und schließlich Opposition, Widerstand und Gesellschaft während des Krieges. Die Fotografie eines von den Alliierten aufgestellten Schildes umfasst den Ablauf und den Untergang in den Worten Hitlers: „Gebt mir fünf Jahre und ihr werdet Deutschland nicht wiedererkennen." Die großartige Rheinbrücke vor dem Kölner Dom, zerschmettert im Wasser liegend, macht deutlich, was nötig war, dem Bösen ein Ende zu bereiten.

Bild 9-1: Die Nazis übernehmen Köln
Bilder des Kölner NS-Dokumentationszentrums geben einen Eindruck, wie ein diktatorisches Regime sich einer Stadt und eines Staates bemächtigen kann. (a) Indoktrinierung der Bürger war die bevorzugte Methode, hier in der Hitlerjugend (Quelle: LAV NRW R, BR 2034 Nr. 936). (b) Formung des kulturellen Lebens durch Medien, hier der „Westdeutsche Beobachter". (c) Ein Buchladen mit Hakenkreuzen, darüber „Die Juden sind unser Unglück". (d) Das Fragment einer Liste hunderter verbotener Vereine zeigt das Ausmaß, in dem die Nazis jeden Aspekt des Kölner Alltagslebens unter Kontrolle hielten. (e) Versagte die Indoktrinierung durch Propaganda, war Gefängnis das nächste Mittel, die Menschen auf Linie zu bringen; hier das Gestapo-Gefängnis. (f) Gemäß dem eugenischen Rassenprogramm wurden die Menschen daraufhin vermessen, ob sie den arischen Standards genügen, so wie diese Frau. (g) Eine Deutsche am 18. April 1945 vor einem Schild, aufgestellt von den amerikanischen Streitkräften, mit Hitlers Versprechen an das deutsche Volk: „Gebt mir fünf Jahre und ihr werdet Deutschland nicht wiedererkennen" (National Archives, US Army Photograph, SC 211781). (h) Die zerbombte Hohenzollernbrücke über den Rhein mit dem Dom im Hintergrund mahnt eindrucksvoll an die Anstrengungen, das Böse zu überwinden.

346　　Teil 3: Die Korrektur des moralischen Fortschritts

Bild 9-1a

Bild 9-1b

Bild 9-1c

Rheinische Windthorstbunde
Rheinischer Auktionatoren-Verband
Rheinischer Bauernverein
Rheinischer Bezirksarbeitgeberverband der chemisch[en]
Rheinischer Damen-Automobil-Club
Rheinischer Genossenschafts-Verband Köln
Rheinischer Handwerkerbund
Rheinischer Kälte-Verein
Rheinischer Kochkunstverein Gasterea
Rheinischer Landesblindenverband
Rheinischer landwirtschaftlicher Pächterverband
Rheinischer Mieterschutzverband
Rheinischer Philologen-Verein
Rheinischer Radfahrer-Verband für Touren und Saalspo[rt]
Rheinischer Sängerbund, Vereinigung rheinischer Männ[er]
Rheinischer Schiffer-Verein
Rheinischer Schutzverband für Grundbesitz
Rheinischer Sportverein Union 05
Rheinischer Verband für Saal- und Tourensport
Rheinischer Verband für Tieflandrinderzucht
Rheinischer Verein gegen Betriebsdiebstähle
Rheinischer Volks-Feuerbestattungsverein
Rheinisches Landvolk
Rheinland- und Moriahloge
Rheinland-Klub Köln

Bild 9-1d

Moralischer Verfall und der Weg zum Bösen

Bild 9-1e

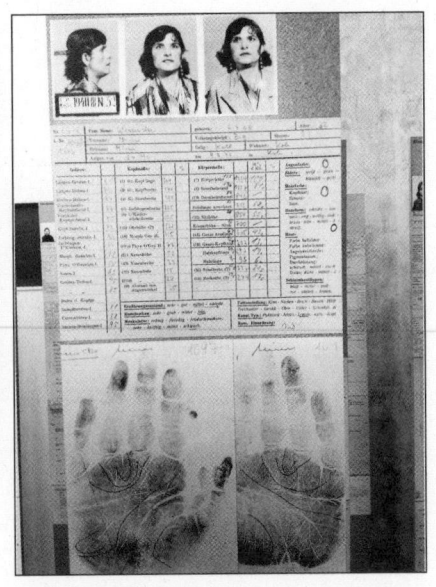

Bild 9-1f

Bild 9-1g

Bild 9-1h

Böse-GmbH

All diese Faktoren verhalten sich interaktiv und autokatalytisch, sie bedingen und befördern einander. *Entmenschlichung* erzeugt *Deindividuation*, die unter dem Einfluss von *Gehorsam gegenüber Autoritäten* zur *Fügsamkeit* und mit der Zeit zu *Konformität* mit neuen Gruppennormen, *Identifikation* mit der Gruppe und schließlich zu bösen Taten führt. Keine der einzelnen Komponenten leistet das, zusammen aber und unter bestimmten sozialen Bedingungen formen sie die Maschinerie des Bösen.

Diese Bedingungen sind notwendig, aber nicht hinreichend, das Böse auszumachen, denn zu Letzterem gehört auch das Naturell des Individuums, das Gesamtsystem, in dem die Bedingungen auftreten und natürlich der freie Wille. Wir können die Bedingungen verändern und das Böse schwächen, wenn wir es zuerst verstehen und dann handeln. Wenn wir durchschauen, wie seine Komponenten funktionieren und wie sie zu steuern sind, dann können wir das Böse bändigen und in Schach halten mit sozialen Werkzeugen und politischen Technologien, die zu nutzen wir gelernt haben.

Seit dem Ende des zweiten Weltkrieges tun wir das. Sozialwissenschaftler unternahmen umfangreiche Studien und Experimente für ein präzises Verständnis der gesellschaftlichen und psychologischen Faktoren, die das Böse triumphieren ließen. Historiker deckten die politischen, ökonomischen und kulturellen Bedingungen auf, die den gesellschaftlichen und psychologischen Faktoren Raum gaben, Individuen und ganze Populationen zu beeinflussen. Politiker, Ökonomen, Gesetzgeber und Sozialaktivisten nutzten dieses Wissen, um einen Wandel einzuleiten, der Menschen von den Pfaden des Bösen wegführt. Seit der Befreiung der Konzentrationslager und der Auflösung der Gulags gab es Unterbrechungen wie den Völkermord in Ruanda und den Anschlag auf das World Trade Center, aber der übergreifende Trend zu einer moralischen Welt ist unübersehbar. Diese heilsamen Wirkungen waren im Wesentlichen das Ergebnis eines wissenschaftlichen Verständnisses der Ursachen des Bösen und der rationalen Anwendung politischer, ökonomischer und rechtlicher Kräfte, um es niederzuhalten und den Bogen der Moral emporzurichten.

10. Moralische Freiheit und Verantwortung

> Alles kann einem Mann oder einer Frau genommen werden, mit einer Ausnahme: die letzte Freiheit des Menschen, seine Haltung in jeder Situation selbst zu wählen, seinen eigenen Weg zu wählen.
>
> Viktor E. Frankl, Der Mensch auf der Suche nach Sinn, 1946

Als Herausgeber eines überregionalen Magazins bekomme ich laufend Briefe von Strafgefangenen. Die meisten sind auf der Suche nach kostenlosem Lesestoff, sie langweilen sich. Manche sind ernsthaft an unseren Themen interessiert und möchten eigene Ideen beisteuern. Einige fühlen sich erdrückt vom Einbruch der Religion in das Gefängnisleben, insbesondere des Christentums und des Islams; sei es, dass ihre Mitgefangenen Bekehrungseifer an den Tag legen, sei es, dass sie religiöse Hingabe nur schauspielern, um die Bewährungskommission zu überzeugen, sie früher zu entlassen, weil sie Gott gefunden haben. Von einigen wenigen bekam ich lange, in kleiner Schrift handgeschriebene Briefe über ihre Verbrechen und wie weit sie sich dafür verantwortlich fühlen. Für die folgende Erörterung des freien Willens und der moralischen Schuldfähigkeit kommen mir zwei davon in den Sinn.[1]

Ein Mann, der in den späten 1990er Jahren für Vergewaltigung und Ermordung einer Frau in der Todeszelle saß, schlug mir vor, in *Skeptic* einen Artikel gegen die Todesstrafe zu veröffentlichen. Seiner Meinung nach hatte er die Hinrichtung nicht verdient, denn er hatte das Gefühl, mit seinem Gehirn sei etwas überhaupt nicht in Ordnung und er daher nicht voll verantwortlich für seine Tat. Er sei ständig überflutet von Gedanken an Vergewaltigung und Mord, erzählte er; so stark sei der Drang, dass er selbst auf dem Transport ins Gefängnis, gekettet an den Sitz eines Kleinbusses und umgeben von Wärtern, nur daran dachte, wie er sich befreien, die Wärter überwältigen und an die Frau herankommen könnte, an der sie gerade vorbeifuhren. Er war gegen die Todesstrafe, fügte aber hinzu, man solle ihn niemals freilassen, denn ohne Frage würde er es wieder tun. Ich weiß nicht, ob er je mit einem Hirnscan auf neuronale Pathologien untersucht wurde, aber nach seiner Schilderung ist seine Fähigkeit der Kontrolle dieser zwanghaften, psychotischen Triebe zu schwer eingeschränkt, um ihn halbwegs mit einem Durchschnittsmenschen zu vergleichen, der Selbstbeherrschung besitzt und dem solche mörderischen Impulse völlig fehlen.

2012 schrieb mir ein Mann, der wegen Pädophilie verurteilt war; er wollte mich zu einer Sonderausgabe von *Skeptic* bewegen, die sich mit dem Thema befasst, wie Pädophile, seiner Auffassung nach so geboren, diffamiert und missverstanden werden. Dieser Mann in seinen Dreißigern erzählte ausführlich von seiner Kindheit, in der er sich von Jungen (nicht aber Mädchen) seines Alters angezogen fühlte; als er erwachsen wurde, blieb sein sexuelles Interesse fokussiert auf acht- bis zehnjährige Jungen, beinahe als wäre in sein Gehirn ein kritisches Fenster der sexuellen Anziehung eingeprägt. Sein Verlangen stillte er mit bestimmten Seiten im Internet; er blieb vage über das Ausmaß, in dem er seine Bedürfnisse durch tatsächliche Begegnungen mit Jungen erfüllte, aber als er mich bat, mich an die liebevollsten und intimsten Gefühle zu erinnern, die ich je bei einer Frau gespürt hatte und als er sie dann mit den tiefsten und liebevollsten Gefühlen verglich, die er für Jungen empfand, wusste ich, was ich wissen musste. Seine eigentliche Botschaft aber war, dass mit ihm alles in Ordnung ist. Er hatte keinen Hirntumor, keine nervlichen Anomalien, keine erkennbaren Krankheitsbilder. Aufgewachsen bei zwei liebenden Eltern, Mittelklasse, Haus in der Vorstadt, sichere und funktionale Schulen. Er konnte einfach nicht verstehen, warum diese Gefühle, die ihn auf so natürliche Weise überkamen und denen er folgte, von der Gesellschaft als krankhaft, unnatürlich, gar kriminell verurteilt wurden.

Haben wir die freie Wahl?

Diese Schlaglichter illustrieren den Problemkreis des freien Willens, des Determinismus und des Umfangs, in dem wir freie moralische Entscheidungen treffen und für unsere Handlungen verantwortlich gemacht werden können.

Bei der Moral geht es darum, wie wir über andere fühlende Wesen denken, wie wir sie behandeln und ob unsere Gedanken und Handlungen richtig (gut) oder falsch (schlecht) sind in Hinsicht auf ihr Überleben und Gedeihen. Wie weiter oben angeführt, lautet ein moralisches Prinzip so: *Wenn eine Handlung andere Personen betrifft, dann handle mit ihrem Wohl im Sinn, niemals aber auf eine Art, die ihnen Verlust oder Leid bringt (durch Gewalt oder Betrug).* Man kann natürlich auf eine Art handeln, die andere nicht betrifft; dann ist Moral nicht im Spiel, die Handlung ist *amoralisch*. Besteht aber die Wahl, mit einer Handlung das Wohl eines anderen zu mehren oder nicht, dann sollte man es mehren. Die Parenthese „durch Gewalt oder Betrug" soll *Absicht* betonen, im Unterschied zu Nachlässigkeit oder

Ignoranz; Moral schließt bewusste Entscheidungen ein, und die Entscheidung, so zu handeln, dass eines anderen Wohl befördert wird, ist eine moralische, ihr Gegenteil eine unmoralische.

Das alles setzt freie Wahl voraus, also Freiheit des Willens. Haben wir sie? Darüber sann ich kürzlich nach bei der Auswahl aus der reichhaltigen Speisekarte eines Restaurants. Mir war nach einem Starkbier und einer gebutterten Weinbergschnecke als Vorspeise, gefolgt von einem durchwachsenen Steak mit Rahmspinat, der Ofenkartoffel mit Sauerrahm und Butter und einem Stück Käsekuchen als Abschluss, mit cremigem Café au lait dazu. Diese Gelüste entstehen nicht im Vakuum; in unseren Gehirnen sind neuronale Netze evolviert, die in uns den nagenden Appetit auf süße und fetthaltige Speisen erzeugen, auf die Kombination reifer Früchte mit erlegten Wildtieren, die in der paläolithischen Umgebung unserer Vorfahren so nahrhaft, aber auch so rar war. Die natürliche Selektion lässt unsere Gehirne nach Fettigem und Süßem lechzen; je mehr, desto besser, daraus entspringen unsere heutigen Probleme mit Fettleibigkeit und Diabetes. Mit diesen tiefverwurzelten Begierden konkurrieren Signale aus anderen neuronalen Schichten, die entstanden, damit wir uns Gedanken machen, was ein fitter Körperbau anderen Mitgliedern des Stammes signalisiert – Status und Attraktivität.

Nach dem Studium der Speisekarte fiel mir ein, wie träge ich mich nach einer reichhaltigen Mahlzeit fühlen und welche Unmenge Sport nötig sein würde, die Kalorien abzuarbeiten. Dann meldeten sich die höheren Regionen des Cortex und mahnten an zukünftige Gesundheit und Körperumfang. Letztendlich bestellte ich ein Glas Weißwein, einen Caesar Salad mit Huhn und verzichtete schweren Herzens auf den Nachtisch.

Waren das freie Entscheidungen? Folgt man der Mehrheit der Neurowissenschaftler, wie Sam Harris in seinem Buch *Free Will*, dann nicht. „Freier Wille ist eine Illusion", sagt er. „Wir bringen unseren Willen nicht selbst hervor. Gedanken und Absichten entstehen durch Ursachen im Hintergrund, derer wir uns nicht gewahr sind und über die wir keine bewusste Kontrolle haben. Wir sind nicht so frei, wie wir glauben, dass wir sind."[2] In einer deterministischen Welt unterliegt jeder Schritt der Kausalkette, die zu meiner Speisenauswahl führte, in Gänze Kräften und Bedingungen, die ich nicht gewählt habe, von meinen evolvierten Vorlieben des Geschmacks bis zu erlernten Interessen an meinem sozialen Status; die Pfade der Kausalität wurden angelegt von meinen Vorfahren und Eltern, von Kultur und Gesellschaft, Peergroups und Freunden, Mentoren und Lehrern. Die historischen Bedingtheiten führen alle in die Zeit zurück, bevor ich geboren wurde.

Das Mini-Ich und der deterministische Dämon

Wie weit zurück führt die Kausalkette? Nach manchen Darstellungen bis zum Beginn des Universums, als der Urknall Raum, Zeit, Materie und Energie hervorbrachte. Nach dem Prinzip des Determinismus hat jedes Ereignis eine Ursache, und wären alle Ursachen bekannt, dann wären auch alle Folgen vorhersagbar. Wenn das stimmt, woher käme der freie Wille? Wenn alle Ereignisse Ursachen haben, menschliche Gedanken und Handlungen eingeschlossen – an welcher Stelle der Kausalkette kommt der Akt der freien Wahl ins Spiel? Im Gehirn gibt es keinen Homunkulus, keinen kleinen Menschen, der an den Hebeln zieht. Aber selbst, wenn ein Mini-Ich da oben drin das Sagen hätte, so wäre sein kleines Gehirn genauso determiniert wie mein großes; damit das Mini-Ich einen freien Willen hätte, müsste ein Mini-Mini-Ich in ihm die Fäden in der Hand haben, und selbst bräuchte es ein klitzekleines Mini-Mini-... ad infinitum. Glauben Sie an die Seele? Auch sie hilft nicht aus der Klemme. Wenn sie in uns das Geschehen dirigiert, hat sie die Kontrolle, nicht wir, und wie beim Mini-Ich müsste in ihr eine Mini-Seele das Kommando haben, und so weiter. Und natürlich wurden weder Homunkuli noch Mini-Ichs noch Mini-Seelen im Gehirn oder sonst wo gefunden. Sie existieren nicht.

Mit dem Aufstieg der modernen Naturwissenschaften und ihrem Fokus auf den Naturgesetzen, denen das Universum unterliegt, gewann das Konzept des Determinismus an Überzeugungskraft, und die Kette, die Wirkungen mit Ursachen verbindet, wurde straffer. Statt mit einer einzigen linearen Abfolge von Ursache-Wirkung-Ursache-Wirkung und so weiter lässt sich die Komplexität eines determinierten Universums besser durch ein viel größeres „kausales Netz" beschreiben, in dem Wirkungen an Ursachen gekoppelt sind, aus der Vergangenheit in die Zukunft reichend, und in dem sich unzählige Variablen einmischen und Faktoren miteinander interagieren. Dieses kausale Netz enthält alle vergangenen, gegenwärtigen und zukünftigen Phänomene überall im Kosmos, von Atomen über Moleküle, Zellen, Organismen, Personen, Planeten, Sterne bis hin zu Galaxien und bis zum Rand des beobachtbaren Weltalls. In der Tat könnte die Wissenschaft ohne die Annahme eines determinierten Universums weder die Vergangenheit erklären noch die Zukunft vorhersagen, und das schließt Psychologie und Neurowissenschaften ein in ihrem Bestreben, menschliches Verhalten zu deuten und zu prognostizieren.

Eine ganze Anzahl überzeugender Experimente scheint die deterministische Deutung menschlichen Verhaltens zu stützen. Berühmt sind Benjamin Libets Experimente aus dem Jahr 1985; er ließ Probanden einen Knopf drücken, wann immer ihnen danach war und zeichnete währenddessen ihr EEG auf. Ergebnis: Bereits Sekunden vor der bewussten Entscheidung wurde ihr Motorcortex aktiv.[3]

2011 ließ der Neurowissenschaftler John-Dylan Haynes Probanden im fMRT-Scanner einen von zwei Knöpfen drücken, wann sie wollten, während sie eine Reihe zufälliger Buchstaben zu sehen bekamen. Sie sollten mündlich mitteilen, welcher Buchstabe während ihrer Entscheidung sichtbar war. Ergebnis: Zwischen Hirnaktivierung und bewusster Wahrnehmung einer „Wahl" vergingen mehrere Sekunden, manchmal ganze sieben. Haynes folgerte: „Libets und unsere Resultate befassen sich mit der sehr spezifischen, naiv-alltagspsychologischen Intuition der Willensfreiheit, dass wir zum Zeitpunkt einer Entscheidung frei sind in dem Sinne, dass sie nicht von vorausgegangener Hirnaktivität abhängt."[4]

Eine weitere Studie desselben Jahres, durchgeführt von Itzhak Fried an der UCLA, zeichnete Aktivität in einem winzigen Neuronen-Netzwerk in den Gehirnen von Testpersonen auf, die nur bewusst ihre Finger bewegen sollten. Deren erste neuronale Aktivität zeigte sich volle fünfzehn Sekunden vor der bewussten Entscheidung. Die Wissenschaftler verfeinerten ihre Suche und fanden eine kleine Gruppe von 256 Neuronen im medialen frontalen Cortex, deren Signale mit achtzigprozentiger Wahrscheinlichkeit eine Vorhersage der Entscheidung erlaubten, volle sieben Sekunden bevor die Probanden selbst sich ihrer bewusst wurden.[5]

Die Wissenschaftler an ihren Messinstrumenten kannten also die Entscheidungen der Testpersonen früher als diese selbst. Wäre ich in der obigen Restaurant-Situation mit einem Elektroenzephalografen verkabelt gewesen, hätte theoretisch der EEG-Auswerter meine Bestellung schon aufgeben können, bevor ich wusste, was ich will. Das ist gespenstisch, und wen diese Ergebnisse nicht beunruhigen, der hat noch nicht genügend über sie nachgedacht, denn aus ihnen folgt, dass wir nicht so frei entscheiden, wie wir glauben. Zwar *fühlen* wir uns frei, aber das ist nur, was unser bewusstes Ich glaubt, weil es seiner „Inputs von unten", die die Entscheidung bereits getroffen haben, nicht gewahr ist.

Ein deterministisches Universum zu akzeptieren schließt allerdings Willensfreiheit und moralische Verantwortung nicht aus. Es gibt mindestens vier Wege, das Paradox zu vermeiden: (1) *Modularität* – obwohl ein Gehirn aus vielen neuronalen Netzen besteht, deren eines eine Entscheidung treffen kann, von der ein anderes erst später erfährt, so operieren sie doch alle in ein- und demselben Gehirn; (2) *Vetorecht* – ein freies „ich will nicht", das bei konkurrierenden Impulsen manche davon unterdrückt und andere vorzieht; (3) *Grade der moralischen Freiheit* – ein Spektrum der Wahlmöglichkeiten, die sich nach Komplexität und intervenierenden Variablen unterscheiden; und (4) *Wahl als Bestandteil des kausalen Netzes* – unsere Willensakte sind Teil des deterministischen Universums, aber es sind immer noch unsere.

Modularität

Das Argument, unser Wille sei nicht frei, weil ein unbewusster Gehirnteil einen bewussten von einer schon getroffenen Entscheidung unterrichtet, beruht bestenfalls auf einer fragwürdigen Interpretation der Neurowissenschaft. Wenn eine subkortikale Hirnregion ein Signal an eine kortikale sendet, dann tut sie das immer noch innerhalb desselben Gehirns, und immer noch trifft ein autonomes Wesen die Entscheidungen, unabhängig davon, welcher Gehirnteil damit beginnt.

Die Vorstellung separater Gehirnfunktionen, die entweder miteinander oder gegeneinander agieren, ist seit den 1990er Jahren ein Kernkonzept der Evolutionspsychologie. In seinem Buch *Why Everyone (Else) Is a Hypocrite* aus dem Jahr 1990 zeigt der Evolutionspsychologe Robert Kurzban, wie das Gehirn als modulares Multitasking-Problemlösungsorgan evolvierte – ein Schweizer Armeemesser mit sinnvollen Werkzeugen in der alten Metapher, oder ein iPhone voll mit Apps in Kurzbans neuer.[6] Es gibt kein einheitliches „Ich", das intern konsistente und konfliktfreie, nahtlos kohärente Ansichten hervorbringt, die dann angeblich zu bewussten Entscheidungen führen. Stattdessen ist das Ich eine Sammlung getrennter, aber interagierender Module, die oft uneins sind; der Entscheidungsprozess geschieht oft unbewusst, und es erscheint uns, als würden Entscheidungen für uns getroffen, ohne dass wir wüssten, woher sie kommen.

Kurzban nennt die Idee eines einheitlichen Ichs die „Magic-8-Ball-Illusion". Der Magic 8 Ball ist eine Spielzeugkugel, die der „schwarzen Acht" des Billard ähnelt. Sie hat ein Fenster und ist mit einer blauen Flüssigkeit gefüllt, in der ein Ikosaeder (Zwanzigflächner) schwimmt, auf dessen Flächen zehn zustimmende, fünf unsichere und fünf verneinende Antworten in erhabenen Buchstaben aufgeprägt sind. Man hält die Kugel mit dem

Fenster nach unten, stellt eine Frage, die sich mit „ja" oder „nein" beantworten lässt und dreht die Kugel um, sodass der Ikosaeder an das Fenster schwimmt und eine Antwort sichtbar wird, wie etwa „konzentriere dich und frage noch einmal", „meine Quellen sagen nein" oder „es ist bestimmt so". In diesem Modell der Psyche ist das Gehirn so etwas Ähnliches; man steckt eine Frage hinein und nach dem Äquivalent des Schüttelns, dem Denkprozess nämlich, erscheint eine von weit mehr als zwanzig möglichen Antworten. „Wenn unsere Psyche wie ein Magic 8 Ball funktionieren würde", schreibt Kurzban, „also alles hernähme, was man weiß, die Vorlieben dazu täte und alles integrierte in einem magischen Prozess, den Ökonomen 'rational' nennen, dann würden Menschen sich konsistent verhalten."

Sehen wir uns das Ultimatumspiel an. Einer von zwei Mitspielern bekommt 100 Dollar und kann davon einen beliebigen Anteil seinem Spielpartner abgeben. Akzeptiert dieser das Angebot, dürfen beide ihre Anteile behalten. Welche Teilung soll man wählen? Warum nicht 90 Dollar behalten und 10 abgeben? Wenn der Spielpartner ein rationaler, eigennütziger Gewinnmaximierer ist, wie ihn das Standardmodell des *Homo oeconomicus* der Wirtschaftswissenschaftler postuliert, wird er einen Gewinn von 10 Dollar nicht ablehnen, oder? Doch. Die Forschung zeigt, dass Angebote unterhalb einer 70-30-Teilung üblicherweise nicht akzeptiert werden.[7] Warum? Weil sie nicht fair sind. Wer sagt das? Das moralische Modul des reziproken Altruismus sagt es, das sich in paläolithischen Äonen entwickelte, um von unseren potenziellen Tauschpartnern Fairness einzufordern. „Ich kratze deinen Rücken, wenn du meinen kratzt" funktioniert nur, wenn wir vom anderen eine annähernd gleichwertige Leistung erwarten können. Weichen Angebote zu sehr von dieser Parität ab, gerät das Fairness-Modul in Konflikt mit dem Modul für Gewinnmaximierung. In diesem und vielen anderen Experimenten, in denen Menschen die Wahl haben, wird klar, dass wir keine rationalen Rechner sind.[8] Bei meiner Wahl aus der Speisekarte konkurrierte das Modul der kurzfristigen Gelüste nach Süßem und Fettigem mit einem anderen, dem langfristig Gesundheit und Aussehen am Herzen liegen. Gleichermaßen stehen bei moralischen Dilemmata die Module für Kooperation und Wettbewerb miteinander im Widerstreit, oder die für Altruismus und Habgier, oder für Wahrheitsliebe und Lüge.

Ein modulares Modell des Ich hilft nicht nur bei der Erklärung von Heuchelei; mit seiner Hilfe entledigen wir uns auch seiner augenscheinlich deterministischen Natur, wie die Entscheidungsexperimente der Neurowissenschaftler sie nahelegen. Nun, da wir Quelle und Ablauf neuronaler

Entscheidungen kennen, können wir den Willen wieder in unsere psychologischen Modelle einbauen. Es gibt also doch ein Mini-Ich, oder vielmehr viele davon, alle mit Vorlieben, viele im Wettbewerb und alle in einem einzigen Gehirn.

Freies „Ich will nicht"

Definieren wir Willensfreiheit als das Vermögen, auch anders zu handeln,[9] so wird klar, dass man den freien Willen sinnvoll als ein freies „Ich will nicht" auffassen kann, als die Fähigkeit, einen Impuls zugunsten eines anderen mit einem Veto zu belegen. Ein aus dem unbewussten neuronalen Netz aufsteigendes Aktionspotenzial wird verworfen und die Entscheidung, sich auf die eine Art zu verhalten anstatt auf die andere, wird zu einer authentischen Wahl. Ich hätte das Steak nehmen können, aber durch gewisse Methoden der Selbstkontrolle, die konkurrierende Impulse ins Spiel brachten (meine Gesundheit und mein Umfang), verwarf ich die eine Auswahl zugunsten einer anderen. *Das* ist freies „Ich will nicht". Zweifellos haben wir Begrenztheiten und können nicht alles tun, was wir wollen, aber größtenteils haben wir die Macht, das Veto einzulegen und „nein" zu sagen; wir können auf diese Art handeln statt auf jene, und das ist echte Wahlfreiheit.

Gestützt wird diese Hypothese von einer Studie der Neurowissenschaftler Marcel Brass und Patrick Haggard aus dem Jahr 2007, die Probanden im fMRT-Scanner beobachteten, während diese Entscheidungen trafen. Dabei konnten sie es sich im letzten Moment anders überlegen und ihren ursprünglichen Beschluss widerrufen, einen Knopf zu drücken. Wenn das geschah, leuchtete der linke dorsale frontomediane Cortex (dFMC) auf, ein Areal, das normalerweise bei Entscheidungsverhalten aktiv ist, besonders bei der bewussten Unterdrückung einer Wahl. Bezeichnenderweise gab es keinen Unterschied der aktiven Hirnregionen bei der Vorbereitung einer freiwilligen Handlung und bei ihrer Unterdrückung. „Unsere Ergebnisse legen nahe, dass das Gehirn-Netzwerk für absichtsvolle Handlungen eine Kontrollstruktur für die selbst ausgelöste Hemmung oder Zurückhaltung beabsichtigter Aktionen enthält."[10] Das ist freies „Ich will nicht".

Ein weiteres Resultat dieser Studie ist interessant im Hinblick auf Selbstkontrolle: „Individuenübergreifend fanden wir eine positive Korrelation zwischen inhibitorischer dFMC-Aktivierung und der Frequenz inhibierter Handlungen", bemerken die Autoren. Mit anderen Worten, je *öfter* wir lernen, unsere Impulse zu unterdrücken, desto besser werden wir darin, unseren dFMC zu aktivieren, um zukünftige Impulse *besser* unter Kontrolle zu halten. Und umgekehrt: „In der Psychologie individueller Unterschiede ist enthemmtes und impulsives Verhalten ein wesentlicher Marker für bestimmte Persönlichkeitsmerkmale, die mit antisozialem und kriminellem Verhalten in Zusammenhang stehen." Man denke an meine Beispiele des Mörders und des Pädophilen und deren unkontrollierbare Impulse. Aber die Struktur der Entscheidungsarchitektur des Gehirns bietet Erlösung: „Unsere Ergebnisse deuten darauf hin, dass für die Unterdrückung willentlicher Handlungen andere, vorgeschaltete Hirnareale zuständig sind als für ihre Erzeugung und Ausführung. Des Weiteren ist dieser Prozess der Hemmung 'in letzter Sekunde' kompatibel mit einem bewussten Erleben einer Handlungsabsicht."[11]

Anders gesagt, unsere inhibitorischen neuronalen Netze liegen weiter oben als die auslösenden. Woraus folgt, dass jene Impulse und die frühen Entscheidungen, die wir in Reaktion auf sie treffen, von Entscheidungsnetzwerken höherer Ordnung außer Kraft gesetzt werden können. Brass und Haggard: „Unsere Resultate liefern die erste eindeutige neurowissenschaftliche Basis für die weitverbreitete Ansicht, Menschen könnten sich auch dann einer Handlung enthalten, wenn sie sie wirklich gern ausführen würden. Wir mutmaßen, dass der dFMC in diese Aspekte von Verhalten und Persönlichkeit eingebunden sein könnte, die Selbstkontrolle widerspiegeln."[12] Selbst Benjamin Libet, der Initiator dieses Forschungszweiges, der so vielen Neurowissenschaftlern den Glauben an den freien Willen nahm, landete schließlich bei einem Bild der menschlichen Natur, das ein Element des Willens enthält: „Die Rolle eines bewussten freien Willens wäre dann nicht, einen freiwilligen Akt zu initiieren, sondern darüber zu bestimmen, ob er stattfindet. Wir können die Initiativen für Handlungen so betrachten, als würden sie wie Blasen im Gehirn aufsteigen. Der bewusste Wille wählt dann aus, welche dieser Impulse in eine Handlung übersetzt und welche anderen mit einem Veto belegt und verworfen werden."[13]

Diese Ergebnisse implizieren eine Formbarkeit der neuronalen Entscheidungs-Architektur durch Erfahrung, sprich, durch Übung; auf lange Sicht und mit besserer Neurowissenschaft und Technologie können wir Menschen nicht nur lehren, ihre fehlangepassten Impulse in den Griff zu bekommen, die sie zu ungesundem Essen und gefährlichen Drogen verführen. Prinzipiell könnten wir auch Kriminelle trainieren, ihre primären und gefährlichen Entscheidungen zugunsten sozial verträglicherer mit einem

Veto zu belegen. In diesem Sinne ist die Wahlfreiheit real; welcher Teil unseres Gehirns auch immer die Entscheidungen trifft, es bleiben unsere, und selbst die anscheinend unbewussten unter ihnen können durch eine bewusste Anstrengung aufgehoben werden.

Freie Wahl als Teil des deterministischen kausalen Netzes

Gemäß der Theorie des deterministischen Netzes der Kausalitäten, der zufolge keine Menge an Ursachen vollständig alle Determinanten menschlichen Verhaltens erfassen kann, könnten diese Ursachen in Bezug auf die Freiheit des Menschen auf pragmatische Weise eher als konditionierend denn als determinierend betrachtet werden. Die Unermesslichkeit, Vielschichtigkeit und letztendliche Undurchschaubarkeit des kausalen Netzes führt dazu, dass wir uns in unseren Handlungen frei fühlen. Aber es ist mehr als nur ein Gefühl. Wie unsere Fähigkeit des freien „Ich will nicht", mit der wir bewusst die aus dem Unbewussten emporquellenden Begierden außer Kraft setzen können, sind unsere Entscheidungen echte neuronale Prozesse. Unsere Ahnen in der Entwicklungsgeschichte entschieden sich für Handlungen, die reale Konsequenzen hatten für ihr Überleben und ihre Reproduktion; das führte zur Evolution einer neuronalen Architektur des Entscheidungsverhaltens.[14]

Diese Version der Freiheit untersuchte der Philosoph Daniel Dennett ausgiebig. Millionen Jahre des evolutionären Selektionsdrucks brachten den freien Willen hervor, denn wir entwickelten einen Cortex, der die Folgen der vielen verschiedenen uns zur Verfügung stehenden Handlungsoptionen bewerten kann und, im Sinne des Überlebens, bewerten *muss*.[15] In seinem Buch *Freedom Evolves* legt Dennett dar, wie die Willensfreiheit einigen Eigenschaften unserer Kognition entspringt (und die wir, wie ich hinzufügen würde, mit anderen Spezies wie Menschenaffen und Meeressäugern teilen), darunter ein *Ich-Bewusstsein* und das Wissen, dass andere ein Ich-Bewusstsein haben; *symbolische Sprache*, die uns Kommunikation über das Ich-Bewusstsein erlaubt; eine *komplexe neuronale Verschaltung*, die den zahlreichen neuronalen Impulsen einen weiten Bereich der Handlungsoptionen eröffnet; eine *Theory of Mind*, die uns erlaubt, darüber nachzudenken, was andere denken; und *evolvierte moralische Emotionen* über richtige und falsche Entscheidungen. Weil wir komplexe Ideen mit Sprache übermitteln können, sind wir in der Lage, miteinander moralische Entscheidungen zu durchdenken. Aus dieser Sammlung kognitiver Charakteristika resultiert der freie Wille, denn wir können in jedem Moment die Konsequenzen unserer Handlungsmöglichkeiten gewichten. Wir (und andere) wissen, dass wir unsere Entscheidungen bewusst treffen und für sie verantwortlich sind.

Moralische Grade der Freiheit

Einen weiteren Zugang zum Verständnis der Willensfreiheit in einem deterministischen System eröffnet schließlich das Konzept der „Freiheitsgrade" – das Spektrum der Handlungsmöglichkeiten eines Organismus als Funktion seiner Komplexität und der Anzahl der beteiligten Variablen. So haben Insekten nur sehr wenige Freiheitsgrade, sie sind gesteuert von unveränderlichen Instinkten. Bei Reptilien und Vögeln sind es mehr, ihre Instinkte können durch Umweltreize in kritischen Zeitfenstern modifiziert und später durch erlerntes Verhalten ergänzt werden, um sich Änderungen der Umwelt anzupassen. Beim Übergang zu Säugetieren und besonders Menschenaffen mit ihren plastischen, lernfähigen Gehirnen nimmt die Zahl der Freiheitsgrade stark zu, und am höchsten ist sie beim Menschen, getragen von großem Cortex und hochentwickelter Kultur.

Innerhalb unserer Spezies besitzen manche Menschen geringere Freiheitsgrade, darunter Psychopathen, Hirngeschädigte, Hochdepressive und Abhängige; die Rechtsprechung berücksichtigt ihre verminderte Fähigkeit zu verantwortlichem Handeln, dennoch ziehen wir sie in dem Maße zur Verantwortung, in dem sie Kontrolle über ihre Entscheidungen besitzen, insbesondere im Hinblick auf die Fähigkeit, ihre kriminellen Impulse mit einem Veto zu belegen.

Je tiefer Neurowissenschaftler in die „Black Box" des Gehirns vordringen, um seine Mechanismen offenzulegen, umso mehr zeigt sich, wie sehr wir auch über moralische Verantwortung eher in Kontinua als in Kategorien denken sollten. Statt Menschen in die Schubladen „zurechnungsfähig" oder „verrückt", „normal" oder „abnormal", „gesetzestreu" oder „kriminell" zu stecken, sollten wir sie in ein Kontinuum einsortieren, mit Jeffrey Dahmer an einem Ende und Mr. Rogers an dem anderen. Sozialwissenschaftler denken in gleitenden Skalen über interne Zustände wie geistige Gesundheit oder Wahn; es erlaubt uns, die Freiheitsgrade in einem System des Verhaltens zu betrachten.

Auch die Rechtsprechung unterscheidet Freiheitsgrade, indem sie Tötungsdelikte nach Umständen und Absichten klassifiziert. *Mord* ist die vorsätzliche Tötung eines Menschen aus niedrigen Beweggründen (Mordlust, Habgier) oder in Heimtücke oder mit Grausamkeit. Beim *Totschlag* fallen diese Merkmale weg, die Tötungsabsicht besteht jedoch weiterhin; entsteht sie erst im Zorn, wird der Täter milder beurteilt. Bei der *fahrlässigen Tötung* liegt keine Absicht vor, und es wird bei ihr weiter unterschieden nach *unbewusster* (die Folgen des Verhaltens wurden nicht bedacht) und *bewusster* Fahrlässigkeit (die Folgen wurden bedacht, aber ignoriert); betrunkenes Autofahren mag je nach Umständen in die eine oder andere Kategorie fallen. Wie wir weiter unten sehen werden, können bei Tötungsdelikten mildernde Umstände gelten wie Tumore, posttraumatische Belastungsstörung, Depression und so weiter, Faktoren also, von denen man annimmt, dass sie die Autonomie des Beschuldigten einschränken und die daher bei der Urteilsfindung berücksichtigt werden. Und schließlich gibt es noch *legale Tötungen* im Krieg, in der Selbstverteidigung und bei der Todesstrafe. Bei all diesen Arten, ein menschliches Leben zu verkürzen, sei es gesetzlich oder ungesetzlich, durch Einzelne oder den Staat, werden Umstände, Absichten und moralische Freiheitsgrade in Betracht gezogen.[16]

Halten wir fest: Wir haben freien Willen durch (1) unseren *modularen Geist*, bestehend aus konkurrierenden neuronalen Netzen, die uns (2) durch Vetorecht echte Entscheidungen erlauben, ein freies *Ich will nicht* angesichts widerstreitender Impulse, und uns so (3) ein Spektrum willentlicher Wahl innerhalb des Rahmes unserer *Freiheitsgrade* aufspannen, sodass (4) unsere Entscheidungen Teil des kausalen Netzes sind, aber frei genug für die meisten von uns unter den meisten Umständen und Bedingungen, um uns für unsere Handlungen in die Verantwortung zu nehmen. Was genau diese Umstände und Bedingungen sind und wie sie die Freiheit unserer Wahl einschränken, ergibt sich aus Fallstudien moralischer Schuldfähigkeit. Betrachten wir zwei davon, Psychopathie und Gewaltkriminalität, im Kontext ihrer Handhabung durch eine rationale Gesellschaft.

Psychopathie und moralische Schuldfähigkeit

Ein Dasein als Psychopath enthält einige, aber nicht notwendigerweise alle der folgenden Eigenschaften: Gefühllosigkeit, asoziales Verhalten, oberflächlicher Charme, Narzissmus, übersteigertes Selbstwertgefühl, Mangel an Empathie und Reue, schwache Impulskontrolle und Kriminalität.[17] Der für dieses Kapitel befragte Psychologe Kevin Dutton berichtet: „Gemäß Schätzungen tritt Psychopathie bei 1 bis 3 Prozent der Männer auf und bei 0.5 bis 1 Prozent der Frauen". Unter Gefängnis-Insassen „werden 50 Prozent der schwersten verzeichneten Verbrechen wie Mord und Serienvergewaltigung von Psychopathen begangen."[18] Aber selbst innerhalb der Psychopathie gibt es Grauschattierungen; das untere Ende des Spektrums wird besiedelt von Vorstandsvorsitzenden, Anwälten, Wall-Street-Händlern und kaltherzigen Chefs, die es genießen, „Sie sind gefeuert" zu knurren. Am oberen Ende findet man Exemplare wie Ted Bundy, der nach der Vergewaltigung und Ermordung von mindestens 30 Frauen in den 1970ern prahlte: „Ich bin der kälteste Hurensohn, den ihr je treffen werdet."[19]

Der Psychologe Robert Hare entwickelte 1980 seine Psychopathy Checklist (PCL), einen Test mit 20 Fragen und einer maximalen Punktzahl von 40 (bei jeder der 20 Antworten kann man 0, 1 oder 2 Punkte erzielen). Eine überarbeitete Fassung der Skala wird heute noch verwendet und ist in verschiedenen Varianten online zum Selbsttest (nicht empfohlen) verfügbar. Bei mir kam eine 7 heraus; Psychopathie fängt bei 27 an. Natürlich gibt es Umstände wie in Geschäftsleben, Sport und anderen wettbewerbsorientierten Bereichen, in denen es zum Vorteil gereicht, einigermaßen charmant, entschlossen, manipulativ, impulsiv oder von Stimulation getrieben zu sein. Wenn aber diese Persönlichkeitsmerkmale hochskalieren bis zu einem Punkt, an dem aus Charme manipulative Täuschung wird, Selbstbewusstsein zu Starallüren eskaliert, die gelegentliche Übertreibung sich in pathologisches Lügen verwandelt, Entschlossenheit zu Grausamkeit wird, Impulsivität zu Verantwortungslosigkeit und besonders, wenn all diese Eigenschaften zu kriminellem Verhalten führen, haben wir alle Zutaten für einen gefährlichen Psychopathen.

Das vom Psychologen Scott Lilienfeld entwickelte Psychopathic Personality Inventory (PPI) deckt einen viel weiteren Bereich von Persönlichkeits-Dimensionen ab, gemessen durch 187 Fragen und mittels Faktorenanalyse auf einen Cluster kombinierter Charakteristika abgebildet wie etwa machiavellistische Egozentrik, impulsive Nonkonformität, Schuld-Externalisierung, unbekümmerte Planlosigkeit und dergleichen. Die Idee dahinter ist, dass die meisten von uns bis zu einem gewissen Grad diese Persönlichkeitsmerkmale besitzen. Lilienfeld zu Dutton in einem Interview: „Sie und ich könnten im PPI dasselbe Gesamtergebnis erzielen, und dennoch mögen sich unsere Profile bezüglich der acht konstituierenden Dimensionen völlig unterscheiden. Sie könnten einen hohen Wert bei unbekümmerter Planlosigkeit haben und damit zusammenhängend einen niedrigen bei Kaltherzigkeit, während es bei mir umgekehrt wäre."

Der Neurowissenschaftler James Fallon sah sich gezwungen, beide Seiten der Psychopathie aus einer sehr persönlichen Perspektive zu betrachten. Während er in den Köpfen von Serienmördern nach biosozialen Merkmalen der Gewalt suchte, entdeckte er an sich selbst Anzeichen von Psychopathie. Wie er in seinem Buch *Der Psychopath in mir* berichtet, war er dabei, eine Arbeit über die Neurowissenschaft der Psychopathie abzuschließen, die sich mit den Hirnscans junger psychopathischer Mörder befasste. Ihnen gemeinsam ist ein „seltenes und besorgniserregendes Muster verminderter Hirnfunktion in bestimmten Bereichen der Frontal- und Temporallappen, Arealen, die mit Selbstkontrolle und Empathie in Zusammenhang stehen."[20] Unter den Scans war einer, der nicht zum Datensatz gehörte, aber klare Anzeichen von Psychopathie aufwies. Wie sich herausstellte, war es einer von Fallons Gehirn. In weiteren Tests zeigte sich, dass er ein „Borderline-Psychopath" ist, eine Diagnose, die von seiner Familie und seinen Freunden bestätigt wurde. Er drang auf ihre Ehrlichkeit und sie sagten ihm das letzte, das er hören wollte – dass man ihm nicht trauen kann. „Von allen kam das gleiche. Sie hatten mir schon jahrelang gesagt, was sie von mir hielten: Ich sei ein netter und interessanter Kerl, mit dem die Zusammenarbeit Spaß macht. Aber auch ein 'Soziopath'. Ich sagte, ich sei sicher gewesen, sie würden scherzen. Sie antworteten, dass sie es todernst gemeint hatten."[21] Die Eigenschaften, mit denen sie ihn beschrieben, kamen direkt aus der Checkliste für Psychopathen: „Manipulativ, charmant und dabei hinterhältig, ein intellektueller Tyrann, narzisstisch, oberflächlich, egozentrisch, zu echter Liebe unfähig, schamlos, völlig skrupellos, raffinierter Lügner, ohne Respekt vor Gesetzen, Autoritäten oder gesellschaftlichen Regeln."

Für Psychopathie gibt es keine „Heilung", erklärt Fallon. „Psychopathische Veranlagungen sind sehr schwer in den Griff zu bekommen, und beim Versuch einer Heilung mag nur ein sehr kleiner Erfolg herauskommen. Medikamente, die das Monoamin-Neurotransmittersystem beeinflussen, können teilweise Impulsivität und Aggression reduzieren, und frühe Interventionen einschließlich Ernährung und Meditation können Verhaltensprobleme mindern, aber die neuropsychologischen Kerndefizite, die zum Mangel an Empathie und Reue führen, verbleiben." Fallon passt in Duttons Modell eines Psychopathen, der seine Neigungen zum Positiven kanalisiert. „Ich war 'Psychopath Light', die prosoziale Variante, mit vielen typischen Eigenschaften außer gewalttätiger Kriminalität; diese Art Psychopathie bietet sozial akzeptable Ventile für Aggression und manifestiert sich in der kalten, narzisstischen Manipulation von Menschen."[22] Hier liegt der Schlüssel, wie mit Psychopathie und ihrem Einfluss auf die Willensbildung umzugehen ist: Man arbeitet innerhalb ihrer Restriktionen und lenkt ihre Eigenschaften in Richtung produktiver statt destruktiver Ziele.

Das ist, was Kevin Dutton in seinem Buch *Psychopathen: Was man von Heiligen, Anwälten und Serienmördern lernen kann* vorschlägt. Er bittet seine Leser, neben den negativen auch die positiven Seiten der Persönlichkeitsmerkmale zu betrachten, die zur Diagnose „Psychopathie" führen. Dutton entwickelt ein Toolkit, mit dem er Menschen trainiert, die „sieben tödlichen Fähigkeiten" zu nutzen, wie er sie nennt – „sieben Kernprinzipien der Psychopathie, mit denen wir exakt das bekommen, was wir wollen, wenn wir sie vernünftig dosieren und mit Sorgfalt und Aufmerksamkeit anwenden. Mit ihnen *antworten* wir auf die Herausforderungen des heutigen Lebens, statt nur auf sie zu *reagieren*." Hier sind Duttons sieben Prinzipien: Kaltblütigkeit, Charme, Konzentration, mentale Belastbarkeit, Furchtlosigkeit, Aufmerksamkeit und Tatkraft. Wer im Leben irgendetwas erreichen möchte, braucht ein gewisses Quantum all dieser Eigenschaften, aber nicht zu viel davon. „Die Stellknöpfe für Kaltblütigkeit, mentale Belastbarkeit und Tatkraft aufzudrehen, mag Sie durchsetzungsfähiger machen und Ihnen den Respekt Ihrer Kollegen eintragen", schreibt er. „Aber wenn Sie es übertreiben, riskieren Sie, sich in einen Tyrannen zu verwandeln."[23]

Der Sozialpsychologe Philip Zimbardo sucht nach dieser Balance in seinem „Heroic Imagination Project", das Menschen beibringt, wie sie in einer Vielfalt schwieriger Situationen am wirksamsten agieren können.[24] „Vor der Entscheidung, heldenmütig zu handeln, stehen viele von uns irgendwann im Leben", erläutert Zimbardo. „Es bedeutet, keine Angst davor zu haben, was andere denken könnten, sich nicht um die Auswirkungen auf einen selbst zu kümmern und ein Risiko einzugehen."[25] Hier kommen Furchtlosigkeit, Konzentration und mentale Belastbarkeit ins Spiel. Vielleicht brauchen wir ein anderes Wort, ein neues Etikett für die gute Seite der Psychopathie, jenen Teil des Spektrums, auf dem diese Persönlichkeits-Dimensionen einen sinnvollen Nutzen bringen; positive Psychopathie, mit negativer als ihrer Antithese. Wie immer wir sie nennen – wir sollten nicht vergessen, dass menschliches Verhalten mehrdimensional ist, komplex und kontextabhängig; unsere Bezeichnungen werden seinem bunten Mosaik nicht immer gerecht.

Vielleicht gibt es einen Weg, Psychopathen zu trainieren, ihre Fähigkeiten zum Guten statt zum Bösen einzusetzen. Das jedenfalls ist das Ziel des Neurowissenschaftlers Daniel Reisel, der mit einer Förderung des UK Department of Health Gefängnisse besuchte, um auf der Suche nach Ursachen und Abhilfen die Gehirne Krimineller zu untersuchen. Seine vorläufigen Ergebnisse zeigen, dass Verbrecher, besonders psychopathische (die, wie wir uns erinnern, mindestens die Hälfte der Strafgefangenen stellen) andere physiologische Reaktionen zeigen als gesetzestreue Gehirne. In Situationen, die Emotionen wie Kummer oder Traurigkeit hervorrufen sollten, „bleiben die Emotionen und physischen Reaktionen aus. Es wirkt, als würden sie den Text der Empathie kennen, aber nicht ihre Melodie." Hirnscans ergeben: „Unsere Häftlinge haben eine defekte Amygdala, die wahrscheinlich zu ihrem Mangel an Empathie und ihrem amoralischen Verhalten führt."[26]

Ein Zugang zur Behandlung dieser neurologisch beeinträchtigten Menschen ist die Neurogenese, die Geburt neuer Zellen im erwachsenen Gehirn. Zieht man Mäuse in einer Art Gefängniszellen-Umgebung auf, ohne jegliche Stimulation, dann verlieren sie die Fähigkeit, mit ihren Artgenossen, in deren Gegenwart man sie schließlich entlässt, Beziehungen einzugehen. Wachsen sie jedoch in einem an Reizen reichen Umfeld auf, dann entwickeln sie normale Bindungen und es entstehen neue Gehirnzellen und Verknüpfungen, die nicht nur „zu besseren Leistungen bei Lern- und Gedächtnisaufgaben führen", so Reisel, sondern auch zu „gesundem, kontaktfreudigem Verhalten". Reisel zieht die Parallele zum Gefängnis: „Welche Ironie, dass wir Menschen mit dysfunktionalen Amygdalas in eine Umgebung stecken, die jegliche Chance neuronalen Wachstums zunichtemacht." Natürlich führt unsere Neigung, Missetäter zu bestrafen, zu einem System der Vergeltungsjustiz, aber Reisel würde sich für diese geschädigten Gehirne eher eine Justiz und Programme wünschen, die auf Regeneration und Rehabilitiation ausgerichtet sind. Dazu mehr im folgenden Kapitel.

Gewaltkriminalität und moralische Schuldfähigkeit

Ein Ingenieurstudent und Ex-Marineinfanterist namens Charles Whitman ermordete 1966 seine Frau und seine Mutter durch Messerstiche ins Herz. Dann fuhr er zur Universität von Texas in Austin, begab sich mit einem Koffer voller Schusswaffen und Munition auf die Aussichtsplattform des 27 Stockwerke hohen Turms, erschoss von dort fünfzehn Menschen und verwundete weitere 32, bevor er seinerseits von einem Polizeibeamten erschossen wurde.[27] Whitman hinterließ einen Abschiedsbrief, hier ein Auszug:

> Ich verstehe nicht ganz, was mich drängt, diesen Brief zu schreiben. Vielleicht will ich für meine jüngsten Taten einen ungefähren Grund hinterlassen. In letzter Zeit verstehe ich mich selbst nicht mehr. Ich sollte ein durchschnittlicher, vernünftiger junger Mann sein. Aber seit kurzem (und ich kann mich nicht erinnern, wann es begann) überkommen mich seltsame, irrationale Gedanken. Sie kommen immer wieder, und die Konzentration auf sinnvolle Aufgaben erfordert eine immense Anstrengung... Ich wünsche mir eine Autopsie nach meinem Tod, damit man herausfinden möge, ob es eine physische Störung gab.[28]

Tatsächlich fanden Pathologen am Tag nach der Massenerschießung ein walnussgroßes Glioblastom, das Druck auf Whitmans Hypothalamus und Amygdala (assoziiert mit Emotionen und Kampf/Flucht-Reaktionen) ausübte, was eine staatliche Kommission zum Ergebnis führte, dass der Hirntumor „möglicherweise zu seiner Unfähigkeit beigetragen hatte, seine Emotionen und Handlungen zu kontrollieren".[29] Im März desselben Jahres hatte Whitman einen Psychiater des Gesundheitszentrums der Universität konsultiert, in dessen Notizen über das Gespräch sich die folgende Feststellung fand: „Dieser stattliche, muskulöse junge Mann scheint vor Feindseligkeit zu triefen... etwas scheint mit ihm zu geschehen, er ist offenbar nicht er selbst." Whitman erzählte ihm, dass er „darüber nachdenkt, mit einem Jagdgewehr auf den Turm zu steigen und auf Leute zu schießen."[30]

Wegen seines Hirntumors hatte Whitman vermutlich weniger Freiheitsgrade als der Durchschnittsmensch und konnte sich weder über seine Wahnimpulse hinwegsetzen noch war ihm bewusst, warum das so war außer einem vagen Gefühl, dass etwas in ihm völlig verquer lief (was der Fall war). Aber inwiefern unterscheidet sich ein Hirntumor von einer fürchterlichen Erziehung in einem verarmten Umfeld, die ebenfalls das Gehirn auf eine Weise beeinflusst, die zu Gewalt dieses Ausmaßes führt? Üben wir ein weiteres Mal das Prinzip der austauschbaren Perspektiven und nehmen die eines Verbrechers ein, um nicht nur die Ursachen von Kriminalität zu verstehen, sondern auch die Komplexitäten moralischer Schuldfähigkeit, wenn jemand durch unwiderstehliche Kräfte verleitet wird, entsetzliche Taten zu begehen.

Versetzen Sie sich in die Lage eines afroamerikanischen jungen Mannes, aufgewachsen in einem der kriminellsten Viertel einer der heruntergekommensten Städte der USA – Washington, D.C. Ihre Großmutter war vierzehn Jahre alt, als sie Ihre Mutter gebar. Als Sie geboren wurden, war

Ihre Mutter sechzehn. Sie war aufgewachsen bei Onkel und Tante, die sie physisch und sexuell missbrauchten und deren elterliche Qualitäten sie übernahm. Ihr Vater ist wer weiß wo; in seiner Familie waren Drogen, Kriminalität und psychische Störungen verbreitet. Im Alter von zwei Jahren waren Sie schon fünfmal mit Kopf- und anderen Verletzungen in der Notaufnahme gelandet. Aus einem Autofenster „gefallen", von einer Schaukel ohnmächtig geschlagen, aus einem Etagenbett auf den Kopf gestürzt. Wie alle Babys schrien Sie, wenn Sie Hunger nach Nahrung und nach Zuwendung hatten, aber statt Sie zu füttern, in den Arm zu nehmen und zu lieben, wurden Sie voller Wut geschüttelt und dem Gehirn in Ihrem Schädel noch mehr Schaden zugefügt. Mit drei Jahren bekamen Sie von Ihrer Mutter einen Schlag gegen den Kopf und danach schreckliche Kopfschmerzen. Mit sechs Jahren wurden Sie mit einem Elektrokabel verprügelt. Sie waren oftmals so verängstigt, dass Sie sich in die Hose machten, wofür Sie natürlich geschlagen wurden, wie auch für schlechte Schulnoten, geringfügiges Fehlverhalten oder aus irgendwelchen anderen trivialen Gründen, die Ihrer Bezugsperson in den Sinn kamen, sodass sie Sie auch schon mal mit Zigaretten verbrannte.

Mit Ihrem fürchterlichen Zuhause nicht genug, wurden Sie auch von den Tyrannen auf der Straße misshandelt, bis hin zur analen Vergewaltigung. Ihre Peergroup bestand aus Punks und Schlägern, die Menschen ausraubten und in Häuser einbrachen, für ihren Lebensunterhalt und zum Spaß. Mit achtzehn Jahren hatten Sie oft genug daran teilgenommen, um zu zwanzig Jahren Gefängnis verurteilt zu werden. Nach vier Jahren entließ man Sie auf Bewährung; in einem Resozialisierungszentrum in Denver attackierten Sie einen der anderen Bewohner. Bevor man Sie zurück ins Gefängnis nach Maryland bringen konnte, beschlossen Sie, des schnellen Geldes wegen in eine Wohnung in Denver einzubrechen, um dann den Bus Richtung Osten zu nehmen. Die Besitzerin der Wohnung kam nach Hause und überraschte Sie. Angsterfüllt stürzte sie die Treppe hinauf; Sie verfolgten sie, um mit ihr so umzugehen, wie Sie ihr ganzes Leben lang behandelt wurden – mit Gewalt. Sie schlugen sie ins Gesicht und auf den Kopf, zerrten sie an den Haaren ins Schlafzimmer, fesselten sie und verlangten Geld. Sie wehrte sich, die Situation eskalierte; Sie vergewaltigten die Frau, schlugen und stachen auf sie ein, bis sie aufhörte zu schreien. Bis sie starb. Sie verließen die Wohnung und erwischten Ihren Bus um halb zwei; ein weiterer Tag eines Lebens, das man am besten als reine Hölle beschreibt.

Was ist der Unterschied zwischen einem Tumor, der ein Gehirn so verändert, dass sein Besitzer sich in einen gewalttätigen Mörder verwandelt, und der schrecklichsten vorstellbaren Lebensgeschichte, die ein Gehirn genauso verändert, mit demselben Ergebnis „Mörder"? Diese Frage stellt der Psychiater und Kriminologe Adrian Raine in seiner monumentalen Studie über die biologischen Wurzeln der Kriminalität, *The Anatomy of Violence*, aus der das zweite obige Beispiel stammt.[31] Raine schlüsselt auf, wie Neurowissenschaft, kognitive Psychologie und Evolutionspsychologie zu einer biologischen Theorie des Verbrechens konvergieren. Weiter unten werde ich auf diese Geschichten, Raines Interpretation und die der Gerichte zurückkommen, aber einstweilen wollen wir uns vorstellen, einer der beiden oben beschriebenen Männer zu sein. Natürlich glauben die meisten Leute, sie hätten die Selbstkontrolle, diese Antriebe zu unterdrücken. Ich glaube das von mir auch. Nun *müssen* wir aber so denken, denn die die Gehirne der meisten von uns, ohne Hirntumore und höllische Lebensgeschichten, sind verdrahtet für Selbstkontrolle, Perspektivwechsel, Barmherzigkeit und Empathie. Was, wenn Sie *buchstäblich* der Mann mit dem Tumor wären oder jener aus der Gesellschaft des Terrors? Können Sie definitiv sagen, Sie hätten die Verbrechen nicht begangen? Und wenn Sie sie begangen hätten, würden Sie sich in der vollen Verantwortung dafür sehen, so als ob Sie vollständige Selbstkontrolle besäßen? Hier kommen wir dem Problem der moralischen Schuldfähigkeit in einer deterministischen Welt auf die Spur. Die Wissenschaft lehrt uns, dass wir mit großer Sicherheit in einem deterministischen Universum leben, in dem jede Wirkung eine Ursache hat. Gleichzeitig sagen uns Gesellschaft und Gesetz, wir müssten Menschen um des zivilisierten Miteinander willen für ihre Handlungen moralisch verantwortlich machen, und das beruht auf der Annahme eines freien Willens.

Raine folgend war die Kindheit des afroamerikanischen Mannes, Donta Page, so entsetzlich (arm, fehlernährt, vaterlos, missbraucht, vergewaltigt und mehrfach krankenhausreif geprügelt), dass ein Scan seines Gehirns „klare Evidenz reduzierter Funktion in den medialen und orbitalen Regionen des präfrontalen Cortex zeigte", Arealen, die mit Impulskontrolle assoziiert sind. „Patienten mit Schädigungen dieser Bereiche zeigen Impulsivität, verminderte Selbstkontrolle, Unreife, Taktlosigkeit, die Unfähigkeit, unangebrachtes Verhalten zu verändern oder zu unterdrücken, schlechte soziale Kompetenz, geringe geistige Beweglichkeit, geringe Fähigkeiten des logischen Denkens und der Problemlösung, darüber hinaus psychopathenhafte Persönlichkeitsstrukturen und Verhaltensmuster."[32] Beim Vergleich der Hirnscans von Page und 41 anderen Mördern fand sich jeweils eine signifikante Beeinträchtigung ihres präfrontalen Cortex, resultierend in einem „Verlust der Kontrolle über die evolutionär primitiveren Teile des Gehirns, etwa das limbische System, das basale Emotionen wie Wut hervorbringt".[33] Forschung an Patienten der Neurologie zeigt, wie Raine berichtet, dass „Schädigungen des präfrontalen Cortex Risikobereitschaft, Verantwortungslosigkeit und die Neigung zum Brechen von Regeln verursachen", des Weiteren Persönlichkeitsveränderungen wie „Impulsivität, mangelnde Beherrschung und das Unvermögen, Verhalten angemessen zu verändern oder zu unterdrücken". Die kognitiven Beeinträchtigungen wie „Verlust intellektueller Flexibilität und schlechtere Problemlösungs-Kompetenz" führen möglicherweise später zu „Schulversagen, Arbeitslosigkeit und ökonomischer Deprivation, alles Faktoren, die zu kriminellem und gewaltaffinem Lebenswandel prädisponieren".[34]

Aus neurowissenschaftlicher Perspektive können wir erneut die Frage nach dem Unterschied zwischen einem Hirntumor und einer gewaltgeprägten Kindheit stellen. Beide führen zu unmittelbaren und messbaren Konsequenzen des Verhaltens, die Raine auch in einer anderen Fallstudie identifiziert, einem vierzigjährigen Mann, der plötzlich eine Neigung zur Pädophilie entwickelte und sie an seiner zwölfjährigen Stieftochter auslebte. Er wurde wegen sexueller Belästigung und Kindesmissbrauch angeklagt, ein Psychiater diagnostizierte ihn als pädophil. Bevor man ihn ins Gefängnis steckte, ergab ein Hirnscan einen massiven Tumor an der Basis seines orbitofrontalen Cortex, der Druck auf das rechte präfrontale Areal ausübte, das an der Impulskontrolle beteiligt ist. Der Tumor wurde entfernt, die pädophilen Antriebe zeigten sich nicht mehr und der Mann führte sein normales Leben weiter. Einige Monate später fand seine Frau Kinderpornos auf seinem Computer; ein neuer Scan erwies den rezidivierenden Tumor als die Ursache. Er wurde entfernt und die Gelüste nach Sex mit Kindern gleich mit.[35] Eine überzeugende Story, die viel über unsere Gedanken und Handlungen offenbart, aber was folgern wir aus ihr, wenn es darum geht, was wir tun sollen?

Vom biologischen Sein zum moralischen Sollen

So mancher mag sich innerlich sträuben angesichts des biologischen Determinismus, der in einem solchen Ansatz des Verständnisses von Kriminalität und Moralität steckt, aber bevor wir im nächsten Kapitel betrachten, wie die Wissenschaft einer restaurativen Justiz funktionieren könnte, unternehmen wir noch eine Übung der austauschbaren Perspektiven und sehen uns Donta Pages Opfer an, Peyton Tuthill, die auf unvorstellbar brutale Weise ihr Leben verlor. Es kann ihr nicht zurückgegeben werden, wie weit auch immer sich die Wissenschaften der Neurokriminologie und der restaurativen Justiz entwickeln; ihre Familie wird verständlicherweise eine weniger klinische Würdigung von Pages Hintergrund aufbringen, als ich sie hier skizzierte (und Raine in seinem Buch erheblich detaillierter beschreibt). Raine wurde in Pages Prozess von der Verteidigung konsultiert; man navigierte kunstvoll zwischen den Wünschen nach einerseits Verständnis und andererseits Bestrafung im Versuch, Page ein Todesurteil zu ersparen. Ein Ausschuss von drei Richtern stimmte zu, Page bekam lebenslänglich. Eine gute Lösung beim derzeitigen Stand der Wissenschaft; angesichts bekannter Rückfallquoten ist die Wahrscheinlichkeit hoch, dass er in Freiheit ein Leben der Kriminalität und Gewalt fortführen würde.

Das Wissen stammt aus Hirnscan-Studien mit Wiederholungstätern in Justizvollzugseinrichtungen in New Mexico und Wisconsin, durchgeführt vom Neurowissenschaftler Kent Kiehl. Aus seinen Daten kann er mit großer Sicherheit ableiten, welche Kriminellen am wahrscheinlichsten rückfällig werden. Mit einem transportablen MRT-Scanner auf einem Anhänger fährt er die Gefängnisse an und korreliert die so gewonnenen Daten der Häftlinge mit ihren Ergebnissen beim Abarbeiten der Psychopathie-Checkliste. Generell besitzen Psychopathen weniger graue Substanz im paralimbischen System, das mit Selbstkontrolle zusammenhängt. Des Weiteren fand Kiehl bei ihnen „signifikant weniger affektbezogene Aktivität in der Amygdala-Hippocampus-Formation, im Gyrus parahippocampalis, im Striatum und im anterioren und posterioren Gyrus cinguli" – Regionen, die Emotionen kontrollieren, regulieren und die in normalen Gehirnen ihre Besitzer empfänglich für Angst und Bestrafung machen. Von Psychopathen weiß man, dass sie gegenüber solchen Stimuli unempfindlich sind, was ihre asozialen und kriminellen Aktivitäten begünstigt.[36]

Diese Gehirne sind übrigens nicht offensichtlich pathologisch; so finden sich zum Beispiel keine Tumore. Und dennoch besteht ein deutlicher Unterschied in der *Funktion*, sehr wahrscheinlich als Folge früher Lebenserfahrungen, erkennbar am frühen Auftreten der Symptome; wenn Psychopathen kriminell werden, dann schon in jungen Jahren. In einer weiteren Studie mit Verbrechern fand Kiehl niedrige Aktivität im anterioren Gyrus cinguli (ACC, *anterior cingulate cortex*), der mit Fehlerbehandlung, Konfliktbeurteilung, Reaktionswahl und Lernen am (Miss-)Erfolg assoziiert ist. Menschen mit Schäden in diesem Areal zeigen ausgeprägte Unterschiede bei Apathie und Aggressivität. „Patienten mit ACC-Beeinträchtigungen klassifiziert man als 'erworbene psychopathische Persönlichkeit'", so Kiehl. Erworben? Kiel fand bei Kriminellen mit niedriger ACC-Aktivität die doppelte Wahrscheinlichkeit eines Rückfalls, verglichen mit jenen, die hohe ACC-Aktivität aufwiesen. „Wir können nicht sicher sagen, dass alle aus der Hochrisiko-Kategorie wieder zu Tätern werden, aber doch die meisten", sagt Kiehl und fügt hinzu: „Diese Studie erlaubt uns nicht nur die Vorhersage, welche Kriminellen rückfällig werden und welche nicht; sie eröffnet auch einen Weg, auf dem wir Täter in effektivere, gezielte Therapien lenken können, um das Risiko zukünftiger Verbrechen zu verringern." Zu diesem Zweck entwickelt Kiehl Techniken, die die ACC-Aktivität fördern und hofft, sie bei Hochrisiko-Tätern anwenden zu können.[37]

Das sind Modellbeispiele dessen, was ich mit der Ableitung des Sollens aus dem Sein meine. Sobald wir die Ursachen der Kriminalität kennen, etwa niedrige Impulskontrolle, Unempfindlichkeit gegenüber Angst und Strafe, Empathielosigkeit, psychische Krankheit, Aufwachsen inmitten von Gewalt oder ein Tumor, erwächst uns die moralische Pflicht, an der Änderung dieser Bedingungen zu arbeiten, sowohl gesellschaftlich als auch für die Individuen, die diesen Einflüssen unterliegen, wenn wir die Gewalt in der Gesellschaft mindern wollen. So wissen wir zum Beispiel, dass Kriminalität, besonders gewaltsame, vor allem ein Männerproblem ist. Nach einem Jahrhundert des Fortschritts, der Frauen in so vielen Bereichen zu Männern aufschließen ließ, hängen sie auf einem Gebiet nach wie vor hinterher: Gewalttaten. Nach der *Global Study on Homicide* von 2011 des Büros der Vereinten Nationen für Drogen- und Verbrechensbekämpfung (UNODC) ist weltweit die überwiegende Mehrheit der Gewaltstraftäter männlich; in den meisten Ländern stellen Männer über 90 Prozent der Häftlinge. Manchmal töten Männer Frauen, die sie kennen (Beziehungsgewalt), aber meistens sind ihre Opfer andere Männer. Ungefähr 80 Prozent aller Opfer und aller Täter von Tötungsdelikten sind Männer. Ihre globale Opferquote liegt bei 11.9 pro 100000, verglichen mit 2.6 pro 100000 für Frauen; für einen Mann ist es 4.6 mal wahrscheinlicher, ermordet zu werden als für eine Frau. So weit für alle Altersklassen zusammen; in der Kohorte zwischen 15 und 29 Jahren sind es 3 Frauen pro 100000, aber 21 Männer, das Siebenfache. Es liegt daran, dass Männer sich in höherem Maße riskanten Aktivitäten widmen; Bandenmitgliedschaft, illegaler Drogenhandel, gefährliche Sportarten und andere wettbewerbsorientierte Unternehmungen, Auseinandersetzungen um Status und Ehre, Demonstration von Stärke und dergleichen. Die UNODC-Studie zeigt: „Je höher die Mordrate, desto höher der Männeranteil unter den Tatverdächtigen. Umgekehrt, je niedriger die Mordrate, umso höher ist der Anteil der Frauen, wenngleich sie niemals die Mehrheit der Täter stellen. Dieses Geschlechterverhältnis deutet darauf hin, dass der

Anteil männlicher Täter ein guter Prädiktor für die in einem Land oder einer Region vorherrschende Art von Tötungsdelikten ist.[38] Das Wissen um Fakten über ein Problem (wie es *ist*) erlaubt uns den Fokus darauf, was wir tun *sollen*, um es zu behandeln; genau deshalb unternehmen die Vereinten Nationen derartige Forschung: „Die Erfassung der wichtigsten Eigenschaften sowohl der Täter als auch der Opfer ist notwendige Voraussetzung für ein besseres Verständnis der Umstände und Trends bei Tötungsdelikten, um bessere, evidenzbasierte Verfahren und Präventionsstrategien formulieren zu können."[39] Wir müssen uns mit Straßengangs beschäftigen, mit gefährdeten präpubertären Jungen arbeiten, bevor sie gefährliche Teenager werden und generell Männer aller Altersgruppen in Techniken der Selbstkontrolle unterrichten, damit sie Herr ihrer basaleren Impulse werden, bevor Durchsetzungsvermögen sich in Aggression und Gewalt verwandelt. Mit den Daten zu Tötungen innerhalb intimer Beziehungen und dem Wissen, dass mehr als doppelt so viele Frauen von ihren Partnern erschossen als von Fremden umgebracht werden, sollten wir für Männer wie Frauen Programme und Unterstützungsgruppen schaffen, um wirksamer mit häuslichen Beziehungskonflikten umzugehen.[40] Wenn Fehlernährung und ein gewalttätiges Elternhaus bei Kindern zu Hirnanomalien führen, die ihnen ein Leben in Kriminalität und Gewalt eintragen, dann müssen wir etwas tun; nicht nur für sie, sondern auch für ihre potenziellen Opfer und für die Gesellschaft als Ganzes.

11. Moralische Gerechtigkeit: Vergeltung und Restauration

Als ich durchs Tor in die Freiheit trat, wusste ich: Wenn ich meine Bitterkeit und meinen Hass nicht zurücklassen würde, wäre ich noch immer im Gefängnis.

Nelson Mandela, nach 27 Jahren Haft für seinen Kampf gegen die südafrikanische Apartheid[1]

Haben Sie jemals daran gedacht, jemanden zu töten? Ich schon. Einige Male habe ich es mir vorgestellt, mit verschiedenen Leuten im Sinn. Oder, wenn schon nicht töten, so male ich mir wenigstens aus, dem Schweinehund, der meinen Zorn erweckt hat, mit einem Faustschlag den Kiefer zu zerschmettern, sodass er rücklings zu Boden fliegt. Ich stelle mir vor, ihn unausgesetzt mit Flüchen zu überziehen für seine böswilligen, hinterhältigen Taten. In diesen Fantasien bin ich Cassius Clay, der 1965 nach seinem Sieg über Sonny Liston durch K. o. in der ersten Runde seinen Gegner verhöhnt: „Steh auf und kämpfe, du Bastard!". Ich bin *Billy Jack*, der rassistische Raufbolde zu Boden bringt, die unschuldige Indianerkinder belästigen; mit anschwellender Wut brennt mir die Sicherung durch, ich werde zum Berserker und schaffe Gerechtigkeit in einem explosiven Ausbruch der Kampfkunst, in rücksichtslosem Heldentum. Das Eingeständnis ist mir beinahe peinlich, aber ich habe großes Vergnügen an solchen Fantasien, am Gefühl des Preises ausgleichender Gerechtigkeit, den jene zahlen, die mir und anderen ein Leid antaten. Natürlich habe ich so etwas weder jemals getan noch würde ich es tun, wenn nicht gerade ich selbst oder ein geliebter Mensch körperlich bedroht würde; ich kann mich aber mit Mark Twains Stichelei identifizieren: „An der Beerdigung nahm ich nicht teil, sandte aber einen netten Brief, in dem ich mich einverstanden erkläre."

Ich bin damit nicht allein, und Sie auch nicht, wenn Sie die Eingangsfrage bejahen. Der Evolutionspsychologe David Buss berichtet in seinem Buch *Der Mörder in uns: Warum wir zum Töten programmiert sind* (2005), dass die meisten Menschen irgendwann in ihrem Leben Mordphantasien hegen. Wer sind diese mörderischen Fantasten? „Nicht die Bandenmitglieder und Ausreißer, von denen man Gewalt und Wut erwarten könnte", erklärt Buss, sondern „intelligente, gepflegte Leute, hauptsächlich aus der Mittelschicht". Die Resultate erschütterten ihn. „Auf diesen Schwall mörderischer Gedanken, wie meine Studenten sie berichteten, war ich nicht vorbereitet". Er kam zu der Vermutung, „dass tatsächliche Tötungen nur die Spitze des tiefreichenden psychologischen Eisbergs 'Mord' sind. Könnte realer Mord nur das flagranteste Phänomen eines fundamentalen menschlichen Tötungstriebes sein?"[2] Um das herauszufinden, führte Buss nicht nur seine eigenen Studien fort, sondern sammelte die Resultate anderer und schuf so einen Datenbestand über weltweit mehr als 5000 Personen, der die dunklere Seite der menschlichen Natur beleuchtet: 91 Prozent der Männer und 84 Prozent der Frauen berichten von mindestens einer plastischen Tötungsfantasie. Ein Mann aus einer Gruppe von Mördern in Michigan, die Buss untersuchte, lebte seine Fantasie aus; er tötete seine Freundin, „weil ich sie aus ganzem Herzen liebte, und sie wusste das. Sie zusammen mit einem anderen, das machte mich rasend." Eifersucht ist ein geläufiges Motiv, wie sich in einem anderen Fall zeigt, als ein Mann einen Eifersuchtsanfall bekam, während er Sex mit seiner Frau hatte. Wie er berichtete, fragte sie: „Wie fühlt es sich an, mich direkt nach einem anderen zu ficken?" Er erwürgte sie im Bett.[3] Der Impetus hinter Eifersucht ist nicht Hass, sondern Verbundenheit und Verlustangst, wie in diesem Geständnis eines einunddreißigjährigen Mannes, der seine zwanzigjährige Frau erstach, nachdem sie ihm den Sex mit einem anderen während einer sechsmonatigen Trennung gebeichtet hatte:

> Ich sagte zu ihr, wie kannst du von Liebe und Heirat reden und mit diesem anderen Mann ficken. Ich war wirklich wütend. Ich ging in die Küche und holte das Messer. Ich ging wieder ins Zimmer und fragte: Hast du das ernst gemeint? Sie sagte ja. Wir kämpften auf dem Bett. Ich stach auf sie ein. Ihr Großvater kam dazu und versuchte, mir das Messer wegzunehmen. Ich sagte ihm, er soll die Polizei rufen. Ich weiß nicht, warum ich die Frau getötet habe. Ich liebte sie.[4]

Obwohl die meisten derartigen Morde von Männern begangen werden, gibt es zur Genüge Täterinnen, mit gleichermaßen moralistischen Motiven, für eine ansehnliche Datenbasis. Etwa Fall S483 in Buss' Studie, eine dreiundvierzigjährige Frau, die erwog, ihren siebenundvierzigjährigen Freund zu töten.

> Ich hatte diese Vision, sein Essen zu vergiften. Die Vorstellung beginnt mit dem Moment, wenn er nach Hause kommt und sein Bad nimmt. Ich würde das Essen auftischen, mit zwei separaten Suppenschüsseln. In der für ihn wäre Rattengift. Er würde sie essen, ohne Verdacht zu schöpfen.

Dann stelle ich ihn mir vor, wie er Magenschmerzen hat, dann Schaum vor dem Mund, dann bricht er zusammen.[5]

Fall P96, eine Neunzehnjährige, wünschte ihrem Ex-Freund nach einer Reihe von Ereignissen im Verlauf ihrer anderthalbjährigen Beziehung den Tod:

> Was er machte, um mich auf den Gedanken zu bringen, ihn zu töten, war folgendes: Er wollte bestimmen, wen ich traf, was ich tat, wohin ich ging, wann ich ging. Er wollte jeden Aspekt meines Lebens kontrollieren, seit wir im College zusammenkamen. Er sagte gemeine Sachen, beschimpfte mich, gab mir das Gefühl, wertlos zu sein, oder als ob ich keinen anderen finden würde... Zwei Hauptereignisse lösten diese Gedanken aus; 1) er hatte einen riesigen Streit mit meiner Mutter, 2) er nannte mich eine Hure.[6]

Buss hält die Motive hinter diesen mörderischen Fantasien fest, um den moralistischen Charakter der meisten Morde zu bekräftigen. In der Vorstellung des Täters oder eines Menschen, der die Tötungsfantasie hegt, verdient das Opfer den Tod. Im Lauf der Geschichte gab es zweifellos unzählige Situationen brutaler Misshandlung, die eine gewaltsame Reaktion nötig machten; es lässt sich argumentieren, dass unsere Fähigkeit zu mörderischer Vergeltung zum Zweck der Selbstverteidigung in die Welt kam. Verteidigt man sich nicht, dann kommt der Angreifer damit durch und etabliert ein sich selbst erhaltendes System der Gewalt als Mittel zum Zweck. Opfer, die zurückschlagen, weisen den Täter (und die Zuschauer) darauf hin, dass Gewalt mit Gewalt beantwortet wird. So führt Buss den Fall eines Australiers namens Don an, der nach vierzehn Jahren einer Ehe voller Demütigungen von seiner Frau Sue getötet wurde:

> Don war auch sehr übergriffig geworden, verbal und physisch. Zu Letzterem gehörten verschiedene Arten der Erniedrigung; immer wieder Schläge auf den Kopf, Todesdrohungen, Einsperren in den Kleiderschrank. Sue wurde gezwungen, vor einem Spiegel zu sitzen, während Don abfällige Bemerkungen über sie machte. Auch hatte er sie eingesperrt und ihr dann ins Gesicht uriniert. Später in jener Nacht, als Don schlafen gegangen war... hackte Sue ihm mit einer Axt dreimal seitlich in den Hals. Dann stach sie ihn mit einem großen Tranchiermesser ungefähr sechsmal in den Bauch.[7]

Wer, außer Don, würde diese Schilderung nicht mit einem gewissen Mitgefühl für Sue lesen? Wenn mir jemand auf den Kopf schlüge, mich erniedrigte und verhöhnte, einsperrte, mir ins Gesicht urinierte und mich mit dem Tod bedrohte oder das jemandem antäte, den ich liebe, dann kann ich mir leicht vorstellen, die Axt zu schwingen, mit bis zum Anschlag aufgedrehtem Gefühl moralischer Rechtschaffenheit. Dieser Sinn für Gerechtigkeit schien auch eine Frau namens Susan zu erfüllen bei ihrer aggressiven Reaktion auf ihren gewalttätigen, kokainsüchtigen Ehemann, als er „stirb, Schlampe!" brüllte und mit einem Jagdmesser auf sie losging. Susan rammte ihm das Knie in den Unterleib und ergriff das Messer; gewiss eine rationale Reaktion auf einen ausgerasteten Irren. Bei ihrer Verhandlung sagte sie: „Ich war verängstigt, denn er würde mich töten. Ich wusste, in der Sekunde, in der ich nachließ, würde er sich das Messer zurückholen, und dann wäre ich die Tote."

Indessen konnte Sue, nachdem sie angefangen hatte, nicht mehr aufhören, auf ihren Mann einzustechen; ein Phänomen, das der Soziologe Randall Collins „konfrontative Verkrampfung" nennt. Dieser ins Maßlose steigende psychologische Druck kann zu einem „Tunnel der Gewalt" und in äußerster Ausprägung zu einer „Vorwärtspanik" führen, einer Explosion von rasender Wut, die sich in Aggression und Gewalt löst, wie beim Einschlagen auf Rodney King durch Polizeibeamte in Los Angeles, die auf dem körnigen Video eines Zuschauers wie ein Wolfsrudel wirken, das seine Beute zerreißt.[8] Verloren in ihrem Tunnel der Vorwärtspanik und Gewalt stach Susan 193 mal auf ihren Mann ein. „Ich stach ihn in den Kopf und ich stach ihn in den Hals und ich stach ihn in die Brust und ich stach ihn in den Bauch, und ich stach ihn ins Bein für jedes Mal, als er mich getreten hat, und ich stach ihn in den Penis für all die Male, als er mich zum Sex zwang, wenn ich nicht wollte."[9]

Solche Emotionen der Vergeltung sind geläufig genug, dass Autoren und Filmregisseure auf sie zählen wie in der Szene des Films *Verblendung*, in der die Hauptdarstellerin Lisbeth Salander ihren Vergewaltiger mit einem Taser schockt, bindet, knebelt und „Ich bin ein sadistisches Schwein und ein Vergewaltiger" in riesigen Buchstaben auf seinen Leib tätowiert; das Publikum im Kino, in dem ich den Film sah, jubelte zustimmend angesichts der ausgleichenden Gerechtigkeit.

Die evolutionären Ursprünge moralischer Gerechtigkeit

Wir entwickelten Emotionen, um unser Verhalten auf das eigene Überleben und Gedeihen auszurichten; die moralischen Emotionen (Schuld, Scham, Empathie, Verachtung, Rachegelüste, Reue) unter ihnen entstanden, um unser Verhalten in der Interaktion mit anderen zu steuern. *Zorn* bringt uns zum Zu- und Zurückschlagen, macht uns verteidigungsbereit gegen Räuber und Rüpel. *Angst* bewirkt Rückzug und Flucht vor Risiken. *Ekel* macht, dass wir ausspucken und abschütteln, was uns nicht gut tut, wie Körperflüssigkeiten und andere potenziell krankheitserregende Substanzen. In jeder Situation die Wahrscheinlichkeit einer Gefahr zu berechnen dauert oft einfach zu lange; es besteht immer die Möglichkeit, dass wir sofort reagieren müssen, und dafür sind, im evolutionären Sinne, Gefühle da.

Die Evolution des Verlangens nach Gerechtigkeit lässt sich entlang zweier Evidenzlinien verfolgen – die unserer Primatenvettern und die unserer jagenden und sammelnden Ahnen. Mit Schimpansen teilen wir gemeinsame Vorfahren, die vor sechs bis sieben Millionen Jahren lebten, daher betrachten wir zunächst die Ausformung moralischer Emotionen bei diesen Affen, zusammen mit Bonobos unseren engsten lebenden Verwandten. Der Primatologe Frans de Waal beschreibt in seinem Buch *Unsere haarigen Vettern* Verhaltensmuster als eindeutige „direkte Bezahlung für geleistete Dienste" und erläutert: „Generell ist das Gruppenleben der Schimpansen ein Markt, auf dem Macht, Sex, Zuneigung, Unterstützung, Intoleranz und Feindschaft gehandelt werden." Wie bei Menschen zeigt sich ein duales System aus Lohn und Strafe. De Waal: „Die beiden Grundregeln sind 'eine Hand wäscht die andere' und 'Auge um Auge, Zahn um Zahn'.[10] "In seiner Folgestudie *Peacemaking among Primates* zeichnete er auf, was Schimpansen und andere Primaten nach einer Auseinandersetzung innerhalb der Gruppe tun, nämlich sich versöhnen, mit einer sehr menschlich anmutenden Umarmung oder einem Arm um die Schultern des anderen.[11] In *Der Affe in uns* erläutert de Waal, wie Forscher auf einen Kampf zwischen den Affen warten, um den weiteren Verlauf aufzuzeichnen. „Zuschauer umarmen oft die bekümmerte Partei und lausen ihr das Fell."[12] Schlichtung ist der Schlüssel zur Konfliktlösung, und um das Getriebe der Gerechtigkeit am Laufen zu halten, ist Friedensstiftung nötig, wenigstens provisorisch, sodass alle das Gefühl haben, ohne allzu großen Groll miteinander weiterleben zu können.

Bonobos, wesentlich amouröser als Schimpansen und vom Menschen im verzweigten Baum der Evolution gleich weit entfernt, lösen Konflikte mit einer weiteren menschlichen Spezialität: Sex zur Versöhnung, oder wenigstens eine Menge gegenseitige Fellpflege und Liebkosungen. Anatomisch sind sie den Australopithecinen ähnlicher, unseren evolutionären Vorfahren, und verglichen mit Schimpansen laufen sie öfter auf zwei Beinen, haben mehr Sexualverkehr von Angesicht zu Angesicht (Missionarsstellung), mehr Oralsex und Zungenküsse, zierlichere Proportionen, kleinere Eckzähne, eine vielfältigere Ernährung, organisieren sich in größeren

Gruppen und zeigen weniger Konkurrenzkampf und Aggression; die Pegel ihrer Hormone, die Verträglichkeit fördern, sind denen der Menschen ähnlicher und die die mit Empathie assoziierten Hirnregionen ebenso.[13]

Im Sinne eines weiter gefassten Arguments für den evolutionären Ursprung solcher Gefühle merkt de Waal an, dass besänftigendes Verhalten nicht auf Schimpansen und andere Menschenaffen beschränkt ist, sondern sich unter den meisten sozialen Säugetierarten findet. „Elefanten benutzen ihre Rüssel und Stoßzähne, um schwachen oder gestürzten Artgenossen aufzuhelfen. Betrübte Jungtiere beruhigen sie mit grummelnden Lauten. Von Delfinen weiß man, dass sie Harpunenleinen durchbissen, um Gefährten zu retten, sie aus Tunfischnetzen zerrten, in denen sie sich verfangen hatten und kranke Tiere vor dem Ertrinken bewahrten, indem sie sie an der Wasseroberfläche hielten."

Damit eine Spezies sozialer Tiere überleben kann, brauchen ihre Individuen die kognitiven Werkzeuge und das Verhaltensrepertoire, um Konflikte zu lösen, den Frieden zu wahren und aggressive Neigungen zu unterdrücken, wenn diese aus der Tiefe emporquellen. Beides haben sie. Kapuzineraffen zum Beispiel, evolutionär entferntere Vettern des Menschen mit kleinerem Gehirn, zeigen dieselben Wesenszüge. Frans de Waal ließ in Studien mit beiden Spezies jeweils zwei Individuen eine Aufgabe bearbeiten und gab nur einem die Belohnung. Teilte der Empfänger sie nicht mit seinem Partner, so weigerte sich dieser, an weiteren Aufgaben mitzuwirken und zeigte eindeutig seinen Verdruss über die Ungerechtigkeit; ein verärgerter Primat tut das, indem er an seinem Käfig rüttelt, mit Gegenständen wirft und wütend schreit.[14]

In einem Experiment der Psychologin Sarah Brosnan wurden zwei Kapuzineraffen angelernt, einen Granitstein gegen eine Gurkenscheibe einzutauschen. Dann brachte Brosnan eine raffinierte Ungerechtigkeit ins Spiel, denn sie gab einem der Affen eine Weintraube statt des Gurkenstücks, die wegen der genetisch angelegten Vorliebe für Süßes begehrter ist. Unter diesen Umständen kooperierte der übergangene Affe nur in 60 Prozent der Fälle und verweigerte manchmal gar die Gurke. Brosnan verschärfte die Ungerechtigkeit noch, sie gab nur einem der Affen die Traube, ohne dass er den Granitstein hergeben musste. Der brüskierte andere spielte bei diesen höchst unfairen Bedingungen nur noch mit 20 Prozent Wahrscheinlichkeit mit und regte sich in vielen Fällen derart auf, dass er das Gurkenstück zum Wurfgeschoss in Richtung der Experimentatoren machte.[15] In einem ähnlichen Experiment der Primatologen Marina Cords und Sylvie Thurnheer an der Universität Zürich lernten Paare von Javaneraffen, bei einer Aufgabe zu kooperieren, die den Einsatz beider erforderte, damit sie eine Belohnung bekamen. Sie vertrugen sich nach Streitigkeiten schneller als Artgenossen, die die Zusammenarbeit nicht gelernt hatten.[16]

In der Ökonomie der Moral, in der Währungen und Güter wie Nahrung, Fellpflege, Versöhnung, Gegenseitigkeit, Freundschaft und Bündnisse gehandelt werden, gehen Fairness und Gerechtigkeit Hand in Hand. So entdeckte de Waal, dass einander das Fell lausende Schimpansen wahrscheinlicher Futter miteinander teilen; Kapuzineraffen neigen dazu, Nahrung und Fellpflege zu teilen und sich bereitwilliger mit jenen zu versöhnen, mit denen sie vorher solchen Tauschhandel betrieben.[17] Hier haben wir ein buchstäbliches Beispiel der umgangssprachlichen Definition des reziproken Altruismus – ich kratze deinen Rücken, wenn du meinen kratzt. Nicola Koyama an der John Moores University in Liverpool fand heraus, dass einander das Fell pflegende Schimpansen soziale Allianzen gegen andere Artgenossen bilden. Wenn etwa Affe A dem Affen B das Fell durchflöht, dann wird B den A am nächsten Tag in einem Kampf unterstützen. Die Forscher interpretieren das so, dass Schimpansen sich durch positive Interaktionen beim anderen einschmeicheln in der Erwartung möglicher zukünftiger Hilfeleistungen durch ihn, auch ohne dass ihnen dafür eine sprachliche Artikulation zur Verfügung steht.[18]

Die Primatenforschung stützt die These dieses Buches, dass wir die Fähigkeit entwickelten, tatsächlich „moralische Tiere" zu *sein* und nicht nur so tun als ob. Es genügt nicht, einen guten Menschen zu schauspielern, denn auf lange Sicht finden unsere Gruppengefährten das heraus. Daher *müssen* wir die meiste Zeit nette Leute sein, also prosozial, reziprok altruistisch, kooperativ, fair und das alles auf eine Weise, die sich für uns gut, richtig und gerecht anfühlt.[19] Das nun liefern uns die moralischen Emotionen – echte, authentische Moral, selbst wenn wir den moralischen Standards unserer Gesellschaft nicht immer gerecht werden. Ohne diese Gefühle wären unsere Handlungen nichts weiter als selbstsüchtige Kalkulationen. Nach de Waal gibt es keine Anzeichen für Berechnungen zukünftiger Profite durch gegenwärtige Freundlichkeiten bei nichtmenschlichen Primaten; das stärkt meine Position, denn es weist auf eine unmittelbare Belohnung durch gute Gefühle hin, die sich einstellen, wenn man anderen hilft.[20] Die moralischen Emotionen sind ein Stellvertreter der Kalkulation eigener Vorteile, entstanden durch natürliche Selektion; sie lassen uns davon ausgehen, dass nicht nur die anderen moralische Wesen sind, sondern wir selbst auch. Moral ist ein echtes, biologisch verwurzeltes Phänomen und der Wunsch nach Gerechtigkeit ein ebenso konkretes Gefühl wie Liebe.

Diese Beobachtungen und Experimente über Konflikte und deren Lösung unter Primaten öffnen ein Fenster in unsere evolutionäre Vergangenheit; sie sind emotionale „Fossilien", sie helfen, ein Bild der Lebensumstände unserer Vorfahren zu entwickeln. Der Sinn für Fairness und Gerechtigkeit in heutigen Menschen wie in nichtmenschlichen Primaten deutet auf die gemeinsame Wurzel unserer Reaktionen auf Unfairness und Ungerechtigkeit hin, die sich in ferner Vergangenheit als Konfliktlösungswerkzeug entwickelte und ohne die das Überleben und Gedeihen in einer sozialen Spezies unwahrscheinlicher wäre. Wenn jeder stets im eigenen Interesse handelte, ohne sich um die anderen in der Gruppe zu kümmern, würde sich die Gemeinschaft in Anarchie und Gewalt auflösen. Wie Sarah Brosnan aus ihren Studien über Ungerechtigkeit unter Menschenaffen schließt, führen ungleiche soziale Ergebnisse zu antagonistischen Reaktionen, und umgekehrt: „Eine Abneigung gegenüber Ungerechtigkeit kann nutzbringende kooperative Interaktionen fördern, weil Individuen, die dauerhaft weniger bekommen als ein Partner und die das erkennen, sich nach einem anderen Partner umsehen werden, mit dem sich die Zusammenarbeit eher lohnt."[21] So entstehen die natürliche Selektion prosozialen und kooperativen Verhaltens *innerhalb* der Gruppe und die Selektion von Xenophobie und Tribalismus *zwischen* Gruppen, oder kürzer, Ingroup-Freundschaft und Outgroup-Feindschaft.

Der Sinn für Gerechtigkeit entstand als Instrument zur Konfliktlösung und um Tyrannen, Schmarotzer und Mörder daran zu hindern, sich einer Gesellschaft zu bemächtigen und so die evolutionäre Fitness der Gruppenmitglieder zu mindern, was bis zur Auslöschung der Gruppe führen könnte. Man braucht Strategien, um mit Gruppenmitgliedern umzugehen, die sich nicht benehmen können. *Moralistische Bestrafung* ist eine davon, getrieben vom Bedürfnis nach gerechtem Tauschhandel; daher lehnen Teilnehmer des Ultimatumspiels unfaire Angebote aus einem inneren Impuls heraus ab. Der universelle Charakter moralistischer Bestrafung zeigte sich in Studien, die weltweit das Ultimatumspiel spielen ließen, darunter fünfzehn kleine traditionelle Gesellschaften. Verglichen mit westlichen Ländern, in denen gemeinhin Teilungen im Bereich von 50/50 bis 70/30 akzeptiert werden, variierten die Interaktionen in den Stammesgesellschaften zwischen einem Minimum von 26 Prozent beim Machiguenga-Stamm in Peru bis zu maximalen 58 Prozent bei den Lamelara in Indonesien. Die Variation scheint mit Beschäftigung und Lebensunterhalt der Menschen zusammenzuhängen; in großen Ökonomien mit mehr Marktintegration sind die Angebote fairer als dort, wo überwiegend für den Eigenbedarf gearbeitet wird.[22] In einer umfassenden Sichtung der substanziellen Literatur zu derartigen Experimenten kommen die Anthropologen Joseph Henrich und Robert Boyd zum Ergebnis: „Weltweit sind den Menschen Fairness und Gegenseitigkeit wichtig; sie sind bereit, materielle Güter umzuverteilen, jene zu belohnen, die sich prosozial verhalten und die anderen zu bestrafen, auch wenn es sie selbst etwas kostet."[23] Obwohl menschliche Kulturen enorm variieren, mit großen Unterschieden in sozialer Organisation, Institutionen, Verwandtschaftssystemen und Umweltbedingungen, so bleibt doch ein uns allen eigener Satz natürlicher Kerneigenschaften auf evolutionärer Grundlage; keine Gruppe von Menschen besteht aus rein egoistischen Individuen, und alle Menschen haben einen Sinn für Fairness und Gerechtigkeit.[24]

Revanche und Gerechtigkeit als Abschreckung

Die Emotionen hinter dem Bedürfnis nach Gerechtigkeit entstanden aus einer Anzahl guter evolutionärer Gründe; einer davon ist die Abschreckung anderer von Trittbrettfahrerei, Betrug, Diebstahl, Schikane und Mord. Wer sich der Möglichkeit der Vergeltung bewusst ist, mag zögern oder davon absehen, die Tat zu begehen, vorausgesetzt, er (weniger wahrscheinlich: sie) zeigt die normalen Reaktionen von Unbehagen und Angst angesichts der Strafandrohung. Und für jene (bekannt als Psychopathen), denen diese Empfindlichkeit fehlt, mag rohe Gewalt die einzige Sprache sein, die sie verstehen. Der Sinn für vergeltende Gerechtigkeit ist ein natürlicher; für unsere Vorfahren war sie vielleicht das einzige ihnen zur Verfügung stehende Mittel. Wären solche Gefühle nicht in uns entstanden, dann hätten Schlägertypen, Tyrannen und Mörder die paläolithischen Stämme unserer Vorfahren überrennen und den Untergang unserer Spezies einläuten können.

Wie Menschengruppen Rechtssysteme entwickelten, ist das Thema des Anthropologen Christopher Boehm in seinem erhellenden und streckenweise schockierenden Buch *Moral Origins: The Evolution of Virtue, Altruism, and Shame*[25] Boehms Analyse fußt auf einer Datensammlung über 339 Gesellschaften von Jägern und Sammlern. Solche, die denen unserer Vorfahren vermutlich nicht ähneln, sortierte er aus, darunter Jäger zu Pferde, Gartenbaubetreibende, Pelzjäger und sesshaft-hierarchische Jäger. Übrig blieben 50 dem späten Pleistozän entsprechende (Late Pleistocene Appropriate, LPA) Stämme, mit deren Daten er arbeitete. Teils existieren sie noch, teils wurden sie im letzten Jahrhundert von Anthropologen untersucht; vermutlich repräsentieren sie eine hinreichend genaue Annäherung an das Leben unserer Vorfahren. Zusammen mit archäologischer Evidenz bilden diese Ethnographien die Basis für Theorien über das vorzivilisatorische Leben.[26]

Boehm vertritt, dass *moralistische Bestrafung* teilweise entstand, um die Probleme der Evolution von Altruismus und der Stabilität dieser vergleichsweise egalitären Gesellschaften zu lösen, in denen Trittbrettfahrer das System manipulieren konnten, indem sie ihm mehr entnahmen als sie einzahlten, etwa sich auf einer Sammel-Expedition langsamer bewegten, bei einer gefährlichen Jagd zurückblieben oder mehr als ihren fairen Anteil an Essen in Anspruch nahmen. Gemäß Boehm gab es in all diesen Gesellschaften Sanktionen für Abweichler, Trittbrettfahrer und Rüpel, die von sozialem Druck und Kritik über Beschämung, Ausgrenzung, Verbannung aus der Gruppe und, wenn nichts anderes half, bis zur Todesstrafe reichten. Der Ahndungsprozess begann mit Gemunkel, privatem Austausch von Informationen, wer seinen fairen Anteil leistet und wer nicht, wem man trauen kann und wem nicht, wer ein gutes, zuverlässiges Mitglied der Gruppe ist und wer ein Drückeberger, Betrüger, Lügner oder Schlimmeres. Klatsch erlaubt der Gruppe, über den Abweichler einen Konsens zu bilden, der zu einer kollektiven Entscheidung führen kann, wie mit ihm (fast immer einem Mann) zu verfahren ist. Allerdings kümmern sich Hardcore-Tyrannen wie Psychopathen nicht darum, ob über sie geredet wird; in ihrem Fall diente der Gruppentratsch als Mittel, Koalitionen untergeordneter Mitglieder zu bilden nach der Regel *Einigkeit macht stark*.

Im Kontext vorzivilisatorischer Gesellschaften wirkt der Begriff „Todesstrafe" überraschend, aber sie wird manchmal zum Erhalt der Gruppenharmonie eingesetzt im Falle eines hartnäckigen Schurken, der sich den Regeln nicht beugt und auf mildere Maßnahmen nicht anspricht. 24 von den 50 untersuchten LPA-Stämmen praktizierten sie, zum Beispiel für böse Zauberei, wiederholten Mord, tyrannisches oder psychotisches Verhalten, Diebstahl, Betrug, Inzest, Ehebruch, vorehelichen Sex, Tabubrüche, die alle Gruppenmitglieder gefährdeten, Verrat an Außenstehende, „ernste oder schockierende Verfehlungen" und allgemeines Abweichlertum. Tatsächlich liegt die Quote vermutlich höher als bei 48 Prozent; ihre Anwendung ist in Ethnographien notorisch unterrepräsentiert, weil sie den herumschnüffelnden Anthropologen verheimlicht wird. Die Stämme der Neuzeit wissen, dass Exekutionen durch die kolonialen Statthalter ihrer Region verboten

ART DES ABWEICHENDEN VERHALTENS	% DER GESELLSCHAFTEN	% DER ERWÄHNTEN ANGRIFFE	GESAMTE ANZAHL DER ERWÄHNUNGEN IN ERFAHRUNGSBERICHTEN
BEDROHER	100	69	471
MORD	100	37	248
HEXEREI	100	18	122
JEMANDEN SCHLAGEN	80	12	79
SCHIKANIERUNG	70	2	12
BETRÜGER	100	31	171
STEHLEN	100	15	99
MANGELNDES TEILEN	80	6	34
LÜGEN	60	7	48
BETRÜGEN	50	3	24

Bild 11-1: *Verbrechen und Verstöße in traditionellen Gesellschaften*
Der Anthropologe Christopher Boehm stellte eine Datensammlung der Verbrechen und Verstöße in traditionellen Gesellschaften zusammen, deren Strafen von Meidung bis zur Todesstrafe reichen.[27]

sind und halten sie wohlweislich geheim. Bild 11-1 zeigt Boehms Aufzählung der Verbrechen und Verstöße und der zugehörigen Bestrafungen.

Boehm führt ein grausiges Beispiel einer Exekution an, aufgezeichnet vom Anthropologen Richard Lee in seiner Studie der San-Buschmänner in Afrika. Es geht um einen Rabauken und Mörder namens /Twi, der mindestens zwei Menschen getötet hatte und für den die Gruppe als einzige Lösung ein Todesurteil beschloss. Lee befragte /Twis Eltern, seine Schwester und seinen Bruder. „Alle hielten ihn für einen gefährlichen Mann. Vielleicht war er psychotisch." Der Bericht zeigt, wie schwer es ist, ohne moderne Waffen ein menschliches Wesen zu töten, das sich wehrt und welche Macht ein Kollektiv entwickeln kann, selbst des stärksten Widersachers Herr zu werden (Die Schrägstriche und Ausrufezeichen symbolisieren „Klicks" in der Sprache der Buschmänner.)

/Xashe griff /Twi zuerst an. Er lauerte ihm in der Nähe des Lagers auf und schoss ihm einen vergifteten Pfeil in die Hüfte. Es folgte ein Handgemenge, /Twi rang ihn nieder und langte nach seinem Messer, als /Xashes Frau ihn von hinten packte und /Xashe zurief: „Lauf weg! Dieser Mann wird jeden töten!" Und /Xashe lief weg.

/Twi zog den Pfeil heraus und ging zu seiner Hütte, wo er sich hinsetzte. Einige Leute versammelten sich, um ihm zu helfen, indem sie die Wunde aufschnitten und das Gift heraussaugten. /Twi sagte „Das Gift bringt mich um. Ich will pissen." Aber anstatt zu pissen, täuschte er die Leute, griff sich einen Speer, schlug damit um sich, traf eine Frau namens //Kushe in den Mund und riss ihr die Wange auf. Als //Kushes Ehemann N!eishi ihr zu Hilfe kam, täuschte /Twi ihn auch und schoss ihm im Ausweichen einen Giftpfeil in den Rücken. Und N!eishi stürzte nieder.

Nun gingen alle in Deckung, und andere schossen auf /Twi, und niemand kam ihm zu Hilfe, weil alle Leute beschlossen hatten, dass er sterben soll. Aber er jagte immer noch hinter einigen her, schoss Pfeile, traf aber nicht mehr.

Dann kehrte er ins Dorf zurück und setzte sich in der Mitte nieder. Die anderen krochen zurück zur Dorfgrenze und hielten sich in Deckung. /Twi rief „Hey, habt ihr immer noch Angst vor mir? Ich bin erledigt, ich kriege keine Luft mehr. Kommt und tötet mich. Fürchtet ihr meine Waffen? Ich lege sie außer Reichweite. Kommt, tötet mich."

Dann beschossen sie ihn mit vergifteten Pfeilen, bis er aussah wie ein Stachelschwein. Dann lag er am Boden. Alle näherten sich ihm, Männer und Frauen, und stachen seinen Körper mit Speeren, auch als er schon tot war.[28]

Anthropologen dokumentierten viele Formen störenden Verhaltens; Böhm teilt es grob in zwei Kategorien auf, Bedrohung und Betrug. Bedrohung schließt Mord, Zauberei, physische Gewalt und Schikane ein. Zu Betrug gehört Diebstahl, nicht teilen wollen, Lüge und Übervorteilung. Von den 50 erfassten Gesellschaften berichteten 100 Prozent über Mord, Zauberei und Diebstahl; in 90 Prozent wollten Leute nicht teilen; in 80 Prozent trat physische Gewalt auf; 70 Prozent litten unter Rabauken; 60 Prozent erwähnten Lügner und 50 Prozent betrügerisches Verhalten. Jedes Mal kam es zu Klatsch in der Gemeinschaft und in Folge zur Gruppenentscheidung über eine angemessene Bestrafung.

Diese traditionellen Gesellschaften unterscheiden zwischen reversiblen und irreversiblen Sanktionen für Abweichler. Die reversiblen werden eingesetzt, wenn die Gruppe sich eines asozialen Verhaltens entledigen will, aber nicht des Täters, weil er ein ansonsten nützliches Mitglied ist. Irreversible Sanktionen bedeuten entweder dauerhaften Ausstoß aus der Gruppe (was oft Hungertod oder Ermordung durch einen anderen Stamm bedeutet) oder Exekution; die Letztere nur, nachdem reversible Zwangsmaßnahmen nichts halfen oder wenn ein Tyrann eine ernsthafte Bedrohung der Gruppe darstellt.

Im evolutionären Kontext bewahren Trittbrettfahrer und Betrüger, die auf Sanktionen ansprechen, ihre genetische Fitness und reichen ihre Veranlagung für mittlere Niveaus des Mogelns an Folgegenerationen weiter; es lässt sich in allen heutigen Gesellschaften beobachten. Natürlich sind Rabaukentum und Betrügerei wie alle menschlichen Merkmale das Ergebnis eines Zusammenspiels von Genen und Umwelt, daher reden wir hier über Neigungen und Wahrscheinlichkeiten. In einer Welt, in der Trittbrettfahrer eine Minderheit bilden und sich oft der Täuschung bedienen, um unentdeckt zu bleiben, entwickelten wir „Betrüger-Detektoren" und die Neigung, über jene zu tratschen, die uns vielleicht in die Irre führen und das System ausnutzen könnten. Boehm bilanziert: „Unser System der sozialen Kontrolle kann die genetische Fitness unbeherrschter Trittbrettfahrer, deren Gewissen ihre gefährlichen Wesenszüge nicht unter Kontrolle hat, drastisch reduzieren, aber es erlaubt Menschen mit einem moderateren Potenzial zur Ausnutzung der Gesellschaft, in Angelegenheiten, die sonst zu ihrer Bestrafung führen würden, sich weit genug zu beherrschen, dass ihre ehrgeizigen Tendenzen in sozial akzeptablem Rahmen bleiben. Darum sind Trittbrettfahrer nicht völlig verschwunden."[29]

Das evolutionäre Wettrüsten brachte Betrüger und Betrüger-Detektoren hervor, Trittbrettfahrer und Abschreckung für sie, Tyrannen und Tyrannenbestrafung. Dieser Rüstungswettlauf brachte eine weitere Eigenschaft des menschlichen Geistes hervor, ein *moralisches Gewissen* als „innere Stimme" der Selbstkontrolle. Soziale Sanktionen diesseits der endgültigen Varianten (Verstoßung und Hinrichtung) ermöglichen Individuen, sich zu bessern; ein Bewusstsein der Folgen eigener Taten leistet das gleiche. „Frühe Formen der sozialen Kontrolle führten zur Entwicklung des Gewissens. Diese wichtige von Individuen gemeisterte Art der Selbstkontrolle ist ein Ergebnis der Evolution", schreibt Boehm. Warum werden dann moderne Jäger und Sammler von ihren Gruppen immer noch exekutiert, verbannt, ausgegrenzt und beschämt, wenn sie Trittbrett fahren? Weil, so Boehm, „sie hoffen, damit durchzukommen".[30] Auf lange Sicht gelingt das den meisten nicht, aber immerhin lange genug, dass sie es schaffen, sich zu reproduzieren, und so landeten ihre Gene für die Veranlagung zum Schummeln in uns heutigen Menschen.

Glücklicherweise ist unser Gewissen formbar und empfänglich für soziale Fingerzeige, Beifall, Schmach und Strafe. Die Macht dieses sich stets erweiternden Gewissens im Zusammenwirken mit der Vernunft trieb die historische Entwicklung des Strafrechts in der westlichen Welt an.

Justitia: Vom wilden zum modernen Westen

In der langen Geschichte der Zivilisation ersetzte die Strafjustiz des Staates Zug um Zug die Selbstjustiz des Einzelnen. Letztere ist, weil eine objektive Instanz der Beurteilung fehlt, brutaler als Erstere. Bei all ihren Fehlern besteht in Staaten doch mehr gegenseitige Kontrolle als unter Individuen. Darum trägt Justitia, die römische Göttin der Gerechtigkeit, in ihren Darstellungen oft eine Augenbinde als Symbol ihrer Unparteilichkeit; in der linken Hand hält sie eine Waage zur Abwägung des Sachverhalts, in der rechten das Richtschwert, um die Gesetze durchzusetzen. Natürlich ist es keine Frage von entweder staatlicher oder nichtstaatlicher Justiz; wieder betrachten wir ein Kontinuum, von kleinen Gemeinschaften ohne zentrale Autorität oder Gerichte über Stammesfürstentümer mit dem Häuptling als Schlichter, weiter über kleine, schwache Staaten, in denen die Justiz selbst ausgeübt wird, wenn der Staat sie nicht leistet, hin zu großen Staaten mit effektiven Rechtssystemen und schließlich zum Totalitarismus, in dem Recht ist, was die Autokratie dazu bestimmt.

Das moderne westliche System der Strafjustiz ist ein großer Fortschritt gegenüber der Methode „erst foltern, dann fragen" des Mittelalters. Gelehrte des 18. Jahrhunderts wie Jeremy Bentham und Cesare Beccaria, der Justizreformer, den wir im ersten Kapitel kennenlernten, argumentierten, die Strafe müsse dem Verbrechen angemessen sein, mit dem übergreifenden Ziel des größten Glücks der größten Anzahl von Menschen als dem Berechnungsprinzip.[31] 1764 schrieb Beccaria in *Über Verbrechen und Strafen*: „Es liegt nicht nur im Interesse aller, dass keine Verbrechen begangen werden, sondern auch, dass sie dem Maße seltener vorkommen, als sie der Gesellschaft schädlicher sind. Es müssen also die Hindernisse, welche die Menschen von Verbrechen abhalten sollen, um so größer sein, je größeren Schaden diese der Gesamtheit zufügen, je stärker der Antrieb ist, aus dem sie hervorgehen. Die Strafen müssen also in richtigem Verhältnis zu dem Verbrechen stehen."[32]

Es ist das Ziel moderner westlicher Justizsysteme, die Bürger des Staates von gewaltsamen Konfliktlösungen abzuhalten. Selbstjustiz tendiert zu unbegrenzter Eskalation und ist daher ein Verlust für den Staat. Heute teilt man die Rechtsprechung in zwei Teilbereiche auf, Straf- und Zivilrecht. Das Strafrecht behandelt Übertretungen der staatlichen Gesetze, die nur der Staat bestrafen darf. Das Zivilrecht befasst sich mit Streitigkeiten zwischen Individuen oder Gruppen, etwa über Vertragsbruch, Sachbeschädigung oder Schadenersatzforderungen nach Körperverletzung, und das Gericht hat bei der Ermittlung von Schuld und Schaden das letzte Wort. Strafjustiz umfasst großenteils Vergeltung, Ziviljustiz sowohl Vergeltung als auch Wiedergutmachung des Schadens. In beiden Bereichen beansprucht der Staat das Monopol legitimer Gewaltausübung mit dem Ziel, von zukünftigen Verbrechen zum Schaden seiner Bürger abzuschrecken. Darum sind Strafsachen betitelt mit *Der Staat gegen John Doe* oder *Das Volk gegen Jane Roe*; der Staat ist die geschädigte Partei. Mein heimatlicher Bundesstaat Kalifornien beispielsweise verfolgt weiterhin ein Verfahren gegen den Filmemacher Roman Polanski unter der Anklage des Geschlechtsverkehrs mit einer Minderjährigen im Jahr 1977, obwohl das Mädchen, jetzt eine Frau über vierzig, ihm verzieh und darum bat, das Verfahren einzustellen, und obwohl Polanski in Frankreich lebt, ohne jegliche Absicht der Rückkehr in die USA.

In Bereichen westlicher Nationen, in denen die Bürger sich vom Gesetz unfair behandelt fühlen, wie etwa in Teilen der USA, wo man Polizei und Gerichte als rassistisch wahrnimmt, nehmen Menschen oft das Recht in die eigenen Hände; das nennt sich dann „Selbstjustiz", „Gesetz der Straße" oder „Bürgerwehr". Betrachten wir innerstädtische Gewalt mit ihren erheblich höheren Kriminalitätsraten als anderswo. Der Grund für die Gewalt liegt im bandenmäßig betriebenen illegalen Drogenhandel. Verbietet man ein Produkt, das die Menschen wollen, eliminiert man damit nicht den Bedarf danach; stattdessen verschieben sich die wirtschaftlichen Transaktionen vom legalen freien Markt auf den ungesetzlichen Schwarzmarkt, wie einst bei der Alkohol-Prohibition oder heute bei Drogen. Weil sich Drogenhändler nicht an den Staat wenden können, damit er Streitigkeiten mit Konkurrenten schlichtet, ist Selbstjustiz ihre einzige Option. So entstehen kriminelle Banden (als bekannteste die Mafia), die eine andere Art der Strafjustiz durchsetzen.[33]

Gelegentlich tauchen Bedingungen auf, unter denen sich normale Bürger genötigt fühlen, das Gesetz in die eigenen Hände zu nehmen. So Bernhard Goetz am 22. Dezember 1984, als sich ihm in einem Wagen der New Yorker U-Bahn vier junge Männer auf eine Weise näherten, die er als bedrohlich empfand. Zu dieser Zeit befand sich die Stadt im Griff einer der schlimmsten Wellen des Verbrechens; binnen einer Dekade war die

Rate der Gewaltkriminalität auf nahezu das Vierfache gestiegen, von 325 Vorfällen pro 100.000 Einwohner auf 1100. Tatsächlich hatten drei Jahre vor dieser Begegnung drei junge Männer Goetz um elektronische Geräte beraubt und ihn dann durch eine Glastür geworfen. Einer der Angreifer wurde gefasst, aber nur der Sachbeschädigung (ein Riss in Goetz' Jacke) beschuldigt und noch vor Goetz aus dem Polizeirevier entlassen. Er verübte weitere Raubüberfälle, und Goetz betrachtete das System der Strafjustiz und die Fähigkeit der Polizei, ihn zu schützen, mit Skepsis. Also erwarb er zum Selbstschutz eine Pistole, eine 38er Smith & Wesson.

In jener Schicksalsnacht 1984 betraten die vier jungen Männer die U-Bahn mit Schraubenziehern in den Händen, um (wie sie später sagten) in Manhattan Videospielautomaten zu knacken. Als Goetz die Bahn verlassen wollte, umringten ihn die vier und verlangten Geld (in ihrem Verfahren behaupteten sie, nur „gebettelt" und um Geld „gebeten" zu haben). Angesichts seiner Vorerfahrungen und der Kriminalitätswelle war Goetz auf Konfrontation konditioniert. Er schoss auf die Männer und verließ den Zug.

Bald danach war er als der „Subway Vigilante" bekannt und wurde zum Fokus einer landesweiten Debatte über Kriminalität und Vigilantismus. Als Reaktion und Demonstration, dass ein neuer wilder Westen der Selbstjustiz nicht toleriert würde, ging die New Yorker Strafjustiz energisch gegen Goetz vor und beschuldigte ihn des vierfachen versuchten Mordes, vierfacher grob fahrlässiger Gefährdung und des illegalen Waffenbesitzes. Goetz wiederum, in der New Yorker U-Bahn als einem im Grunde gesetzlosen Teilbereich einer Zivilgesellschaft, hatte nach eigenen Worten wie ein Tier reagiert. „Die Leute wollen entweder einen Helden oder einen Schurken, aber beides entspricht nicht der Wahrheit. Wir reden hier nur über eine bissige Ratte, das ist alles. Nicht Clint Eastwood. Es ging nicht darum, das Gesetz in die eigenen Hände zu nehmen. Sie können es so bezeichnen, aber es geht nicht darum, Richter, Jury und Vollstrecker zu sein."[34]

In einer zivilisierten Gesellschaft ist es in der Tat die Aufgabe des Staates, Richter, Jury und Vollstrecker zur Verfügung zu stellen, aber die Öffentlichkeit war anderer Meinung, ergriff größtenteils Goetz' Partei und spendete Geldmittel zu seiner Verteidigung. In seinem Strafverfahren wurde er vom Vorwurf des versuchten Mordes freigesprochen, verbrachte aber für das öffentliche Führen einer geladenen, nicht lizenzierten Waffe acht Monate im Gefängnis.[35] Goetz selbst dazu: „Was mir gerade passiert, ist unwichtig. Ich bin nur eine einzelne Person. In New York wurden immerhin

Fragen aufgeworfen. Wenigstens kann ich dem Rechtssystem zeigen, was ich von ihm halte.[36]

Warum entscheiden sich Menschen in Zivilgesellschaften mit Justizwesen und Polizeiapparaten dennoch, sich nicht an die Gesetze zu halten? Der Soziologe Donald Black versuchte in einem „Crime as Social Control" betitelten Artikel, diese Frage zu beantworten. Er bezieht sich auf die bekannte Statistik, gemäß der nur zehn Prozent der Tötungsdelikte in die Kategorie der räuberischen oder instrumentellen Gewalt fallen und argumentiert, dass die meisten Morde moralistischer Natur sind, eine Art Todesstrafe also mit dem Mörder als Richter, Jury und Henker ihres Opfers, das ihnen nach eigener Wahrnehmung unrecht getan hat und den Tod verdient. Blacks Beispiele sind so geläufig wie bestürzend: „Ein junger Mann tötete seinen Bruder während einer hitzigen Diskussion über die sexuellen Annäherungen des Letzteren an seine jüngeren Schwestern"; ein anderer Mann „tötete sein Frau, nachdem sie ihn dazu 'herausgefordert' hatte im Zuge eines Streits über zu bezahlende Rechnungen"; eine Frau „tötete ihren Ehemann während einer Auseinandersetzung, bei der der Mann ihre Tochter (seine Stieftochter) schlug"; eine weitere Frau „tötete ihren einundzwanzigjährigen Sohn, weil er 'mit Homosexuellen und Drogen herumgemacht hat'"; des Weiteren mehrere Fälle tödlicher Gewalt bei Streitigkeiten um Parkplätze.[37] Die meiste Gewalt ist moralistische Bestrafung.

Vergeltende und restaurative Gerechtigkeit

Die Theorie einer Justiz, die angemessene Bestrafung als das wirksamste Mittel zur Abschreckung von Verbrechen ansieht, nennt sich *ausgleichende Gerechtigkeit*. Im Kontext der evolutionären Ursprünge menschlicher Emotionen beruht Vergeltung auf dem völlig verständlichen Wunsch nach Fairplay. Wir spüren instinktiv, dass es nur gerecht ist, wenn Verbrecher bekommen, was sie verdienen. Niemand sollte mit Mord davonkommen – oder mit Vergewaltigung, Einbruch, Unterschlagung, Entführung oder weniger als zwei Autoinsassen auf einer Fahrgemeinschaftsspur. Wenn *wir* keine Geiseln nehmen oder vor der Treppe des Lincoln Memorial parken dürfen, dann soll das auch niemand anderem erlaubt sein, und wenn jemand damit durchkommt, dann kochen unsere moralischen Emotionen über und wir wollen der Gerechtigkeit Genüge getan wissen. Es sei den, wir identifizieren uns mit dem Antihelden einer Geschichte; dann *wollen* wir sehen, wie Ferris blau macht und damit durchkommt.

Das System der Strafjustiz, wie es die meisten modernen Gesellschaften praktizieren, entwickelte sich jahrhundertelang im Wesentlichen unter der Überschrift der ausgleichenden Gerechtigkeit. Aus gutem Grund – um den Frieden zu wahren und die einigermaßen reibungslose Funktion der Gesellschaft zu gewährleisten, muss der Staat sein Gewaltmonopol wahren und seine Gesetze durch Bestrafung derjenigen durchsetzen, die seine Regeln brechen. Die Ergänzung dazu bildet die restaurative oder reparative Justiz; der Täter (ein Individuum oder gar ein Staat) entschuldigt sich, versucht eine Wiedergutmachung und initiiert oder erneuert im Idealfall gute Beziehungen mit dem Opfer. Vergeltungsjustiz ist stärker von Emotionen getrieben, sie entspringt einem Bedürfnis nach Revanche (wenngleich Vergeltung von Rache unterschieden werden sollte); wiedergutmachende Justiz ist eher vernunftgeleitet und erwächst aus der Notwendigkeit, nach einem Verbrechen mit unseren Gruppengefährten weiter auszukommen.

In den vergangenen Jahrzehnten gab es Bestrebungen zur Errichtung einer restaurativen Justiz auf einer Basis, die zuerst in Neuseeland entwickelt wurde aus dem Vorbild der Maori-Rechtsprechung mit ihrem Fokus auf Wiederherstellung statt Strafe, eingefangen im Maori-Sprichwort „Möge Scham die Strafe sein". Im Neuseeland der 1980er rollte wie in den meisten westlichen Ländern eine Welle der Gewalt durch die Gesellschaft; Tausende junger Leute, insbesondere Maori-Teenager, verfingen sich im Netz des Gesetzes und landeten in Pflegefamilien oder Besserungsanstalten. Obwohl das Land eine der weltweit höchsten Inhaftierungsraten Jugendlicher auswies, blieb die Kriminalität hoch; offenbar funktionierte das System der Strafjustiz nicht. Maori-Oberhäupter reagierten mit einer Erklärung, wie in ihrer Tradition das Augenmerk auf Problemlösung und Nachbesserung liegt und nicht darauf, Kriminelle zu ächten und einzusperren.

1989 wurde in Form des „Children, Young Persons, and Their Families Act" ein Meilenstein der Gesetzgebung verabschiedet, der Fokus und Prozess des Jugendstrafrechts umgestaltete und zur Entwicklung der Family Group Conferences (FGC) führte, entweder parallel zum Gerichtsverfahren oder an seiner statt, mit dem primären Ziel der Rehabilitation schwieriger Jugendlicher. „Organisiert und geführt von einem Youth Justice Coordinator, einem professionellen Sozialarbeiter als Moderator, ist dieser Ansatz dazu gestaltet, Täter zu unterstützen, während sie Verantwortung übernehmen. Darüber hinaus soll er ihre Familien in die Lage versetzen, in diesem Prozess eine wichtige Rolle zu spielen, und er soll sich um die Bedürfnisse der Opfer kümmern", erklären Allan MacRae und Howard Zehr, die Pioniere des Systems.[38] In den letzten 20 Jahren gab es über 100.000

FGCs mit hohen Zufriedenheitsraten auf der Seite der Opfer. Das neuseeländische Justizministerium verzeichnete einen Rückgang der Freiheitsstrafen um 17 Prozent, innerhalb von zwei Jahren eine um neun Prozent verminderte Rückfallrate und eine Halbierung der Schwere der Vergehen, wenn Rückfälle eintraten.[39]

Die neuseeländischen Politiker sehen auch die moralischen und finanziellen Vorteile restaurativer Justizprogramme. So nennt der Finanzminister die Gefängnisse „eine moralische und finanzwirtschaftliche Niederlage; sie sind der am schnellsten steigende Kostenfaktor der letzten Dekade. Meiner Meinung nach sollten wir keine weiteren bauen". Der Bezirksrichter Fred McElrea zieht nach zwanzig Jahren restaurativer Justiz den Schluss: „Für den, der eine zufriedenstellendere, weniger schädliche und billigere Justiz sucht, ist meines Erachtens der Weg nach vorn klar. Sie ist nicht in allen Fällen angebracht, aber mit einer gewissen konsequenten Unterstützung und einer Anfangsfinanzierung könnte die restaurative Justiz die Landschaft der Strafjustiz in den meisten Zuständigkeitsbereichen ändern."[40]

Eine erhellende Studie verglich zwei Teenager, einen aus den USA und den anderen aus Neuseeland, die beide ihre gewalttätigen Väter getötet hatten. Der Amerikaner wurde zu Gefängnis von 22 Jahren bis lebenslänglich verurteilt; der Neuseeländer stand vor einem speziellen Gerichtshof für Jugendliche, war Teilnehmer einer Family Group Conference, erhielt eine Ausbildung und arbeitete schließlich im Forstdienst als freies Mitglied der Gesellschaft, das seinen Beitrag leistete.[41] Allan MacRae berichtet von einem weiteren Fall, in dem er vermittelte; ein junger Flüchtling war mit seiner Mutter und seiner Tante nach Neuseeland gekommen. Sie hatten kein Geld und lebten von einem winzigen Sozialhilfebetrag, der knapp für Wohnen und Essen reichte. Der verzweifelte junge Mann attackierte seine Großmutter und stahl ihr für seine eigenen Zwecke ihr Mietgeld. Seine Tante lieferte ihn bei der Polizei ab, aber anstatt ihn einzusperren, wurde sein Fall an MacRae für eine FGC weitergeleitet; sie beraumte mit allen Beteiligten ein Treffen an, das sich wie folgt entwickelte:

> Die Konferenz begann mit einem Gebet in ihrer Muttersprache, und alle Parteien hatten Übersetzer, damit jeder alles versteht. Die Großmutter erzählte ihre Geschichte mit vielen Einzelheiten, der junge Mann auch. Als er die Auswirkungen seiner Tat auf seine Großmutter verstand, traten ihm Tränen in die Augen. Schließlich berichtete er von seinem Leben in einem Flüchtlingslager, bevor die drei in Neuseeland ankamen, darüber, vom Ringen um sein Überleben und

dass er sich in seiner neuen Gemeinschaft ohne Geld nicht wohlfühlte. Offensichtlich teilten der junge Mann und seine Großmutter die Gefühle von Einsamkeit, Zorn und Schmerz.

Der junge Mann willigte ein, alles gestohlene Geld zurückzuzahlen und bekam Hilfe beim Finden einer Teilzeitanstellung. Bei seiner Großmutter konnte er nicht wohnen, solange sie sich in seiner Gegenwart nicht sicher fühlte; ihm wurde ein Mentor aus seiner eigenen Kultur zugewiesen, der ihm half, seine gemeinnützige Arbeit abzuschließen und am Schulunterricht teilzunehmen. „Der Plan hatte Erfolg", schreibt MacRae. „Der junge Mann beging keine weiteren Verstöße und erreichte all seine Ziele. Das Wertvollste aber war, dass er und seine Großmutter neue Freunde und Unterstützer fanden, die zu ihnen hielten, ein gutes Stück über den Plan der Family Group Conference hinaus, und die ihnen beim Beginn eines neuen Lebens in Neuseeland beistanden."[42]

Folgt man Howard Zehr, einem der Pioniere der Bewegung, dann geht es bei der restaurativen Justiz nicht nur um Vergebung und Aussöhnung (wenngleich das für viele eine positive Nebenwirkung ist); vielmehr beginnt sie mit der Anerkenntnis des Fehlverhaltens durch den Missetäter, der eine gewisse Verantwortung dafür übernehmen muss. Auf ihr aufbauend thematisiert man den Schaden des Opfers und entwickelt einen Plan zur Wiedergutmachung. Beteiligt sind die Opfer, ihre Familien und die die von dem Verbrechen betroffene Gemeinschaft. Restaurative Justiz soll vergeltende Justiz ergänzen, nicht ersetzen.

Das Problem bei der Strafjustiz liegt darin, dass sie Verbrechen als gegen den Staat gerichtet auffasst und so die tatsächlichen Opfer oft außer Acht lässt. Erinnern wir uns an das breit publizierte Strafverfahren gegen O. J. Simpson wegen Mordes an seiner Frau, Nicole Brown Simpson, und ihrem Freund Ronald Goldman. O. J. wurde für unschuldig befunden (sein Verteidiger Johnnie Cochran sagte „if the glove doesn't fit, you must acquit", etwa „wenn die Handschuhe nicht passen, dann müsst ihr ihn laufen lassen"). Aber selbst, wenn die Handschuhe gepasst hätten, er schuldig gesprochen und ins Gefängnis geworfen worden wäre, hätten die Familien der Opfer keinen Schadensausgleich erhalten, weder aus dem Vermögen der Simpsons noch vom Staat Kalifornien, der ihn anklagte. Für ein Minimum wiedergutmachender Justiz mussten die Familien ihrerseits Klage gegen Simpson erheben, und in einem weniger medial verbreiteten Zivilprozess wurde er des rechtswidrig herbeigeführten Todes und der Körperverletzung für schuldig erkannt und zur Zahlung von 33,5 Millionen Dollar an die

Familien verurteilt. Natürlich tat Simpson, was er konnte, um seine Vermögenswerte zu verstecken und die Zahlung zu vermeiden. Der Goldmann-Familie gelang es, schäbige 500.000 Dollar aus dem Verkauf von Simpsons Heisman Trophy und anderem persönlichem Besitz einzustreichen,[43] und sie versuchten, auf anderen Wegen Gelder aus seinen Autogrammsitzungen und dem Verkauf von Souvenirs einzutreiben.[44]

Weil sie primär auf Vergeltung beruht, vernachlässigt die Strafjustiz die Nöte der Opfer in mindestens vier Bereichen, mit denen sich laut Zehr ein restauratives System befassen müsste: (1) *Information*. Die Opfer wollen die tieferen Gründe für ein Verbrechen erfahren, die Absichten des Täters, und das ist nur möglich, wenn sie ihm in die Augen sehen, seine Stimme hören, seine Mimik und Körpersprache wahrnehmen. (2) *Opfersicht*. Die Betroffenen wollen dem Täter mitteilen, welche Auswirkungen die Tat auf sie hatte. Gelegentlich geschieht das am Ende eines Verfahrens, wenn sie oder ihre Familien ihm gegenüberstehen und das Wort haben, bevor er in Handschellen abgeführt wird. (3) *Akteursrolle*. „Opfer haben häufig das Gefühl, ihnen wurde durch das Vergehen die Kontrolle entzogen, über ihr Eigentum, ihren Körper, ihre Emotionen und Träume." Dann, im Strafjustizsystem, haben sie weiterhin praktische keine Macht oder Kontrolle, da der Staat per Definition diese Rolle übernommen hat. (4) *Entschädigung oder Rehabilitierung*. „Eine Entschädigung durch den Täter ist den Opfern oft wichtig, manchmal angesichts tatsächlicher Verluste, aber auch wegen der in ihr enthaltenen symbolischen Aussage. Wenn ein Täter Anstrengungen unternimmt, den Schaden wiedergutzumachen, und sei es nur zum Teil, dann sagt er 'Ich übernehme Verantwortung und es ist nicht deine Schuld.'"[45]

Zusätzlich zur Vernachlässigung der genannten Bereiche lässt die Situation der Gegnerschaft im Strafprozess die Täter oftmals die Aussage verweigern, sich einen Anwalt nehmen, kein Fehlverhalten zugeben und auf schuldig plädieren nur dann, wenn ihr Anwalt damit für sie ein besseres Ergebnis aushandeln oder ihnen die Todesstrafe ersparen kann. Strafe ist nicht Verantwortung; Jegliche Freude, die das Opfer der Bestrafung des Täters abgewinnen kann, verblasst angesichts der bleibenden Verluste. Damit restaurative Justiz funktioniert, müssen Täter ihr Fehlverhalten anerkennen und die Verantwortung für den Schaden übernehmen. Kurz, die Vergeltungsjustiz richtet den Blick darauf, was Täter verdienen, die Justiz der Wiedergutmachung hingegen betrachtet die Bedürfnisse der Opfer. Bei Ersterer geht es darum, was falsch gemacht wurde, bei der Letzteren, wie es sich wieder richten lässt.

Betrachten wir näher, wie restaurative Justiz weltweit gehandhabt wird und beginnen wir mit Papua-Neuguinea.

Tok Sori – restaurative Justiz in traditionellen Gesellschaften

In seinem epischen Werk *Vermächtnis: Was wir von traditionellen Gesellschaften lernen können* berichtet der Evolutionsbiologe Jared Diamond von den Erfahrungen seines Lebens inmitten von Stammesgesellschaften in Papua-Neuguinea und was er daraus für die Verbesserung unserer Gesellschaft gelernt hat. Er erzählt die Geschichte des Mannes Malo, der versehentlich einen Jungen namens Billy tötete. Es war ein Unfall; auf einer Dorfstraße war Billy hinter dem Schulbus hervor gerannt, seinem Onkel entgegen, Malo sah ihn zu spät und konnte seinen Bus nicht rechtzeitig zum Stehen bringen. Statt auf die Polizei zu warten, wie wir es täten, ergriff Malo die Flucht. Diamond erläutert: „Erzürnte Zuschauer könnten den Fahrer aus seinem Auto zerren und auf der Stelle erschlagen, selbst wenn der Unfall nicht seine Schuld war."

Dass Malo und Billy unterschiedlichen ethnischen Gruppen angehörten, Malo ein Ansässiger und Billy ein Flachländer, heizte die Emotionen weiter an. Diamond: „Hätte Malo angehalten, um dem Jungen zu helfen, hätten die anwesenden Flachländer vielleicht nicht nur ihn umgebracht, sondern auch die Passagiere seines Busses herausgezerrt und getötet. Er hatte die Geistesgegenwart, zum örtlichen Polizeirevier zu fahren und sich dort zu stellen. Die Polizei nahm seine Passagiere zu ihrer eigenen Sicherheit vorübergehend in Schutzhaft und eskortierte Malo zu seinem Dorf, wo er für die nächsten Monate blieb. Die weiteren Abläufe, so Diamond, „illustrieren, wie die Leute in Neuguinea, die wie viele andere traditionelle Völker jenseits des Einflusses staatlicher Rechtssysteme leben, dennoch Gerechtigkeit erzielen und Streitigkeiten friedlich durch ihre eigenen, überlieferten Mechanismen beilegen. Solche Verfahren der Streitschlichtung existierten wahrscheinlich seit der menschlichen Urgeschichte, noch bevor vor 5500 Jahren die Staaten mit ihren festgeschriebenen Gesetzen, ihren Gerichten und ihrer Polizei entstanden."[46]

Der Schlüssel zur restaurativen Justiz, sagt Diamond, ist Entschädigung. Natürlich kann nicht jeder Verlust kompensiert werden, das Paradebeispiel ist der Tod. Was man in Neuguinea meint, ist eine symbolische Wiedergutmachung; eine Zahlung an die Familie des Opfers, getrieben von einem tiefen Gefühl des Bedauerns. „Die Ziele des traditionellen Justizsystems in Neuguinea unterscheiden sich grundlegend von denen der staatlichen Gerichtsbarkeit", erklärt Diamond. „Ich sehe ein, dass staatliche Justiz große Vorteile gewährt und unentbehrlich ist für die Schlichtung von Streitigkeiten zwischen Bürgern, insbesondere jenen, die einander fremd sind, aber ich habe doch den Eindruck, dass wir aus traditionellen Verfahrensweisen viel lernen können für den Fall, dass die Beteiligten sich kennen und nach Bereinigung des Disputs ihre Beziehung fortführen, wie etwa Nachbarn, Geschäftspartner, Scheidungseltern und Verwandte, die über eine Erbschaft in Streit geraten sind."[47] Voller Angst in Erwartung bitterer Folgen des Unfalls tauchte Malo für mehrere Tage unter. Aber dann geschah etwas Bemerkenswertes. An seinem Fenster erschienen drei große Männer, darunter Peti, der Vater des toten Jungen. Malo wusste nicht, ob er ihnen gegenübertreten oder davonlaufen sollte. Flucht hätte zum Tod seiner Familie führen können, also ließ er sie ein. An dieser Stelle gibt Diamond die Geschichte wieder, wie sie ihm von Gideon erzählt wurde, dem Büroleiter der Firma, bei der Malo angestellt war und der das Folgende miterlebt hatte:

> Für einen Mann, dessen Sohn gerade getötet worden war und der nun dem Arbeitgeber des Täters gegenübersaß, war Petis Verhalten eindrucksvoll; zweifellos noch im Schockzustand, aber direkt und von ruhigem Respekt. Eine Weile saß er still da und sagte schließlich zu Gideon: „Wir sehen ein, dass es ein Unfall war, keine Absicht. Wir wollen keine Probleme machen. Wir wollen nur deine Hilfe bei der Beerdigung. Wir bitten dich um ein bisschen Geld und Essen, damit wir unsere Verwandten bei der Zeremonie versorgen können." Gideon bekundete sein Mitgefühl, stellvertretend für sein Unternehmen und seine Angestellten, und gab eine vage Zusage ab. Am selben Nachmittag ging er in den örtlichen Supermarkt und kaufte Grundnahrungsmittel wie Reis, Büchsenfleisch, Zucker und Kaffee.

So weit, so gut, aber es blieb noch die Angelegenheit mit Billys erweiterter Familie, die sicherlich den Schmerz des Verlusts fühlte und Vergeltung suchen könnte. Gideon dachte, Malo sollte direkt zu ihnen gehen und Abbitte leisten, aber Yaghean, ein leitendes Mitglied der Firma mit Erfahrung in Verhandlungen um Schadenersatz, riet davon ab. „Selbst, wenn du, Gideon, zu früh dort hingehst, hätte ich Sorge, dass die Großfamilie und die Flachländer-Gemeinschaft immer noch in hitziger Stimmung sein könnten. Wir sollten dem üblichen Entschädigungs-Prozess folgen. Wir schicken einen Gesandten; das werde ich sein. Ich spreche mit dem Ratsmitglied für den Bezirk, in dem die Flachländer-Siedlung liegt, und er wird seinerseits mit der Flachländer-Community reden. Er und ich, wir wissen, wie der Ausgleich vonstatten gehen sollte. Wenn wir damit fertig sind, können du und deine Mitarbeiter eine Entschuldigungszeremonie [*tok-sori* in der Kreolsprache *Tok Pisin* Neuguineas] mit der Familie veranstalten."

Für den nächsten Tag wurde ein Treffen anberaumt, und obwohl die Gefühle noch hochkochten, versicherte man Yaghean, es würde keine Gewalt geben. Er handelte eine Ausgleichszahlung von 1000 Kina (ungefähr 300 Dollar) des Unternehmens an die Familie aus. Malo besorgte ein Schwein, um es der Familie als *bel kol* („cooling the belly") zur Besänftigung von Rachegefühlen zu übergeben. Am nächsten Tag begann der Ausgleichsprozess; alle betroffenen Parteien versammelten sich in einem Zelt auf dem Grundstück der Familie des Opfers. Diamond schildert den Verlauf der Zeremonie:

> Sie begann mit der Ansprache eines Onkels, der den Besuchern für ihr Kommen dankte und seine Trauer über Billys Tod zum Ausdruck brachte. Dann redeten Gideon, Yaghean und andere Büromitarbeiter. Gideon: „Es fühlte sich furchtbar an, ganz furchtbar, diese Rede zu halten. Ich weinte. Zu jener Zeit hatte ich selbst kleine Kinder. Ich sagte der Familie, dass ich versuchte, mir ihren Kummer vorzustellen, indem ich mir ausmalte, der Unfall wäre meinem Sohn geschehen. Ihr Schmerz musste unvorstellbar sein. Ich sagte, das Essen und das Geld, das ich ihnen gab, sei nichts, bloßer Dreck, verglichen mit dem Leben ihres Kindes."... Billys Mutter saß still hinter dem Vater, als er sprach. Einige von Billys Onkeln standen auf und bekräftigten: „Ihr Leute werdet keine Problem mit uns haben, wir sind zufrieden mit eurer Antwort und der Wiedergutmachung." Alle weinten; meine Kollegen, ich, Billys ganze Familie.[48]

Danach teilten alle die Speisen und aßen... in Frieden. Es funktionierte; nicht, weil die Täter mit Geld und Essen Schadenersatz geleistete hatten (obwohl auch das half), sondern weil sie ehrlich den Schmerz der Familie des Opfers fühlten und anerkannten.

Was, wenn Billys Tod kein Unfall gewesen wäre und Malo ihn absichtlich getötet hätte? Wie Diamonds Gesprächspartner erklärten, wäre in diesem Fall die Entschädigung viel höher ausgefallen (10.000 statt 1000 Kina) und erheblich mehr Essen mitgebracht worden, und wenn das zusammen mit den angemessenen Tränen ehrlicher Reue nicht gereicht hätte, dann wäre ein Mord aus Blutrache möglich gewesen. Vermutlich an Malo, sonst an einem engen Verwandten. Das hätte zu einem weiteren Rachemord führen und zu einer Fehde über Generationen eskalieren können, schließlich gar zu einem Krieg.

Den inneren Woolf zähmen – restaurative Justiz in modernen Gesellschaften

Solche Treffen zwischen Tätern und Opfern sind Übungen in der Anwendung des *Prinzips austauschbarer Perspektiven*; jeder kann das Verbrechen mit den Augen des jeweils anderen sehen. Werfen wir einen Blick auf Peter Woolf und Will Riley, der erste ein Einbrecher, der zweite sein Opfer. Woolf war ein Berufsverbrecher aus dem englischen Norfolk, der den Geldbedarf für seine Drogensucht durch Diebstahl deckte. Eines Tages kam Riley nach Hause und überraschte dort den Einbrecher. Es folgte ein Kampf, der sich auf der Straße fortsetzte; danach war Riley traumatisiert und Woolf im Gefängnis. Bei einer Gelegenheit, Woolf zur Rede zu stellen, saß Riley mit ihm am Tisch und begegnete ihm nicht mit Hass, sondern mit einer leidenschaftlichen Erklärung dessen, was die Tat mit ihm angerichtet hatte. „Sie brachen in mein Haus ein. Sie zerstörten den einen Glauben, den ich hatte, an meine Fähigkeit, meine Familie und mein Heim vor Leuten wie Ihnen zu schützen, und das auf einen Schlag." Riley beschrieb, dass ihn jedes Mal, wenn er nach Hause käme und den Schlüssel im Schloss umdrehte, Ängste durchfluteten, wieder auf einen Eindringling zu treffen.

Woolf schilderte seine Sicht des Gesprächs: „Eine Welle der Emotionen brach hervor. Wenn du hörst, welches Leid du verursacht hast, dann musst du schon ein sehr, sehr verbitterter und verkorkster Mensch sein, wenn es dich nicht betroffen macht. Dann bist du pervers. Ich erwartete, dass diese Leute, denen ich so viel Schaden zugefügt habe, sagen: 'Sperrt ihn ein und werft den Schlüssel weg, uns ist es egal.'" Aber das war nicht Rileys Reaktion; vielmehr sagte er über Woolf: „Er war ehrlich, aufrichtig berührt. Wir begannen eine Unterhaltung, und er öffnete sich im Gespräch, zeigte sein Innerstes." Rileys Meinung zu Woolfs Inhaftierung: „Ihr könnt ihn nicht da drin lassen. Ihr müsst ihm helfen, sich selbst zu helfen." Woolf bekam die nötige Hilfe, wurde 2003 aus dem Gefängnis entlassen und nicht wieder straffällig. Ab 2008 schrieb er eine Autobiografie mit dem passenden Titel *The Damage Done* („Der angerichtete Schaden") und besuchte Gefängnisse, um den Insassen in Kursen ein Bewusstsein für die Lage der Opfer zu vermitteln. Riley wiederum gründete *Why Me?*, eine Hilfsorganisation für Kriminalitätsopfer.[49] Das Treffen der beiden war erfolgreich, weil Woolf in seiner Zerknirschung ehrlich war. „Er zeigte Reue", erklärt Riley, „aber nicht, weil sein Anwalt ihm das als Taktik empfohlen hatte." Riley weiter: Jetzt, sechs Jahre später, ist klar, dass es bei dem Treffen nicht nur um Peter ging; auch auf mich hatte es einen großen Einfluss. Es geht nur voran, wenn man miteinander spricht. Leute, die nicht reden (die Mehrheit der Opfer), verlängern den Schmerz und erhalten ihn aufrecht. Es ist ein Glück, dass Peter und ich immer noch reden. Er ist ein großartiger Typ, sehr clever, hat einen herrlichen Sinn für Humor, eine echte, direkte Präsenz und ich schätze mich glücklich, ihn als Freund zu haben.[50]

Wiedergutmachung für die Opfer ist erst der Anfang. In diesem Fall profitierten nicht nur Täter und Geschädigter vom Austausch, sondern auch die Gesellschaft, denn es gab daraufhin mehr solcher Treffen. Vom Programm, das Woolf und Riley zusammenführte, sagen 85 Prozent der Opfer, sie seien damit zufrieden, und 78 Prozent würden es weiterempfehlen.[51] Einen weiteren Gewinn zeigt die Statistik; zwei Drittel der entlassenen Strafgefangenen werden binnen zwei Jahre wieder inhaftiert. Das Programm der restaurativen Justiz senkt diese Rate um die Hälfte.[52] Ist das moralischer Fortschritt? Ist eine Verringerung der Rückfallquoten um 50 Prozent gut für alle Menschen? Im Licht der Daten beantwortet sich die Frage von selbst.

Selbst bei Tötungsdelikten kann restaurative Justiz wirken, wie der Fall des einundzwanzigjährigen Clint Haskins aus Wyoming zeigt, der im September 2001 so betrunken, dass er sich an nichts erinnern konnte, ein Fahrzeug mit acht Mitgliedern einer Crosslauf-Mannschaft rammte und sie alle tötete. Einer von ihnen war Morgan McLeland. Haskins bekannte sich schuldig, damit er seine acht Freiheitsstrafen von 13 bis 20 Jahren gleichzeitig absitzen konnte statt der Reihe nach. Bei seiner Urteilsverkündung äußerten die Familien der Opfer Protest, sie wollten ihn für 104 bis 160 Jahre weggesperrt wissen. Nur Morgans Mutter Debbie machte Clint ein Angebot:

> Im Gerichtssaal fragte ich ihn, ob er mich begleiten und zu jungen Leuten über die Gefahren des Alkohols am Steuer sprechen würde. Als ihm das Wort erteilt wurde, willigte er ein. Drei Jahre später schließlich, nach viel harter Arbeit, konnte ich ihn treffen, einen sehr kleinlauten und reuevollen Mann. Wir weinten beide, ich nahm ihn in den Arm; dann sprachen wir darüber, was wir tun können, um Menschen beim Trinken und Autofahren bessere Entscheidungen zu ermöglichen. Ich glaube an seine Aufrichtigkeit. Beim ersten

Mal sprachen wir zu 900 jungen Menschen beim nationalen Rodeo-Finale der High Schools in Gillette, wo Clint Rodeo-Cowboy gewesen war; Es hatte enorme Wirkung. Später redeten wir an der University of Wyoming, an der alle acht Toten und Clint studiert hatten. Diese Veranstaltung traf auf einigen Widerstand, weil manche der Familien nicht einverstanden waren mit dem, was wir unternahmen. Damit geht es mir immer noch nicht gut; wir alle haben viel Leid erlebt, ich möchte kein neues hinzufügen. Aber ich glaube ernsthaft, dass unsere Vorträge Leben retten können.[53]

Der Wunsch der anderen Eltern nach Vergeltung ist völlig verständlich, aber Debbie McLeland kommentiert ihn so: „Bei Gericht will ich Gerechtigkeit, nicht Rache. Hass ist eine schwere Bürde." Sie brachte den Mut auf, Haskins zu vergeben und aus der Tragödie konstruktiv Gewinn zu ziehen. „Manche Leute halten Vergebung für Illoyalität gegenüber geliebten Menschen; für sie ist der einzige Weg, sie im Gedächtnis zu behalten, das Schüren der eigenen Wut und Bitterkeit im Herzen; negative Emotionen sind um so vieles stärker. Bei mir funktioniert das nicht... Clint zu verzeihen erschien mir logisch, immerhin teilen wir die Erfahrung einer tragischen Begebenheit."[54]

Für Debbie McLeland ist Verzeihen *logisch*, und sie hat recht. Vergebung im Sinne des Loslassens von Vergeltungsphantasien, des Blicks nach vorn und des Versuches, der Tragödie etwas Positives abzugewinnen ist der rationale Ansatz, *wenn denn die Umstände die richtigen sind*; zu ihnen gehört ehrliche Reue des Täters und sein aufrichtiger Versuch der Wiedergutmachung.

Die Macht der Vergebung

In der Nacht des 29. Juli 1984 wurde in Burlington in North Carolina die vierundzwanzigjährige Studentin Jennifer Thompson mit einem Messer bedroht und vergewaltigt. Ungeachtet des emotionalen Traumas konzentrierte sie sich auf sein Gesicht, um sich dessen Details zu merken, damit er eines Tages seine gerechte Strafe erhielte. „Ich kriege den Kerl, der mir das angetan hat", sagte sie den Ermittlern der Polizei, die ihr Fotos Verdächtiger zeigten. Sie wies auf einen Schwarzen namens Ronald Cotton. Er wurde auf das Revier gebracht und in einer Reihe mit anderen aufgestellt, die Thompson durch einen Einwegspiegel sehen konnte. Wieder zeigte sie auf Cotton. Vor Gericht wurde sie gefragt, ob sie sicher sei, dass der Angeklagte ihr Vergewaltiger ist. Sie war zu hundert Prozent sicher. Nach nur 40 Minuten Beratung verurteilte ihn die Jury; er wurde in Handschellen zu lebenslänglicher Haft abgeführt.

Nun mögen Sie denken, es folgt die wahre herzerwärmende Geschichte einer Frau, die ihrem Vergewaltiger vergibt. Nein; Jennifer Thompson verzieh Ronald Cotton nie, denn wie sich herausstellte, gab es nichts zu verzeihen. Jegliche Vergebung konnte nur von ihm kommen, denn bei aller felsenfesten Überzeugung hatte sie den falschen Mann beschuldigt.

Drei Jahre später wurde Bobby Poole, der Cotton sehr ähnlich sah, wegen Vergewaltigung im selben Gefängnis eingesperrt. Mit der Zeit und durch Gespräche im Gefängnishof fand Cotton heraus, was geschehen war und erwirkte ein neues Verfahren, in dem Jennifer Thomson zum ersten Mal ihrem wahren Vergewaltiger gegenüberstand. Statt Poole zu identifizieren und Cotton zu entlasten, dachte sie: „Wie könnt ihr es wagen, meine Aussage infrage zu stellen, als könnte ich vergessen haben, wie mein Vergewaltiger aussah, das einzige Gesicht, das ich nie vergessen werde?" Ihre Erinnerung an das Gesicht des Vergewaltigers war von ihrem Eindruck Cottons überschrieben worden; sie versicherte mit deutlichen Worten, der richtige Mann säße hinter Gittern. Ein weiteres Mal gab die Jury ihr recht und Cotton wurde verurteilt, diesmal zu *zweimal* lebenslänglich.

Dann geschah etwas Bemerkenswertes – DNA-Tests wurden entwickelt. Elf Jahre, nachdem Cotton ins Gefängnis gesteckt worden war, überzeugte sein Anwalt die Ermittler, mit der neuen Wissenschaft ein vom Tatort übrig gebliebenes Stückchen Evidenz zu untersuchen. Sofort war Cotton entlastet, und Poole, der schon für eine andere Vergewaltigung einsaß, als Schuldiger identifiziert. Thompson indes war sich ihrer Erinnerungen so sicher, dass ihr Unglauben über den wahren Sachverhalt der Leugnung nahekam: „Das ist unmöglich. Ich weiß, dass Ronald Cotton mich vergewaltigt hat", sagte sie den Ermittlern und dem Staatsanwalt. Um der falschen Erinnerung Herr zu werden und auch der überwältigenden, lähmenden Scham, einen unschuldigen Mann ins Gefängnis gebracht zu haben, bat sie Cotton um ein Versöhnungstreffen.

Als er den Raum betrat, begann sie zu weinen. Gleichwohl: „Ich sah ihn an und sagte 'Ron, wenn ich für den Rest meines Lebens jede Sekunde damit zubrächte, dir zu sagen, wie leid es mir tut, dann würde das noch nicht annähernd ausdrücken, wie ich mich fühle. Es tut mir so leid.'" Wandte Cotton sich verächtlich ab, mit Dank für elf gestohlene Lebensjahre? Ein Mann mit weniger Charakter hätte es vielleicht getan, aber Thompson berichtet:

„Ronald beugte sich zu mir, nahm meine Hände, sah mich an und sagte 'Ich vergebe dir.' In diesem Augenblick begann mein Herz zu heilen. Das ist es, worum es bei Gnade und Barmherzigkeit geht, dachte ich. Diesen Mann hatte ich gehasst, elf Jahre lang Tag um Tag zu Gott für seinen Tod gebetet und dass er seinerseits im Gefängnis vergewaltigt würde. Und nun trat er mir mit Anstand und Erbarmen gegenüber und vergab mir."[55]

Ronald Cottons staatliche Wiedergutmachung betrug 10.000 Dollar pro Gefängnisjahr, insgesamt 110.000 Dollar. Er und Thompson erzählen in *Picking Cotton* eindrucksvoll ihre Geschichte, die dazu beitrug, einige Reformen der Strafjustiz in Gang zu bringen.[56] In North Carolina, wo die Tat stattfand, müssen Ermittler seither die Bilder Tatverdächtiger einzeln vorlegen statt zusammen; sie müssen dazusagen, dass keiner der Abgebildeten der Schuldige sein könnte, und der Vorgang muss von jemandem geleitet werden, der den Verdächtigen nicht kennt, oder gar von einem Computer. Damit sollen die diversen kognitiven Verzerrungen vermieden werden, die Erinnerungen von Opfern oder Augenzeugen entstellen könnten.

Ich traf Jennifer Thompson und Ronald Cotton bei einer Konferenz in Spanien (siehe Bild 11-2), wo sie vor vollem Haus über die Notwendigkeit von Reformen sprachen und sehr anrührend über die Macht von Wiedergutmachung, Vergebung und Freundschaft beim Heilen von Wunden und bei der Wiederherstellung von Gerechtigkeit. Als Jennifer sich Ronald zuwandte, mit Tränen in den Augen und brechender Stimme, hätte man eine Stecknadel fallen hören können. Sie erklärte: „Ronald ist mein Freund. Er brachte mir bei, dass Liebe und Hass nicht im selben menschlichen Herzen bestehen können. Du kannst nicht gleichzeitig zornig und lebensfroh ein. Du kannst nicht in Frieden leben und Vergeltung suchen. Es war Ronald, der mich das lehrte." Das ist eine andere Art der Selbstjustiz, und die Umarmung der beiden auf der Bühne, nachdem sie ihre erschütternde Geschichte erzählt hatten, war einer der bewegendsten Momente, die ich je erlebt hatte, Zeugnis einer Menschlichkeit, die sich über unsere niedrigeren Instinkte erhebt.

Vergeltung und Todesstrafe

Wenn wir die restaurative Justiz auf Psychopathen und Serienmörder ausdehnen wollten, hätten wir noch einen langen Weg vor uns. Aber wenn der Täter kein unverbesserlicher Verbrecher ist, sondern vielleicht ein Jugendlicher, der einen tragischen Fehler gemacht hat oder aus einem schwierigen Elternhaus kommt, dann mag sie der richtige Weg sein. Das Ziel, Verbre-

Bild 11-2: Ronald Cotton und Jennifer Thompson
Durch eine falsche Erinnerung identifizierte Jennifer Thompson bei einer Gegenüberstellung Ronald Cotton als ihren Vergewaltiger. Er verbrachte elf Jahre im Gefängnis, bis er durch einen DNA-Test entlastet wurde. Die beiden halten nun Vorträge über die Notwendigkeit von Reformen und über die Macht von Wiedergutmachung und Vergebung.[57]

chen und Gewalt mit der Hilfe besserer Wissenschaft und Technologie zu vermindern, sollten wir nicht aus den Augen verlieren. Damit Vergeltungsjustiz wirkt, müssen Strafen in vernünftigem Maß auferlegt werden und nur jenen, die auf eine sozial wünschenswerte Weise darauf ansprechen. Restaurative wie auch vergeltende Justiz können von einer gründlicher angewandten Wissenschaft profitieren. Dazu zählt, wie Menschen auf Belohnung und Strafe reagieren (experimentelle Psychologie), ihre internen psychologischen Zustände (kognitive Neurowissenschaft), externe soziale Bedingungen (Sozialpsychologie und Soziologie), positive und negative Anreize (Verhaltensökonomik), die Frage, wie Anreize eingesetzt werden können, um potenziellen Kriminellen zu mehr Selbstkontrolle zu verhelfen (Neurokriminologie) und wie sich Rückfälle verhindern lassen (Kriminologie). Wieder finden wir einen gleitenden Übergang vom Sein zum Sollen.[58]

Wir erleben eine tiefgreifende Verschiebung im System der Strafjustiz, am auffälligsten beim Rückgang der Todesstrafe. Den Wandel habe ich selbst mitvollzogen, vom einstigen Befürworter, im Wesentlichen aus Mitgefühl für die Familien der Opfer, zum Gegner. Warum? Mit einem Wort, Macht. Macht korrumpiert auf viele Arten, aber die Macht eines Staates über seine Bürger kann wirklich zerstörerisch wirken. In den schlechten alten Zeiten war gerichtliche Folter gängig, und was heute als grausame und ungewöhnliche Strafe gilt, wurde routinemäßig verhängt, für Dutzende von Vergehen, die man inzwischen höchstens als Ordnungswidrigkeit ansieht; darunter Diebstahl von Kohl und Kaninchen, Wilderei, Unzucht, Tratsch und Respektlosigkeit vor Eltern. Emotionen der Revanche wurden nicht von vernünftigen Erwägungen der Wiedergutmachung im Zaum gehalten.

Die Vergeltungsjustiz zwischen Individuen durch die von Staaten gegen Individuen zu ersetzen, verringerte zwar gewaltsame Selbstjustiz, räumte Staaten aber eine bedenkliche Macht über ihre Bürger ein. Hier zeigt sich ein weiteres Mal die Wirkung des zivilisierenden Prozesses der Aufklärung durch ihre Betonung der Vernunft. Emotional scheint eine Bestrafung der Gerechtigkeit Genüge zu tun, aber aus einem rationalen Blickwinkel versagt sie als Problemlösung, denn sie wird den Bedürfnissen des Opfers nicht gerecht. Bei der Beschneidung menschlicher Freiheit und Würde war der Staat für Jahrhunderte unter den Haupttätern; zum Glück haben dieselben Kräfte, die anderweitig für moralischen Fortschritt sorgten, die staatlichen Prinzipien mit beeinflusst. Die gerichtliche Folter wurde erste gegen Ende des 18. Jahrhunderts abgeschafft, als die Rechte des Individuums einen höheren Stellenwert einnahmen als die der Monarchie und im Fall der Demokratien vor der „Tyrannei der Mehrheit", wie John Adams es nannte.[59] Bild 11-3 zeigt diesen moralischen Fortschritt mit dem Einsetzen der Kontrolle über staatliche Gewalt seit dem Beginn der Revolution der Rechte.

Ursprünglich erschien die Todesstrafe als Ersatz für Selbstjustiz und als Instrument der Abschreckung wie eine gute Idee. Im ersteren Falle mag sie wirksam gewesen sein, aber im letzteren vermutlich nicht, da die meisten Kriminellen nicht langfristig denken und typische mit der Todesstrafe bewehrte Verbrechen nicht im Voraus geplant werden. Als Evidenz für das Versagen bei der Abschreckung mag die Tatsache gelten, dass bei öffent-

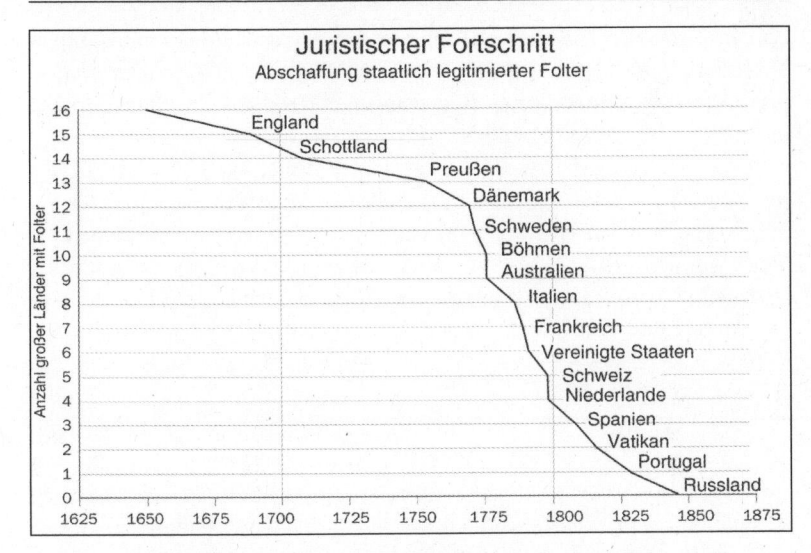

*Bild 11-3: Fortschritt bei der Abschaffung staatlich legitimierter Folter
Die Abschaffung legaler Folter durch Staaten von 1650 bis 1850*[60]

lichen Hinrichtungen in England und den USA Taschendiebe reiche Beute machten in einer Menschenmenge, die zu erfüllt war vom Spektakel am Galgen, um das Verbrechen in ihrer Nähe wahrzunehmen.[61]

Ein weiteres Problem der Überantwortung der Macht über Leben und Tod an den Staat fasste der amerikanische Richter und Rechtsgelehrte Learned Hand 1923 prägnant zusammen: „Unsere Methode wird heimgesucht vom Gespenst des unschuldig Verurteilten. Sie ist ein wirklichkeitsfremder Traum."[62] Das Justizwesen ist unvollkommen, es macht Fehler, unschuldige Menschen werden verurteilt; dieser Angriff auf die Freiheit ist ein zu hoher Preis für die Sicherheit. In Experimenten gaben kognitive Psychologen ihren Probanden die Aufgabe, als Jury-Mitglieder Entscheidungen zu treffen. Als sie ihnen die Audio-Aufnahme eines echten Mordprozesses vorspielten, warteten die „Geschworenen" nicht mit der Meinungsbildung, bis sie alle Evidenz angehört hatten. Stattdessen fabrizieren die meisten Menschen schnell ein gedankliches Narrativ des Geschehens und entscheiden über Schuld oder Unschuld. Dann betrachten sie die weiteren Fakten in diesem Licht und wählen diejenigen aus, die am besten zum schon gefällten Urteil passen.[63] Bestätigungsfehler (engl. confirmation bias) nennt sich diese Marotte menschlicher Psychologie, die uns Hinweise suchen und finden lässt auf das, was wir schon glauben; was ihm widerspricht, ignorieren wir oder rationalisieren es weg. Der kognitive Pfad vom berechtigten Verdacht zur bestätigten Schuld ist viel kürzer, als wir denken. Darum sind Scheingerichte autokratischer Regierungen und militärische Standgerichte im Feld außer Gebrauch geraten.

Das Problem rief Organisationen wie das Innocence Project und das Innocent Network ins Leben, die DNA-Beweismittel einsetzen, um fälschlich verurteilte Menschen zu entlasten. Von der Aufnahme ihrer Arbeit bis heute befreien sie 311 zu Unrecht Verurteilte aus den Gefängnissen (alle männlich, 70 Prozent gesellschaftlichen Minderheiten angehörig), darunter 18, die auf ihre Hinrichtung warteten.[64] Das Justice Brandeis Innocence Project schätzt, dass zehn Prozent von Amerikas zwei Millionen Strafgefangenen, also 200.000, unschuldig im Gefängnis sitzen. Der Jura-Professor Samuel R. Gross von der University of Michigan benennt das Problem: „Würden wir alle Verurteilungen mit derselben Sorgfalt überprüfen, wie sie bei Todesurteilen angewandt wird, dann hätte es in den vergangenen 15 Jahren *über 28.500 Entlastungen* gegeben statt der tatsächlichen 255."[65] Die Schätzung wird bekräftigt von einer Studie aus dem Jahr 2014, die in den *Proceedings of the National Academy of Sciences* veröffentlicht wurde. Würde man ihr zufolge alle zum Tode Verurteilten in Haft behalten, aber nicht hinrichten, dann würden 4,1 Prozent von ihnen früher oder später entlastet. Gemäß desselben statistischen Ansatzes wurden seit 1973 340 Menschen in den USA zu Unrecht zum Tode verurteilt. Die Autoren: „Im Ergebnis wird die große Mehrheit unschuldig wegen Mordes Verurteilter weder hingerichtet noch entlastet; manchmal wandelt man ihr Urteil in 'lebenslänglich' um. Insgesamt werden sie einfach vergessen."[66]

Der Fall Michael Morton mag das Problem illustrieren. Er wurde 1987 für den Mord an seine Frau in Austin, Texas zu lebenslänglichem Gefängnis verurteilt. Am Tag nach der Tat erzählte sein dreijähriger Sohn den Ermittlern, er habe alles mitangesehen und beschrieb den Mörder als „ein Monster". Vor allem aber sagte er, sein Vater sei zu jener Zeit *nicht zu Hause gewesen*. Der Staatsanwalt Ken Anderson versäumte, die Mitschrift dieser Befragung Mortons Verteidiger oder der Jury zukommen zu lassen, zusammen mit anderer entlastender Evidenz, die in den Geschworenen die Saat des Zweifels hätte säen können. Während Morton ein Vierteljahrhundert seines Lebens im Gefängnis verlor, liegt die eigentliche Tragik beim tatsächlichen, erst später gefassten Täter Mark Alan Norwood, der in Austin eine weitere Frau umbrachte.

Im Jahr 2011 wurde Morton durch die DNA-Analyse eines Halstuches entlastet, das Spuren von Norwoods Blut trug. Mortons Anwälte beantragten beim texanischen Kammergericht eine Untersuchung des Verhaltens Andersons, gegen den am 19. April 2013 ein Haftbefehl verfügt wurde mit der Begründung: „Diesem Gericht fällt keine beabsichtigt schädlichere Handlung ein als die bewusste Entscheidung eines Anklägers, die Evidenz mildernder Umstände zu unterschlagen, um sich angesichts einer Mordanklage und einer lebenslänglichen Freiheitsstrafe einen Vorteil zu verschaffen." Gleichwohl und trotz der Verachtung des Gerichts, die sich Anderson zuzog, wurde ihm eine Geldstrafe von 500 Dollar auferlegt und zehn Tage Haft, von denen er fünf absaß. Verglichen mit Mortons 25 Jahren, dem Mord an einer weiteren Frau und dem Ruin der beteiligten Familien – wo bleibt hier die Gerechtigkeit? Auf die Frage, ob er gegenüber jenen, die ihm fast die Hälfte seines Lebens nahmen, irgendeinen Groll hege, antwortete Morton mit dem rationalsten Argument, das sich gegen Vergeltung ins Feld führen lässt: „Rache ist wie Gift zu trinken und zu hoffen, dass der andere daran stirbt."[67]

Aus diesen und anderen Gründen wurde die Todesstrafe in den meisten Ländern abgeschafft, und dort, wo es sie noch gibt (wie in einigen Bundesstaaten der USA), sitzt sie *selbst* in der Todeszelle – selten vollzogen, und wenn doch, dann nur nach langen Berufungsverfahren, Aufschüben und Aussetzungen, oft über Jahrzehnte. So tritt in meinem Heimatstaat Kalifornien bei einem Todesurteil automatisch Berufung ein, und die Verurteilten sterben eher eines natürlichen Todes. Gemäß dem Death Penalty Information Center kamen die im Jahr 2013 in den USA verhängten 80 Todesurteile aus nur zwei Prozent der Regierungsbezirke, und mehr als die Hälfte aller 39 Exekutionen in jenem Jahr fanden in Texas und Florida statt. Seit 1999 sind Hinrichtungen um 60 Prozent zurückgegangen, und in 85 Prozent aller Counties fanden seit einem halben Jahrhundert keine mehr statt.[68] In den seltenen verbleibenden Fällen ist die Todesspritze das bevorzugte Instrument; man hält sie für human, zumindest verglichen mit Strang und elektrischem Stuhl. Indes verweigern viele amerikanische und europäische Pharmaunternehmen den Verkauf der tödlichen Droge Pentobarbital an einzelne Staaten, was zu Versorgungsengpässen führt; die verpfuschte Hinrichtung Clayton Locketts 2014 in Oklahoma zeigt überdies, dass die Mittel selbst bei Verfügbarkeit nicht immer sachgemäß benutzt werden.[69]

Der Abwärtstrend der Todesstrafe seit Mitte der 1990er Jahre ist unverkennbar; der Rücktritt des Bundesrichters Harry Blackmun von einer Gerichtsentscheidung 1994 ist emblematisch für den Zeitgeist. Der Fall, von dem er sich distanzierte, war Bruce Edwin Callins Antrag auf Aussetzung seiner Exekution in Texas. Er wurde abgelehnt und Callins am 23. Februar 1994 hingerichtet. Blackmuns Beschreibung der Abläufe ist eine eindringliche Mahnung an das, was auf dem Spiel steht, wenn der Staat die Macht über Leben und Tod seiner Bürger hat:

> Innerhalb von Tagen, vielleicht binnen Stunden wird die Erinnerung an Callins verblassen. Die Mühlen der Justiz werden weiter mahlen, und irgendwo wird eine andere Jury, ein anderer Richter die undankbare Aufgabe haben, über Leben oder Tod eines menschlichen Wesens zu entscheiden. Natürlich hoffen wir, dass den Angeklagten ein kompetenter Anwalt vertritt, einer, dem bewusst ist, welch fatale Konsequenzen eine halbherzige Verteidigung haben kann. Wir hoffen, dass alle Regeln befolgt, alle Beweise geprüft und einem Richter vorgelegt werden, der der Wahrung der Rechte des Angeklagten verpflichtet ist – selbst jetzt, da die Aussicht auf sinnvolle gerichtliche Aufsicht nachgelassen hat. In gleicher Weise hoffen wir, dass der Staatsanwalt in seiner Fürsprache für die Todesstrafe sein Ermessen weise einsetzt, unparteilich, ohne Vorurteil oder politische Motive und eher in Demut vor der furchteinflößenden Autorität, die ihm der Staat verliehen hat, als durch sie bestärkt...
>
> Statt den Irrglauben des Gerichts zu fördern, der erwünschte Grad der Fairness sei erreicht und weitere Regularien überflüssig, fühle ich mich moralisch und intellektuell zum Eingeständnis verpflichtet, dass das Experiment der Todesstrafe gescheitert ist. Mir erscheint es nahezu offensichtlich, dass keine Kombination von Verfahrensregeln oder substanziellen Verordnungen die Todesstrafe je von ihren inhärenten verfassungsrechtlichen Mängeln befreien kann.[70]

Die Bilder 11-4, 11-5 und 11-6 zeigen den justiziellen Fortschritt im Niedergang und bei der Abschaffung der Todesstrafe in Europa und den Vereinigten Staaten.

Moralische Gerechtigkeit: Vergeltung und Restauration 407

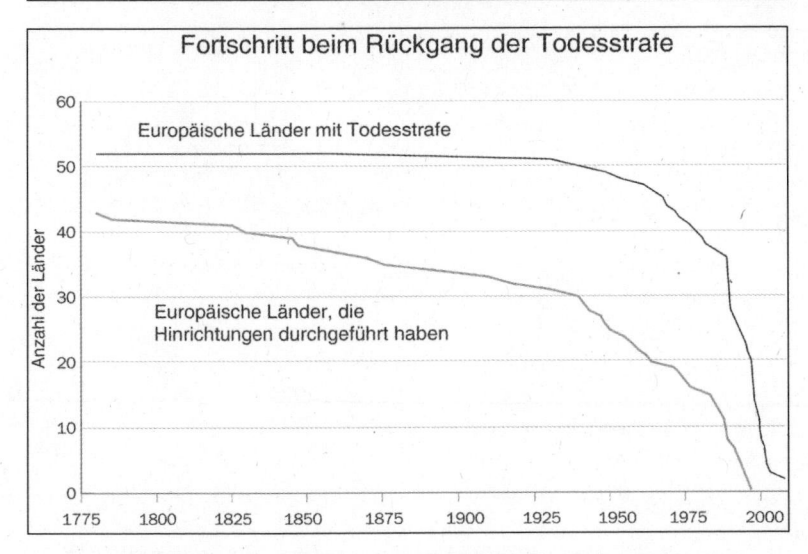

Bild 11-4: Justizieller Fortschritt bei der Abschaffung der Todesstrafe
Rückgang der Todesstrafe von 1775 bis 2000.[71]

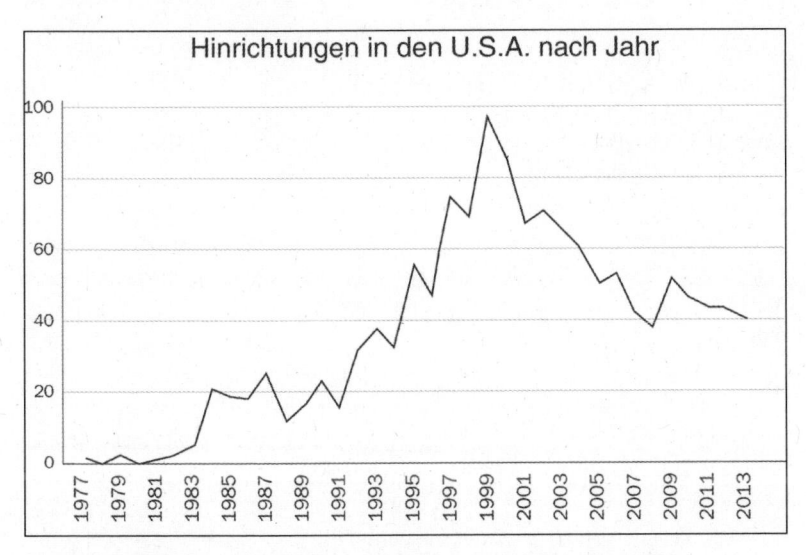

Bild 11-5: Rückgang der Anzahl von Exekutionen pro Jahr in den USA
Anzahlen jährlicher Hinrichtungen in den Vereinigten Staaten von 1977 bis 2013.[72]

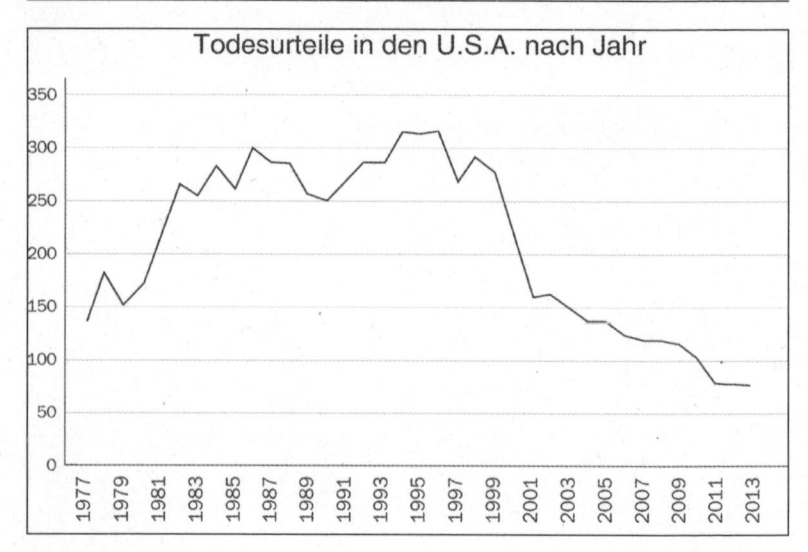

*Bild 11-6 / Figure 11-6 Rückgang der Anzahl von Todesurteilen pro Jahr in den USA
Anzahlen jährlicher durch Bundesstaaten verhängter Todesurteile von 1977 bis 2013.*[73]

Staatliche restaurative Gerechtigkeit

Ende 2013 erließ die englische Königin Elizabeth II eine offizielle Begnadigung des Wissenschaftlers Alan Turing und entschuldigte sich nachträglich bei ihm, dessen Arbeit beim Knacken des Enigma-Codes der Nazis wohl mehr zum Sieg der Alliierten beigetragen hatte als irgendeine andere Leistung eines Einzelnen im zweiten Weltkrieg. Wofür entschuldigte sich die Queen, und warum musste Turing begnadigt werden? Er war schwul, damals in England ein Verbrechen, das mit Gefängnis, chemischer Kastration oder beidem bestraft wurde. Nach seiner Dechiffrierungsarbeit und seinen bahnbrechenden Errungenschaften auf dem aufkeimenden Gebiet der Computerwissenschaft wurde Turing gefasst, vor Gericht gestellt und wegen „grob unsittlichen Verhaltens" verurteilt, weil er eine sexuelle Beziehung mit einem anderen Mann zugab. Man spritzte ihm synthetisches Östrogen, das Brustwachstum verursachte, die Regierung löschte seine Sicherheitsfreigabe und seine Karriere stürzte ab, zusammen mit seinem Lebenswillen. 1954 nahm er sich im Alter von 41 Jahren das Leben, die Menschheit erlitt den unschätzbaren Verlust eines ihrer größten Geister.

„Dr. Turing verdient Gedenken und Anerkennung für seinen fantastischen Beitrag zu den Kriegsanstrengungen und sein Vermächtnis an die Wissenschaft", sagte der britische Justizminister Chris Grayling. „Eine königliche Begnadigung ist die passende Hommage an einen außergewöhnlichen Mann."[74] Interessant ist der Fall aus einem weiteren Grund, der mit Gerechtigkeit vor dem Gesetz und moralischem Fortschritt zu tun hat. Der Plan, Turing zu begnadigen, stieß auf den Widerstand von Rechtsgelehrten wegen des Prinzips, dass niemand über dem Gesetz steht, und zu Turings Lebzeiten waren seine Handlungen klar illegal. Der frühere Justizminister Tom McNally formulierte die Begründung so: „Turings Verurteilung ist tragisch; aus heutiger Sicht erscheint sie grausam und absurd. Aber zu jener Zeit verlangten die Gesetze die Verfolgung, und die altbewährte Praxis besteht darin, die Realität solcher Schuldsprüche anzuerkennen, nicht aber den Versuch einer Änderung des historischen Kontexts oder einer nachträglich unmöglichen Herstellung von Gerechtigkeit zu unternehmen. Stattdessen sollten wir sicherstellen, dass solche Zeiten niemals wiederkehren." Zustimmung, aber der einzige Weg dorthin ist die Kritik am alten Gesetz, die Schaffung eines neuen und Gerechtigkeit für jene, die Opfer der „grausamen und absurden" Regelung wurden. Turing ist nur der berühmteste von ihnen; Fachleute schätzen, dass bis zu 50000 Männer wegen grob unsittlichen Verhaltens verurteilt wurden, von denen 15000 noch leben, mit einem Eintrag im Strafregister wegen Homosexualität.[75] Wahrhaft restaurative Justiz erfordert eine pauschale Begnadigung aller Betroffenen und eine Entschuldigung bei ihnen.

Solche Entschuldigungen und Zugeständnisse haben eine wechselvolle Vergangenheit, daher ist es verständlich, dass heutige Regierungen zögern bei der Wiedergutmachung von Schäden, die Menschen einander zugefügt haben, besonders wenn damit Schadenersatz verbunden ist. Nach dem ersten Weltkrieg wurde Deutschland gezwungen, eine Kriegsschulderklärung zu unterzeichnen, obwohl die meisten Historiker sich einig sind, dass alle beteiligten Großmächte ihren Anteil tragen.[76] Als Bestätigung eines urzeitlichen Bedürfnisses nach Vergeltung forderten die Siegermächte nicht nur massive Zahlungen, die Deutschland nicht leisten konnte, sondern törichterweise auch 120.000 Schafe, 10000 Ziegen, 15000 Schweine und 43,5 Millionen Tonnen Kohle. So säten sie die Saat eines Ressentiments, das zwanzig Jahre später als Nationalsozialismus ins Kraut schoss.[77] In vielen Reden nach seiner Machtergreifung erinnerte Adolf Hitler an die Ungerechtigkeit des Versailler Vertrages; nach der Eroberung Frankreichs zwang er seine besiegten Feinde, im selben Eisenbahnwaggon ihre Kapitulation zu unterzeichnen, in dem nach Ende des ersten Weltkriegs Deutschland seine Niederlage besiegeln musste.

Nach dem zweiten Weltkrieg, als der Welt das volle Ausmaß des Völkermordes der Nazis offenkundig wurde, erwuchs aus den Nürnberger Prozessen eine Völkerrechtskommission, die die „Verbrechen gegen die Menschlichkeit" wie folgt definierte: „Mord, Ausrottung, Versklavung, Deportation oder andere unmenschliche Handlungen, begangen an einer Zivilbevölkerung, oder Verfolgung aus politischen, rassischen oder religiösen Gründen, wenn diese Handlungen oder Verfolgung in Ausführung eines Verbrechens gegen den Frieden oder eines Kriegsverbrechens oder in Verbindung mit einem Verbrechen gegen den Frieden oder einem Kriegsverbrechen begangen werden."[78] Robert Jackson, Richter am Obersten Gerichtshof der Vereinigten Staaten, beaufsichtigte die ersten Prozesse gegen Nazi-Größen wie Hermann Göring und Rudolf Heß. Von Beginn an bestand er auf fairen Verfahren für alle: „Diesen Beschuldigten den Schierlingsbecher zu reichen hieße, ihn an die eigenen Lippen zu führen."[79]

Die Nürnberger Prozesse lieferten einen der größten Beiträge zur Erweiterung der moralischen Sphäre der Gerechtigkeit, indem sie Diktatoren und Demagogen signalisierten, dass die Welt sie im Blick hat und für ihre Taten verantwortlich macht. Diese Aufgabe ruht inzwischen auf den Schultern des internationalen Strafgerichtshofes in Den Haag, der aber, wie David Bosco in seinem Buch *Rough Justice* zeigt, in seiner Reichweite limitiert ist durch die Mächte der Welt, die lieber keine Außenstehenden in ihren internen Angelegenheiten herumstöbern lassen. Aus der undurchsichtigen Sphäre von Stellvetreterkriegen und vom Westen gestützten Dritte-Welt-Diktatoren ist von Franklin Roosevelt über den nicaraguanischen Präsidenten Anastasio Somoza der Satz überliefert: „Er mag ein Bastard sein, aber er ist unser Bastard." Bosco merkt an: „Der Gerichtshof wurde größtenteils zum Werkzeug in den Händen der führenden Mächte, angewandt auf Instabilitäten und Gewalt in schwächeren Staaten", nicht aber auf die Oberhäupter der Großmächte.[80] Gleichwohl ist die Globalisierung der Justiz, also das Prinzip, Menschen grenzübergreifend für ihre Handlungen verantwortlich zu machen, ein auf Universalien der menschlichen Natur beruhender moralischer Fortschritt, mag es an seiner Umsetzung auch noch mangeln.

Versuche der Aussöhnung zwischen Nationen sind das Thema einer ausführlichen Studie der Politikwissenschaftler William Long und Peter Brecke, wiedergegeben in ihrem Buch *War and Reconciliation: Reason and Emotion in Conflict Resolution.* Ihr Datenbestand enthält zum einen 114 Paare von Ländern, die zwischen 1888 und 1991 miteinander in Konflikt geraten waren, zum anderen 430 Bürgerkriege. Die Bilanz der Versöhnungsversuche ist durchwachsen. Einige Staaten, die einander jahrhundertelang immer wieder bekämpften, wie Deutschland und Frankreich, England und Frankreich, Polen und Russland, Deutschland und Polen und England und die USA haben sich zu einem Grad miteinander vertragen, dass Krieg zwischen ihnen lächerlich erscheint. Bei anderen wie Israel und Palästina mag aus ihrer fortdauernden Auseinandersetzung jederzeit offener Krieg ausbrechen. Wieder andere, etwa Indien und Pakistan, halten den Frieden, scheinen aber in der Lage, ihn unter den richtigen (oder falschen) Umständen zu brechen.

Unter den vielen Faktoren, die nach einem Konflikt zum Gelingen der Versöhnung beitragen, ähneln die beiden wirksamsten jenen, die auch bei der Wiederherstellung der Gerechtigkeit zwischen Individuen funktionieren: (1) öffentliche Anerkennung des angerichteten Schadens und (2) Akzeptanz unvollkommener Gerechtigkeit. „In allen Fällen erfolgreicher Aussöhnung", so Long und Brecke, „konnte Vergeltung weder völlig ignoriert noch Ausgleich vollständig erzielt werden... wie irritierend es scheinen mag, Menschen akzeptieren offenbar beträchtliche Ungerechtigkeiten durch Straferlasse im Namen des sozialen Friedens."[81] Wie bei der Streitschlichtung zwischen Individuen sind Vergebung und der Blick in die Zukunft der Schlüssel, auch wenn keine Seite mit dem Ergebnis der Bemühungen vollständig zufrieden ist. Der amerikanische Bürgerkrieg stellt ein Musterbeispiel dar. Bei seinem Ende und nach über 650.000 Toten erwarteten viele Nordstaatler von Präsident Lincoln, er würde dem ehemaligen Feind einen strengen Frieden diktieren. Er wählte jedoch einen verbindlicheren Ansatz und lud den Süden ein, in die Union zurückzukehren: „Mit Groll gegen niemanden, mit Nächstenliebe gegen alle, mit Bestimmtheit im Recht, so wie Gott uns das Recht sehen lässt, lasst uns bestrebt sein, die Arbeit, die wir begonnen haben, zu beenden, die Wunden unseres Landes zu versorgen, uns um jenen zu kümmern, der die Schlacht schlagen musste, oder um seine Witwe und seine Waisen. Lasst uns alles tun, einen gerechten und bleibenden Frieden zwischen uns und allen Nationen zu verwirklichen und zu pflegen."[82]

Versöhnungen zwischen Unterdrückern und Unterdrückten schritten seit dem Ende des zweiten Weltkriegs voran. Im Jahr 1970 fiel der westdeutsche Bundeskanzler Willy Brandt am Ehrenmal für die Toten des Warschauer Ghettos auf die Knie, um die Schuld, Trauer und Verantwortung Deutschlands für den Holocaust auszudrücken. Schon davor hatte Deutschland Ausgleichszahlungen geleistet, an Überlebende und an den Staat Israel zum Aufbau einer jüdischen Nation.[83] Deutschland geht weit über politische Stellungnahmen und Zahlungen hinaus. In vielen Städten begegnet der Passant den von Gunter Demnig entworfenen sogenannten „Stolpersteinen" vor Gebäuden, in denen einst Juden, Roma, Sinti und andere lebten, die später verschleppt wurden und in Konzentrationslagern starben.[84] Diese auffallenden Markierungen im Stadtbild sprechen Bände über Gedenken und Versöhnung. Bild 11-7 zeigt zwei von ihnen, über die ich in der pulsierenden Stadtmitte Kölns stolperte.

Andere Länder finden ihre eigenen Ausdrucksformen für versöhnendes Gedenken. 1998 rief Australien den National Sorry Day ins Leben, um an die „gestohlenen Generationen" zu erinnern, die staatlichen Zwangsadoptionen von Kindern der Aborigines, um sie in „weiße" Australier zu verwandeln. Die Bewegung entstand, als ein Bericht aus dem Jahr 1997 mit dem Titel „Bringing Them Home" im Parlament in der Schublade verschwand und Premierminister John Howard den gestohlenen Generationen seine Entschuldigung verweigerte, weil er sich nicht den „Geschichtsblickwinkel der Trauerbinde" zu eigen machen wollte. [Der „black armband view of history", dem gemäß die australische Geschichte im Wesentlichen von Imperialismus, Ausbeutung, Rassismus, Sexismus und anderen Formen der Diskriminierung geprägt war, A. d. Ü.] Ein Jahrzehnt des Aktivismus war nötig, aber schließlich sprach Premierminister Kevin Rudd am 13. Februar 2008 eine formale Entschuldigung aus, adressiert an die Aborigines für die Gesetze, Richtlinien und Praktiken, die sie in der Vergangenheit betroffen hatten.[85] Großbritannien entschuldigte sich für Misshandlungen der Maori in Neuseeland. Kanada entschuldigte sich bei den indianischen Überlebenden des Residential-School-Fiaskos, eines Programms des gezielten kulturellen Genozids. Duncan Campbell Scott, seinerzeit Minister für Indianerangelegenheiten, nannte es einen Versuch, „den Indianer im Kind zu töten".[86] Kanadier sind besonders empfänglich gegenüber Strategien restaurativer Gerechtigkeit und nationalen Bußgängen (sie entschuldigten sich auch für die Internierungslager für Japaner im zweiten Weltkrieg und die Kopfsteuer für Chinesen); ein Witzbold schrieb, der australische National Sorry Day unterscheide sich vom kanadischen, „bei dem Kanada sich für seine Existenz entschuldigt".[87]

„Sorry" sagen ist das eine; für die Sünden früherer Generationen mit Wiedergutmachungszahlungen einzutreten, etwas anderes. Jahwe mag

Bild 11-7: Stolpersteine zur Erinnerung an den Holocaust
Mahnmale zum Gedenken an Kölner, die bei den Verfolgungen der Nazizeit umkamen. Mögen sie nie vergessen sein. (Quelle: Sammlung des Autors)

„die Missetaten der Väter heimsuchen auf Kinder und Kindeskinder bis ins dritte und vierte Glied", aber die westliche Rechtsprechung macht uns nur für die eigenen Missetaten haftbar, nicht für die anderer und schon gar nicht lässt sie die gegenwärtige Generation für die Vergehen der Vorväter zahlen. So schlecht wie sich die meisten von uns fühlen angesichts der Dezimierung der Indianer durch Schwerter, Keime und Kanonen und die Versklavung der Afrikaner mittels Peitschen, Ketten und Schlössern – es gibt einen Grund, warum Gesetzesinitiativen scheiterten, die jedem lebenden Indianer und Afroamerikaner eine Ausgleichszahlung zukommen lassen wollten. Selbst in den Aufgeklärtesten unter uns, denen Recht und Gerechtigkeit am Herzen liegen, würde eine moralische Grenze überschritten. Und angesichts der Misshandlungen, die ein Volk am anderen verübte, oder ein Stamm, Fürstentum oder Staat an einem anderen für die letzten zehntausend Jahre, würden die Entschuldigungen und Reparationen niemals enden. Das Beste, was wir tun können ist, was wir bisher tun – kämpfen für gleiche Rechte und Chancen aller Menschen aus allen Schichten, und kämpfen gegen Diskriminierung, Vorurteil und Ungerechtigkeit, wo immer sie uns begegnen.

12. Protopia: Die Zukunft des moralischen Fortschritts

Wenn der Mensch in der Kultur fortschreitet und kleine Stämme zu größeren Gemeinwesen sich vereinigen, so führt die einfachste Überlegung jeden Einzelnen schließlich zu der Überzeugung, daß er seine sozialen Instinkte und Sympathien auf alle, also auch auf die ihm persönlich unbekannten Glieder desselben Volkes auszudehnen habe. Wenn er einmal an diesem Punkte angekommen ist, kann ihn nur noch eine künstliche Schranke hindern, seine Sympathien auf die Menschen aller Nationen und aller Rassen auszudehnen.

Charles Darwin, Die Abstammung des Menschen, 1871[1]

Ich bin ein Optimist. Charles Darwin stimme ich darin zu, dass es ein Gebot der Vernunft ist, unser moralisches Mitgefühl auf Menschen aller Länder und Rassen zu erweitern. Tatsächlich soll dieses Buch unter anderem die Rolle von Vernunft und Wissenschaft hervorheben, die mehr als alle anderen Kräfte dazu beitrugen, künstlich errichtete Grenzen unseres Mitgefühls mit allen Völkern zu durchbrechen.

In diesem letzten Kapitel möchte ich den Bogen der Moral bis an die Grenzen der eigenen Vorstellung verlängern. „Prognosen sind schwierig, besonders wenn sie die Zukunft betreffen." Immerhin nehme ich die Mahnung eines der größten Wissenschaftspropheten ernst; Arthur C. Clarke sah Kommunikationssatelliten vorher und schrieb: „Wenn wir eines aus der Geschichte der Erfindungen und Entdeckungen in der Wissenschaft gelernt haben, dann wohl dies, dass sich die meisten kühnen Prognosen langfristig – und vielfach auch kurzfristig – im Nachhinein als lächerlich konservativ erwiesen."[2] Wenn wir die moralische Entwicklung der Menschheit ernsthaft vorantreiben wollen, dann müssen wir weiter blicken als nur bis zum Horizont. „Des Menschen Streben sollte mehr sein, als er greifen kann. Zu was wär' sonst der Himmel da?", so fragte Robert Browning.

Propheten und Prognostiker stellen sich oft vor, wie unser Leben eines Tages aussehen wird, wenn wir an diesem Tag ankommen. Das ist nicht die richtige Sichtweise der Zukunft, denn es gibt ihn nicht, diesen „Ort in der Zeit";[3] das spiegelt schon die Bedeutung des griechischen Wortes „Utopie", als οὐ-τόπος, als „Nicht-Ort".[4] Die Geschichte der Umsetzungsversuche utopischer Ideen ist reich an Trümmern gescheiterter Gesellschaften, von Robert Owens New Harmony in Indiana und John Humphrey Noyes' Oneida Community in New York, zwei relativ harmlosen Experimenten des Zusammenlebens, bis hin zur Sowjetunion von Lenin und Stalin und Maos kommunistischem China, den großen Katastrophen. „Man kann kein Omelett machen, ohne ein paar Eier zu zerschlagen", sagte Lenin. Aber 20 Millionen tote Russen und 45 Millionen tote Chinesen sind keine Eier, und all die Fünfjahrespläne und der „große Sprung nach vorn" brachten kein Omelett hervor.[5]

So sieht das Ergebnis aus, wenn in einer Art moralischer Kalkulation die Gruppeninteressen denen des Individuums übergeordnet und Menschen als Mittel zum Zweck betrachtet werden; narrensicherer kann das Rezept für eine Katastrophe nicht sein. Einer der ursprünglichen Bewohner von Owens New Harmony erklärte: „Wir hatten jede denkbare Form der Organisation und Regierung ausprobiert. Es war eine Welt im Miniaturformat. Wir haben die Französische Revolution ein zweites Mal aufgeführt, mit dem Ergebnis verzweifelter Seelen statt Leichen. Wie es schien, besiegte uns das der Natur innewohnende Gesetz der Vielfalt... unsere 'vereinten Interessen' standen im direkten Konflikt mit persönlichen Individualitäten und mit dem Selbsterhaltungstrieb."[6]

Utopien bezeichnen Nicht-Orte, außer in unserer Vorstellung, denn sie beruhen auf einer idealistischen Theorie der menschlichen Natur, die fälschlicherweise von einer erreichbaren Perfektion des Individuums und seiner sozialen Sphäre ausgeht. Statt nach diesem illusionären Ort zu streben, an dem wir auf immer in makelloser Eintracht leben, sollten wir uns um einen Prozess des allmählichen, schrittweisen Vorankommens bemühen; vorstellen mag man sich eine Bergexpedition. Der Pfad führt nicht geradewegs hinauf, wie auf einer Leiter, vielmehr müssen stets Entscheidungen über die beste Route getroffen werden und wie man alle Teilnehmer den Berg hinauf bekommt, Schritt für Schritt. Freilich wird man manche hinaufzerren und sich auch um jene kümmern müssen, die stolpern und stürzen. Wie immer werden einige voranstürmen; stets gibt es Visionäre und Vordenker, die schon auf dem Gipfel waren und der Menschheit den Weg weisen können.

Für das Ziel, das wir anstreben sollten, haben wir eine bessere Bezeichnung als Utopia. Es heißt Protopia – ein Ort des unbeirrten, maßvollen Fortschritts. Der Visionär und Futurist Kevin Kelly: „Statt eines Utopisten nenne ich mich einen Protopisten. Ich glaube an schrittweisen Fortschritt, bei dem jedes Jahr besser ist als das vorhergehende, aber nicht sehr viel, nur ein kleines bisschen."[7] Statt des in den 1950er Jahren imaginierten

Sprunges von der fahrenden Blechkiste zum fliegenden Auto denke man an die jahrzehntelangen kumulativen Verbesserungen, die zu den heutigen intelligenten Autos mit ihren Bordcomputern und Navigationssystemen, Airbags und Verbundmetallstrukturen, Satellitenempfängern und Freisprecheinrichtungen, Elektro- und Hybridmotoren führten; kein großer Sprung vorwärts, aber kleine Schritte aufwärts.[8]

Dieses Buch ist protopisch, mit moderaten Anleitungen und einem einfachen übergreifenden Prinzip: Lasst uns zu einer Welt beitragen, die morgen ein kleines bisschen besser ist als sie es gestern war. Einige spezifische Prinzipien, wie das zu bewerkstelligen ist, habe ich mit dem rationalen Dekalog am Schluss des vierten Kapitels skizziert; der Leser mag gern mit seiner eigenen Variante aufwarten. Alle von Menschen geleisteten und in diesem Buch aufgezählten Beiträge zur Eindämmung von Kriegen, Abschaffung von Sklaverei, Folter und Todesstrafe, zu Erweiterung des Wahlrechts, Aufbau der Demokratie, zu Bürgerrechten und Freiheiten, zur Legalisierung der gleichgeschlechtlichen Ehe und zum Tierschutz sind protopische Schritte der Fortentwicklung. Es überrascht, welchen Fortschritt ein paar kleine Schritte aufwärts bewirken können.

Der an der Stanford University lehrende Balaji Srinivasan glaubt, dass die Zeit unabsehbare technologische und soziale Lösungen für scheinbar unüberwindbare Probleme bringen kann. Er zitiert Bill Gates, der sich weniger vor Netscape, Sun Microsystems, Oracle oder Apple fürchtete und mehr vor „irgendjemandem in einer Garage, der etwas völlig Neues entwickelt". Ein weitsichtiger Kommentar, denn am 4. September desselben Jahres gründeten Sergey Brin und Larry Page das Unternehmen Google in der Garage eines Freundes.[9] Srinivasan beruft sich auf Albert Hirschmans Strategien von *Ausstieg* versus *Stimme*, die wir im zweiten Kapitel betrachteten und auf Wege, jahrhundertealte gesellschaftliche Strukturen zu überwinden. Und zwar friedlich. „Sie haben Flugzeugträger, wir nicht", witzelte er über die Macht des Nationalstaats, aber was Experimente mit neuen politischen Systemen angeht, meint er es ernst. Während einer bekannten Rede bei der „Y Combinator"-Konferenz im Silicon Valley, bei der Jungunternehmer darüber debattieren, wie man die Welt verändert (und nebenbei eine Milliarde Dollar macht), wies er darauf hin, dass die friedliche Revolution schon im Gange ist. iTunes revolutionierte die Musikindustrie, Netflix das Filmgeschäft Hollywoods. Neue Medien wie Twitter und Blogs fordern althergebrachte Wege der Publikation heraus. Die Khan Academy, Coursera, Udacity und die Teaching Company bieten Weltklasse-Studiengänge, entweder umsonst oder für einen Bruchteil der Kosten eines klassischen Studiums. 3D-Druck macht es Regierungen nahezu unmöglich, physische Objekte zu verbieten, weil jeder in seinen vier Wänden sein eigener Hersteller sein kann. Die Quantified-Self-Bewegung begann in den 1970er Jahren mit privatem Einsatz von EEG-Geräten für Zwecke des Biofeedbacks; ab dem Jahr 2000 und mit der Verfügbarkeit tragbarer Computertechnologie zur Unterstützung der Gesundheit nahm sie Fahrt auf. Menschen überwachen ihre Nahrungsaufnahme, die Luftqualität, ihre Stimmungen, den Sauerstoff im Blut und andere physische und mentale Zustände.[10]

All diese Werkzeuge und viele weitere erlauben, je nach Wunsch, den Ausstieg aus der überkommenen Gesellschaft oder die Schaffung von etwas Neuem. Geschichtlich betrachtet wurden Politik, Wirtschaft und Kultur Amerikas von vier Städten dominiert: Boston (Hochschulbildung), New York (Medien), Los Angeles (Film, Fernsehen und Musik) und Washington (Gesetzgebung). Heute sind wir in der Lage, in einer Sphäre dieses Planeten umreglementiert zu experimentieren, in der physische Orte keine Rolle mehr spielen, weil wir in der digitalen Welt hingehen können, wo wir wollen, sofort und in Echtzeit. Die Reformer des Silicon Valley konfigurieren die Geografie neu; sie verlagern die Mächte nicht etwa nach Palo Alto in Kalifornien, sondern dorthin, wo es uns beliebt. Mit anderen Worten, Machtzentren verschwinden. Was einst in ihrer Gewalt lag, verteilt sich nun über die Welt und gelangt in die Hände der Bürger. Verteilte Politik wird angetrieben von verteilter Intelligenz. Wenn das wirklich geschieht, dann löst sich das Konzept politischer Macht, wie sie seit Jahrtausenden praktiziert wird, vor unseren Augen auf.

Es gibt gute Gründe, skeptisch zu sein gegenüber solch protopischen Entwürfen, aber irgendwoher müssen die neuen Ideen kommen, und solange beim Herumprobieren niemand geschädigt wird, sehe ich keinen Grund, diese gesellschaftlichen Unternehmer nicht in ihrem Tun zu bestärken; vielleicht sollten wir in sie investieren und, wo angebracht, Teilhabe suchen. Dazu sagt Srinivasan: „Das Beste daran ist folgendes: Die Leute, die das alles für verrückt halten, die nur Spott übrig haben für eine Erweiterung der Grenzen, die Technologie hassen – sie werden dir in diese Gefilde nicht folgen."[11] Für Ausstiege aus dem alten System stehen beliebige Wege offen. YouTube, Hulu oder DirecTV statt klassischem Fernsehen. Online-Nachrichtenportale statt *New York Times* oder *Wall Street Journal* (oder *USA Today*, wenn man gerade in einem Hotel ist). „Hunderte Millionen Menschen sind in die Cloud umgezogen und verbringen dort täglich Stunden damit, zu arbeiten, zu spielen, sich mit anderen zu unterhalten und zu lachen, alles in Echtzeit und in HD-Auflösung, mit Leuten in tausenden Kilometern Entfernung, ohne dass sie ihre direkten Nachbarn kennen", schrieb Srinivasan 2013 in einem Artikel für *Wired*, der sich mit solchen cyber-protopischen Technologien befasst. „Millionen Menschen finden ihre passenden Gleichgesinnten in der Cloud und lösen damit ihr Problem der Isolation im anonymen Wohnkomplex oder in der ländlichen Einöde."[12]

Der geografische Wohnort spielt keine Rolle mehr; im Cyberspace sind zwei Individuen nur so weit voneinander entfernt, wie es ihrer geodätischen Distanz entspricht, der Anzahl von Kommunikationsknoten eines sozialen Netzwerks (vergleichbar den Luftfahrt-Drehkreuzen) zwischen ihnen. So ist gemäß dem Modell „*six degrees of separation*" jeder von und nur maximal sechs Bekanntschaften von jedem beliebigen Menschen auf dem Planeten entfernt.[13] Die Untersuchung dieses „Kleine-Welt-Phänomens" geht zurück auf den Psychologen Stanley Milgram (der mit den Elektroschock-Experimenten); er wollte herausfinden, wie viele Verbindungen zwischen Individuen nötig sind, um ein irgendwo im Land deponiertes Paket an den Adressaten zu bringen.[14] Zur allgemeinen Überraschung war die Anzahl an Kontakten zwischen irgendwelchen einander Fremden viel kleiner, als unsere Intuition nahelegt – nämlich sechs.[15]

Die Vernetzung verschiebt sich nicht nur von der physischen Welt in die digitale, auch der umgekehrte Weg kommt vor; Menschen verabreden sich online für reale Treffen, sowohl im persönlichen Bereich (im Theater oder Restaurant) als auch in der politischen Sphäre („Occupy Wall Street", Arabischer Frühling). Übersetzungsprogramme wie Google Translate senken die Sprachbarrieren deutlich. Mit Skype können wir von Angesicht zu Angesicht mit Menschen irgendwo auf der Erde reden, oder sogar im Weltall; der Astronaut Chris Hadfield meldete sich per Skype von der internationalen Raumstation ISS.[16] Die Werkzeuge überwinden geografische Grenzen und kosten uns nichts.

Wie viele Menschen lassen sich vernetzen? Eine Obergrenze gibt es nicht. Es mögen 100 sein oder 1000, es mag zu einer einzigen Zusammenkunft kommen oder die Verbindung Jahre überdauern. Srinivasan rechnet hoch: „Wenn die Zahlen in die 10000 oder 100.000 oder darüber hinaus gehen, wird es vielleicht zu Dörfern, Städten und schließlich ganzen Ländern in der Cloud kommen, die sich aus dem Nichts materialisieren."[17]

Wolkenländer? Warum nicht? Im Laufe der Geschichte sind Menschen zu immer größeren Kollektiven zusammengewachsen; von Sippen und

Stämmen über Häuptlingstümer und Kleinstaaten zu Nationen und Imperien. Der Historiker Quincy Wright verzeichnet für das Europa des 15. Jahrhunderts über 5000 unabhängige politische Einheiten. Bis zum frühen 17. Jahrhundert verschmolzen sie zu 500, um 1800 waren es noch 200 und heute sind es 50.[18] Der Politikwissenschaftler Francis Fukuyama nennt für das Jahr 2000 v. Chr. nicht weniger als 3000 politische Gemeinwesen allein in China; ab 221 v. Chr. gab es nur noch eines.[19] Der Trend zur Vereinigung führte Ideologen an beiden Enden des politischen Spektrums, faschistische Diktatoren auf der rechten und Eine-Welt-Träumer auf der linken Seite, zur Vorstellung eines einzigen, globalen Leviathans. Die Idee ist nicht ohne Logik – wenn sich das Gewaltmonopol eines Staates alles in allem als etwas Gutes herausgestellt hat, das immer mehr Menschen zu sozialen Kollektiven organisieren hilft, wäre es nicht sinnvoll, das Prinzip auf den Planeten zu erweitern?

Nein, das wäre es nicht. Nennen wir es das *Schlagloch-Problem*. Im Wesentlichen erwarten Menschen von ihrer Regierung, dass sie sie in Ruhe lässt, sich im Hintergrund um Ordnung (Polizei und Gerichte) und Infrastruktur (Straßen und Brücken) kümmert und unmittelbare Bedürfnisse stillt, also Schlaglöcher stopft. Es kümmert sie nicht, was andere in tausenden Kilometern Entfernung umtreibt, es sei denn, ihre Interessen decken sich zufällig damit. Die besten Regierungen sind unsichtbar und machen sich erst bemerkbar, wenn etwas schiefgeht. Leider sind aufgeblähte Bürokratien selten unsichtbar, denn sie sind für viele der heutigen Probleme nicht optimal gestaltet.

Statt der Bürokratie mögen wir uns die *Adhokratie* [engl. *adhocracy*] vorstellen, ein Begriff des Futuristen Alvin Toffler für „eine hochflexible Organisationsstruktur mit loser interner Kopplung, offen für häufige Veränderungen".[20] Bürokratien entwickelten sich in Anpassung an hierarchische, wenig wandlungsfähige Nationalstaaten unter der Annahme, es gäbe die eine richtige Methode der Organisation und man könne Problemlösungen standardisieren, kopieren und wiederverwenden. Das Konzept der Adhokratie setzt auf Innovation und Problemlösung in Echtzeit, als Antwort auf dynamische, sich stets wandelnde Umfelder, die immer neue Herausforderungen mit sich bringen. Adhokratien sind dezentralisiert, sehr organisch, horizontal strukturiert statt hierarchisch und, wie der Management-Experte Henry Mintzberg erläutert, „bemühen sich kreativ um neuartige Lösungen; die professionelle Bürokratie zwängt Ereignisse in Schubladen bekannter Muster, um Standardlösungen auf sie anzuwenden. Die eine betreibt divergentes Denken und zielt auf Innovation; die andere bleibt bei konvergentem Denken mit dem Fokus auf Perfektion."[21]

Im öffentlichen Sektor war die NASA in den 1960er Jahren notwendigerweise eine Adhokratie, denn es gab keine fertigen Pläne für die Aufgabe, Menschen auf den Mond zu bringen. Mit dem Erreichen der Space-Shuttle-Ära war sie zur Bürokratie verknöchert. DARPA, die Defense Advanced Research Projects Agency der Regierung, ist heute eine „Black Box"-Agentur, vom Kongress beauftragt, neue Wissenschaftszweige und Technologien zu identifizieren und zu entwickeln; sie funktioniert wie eine Adhokratie. Arpanet, der Vorläufer des Internets, war eine ihrer Erfindungen. Im privaten Sektor ist Google X eine halbgeheime Adhokratie, geführt vom Google-Mitgründer Sergey Brin und dem Wissenschaftler und Unternehmer Astro Teller, der „nach Science Fiction klingende Lösungen" schaffen will wie Google Glass und selbstfahrende Autos; beide nähern sich der Verwirklichung, nach nur wenigen Jahren Entwicklungszeit.[22] Diese Projekte werden gern „moon shots" genannt; bezeichnenderweise nicht „space shuttle shots".

Angesichts dieser Trends mag es eines Tages, vielleicht in Jahrhunderten, keine Nationalstaaten mehr geben, ihre einstigen Grenzen könnten ökonomisch und politisch porös genug geworden sein, um das ganze Konzept obsolet zu machen. Vielleicht werden kleinere politische Einheiten wie Stadtstaaten zurückkehren. Statt machtbesessener Könige, aufgeblasener Diktatoren, größenwahnsinniger Führer und egozentrischer Präsidenten könnte die Person mit dem größten politischen Einfluss der Bürgermeister sein, der bei Einweihungen Bänder durchschneidet, der zusammen mit Polizei und Feuerwehr Verbrechen und Katastrophen verhütet, mit Technokraten und Ingenieuren für pünktlichen Busverkehr sorgt, mit Pädagogen an einem guten Schulsystem mitwirkt und der dafür sorgt, dass Schlaglöcher aufgefüllt werden.

Das klingt verrückt? Nicht in den Ohren des Politikwissenschaftlers Benjamin Barber, der in seinem Buch *If Mayors Ruled the World* (Wenn Bürgermeister die Welt regierten) wie folgt argumentiert: „Im Angesicht der gefährlichsten Herausforderungen unserer Zeit – Klimawandel, Terrorismus, Armut und illegaler Handel mit Drogen, mit Waffen und mit Menschen – wirken die Nationen der Welt wie gelähmt. Zu groß, zu festgefahren, zu trennend sind für sie die Probleme. Ist der Nationalstaat, einst die größte Hoffnung der Demokratie, inzwischen dysfunktional und obsolet?" Er bejaht die Frage und fügt eine pointierte Feststellung des früheren New Yorker Bürgermeisters Fiorello LaGuardia hinzu: „Eine Kanalisation bringt man nicht auf demokratische oder republikanische Art wieder in Ordnung."²³

Städte, sagt Barber, „sind unbelastet von Sorgen um Grenzen und Staatshoheit, die die Zusammenarbeit von Staaten behindern". Staaten und ihre Oberhäupter befassen sich mit nationalen Angelegenheiten, während sich die meisten von uns um nachbarschaftliche Belange kümmern. Bürgermeister sind am besten darauf eingestellt, unmittelbare, lokale Probleme zu lösen; Präsidenten, Premierminister und Bundeskanzler eher nicht. Wenn wir, so Barber, schon ein Parlament brauchen (einen Senat, einen Kongress, einen Bundestag oder sonst eine Versammlung von Leuten, die Sie nicht kennen und nichts von Ihren Problemen wissen), dann sollte es ein Parlament der Bürgermeister sein. „Ein von Städten regierter Planet wäre ein neues Paradigma der demokratischen „Glokalisierung", das staatliche Top-Down-Auferlegungen ersetzt; Horizontalität statt Hierarchie, pragmatische Wechselbeziehungen statt nationaler Unabhängigkeit." Wenn man darüber nachdenkt, wird die Begründung offensichtlich. Städte, sagt Barber, „sammeln den Müll ein und sammeln Kunst, anstatt Stimmen zu sammeln oder Bündnisse zu schmieden. Sie errichten eher Gebäude als Fahnenmasten und halten lieber Busse als Parteien am Laufen. Sie sorgen für fließendes Wasser, nicht für Waffenströme. Sie fördern Bildung und Kultur statt Landesverteidigung und Patriotismus. Sie unterstützen Zusammenarbeit, aber keinen Exzeptionalismus."²⁴

Der frühere New Yorker Bürgermeister Michael Bloomberg erklärte das Problem des Umgangs mit der US-Bundesregierung so: „Ich höre nicht oft auf Washington. Der Unterschied zwischen anderen Ebenen der Regierung und meiner ist, dass hier, in der Stadt, die Action stattfindet. Während die nationale Regierung im Augenblick gar nichts tun kann, müssen die Bürgermeister des Landes mit der Wirklichkeit klarkommen." Wie steht es um Terrorismus, ist er nicht ein nationales Problem? Kaum. Terroristen greifen keine Länder an, sondern bestimmte Ziele, ein Gebäude oder eine U-Bahn. Nach achtzehn Monaten Ausbildung seiner Mitarbeiter beim Ministerium für innere Sicherheit zog Bloomberg das Fazit: „In Washington lernen wir nichts." Gleiches gilt für den Klimawandel. Nachdem nationale Delegationen bei einer Klimakonferenz im Jahr 2012 in Mexiko nahezu keinen Fortschritt erzielten, unterzeichneten Vertreter von 207 Städten den Global Cities Climate Pact und sicherten zu, auf lokaler Ebene „Strategien und Maßnahmen zur Reduktion der Treibhausgas-Emissionen" zu verfolgen.²⁵

Anthony Townsend, Professor für Stadtforschung an der New York University, betrachtet in seinem Buch *Smart Cities* die Geschichte von Städten, in denen Gebäude und Infrastruktur die Ströme von Menschen und Gütern auf starre, vorab festgelegte Weise kanalisierten, bis Computer und das Internet diese Ströme veränderten und Menschen miteinander verbanden. „In intelligenten Städten wird Informationstechnologie auf alte und neue Probleme angewandt; sie adaptieren sich spontan, werten Daten aus riesigen Sensorfeldern aus und füttern damit Software, die das Gesamtbild überblicken kann." Auch Townsend sieht die Bürgermeister als Dreh- und Angelpunkte der Zukunft; er zeigt, wie sie weltweit mit Unternehmen wie IBM, Cisco, Siemens, Google und Apple zusammenarbeiten und an der Lösung von Problemen mitwirken, darunter Kriminalität, Umweltverschmutzung, Müllabfuhr, Zugänglichkeit des Einzelhandels für Fußgänger, Büroräume in Hochhäusern, Energieverbrauch, Wohnungsbau, Nutzung öffentlicher Orte, Parkraum, öffentlicher Nahverkehr und die Geißel aller Städte – ich weiß es, weil ich in Los Angeles wohne – Straßenverkehr.[26] Der Titel seines do-it-yourself-Kapitels für Stadtplaner ist klar protopisch: „Tinkering Toward Utopia" – sich voran basteln Richtung Utopia.

Folgt man dem Gedankengang des Städteplaners Jeff Speck, so liegt ein Teil der Lösung städtischer Verkehrsprobleme in der „Fußläufigkeit".[27] Die Menschen aus ihren Autos und auf ihre Füße zu bekommen ist gut für Verkehr, Umweltschutz und Gesundheit. Und für jene, die gern mehr als nur ein paar Kilometer zurücklegen möchten, steht die Rad-Revolution vor der Tür. Viele Städte bauen ihre Radwegenetze aus und richten Fahrradverleihsysteme ein, bei denen man ein Rad an einem Ort mitnehmen und an einem anderen wieder abgeben kann. Mitte 2013 gab es weltweit 535 Bike-Sharing-Programme mit über einer halben Million verfügbarer Fahrräder. Es funktioniert, ich habe es in einigen Städten ausprobiert. Die Räder sind stabil und daher schwer, aber man kommt mit ihnen genauso schnell von A nach B wie mit öffentlichen Verkehrsmitteln.

Stewart Brand, Herausgeber des *Whole Earth Catalog* und Gründer der Long Now Foundation, sagt: „Die Städte tun, was die Staaten nicht konnten." Sie lösen lokale Probleme. Brand zählt über 200 Organisationen auf, die sich dem lokalen Wandel verschrieben haben, darunter die International Union of Local Authorities, die World Association of Major Metropolises, die American League of Cities, Local Governments for Sustainability, die C40 Cities Climate Leadership Group, United Cities and Local Governments der Vereinten Nationen, die Megacities Foundation und die Neue Hanse.[28] Brand weist darauf hin, dass mehr als die Hälfte der Weltbevölkerung in Städten lebt und dieser Anteil schnell wächst.[29] „Städte sind die menschlichen Organisationsformen mit der größten Langlebigkeit, aber auch dem schnellsten Wandel. Die Welt wird massiv und unaufhaltsam urbanisiert... Im Zuge der Globalisierung wiederauferstehen Stadtstaaten als dominante wirtschaftliche Akteure."[30] Im Jahr 1800 lebten weltweit nur drei Prozent der Menschen in Städten. Um 1900 waren es 14 Prozent, 2007 50 Prozent und bis 2030 werden es mehr als 60 Prozent sein. „Wir verwandeln uns in einen Planeten der Städte", sagt Brand, „auf dem Kommunikation und wirtschaftliche Aktivitäten Landesgrenzen überbrücken."

Noch etwas geschieht, wenn Menschen in Städte ziehen; sie bekommen weniger Kinder. „Massive Urbanisierung bringt die Bevölkerungsexplosion zum Stillstand", sagt Brand. „Die Leute ziehen in die Stadt, und ihre Geburtenrate fällt sofort auf das Reproduktionsniveau von 2,1 Kindern pro Frau und weiter darunter." Kavita Ramdas, Direktorin des Global Fund for Women, erzählte Brand zur Lage der Frauen in Entwicklungsländern: „Auf dem Dorf kann eine Frau nur ihrem Ehemann und den Familienoberhäuptern gehorchen, Korn mahlen und singen. In der Stadt kann sie sich einen Job besorgen, ein Geschäft aufmachen und für die Bildung ihrer Kinder sorgen. Ihre Unabhängigkeit nimmt zu, ihr religiöser Fundamentalismus nimmt ab."[31]

Die Zukunft der Menschheit mag in den Städten liegen, nicht in den Nationen. Weil uns der Nationalstaat als Norm so geläufig ist, vergessen wir, dass sein Konzept je nach Definition (über seine Politik oder seine Menschen) gerade einmal 200 Jahre alt ist, während es seit zehn Jahrtausenden Städte gibt.[32] Der Wirtschaftswissenschaftler Edward Glaeser in Harvard nennt die Stadt „unsere größte Erfindung", die Menschen reicher, klüger, grüner, gesünder und sogar glücklicher macht.[33] Der langfristige politische Trend mag die Form eines U haben; am Beginn der Zivilisation zunächst viele politische Einheiten, deren Anzahl im Lauf der Jahrtausende abnahm, während kleine Staaten zu größeren verschmolzen. Aber die Kurve landet nicht bei eins, beim Weltstaat, sondern steigt wieder an zu zahlreicheren, kleineren Gemeinschaften, jede direkt und lokal regiert von jenen, die Probleme vor Ort lösen wollen.

Diesen universellen Langzeittrend des Niedergangs zentraler Macht dokumentiert Moisés Naím in seinem Buch *The End of Power*. „Die Macht verteilt sich, und lange etablierte 'Big Players' werden zunehmend von neuen, kleineren herausgefordert", schreibt er. „Die Mächtigen sind in der Anwendung ihrer Macht beschränkter." Naím definiert Macht als „die Fähigkeit, gegenwärtige oder zukünftige Handlungen von Gruppen oder Individuen zu lenken oder zu verhindern", und in diesem Sinne verschiebt sich die Macht nicht nur „von den Muskeln zum Hirn, von Nord nach Süd, von West nach Ost, von Unternehmensgiganten zu beweglichen Start-Ups, von verschanzten Diktatoren zu Menschen auf Marktplätzen und im Cyberspace", sondern sie schwindet auch, ist „schwerer auszuüben und leichter einzubüßen". Naíms Buchtitel ist insofern ein wenig irreführend, als er impliziert, Macht sei an ihr Ende gekommen; sein Punkt ist aber der folgende: „Der Präsident der Vereinigten Staaten oder Chinas, der Vorstandsvorsitzende von J. P. Morgan oder Shell, der Chefredakteur der New York Times, der Direktor des Internationalen Währungsfonds und der Papst sind immer noch sehr mächtige Leute, aber weniger mächtig als ihre Vorgänger."[34]

So ist zum Beispiel eine große Armee nicht mehr das geopolitische Machtinstrument, das sie einmal war. Eine Studie von Ivan Arreguín-Toft aus dem Jahr 2001 ergab für militärisch asymmetrische Konflikte der Jahre 1800 bis 1849, dass das jeweils kleinere Land nur in 12 Prozent der Fälle seine strategischen Ziele erreicht hatte. Zwischen 1950 und 1998 aber triumphierten die Schwächeren schon zu 55 Prozent, wie im Vietnamkrieg. Diktatoren und Demagogen sind auf dem Rückzug. „1977 wurden 89 Länder von Autokraten regiert", berichtet Naím. „Bis 2011 war diese Zahl auf 22 geschrumpft." Auch die großen Bosse verlieren an Macht. Unter den Fortune-500-Unternehmen hatten die Vorstandsvorsitzenden 1992 eine Chance von 36 Prozent, ihren Job fünf Jahre lang zu behalten. 1998 waren es noch 25 Prozent, und im Jahr 2005 lag die Verweildauer eines CEO, gemittelt über alle 500 Unternehmen, bei gerade sechs Jahren. Auch Spitzenunternehmen bleiben auf der Strecke; die Wahrscheinlichkeit, aus dem obersten Quintil zu rutschen, stieg binnen fünf Jahren von 10 auf 25 Prozent.[35]

Zu meinen Ansichten über die Zukunft des moralischen Fortschritts schreibt Naím: „Wir stehen kurz vor einer revolutionären Welle positiver politischer und institutioneller Erneuerungen", bei denen „sich die Machtverhältnisse auf so vielen Schauplätzen wandeln, dass es bei der Art, in der die Menschheit sich organisiert, um Entscheidungen für ihr Überleben und ihren Fortschritt zu treffen, unmöglich sein wird, grundlegenden Transformationen aus dem Weg zu gehen." Nahezu all unsere politischen Institutionen und Prinzipien, so bemerkt er, repräsentative Demokratie, politische Parteien, unabhängige Gerichte, Normenkontrolle, Bürgerrechte, wurden im 18. Jahrhundert entwickelt. Die nächste Reihe politischer Innovationen wird nach seiner Vorhersage „nicht von oben nach unten erfolgen, weder ordentlich noch schnell, nicht als Ergebnis von Gipfeltreffen, sondern chaotisch, wuchernd, anfallsweise und ruckhaft."[36]

Wer weiß? Im Augenblick ist alles Spekulation, aber vielleicht hatten die Umweltschützer der Sechziger recht mit ihrem Autoaufkleber-Spruch „Denke global, handle lokal".

Hier ist ein anderer Slogan: „Denke historisch, handle rational." Die erste Maxime unterfüttert die zweite. Der historische Langzeittrend des moralischen Fortschritts deutet darauf hin, dass wir tatsächlich einen Leviathan brauchen, eine irgendwie geartete, übergreifende Regierung, um unsere inneren Dämonen im Zaume zu halten und die engelhaften Seiten unserer Natur zu inspirieren. Lassen wir uns nicht einschränken durch das kategorische Denken, das Etiketten wie „Nationalstaat" oder „Stadtstaat" zu fordern scheinen; sie dienen nur der Beschreibung eines linearen Prozesses der Lenkung von Menschengruppen unterschiedlichster Größen. Solche Systeme haben über die Jahrhunderte viele Formen angenommen, mit der Zeit aber doch ihre Bandbreite so eingestellt, dass sie die meisten der folgenden Charakteristika enthalten, die eine Mehrheit der Völker des Westens heute genießt:

1. Eine liberale Demokratie mit Wahlrecht für alle Erwachsenen.
2. Eine von der Verfassung garantierte Rechtsstaatlichkeit, die nur unter außerordentlichen Umständen durch justizielle Verfahren verändert werden kann.
3. Ein brauchbares System der Legislative mit fairen Gesetzen für alle, unabhängig von Ethnie, Religion, Geschlecht oder sexueller Orientierung.
4. Ein funktionierendes Rechtssystem für die gerechte Durchsetzung der Gesetze, mit vergeltenden und restaurativen Anteilen.
5. Schutz der bürgerlichen Rechte und Freiheiten ohne Ansicht von Ethnie, Religion, Geschlecht oder sexueller Orientierung.
6. Eine schlagkräftige Polizei, die Schutz vor Angriffen anderer Staatsbürger gewährt.
7. Eine robuste Armee, die unsere Freiheiten vor Angriffen von außen schützt.
8. Recht auf Eigentum und Handel mit Individuen und Unternehmen innerhalb und außerhalb des Landes.

9. Wirtschaftliche Stabilität durch sichere und vertrauenswürdige Banken- und Geldsysteme.
10. Eine verlässliche Infrastruktur. Freie Wahl des Wohnortes und Reisefreiheit.
11. Redefreiheit, Pressefreiheit und Versammlungsfreiheit.
12. Bildung für alle, kritisches Denken, wissenschaftliche Argumentation, allgemein zugängliches Wissen.

Das sind die Elemente einer gerechten und freien Gesellschaft.[37] Die Wirtschaftswissenschaftlerin Elena Panaritis bei der Weltbank zeigt in ihrem Buch *Prosperity Unbound*, wie die Schaffung formeller Grundeigentumsrechte in Peru in den 1990er Jahren das Vermögen kleiner Landbesitzer steigerte, das Vertrauen bei Geschäften förderte und die ökonomische Entwicklung des sich mühenden Landes ankurbelte. Da die Hälfte aller Landbesitzer außerhalb geregelter Strukturen leben, die ihre Eigentumsrechte schützen, könnte allein eine solche Einrichtung bahnbrechend wirken.[38]

In ähnlicher Weise schlägt der Sozialanthropologe Spencer Heath McCallum in seinem Buch *The Art of Community* alternative Modelle vor, wie Menschen sich in freiwilligen, nichtpolitischen Gemeinschaften versammeln können, auf privatem wie öffentlichem Sektor. Reibungslos und effizient funktionierende Beispiele dafür gibt es schon; Einkaufszentren sind private Gemeinwesen, wie auch Wohnkomplexe mit Eigentumswohnungen, Dauercampingplätze, Seniorenzentren, Gewerbegebiete, Privatuniversitäten und schließlich Unternehmensgelände wie jene von Microsoft, Apple und Google, im Kern Miniaturstädte, die auf unternehmenseigener statt politischer Basis arbeiten. Hotels geben ein weiteres passendes Beispiel ab. „Das Hotel hat öffentliche und private Bereiche, Korridore als Straßen und eine Lobby als Marktplatz, mit Skulpturen, Springbrunnen und Bepflanzung, es gibt Restaurants und Einkaufsläden. Der Personennahverkehr funktioniert vertikal statt horizontal."[39] Im Zimmerpreis inbegriffen sind Wasser, Strom, Heizung, Klimaanlage und Abwasserentsorgung. Für eine Zusatzgebühr gibt es Zimmerservice, aktuelle Kinofilme und schnellen Internetzugang. Für Sicherheitsdienst und Feuerschutz ist gesorgt. In vielen Hotels findet sich eine Kapelle für religiöse Bedürfnisse, Spielbereiche für Kinder, ein Schwimmbad, Bars und Räume für Konzerte und Aufführungen, selbst für Theater (besonders in Las Vegas). Der Hauptunterschied zwischen dieser Community und einer Stadt ist ihre vollständig private, auf freiwilligen Verträgen beruhende Organisation.

Ließen sich solche Konzepte globalisieren? In seinem Buch *Anarchy Unbound: Why Self-Governance Works Better Than You Think* aus dem

Jahr 2014 liefert der Ökonom Peter Leeson zahlreiche Beispiele gesellschaftlicher Selbstorganisation, bei denen Individuen ohne Einfluss einer Regierung soziale Kooperation bewerkstelligen; gleichermaßen gingen auch ohne Weltregierung Kriege zurück, denn die Staaten fanden Wege für friedliche Lösungen ihrer Streitigkeiten.[40] Wohl wahr; Kritiker dieser Anarchie weisen allerdings darauf hin, dass all diese eigenständigen Gesellschaften innerhalb von souveränen Staaten bestehen, die militärischen Schutz vor äußeren Feinden gewähren, Polizeischutz vor Vandalen und anderen Kriminellen, öffentliche Straßen, die an die privaten Straßen anschließen, Gerichte zur Schlichtung von Vertragsstreitigkeiten und ein Gewaltmonopol, das Rechtsnormen auf faire Weise durchsetzt. Ob die oben aufgezählten zwölf typischen Merkmale einer freien und gerechten Gesellschaft von Nationalstaaten auf Stadtstaaten übertragbar sind oder durch andere, gleichwertige Sozialtechnologien ersetzt werden müssen, etwa Mediatoren statt Anwälten und Richtern, bleib abzuwarten. Manchen Sozialtheoretikern erscheint die Übertragung möglich (libertäre Anarchisten, Anarchokapitalisten[41]), die meisten Politikwissenschaftler und Ökonomen halten aber zumindest einen Minimalstaat für notwendig, um mit den unvermeidlichen Interessenkonflikten umzugehen, die zwischen Individuen und Gesellschaften entstehen; eine Analyse liefert Robert Nozick in seinem Buch *Anarchie – Staat – Utopia*.[42] Das Problem scheint in der unaufhaltsamen Aufblähung dieses Minimalstaats zu liegen, mündend in einer Bürokratie, die mehr und mehr vom Bruttoinlandsprodukt eines Staates verschlingt und deren Gesetze in Form von hundert Millionen Wörtern niemand vollständig einhalten kann.[43]

Welche Veränderungen auch immer eintreten werden – die Geschichte zeigt, dass sie auf protopische Weise umgesetzt werden müssen, um Erfolg zu haben, also inkrementell, wie Thomas Jefferson in seinen Betrachtungen der amerikanischen Revolution schrieb:

> Ich bin kein Befürworter von ständigen Gesetzes- oder Verfassungsänderungen. Aber die Gesetze müssen Hand in Hand gehen mit dem Fortschritt des menschlichen Geistes. Wenn neue Entdeckungen gemacht, neue Wahrheiten bekannt und Gebräuche und Meinungen verändert werden, dann müssen auch die Institutionen voranschreiten. Wir könnten genauso gut von einem Mann verlangen, dass er immer noch den Mantel trägt, der ihm als Knabe gepasst hat, wenn wir von der zivilisierten Gesellschaft verlangen, dass sie sich weiter an die Lebensform ihrer barbarischen Vorfahren hält.[44]

Protopische Wirtschaft

In Gene Roddenberrys Star-Trek-Welt des 23. Jahrhunderts liefern Replikatoren sämtliche Verbrauchsgüter, von Vier-Gänge-Menü bis „Tee, Earl Grey, heiß". Geld ist in dieser Fantasiewelt unwichtig, denn jeder hat, was er braucht. Ist eine solche Welt des Überflusses realistisch? Noch vor zehn Jahren hätten die meisten Leute (und ich selbst auch) die Frage verneint, wegen des grundlegenden Konflikts zwischen unbegrenzten Bedürfnissen und begrenzten Ressourcen. Immerhin ist Ökonomik definiert als die Wissenschaft, die menschliches Verhalten untersucht als eine Beziehung zwischen Zielen und knappen Mitteln, die unterschiedliche Verwendung finden können.[45]

Aber vielleicht wird „Wirtschaft 2.0" ganz anders aussehen als das, was wir gewohnt sind. Vergegenwärtigen wir uns für einen Augenblick die Möglichkeiten eines Smartphones mit Zugang zum Web: Eine Enzyklopädie mit Millionen von Artikeln; detaillierte Straßenkarten aller Städte der Welt; Börsenkurse und Wetterberichte; Audiobücher, eBooks, digitale Magazine und Zeitungen; Spracherkennung und Übersetzung; Videos, Filme, Fernsehsendungen; Spiele für Unterhaltung, Bildung, soziale Interaktion und Training des analytischen Denkens; Crowdfunding, Vermittlung von Privatkrediten, Social Banking, Mikrofinanz; darüber hinaus Millionen von Apps zum Sprachenlernen, Einkaufen, Nachschlagen, für Nachrichten, Musik, Reise, persönliches Management, Kommunikation, Gesundheit. Werkzeuge für alles Erdenkliche und für vieles, auf das wir noch gar nicht gekommen sind. Und all das ist verblüffender Weise meistens *kostenlos*.

Der Futurist Kevin Kelly stellt sich vor, durch die Zeit zurück zu reisen, in die frühen 1990er Jahre, um den Experten von den heutigen Möglichkeiten zu berichten. „Man würde mich für verrückt halten", sagt er. „Sie würden sagen, dass es dafür kein ökonomisches Modell gibt. Wie soll das funktionieren? Es ergibt keinen Sinn, ist abwegig und so gut wie unmöglich. Aber die nächsten 20 Jahre werden die vergangenen 20 in den Schatten stellen. Wir stehen erst am Anfang vom Anfang all dieser Veränderungen. Aus einer gewissen Perspektive erscheint es, als seien all die großen Dinge schon geschehen, aber relativ gesehen ist noch gar nichts Großes passiert."[46]

Die Post-Knappheits-Ökonomen (sie nennen ihre skeptischen Kollegen „Knappheitsökonomen") skizzierten Systeme des Ressourcen-Recyclings und der technologisch fortgeschrittenen Automatisierung (3D-Drucker, nanotechnologische molekulare Assembler, Nanofabriken), die Rohstoffe in fertige Produkte verwandeln können.⁴⁷ Das klingt nach purer Science Fiction, aber wie weit sind wir allein im letzten halben Jahrhundert gekommen? Peter Diamandis, Gründer der X-Prize-Foundation, schreibt in seinem optimistisch betitelten Buch *Abundance*: „Die Menschheit tritt in eine Phase der radikalen Transformation ein, mit dem technologischen Potenzial, den Lebensstandard jedes Mannes, jeder Frau und jedes Kindes auf dem Planeten zu erhöhen." Diamandis schätzt: „Innerhalb einer Generation werden wir Güter und Dienstleistungen, die einst nur den wenigen Wohlhabenden vorbehalten waren, buchstäblich jedem zur Verfügung stellen können, der sie braucht."⁴⁸

Betrachten wir nur den atemberaubenden Zuwachs an Wissensquellen in den letzten Dekaden. Ein Massai-Krieger mit Smartphone und Zugriff auf Google hat mehr Information zur Verfügung als Präsident Clinton in den 1990er Jahren.⁴⁹ Wenn Sie eine Woche lang jeden Tag die Zeitung lesen, haben Sie mehr Wissen gewonnen als ein Europäer des 17. Jahrhunderts in seinem ganzen Leben. Das ist eine Menge Daten, aber verglichen mit dem, was schon am Horizont sichtbar wird, ist es nichts. Von den Anfängen der Zivilisation vor 10000 Jahren bis zum Jahr 2003 brachte die Menschheit fünf Exabyte digitaler Daten hervor. Ein Exabyte ist eine Trillion Bytes oder eine Milliarde Gigabyte. (Ihr Smartphone hat wahrscheinlich 8, 16 oder 32 Gigabyte Speicher, genug für Tausende von Musikstücken, Bildern, Videos.) Zwischen den Jahren 2003 und 2010 erzeugten Menschen diese fünf Exabyte *alle zwei Tage*. Im Jahr 2013 waren es fünf Exabyte *alle zehn Minuten*. Wie viel Information ist das? Die Jahressumme von 2010, 912 Exabyte, entspricht dem 18-fachen Inhalt aller Bücher, die je geschrieben wurden. Wenn dieses digitale Wissen jedem Menschen auf dem Planeten mit Hilde des Internets unmittelbar zur Verfügung steht, können wir alle Bürger-Wissenschaftler werden, die mittels Vernunft ihre persönlichen, sozialen und moralischen Probleme lösen.

Die Wirkung dieser Informationsmenge in allen Lebensbereichen weltweit ist beeindruckend. Bildung: Die YouTube-Lehrvideos der Khan Academy zu über 2200 Themen von Algebra bis Zoologie werden jeden Monat mehr als zwei Millionen Mal aufgerufen. Medizin: Das Gebiet der individualisierten Medizin, eine Industrie, die bis zum Jahr 2003 nicht existierte, wächst derzeit um 15 Prozent pro Jahr, mit einem Umfang von 452 Milliarden Dollar bis 2015. Armut: Die Anzahl in völliger Armut lebender Menschen ist seit den 1950er Jahren auf nunmehr die Hälfte gefallen; wenn der Trend sich fortsetzt, wird sie bis 2035 Null erreichen. Lebenshaltungskosten: Heute kosten Lebensmittel 13 Mal weniger als vor 150 Jahren, in inflationsbereinigter Währung. Lebensstandard: 95 Prozent der unter der Armutsgrenze lebenden Amerikaner haben fließendes Wasser, Strom, Toilettenspülung, Kühlschrank, Fernsehen und Internet. John D. Rockefeller und Andrew Carnegie, die zu den reichsten Menschen der Welt gehörten, genossen wenige dieser Annehmlichkeiten.[50]

Protopische Denker sind Macher. Der SpaceX-Gründer und Tesla-Vorsitzende Elon Musk zum Beispiel malt sich nicht nur eine Rückkehr ins Weltall aus und eine Welt der Elektroautos, sondern auch die Kolonisierung des Mars in den nächsten 10 bis 20 Jahren und autonome Gesellschaften, die neue Regierungsformen ausprobieren.[51] „Es besteht keine Eile im Sinne eines bevorstehenden Untergangs der Menschheit; Ich glaube nicht, dass das Ende nah ist", sagt er. „Aber ich denke schon, dass es gewisse Risiken für katastrophale Ereignisse gibt. Es ist wie bei der Auto- oder Lebensversicherung. Die schließen Sie nicht ab, weil Sie glauben, morgen zu sterben, sondern weil Sie sterben *könnten*." Musk weiter: „Zivilisationen steigen auf und gehen nieder. Es ist denkbar, dass eine Reihe von Ereignissen zur Rückentwicklung der Technologie führt. Unsere Zeit ist die erste in 4,5 Milliarden Jahren, in der die Menschheit ihren Lebensraum über den Planeten Erde hinaus erweitern kann; wir sind gut beraten, wenn wir handeln, solange dieses Fenster offen steht und uns nicht darauf verlassen, dass es lange offen bleiben wird."[52]

Musks PayPal-Mitgründer Peter Thiel, ein weiterer Protopist, half bei der Finanzierung des Seasteading Institute, das autonome Stätten dauerhaften Wohn- und Lebensraums in internationalen Gewässern auf dem Meer errichten möchte, in denen Menschen mit verschiedenen sozialen, politischen und rechtlichen Systemen experimentieren können.[53] Der Futurist Ray Kurzweil vermutet, dass wir bis zum Jahr 2045 zumindest digitale Unsterblichkeit erreichen können,[54] desgleichen die russische „2045 Initiative" mit dem Ziel, „Technologien zu schaffen, die den Transfer einer menschlichen Persönlichkeit auf einen nichtbiologischen Träger ermöglichen und so das Leben verlängern, bis hin zur Unsterblichkeit."[55] Der Google-Chef Larry Page rief 2013 das Altersforschungs-Projekt Calico zu keinem geringeren Zweck als dem Sieg über den Tod, und so titelte das *Time Magazine* am 30. September: „Can Google Solve Death?"[56]

Das sind nur einige der Wege, auf denen eine protopische Wirtschaft unsere Lebensweise bis zum Ende des Jahrhunderts in einem Maße ändern könnte, das an seinem Beginn unvorstellbar war. Für seine Prognosen, wie unser Alltag im Jahr 2100 aussehen mag, verwendete der Physiker und Futurist Michio Kaku eine „Delphi-Umfrage"; er befragte und besuchte mehr als 300 Experten, Wissenschaftler und Technologen aus einem weiten Bereich der Arbeitsfelder. Ihm gemäß werden Computer bis zum Ende des Jahrhunderts Emotionen und Bewusstsein entwickelt haben, und wir werden mit Hilfe von Rechner-Hirnimplantaten durch reines Denken Objekte bewegen und Maschinen bedienen können. Der Zugriff auf das Internet wird durch Kontaktlinsen geschehen. Mit Nanotechnologie werden wir Objekte auf molekularer Ebene zu allem formen können, das wir brauchen. Fahrerlose Autos, Roboter-Chirurgen, Mond- und Marsbasen, Weltraumtourismus und das Wiederauferstehen ausgestorbener Spezies sind nur einige seiner Vorhersagen, die auf unseren derzeitigen Technologien basieren. „Ein heutiges Mobiltelefon hat mehr Rechenkapazität als die gesamte NASA im Jahr 1969, als sie die ersten Astronauten auf den Mond beförderte. Die Sony PlayStation für 300 Dollar rechnet schneller als ein militärischer Supercomputer von 1997, der Millionen Dollar kostete."[57]

Nach Kakus Vorstellung wird Technologie die Menschheit zu einer einzigen planetaren Zivilisation vereinen, Staaten werden ihre Grenzen verlieren und „ihre Macht und ihr Einfluss enorm schwinden, während die Maschinerien des Wirtschaftswachstums sich erst regional, dann global ausdehnen."[58] Nationen waren nötig, um verschiedenste feudale Rechtsordnungen zusammenzuführen, eine gemeinsame Währung und ein behördliches System zu schaffen; Strukturen, die im 18. Jahrhundert die Voraussetzung für Handel und den Aufstieg des Kapitalismus bildeten, aber ab dem Beginn des 21. Jahrhunderts werden sich wirtschaftliche und technologische Macht über den Globus verbreiten.

Als stetem Skeptiker sowohl der Schwarzmaler, die den baldigen Weltuntergang prophezeien, als auch der Futuristen, die uns noch zu unseren Lebzeiten den großen Durchbruch und die Rettung des Planeten verkünden, ist mir bewusst, dass sich beide Fraktionen schon spektakulär und oft auf peinliche Weise irrten. Das Ende der Welt ist bisher nicht gekommen, und die Utopisten mit ihren Erzählungen vom möglichen ewigen Leben, von der Kolonisierung der Galaxie und von Replikatoren sind oft nicht zu unterscheiden von Science-Fiction-Autoren. Skeptiker wollen handfeste Evidenz – beweist es!

Auf solcherart Kritik reagiert Diamandis mit konkreten Details einer Revolution, die schon begonnen hat und von drei Kräften angetrieben wird: (1) Do-it-yourself-Bastler wie der Luftfahrtpionier Burt Rutan, der für die Privatisierung der Raumfahrt den ersten X-Prize gewann und den Genetiker J. Craig Venter, der das menschliche Genom sequenzierte. Tausende solcher Privatinnovatoren werkeln in Garagen und Lagerhallen vor sich hin und entwickeln Lösungen auf den Gebieten der Neurowissenschaft, Biologie, Genetik, Medizin, Agrikultur, Robotik und zahlreichen anderen. (2) Techno-Philanthropen wie Bill und Melinda Gates (Kampf gegen Malaria), Mark Zuckerberg (Förderung der Bildung), Pierre und Pam Omidyar (Stromversorgung in Entwicklungsländern) und viele weitere widmen beträchtliche Anteile ihrer großen Vermögen der Lösung spezifischer Probleme. (3) Die *untere Milliarde*, die Ärmsten der Armen, erlangen durch Mikrofinanzierung und Internet Teilhabe an der globalen Wirtschaft und tragen zur Verfügbarkeit von sauberem Wasser, Nahrung, erschwinglichem Wohnraum, individueller Bildung, medizinischer Versorgung und Energie bei.

Die Trends sind durchaus real; würden die Prinzipien weltweit umgesetzt, so wäre die beschriebene Fülle zumindest auf lange Sicht erreichbar. Die Kurven in Bild 12-1 zeigen die exponentiellen Wachstumsraten des Wohlstands über die Jahrhunderte und in die Zukunft extrapoliert, mit dem Bruttoinlandsprodukt als bewährtem Maßstab.[59]

Der Wirtschaftshistoriker Gregory Clark schreibt: „Dem Durchschnittsbürger im Jahr 1800 ging es nicht besser als jenem 100.000 Jahre vor Christi Geburt. Mit Hilfe von Wissenschaft und Technologie, angewandt von den Gründern der industriellen Revolution „sind heutige Ökonomien zehn- bis zwanzigmal wohlhabender als sie es um 1800 waren. Darüber hinaus ist der bisher größte Nutznießer der ungelernte Arbeiter. Die Gebildeten und mit Land oder Kapital Begüterten strichen hohe Gewinne ein, die größten Geschenke der industriellen Wirtschaft gingen jedoch an die Armen."[60]

Was ist mit Einkommensunterschieden?

An diesem Punkt unserer Reise in die Zukunft mögen mich einige beschuldigen, das Licht zu löschen, das den Elefanten im Raum sichtbar machte – die Unterschiede der Einkommen. Auf Konferenzen betuchter Träumer schwärmen aus der Dot-Com-Ökonomie hervorgegangene Milliardäre in inspirierenden Reden von Lasertechnologie gegen Mücken und ballonbasiertem WLAN in Drittweltdörfern; sie können sich diesen Luxus erlauben, anders als die Menschen der „unteren Milliarde", die sich für eine anständige Mahlzeit am Tag in harter Arbeit mühen und denen Angst und Gewalt stete Begleiter sind. Während Washington D. C. 850 Dollar pro Person und Jahr für Polizeischutz ausgibt, sind es in Bangladesch 1,50 Dollar, weshalb dort Verbrechen, Gewalt und Unruhen an der Tagesordnung sind.[63] Wenn einige jener Milliarden im Zuge eines Trickle-Down-Effekts bei den Mas-

Protopia: Die Zukunft des moralischen Fortschritts

Fortschritt beim Reichtum: Ein Hockeyschläger des Wohlstands

[Weltweites Pro-Kopf-BIP in US-Dollar von 1990, y-Achse 0 bis 6.000; x-Achse Jahr 0 bis 2000]

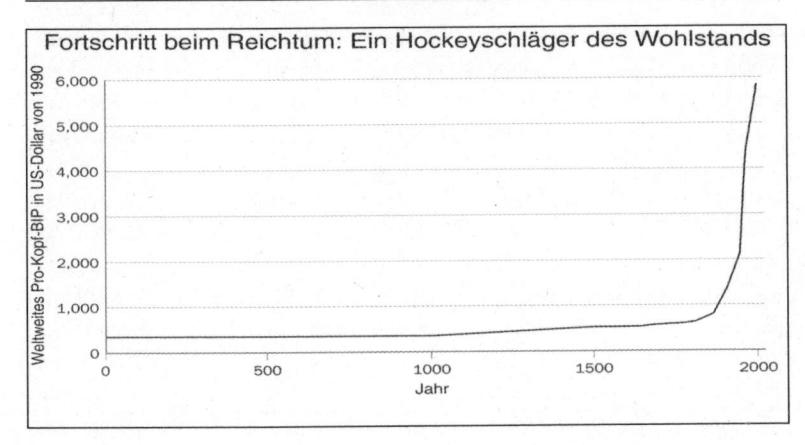

Bild 12-1a.

Fortschritt beim Wohlstand: Eine reichere Zukunft für jeden

[Weltweites Pro-Kopf-BIP in US-Dollar von 2005, y-Achse $6.000 bis $12.000; x-Achse Jahr 2000 bis 2030]

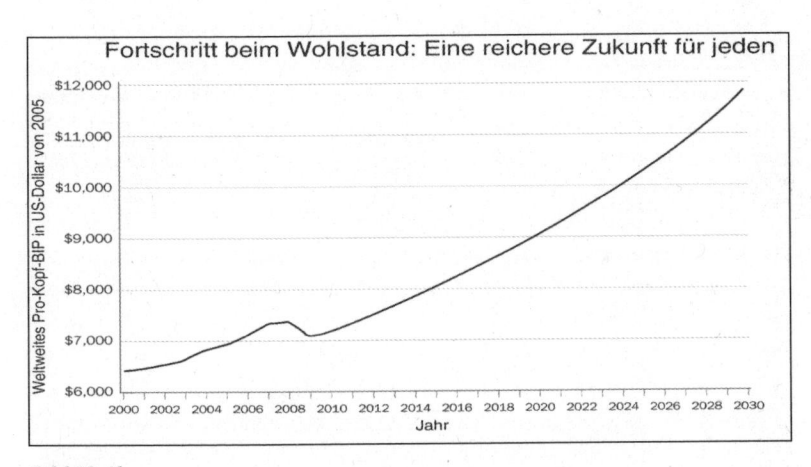

Bild 12-1b.

Bild 12-1: Wirtschaftswachstum
Bild 12-1a. Ein Hockeyschläger des Wohlstands. Die Entwicklung des weltweiten Pro-Kopf-BIP in US-Dollar von 1990 seit Beginn der Zeitrechnung zeigt, dass es kontinuierlich immer mehr Menschen immer besser geht.[61]
Bild 12-1b. Prognostizierter Wohlstand. Die Grafik zeigt das weltweite Pro-Kopf-BIP in US-Dollar von 2005, hochgerechnet vom Jahr 2000 bis 2030; die Ursache der Senke ist die große Rezession von 2008. Das mittlere Jahreseinkommen der Weltbevölkerung dürfte sich bis 2030 nahezu verdoppeln.[62] *Viele Menschen leben noch in Armut, aber die Trends zeigen in die richtige Richtung.*

sen angekommen wären, dann hätten die Menschen ganz unten vielleicht schon einen Teil ihrer Probleme gelöst – diese Sichtweise teilen viele Menschen.

Über die Ungleichheit der Einkommen wird eine der schärfsten Kontroversen unserer Zeit ausgefochten,[64] insbesondere in der westlichen Welt, in der sich das Kapital an der Spitze der Vermögensverteilung akkumuliert. Kürzliche Entscheidungen des Obersten Gerichtshofes der Vereinigten Staaten trugen weiter zur fatalen Mischung von Geld und Politik bei; sie verschoben die Demokratie in Richtung einer Plutokratie. Der Politikwissenschaftler Martin Gilens schreibt in seinem Buch *Affluence and Influence*: „Die amerikanische Regierung reagiert auf die Wünsche der Öffentlichkeit, kommt dabei aber in hohem Maße den wohlhabendsten Bürgern entgegen. In den meisten Fällen haben die Bedürfnisse der weitaus größten Mehrheit der Amerikaner keinen wesentlichen Einfluss auf die Entscheidungen der Regierung."[65]

In einer Rede vom 4. Dezember 2013, gefördert vom Center for American Progress, nannte Barack Obama die Einkommensunterschiede „die bezeichnende Herausforderung unserer Zeit… schlecht für unsere Wirtschaft, unsere Familien und den gesellschaftlichen Zusammenhalt". Ungleichheit des Einkommens stelle „eine fundamentale Bedrohung des amerikanischen Traumes" dar.[66]

Ist das so? Vielleicht nicht. Die Reichen werden reicher, das stimmt und ist vielfach belegt, jüngst im überraschenden Bestseller *Das Kapital im 21. Jahrhundert* von Thomas Piketty aus dem Jahr 2014.[67] Der Ökonom Gary Burtless ermittelte bei einer Analyse von Steuerdaten aus den Jahren 1979 bis 2010, dass das Vermögen der Reichen schneller wuchs als jenes der Armen und der Mittelschicht, wie Bild 12-2 zeigt.[68]

Insgesamt erhöhte das obere Fünftel der Verdiener in den USA seinen Anteil des nationalen Einkommens von 43 Prozent im Jahr 1979 bis 2010 auf 50 Prozent, und dem oberen einen Prozent gelang ein Zuwachs von 9 auf 15 Prozent im selben Zeitraum. Beachtenswert dabei ist aber, was *nicht* geschah – Arme und Mittelschicht wurden nicht ärmer. Sie wurden reicher. Die Einkommen der ersten drei Quintile stiegen jeweils um 49, 37 und 36 Prozent. Nun erhöhte sich ihr Wohlstand langsamer im Vergleich zu den Wohlhabenden, daher befeuert der *relative* Unterschied die Debatte. Dazu ein Bonmot H. L. Menckens: „Ein wohlhabender Mann ist jemand, der im Jahr 100 Dollar mehr verdient als der Ehemann der Schwester seiner Frau." In diesem Sinne öffnet sich eine Schere zwischen den Einkommen der Ehemänner von Schwestern.

Nun mag die Metapher, wer welchen Anteil vom großen Kuchen bekommt, nicht die beste sein, denn sie impliziert eine feste Größe jenes Kuchens; erhält jemand ein größeres Stück, so muss das eines anderen kleiner sein, wie in einem Nullsummenspiel. Aber so funktionieren Ökonomien nicht; sie wachsen. Der ganze Kuchen wird größer, sodass wir beide, du und ich, in diesem Jahr mehr bekommen, selbst wenn dein Zuwachs größer ist als meiner. Nach einem Bericht der US-Notenbank von 2014 erreichte der amerikanische Vermögensstand ein Allzeit-Hoch; das Eigenkapital der Haushalte und gemeinnützigen Organisationen stieg 2013 um 14 Prozent oder nahezu 10 Billionen Dollar auf unvorstellbare 80,7 Billionen Dollar und bestätigte damit Burtless' Ergebnis, dass es den meisten Amerikanern besser geht denn je.[69]

Auf einem Planeten mit begrenzten Ressourcen kann Expansion nicht mit denselben Industrien ewig weitergehen.[70] Es bleiben aber nicht dieselben Industrien. Historisch verschob sich die Wertschöpfung von Ackerbau über Kohle und Stahl zu Information und Finanz. Eric Beinhockers Analyse *The Origin of Wealth* liefert einen Berg an Evidenz für „Gründe für Optimismus... die Wachstumskurve wird sich noch für einige Zeit fortsetzen, besonders, wenn die 2,3 Milliarden Menschen in Indien und China sich in dieser und der nächsten Dekade der Weltwirtschaft anschließen und wenn im nächsten halben Jahrhundert 650 Millionen Menschen aus Sub-Sahara-Afrika an Bord kommen." Zwar ist die Wirtschaft ein komplexes, adaptives System, das „kippen, sich radikal wandeln und gar kollabieren" kann, aber eben die Adaptivität ermöglicht flexible Reaktion auf Krisen, daher besteht Grund zur Zuversicht.[71] Ob diese Transitionen der Wirtschaft und die Zunahme des Wohlstands sich in die ferne Zukunft fortsetzen lassen, bleibt abzuwarten (die Experten im Dokumentarfilm *Surviving Progress* haben ihre Zweifel[72]), aber vorläufig geben die Wachstumskurven Anlass zur Hoffnung.

Der relative Unterschied ist nicht die einzige Sorge der Menschen. Gemäß einem Bericht der Wirtschaftswissenschaftler Kartik Athreya und Jessie Romero aus dem Jahr 2013 für die Federal Reserve Bank of Richmond hat in den letzten Jahren die Einkommensungleichheit zugenommen, während die ökonomische Mobilität zurückging. Nach ihren Feststellungen bezog 1979 das obere eine Prozent der Haushalte 7,4 Prozent des versteuerten Gesamteinkommens in den USA; bis 2007 hatte sich diese Zahl mehr als verdoppelt, auf 16,7 Prozent. In derselben Zeitspanne „blieb das Einkommen aller anderen Haushalte konstant oder ging zurück."[73] Die Hindernis beim Aufstieg aus den unteren Quintilen tauchen im Leben der Armen f

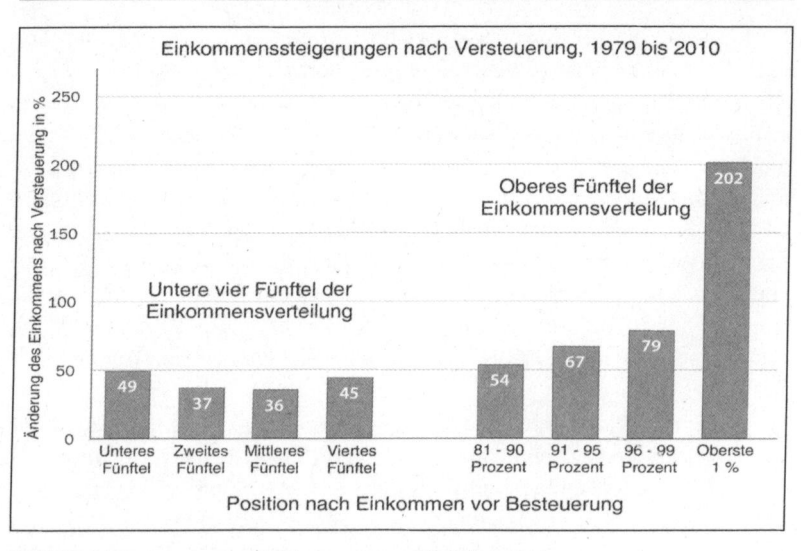

Bild 12-2: Einkommen nach Versteuerung, 1979 bis 2010

auf; unter ihnen finden sich Defizite der Ernährung und der Kognition. Eine Studie der Brookings Institution ermittelte, dass 78 Prozent der Kinder aus dem obersten Quintil im Alter von fünf Jahren nach Entwicklungsstand und Kognition schulfähig waren, jedoch nur 48 Prozent der Kinder aus dem untersten Einkommensquintil.[74]

Eine von den Ökonomen Gerald Auten und Geoffrey Gee durchgeführte und im *National Tax Journal* veröffentlichte Analyse von Steuererklärungen der Jahre 1987 bis 2005 ergab, dass in der Altersgruppe über 25 „mehr als die Hälfte der Steuerzahler in ein anderes Einkommensquintil wechselten und grob die Hälfte jener, die im untersten Quintil begannen, nach dem Ende jeder Steuerperiode in eine höhere Einkommensgruppe aufgestiegen waren." Wie sieht es bei den Reichen aus? Wer in der obersten Gruppe ist, kann sich nur in einer Richtung bewegen, und dieses Ergebnis fanden Auten und Gee tatsächlich: „Jene mit den höchsten Einkommen im Basisjahr hatten eine höhere Wahrscheinlichkeit, in eine niedrigere Einkommensgruppe abzusinken, und das mittlere Realeinkommen dieser Steuerzahler ging in jeder Periode zurück. Von den oberen ein Prozent der Einkommensverteilung waren nach zehn Jahren 60 Prozent in ein niedrigeres Perzentil gerutscht. Weniger als ein Viertel derer im obersten Hundertstelprozentbereich 1996 war 2005 noch in dieser Gruppe."[75]

In einer Folgestudie mit Daten bis 2010 fanden die Autoren, dass „etwa die Hälfte der Steuerzahler des ersten und fünften Quintils 20 Jahre später in derselben Gruppe verblieben waren. Ein Viertel jener in der untersten Gruppe war ins nächsthöhere Quintil aufgestiegen und 4,6 Prozent ins höchste".[76] Nun sind die Superreichen nicht arm geworden; wer aus dem oberen Zehntausendstel ins obere Tausendstel oder gar obere Hundertstel gerät, muss nicht von Instantnudeln leben (gegen die im Übrigen nichts einzuwenden ist). Erster Klasse zu fliegen statt mit dem Privatjet führt noch nicht zu Not und Verzweiflung. Der Punkt ist aber, dass die soziale Mobilität zwar nicht dem Ideal einer Gesellschaft der Chancengleichheit entspricht, entgegen gängiger Darstellung aber durchaus vorhanden ist.

Geschichtlich betrachtet scheinen Regierungen keinen großen Einfluss auf die gesellschaftliche Durchlässigkeit zu haben. Der Wirtschaftshistoriker Gregory Clark benutzte Familiennamen als Index; seine Studie beginnt mit Daten aus den Zeiten, als diese in Gebrauch kamen. Ihm zufolge hängen Einkommen und Sozialstatus eines Menschen zu mehr als 50 Prozent vom gesellschaftlichen Stand seiner Familie bei der Geburt ab, weshalb sein Nachname sich als Prädiktor für seinen Wohlstand eignet. Bezeichnenderweise heißt sein Buch *The Son Also Rises*. „Wenn alle Faktoren, die die Lebenschancen der Menschen determinieren, im Status ihrer Familien zusammengefasst werden können, dann implizieren die Raten des Fortbestehens, dass alle anfänglichen familiären Vorteile und Nachteile innerhalb von drei bis fünf Generationen verschwunden sein sollten", schreibt er. Aber das ist nicht, was tatsächlich geschieht. Clark schätzt, dass soziale Vermächtnisse der Familie 10 bis 15 Generationen von jeweils 30 Jahren überdauern; so sind Auswirkungen des Wohlstands im 18. Jahrhundert bis heute messbar, und jene, die heute in eine niedrige sozioökonomische Schicht geboren werden, brauchen Jahrhunderte, um in höhere gesellschaftliche Klassen aufzusteigen.[77]

Dieser demographische Effekt ist ein statistisches Ergebnis, also eine Aussage über Gruppen, nicht über Individuen. Sie oder ich mögen uns binnen einer Generation an den Haaren aus dem Sumpf ziehen, aber die allgemeinen, langfristigen Trends werden bestehen bleiben, ungeachtet aller ausgleichenden Regierungsmaßnahmen wie breite Bildung, Verbot von Diskriminierung, Steuerprogression und Umverteilung; die Undurchlässigkeit findet sich selbst in den liberalsten nordeuropäischen Demokratien, etwa in Schweden. (Clark befürwortet die meisten dieser Instrumente, weniger um die soziale Mobilität zu fördern, sondern weil sie andere

Zwecke erfüllen und talentierte, kreative und hart arbeitende Menschen ohnehin aufsteigen.) Selbst das kommunistische China, das Nonplusultra der Gleichheit per Dekret, war nicht in der Lage, die Raten gesellschaftlicher Durchlässigkeit zu verändern. „Trotz Maos größter Anstrengungen", so schließt Clark aus seiner Analyse elitärer chinesischer Familiennamen, „sind 'Klassenfeinde' in der kommunistischen Regierung des Landes fest etabliert".[78] Immerhin stellte Clark bei schwarzen Familien in den USA nach der Bürgerrechtsbewegung positive Trends fest, aber nach seiner Schätzung wird es bis zum Jahr 2240 dauern, bis „der Anteil schwarzer Ärzte die afroamerikanische Bevölkerung auch nur zur Hälfte repräsentiert".[79]

Einen Teil des Effekts schreibt Clark der „sozialen Kompetenz" zu, die nach Studien der Verhaltensgenetik und nach Zwillingsstudien zu mindestens 50 Prozent erblich ist. Dabei spielt nicht nur pure Intelligenz eine Rolle, sondern auch Persönlichkeitsmerkmale und Erfolgsstreben. Formal nennt sich das „kumulativer Vorteil", landläufig „die Reichen werden reicher".[80]

Wie immer man es nennt – wenn die Wirtschaft wächst und die meisten Menschen in der westlichen Welt im Mittel immer wohlhabender werden, warum interessiert es so viele, ob andere reicher sind als sie selbst? Ein Teil der Antwort mag sich in unserer evolutionär entstandenen intuitiven Ökonomik finden.[81],[82] Unsere Vorfahren lebten in kleinen Gruppen und Stämmen von wenigen Dutzend bis einigen hundert Individuen, alle miteinander verwandt oder zumindest gut bekannt. Die meisten Ressourcen wurden geteilt, Anhäufung von Vermögen war praktisch unbekannt, übermäßige Habgier wurde bestraft. Es gab keinen Kapitalmarkt, kein Wirtschaftswachstum, keine Verdichtung von Arbeit, keine „unsichtbare Hand" des Marktes und kein exzessives Missverhältnis zwischen Arm und Reich, denn nach heutigen Maßstäben war jedermann bettelarm. Wo es keine Reichtümer gibt, lassen sich keine ansammeln.

Für Menschen, die so am Limit leben, sind Teilen und Gegenseitigkeit zum Überleben unverzichtbar; darum setzen auch moderne Stammesgesellschaften Regeln und Sitten durch, die relative Gleichheit gewährleisten. Ohne diese Kooperation bedeutet in einer Welt des Nullsummenspiels der Gewinn des einen den Verlust eines anderen. Deshalb nennt der Spieltheoretiker uns Menschen „Super-Kooperatoren", und es ist eher die Kooperation als der Wettbewerb, die zur Evolution des Altruismus führte und dazu, dass wir für Überleben und Erfolg einander brauchen.[83] Ich denke, das gibt dem Engel in uns etwas zu viel Gewicht und spielt unsere inneren Dämonen herunter; unserer kooperativen Seite steht oft eine kompetitive gegenüber. Der Punkt ist jedoch, dass wir die Welt des Nullsummenspiels hinter uns gelassen haben. Des einen Gewinn ist häufig auch der Gewinn anderer, und Dank Wissenschaft, Technologie und Handel steht uns eine Fülle an Nahrung und Ressourcen zur Verfügung. Nur unsere Gehirne funktionieren immer noch wie einst im Land des Nullsummenspiels.[84]

Wegen der Dualität unserer Impulse zu Kooperation und Wettbewerb sollten wir uns unsere Vorfahren nicht in einer Hippie-Kommune lebend vorstellen, in der jeder nach seinen Fähigkeiten gibt und gemäß seinen Bedürfnissen bekommt, in irgendeinem harmonisch-marxistischen Naturzustand; wohin diese utopische Fantasie führt, haben wir in Sowjetrussland und im maoistischen China gesehen. In ihrer Ethnographie der !Kung-Buschmänner (erörtert in Kapitel 11) in der Kalahari-Wüste Afrikas, einer traditionellen Gesellschaft, die unseren evolutionären Vorfahren nahekommen mag, schreibt die Anthropologin Patricia Drapers: „Die Güter werden deshalb ständig gerecht verteilt, weil die Habenichtse lautstark ihre Forderungen durchsetzen. Leben diese Menschen in harmonischer Gemeinschaft, bereitwillig teilend? Nicht direkt. Auf einer Ebene der Analyse lässt sich zeigen, dass Güter zirkulieren, es keine Ungleichheiten des Wohlstands gibt und das Miteinander innerhalb und außerhalb der Gruppen durch friedliche Beziehungen gekennzeichnet ist. Auf einer anderen Ebene allerdings zeigt sich das soziale Handeln als fortwährende Rangelei, oftmals gütlich, manchmal aber auch in bitterem Ernst."[85]

Vor sieben- bis achttausend Jahren begannen die Gruppen, zu Häuptlingstümern und schließlich Staaten zu verschmelzen. Ein wirtschaftlicher Wandel fand statt, die Gleichverteilung wurde abgelöst von einer Hierarchie des Wohlstands, die der Signalisierung von Status und Macht diente und die schließlich in der Ansammlung riesiger Vermögen und der Ungleichverteilung in Staaten mündete. Eine Welt der relativen Armut, in der niemand wesentlich mehr besitzt als andere, fühlt sich fair an. Die heutige westliche Welt hingegen, in der nahezu jeder einen gewissen Wohlstand genießt, einige aber erheblich reicher sind, erweckt den Eindruck der Unfairness. Unsere Gehirne sind nicht für ein intuitives Verständnis moderner Ökonomien eingerichtet; den meisten Leuten erscheinen sie ungerecht. Und tatsächlich war wirtschaftliche Ungleichheit für den größten Teil der Zivilisationsgeschichte nicht das Ergebnis von Unterschieden in Antrieb und Talent zwischen Mitgliedern der Gesellschaft, die frei waren, ihr Recht auf Wohlstand wahrzunehmen; stattdessen existierte ein unfaires, manipuliertes soziales System der Ausbeutung der Massen, das eine Handvoll Häuptlinge, Könige, Adlige und Priester zu ihrem Vorteil nutzten. Unser natürliche (und verständliche) Reaktion ist daher Neid und zuweilen Zorn, wie die „Occupy Wall Street"-Bewegung im Jahr 2012 zeigte, siehe Bild 12-3.

Intuitive Ökonomik hilft, die Resultate einer Studie aus dem Jahr 2013 zu erklären, gemäß der die Einkommensungleichheit den Menschen erheblich größer erscheint, als sie tatsächlich ist. Bei einer Online-Umfrage mit über 500 Teilnehmern waren diese im Mittel der Meinung, dass 48 Prozent der Haushalte ein Jahreseinkommen unter 35000 Dollar haben; real sind es 37 Prozent. Die Anzahl der Haushalte mit einem Jahreseinkommen über 75000 Dollar wurde auf 23 Prozent geschätzt; tatsächlich sind es 32 Prozent. Des Weiteren waren die Befragten der Auffassung, dass die reichsten 20 Prozent der Gesellschaft das 31-fache der ärmsten 20 Prozent verdienen; in Wahrheit beträgt der Faktor 15,5. Und schließlich veranschlagte man das Jahreseinkommen der reichsten 20 Prozent auf 2 Millionen Dollar, während es in Wirklichkeit 169.000 Dollar sind; die Einschätzung lag um nahezu den Faktor 12 zu hoch.

Das ist eine ernstzunehmende Realitätsverzerrung. Derartige Vorurteile sind, wenig überraschend, am verbreitetsten unter selbsterklärten Linksliberalen und weniger unter Konservativen, aber sie ziehen sich doch durch das gesamte politische Spektrum. So erklärt John Chambers, Autor der Studie: „Nahezu alle unsere Studienteilnehmer, unabhängig von sozioökonomischem Status, politischer Einstellung, Ethnie, Bildungsniveau, Alter und Geschlecht, unterschätzten gravierend die Durchschnittseinkommen amerikanischer Haushalte und überschätzten die Einkommensunterschiede"[86]

Zahlreiche Wissenschaftler untersuchten die Auswirkungen von Einkommensungleichgewichten, darunter der Sozialepidemiologe Richard Wilkinson in seinem Buch *Kranke Gesellschaften* (1996) und in jüngerer Zeit Kate Pickett in *Gleichheit: Warum gerechte Gesellschaften für alle besser sind*.[87] In seinem TED-Talk präsentiert Wilkinson eine Unmenge Daten in Form von Diagrammen, die den meinen von Gregory Paul aus Kapitel 4 zu Religiosität und sozialem Wohlergehen verblüffend ähnlich sehen; mit zunehmender Religiosität geht der gesellschaftliche Wohlstand zurück. Wilkinson nun bildet auf der horizontalen Achse nicht das säkular-religiöse Spektrum ab, sondern eine Skala gesellschaftlicher Gleichheit und Ungleichheit. Seiner Auffassung nach führt höhere Ungleichheit in Ländern (und Bundesstaaten der USA) zu höheren Raten von Mord, Inhaftierungen, Teenager-Schwangerschaften, Kindersterblichkeit, Übergewicht, psychischen Störungen (einschließlich Drogen- und Alkoholmissbrauch) und Stress. Niedriger hingegen sind die Niveaus von Lebenserwartung, mathematischer Bildung und Lesekompetenz, Vertrauen und sozialer Durchlässigkeit.[88] Wilkinson und Pickett bleiben politisch neutral bei ihren Vorschlägen, wie dieses Problem anzugehen ist; sie zeigen, wie sowohl die Wohlstand generierenden Kräfte des Marktes als auch staatliche Umverteilungsmaßnahmen gleichermaßen effektiv die Lücke der Ungleichheit schließen können.

Diese Ergebnisse werden unter anderem von Robert Sapolsky gestützt, Biologe an der Stanford University, der über die physischen Folgen von Stress durch Ungleichheit auf Paviane forschte. Bekannt ist sein Buch *Warum Zebras keine Migräne kriegen* [Zebras sind egalitärer]. Er schreibt: „Einkommensunterschiede, geringer gesellschaftlicher Zusammenhalt, wenig soziales Kapital, latente Klassenkonflikte und hohe Kriminalität bilden einen ungesunden Cluster" und führt sowohl Amerika als auch das postsowjetische Russland als Beispiele an.[89] Die Anthropologen Martin Daly und Margo Wilson untersuchten Korrelationen zwischen Einkommensungleichheit und Tötungsdelikten im Vergleich Kanadas und der USA. Nach ihrem Ergebnis „erklärten lokale Einkommensunterschiede in kanadischen Provinzen und amerikanischen Bundesstaaten hinreichend die radikal unterschiedlichen Mordraten der beiden Länder... die Ungleichverteilung der Ressourcen war ein stärkerer Prädiktor für tödliche Gewalt als das mittlere Niveau des materiellen Wohlstands". Den Effekt schreiben die Forscher einem stärkeren Wettbewerb unter Männern in niedrigen sozioökonomischen Schichten zu, der mit größerer Wahrscheinlichkeit zu Gewalt führt.[90]

Ich bin da nicht so sicher. Zumindest in den Vereinigten Staaten war die Einkommensungleichheit in den 1970er und 1980er Jahren niedriger als heute, ausgerechnet auf dem Höhepunkt der landesweiten Kriminalitätswelle mit ihren nahezu zehnfach erhöhten Mordraten. Nach ihrem Verebben, als die Tötungsraten wieder auf das niedrige Niveau der Zeit vor 1960 sanken, begann der stetige Anstieg der Ungleichheit; in den 2000er Jahren setzte er sich fort, während die Kriminalitätsraten auf ihrem historischen Tief verblieben. Wie schon in Kapitel 4 bei der Betrachtung von Gregory Pauls Studien dargelegt, gibt es für jeden dieser sozialen Missstände, seien es Morde, Suizide, Teenagerschwangerschaften, Inhaftierungsraten und dergleichen, jeweils einen eigenen, spezifischen Satz von Ursachen. Die Wahrscheinlichkeit, dass sie ihrerseits alle von einer einzigen Ursache abhängen, ist gering. Möglicherweise ist die Einkommensungleichheit ein

Bild 12-3: Occupy Wall Street
Verbitterung angesichts der Einkommensungleichheit und des Rettungspakets der Regierung Bush zur Unterstützung des US-amerikanischen Finanzmarkts brach sich 2011 und 2012 in der „Occupy Wall Street"-Bewegung Bahn. Aufnahmen aus dem Zuccotti-Park in New York und einem öffentlichen Park in Portland, Oregon. (Quelle: Sammlung des Autors)

Stellvertreter für etwas anderes, das gewisse Auswirkungen zeigt, die wiederum empfindlich gegenüber anderen Ursachen sind. So scheinen Einkommensunterschiede einen psychologischen Einfluss auf die Art zu haben, in der Menschen in Machtpositionen mit anderen interagieren. Ein eindrucksvolles Beispiel entdeckte der Sozialpsychologe Paul Piff an der Universität Berkeley. Probanden spielten ein manipuliertes Monopoly. Einige erhielten unfaire Vorteile; sie durften mit zwei Würfeln statt einem spielen, starteten mit 2000 statt 1000 Dollar und strichen die doppelte Summe Geldes ein, wenn sie über „Los" gingen. Um das Maß voll zu machen, bekamen sie den Rolls-Royce-Spielstein, die anderen den „alten Schuh". Obwohl per Münzwurf über die normale oder begünstigte Spielposition entschieden wurde, schrieben die Privilegierten ihre Gewinne nicht etwa dem Glück zu, sondern ihren eigenen Fähigkeiten und Talenten. Und so verhielten sie sich dann auch; ihre Spielzüge wurden lauter, sie nahmen mehr Raum ein, wurden bestimmender, sprachen lebhafter und fordernder („gib mir Park Place"). Bemerkenswert sind ihre Berichte über den Stolz, den sie auf sich selbst verspürten, so als hätten sie den Sieg verdient.[91]

Ich fragte Piff nach seinen Schlussfolgerungen. „Nach unseren vorläufigen Ergebnissen ändert sich trotz offen zutage liegender Manipulation des Spiels das Verhalten der Teilnehmer. Die 'Reicheren' werden unhöflicher, lauter, fordernder und rücksichtsloser. Ihre Grundeinstellung scheint sich zu verändern; die Nutznießer eines unfairen Vorteils bekommen das Gefühl, diesen Vorteil zu verdienen."[92]

Der Effekt ist eine Erscheinungsform des *fundamentalen Attributionsfehlers* – der Tendenz, unsere eigenen Meinungen und Handlungen auf Ursachen zurückzuführen, die wir für andere nicht gelten lassen. Es gibt die *situative Verzerrung*, bei der wir Meinung oder Handlung einer Person auf die Umstände zurückführen („ihr Erfolg ist das Ergebnis von Glück und Beziehungen") und die *dispositionale Verzerrung*, die uns die Ursache von Meinung oder Verhalten in persistenten Persönlichkeitseigenschaften vermuten lässt („ihr Erfolg liegt an ihrer Intelligenz, Kreativität und harten Arbeit").[93] Dank der *selbstwertdienlichen Verzerrung* schreiben wir unseren eigenen Erfolg eher einer positiven Veranlagung zu („ich arbeite hart, bin intelligent und kreativ"), den der anderen eher glücklichen Fügungen („sein Erfolg liegt an den Umständen und seinen familiären Beziehungen").[94] Gemäß Piffs Forschung zeigen selbst Menschen, die noch keine nennenswerten Leistungen vollbrachten (Studenten), eine anspruchs- und verdienstvolle Attitüde, wenn sie wohlhabende Eltern haben.[95] In einer Veröffentlichung aus dem Jahr 2009 mit dem Titel „Social Class, Sense of Control, and Social Explanation" zeigen Piff und seine Kollegen Michael Kraus und Dacher Keltner, dass die soziale Schicht „stark assoziiert ist mit einem reduzierten Gefühl der persönlichen Kontrolle und dass dieser Zusammenhang erklärt, warum Menschen aus niedrigeren Schichten eher zu kontextuellen als zu dispositionalen Erklärungen sozialer Ereignisse neigen."[96]

Die Auswirkungen ungleichen Einkommens können so schädlich sein wie sein Gegenteil heilsam.[97] In einem weiteren Experiment führten Piff und sein Team Buch darüber, welche Autos für eine Person anhielten, die an einem Fußgängerüberweg die Straße überqueren wollte. Insgesamt stoppten 65 Prozent der Fahrer; unter jenen, die es nicht taten, fuhr die überwältigende Mehrheit (Faktor drei bis vier) Luxusautos wie BMW, Mercedes oder Porsche; Symbole für eine höhere sozioökonomische Klasse.[98] Bei einem anderen Versuch sollten Probanden ein Formular ausfüllen und durften dabei „ein paar" Bonbons aus einer Schüssel auf dem Tisch nehmen; allerdings war ihnen gesagt worden, die Süßigkeiten seien „eigentlich für eine andere Studie mit Kindern gedacht". Teilnehmer, die sich als wohlhabend empfanden, nahmen doppelt so viele Bonbons wie jene, die sich für arm hielten.

Zu diesen Selbsteinschätzungen als arm oder reich manipulierte Piffs Team die Teilnehmer durch geschickt gewählte Bedingungen, was die Ergebnisse noch interessanter macht, weil es zeigt, dass die Effekte temporär und reversibel sind. Bei einer Würfelspiel-Konstellation sollten Probanden das Ergebnis eines Wurfs mitteilen, das der Experimentator nicht beobachten konnte. Die Wohlhabenderen (mit Einkommen von 150.000 bis 200.000 Dollar pro Jahr) mogelten dabei viermal so oft wie die Armen (weniger als 15000 Dollar pro Jahr), um einen Preis von 50 Dollar zu gewinnen. Diese Effekte zeigten sich übrigens quer durch das politische Spektrum, vom Tea-Party-Konservativen bis zum Occupy-Wall-Street-Linken. Mir gegenüber interpretierte Piff seine Resultate recht plastisch: „Zwar verwandelt der Besitz von Geld Menschen nicht notwendigerweise, aber für die Reichen besteht eine erheblich größere Wahrscheinlichkeit, ihre eigenen Interessen denen anderer überzuordnen. Sie entwickeln wahrscheinlicher Eigenschaften, die wir dem Stereotyp folgend am ehesten mit, sagen wir, Arschlöchern in Verbindung bringen würden."[99]

Als geläufigste Strategie gegen diese Ungleichheit werden die Reichen besteuert und das Geld an die Armen umverteilt; dieses Modell bevorzugen die Linken und, natürlich, die Armen.[100] Der seltenere Ansatz ist private

Wohltätigkeit, bei der die Reichen für Anliegen der Armen spenden, ihn favorisieren Konservative und, natürlich, die Reichen. Überraschenderweise (da er aus dem superlinksliberalen Berkeley kommt) schließt Piff seinen TED Talk mit der Erkenntnis, dass an den Haltungen, die mit dem Besitz von viel Geld einhergehen, nicht inhärent Unveränderliches ist. Es genügt, die Wohlhabenden an die weniger Begüterten zu erinnern (mit einem 64-Sekunden-Video über Kinderarmut) und Leute mit Geld widmen bereitwillig ihre Zeit einem Fremden in Not, der ihnen im Labor vorgestellt wird. „Nachdem sie das Video sahen, gingen die Reichen genauso großzügig mit ihrer Zeit um wie die Armen; daher vermuten wir, dass die Unterschiede nicht inhärent oder kategorisch sind, sondern formbar durch leichte Veränderungen in den Werten der Menschen und kleine Appelle an das Mitgefühl."

Statt für eine progressive Steuer zu plädieren, damit die Reichen ihren Anteil leisten, richtet Piff seinen Blick auf die Bewegung der Superreichen, große Teile ihrer Vermögen *freiwillig* für sinnvolle Zwecke zu spenden. Unter der Schirmherrschaft der philanthropischen Kampagne „The Giving Pledge" versprachen über hundert der wohlhabendsten Amerikaner, mehr als die Hälfte ihrer Vermögen wohltätigen Zielen zu widmen. Zu den Unterzeichnern gehören Bill Gates, Warren Buffett, Paul Allen, Michael Bloomberg, Ted Turner, Mark Zuckerberg, Elon Musk und andere mit vergleichbar unterschiedlichen politischen Überzeugungen. Daneben gibt es „Resource Generation", eine Initiative, um finanziell gutgestellte junge Menschen in die Lage zu versetzen, ihre Mittel und Privilegien zugunsten sozialen Wandels einzusetzen.[101]

Eine weitere Möglichkeit, mit den psychologischen Auswirkungen der Einkommensungleichheit umzugehen, ist die Reform des Kapitalismus von innen. Es mag selbstwidersprüchlich klingen, aber John Mackey, der Co-CEO von Whole Foods Market, will genau das in Angriff nehmen. In seinem Buch *Conscious Capitalism* entwirft er ein neues Narrativ des Kapitalismus, beginnend mit dem Mythos, Profit sei die einzige treibende Kraft eines Unternehmens. Das alte Narrativ kennen wir alle: *Kapitalisten sind zigarrenkauende, geldgierige, quartalsreportlesende, „Sie sind gefeuert"-knurrende, schadenfrohe, kaltherzige, skrupellose, machiavellistische Psychopathen.* Manche Kapitalisten werden diesem Bild gerecht; die Figur Gordon Gekko in Oliver Stones Film *Wall Street* ist nach dem Junk-Bond-König Michael Milken gestaltet, der in 98 Fällen der illegalen Geschäfte und des Betrugs angeklagt wurde. Aber nur manche. Mackey: „Mit wenigen Ausnahmen starten erfolgreiche Unternehmer nicht mit dem

Ansinnen, ihren Gewinn zu maximieren. Natürlich wollen sie Geld verdienen, aber das ist es nicht, was die meisten von ihnen treibt. Vielmehr sind sie inspiriert, etwas zu tun, von dem sie glauben, dass es getan werden muss."[102]

Ungeachtet seines Hippie-Images und seines veganen Lebensstils (er lebt vor, was er predigt) ist Mackey kein Naivling, wenn er gegen den „Krebs des Kumpanei-Kapitalismus" wettert, bei dem jene, die auf dem Markt nicht bestehen können, sich an die Regierung wenden und Bürokraten beschwören, ihren Wettbewerbern Regeln und Pflichten aufzuerlegen. Sein Gegenmittel ist „bewusster Kapitalismus", basierend auf einem „ethischen System der Wertschöpfung für alle Beteiligten", also nicht nur die Eigentümer, sondern auch Angestellte, Kunden, die Gesellschaft, die Umwelt und selbst Konkurrenten, Aktivisten, Kritiker, Gewerkschaften und Medien. Als Vorbilder führt Mackey Google und Southwest Airlines an, als Negativbeispiele Pharmakonzerne und Finanzunternehmen.[103]

Die Schuld für den Mythos des Profits als einzigem Motiv gibt Mackey in einer überraschenden Wendung den Kapitalisten selbst, denn „sie akzeptierten diesen engen Begriff des Geschäfts als Faktum, verhielten sich entsprechend und erzeugten so eine sich selbst erfüllende Prophezeiung". Mackey möchte einen neuen Kapitalismus schaffen, der sich um Kunden und menschliche Wesen kümmert statt um Datenpunkte in einer Tabellenkalkulation. Er klingt mehr nach John Lennon als nach John Galt, wenn er sagt: „Stellen wir uns ein Unternehmen vor, das seine Konkurrenten nicht als Feinde sieht, die vernichtet werden müssen, sondern als Lehrer und Weggefährten auf einer Reise hin zu gemeinsamen Spitzenleistungen. Ein Unternehmen, dem die Interessen des Planeten mit all seinen fühlenden Wesen am Herzen liegen, das die Herrlichkeiten der Natur feiert, das hinausdenkt über Kohlezeitalter und bloße Umweltneutralität, um zu einer heilenden Kraft zu werden, die die Ökosphäre zurückführt in einen Zustand der nachhaltigen Lebenskraft."[104]

Wenngleich Mackey zahlreiche Beispiele von Unternehmen anführt, die bewussten Kapitalismus praktizieren, einschließlich seines eigenen Whole Foods Market mit transparenten Gehältern und Deckelung des Spitzenverdiensts beim 19-fachen des Durchschnitts (im Gegensatz zum Hundertfachen in anderen Firmen), so scheint er doch die anderen Kapitalisten zu drängen, besser freiwillig Programme zum Wohle aller Beteiligten einzuführen, ansonsten würde die Regierung sie dazu zwingen, zum Schaden des moralischen Elements der bewussten Entscheidung.

Regierungen stecken mit Gesetzen den Rahmen ab, in dem der Kapitalismus operiert; um allzu großer Einmischung von oben vorzubeugen, sollten Unternehmen freiwillig Programme von unten auf den Weg bringen, mit denen sich einerseits Gewinn erzielen, andererseits eine ethische Position vertreten lässt. Wenn Vollzeit-Mitarbeiter einer Firma nicht genug für den Lebensunterhalt ihrer Familien verdienen, dann liegt das Problem im Unternehmen selbst. Eine Korrektur muss so oder so stattfinden, freiwillig oder unfreiwillig. Die freiwillige Lösung liegt in niedrigeren Managergehältern, höheren Arbeitslöhnen und, wenn nötig, höheren Preisen. Geschieht das nicht, führt die unfreiwillige Lösung umverteilter höherer Unternehmens- und Einkommenssteuern zur selben Anpassung, aber mit den Reibungsverlusten dazwischengeschalteter Bürokratie, die auch bezahlt werden muss, und somit zu verminderter Prosperität. Einer Studie des Internationalen Währungsfonds aus dem Jahr 2014 zufolge „kann Ungleichheit das Wachstum zumindest teilweise behindern, weil sie zu Umverteilungsmaßnahmen führt, die ihrerseits das Wachstum untergraben. Selbst wenn Ungleichheit schlecht für das Wachstum ist, so sind Steuern und Umverteilungen doch genau das falsche Gegenmittel".[105] Daher ist die freiwillige Reform des Kapitalismus aus moralischen wie praktischen Gründen das Ziel, nach dem es zu streben gilt.

Die heutigen ökonomischen Probleme sind real, aber handhabbar. Darüber hinaus zeigen die Trends in die richtige Richtung, selbst in den ärmsten Regionen der Welt wie etwa in Afrika; wenn bisherige geschichtliche Entwicklungen sich fortsetzen, werden seine Bürger vor dem Ende des Jahrhunderts heutige westliche Niveaus des Wohlstands genießen.106 Global dürfte eine Welt der Fülle, die das Überleben und Gedeihen nahezu aller empfindenden Wesen gewährleistet, bis zum Jahr 2100 erreichbar sein, wenn die Wachstumsraten in Bild 12-4 und die des Rückgangs der Armut in Bild 12-5 bestehen bleiben.

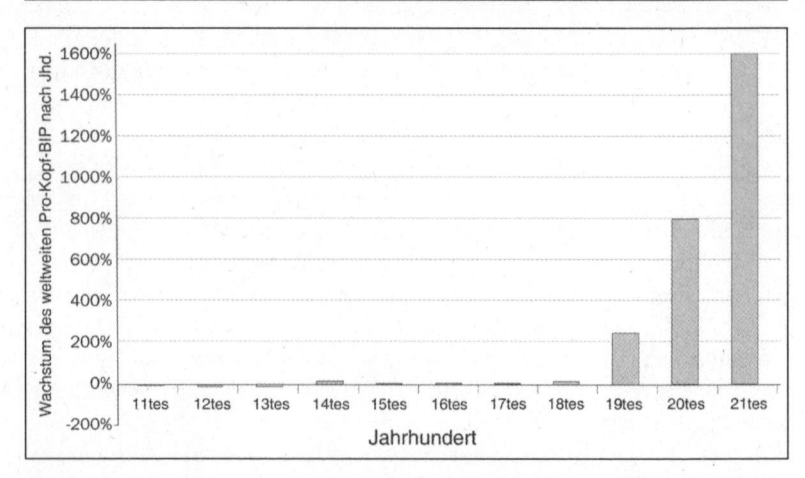

Bild 12-4: Globale Raten des Wirtschaftswachstums nach Jahrhunderten Basierend auf Daten und Prognosen des Wirtschaftswissenschaftlers J. Bradford DeLong an der Universität Berkeley zeigen die Balken „die relative Geschwindigkeit des Wirtschaftswachstums in Form von Niveaus der Produktivität und materiellem Wohlstand weltweit über die vergangenen zehn Jahrhunderte hinweg". Laut DeLong sind es grobe Annäherungen, die aber „das qualitative Bild relativer Wachstumsraten nicht verletzen".[107] *Der Anstieg des weltweiten Bruttoinlandsprodukts pro Kopf seit der industriellen Revolution ist atemberaubend; über 200 Prozent im 19. Jahrhundert, 800 Prozent im 20. Jahrhundert und für das 21. Jahrhundert prognostizierte 1600 Prozent. Trifft die Prognose zu, dann wird das laufende Jahrhundert mehr Wohlstand für die Menschheit schaffen als aller vorherigen zusammen. Das ist moralischer Fortschritt, der diese Bezeichnung verdient.*

Protopia: Die Zukunft des moralischen Fortschritts 449

Rückgang weltweiter Armut 1820 bis 2010
Anteil der Menschen, die in Armut leben

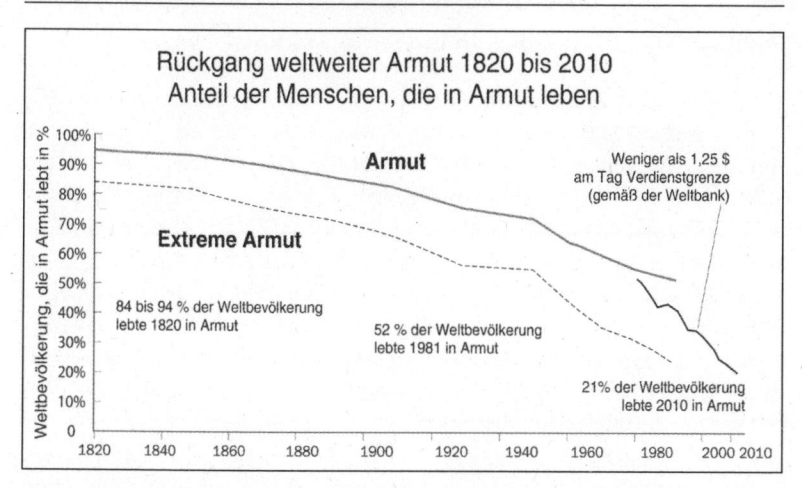

- Armut: Weniger als 1,25 $ am Tag Verdienstgrenze (gemäß der Weltbank)
- Extreme Armut
- 84 bis 94 % der Weltbevölkerung lebte 1820 in Armut
- 52 % der Weltbevölkerung lebte 1981 in Armut
- 21% der Weltbevölkerung lebte 2010 in Armut

Bild 12-5: Weltweiter Rückgang der Armut, 1820 bis 2010
Die Daten des Wirtschaftswissenschaftlers Max Roser zeigen, dass im Jahr 1820 zwischen 84 und 94 Prozent der Weltbevölkerung in Armut lebten. 1981 war diese Zahl auf 52 Prozent gefallen und 2010 auf 21 Prozent. Das sind noch zu viele, aber mit dieser Rate wird im Jahr 2100 die Null erreicht sein, möglicherweise schon 2050. (Quelle der Grafik: ourworldindata.org/extreme-poverty. Quelle der Daten: Weltbank und François Bourguignon und Christian Morrisson. 2002. "Inequality among World Citizens: 1820–1992." The American Economic Review, Vol. 92, No. 4, 727–744.)

Zivilisation 2.0: Ausblick in die ferne Zukunft

In einem Artikel aus dem Jahr 1964 über die Suche nach außerirdischen Zivilisationen schlägt der Astronom Nikolai Kardaschow den Versuch vor, mit Radioteleskopen Signale aus anderen Sonnensystemen aufzufangen. Ihm zufolge könnten wir drei verschiedene Typen von Zivilisationen unterscheiden: Typ I kann sich alle Energieressourcen seines Planeten nutzbar machen; Typ II kann die Energie seines Zentralgestirns anzapfen; und Typ III beherrscht die Energiequellen seiner Galaxie.[108] Jeder dieser Typen, so die Annahme, würde eine spezifische Radio-Signatur aussenden (auf vergleichbare Weise könnten Astronomen anderswo in unserer Galaxis die Signaturen von Sauerstoff, Methan und anderen Gasen in unserer Atmosphäre messen, die auf Leben hindeuten[109]).

Gemäß dem Klassifikationssystem des Astronomen Carl Sagan, dessen Kriterium die Speicherung von Information ist, sind wir eine Zivilisation vom Typ 0,7.[110] Der Physiker Michio Kaku schätzt, dass die Menschheit in ein- bis zweihundert Jahren den Status Typ I erreichen wird, ein paar tausend Jahre später Typ II und noch 100.000 bis eine Million Jahre später Typ III.[111] Er spekuliert über eine Typ-IV-Zivilisation, die die dunkle Energie des gesamten Universums nutzt und denkt sogar an einen Typ V, der die Energie multipler Universen anzapft.[112] Der Raumfahrtingenieur und Gründer der Mars Society Robert Zubrin hat sein eigenes Ordnungssystem; sein Maßstab ist die räumliche Verteilung der Zivilisation: Typ I über den Heimatplaneten, Typ II über das Zentralsternsystem, Typ III über die Heimatgalaxie.[113]

Im Sinne der Typisierung von Zivilisationen als Denkübung über Langzeit-Fortschritt schlage ich eine Typologie entlang politischer, wirtschaftlicher und sozialer Dimensionen vor, die alle Auswirkungen auf die Evolution der Moral haben. Sie ist weit entfernt von einer detaillierten Liste der Arten des Zusammenlebens, die Menschen erfunden haben. Mein Ziel ist eine grobe Skizze der fernen Zukunft als Extrapolation des Bekannten. Analog einer Konvention der Informationstechnik beginne ich bei Typ 1.0, als unsere homininen Vorfahren vor Millionen Jahren zu sozialen Primaten wurden. Hier können wir sehen, wie weit wir gekommen sind und was wir tun müssen, um die Zivilisation 2.0 zu erreichen.

Typ 1.0: In Afrika lebende Homininen-Gruppen wechselnder Zusammensetzung. Steinwerkzeuge bilden die Technologie, Konflikte innerhalb der Gruppe werden durch eine Hierarchie der Dominanz gelöst, Konflikte zwischen Gruppen sind häufig.

Typ 1.1: Verwandten-Clans umherziehender Jäger und Sammler mit horizontalem politischem System und egalitärer Ökonomie.

Typ 1.2: Stämme von verwandten Individuen mit einem ortsfesteren, agrarischen Lebensstil. Erste politische Hierarchien und eine primitive Arbeitsteilung entstehen.

Typ 1.3: Häuptlingstümer, bei denen eine Koalition von Stämmen eine hierarchische politische Einheit mit einem dominanten Anführer bildet. Es zeigen sich Anfänge ökonomischer Ungleichheit; im Zuge der Arbeitsteilung produzieren Mitglieder einer niedrigeren Schicht Nahrung und andere Güter, die von einer unproduktiven Oberklasse konsumiert werden.

Typ 1.4: Stadtstaaten und feudale Königreiche. Kleinere politische Einheiten, geeint durch die Landesfläche, angetrieben von ökonomischen Beziehungen und militärischen Verpflichtungen, mit konfiskatorischer Besteuerung (oder einem Äquivalent davon) zur Finanzierung der Bürokratie.

Typ 1.5: Nationen. Politische Koalitionen mit Zuständigkeit für ein wohldefiniertes geografisches Territorium und seine Bewohner mit einer kaufmännisch orientierten Wirtschaft, die ein günstiges Gleichgewicht in einem Nullsummenspiel mit anderen Staaten sucht.

Typ 1.6: Imperien. Staaten, die ihre Herrschaft auf Völker ausdehnen, die sich kulturell und ethnisch nicht innerhalb ihrer ursprünglichen geografischen Jurisdiktion befinden mit dem Ziel der wirtschaftlichen Dominanz über konkurrierende Imperien.

Typ 1.7: Wahldemokratien und Republiken mit Gewaltenteilung über mehrere Institutionen, die von gewählten Volksvertretern geführt werden; Anfänge einer Marktwirtschaft.

Typ 1.8: Liberale Demokratien und Republiken mit Wahlrecht für alle Bürger. Die Märkte nähern sich durch freien Handel mit anderen Staaten einem Positivsummenspiel („Win-Win").

Typ 1.9: Demokratischer Kapitalismus. Die Mischung von liberaler Demokratie und freiem Markt, die sich weltweit verbreitet durch demokratische Bewegungen in Entwicklungsländern, umfassende Handelsblöcke wie die Europäische Union und Vereinbarungen für freien Handel wie NAFTA (North American Free Trade Agreement).

Typ 2.0: Globalismus und planetare Zivilisation. Dazu gehören: ein weltweites Kommunikationssystem (das Internet); universell verfügbares Wissen (alle Information ist digitalisiert und für jeden jederzeit zugänglich); ein globales Wirtschaftssystem des bewussten Kapitalismus, in dem jeder mit jedem Handel treiben kann, ohne Eingriff durch Staaten oder Regierungen; ein planetares Gemeinwesen aus entweder allen demokratischen Staaten oder kleinen Stadtstaaten, dessen sozialen Verträgen jeder unterliegt, der die Wahl trifft, darin zu leben; ein globales System der Verteilung von Energie, die aus erneuerbaren, nachhaltigen Ressourcen gewonnen wird; und eine weltumspannende Kultur, in der tribale und ethnische Differenzen verblassen und jeder sich einer globalen Spezies zugehörig fühlt.

Die Kräfte, die uns auf dem Weg zur Zivilisation 2.0 aufhalten, sind in erster Linie politischer und wirtschaftlicher Natur.[114] In seinem Buch *World 3.0* zeigt der Wirtschaftswissenschaftler Pankaj Ghemawat, dass im Jahr 2010 nur 10 bis 25 Prozent der ökonomischen Aktivitäten auf internationaler Ebene stattfanden und das meiste davon wiederum regional, nicht global. Geografische und kulturelle Distanzfaktoren sind immer noch für viele Menschen maßgeblich. Ghemawat verdichtet diese Faktoren in einem Distanzkoeffizienten, vergleichbar mit Newtons Gravitationsgesetz. Etwa so: „Die Erhöhung der geografischen Distanz zwischen zwei Orten um ein Prozent führt zu einer einprozentigen Verminderung des Handels zwischen ihnen", was eine Distanz-Empfindlichkeit von -1 ergibt. Oder: „Der Handel zwischen den USA und Chile umfasst nur sechs Prozent des Volumens, das er hätte, wenn Chile so nah an den USA liegen würde wie Kanada." Oder so: „Zwei Länder mit einer gemeinsamen Sprache haben ein um 42 Prozent größeres Handelsvolumen als eine vergleichbare Länderpaarung, der dieses verbindende Element fehlt. Länder innerhalb eines Handelsblocks (wie NAFTA) machen 47 Prozent mehr Geschäfte miteinander als jene ohne eine solche gemeinsame Mitgliedschaft. Eine einheitliche Währung (wie der Euro) erhöht den Handel um 114 Prozent." Das erscheint mir ermutigend, aber Ghemawat erinnert uns an unsere tief verwurzelten Neigungen, mit Unseresgleichen zu interagieren und unsere lokalen Sitten und Gebräuche zu bewahren, was zu einer Balkanisierung führt und die Globalisierung verlangsamt. Eine Umfrage aus dem Jahr 2009 ergab, dass 48 Prozent der Bürger der EU-16-Staaten ihren Landsleuten trauen, 20 Prozent den Einwohnern anderer EU-Staaten und nur 13 Prozent jenen aus Ländern außerhalb der EU.[115]

Desgleichen ist der Widerstand nichtdemokratischer Staaten, die Macht dem Volk zu übergeben, erheblich, besonders in Theokratien, deren Anführern Häuptlingstümer vom Typ 1.3 am liebsten wären, natürlich mit ihnen selbst an der Spitze. Der Widerstand gegen eine globale Ökonomie ist beträchtlich, selbst im industrialisierten Westen, wo wirtschaftlicher Tribalismus immer noch das Denken der meisten Politiker, Intellektuellen und Bürger dominiert. (Ein Musterbeispiel ereignete sich 2013 und 2014, als New Jersey, Texas und Arizona Tesla daran hinderten, Elektroautos direkt an Endkunden zu verkaufen, um Autohänder vor der Konkurrenz zu schützen; ich verglich das mit der absurden Vorstellung von Schreibmaschinenherstellern, die die Regierung dazu bringen, Apple am direkten Verkauf seiner Produkte zu hindern.[116])

Für Jahrtausende lebten wir in einer Welt des Nullsummenspiels; jeglicher Gewinn für ein Land bedeutete Verlust für ein anderes. Unsere politischen und ökonomischen Systeme sind in dieser Win-Lose-Welt entstanden und an sie adaptiert. Wir haben nun die Möglichkeit, in einer Welt der Positivsumme zu leben und zur Zivilisation 2.0 zu werden, indem wir liberaler Demokratie, freiem Handel und den vielen anderen Merkmalen einer fortgeschrittenen Industriegesellschaft, in der alle fühlenden Wesen gedeihen können, zur Ausbreitung verhelfen.

Und unsere Moral? Vermutlich können wir Habgier, Ehrgeiz, Aggression und Gewalt nicht aus unserem Genom hinausdesignen; diese Eigenschaften sind fester Bestandteil dessen, was uns als Spezies ausmacht, und sie unterliegen alle einer evolutionären Logik. Stattdessen prophezeie ich für die ferne zivilisatorische Zukunft hier auf der Erde (und vielleicht eines Tages auf dem Mars, den Jupiter- und Saturnmonden oder gar Exoplaneten in anderen Sonnensystemen) Gesellschaften, die gelernt haben, ihre politischen, wirtschaftlichen und sozialen Systeme so zu gestalten, dass sie die besten Eigenschaften unserer Natur zur Blüte bringen und die schlimmsten von ihnen im Zaume halten. Auf der Erde stelle ich mir eine multikulturelle Gesellschaft vor. Vorausgesetzt, wir entwickeln die Technologie, andere Planeten zu besiedeln, wird es nicht eine, sondern viele Zivilisationen geben. Angesichts der involvierten Entfernungen und Zeiträume sehe ich viele Spezies raumfahrender Hominini vor mir; jeder kolonisierte Planet wird Heimat einer Gründer-Population, aus der sich unter reproduktiver Isolation (Definition des Begriffs „Spezies"[117]) eine neue Art entwickelt. Diese Zivilisationen werden stärker variieren als die Länder der Erde vor der Globalisierung. Statt Zivilisation 3.0 oder 4.0 werden dutzende, hunderte, vielleicht tausende verschiedener Gesellschaften existieren, in denen fühlende Wesen gedeihen können – eine riesige Menge von Gipfeln in der Landschaft der Moral.[118]

Sollte das geschehen, dann werden empfindungsfähige Arten unsterblich werden, denn außer dem Ende des beschleunigt expandierenden Universums in Billionen Jahren[119] gibt es keinen bekannten Mechanismus, der die gleichzeitige Vernichtung aller Planeten und Sonnensysteme verursachen könnte.[120] In ferner Zukunft könnten Zivilisationen in der Lage sein, ganze Galaxien zu kolonisieren, mit Gentechnologie neue Lebensformen zu erzeugen, Planeten in bewohnbare erdähnliche Himmelskörper umzugestalten (Terraforming) und selbst die Geburt von Sternen und Planetensystemen in Gang zu setzen.[121] Derart fortgeschrittene Zivilisationen wären praktisch allwissend und allmächtig. (Diese Extrapolation nenne ich *Shermers letztes Gesetz*: *Jede hinreichend fortgeschrittene außerirdische Intelligenz ist von Gott nicht zu unterscheiden.*[122]) Klingt unmöglich? Schon 1960 zeigte der Physiker Freeman Dyson, wie Planeten, Monde und Asteroiden zerlegt und zu einer gigantischen Schale oder einem Ring um die Sonne umgebaut werden könnten, um so viel Sonnenstrahlung einzufangen, dass grenzen- und kostenlose Energie zur Verfügung stünde.[123] Eine solche Dyson-Sphäre würde die Verwandlung einer Typ-I-Zivilisation in eine vom Typ II erlauben. Der Punkt dieses Gedankenexperiments: Eine jegliche solche Zivilisation würde diese Entwicklungsstufe nicht erreichen, ohne gleichzeitig bei fortgeschrittenen moralischen Standards anzukommen. Das hieße nicht, dass mittels Evolution eine neue biologische Basis der Moral entstünde; vielmehr würden wir soziale Werkzeuge und Technologien entwickeln, die ein höheres Niveau der moralischen Reife ermöglichen.

Der italienische SETI-Astronom und Mathematiker Claudio Maccone entwickelte eine mathematische Gleichung, um die „zivilisatorische Menge" von Information und Entropie zu messen, die für verschiedene Kulturen im Lauf der Geschichte repräsentativ ist, darunter die Azteken, Griechenland, Rom, das Italien der Renaissance, Portugal, Spanien, Frankreich, Großbritannien und die USA. So berechnet Maccone für Azteken und Spanier in ihren ersten Begegnungen 1519 bis 1521 einen Abstand von 3,85 Bits (der Information) pro Individuum. Diesen Wert vergleicht er mit dem Unterschied zwischen den ersten lebenden Organismen vor 3,5 Milliarden Jahren und heutigen Lebensformen; er beträgt 27,57 Bits pro Organismus. Die 3,85 Bits übersetzt er in 5000 Jahre des technologischen Abstands, der dazu führte, dass die zahlenmäßig weit unterlegenen Spanier die technologisch unterlegenen Azteken so leicht unterwerfen konnten.[124] Das, so Maccone, hat Implikationen für Kontakte mit außerirdischen Zivilisationen, zu denen nach seiner Schätzung ein Abstand von 10000 Bits

pro Individuum besteht, oder ein Unterschied der Technologie, der einer Million Jahren entspricht. Die Spanier hatten bei ihrem Sieg über die Azteken nur 5000 Jahre Vorsprung; der Kontakt mit Außerirdischen könnte katastrophal enden.[125] Würde er das?
Viele prominente Wissenschaftler sind dieser Meinung.[126] Etwa Stephen Hawking: „Wir müssen nur uns selbst betrachten, um zu erkennen, wie intelligentes Leben sich zu etwas entwickeln kann, dem wir nicht gern begegnen würden. Ich stelle mir vor, dass sie in riesigen Schiffen leben, nachdem sie alle Ressourcen ihres Heimatplaneten verbraucht haben. Vielleicht wurden sie zu Nomaden, auf der Suche nach Planeten, die sich erobern und kolonisieren lassen. Angesichts der Geschichte der Begegnungen zwischen irdischen Zivilisationen, deren jeweils Fortgeschrittenere die andere versklavt oder zerstört, schließt Hawking: „Sollten uns jemals Außerirdische besuchen, dürfte das Ergebnis ähnlich ausfallen wie bei der Landung des Kolumbus in Amerika, die sich für die Eingeborenen als wenig vorteilhaft erwies."[127] Der Evolutionsbiologe Jared Diamond empfindet ähnlich, wenn er eine 1974 vom Radioteleskop in Arecibo ins All gesandte Botschaft als selbstmörderischen Leichtsinn verurteilt: „Wenn es Zivilisationen in einer Entfernung gibt, in der sie unsere Signale auffangen können, dann lasst uns um Himmels Willen unsere Sender abschalten, sonst sind wir dem Untergang geweiht."[128]

Der moralische Charakter Außerirdischer war stets ein Standard-Versatzstück der Science Fiction, die oft unsere eigenen moralischen Angelegenheiten widerspiegelt.[129] Viele Erzählungen stellen die Aliens als böse, marodierende Eroberer dar, die die Menschheit versklaven oder vernichten wollen. H. G. Wells' *Der Krieg der Welten* gehört dazu; seine Invasoren vom Mars werden unabsichtlich besiegt, nicht von Menschen, sondern durch die zufällige Tödlichkeit eines Virus. Des Weiteren H. P. Lovecrafts *Cthulhus Ruf* (Cthulhu ist ein Monster, das „tot, aber träumend" in der Stadt R'lyeh ruht, einem Ort des nichteuklidischen Wahns, versunken in den Tiefen des Pazifiks), *Independence Day* (mit stahläugigen Airforce-Piloten, die die feindlichen Raumschiffe abschießen) und Orson Scott Cards *Das große Spiel* (die Krabbler, insektoide Außerirdische, werden von dem Jungen Ender bekämpft). Ungeachtet seines hoffnungsvollen Blicks in die Zukunft würzte Gene Roddenberry sein Star-Trek-Universum des 23. Jahrhunderts mit kriegerischen Spezies wie den Klingonen und den Romulanern oder assimilierenden Arten wie den Borg. Das amüsanteste Beispiel mag eine Episode der Fernsehserie *The Twilight Zone* mit dem Titel „To Serve Man" (dem Menschen dienen) sein, in der eine zwei Meter siebzig große Alien-Spezies namens „Kanamits" der Erde ihre fortgeschrittene Technologie schenkt, die Hunger, Energieknappheit und Krieg ein Ende setzt. Die Menschen werden auf ihren paradiesischen Heimatplaneten eingeladen, bis ein Entschlüsselung-Spezialist zu spät feststellt, dass die mysteriöse Botschaft „To Serve Man" der Titel eines Kochbuches ist – „Den Menschen servieren".[130]

Weniger geläufig sind Motive mit nicht nur technologisch, sondern auch moralisch überlegenen Aliens. Zu den Beispielen gehören *Doctor Who* (ein außerirdischer „Timelord" wird zum Hüter der Menschheit) und die Außerirdischen in Carl Sagans *Contact* (die den Menschen Baupläne für ein interstellares Raumschiff liefern). Der Klassiker des Genres ist *Der Tag, an dem die Erde stillstand* von 1951, eine Christus-Allegorie; der Alien Klaatu, der sich auf der Erde „Mr. Carpenter" nennt, ermahnt die Menschen angesichts ihrer drohenden nuklearen Vernichtung und verweigert ihnen den Beitritt zur planetaren Gemeinschaft, solange sie Atomwaffen besitzen. Der „Friedensvollstrecker" Gort, ein riesiger mit Todesstrahlen bewaffneter Roboter, hält neben dem Raumschiff Wache. Klaatu will seine Botschaft an alle Oberhäupter der Erde übermitteln, wird aber nicht angehört. Also mischt er sich wie Jesus unter das Volk, wird vom Militär aufgespürt, erschossen und in einem gruftartigen Leichenhaus aufgebahrt. Gort bemächtigt sich des Leichnams und belebt ihn wieder.[131] Klaatu erklärt einer Gruppe von Wissenschaftlern, dass der Menschheit ein Überleben nicht gestattet wird, wenn ihre Moral nicht mit ihrer zerstörerischen Technologie Schritt hält. „Es gibt Sicherheit für alle, oder es gibt gar keine Sicherheit", belehrt Klaatu sein inzwischen begeistertes Publikum. „Niemand muss Freiheit aufgeben, außer der Freiheit, unverantwortlich zu handeln. Eure Vorfahren wussten das, als sie Gesetze schufen, sich ihnen unterordneten und sie mit Hilfe der Polizei durchsetzten. Unsere Polizisten entstammen einer neuen Rasse von Robotern, die die Planeten patrouillieren und den Frieden bewahren. So können wir in Frieden leben, ohne Waffen und Armeen, sicher vor Aggression und Krieg; wir sind frei, uns lohnenderen Unternehmungen zuzuwenden."[132] Nach seiner Botschaft der Erlösung vollendet Klaatus Aufstieg zum Himmel die Allegorie.

In Science Fiction wie Wissenschaft dürfte die vernünftige Hypothese lauten, dass sich außerirdische Spezies mit selbstreplizierenden Molekülen wie DNA und einer sexuellen Fortpflanzung zwecks genetischer Variation durch natürliche Selektion entwickelt haben. Wenn das so ist, dann haben sie vermutlich etwas Vergleichbares zu den moralischen Emotionen hervorgebracht, die ich in Kapitel 1 skizziert habe. Das heißt, sie kooperieren

Protopia: Die Zukunft des moralischen Fortschritts

oder konkurrieren gemäß denselben spieltheoretischen Modellen (darunter das Gefangenendilemma), die eine Reihe von Reaktionen gegenüber anderen fühlenden Wesen produzieren. Es besteht eine gewisse Wahrscheinlichkeit, dass ET moralische Emotionen besitzt, die den unseren ähnlich sind. Aber aufgrund ihres zeitlichen Vorsprungs in der sozialen Evolution wären sie moralisch weiter fortgeschritten.

Unsere Stichprobengröße beträgt nur eins, und unsere Spezies hat eine wenig ruhmvolle Geschichte der Erstkontakte zwischen Zivilisationen; indes, die Datentrends des letzten halben Jahrtausends geben Anlass zur Zuversicht. Kolonialismus und Sklaverei sind verschwunden, der in Kriegen umkommende Anteil von Populationen ist dramatisch zurückgegangen, Kriminalität und Gewalt befinden sich auf einem Tiefstand, bürgerliche Freiheiten werden hochgehalten, und weltweit steigt der Wunsch nach repräsentativen Demokratien zusammen mit Alphabetisierung, Bildung, Wissenschaft und Technologie. Diese Trends ließen unsere Zivilisation integrativer und weniger ausbeuterisch werden. Wenn wir diese Entwicklung über 500 Jahre auf die nächsten 5000 oder 500.000 Jahre extrapolieren, dann mögen wir ein Gefühl für außerirdische Intelligenzen bekommen. Jede Kultur, die zu interstellarer Raumfahrt in der Lage ist, wird sich weit von Kolonialismus und nicht erneuerbaren, fossilen Energieträgern entfernt haben.[133] (Bei der NASA gibt es schon Pläne, sich von chemischen Raketen zu verabschieden und alternativen Antrieben für die Erforschung des Weltalls zuzuwenden. Der Gedanke, ein außerirdisches Raumschiff voller Hochtechnologie würde wegen unserer Öl- und Gasvorräte auf der Erde landen, erscheint grotesk.) Die Versklavung Eingeborener mit Übernahme ihrer Ressourcen mag für terrestrische Zivilisationen kurzfristig profitabel sein, ist aber auf lange Sicht nicht nachhaltig, und bei interstellarer Raumfahrt geht es um Zeiträume von tausenden von Jahren.[134]

Jede Zivilisation, deren Fortschritt ermöglicht, mit ihr Kontakt aufzunehmen, wird daher moralisch hochstehend sein.[135] Dieser Gedankengang zwingt uns, das Wesen und den Fortschritt unserer terrestrischen Kultur zu betrachten,[136] verbunden mit der Hoffnung, ein solcher Kontakt möge bestimmte Bedeutungen tragen: Wenigstens einer anderen Spezies ist es gelungen, ein Niveau zu erreichen, auf dem die Erforschung des Kosmos wichtiger ist als die Eroberung von Regionen; für sie wären andere fühlende Wesen lebendig und gedeihend wertvoller als besiegt und tot. Die Begegnung würde bedeuten, dass sie das moralische Problem der Selbstvernichtung gelöst hätten.[137]

Zurück zur Zivilisation 1.0 und den drängenden Nöten im Hier und Jetzt. Wir können auf das protopische Ziel des inkrementellen, kumulativen Fortschritts ganz praktisch hinarbeiten; tatsächlich ist das die Strategie der erfolgreichsten gesellschaftlichen und politischen Aktivisten in der Geschichte, eingeschlossen Hochwürden Dr. Martin Luther King Jr., mit dessen Bürgerrechtler-Marsch auf Montgomery in Alabama dieses Buch begann.

Drei Jahre später, am 3. April 1968, hielt Dr. King seine „Berggipfelrede" in Memphis, Tennessee, die seine letzte sein sollte. Darin mahnt er seine Anhänger zur Zusammenarbeit, um ein Amerika zu schaffen, wie es in seinen Gründungsdokumenten angelegt ist. Er sah vorher, dass er die Verwirklichung des Traumes nicht erleben würde. „Ich habe das gelobte Land gesehen. Vielleicht gelange ich nicht dorthin mit euch. Aber ihr sollt heute Abend wissen, dass wir, als ein Volk, in das gelobte Land gelangen werden!"[138] Einen Tag später wurde er ermordet.

Es ist sein Vermächtnis und das Vermächtnis aller Vorkämpfer der Wahrheit, der Gerechtigkeit und der Freiheit, dass wir unseren Anstrengungen treu bleiben, die Welt zu einem besseren Ort zu machen. „Unser Ich ist zweigeteilt", schrieb er. „Die große Last des Lebens liegt im Versuch, stets das höhere, das bessere Ich unseren Weg bestimmen zu lassen. Jedes Mal, wenn das alte, niedrigere Ich uns auf Abwege führen will, möge das höhere uns erinnern: Wir sind gemacht für die Sterne, geschaffen für das Unvergängliche, geboren für die Ewigkeit."[139]

Und aus den Sternen bestehen wir. In ihrem Inneren wurden unsere Atome geformt, in ihrem Supernova-Tod freigegeben ins All, sich zu neuen Sonnensystemen zu formen, mit Planeten, Leben, fühlenden Wesen, die Wissen erlangen können. Wissen um diesen ihren Ursprung; Wissen, das ihnen moralische Weisheit verleiht. Wir sind Sternenstaub und Kohlenstoff; „We are stardust, we are golden, we are billion-year-old carbon..."[140]

Milliarden Jahre der Evolution, bis hin zu Kohlenstoffatomen, in denen sich Moral verkörpert – ein weit gespannter Bogen.

Anmerkungen

Prolog – Der Bogen der Moral

1. King, Coretta Scott. 1969. *My Life with Martin Luther King Jr.* New York: Holt, Rinehart, & Winston, 267.
2. Gemäß vielen Schilderungen stand King oberhalb der Treppe zum Capitol, auf der Treppe oder an ihrem Fuß. Nach Augenzeugenberichten hielt er seine Rede von der Treppe aus. So erinnert sich John N. Pawelek: „Als wir das Capitol erreichten, füllte sich das Gelände mit einer Menschenmenge. Martin Luther King stand auf den Stufen. Er hielt eine feurige Rede, wie es nur ein Baptistenprediger kann." (goo.gl/eNyaGX) Die Website „Alabama Byways" rät ihren Kunden, die den Marsch von Selma nach Montgomery nacherleben wollen: „Betreten Sie die Stufen des Capitols, wo King vor 30000 Menschen seine 'How Long, Not Long'-Rede hielt'" (goo.gl/bpjrvP) In seinem Buch *Getting Better: Television and Moral Progress* (New Brunswick, NJ: Transaction Books, 1991, p. 48) schreibt Henry J. Perkinson: „Am Donnerstag erreichte die auf 25000 Marschierer angeschwollene Menge Montgomery, wo die nationale Live-Berichterstattung Martin Luther King verfolgte, als er die Stufen zum Capital [sic] hinausschrie, begleitet von vielen Helden der Bewegung. Von der obersten Stufe hielt er eine atemberaubende Ansprache an die Nation." Selbst die Martin Luther King Encyclopedia sieht ihn „auf den Stufen". (goo.gl/Rxw8pY) Das ist falsch. Laut BBC-Berichten führte King eine Menge von 25000 Menschen zum Capitol, wurde aber am Betreten der Treppe gehindert und sprach daher von einem Podest auf dem Vorplatz aus. (goo.gl/7ybfKa) Die New York Times berichtet: „Der Freiheitsmarsch von Selma nach Montgomery endete kurz nach Mittag am Fuß der Treppe zum Capitol... Die Kundgebung gelangte nicht auf staatlichen Grund, sie beschränkte sich auf die Straßen vor den Stufen." (goo.gl/5vuJ8D) In diesem Video zeigt das Archivmaterial von 3:40 bis 3:50: „Die Marschierer gelangten bis an die Stufen, aber nicht darüber hinaus." (http://goo.gl/KdLEhM) Die originale Bildunterschrift der im Text enthaltenen Luftaufnahme aus einer Online-Quelle lautet: „King durfte nicht von der Treppe aus sprechen. Sehen Sie die Soldaten, die ihm den Weg versperrten?" Im selben Video, von 40:53 bis 41:15, sieht man Auftritte verschiedener Künstler, die vor King an der Reihe waren, alle auf der Kanzel, die auch er benutzte, auf der Ladefläche eines Lastwagens. (http://goo.gl/zq5XG6) Weitere Augenzeugenberichte bestätigen den Sachverhalt: „Einige Staatsbedienstete standen auf den Stufen. Sie beobachteten den Bau einer Redeplattform auf einem Lastwagen auf der Straße." (goo.gl/K6a8U7) „Das Podest besteht aus einem Pritschenwagen mit Mikrofonen und Lautsprechern. Die Kundgebung beginnt mit Liedern von Odetta, Oscar Brand, Joan Baez, Len Chandler, Peter,

Paul & Mary und Leon Bibb. Von seinem LKW-Podium aus kann King die Dexter Avenue Baptist Church sehen." (goo.gl/5HWznV)
3. Die Rede ist unter dem Titel „How Long, Not Long", manchmal auch als "Our God Is Marching On" geläufig und gilt als eine der drei einflussreichsten Martin Luther Kings, zusammen mit „I Have a Dream" und der tragisch-prophetischen Ansprache „I've Been to the Mountaintop". Die Rede ist im Internet verfügbar. (https://kinginstitute.stanford.edu/our-god-marching, https://www.youtube.com/watch?v=geBcwI4GYXw)
4. Parker, Theodore. 1852/2005. *Ten Sermons of Religion.* Sermon III: Of Justice and Conscience. Ann Arbor: University of Michigan Library.
5. Pinker, Steven. 2011. *The Better Angels of Our Nature: Why Violence Has Declined.* New York: Viking, xxvi.
6. Voltaire, 1765/2005. "Question of Miracles." *Miracles and Idolotry.* New York: Penguin.

Teil 1. Die Definition des moralischen Fortschritts

Kapitel 1 – Hin zu einer Wissenschaft der Moral

1. Bronowski, Jacob. 1956. *Science and Human Values.* New York: Julian Messner.
2. http://www.oed.com/
3. Damasio, Antonio R. 1994. *Descartes' Error: Emotion, Reason, and the Human Brain.* New York: Putnam.
4. Low, Philip, Jaak Panksepp, Diana Reiss, David Edelman, Bruno Van Swinderen, Philip Low und Christof Koch. 2012. „The Cambridge Declaration on Consciousness," Francis Crick Memorial Conference on Consciousness in Human and non-Human Animals. Churchill College, University of Cambridge.
5. Vergleichbar mit Sam Harris' philosophischem Ausgangspunkt in seinem Buch *The Moral Landscape* über „das Wohlergehen bewusster Lebewesen", wenngleich er diesen Ausgangspunkt nicht mit der Evolutionstheorie begründet.
6. Im frühen 21. Jahrhundert gewann Gruppenselektion Beliebtheit als Erklärung der Evolution moralischer Emotionen, aber die meisten Evolutionsbiologen lehnen sie ab, und die anderen halten ihren Beitrag für nachrangig. Für Geschichte und Analyse der Gruppenselektion siehe Appendix II in meinem Buch *The Science of Good and Evil.*
7. Wie George Williams erkannte, ist eine schnelle Rehherde nur eine Herde schneller Rehe. Eine eingehende Analyse jüngerer Argumente für Gruppenselektion findet sich bei Pinker, Steven. 2012. „The False Allure of Group Selection," *Edge.org,* 18. Juni. (http://edge.org/conversation/the-false-allure-of-group-selection).

8. Filmer, Robert. 1680. *Patriarcha, or the Natural Power of Kings.* http://www.constitution.org/eng/patriarcha.htm
9. Locke, John. 1690. *Second Treatise of Government*, chapter II. Of the State of Nature, Sec. 4. goo.gl/RJdaQB
10. „Men being, as he has been said, by nature all free, equal and independent, no one can be put of this estate and subjected to the political power of another without his own consent, which is done by agreeing with other men, to join and unite into a community for their comfortable, safe and peaceable living." Locke, John. *Second Treatise of Government*, chapter VIII. Of the Beginning of Political Societies, Sec. 95. goo.gl/MHxkoH
11. Popper, K. R. 1959. *The Logic of Scientific Discovery.* London: Hutchinson; Popper, K. R. 1963. *Conjectures and Refutations.* London: Routledge & Kegan Paul.
12. Eddington, Arthur Stanley. 1938. *The Philosophy of Physical Science.* Ann Arbor: University of Michigan Press, 9.
13. Siehe Einträge über „Rationalism" und „Reason" in: Edwards, Paul, (Hrsg.) 1967. *The Encyclopedia of Philosophy.* New York: Macmillan, 7, 69–74, 83–85.
14. Es ist die Kernthese meines Buches *The Believing Brain*, dass wir zuerst eine Meinung entwickeln und die Gründe für diese Meinung später nachreichen. Der Psychologe vergleicht diesen Vorgang mit dem Mandat eines Anwalts – es geht nicht darum, die Wahrheit zu finden, sondern den Prozess zu gewinnen. (Haidt, Jonathan. 2012. *The Righteous Mind: Why Good People Are Divided by Politics and Religion.* New York: Pantheon.) Hugo Mercier und Dan Sperber nennen es „Argumentative Theory of Reasoning"; „Argumentationen können zu schlechten Ergebnissen führen, nicht weil Menschen schlecht im Schlussfolgern sind, sondern weil sie systematisch nach Argumenten suchen, die ihre Meinungen oder Handlungen rechtfertigen." (Mercier, Hugo, und Dan Sperber. 2011. „Why Do Humans Reason? Arguments for an Argumentative Theory." *Behavioral and Brain Sciences*, 34, Nr. 2, 57–74.) Andere Psychologen verwenden die Bezeichnung „begrenzte Rationalität"; unser Fähigkeit zum Argumentieren ist nicht nur durch unser Emotionen beschränkt, sondern auch durch kognitive und andere Grenzen wie Erinnerungsvermögen, Verarbeitungsgeschwindigkeit, Zeitmangel. Daher sind wir oft eher Satisfizierer als Optimierer. Unser Lösungen sind nicht perfekt, nur gut genug. (Simon, Herbert. 1991. „Bounded Rationality and Organizational Learning." Organization Science, 2, Nr. 1, 125–134; Gigerenzer, Gerd und Reinhard Selten. 2002. *Bounded Rationality.* Cambridge, MA: MIT Press; Kahneman, Daniel. 2003. „Maps of Bounded Rationality: Psychology for Behavioral Economics." *American Economic Review*, 93, Nr. 5, 1449–1475.)
15. Pinker, 2011, 648.
16. Liebenberg, Louis 2013."Tracking Science: The Origin of Scientific Thinking in Our Paleolithic Ancestors." Skeptic, 18, Nr. 3, 18–24.

17. Ebenda. Siehe auch Liebenberg, L. 1990. T*he Art of Tracking: The Origin of Science.* Cape Town: David Philip.
18. Pinker, Steven. 1997. *How the Mind Works.* New York: W. W. Norton.
18. Lecky, William Edward Hartpole. 1869. *History of European Morals: From Augustus to Charlemagne.* 2 vols. New York: D. Appleton, Vol. 1, verfügbar bei der Online Library of Liberty: http://oll.libertyfund.org
20. Lecky war damit nicht allein. Arthur Schopenhauer sagte: „Die vermeinte Rechtlosigkeit der Thiere, der Wahn, daß unser Handeln gegen sie ohne moralische Bedeutung sei, oder, wie es in der Sprache jener Moral heißt, daß es gegen Tiere keine Pflichten gebe, ist geradezu eine empörende Rohheit und Barbarei des Occidents." Universelles Mitleid ist die einzige Gewähr der Moral. Der englische Sozialreformer Henry Salt veröffentlichte 1886 A Plea for Vegetarianism, das offenbar in einem Londoner Restaurant Gandhi in die Hände geriet und einen großen Einfluss auf ihn hatte (die beiden wurden später Freunde). 1894 erschien Salts *Animals' Rights: Considered* in Relation to Social Progress, was als die erste explizite Abhandlung über Tierrechte betrachtet wird.
21. Singer, Peter. 1981. T*he Expanding Circle: Ethics, Evolution, and Moral Progress.* Princeton, NJ: Princeton University Press, 109–110.
22. Pinker, 2011, 182.
23. Das ist der Slogan von Michael Medved, einem der nachdenklichsten und ausgewogensten Radiomoderatoren, die mich je interviewten, aber seine Amerika-Begeisterung nutzt sich mit der Wiederholung ab.
24. Singer, 1981, 119.
25. Hitchens' Zitat machte ich zur Maxime in: Shermer, Michael. 2010. „The Skeptic's Skeptic." *Scientific American,* November, 86. Das Zitat stammt aus: Hitchens, Christopher. 2003. „Mommie Dearest." Slate, 20. Oktober. goo.gl/efSMV
26. Flynn, James. 1984. „The Mean IQ of Americans: Massive Gains 1932–1978." *Psychological Bulletin*, 95, 101, 171–191.
27. Flynn, James. 2007. What Is Intelligence? Cambridge, UK: Cambridge University Press.
28. Aus dem „Raven's Progressive Matrices test": goo.gl/7h1akK
29. Flynn, James. 1987. „Massive IQ Gains in 14 Nations: What IQ Tests Really Measure." *Psychological Bulletin*, 101, 171–191.
30. Flynn, 2007.
31. Flynn, James. 2012. A*re We Getting Smarter?: Rising IQ in the Twenty-first Century.* Cambridge, UK: Cambridge University Press.
32. Traynor, Lee. 2014. „The Future of Intelligence: An Interview with James R. Flynn." Skeptic, 19, Nr. 1, 36–41.
33. Flynn, 2012, 135.
34. Johnson, Steven. 2006. *Everything Bad Is Good for You: How Today's Popular Culture Is Actually Making Us Smarter.* New York: Riverhead.
35. Traynor, 2014.

36. Ebenda.
38. Pinker, 2011, 656.
38. Für eine tiefere Behandlung vieler dieser Studien siehe Pinker, 2011, 656–670.
39. Farrington, D. P. 2007. „Origins of Violent Behavior Over the Life Span." In D. J. Flannery, A. T. Vazsonyi und I. D. Waldman, eds., *The Cambridge Handbook of Violent Behavior and Aggression*. New York: Cambridge University Press.
40. Wilson, James Q. und Richard Herrnstein. 1985. *Crime and Human Nature*. New York: Simon & Schuster.
41. Sargent, Michael J. „Less Thought, More Punishment: Need for Cognition Predicts Support for Punitive Responses to Crime." *Personality & Social Psychology Bulletin*, 30, 1485–1493.
42. Burks, S. V., J. P. Carpenter, L. Goette und A. Rustichini. 2009. „Cognitive Skills Affect Economic Preferences, Strategic Behavior, and Job Attainment." *Proceedings of the National Academy of Sciences*, 106, 7745–7750.
43. Jones, Garret. 2008. „Are Smarter Groups More Cooperative? Evidence from Prisoner's Dilemma Experiments, 1959–2003." *Journal of Economic Behavior & Organization*, 68, 489–497.
44. Kanazawa, S. 2010. „Why Liberals and Atheists Are More Intelligent." S*ocial Psychology Quarterly*, 73, 33–57.
45. Deary, Ian J., G. D. Batty und C. R. Gale 2008. „Bright Children Become Enlightened Adults." *Psychological Science*, 19, 1–6.
46. Caplan, Brian und Stephen C. Miller. 2010. „Intelligence Makes People Think Like Economists: Evidence from the General Social Survey." Intelligence, 38, 636–647.
47. Rindermann, Heiner. 2008. „Relevance of Education and Intelligence for the Political Development of Nations: Democracy, Rule of Law, and Political Liberty." *Intelligence*, 36, 306–322.
48. Mar, Raymond und Keith Oatley. 2008. „The Function of Fiction Is the Abstraction and Simulation of Social Experience." P*erspectives on Psychological Science*, 3, 173–192.
49. Stephens, G. J., L. J. Silbert und U. Hasson. 2010. „Speaker-Listener Neural Coupling Underlies *Successful Communication.*" *Proceedings of the National Academy of Sciences, 10. August*, 107, Nr. 32, 14425–14430.
50. Hasson, Uri, Ohad Landesman, Barbara Knappmeyer, Ignacio Vallines, Nava Rubin und David J. Heeger. 2008. „Neurocinematics: The Neuroscience of Film." *Projections*, Sommer, 2, Nr. 1, 1–26.
51. Kidd, David Comer und Emanuele Castano. 2013. „Reading Literary Fiction Improves Theory of Mind." *Science*, 342, Nr. 6156, 377–380.
52. Skousen, Tim. 2014. „The University of Sing Sing." HBO, 31. März.
53. Kosko, Bart. 1992. *Fuzzy Engineering*. Englewood Cliffs, NJ: Prentice Hall.
54. Shermer, Michael. 2003. T*he Science of Good and Evil*. New York: Times Books, 82–84.

55. Dawkins, Richard. 2014. „What Scientific Idea Is Ready for Retirement? Essentialism." http://www.edge.org/response-detail/25366
56. Annual Letter: 3 Myths That Block Progress for the Poor. 2014. http://annualletter.gatesfoundation.org/?cid=mg_tw_tgm0_012104#section=home
57. Hume, David. 1739. *A Treatise of Human Nature*. London: John Noon, 335.
58. Searle, John R. 1964. „How to Derive 'Ought' from 'Is.'" *Philosophical Review*, 73, Nr. 1, 43–58.
58. Persönliche Korrespondenz, 22. Januar 2013.
60. Morales, Lymari. 2009. „Knowing Someone Gay/Lesbian Affects Views of Gay Issues." Gallup.com, 29. Mai.
61. Winslow, Charles-Edward Amory. 1920. „The Untilled Fields of Public Health." *Science*, 51, Nr. 1306, 23–33.
62. Global Health Observatory Data Repository. 2011. World Health Organization. goo.gl/ykZKlh
63. Shermer, Michael. 2013. „The Sandy Hook Effect." *Skeptic*, 18, Nr. 1. goo.gl/sjTQuJ
64. Siehe etwa Gregg, Becca Y. 2013. „Speakers Differ on Fighting Gun Violence." *Reading Eagle*, 19. September.
65. Lott, John. 2010. *More Guns, Less Crime: Understanding Crime and Gun Control Laws*, 3. Auflage Chicago: University of Chicago Press.
66. Webster, Daniel W. und Jon S. Vernick, eds. 2013. *Reducing Gun Violence in America: Informing Policy with Evidence and Analysis*. Baltimore: Johns Hopkins University Press.
67. Kellermann, Arthur L. 1998. „Injuries and Deaths Due to Firearms in the Home." *Journal of Trauma*, 45, Nr. 2, 263–267.
68. Branas, Charles C., Therese S. Richmond, Dennis P. Culhane, Thomas R. Ten Have und Douglas J. Wiebe. 2009. „Investigating the Link Between Gun Possession and Gun Assault." *American Journal of Public Health*, November, 99, Nr. 11, 2034–2040.
69. www.fbi.gov/news/stories/2012/october/annual-crime-in-the-u.s.-report -released/annual-crime-in-the-u.s.-report-released
70. www.bradycampaign.org/facts/gunviolence/GVSuicide?s=1
71. www.bradycampaign.org/facts/gunviolence/crime?s=1
72. Eisner, Manuel. 2003. „Long-Term Historical Trends in Violent Crime." Crime & Justice, 30, 83–142, table 1.
73. Data von Eisner, Grafik: Pinker, 2011, 63.
74. Dawkins, Richard. 1976. *The Selfish Gene*. New York: Oxford University Press.
75. Ebenda, 66.
76. Damasio, 1994.
77. Grinde, Björn. 2002. *Darwinian Happiness: Evolution as a Guide for Living and Understanding Human Behavior*. Princeton, NJ: Darwin Press, 49. See also Grinde, Björn. 2002. „Happiness in the Perspective of Evolutionary Psychology." Journal of Happiness Studies, 3, 331–354.

78. Pinker merkt an, dass es zahlreiche Gewalt-Klassifizierungen gibt und zitiert das vierteilige Schema in: Baumeister, Roy. 1997. *Evil: Inside Human Violence and Cruelty*. New York: Henry Holt.
79. Boehm, Christopher. 2012. *Moral Origins: The Evolution of Virtue, Altruism, and Shame*. New York: Basic Books.
80. Daly, Martin und Margo Wilson. 1999. *The Truth About Cinderella: A Darwinian View of Parental Love*. New Haven, CT: Yale University Press.
81. Suchmaschinen finden das Video mit dem Suchbegriff „One of the Most Powerful Videos You Will Ever See." Der Vorfall ist bei 1:52 zu sehen.
82. Bloom, Paul. 2013. *Just Babies: The Origins of Good and Evil*. New York: Crown.
83. Ebenda, 5.
84. Ebenda, 7.
85. Für eine allgemeine Übersicht siehe Tomasello, Michael. 2009. *Why We Cooperate*. Cambridge, MA: MIT Press.
86. Warneken, F. und M. Tomasello. 2006. „Altruistic Helping in Human Infants and Young Chimpanzees." *Science*, 311, 1301–1303; Warneken, F. und M. Tomasello. 2007. „Helping and Cooperation at 14 Months of Age." Infancy, 11, 271–294.
87. Martin, A. und K. R. Olson. 2013. „When Kids Know Better: Paternalistic Helping in 3-Year-Old Children." *Developmental Psychology*, November, 49, Nr. 11, 2071–2081.
88. LoBue, V., T. Nishida, C. Chiong, J. S. DeLoache und J. Haidt. 2011. „When Getting Something Good Is Bad: Even Three-Year-Olds React to Inequality." *Social Development*, 20, 154–170.
89. Rochat, P., M. D. G. Dias, G. Liping, T. Broesch, C. Passos-Ferreira, A. Winning und B. Berg. 2009. „Fairness in Distribution Justice in 3- and 5-Year-Olds Across Seven Cultures." *Journal of Cross-Cultural Psychology*, 40, 416–442; Fehr, E. H. Bernhard und B. Rockenbach. 2008. „Egalitarianism in Young Children." *Nature*, 454, 1079–1083.
90. Siehe „A Class Divided," eine „PBS Frontline"-Dokumentation über Mrs. Elliotts Experiment: www.pbs.org/wgbh/pages/frontline/shows/divided/
91. Bloom, 2013, 31.
92. Voltaire. 1824. *A Philosophical Dictionary*, vol. 2. London: John & H. L. Hunt, 258. ebooks.adelaide.edu.au/v/voltaire/dictionary/chapter130.html
93. Shermer, Michael. 2008. „The Doping Dilemma." *Scientific American*, April, 32–39.
94. Hamilton, Tyler und Daniel Coyle. 2012. *The Secret Race: Inside the Hidden World of the Tour de France*. New York: Bantam Books.
95. goo.gl/iUSguA
96. Hobbes, 1651, 185.
97. Fehr, Ernst und Simon Gachter. 2002. „Altruistic Punishment in Humans", *Nature*, 415, 137–140. Siehe auch Boyd, R. und P. J. Richerson. 1992. „Pu-

nishment Allows the Evolution of Cooperation (or Anything Else) in Sizable Groups." *Ethology and Sociobiology,* 13, 171–195.Kapitel 2 – Die Moral von Krieg, Terror und Abschreckung

Kapitel 2 – Die Moral von Krieg, Terror und Abschreckung

1. „Arena," *Star Trek. The Original Series.* Staffel 1, Episode 19, 19. Januar, 1967. Deutsch: „Raumschiff Enterprise – Ganz neue Dimensionen". Story: Fredric Brown. Buch: Gene L. Coon. Produzent: Gene Roddenberry. Aufgenommen in Vasquez Rocks am Stadtrand von Los Angeles, wie auch andere SciFi-Filme. Episodenbeschreibung unter http://www.startrek-index.de/tv/tos/tos1_18.htm. Für eine Diskussion der Ethik in *Star Trek* siehe Barad, Judity und Ed Robertson. 2001. *The Ethics of Star Trek.* New York: HarperCollins Perennial.
2. Alexander, David. 1994. *Star Trek Creator: The Authorized Biography of Gene Roddenberry.* New York: Roc/Penguin.
3. Das Zitat taucht auf am Ende einer Episode namens „Scorched Earth" aus Gene Roddenberrys Fernsehserie *Earth: Final Conflict.*
4. Zahavi, Amotz und Avishag Zahavi. 1997. T*he Handicap Principle: A Missing Piece of Darwin's Puzzle.* Oxford, UK: Oxford University Press.
5. Northcutt, Wendy. 2010. *The Darwin Awards: Countdown to Extinction.* New York: E. P. Dutton.
6. Leeson, Peter T. 2009. *The Invisible Hook.* Princeton, NJ: Princeton University Press.
7. Smith, Adam. 1776/1976. *An Inquiry into the Nature and Causes of the Wealth of Nations,* in 2 volumes, R. H. Campbell und A. S. Skinner, general editors, W. B. Todd, text editor. Oxford, UK: Clarendon Press.
8. Leeson, 2009.
9. Ebenda.
10. Pinsker, Joe. 2014. „The Pirate Economy." *Atlantic,* 16. April. goo.gl/sUQGNS
11. Zitiert in *Cold War*: MAD 1960–1972. 1998. BBC Two Documentary. Transcript: goo.gl/etDCFg Film: goo.gl/fTLHdN
12. Brodie, Bernard. 1946. *The Absolute Weapon:* Atomic Power and World Order. New York: Harcourt, Brace, 79.
13. Kubrick, Stanley. 1964. *Dr. Strangelove or: How I Learned to Stop Worrying and Love the Bomb.* Columbia Pictures. http://youtu.be/2yfXgu37iyI
14. Ebenda.
15. McNamara, Robert S. 1969. „Report Before the Senate Armed Services Committee on the Fiscal Year 1969–73 Defense Program, and 1969 Defense Budget, 22. Januar, 1969." Washington, DC: US Government Printing Office, 11.
16. Glover, J. 1999. *Humanity: A Moral History of the Twentieth Century.* London: Jonathan Cape, 297.
17. Zitiert im Nachruf, Los Angeles Times, 2. Oktober, 2013, AA6.

18. „A Soviet Attack Scenario." 1979. *The Effects of Nuclear War.* Washington, DC: Office of Technology Assessment. Nachdruck in Swedin, Eric G. (Hrsg.). 2011. Survive the Bomb: The Radioactive Citizen's Guide to Nuclear Survival. Minneapolis: Zenith Press, 163–177.
19. Brown, Anthony Cave (Hrsg.). 1978. *DROPSHOT: The American Plan for World War III Against Russia in 1957.* New York: Dial Press; Richelson, Jeffrey. 1986. „Population Targeting and US Strategic Doctrine." In Desmond Ball and Jeffrey Richelson (Hrsg.), *Strategic Nuclear Targeting.* Ithaca, NY: Cornell University Press, 234–249.
20. Quelle: Utah State Historical Society. Nachdruck in Swedin, Eric G. (Hrsg.). 2011. *Survive the Bomb: The Radioactive Citizen's Guide to Nuclear Survival.* Minneapolis: Zenith Press, 11.
21. Für Analyse von und alternative Perspektive auf Abschreckung siehe: Kugler, Jacek. 1984. „Terror Without Deterrence: Reassessing the Role of Nuclear Weapons." *Journal of Conflict Resolution*, 28, Nr. 3, September, 470–506.
22. Kant, Immanuel. 1795. „Perpetual Peace: A Philosophical Sketch." In *Perpetual Peace and Other Essays.* Indianapolis: Hackett, I, 6.
23. Sagan, Carl und Richard Turco. 1990. *A Path Where No Man Thought: Nuclear Winter and the End of the Arms Race.* New York: Random House.
24. Turco, R. P., O. B. Toon, T. P. Ackerman, J. B. Pollack und C. Sagan. 1983. „Nuclear Winter: Global Consequences of Multiple Nuclear Explosions." *Science*, 222, 1283–1297. Die Abkürzung TTAPS der Nachnamen der Autoren wurde in den Medien zur Dramatisierung verwendet, aber die meisten Wissenschaftler verwarfen die Hypothese.
25. Thompson, Starley L. und Stephen H. Schneider. 1986. „Nuclear Winter Reappraised." *Foreign Affairs*, 64, Nr. 5, Sommer, 981–1005.
26. Kearny, Cresson. 1987. *Nuclear War Survival Skills.* Cave Junction, OR: Oregon Institute of Science and Medicine, 17–19.
27. Der Gesamtumfang der Arsenale variiert je nach Datenquelle. Die untere Schätzung von 16400 stammt aus „Status of World Nuclear Forces". Federation of American Scientists. Russland 8500; USA 7700; Frankreich 300; China 250; Großbritannien 225; Israel 80; Pakistan 100–120; Indien 90–110; Nordkorea <10. goo.gl/CYjP1 Die höhere Schätzung von 17200 stammt aus dem „Nuclear Notebook" des *Bulletin of the Atomic Scientists*: Kristensen, Hans M. und Robert S. Norris. 2013. „Global Nuclear Weapons Inventories, 1945–2013. *Bulletin of the Atomic Scientists*, 69, Nr. 5, 75–81.
28. Sagan und Turco, 1990, 232–233.
29. Ebenda. Die eindrucksvolle visuelle Demonstration des japanischen Künstlers Isao Hashimoto jeder einzelnen der 2053 Kernwaffenexplosionen zwischen 1945 und 1998, beginnend mit dem Trinity test in New Mexico, findet sich unter bit.ly/lc9xB2M.
30. Quelle: Federation of American Scientists. „Status of World Nuclear Forces."

31. Rhodes, Richard. 2010. *The Twilight of the Bombs*: Recent Challenges, New Dangers, and the Prospects of a World Without Nuclear Weapons. New York: Alfred A. Knopf.
32. Schlosser, Eric. 2013. *Command and Control: Nuclear Weapons, the Damascus Accident, and the Illusion of Safety*. New York: Penguin.
33. Zitiert in Harris, Amy Julia. 2010. „No More Nukes Books." *Half Moon Bay Review*, 4. August, goo.gl/4PsK2n
34. Shanker, Thom. 2012. „Former Commander of US Nuclear Forces Calls for Large Cut in Warheads." New York Times, 16. Mai, A4.
35. Cartwright, James, et al., 2012. „Global Zero US Nuclear Policy Commission Report: Modernizing US Nuclear Strategy, Force Structure and Posture." *Global Zero*, Mai. goo.gl/8f PMpa
36. Walker, Lucy und Lawrence Bender. 2010. Countdown to Zero. Participant Media & Magnolia Pictures.
37. Sagan, Scott D. 2009. „The Global Nuclear Future." *Bulletin of the American Academy of Arts & Sciences*, 62, 21–23.
38. Nelson, Craig. 2014. *The Age of Radiance: The Epic Rise and Dramatic Fall of the Atomic Era*. New York: Scribner/Simon & Schuster, 370.
39. Sobek, David, Dennis M. Foster und Samuel B. Robinson. 2012. „Conventional Wisdom? The Effects of Nuclear Proliferation on Armed Conflict, 1945–2001." *International Studies Quarterly*, 56, Nr. 1, 149–162.
40. Lettow, Paul. 2005. *Ronald Reagan and His Quest to Abolish Nuclear Weapons*. New York: Random House, 132–133.
41. Shultz, George. 2013. „Margaret Thatcher and Ronald Reagan: The Ultimate '80s Power Couple." *Daily Beast*, 8. April. goo.gl/itZHHR
42. Shultz, George P., William J. Perry, Henry A. Kissinger und Sam Nunn. 2007. „A World Free of Nuclear Weapons." *Wall Street Journal*, 4. Januar, http://ow.ly/ttvGN
43. ———. 2008. „Toward a Nuclear-Free World." *Wall Street Journal*, Januar 15.goo.gl/iAGDQX
44. Waltz, Kenneth N. 2012. „Why Iran Should Get the Bomb: Nuclear Balancing Would Mean Stability." *Foreign Affairs*, Juli/August. goo.gl/2x9dF
45. Kugler, Jacek. 2012. „A World Beyond Waltz: Neither Iran nor Israel Should Have the Bomb." PBS, 12. September. goo.gl/0drNe5
46. Zitiert in Fathi, Nazila. 2005. „Wipe Israel 'off the Map,' Iranian Says." New York Times, 27. Oktober. goo.gl/9EFacw
47. Fettweis, Christopher. 2010. *Dangerous Times?: The International Politics of Great Power Peace*. Washington, DC: Georgetown University Press.
48. Zitiert in Marty, Martin E. 1996. *Modern American Religion*, Vol. 3, *Under God, Indivisible*, 1941–1960. Chicago: University of Chicago Press, 117.
49. Chomsky, Noam. 1967. „The Responsibility of Intellectuals." *New York Review of Books*, 8, Nr. 3, goo.gl/wRPVH

50. Goldhagen, Daniel Jonah. 2009. *Worse Than War: Genocide, Eliminationism, and the Ongoing Assault on Humanity*. New York: PublicAffairs, 1, 6.
51. Lemkin, Raphael. 1946. „Genocide." *American Scholar*, 15, Nr. 2, 227–230.
52. United Nations General Assembly Resolution 96, Nr. 1. „The Crime of Genocide."
53. Katz, Steven T. 1994. *The Holocaust in Historical Perspective*. Vol. 1. New York: Oxford University Press.
54. Kugler, Tadeusz, Kyung Kook Kang, Jacek Kugler, Marina Arbetman-Rabinowitz und John Thomas. 2013. „Demographic and Economic Consequences of Conflict." *International Studies Quarterly*, März, 57, Nr. 2, 1–12.
55. Toland, John. 1970. *Rising Sun: The Decline and Fall of the Japanese Empire*, 1936–1945. New York: Random House, 731.
56. „The Cornerstone of Peace—Number of Names Inscribed." Kyushu-Okinawa Summit 2000: Okinawa G8 Summit Host Preparation Council, 2000. Siehe auch Pike, John. 2010. „Battle of Okinawa." *Globalsecurity.org*; Manchester, William. 1987. „The Bloodiest Battle of All." *New York Times*, 14. Juni, goo.gl/d4DeVe
57. Im Jahr 2002 nahm ich an Stelle meines Vaters an der Zusammenkunft der Wren-Crew teil und bestätigte seine Erinnerungen.
58. Giangreco, D. M. 2009. *Hell to Pay: Operation Downfall and the Invasion of Japan*, 1945–1947. Annapolis, MD: Naval Institute Press, 121–124.
58. Giangreco, Dennis M. 1998. „Transcript of 'Operation Downfall' [US invasion of Japan]: US Plans and Japanese Counter-Measures." *Beyond Bushido: Recent Work in Japanese Military History*. https://www.mtholyoke.edu/acad/intrel/giangrec.htm Siehe auch Maddox, Robert James. 1995. „The Biggest Decision: Why We Had to Drop the Atomic Bomb." American Heritage, 46, Nr. 3, 70–77.
60. Skates, John Ray. 2000. *The Invasion of Japan: Alternative to the Bomb*. Columbia: University of South Carolina Press, 79.
61. Putnam, Frank W. 1998. „The Atomic Bomb Casualty Commission in Retrospect." *Proceedings of the National Academy of Sciences*, 12. Mai, 95, Nr. 10, 5426–5431.
62. K'Olier, Franklin (Hrsg.). 1946. *United States Strategic Bombing Survey, Summary Report (Pacific War)*. Washington, DC: US Government Printing Office.
63. Rhodes, Richard. 1984. *The Making of the Atomic Bomb*. New York: Simon & Schuster, 599.
64. Es gibt mindestens 21 internationale Organisationen gegen Kernwaffen und weitere 79 antinukleare (einschließlich Kernenergie). Siehe Rudig, Wolfgang. 1990. *Antinuclear Movements: A World Survey of Opposition to Nuclear Energy*. New York: Longman, 381–403.
65. Sagan und Turco, 1990.
66. goo.gl/o8NO55
67. Fedorov, Yuri. 2002. „Russia's Doctrine on the Use of Nuclear Weapons." Pugwash Meeting, London, 15. bis 17. November. goo.gl/yWGOpk

68. Narang, Vipin. 2010. „Pakistan's Nuclear Posture: Implications for South Asian Stability." Harvard Kennedy School, Belfer Center for Science and International Affairs Policy Brief, 4. Januar. goo.gl/gH1Hlv
69. BBC News. 2003. „UK Restates Nuclear Threat." 2. Februar. Verteidigungsminister Geoff Hoon sagte „Saddam kann absolut sicher sein, dass wir unter den richtigen Bedingungen Nuklearwaffen einsetzen würden." goo.gl/dqEQuZ
70. Department of Defense. 2010. „Nuclear Posture Review." 6. April, http://www.webcitation.org/6FY0Ol07H
71. Kang, Kyungkook und Jacek Kugler. 2012. „Nuclear Weapons: Stability of Terror." In *Debating a Post-American World*, Hrsg. Sean Clark und Sabrina Hoque. New York: Routledge.
72. goo.gl/AoQC3
73. Karouny, Mariam und Ibon Villelabeitia. 2006. „Iraq Court Upholds Saddam Death Sentence." *Washington Post*, 26. Dezember. goo.gl/b9n6oW
74. goo.gl/InDEdg
75. Tannenwald, Nina. 2005. „Stigmatizing the Bomb: Origins of the Nuclear Taboo." *International Security*, Spring, 29, Nr. 4, 5–49.
76. Schelling, Thomas C. 1994. „The Role of Nuclear Weapons." In L. Benjamin Ederington und Michael J. Mazarr, eds., *Turning Point: The Gulf War and US Military Strategy*. Boulder, CO: Westview, 105–115.
77. Rozin, Paul, Jonathan Haidt und C. R. McCauley. 2000. „Disgust." In *Handbook of Emotions*, Hrsg. M. Lewis und J. M. Haviland-Jones. New York: Guilford Press, 637–653.
78. Evans, Gareth. 2014. „Nuclear Deterrence in Asia and the Pacific." *Asia & the Pacific Policy Studies*, Januar, 91–111.
79. Ebenda.
80. Blair, B. und M. Brown. 2011. „World Spending on Nuclear Weapons Surpasses $1 Trillion per Decade." *Global Zero*. goo.gl/xDcjg5
81. Shultz et al., 2007.
82. Evans, 2014.
83. Herszenhorn, David M. und Michael R. Gordon. 2013. „US Cancels Part of Missile Defense that Russia Opposed." *New York Times*, 16. März, A12.
84. Evans, 2014.
85. Shakespeare, William. 1594. *The Rape of Lucrece*. Verfügbar unter goo.gl/MdWlsN
86. Bull, Hedley. 1995. *The Anarchical Society*. London: Macmillan, 234; Bull, Hedley. 1961. *The Control of the Arms Race*. London: Institute of Strategic Studies.
87. Zitiert in Maclin, Beth. 2008. „A Nuclear Weapon-Free World Is Possible, Nunn Says." Belfer Center for Science and International Affairs, Harvard University, 20. Oktober. goo.gl/60XTeM
88. Zitiert in Perez-Rivas, Manuel. 2001. „Bush Vows to Rid the World of 'Evil-Doers.'" CNN Washington Bureau. 16. September, goo.gl/zrZMCV

Anmerkungen

89. Mueller, John und Mark G. Stewart. 2013. „Hapless, Disorganized, and Irrational." Slate, 22. April. goo.gl/j0cqUl
90. Atran, Scott. 2010. „Black and White and Red All Over." Foreign Policy, 22. April. goo.gl/SyhiEu
91. Scahill, Jeremy. 2013. *Dirty Wars: The World Is a Battlefield.* Sundance Selects.
92. Ebenda.
93. The 9/11 Commission Report, 2004. xvi. http://www.9-11commission.gov/report/911Report.pdf
94. Abrahms, Max. 2013. „Bottom of the Barrel." *Foreign Policy,* 24. April. goo.gl/hj4J1h
95. Krueger, Alan B. 2007. *What Makes a Terrorist: Economics and the Roots of Terrorism.* Princeton, NJ: Princeton University Press, 3.
96. Bailey, Ronald. 2011. „How Scared of Terrorism Should You Be?" Reason, 6. September. goo.gl/3ZvkR
97. Zitiert in Levi, Michael S. 2003. „Panic More Dangerous than WMD." *Chicago Tribune,* 26. Mai. goo.gl/tlVogl
98. Levi, Michael S. 2011. „Fear and the Nuclear Terror Threat." USA Today, 24. März, 9A.
99. Harper, George W. 1979. „Build Your Own A-Bomb and Wake Up the Neighborhood." *Analog,* April, 36–52.
100. Levi, Michael S. 2009. *On Nuclear Terrorism.* Cambridge, MA: Harvard University Press, 5.
101. 2012. „Fact Sheet on Dirty Bombs." US Nuclear Regulatory Commission, Dezember. goo.gl/hXbFlx See also goo.gl/Rf1mhO
102. Abrahms, Max. 2006. „Why Terrorism Does Not Work." *International Security,* 31, 42–78. http://ow.ly/ttvYv
103. Abrahms, Max und Matthew S. Gottfried. 2014. „Does Terrorism Pay? An Empirical Analysis." *Terrorism and Political Violence.* goo.gl/ZWdAP1
104. Cronin, Audrey. 2011. *How Terrorism Ends: Understanding the Decline and Demise of Terrorist Campaigns.* Princeton, NJ: Princeton University Press.
105. Global Research News. 2014. „US Wars in Afghanistan, Iraq to Cost $6 Trillion." Global Research, 12. Februar. goo.gl/7ERWOl
106. goo.gl/douNPn
107. Siehe die Antwort des NSA Deputy Director Richard Ledgett auf Snowdens TED-Auftritt: goo.gl/ljBCUo
108. Hirschman, Albert O. 1970. *Exit, Voice, and Loyalty: Responses to Decline in Firms, Organizations, and State*s. Cambridge, MA: Harvard University Press.
109. Eisner, Manuel. 2011. „Killing Kings: Patterns of Regicide in Europe, 600–1800." *British Journal of Criminology,* 51, 556–577.
110. Zedong, Mao. 1938. „Problems of War and Strategy." *Selected Works,* Vol. II, 224.
111. Stephan, Maria J. und Erica Chenoweth. 2008. „Why Civil Resistance Works: The Strategic Logic of Nonviolent Conflict." *International Security,* 33, Nr.

1, 7–44. Siehe auch Chenoweth, Erica und Maria J. Stephan. 2011. *Why Civil Resistance Works: The Strategic Logic of Nonviolent Conflict*. New York: Columbia University Press.
112. Stephan und Chenoweth, 2008.
113. Chenoweth, Erica. 2013. „Nonviolent Resistance." TEDx Boulder. goo.gl/xqTy5P
114. Ebenda.
115. Grafik aus Daten von Stephan und Chenoweth, 2008, ebenda, Chenoweth und Stephan, 2011, ebenda, und Chenoweth, 2013, ebenda.
116. Ebenda.
117. Low, Bobbi. 1996. „Behavioral Ecology of Conservation in Traditional Societies." *Human Nature*, 7, Nr. 4, 353–379.
118. Edgerton, Robert. 1992. S*ick Societies: Challenging the Myth of Primitive Harmony*. New York: Free Press.
119. Keeley, Lawrence. 1996. *War Before Civilization: The Myth of the Peaceful Savage*. New York: Oxford University Press.
120. Leblanc, Steven und Katherine E. Register. 2003. *Constant Battles: The Myth of the Peaceful, Noble Savage*. New York: St. Martin's Press, 125, 224–228.
121. Ebenda, 202.
122. Fotografien des Autors.
123. Persönliche Korrespondenz, 28. Juli 2011.
124. Ebenda.
125. Colberts höhnische Antwort: „Bevormunden Sie mich nicht!" goo.gl/RlzMz7
126. Pinker, 2011, 49, Daten aus Bowles, S. 2009. „Did Warfare Among Ancestral Hunter-Gatherers Affect the Evolution of Human Social Behaviors?" *Science*, 324, 1293–1298; Keeley, L. H. 1996. *War Before Civilization: The Myth of the Peaceful Savage*. New York: Oxford University Press; Gat, A. 2006. *War in Human Civilization*. New York: Oxford University Press; White, M. 2011. *The Great Big Book of Horrible Things: The Definitive Chronicle of History's 100 Worst Atrocities*. New York: W. W. Norton; Harris, M. 1975. Culture, People, Nature, 2. Auflage New York: Crowell, Lacina, B. und N. P. Gleditsch. 2005. „Monitoring Trends in Global Combat: A New Dataset in Battle Deaths." *European Journal of Population*, 21, 145–166; Sarkees, M. R. 2000. „The Correlates of War Data on War." *Conflict Management and Peace Science*, 18, 123–144.
127. Van der Dennen, J. M. G. 1995. *The Origin of War: The Evolution of a Male-Coalitional Reproductive Strategy*. Groningen, Neth.: Origin Press; Van der Dennen, J. M. G. 2005. Querela Pacis: Confession of an Irreparably Benighted Researcher on War and Peace. An Open Letter to Frans de Waal and the „Peace and Harmony Mafia." Groningen: University of Groningen.
128. Horgan, John. 2014. „Jared Diamond, Please Stop Propagating the Myth of the Savage Savage!" *Scientific American Blogs*, 20. Januar.

Anmerkungen

129. Für eine kurze Geschichte der „Evolutionskriege" siehe Appendix I in Shermer, Michael. 2004. *The Science of Good and Evil*. New York: Times Books; für eine umfassende Abhandlung siehe Segerstråle, U. 2000. *Defenders of the Truth: The Battle for Science in the Sociobiology Debate and Beyond*. New York: Oxford University Press.
130. Ferguson, R. Brian. 2013. „Pinker's List: Exaggerating Prehistoric War Mortality." In Douglas P. Fry (Hrsg.), *War, Peace, and Human Nature*. New York: Oxford University Press, 112–129.
131. Azar Gat stellt fest, dass viele Wissenschaftler aus der „Frieden und Harmonie"-Fraktion leise ihre Position aufgegeben haben, dass „die Lebensbedingungen vor dem Auftauchen von Landwirtschaft und Staat im Wesentlichen von wenig Gewalt zwischen Menschen gekennzeichnet waren" und dass es nun drei Stränge des „Rousseauismus" gäbe, die gegen den Ansturm der Daten in jüngeren Dekaden Rückzugsgefechte führen. Gat, Azar. Im Druck. „Rousseauism I, Rousseauism II, and Rousseauism of Sorts: Shifting Perspectives on Aboriginal Human Peacefulness and Their Implications for the Future of War." *Journal of Peace Research*.
132. Fry, Douglas und Patrik Söderberg. 2013. „Lethal Aggression in Mobile Forager Bands and Implications for the Origins of War." *Science*, 19. Juli, 270–273.
133. Bowles, Samuel. 2013. „Comment on Fry and Söderberg 'Lethal Aggression in Mobile Forager Bands and Implications for the Origins of War.' „ 19. Juli, tuvalu.santafe.edu/~bowles/
134. Ebenda.
135. Miroff, Nick und William Booth. 2012. „Mexico's Drug War Is at a Stalemate as Calderon's Presidency Ends." *Washington Post*, 27. November. goo.gle/pu2uJ; Reuters. 2012. „Desplazdos, ragedia Silenciosa en Mexico." *El Economista*, 7. Januar.
136. Bowles, 2013.
137. Levy, Jack S. und William R. Thompson. 2011. *The Arc of War: Origins, Escalation, and Transformation*. Chicago: University of Chicago Press, 1.
138. Ebenda, 3.
139. Ebenda, 51–53.
140. Arkush, Elizabeth und Charles Stanish. 2005. „Interpreting Conflict in the Ancient Andes." *Current Anthropology*, 46, Nr. 1, Februar, 3–28. goo.gl/TrELvz
141. Milner, George R., Jane E. Buikstra und Michael D. Wiant. 2009. „Archaic Burial Sites in the American Midcontinent." In *Archaic Societies*, Hrsg. Thomas E. Emerson, Dale L. McElrath und Andres C. Fortier. Albany: State University of New York Press, 128.
142. Wrangham, Richard und Dale Peterson. 1996. *Demonic Males: Apes and the Origins of Human Violence*. Boston: Houghton Mifflin.

143. Wrangham, Richard W. Und Luke Glowacki. 2012. „Intergroup Aggression in Chimpanzees and War in Nomadic Hunter-Gatherers." *Human Nature*, 23, 5–29.
144. Glowacki, Luke und Richard W. Wrangham. 2013. „The Role of Rewards in Motivating Participation in Simple Warfare." *Human Nature* 24, 444–460. Ein modernes Beispiel des kulturellen Lohns für Kampfrisiken mag sich in den Untersuchungen des Anthropologen Scott Atran finden, der präzise dokumentierte, wie der Prozess in al-Qaida-Zellen funktioniert. Die Familien erfolgreicher Selbstmordattentäter (erfolgreich heißt, sie haben sich in die Luft gejagt) werden finanziell versorgt und ihr Sohn (oder seltener, die Tochter) wird gefeiert wie ein Sportstar. Religion und Ideologie mögen nicht immer genügend Motivation für angehende Märtyrer und heilige Krieger bieten, um ihre Abneigung gegen Verletzung und Tod zu überwinden (Atran hält den notorischen Glauben an die „72 Jungfrauen" für hochgradig übertrieben), daher wird die Mentalität einer „Gemeinschaft der Brüder" verstärkt durch soziale Gruppen, Fußballclubs und andere verbindende Aktivitäten. Atran, Scott. 2011. *Talking to the Enemy: Religion, Brotherhood, and the (Un)Making of Terrorists*. New York: Ecco.
145. Wrangham und Glowacki, 2012.
146. Keeley, Lawrence. 2000. *Warless Societies and the Origins of War*. Ann Arbor: University of Michigan Press, 4.
147. Coe, Michael D. 2005. *The Maya*, 7. Auflage London: Thames & Hudson, 161.
148. Die „Falken von Harvard" wurden beschuldigt, ihr Augenmerk speziell auf Daten über Gewalt zu richten und Fälle friedlicher Jäger und Sammler zu ignorieren. Zu dieser Anklage befragte ich den Archäologen Lawrence Keeley. Seine Antwort: „Ich habe alle Fälle berücksichtigt, die ich finden konnte. Darum sind einige dabei, die über 200 Jahre hinweg *keine* Kriegstoten auflisten. Was die Genauigkeit angeht, hat Paul Roscoe, ein Neuguinea-Ethnograph, meine Zahlen aus dieser Region anhand der originalen Berichte überprüft und für niedrig/konservativ erachtet. LeBlanc und ich sind Archäologen; wir haben eindeutige Kriegsopfer und Befestigungsanlagen ausgegraben, viele davon. Prähistorische Kriegführung ist eine verflochtene Menge physikalischer Fakten." Keeleys Empfehlung an die „Mafia der Eintracht" lautet: „Gebt zu, dass in den letzten 10000 Jahren Kriege häufig waren, aber keine konstante Erscheinung; versucht zu erklären, warum das so ist; fragt, wie verschiedene Kulturen Krieg führten oder den Frieden bewahrten." Persönliche Korrespondenz, 5. Februar 2014.
149. Keegan, John. 1994. *A History of Warfare*. New York: Random House, 59.
150. Goldstein, Joshua. 2011. *Winning the War on War: The Decline of Armed Conflict Worldwide*. New York: Dutton, 328. Siehe auch Payne, James. 2004. *A History of Force: Exploring the Worldwide Movement Against Habits of Coercion, Bloodshed, and Mayhem*. Sandpoint, ID: Lytton Publishing.

151. Lebow, Richard Ned. 2010. *Why Nations Fight: Past and Future Motives for War*. Cambridge, UK: Cambridge University Press.
152. Ebenda, 206–207.
153. Human Security Report 2013. 2014. *The Decline in Global Violence: Evidence, Explanation, and Contestation*. Human Security Report Project, Simon Fraser University, Canada, 11, 48.
154. www.visionofhumanity.org
155. Persönliche Korrespondenz, 1. Februar 2014.

Kapitel 3 – Wie Wissenschaft und Vernunft den Fortschritt der Moral befördern

1. In „Answer to the Abbe Raynal." In Paine, Thomas. 1796. *The Works of Thomas Paine*. Google ebook.
2. Taylor, John M. 1908. *The Witchcraft Delusion in Colonial Connecticut (1647–1697)*. Read at Project Gutenberg: goo.gl/UtPyLk
3. Transcripts of Steve Martin as Theodoric of York are available online: goo.gl / fbHsUp
4. Voltaire, 1765/2005. „Question of Miracles," in *Miracles and Idolotry*. New York: Penguin.
5. Das Trolley-Problem wurde von der Philosophin Phillipa Foot eingeführt in: Foot, Phillipa. 1967. „The Problem of Abortion and the Doctrine of Double Effect." *Oxford Review*, 5, 5–15. Die umfangreiche Forschung, die sich dises Szenarios bedient, wurde in vielen Werken zusammengefasst; jüngst in Edmonds, David. 2013. *Would You Kill the Fat Man?* Princeton, NJ: Princeton University Press. Siehe auch Petrinovich, L., P. O'Neill und M. J. Jorgensen. 1993. „An Empirical Study of Moral Intuitions: Towards an Evolutionary Ethics." *Ethology and Sociobiology*, 64, 467–478.
6. Diese Theorien der Hexenjagd untersuche ich in Shermer, Michael. 1997. *Why People Believe Weird Things*. New York: W. H. Freeman, chap. 7.
7. Diamond, Jared. 2013. *The World Until Yesterday: What Can We Learn from Traditional Societies?* New York: Viking, 345.
8. Senft, Gunter. 1997. „Magical Conversation on the Trobriand Islands." *Anthropos*, 92, 369–371.
9. Malinowski, Bronislaw. 1954. *Magic, Science, and Religion*. Garden City, NY: Doubleday, 139–140.
10. Evans-Pritchard, E. E. 1976. *Witchcraft, Oracles and Magic Among the Azande*. New York: Oxford University Press, 18.
11. Ebenda, 23.
12. Kieckhefer, Richard. 1994. „The Specific Rationality of Medieval Magic." *American Historical Review*, 99, Nr. 3, 813–836.
13. Hutchinson, Roger. 1842. *The Works of Roger Hutchinson*, Hrsg. J. Bruce. New York: Cambridge University Press, 140–141.

14. Zitiert in Walker, D. P. 1981. *Unclean Spirits: Possession and Exorcism in France and England in the Late Sixteenth and Early Seventeenth Centuries.* Philadelphia: University of Pennsylvania Press, 71.
15. Hedesan, Jo. 2011. „Witch Hunts in Papua New Guinea and Nigeria." *The International*, 1. Oktober. goo.gl/Lrkq6N
16. Tortora, Bob. 2010. „Witchcraft Believers in Sub-Saharan Africa Rate Lives Worse." *Gallup*, 25. August. goo.gl/ZlrvEJ
17. Pollak, Sorcha. 2013. „Woman Burned Alive for Witchcraft in Papua New Guinea." *Time*, 7. Februar. goo.gl/t4yR19
18. Oxfam New Zealand. 2012. „Protecting the Accused: Sorcery in PNG. „goo.gl/mEevih
19. Napier, William. 1851. *History of General Sir Charles Napier's Administration of Scinde*. London: Chapman & Hall, 35.
20. Mackay, Charles. 1841/1852/1980. *Extraordinary Popular Delusions and the Madness of Crowds*. New York: Crown, 559.
21. Ebenda, 560.
22. Levak, Brian. 2006. *The Witch-hunt in Early Modern Europe*. New York: Routledge.
23. Llewellyn Barstow, Anne. 1994. *Witchcraze: A New History of the European Witchhunts*. New York: HarperCollins.
24. Thomas, Keith. 1971. *Religion and the Decline of Magic*. New York: Charles Scribner's Sons, 643.
25. Ebenda, 643–644.
26. Cited in Thomas, 1971, 1–21 passim.
27. La Roncière, Charles de. 1988. „Tuscan Notables on the Eve of the Renaissance." In *A History of Private Life: Revelations of the Medieval World*. Cambridge, MA: Harvard University Press, 171.
28. Snell, Melissa. „The Medieval Child." *Medieval History*. goo.gl/6uhDiR
29. Blackmore, S. und R. Moore. 1994. „Seeing Things: Visual Recognition and Belief in the Paranormal." *European Journal of Parapsychology*, 10, 91–103; Musch, J. Und K. Ehrenberg. 2002. „Probability Misjudgment, Cognitive Ability, and Belief in the Paranormal." *British Journal of Psychology*, 93, 169–177; Brugger, P., T. Landis und M. Regard. 1990. „A 'Sheep-Goat Effect' in Repetition Avoidance: Extra-Sensory Perception as an Effect of Subjective Probability?" *British Journal of Psychology*, 81, 455–468. Whitson, Jennifer A. Und Adam D. Galinsky. 2008. „Lacking Control Increases Illusory Pattern Perception." *Science*, 322, 115–117.
30. Zitiert in Thomas, 1971, 16.
31. Ebenda, 177.
32. Ebenda.
33. Ebenda, 668.
34. Ebenda, 91.

35. Shermer, Michael. 2011. *The Believing Brain*. New York: Times Books, chap. 13.
36. Zitiert in Cohen, I. Bernard. 1985. *Revolution in Science*. Cambridge, MA: Harvard University Press.
37. Bacon, F. 1620/1939. *Novum Organum*. In Burtt, E. A. (Hrsg.), *The English Philosophers from Bacon to Mill*. New York: Random House.
38. goo.gl/vSBMO5
39. Olson, Richard. 1990. *Science Deified and Science Defied: The Historical Significance of Science in Western Culture*. Berkeley: University of California Press, 15–40.
40. Diese und viele andere Einschätzungen Newtons und seiner Arbeit aus Westfall, Richard. 1980. *Never at Rest: A Biography of Isaac Newton*. Cambridge, UK: Cambridge University Press.
41. Cohen, I. Bernard. 1985. *Revolution in Science*. Cambridge, MA: Harvard University Press, 174, 175.
42. Alle Zitate aus Olson, 1990, 191–202 passim. Siehe auch Hankins, Thomas L. 1985. *Science and the Enlightenment*. Cambridge, UK: Cambridge University Press, 161–163.
43. Olson, Richard. 1990, 183–189.
44. Smith, Adam. 1795/1982. „The History of Astronomy." In *Essays on Philosophical Subjects*, Hrsg. W. P. D. Wightman und J. C. Bryce. Vol. III of *Glasgow Edition of the Works and Correspondence of Adam Smith*. Indianapolis: Liberty Fund, 2.
45. ———. 1759. *The Theory of Moral Sentiments*. London: A. Millar, I., I., 1.
46. Hobbes, Thomas. 1839. *The English Works of Thomas Hobbes*, Hrsg. William Molesworth, Vol. 1, ix–1.
47. ———. 1642. *De Cive, or the Citizen*. New York: Appleton-Century-Crofts, 15.
48. Olson, 1990, 45, 47.
49. Eine knappe Zusammenfassung von Hobbes' Theorie und wie seine Mitstreiter der Aufklärung ihre Werke als das wahrnahmen, was wir heute Wissenschaft nennen würden, findet sich in Olson, 1990, 51–58.
50. Hobbes, Thomas. 1651/1968. *Leviathan, or The Matter, Forme and Power of a Common Wealth Ecclesiasticall and Civil*, Hrsg. C. B. Macpherson. New York: Penguin, 76.
51. Ich war einer der Studenten, denen Olson beibrachte, dass Wissenschaft nicht im gesellschaftlichen Vakuum stattfindet. Wie er zeigt, plädierte Hobbes wegen des drohenden englischen Bürgerkrieges für einen starken Staat. Leviathan sollte der dritte Band der Trilogie eines „großen wissenschaftlichen Systems" werden, das die Physik, den Menschen und die Gesellschaft abdeckt. Später erklärte Hobbes (De Cive, 15): „Einige Jahre vor dem Bürgerkrieg kochte mein Land im Zorn, voller Fragen zu Rechten der Herrschaft und zum Gehorsam

ihnen gegenüber, es waren Wegbereiter des Krieges; darum reifte in mir dieser dritte Teil, der als erster erscheinen sollte."
52. Hume, David. 1748/1902. *An Enquiry Concerning Human Understanding.* Cambridge, UK: Cambridge University Press, 165.
53. Walzer, Michael. 1967. „On the Role of Symbolism in Political Thought." *Political Science Quarterly*, 82, 201.
54. Wright, Quincy. 1942. *A Study of War*, 2. Auflage Chicago: University of Chicago Press; Gat, A. 2006. *War in Human Civilization.* New York: Oxford University Press; Fukuyama, Francis. 2011. *The Origins of Political Order: From Prehuman Times to the French Revolution.* New York: Farrar, Straus & Giroux.
55. Shermer, Michael. 2007. *The Mind of the Market: How Biology and Psychology Shape Our Economic Lives.* New York: Times Books, 252.
56. Ebenda, 256.
57. Henrich, Joseph, et al. 2010. „Markets, Religion, Community Size, and the Evolution of Fairness and Punishment." *Science*, 19. März, 327, 1480–1484.
58. Russett, Bruce und John Oneal. 2001. *Triangulating Peace: Democracy, Interdependence, and International Organizations.* New York: W. W. Norton.
59. Ebenda, 108–111.
60. Ebenda, 145–148. See also McDonald, P. J. 2010. „Capitalism, Commitment, and Peace." *International Interactions*, 36, 146–168.
61. McDonald, 148. Siehe auch Gartzke, E. und J. J. Hewitt. 2010. „International Crises and the Capitalist Peace." *International Interactions*, 36, 115–145.
62. Marshall, Monty. 2009. „Major Episodes of Political Violence, 1946–2009." Vienna, VA: Center for Systematic Peace, 9. November, www.systemicpeace.org/warlist.htm
63. ———. 2009. *Polity IV Project: Political Regime Characteristics and Transitions, 1800–2008.* Fairfax, VA: Center for Systematic Peace, George Mason University. http://www.systemicpeace.org/polityproject.html
64. Grafik aus Russett, Bruce. 2008. *Peace in the Twenty-first Century? The Limited but Important Rise of Influences on Peace.* New Haven, CT: Yale University Press.
65. Levy, Jack S. 1989. „The Causes of War." In: Philip E Tetlock, et al. (eds.) *Behavior, Society, and Nuclear War.* New York: Oxford University Press, 209–313. Für eine andere Ansicht siehe: Barbieri, Katherine. 2002. *The Liberal Illusion: Does Trade Promote Peace?* Ann Arbor: University of Michigan Press.
66. Dorussen, Han und Hugh Ward. 2010. „Trade Networks and the Kantian Peace." *Journal of Peace Research*, 47, Nr. 1, 229–242; Hegre, Håvard. 2014. „Democracy and Armed Conflict." *Journal of Peace Research* 51, Nr. 2, 159–172.
67. Zitiert in: Wyne, Ali. 2014. „Disillusioned by the Great Illusion: The Outbreak of Great War." *War on the Rocks*, 19. Januar. All quotes come from this article, available at goo.gl/wRio4K
68. Ebenda.
69. Ebenda.

79. Grafik aus Russett, Bruce. 2008. Basierend auf Daten aus Lacina, B., N. P. Gleditsch und B. Russett. 2006. „The Declining Risk of Death in Battle." *International Studies Quarterly*, 50, 673–680.
71. „Estimated Annual Deaths from Political Violence, 1939–2011." Quelle: Bild 7 unter goo.gl/8V8L5L
72. Ebenda, Bild 9.
73. Hobbes, 1651, 110–140.
74. Madison, James. 1788. „The Federalist Nr. 51: The Structure of the Government Must Furnish the Proper Checks and Balances Between the Different Departments." *Independent Journal*, 6. Februar.
75. Burke, Edmund. 1790. *Reflections on the Revolution in France. In The Works of Edmund Burke*, 3 vols. New York: Harper & Brothers, 1860, 481–483. Verfügbar online unter goo.gl/e8aTD
76. In *The Science of Liberty* schreibt Timothy Ferris über die Architekten der USA: „Die Gründer sprachen von der neuen Nation als einem ‚Experiment', das Überlegungen erforderte, wie sich Freiheit und Ordnung in Einklang bringen ließen. In den elf Jahren zwischen Unabhängigkeitserklärung und Gründung experimentierten die Bundesstaaten beträchtlich." Ferris, Timothy. 2010. *The Science of Liberty: Democracy, Reason, and the Laws of Nature*. New York: HarperCollins.
77. Jefferson, Thomas. 1804. Brief an Judge John Tyler Washington, 28. Juni. *The Letters of Thomas Jefferson*, 1743–1826. goo.gl/hn6qNP
78. Isaacson, Walter. 2004. *Benjamin Franklin: An American Life*. New York: Simon & Schuster, 311–312.
79. Koonz, Claudia. 2005. *The Nazi Conscience*. Cambridge, MA: Harvard University Press.
80. Kiernan, Ben. 2009. *Blood and Soil: A World History of Genocide and Extermination from Sparta to Darfur*. New Haven, CT: Yale University Press.
81. Zitat in Koonz, 2005, 2.
82. Eaves, L. J., H. J. Eysenck und N. G. Martin. 1989. *Genes, Culture, and Personality: An Empirical Approach*. San Diego: Academic Press. Seit Erscheinen dieses Buches bestätigen zahlreiche Studien, dass etwa die Hälfte der Variation politischer Einstellungen auf genetische Faktoren zurückzuführen ist. Siehe etwa Hatemi, Peter K. Und Rose McDermott. 2012. „The Genetics of Politics: Discovery, Challenges, and Progress." *Trends in Genetics*, Oktober, 28, Nr. 10, 525–533; Hatemi, Peter K. und Rose McDermott, eds., 2011. *Man Is by Nature a Political Animal*. Chicago: University of Chicago Press.
83. Gilbert, W. S. 1894. „The Contemplative Sentry." Online verfügbar unter goo.gl/Z6lXK6
84. Hibbing, John R., Kevin B. Smith und John R. Alford. 2013. *Predisposed: Liberals, Conservatives, and the Biology of Political Differences*. New York: Routledge.

85. Tuschman, Avi. 2013. *Our Political Nature: The Evolutionary Origins of What Divides Us*. Amherst, NY: Prometheus Books, 402–403.
86. Pedro, S. A. und A. J. Figueredo. 2011. „Fecundity, Offspring Longevity, and Assortative Mating: Parametric Tradeoffs in Sexual and Life History Strategy." *Biodemography and Social Biology*, 57, Nr. 2, 172.
87. Sowell, Thomas. 1987. *A Conflict of Visions: Ideological Origins of Political Struggles*. New York: Basic Books, 24–25.
88. Pinker, Steven. 2002. *The Blank Slate: The Modern Denial of Human Nature*. New York: Viking, 290–291.
89. Shermer, Michael. 2011. *The Believing Brain*. New York: Times Books, chap. 11.
90. In Jost, J. T., C. M. Federico und J. L. Napier. 2009. „Political Ideology: Its Structures, Functions, and Elective Affinities." *Annual Review of Psychology*, 60, 307–337.
91. Siehe auch Richard Olsons umfassendere Definition der Ideologie als „jegliche Menge der Annahmen, Werte und Ziele, die die Handlungen der Mitglieder einer Gemeinschaft leitet. Diese Annahmen, Werte und Ziele müssen nicht explizit konstatiert werden, und sie werden unter jenen, die sie teilen, selten einer kritischen Analyse unterzogen". Olson, Richard. 1993. T*he Emergence of the Social Sciences 1642–1792*. New York: Twayne, 4–5.
92. Smith, Christian. 2003. *Moral, Believing Animals: Human Personhood and Culture*. Oxford, UK: Oxford University Press.
93. Russell, Bertrand. 1946. History of Western Philosophy. London: George Allen & Unwin, 8.
94. Levin, Yuval. 2013. *The Great Debate: Edmund Burke, Thomas Paine, and the Birth of Left and Right*. New York: Basic Books.
95. Burke, Edmund. 1790/1967. *Reflections on the Revolution in France*. London: J. M. Dent & Sons.
96. Ebenda.
97. Burke, Edmund. 2009. *The Works of the Right Honorable Edmund Burke,* Hrsg. Charles Pedley. Ann Arbor: University of Michigan Library, 377.
98. Paine, Thomas. 1776. Common Sense. Available online at www.constitution.org/civ/comsense.htm
99. ———. 1794. *The Age of Reason*. Available online at http://www.gutenberg.org/ebooks/31270
100. ———. 1795. Dissertation on First Principles of Government. Verfügbar online unter www.gutenberg.org/ebooks/31270 Man vereine Vernunft und austauschbare Perspektiven mit möglicher Vergeltung und dem Handicap-Prinzip – das zusammen ergibt ein Rezept für relativen Frieden, wie Paine in seinen „Thoughts on Defensive War" schrieb (Paine, Thomas. 1795. *Thoughts on Defensive War.* Online verfügbar unter www.gutenberg.org/ebooks/31270): Die vermeintliche Ruhe eines guten Mannes reizt den Raufbold; andererseits, Waffen und Gesetze schrecken den Eindringling und den Plünderer ab, sie

erhalten die Ordnung der Welt und des Eigentums. Das Gleichgewicht der Mächte ist der Maßstab des Friedens. Dieselbe Balance wäre erreicht in einer Welt ohne Waffen, denn alle wären gleich; nun wollen manche sie nicht niederlegen, andere wagen es nicht. Und wenn ein Land sie behält, ist es recht, dass alle sie behalten. Fürchterliches Unheil entstünde, nähme man sie der Hälfte der Welt, denn in den Herzen der Menschen wohnen Gier und Ehrgeiz; die Schwachen würden der Starken Beute.

101. Mill, John Stuart. 1859. *On Liberty*. Chap. 2. goo.gl/AWjszJ
102. Mencken, H. L. 1927. „Why Liberty?" *Chicago Tribune*, 30. Januar. goo.gl/1Csn6h
103. Clemens, Walter C., Jr. 2013. *Complexity Science and World Affairs*. Albany: State University of New York Press.
104. Berichtet in: Knight, Richard. 2012. „Are North Koreans Really Three Inches Shorter Than South Koreans?" *BBC News Magazine*, 22. April. goo.gl/dWWGxp
105. Elektrischer Energieverbrauch (kWh pro Kopf). Weltbank. goo.gl/kVlq9
106. Grafik nach Daten von Agnus Maddison: goo.gl/lK9xmF. Siehe auch Maddison, Agnus. 2006. *The World Economy*. Washington, DC: OECD Publishing; Maddison, Agnus. 2007. *Contours of the World Economy 1–2030 AD*: Essays in Macro-Economic History. New York: Oxford University Press.
107. earthobservatory.nasa.gov/
108. Harris, Sam. 2010. *The Moral Landscape: How Science Can Determine Human Values*. New York: Free Press.

Kapitel 4 – Warum Religion keine Quelle der Moral ist

1. Sieben Jahre lang war ich evangelikaler Christ und habe immer noch tiefreligiöse Freunde. Ich schrieb ein ganzes Buch über Psychologie und Macht des religiösen Glaubens, *How We Believe*. Daher bin ich der Tatsache gewahr, dass eine solche Analyse für viele Gläubige irrelevant ist, denn sie gewinnen aus der Religion soziale Gemeinschaft und persönlichen Trost. *„Und ob ich schon wanderte im finstern Tal, fürchte ich kein Unglück; denn du bist bei mir, dein Stecken und dein Stab trösten mich."* (Psalmen 23:4) In meinem Buch berichte ich von einer meiner Studien, der zufolge Menschen als einen der Hauptgründe für ihren Glauben die „persönliche Gotteserfahrung" angeben; der wesentliche Grund für den Gottesglauben anderer Menschen ist ihrer Meinung nach „Trost und Lebenssinn". Auf emotionaler wie intellektueller Ebene verstehe ich, dass es viele grundlegend persönliche und tief bedeutungsvolle Motive für den Glauben gibt, die mit dieser Art wissenschaftlicher Analyse scheinbar nichts zu tun haben. Aber dieses ist ein wissenschaftliches Werk, daher fahre ich fort mit der Entlarvung des Mythos, Religion sei die treibende Kraft des moralischen Fortschritts. Ich möchte niemanden verletzen; ich möchte nur verstehen.

2. Sagan, Carl. 1990. „Preserving and Cherishing the Earth: An Appeal for Joint Commitment in Science and Religion." Stellungnahme unterzeichnet von 32 Nobelpreisträgern, präsentiert bei den Global Forum of Spiritual and Parliamentary Leaders Conferences in Moskau. goo.gl/fO9PQY
3. Hartung, J. 1995. „Love Thy Neighbor: The Evolution of In-Group Morality." *Skeptic*, 3, Nr. 4, 86–99.
4. Krakauer, Jon. 2004. *Under the Banner of Heaven: A Story of Violent Faith.* New York: Anchor.
5. Darwin, Charles. 1871. *The Descent of Man and Selection in Relation to Sex.* London: John Murray, 571.
6. Betzig, Laura. 2005. „Politics as Sex: The Old Testament Case." *Evolutionary Psychology*, 3: 326.
7. Ebenda, 327.
8. 1 Kings 4, 11–14; 11, 3; 1 Chron 3, 10–24.
9. Sweeney, Julia. 2006. *Letting Go of God. Transkript eines Monologs.* Indefatigable Inc., 24.
10. Ebenda, 26.
11. Dawkins, Richard. 2006. *The God Delusion.* New York: Houghton Mifflin, 31.
12. Sheer, Robert. 1976. „Jimmy Carter Interview." Playboy. goo.gl/CiSTUp
13. Reagan benutzte die Metapher oft in seiner politischen Karriere. Seine Abschiedsrede ist hier zu finden: goo.gl/lhnSh4 und diverse seiner Zitate hier: www.pbs.org/wgbh/americanexperience/features/general-article/reagan-quotes/
14. Kennedy, John F. 1961. „Address of President-elect John F. Kennedy Delivered to a Joint Convention of the General Court of the Commonwealth of Massachusetts." 9. Januar. goo.gl/W6f2LZ
15. D'Souza, Dinesh. 2008. *What's So Great About Christianity*. Carol Stream, IL: Tyndale House.
16. Ebenda, 34–35.
17. Roberts, J. M. 2001. *The Triumph of the West.* New York: Sterling.
18. D'Souza, 2008, 36.
19. Stark, Rodney. 2005. *The Victory of Reason.* New York: Random House, xii–xiii.
20. Für ausführliche Abhandlungen der vielen Faktoren, die zur Entwicklung von Demokratie und Kapitalismus in Westeuropa beitrugen, siehe Fukuyama, Francis. 2011. *The Origins of Political Order: From Prehuman Times to the French Revolution.* New York: Farrar, Straus & Giroux; Morris, Ian. 2013. *The Measure of Civilization: How Social Development Decides the Fate of Nations.* Princeton, NJ: Princeton University Press; Morris, Ian. 2011. *Why the West Rules—for Now: The Patterns of History and What They Reveal About the Future.* New York: Farrar, Straus & Giroux; Beinhocker, Eric. 2006. *The Origin of Wealth.* Cambridge, MA: Harvard Business School Press.

21. Der Redakteur des Skeptic-Magazins für die Sparte Religion, Tim Callaghan, untersuchte diese Hypothese und kam zum Ergebnis: „Weit mehr als die christliche Geisteshaltung war es die Geografie, die das Entstehen und Überleben der Demokratien im Westen ermöglichte. Der Kapitalismus entwickelte sich durch Geografie und Glück, unterstützt von einer eher westeuropäischen els exklusiv christlichen Perspektive. Die Trennung von Kirche und Staat war glücklicher Zufall. Das Versagen des östlichen Christentums bei dieser Trennung wie auch bei Demokratie und Kapitalismus zeigt, dass das Christentum nur Teil einer spezifischen Synthese war, die die westliche Zivilisation hervorbrachte, zusammen mit Geografie und Glück. Callahan, Tim. 2012. „Is Ours a Christian Nation?" Skeptic, 17, Nr. 3, 31–55. Siehe auch Tim Callahans Rezension von *What's so Great About Christianity* in Skeptic, 14, Nr. 1, 68–71.
22. Gebauer, Jochen, Andreas Nehrlich, Constantine Sedikides und Wiebke Neberich. 2013. „Contingent on Individual-Level and Culture-Level Religiosity." *Social Psychological and Personality Science*, 4, Nr. 5, 569–578.
23. Bowler, Kate. 2013. *Blessed: A History of the American Prosperity Gospel*. New York: Oxford University Press.
24. Hitchens, Christopher. 1995. *The Missionary Position: Mother Teresa in Theory and Practice*. Brooklyn, NY: Verso.
25. D'Souza, 2008, 54.
26. 1992. *The Interpreter's Bible: The Holy Scriptures in the King James and Revised Standard Versions with General Articles and Introduction, Exegesis, Exposition for Each Book of the Bible*. Nashville: Abingdon Press.
27. Ebenda.
28. Ebenda.
29. Brief an Henry Lee vom 8. Mai 1825. goo.gl/TLOk4U
30. Brooks, Arthur C. 2006. *Who Really Cares: The Surprising Truth About Compassionate Conservatism*. New York: Basic Books.
31. Ebenda, 5–10 passim.
32. Ebenda, 142–144 passim.
33. Ebenda, 8.
34. Ebenda, 55.
35. Ebenda, 182–183.
36. Lindgren, James. 2006. „Concerns About Arthur Brooks's 'Who Really Cares.'" 20. November. goo.gl/iGK9M0
37. Paul, Gregory S. 2009. „The Chronic Dependence of Popular Religiosity upon Dysfunctional Psychosociological Conditions." *Evolutionary Psychology*, 7, Nr. 3, 398–441.
38. Grafiken von Pat Linse nach: Paul, 2009, 320–441 passim.
39. Persönliche Korrespondenz, 25. September 2013.
40. Norris, Pippa, und Ronald Inglehart. 2004. *Sacred and Secular*. New York: Cambridge University Press.

41. Putnam, Robert. 2000. *Bowling Alone: The Collapse and Revival of American Community*. New York: Simon & Schuster, 19.
42. Ebenda, 20–21.
43. Norris und Inglehart, ebenda.
44. Mit Bezug auf Pauls internationale Studien fügte Sulloway hinzu: „Vergleicht man Länder miteinander, ist der Effekt groß. Nun können Menschen *innerhalb* eines bestimmten Landes durchaus Trost aus Gebeten beziehen und so moderate Gesundheitsvorteile gewinnen. Auf rein individueller Ebene haben die Konservativen einen Punkt, denn vermutlich existiert die Kausalbeziehung zwischen Religion und Gesundheit. Auf der Makro- oder Gruppenebene gehen diese Vorteile aber in anderen Effekten der Religion unter. So entsteht das Paradox, dass Religion zwar gut für die Gesundheit des Individuums ist, wenn man es isoliert betrachtet, aber schlecht, wenn wir nach Ländern vergleichen." Gleichwohl sieht Sulloway in den hier angeführten Daten keinen Widerspruch: „Religion mag einen positiven Einfluss auf Wohltätigkeit haben. Das ist aber nicht inkonsistent mit Pauls Daten, weil es ein Effekt auf individueller Ebene innerhalb eines Landes ist." Persönliche Korrespondenz, September 2006.
45. Hitchens, Christopher. 2007. *God Is Not Great: How Religion Poisons Everything*. New York: Twelve.
46. Hall, Harriet. 2013. „Does Religion Make People Healthier?" *Skeptic*, 19, Nr. 1.
47. McCullough, M. E., W. T. Hoyt, D. B. Larson, H. G. Koenig, und C. E. Thoresen. 2000. „Religious Involvement and Mortality: A Meta-Analytic Review." *Health Psychology*, 19, 211–222.
48. McCullough, M. E., und B. L. B. Willoughby. 2009. „Religion, Self-Regulation, and Self-Control: Associations, Explanations, and Implications." *Psychological Bulletin*, 125, 69–93.
49. Baumeister, Roy, und John Tierney. 2011. *Willpower: Rediscovering the Greatest Human Strength*. New York: Penguin.
50. Mischel, Walter, Ebbe B. Ebbesen, und Antonette Raskoff Zeiss. 1972. „Cognitive and Attentional Mechanisms in Delay of Gratification." *Journal of Personality and Social Psychology*, 21, Nr. 2, 204–218.
51. Ebenda, 180.
52. Ebenda, 181.
53. Zitiert ebenda, 187–188.
54. Die zehn Gebote erscheinen in zwei Büchern des Alten Testaments, dem 2. Buch Mose 20:1-17 und dem 5. Buch Mose 5:4–21. Ich zitiere aus dem 2. Buch Mose.
55. Hitchens, Christopher. 2010. „The New Commandments." *Vanity Fair*, April. goo .gl/lcXo Nachdem er in seinem unnachahmlichen Stil den Dekalog demontiert hat, schlägt Hitchens seine eigene Liste der Gebote vor [Deutsch aus Wikipedia]: Verurteile Menschen nicht auf der Grundlage ihrer ethnischen Zugehörigkeit oder ihrer Hautfarbe. Denke nicht einmal daran, Menschen wie Privateigentum zu verwenden. Verachte diejenigen, die Gewalt oder die Andro-

hung von Gewalt in sexuellen Beziehungen einsetzen. Verdecke dein Gesicht und weine, wenn du es wagst, einem Kind zu schaden. Verurteile nicht die Menschen für ihre angeborene Natur. („Warum sollte Gott so viele Homosexuelle erschaffen, nur um sie zu foltern und zu zerstören?") Sei dir bewusst, dass auch du ein Tier bist und damit abhängig vom Beziehungsgeflecht der Natur. Versuche entsprechend zu denken und zu handeln. Erwarte nicht, dass du dich dem Urteil entziehen kannst, wenn du Menschen nur mit Worten beraubst (indem du sie belügst) anstatt mit einem Messer. Schalte das verdammte Handy aus. Verurteile alle Dschihadisten und Kreuzzügler als das, was sie sind: geistesgestörte Kriminelle mit hässlichen Wahnvorstellungen und schrecklicher sexueller Unterdrückung. Lehne jeden Glauben ab, wenn dessen Gebote einem der oben genannten widersprechen." Hitchens schließt die Liste ab mit: „Kurz: Nimm deinen Moralkodex nicht in Tablettenform zu dir." Das ist ein rationales Rezept.

56. Quelle: Freedom in the World report from Freedom House. goo.gl/GFeA9 Siehe auch goo.gl/8ocNM

Teil 2. Die Anwendung des moralischen Fortschritts

Kapitel 5 – Sklaverei und eine moralische Wissenschaft der Freiheit

1. Bannerman, Helen. 1899. *The Story of Little Black Sambo*. London: Grant Richards.
2. goo.gl/LyWnOZ
3. Overbea, Luix. 1981. „Sambo's Fast-Food Chain, Protested by Blacks Because of Name, Is Now Sam's in 3 States." *Christian Science Monitor*, April 22. goo.gl/6y227h
4. Der Name war nicht das einzige Problem des Unternehmens. Bei seiner schnellen Expansion traten zweifelhafte Geschäftspraktiken auf, berichtet in Bernstein, Charles. 1984. *Sambo's: Only a Fraction of the Action: The Inside Story of a Restaurant Empire's Rise and Fall*. Burbank, CA: National Literary Guild.
5. Eine Google-Suche liefert hunderte Bilder von Bucheinbänden aus mehreren Dekaden, dazu einen Zeichentrickfilm der Geschichte aus dem Jahr 1935. Nach heutigen Maßstäben ist er äußerst beleidigend und rassistisch, aber zu seiner Zeit war er eine akzeptable Form der Darstellung Schwarzer: goo.gl/ZQ8lzQ
6. The Code of Hammurabi. fordham.edu/halsall/ancient/hamcode.asp
7. goo.gl/wUyei
8. goo.gl/f5l2Pb
9. White, Matthew. 2011. *The Great Big Book of Horrible Things: The Definitive Chronicle of History's 100 Worst Atrocities*. New York: W. W. Norton, 161. Rubinstein, W. D. 2004. *Genocide: A History*. New York: Pearson Education, 78.

10. Englische Übersetzung verfügbar unter goo.gl/7JmVNp
11. Hochschild, Adam. 2005. *Bury the Chains: The British Struggle to Abolish Slavery*. London: Macmillan.
12. The Parliamentary History of England from the Earliest Period to the Year 1803. Vol. XXIX. 1817. London: T. C. Hansard, 278.
13. Festinger, Leon, Henry W. Riecken, and Stanley Schachter. 1964. *When Prophecy Fails: A Social and Psychological Study*. New York: Harper & Row, 3.
14. Trivers, Robert. 2011. *The Folly of Fools: The Logic of Deceit and Self-Deception in Human Life*. New York: Basic Books; Tavris, Carol, and Elliot Aronson. 2007. Mistakes Were Made (but Not By Me). New York: Mariner Books.
15. Genovese, Eugene D., and Elizabeth Fox-Genovese. 2011. *Fatal Self-Deception: Slaveholding Paternalism in the Old South*. New York: Cambridge University Press, 1. Für einen anderen Blickwinkel auf das Thema siehe Jones, Jacqueline. 2013. *A Dreadful Deceit: The Myth of Race from the Colonial Era to Obama's America*. New York: Basic Books.
16. Clarke, Lewis Garrard. 1845. *Narrative of the Sufferings of Lewis Clarke, During a Captivity of More Than Twenty-Five Years, Among the Algerines of Kentucky, One of the So Called Christian States of North America*. Boston: David H. Ela, Printer. Siehe auch John W. Blassingame (Hrsg.) 1977. *Slave Testimony: Two Centuries of Letters, Speeches, Interviews, and Autobiographies*. Baton Rouge: Courier Dover Publications, 6–8.
17. Olmsted, Frederick Law. 1856. *A Journey in the Seaboard Slave States*. New York; London: Dix and Edwards; Sampson Low, Son & Co., 58–59. goo.gl/7rixHj
18. Troup, George M. 1824. „First Annual Message to the State Legislature of Georgia." In Hardin, Edward J. 1859. *The Life of George M. Trou*p. Savannah, GA. goo.gl/ j9sgPw.
19. Fearn, Frances. 1910. *Diary of a Refugee*, Hrsg. Rosalie Urquart. University of North Carolina at Chapel Hill, 7–8.
20. Pollard, E. A. 1866. *Southern History of the W*ar, 2 vols. New York: Random House Value Publishing, I, 202.
21. In Genovese and Fox-Genovese, ebenda, 93.
22. Cobb, T. R. R. 1858 (1999). *An Inquiry into the Law of Negro Slavery in the United States*. Reprint University of Georgia, ccxvii.
23. Harper, William. 1853. „Harper on Slavery." In *The Pro-Slavery Argument, as Maintained by the Most Distinguished Writers of the Southern States*. Philadelphia: Lippincott, Grambo, and Co., 94.
24. Jackman, Mary R. 1994. T*he Velvet Glove: Paternalism and Conflict in Gender, Class, and Race Relations*. Berkeley: University of California Press, 13.
25. McDuffie, George. 1835. G*overnor McDuffie's Message on the Slavery Question*. 1893. New York: A. Lovell, 8.
26. Thomas, Hugh. 1997. *The Slave Trade: The Story of the Atlantic Slave Trade, 1440–1870*. New York: Simon & Schuster, 451.

27. Ebenda, 454–455.
28. Ebenda, 459.
29. Ebenda, 457.
30. Ebenda, 462–463.
31. Ebenda, 464.
32. Lloyd, Christopher. 1968. *The Navy and the Slave Trade: The Suppression of the African Slave Trade in the Nineteenth Century*. London: Cass, 118.
33. Voltaire. *Complete Works of Voltaire*, Hrsg. Theodore Besterman. Banbury: Voltaire Foundation, 1974, 117, 374.
34. Montesquieu. *Oeuvres Complètes*, Hrsg. Édouard Laboulaye. 1877. Paris, Vol. iv, I, 330.
35. Encyclopédie, 1765. Vol. xvi, 532.
36. Rousseau, J. J. *Du Contrat Social*. In Oeuvres Complètes, Hrsg. Pléide. Vol. I, iv.
37. Hutcherson, Francis. 1755. *A System of Moral Philosophy*. London: A. Millar, II, 213. goo.gl/410LUK
38. Smith, Adam. 1759. *The Theory of Moral Sentiments*. London: A. Millar, 402. goo.gl/DhWCB
39. Blackstone, William. 1765. *Commentaries on the Laws of England*, I, 411–412.
40. Lincoln, Abraham. 1858. In *The Collected Works of Abraham Lincoln*, 1953, Hrsg. Roy P. Basler. Vol. II, August 1, 532.
41. Rawls, J. 1971. *A Theory of Justice*. Cambridge, MA: Belknap Press.
42. Lincoln, Abraham. 1854. Fragment on Slavery. July 1. goo.gl/ux6b9Z
43. Zitiert in Hecht, Jennifer Michael. 2013. „The Last Taboo." *Politico.com*, goo.gl/loOSDz
44. Für eine ausführliche Begründung dieser Verbindung zwischen Lincoln und Euklid siehe Hirsch, David, und Dan Van Haften. 2010. A*braham Lincoln and the Structure of Reason*. New York: Savas Beatie.
45. Douglas, Stephen. 1858. In Harold Holzer (Hrsg.), 1994. T*he Lincoln-Douglas Debates: The First Complete, Unexpurgated Text*. New York: Fordham University Press, 55.
46. Ebenda.
47. Lincoln, Abraham. 1864. Brief an Albert G. Hodges. Library of Congress. goo.gl/HpHoJJ Die Zeile erscheint am Anfang eines Briefes an Albert G. Hodges, den Herausgeber des Frankfort Kentucky *Commonwealth*, der für ein Treffen mit Lincoln aus Kentucky angereist war, um mit ihm die Rekrutierung von Sklaven für den Militärdienst zu besprechen; Kentucky war Grenzstaat, daher galt die Emanzipationsproklamation dort nicht. Gleichwohl konnten Sklaven die Freiheit erlangen, wenn sie Soldaten wurden. Lincoln schrieb: „Ich bin selbstverständlich gegen Sklaverei. Wenn Sklaverei nicht falsch ist, dann ist nichts falsch. Ich kann mich nicht an eine Zeit erinnern, in der ich nicht so dachte und fühlte. Und doch habe ich nie verstanden, dass die Präsidentschaft

mir das uneingeschränkte Recht zuerkennt, offiziell gemäß dieser Einschätzung und diesem Gefühl zu handeln."
48. http://en.wikipedia.org/wiki/Abolition_of_slavery_timeline
49. www.endslaverynow.com
50. Siehe etwa Agustin, Laura Maria. 2007. *Sex at the Margins: Migration, Labour Markets and the Rescue Industry*. London: Zed Books; Bernstein, Elizabeth. 2010. „Militarized Humanitarianism Meets Carceral Feminism: The Politics of Sex, Rights, and Freedom in Contemporary Antitrafficking Campaigns." *Signs*, Herbst, 45–71; Weitzer, Ronald. 2012. *Legalizing Prostitution: From Illicit Vice to Lawful Business*. New York: New York University Press.
51. www.globalslaveryindex.org/findings/ „,Sklaverei' bezeichnet die Behandlung einer anderen Person als Besitz, den man kaufen, verkaufen oder sogar zerstören kann. ‚Zwangsarbeit' ist verwandt, aber nicht identisch und bezeichnet Bezug von Arbeitsleistung ohne Zustimmung des Arbeitenden, erreicht durch Drohung oder Nötigung. ‚Menschenhandel' bezeichnet den Prozess, durch den Menschen in Sklaverei, Zwangsarbeit oder andere Formen der Ausbeutung gebracht werden, vermittels Täuschung, Drohung oder Zwang." Welcher Begriff auch immer benutzt wird – das signifikante Merkmal aller Arten moderner Sklaverei ist der Freiheitsentzug, sei es die Freiheit der Wahl des Arbeitsplatzes oder die Freiheit, über den eigenen Körper zu bestimmen.
52. goo.gl/Rtunu
53. goo.gl/lstp
54. www.freetheslaves.net/
55. Sutter, John D., and Edythe McNamee. 2012. „Slavery's Last Stronghold." CNN, März. goo.gl/BTv6N

Kapitel 6 – Die moralische Wissenschaft der Frauenrechte

1. Lecky, William Edward Hartpole. 1869. *History of European Morals: From Augustus to Charlemagne*, 2 vols. New York: D. Appleton and Co., Vol. 1, 274.
2. Wollstonecraft, Mary. 1792. *A Vindication of the Rights of Woman: With Strictures on Political and Moral Subjects*. Boston: Peter Edes. Verfügbar online unter www.bartleby.com/144/
3. Mill, John Stuart (möglicherweise mit Harriet Taylor Mill als Co-Autor). 1869. *The Subjection of Women*. London: Longmans, Green, Reader, & Dyer. Verfügbar online unter www.constitution.org/jsm/women.htm
4. Lecky, 1869, ebenda.
5. goo.gl/zO11V2
6. Für eine umfassende Behandlung siehe Flexner, Eleanor. 1959/1996. *Century of Struggle*. Cambridge, MA: Belknap Press.
7. Purvis, June. 2002. *Emmeline Pankhurst: A Biography*. London: Routledge, 354.
8. Ebenda, 354.

9. Stevens, Doris. 1920/1995. *Jailed for Freedom: American Women Win the Vote*, Hrsg. Carol O'Hare. Troutdale, oder: New Sage Press, 18–19.
10. Quelle: Library of Congress. George Grantham Bain Collection. Die originale Bildunterschrift lautet: Inez Milholland Boissevain, wearing white cape, seated on white horse at the National American Woman Suffrage Association parade, March 3, 1913, Washington, D.C. LC-DIG-ppmsc-00031 (digitale Wiedergabe nach Originalfoto) LC-USZ62-77359 goo.gl/6oKi9p
11. Ebenda, 19.
12. Adams, Katherine H., and Michael L. Keene. 2007. *Alice Paul and the American Suffrage Campaign*. Champaign: University of Illinois Press, 206–208.
13. Ebenda, 211.
14. goo.gl/6dKTtG
15. Ebenda.
16. Der Wikipedia-Eintrag für „Women's Suffrage" enthält eine vollständige Liste aller Länder, mit Zeitpunkt der Einführung des Wahlrechts: goo.gl/CJEj2Q
17. goo.gl/YLXph
18. goo.gl/Otxfl v
19. Murray, Sara. 2013. „BM's Barra a Breakthrough." *Wall Street Journal*, December 11, B7.
20. goo.gl/EqBHZs
21. Wang, Wendy, Kim Parker, and Paul Taylor. 2013. „Breadwinner Moms." Pew Research, Social and Demographic Trends, May 29. goo.gl/jtCac Siehe auch Rampell, Catherine. 2013. „US Women on the Rise as Family Breadwinner." New York Times, 29. Mai. goo.gl/o9igft
22. Kumar, Radha. 1993. *The History of Doing: An Account of Women's Rights and Feminism in India*. Bhayana Neha, 2011. „Indian Men Lead in Sexual Violence, Worst on Gender Equality." Times of India, 7. März.
23. Daniel, Lisa. 2012. „Panetta, Dempsey Announce Initiatives to Stop Sexual Assault." *American Forces Press Service*, 16. April.
24. Botelho, Greg, and Marlena Baldacci. 2014. „Brigadier General Accused of Sex Assault Must Pay over $20,000; No Jail Time." *CNN*. goo.gl/EqBHZs
25. Planty, Michael, Lynn Langton, Christopher Krebs, Marcus Berzofsky, and Hope Smiley-McDonald. 2013. „Female Victims of Sexual Violence, 1994–2010." US Department of Justice. Office of Justice Programs. Bureau of Justice Statistics, März. goo.gl/7GUWXp
26. Ein Bericht des White House Council on Women and Girls aus dem Jahr 2014 bestätigt, dass die meisten Vergewaltigungsopfer den Täter kennen und das arme, obdachlose und Minderheiten angehörende Frauen ein höheres Risiko tragen. goo.gl/J3ABNW
27. Yung, Corey Rayburn. 2014. „How to Lie with Rape Statistics: America's Hidden Rape Crisis." *Iowa Law Review*, 99, 1197–1255.
28. Ebenda, 1240.

29. Gemäß dem Rape, Abuse, & Incest National Network (RAINN), der größten und einflussreichsten Aktivistenorganisation gegen alle Formen sexueller Gewalt in Amerika, gab es „in den letzten Jahren den bedauerlichen Trend, eine ‚rape culture' für das Problem sexueller Gewalt an Universitäten verantwortlich zu machen. Zwar ist es nützlich, systematische Hindernisse bei der Benennung des Problems zu identifizieren, aber eine einfache Tatsache darf nicht übersehen werden: Vergewaltigung geschieht nicht durch kulturelle Faktoren, sondern durch die bewusste Entscheidung eines kleinen Prozentsatzes der Gesellschaft, ein Gewaltverbrechen zu begehen." RAINN empfiehlt, Vergewaltigung als schwere Straftat zu verfolgen, anstatt am Gesetz vorbei durch interne Universitätsgremien eine moralische Panik zu erzeugen mit dem „paradoxen Effekt, dass es schwerer wird, sexueller Gewalt Einhalt zu gebieten, weil das schuldige Individuum aus dem Blickfeld gerät und so scheinbar seine Verantwortung für seine Taten verringert wird." Siehe Kitchens, Caroline. 2014. „It's Time to End 'Rape Culture' Hysteria," *Time*, 20. März. goo.gl/lWffXq Siehe auch Hamblin, James. 2014. „How Not to Talk About a Culture of Sexual Assault." Atlantic, 29. März. goo.gl/mwqxiJ MacDonald, Heather. 2008. „The Campus Rape Myth." *City Journal*, Winter, 18, Nr. 1. goo.gl/dDuaR
50. Buss, David. 2003. *The Evolution of Desire: Strategies of Human Mating*. New York: Basic Books, 266. Für einen allgemeinen Überblick der Evolutionspsychologie siehe Buss, David. 2011. *Evolutionary Psychology: The New Science of the Mind*. New York: Pearson.
31. Hrdy, Sara. 2000. „The Optimal Number of Fathers: Evolution, Demography, and History in the Shaping of Female Mate Preference." *Annals of the New York Academy of Science*, 907, 75–96.
32. Goetz, Aaron T., Todd K. Shackelford, Steven M. Platek, Valerie G. Starratt und William F. McKibbin. 2007. „Sperm Competition in Humans: Implications for Male Sexual Psychology, Physiology, Anatomy, and Behavior." *Annual Review of Sex Research*, 18, Nr. 1, 1–22.
33. Scelza, Brooke A. 2011. „Female Choice and Extra-Pair Paternity in a Traditional Human Population." *Biology Letter*s, 23. Dezember, 7, Nr. 6, 889–891.
34. Larmuseau, M. H. D., J. Vanoverbeke, A. Van Geystelen, G. Defraene, N. Vanderheyden, K. Matthys, T. Wenseleers und R. Decorte. 2013. „Low Historical Rates of Cuckoldry in a Western European Human Population Traced by Y-Chromosome and Genealogical Data." *Proceedings of the Royal Society B*, Dezember, 280, Nr. 1772.
35. Anderson, Kermyt G. 2006. „How Well Does Paternity Confidence Match Actual Paternity?" *Current Anthropology*, 47, Nr. 3, Juni, 513–520.
36. Baker, R. Robin und Mark A. Bellis. 1995. *Human Sperm Competition: Copulation, Masturbation, and Infidelity*. London: Chapman & Hall.
37. Anderson, 2006, 516.
38. Persönliche Korrespondenz, 17. December 2013.

39. Pillsworth, Elizabeth und Martie Haselton. 2006. „Male Sexual Attractiveness Predicts Differential Ovulatory Shifts in Female Extra-Pair Attraction and Male Mate Retention." *Evolution and Human Behavior*, 27, 247–258.
40. Buss, David. 2001. *The Dangerous Passion: Why Jealousy Is as Necessary as Love and Sex*. New York: Free Press.
41. Laumann, E. O., J. H. Gagnon, R. T. Michael und S. Michaels. 1994. *The Social Organization of Sexuality: Sexual Practices in the United States*. Chicago: University of Chicago Press.
42. Tafoya, M. A. und B. H. Spitzberg. 2007. „The Dark Side of Infidelity: Its Nature, Prevalence, and Communicative Functions." In B. H. Spitzberg and W. R. Cupach (Hrsg.), *The Dark Side of Interpersonal Communication*, 2. Auflage, 201–242. Mahwah, NJ: Lawrence Erlbaum Associates.
43. Gangestad, S. W. und Randy Thornhill. 1997. „The Evolutionary Psychology of Extra-Pair Sex: The Role of Fluctuating Asymmetry." *Evolution and Human Behavior*, 18, Nr. 28, 69–88.
44. Buss, David. 2002. „Human Mate Guarding." *NeuroEndocrinology Letters*, Dezember, 23, Nr. 4, 23–29.
45. Schmitt, D. P. und David M. Buss. 2001. „Human Mate Poaching: Tactics and Temptations for Infiltrating Existing Mateships." *Journal of Personality and Social Psychology*, 80, 894–917.
46. Schmitt, D. P., L. Alcalay, J. Allik, A. Angleitner, L. Ault, et al. 2004. „Patterns and Universals of Mate Poaching Across 53 Nations: The Effects of Sex, Culture, and Personality on Romantically Attracting Another Person's Partner." *Journal of Personality and Social Psychology*, 86, 560–584.
47. Kellerman, A. L. und J. A. Mercy. 1992. „Men, Women, and Murder: Gender-Specific Differences in Rates of Fatal Violence and Victimization." *Journal of Trauma*, July, 33, Nr. 1, 1–5. www.ncbi.nlm.nih.gov/pubmed/1635092
48. UN Office on Drugs and Crime. 2011. Global Study on Homicide: Trends, Contexts, Data. goo.gl/Hz2ie
49. Williamson, Laura. 1978. „Infanticide: An Anthropological Analysis." In M. Kohl (Hrsg.), *Infanticide and the Value of Life*. Buffalo, NY: Prometheus Books.
50. Siehe irgendeine meiner Diskussionen mit dem Theologen und religiösen Philosophen Doug Geivett.
51. Zitiert in Milner, Larry. 2000. *Hardness of Heart, Hardness of Life: The Stain of Human Infanticide*. Lanham, MD: University Press of America.
52. Daly, Martin und Margo Wilson. 1988. *Homicide*. New York: Aldine De Gruyter.
53. Ranke-Heinemann, Uta. 1991. *Eunuchs for the Kingdom of Heaven: Women, Sexuality and the Catholic Church*. New York: Penguin.
54. Milner, 2000.
55. Deschner, Amy, and Susan A. Cohen. 2003. „Contraceptive Use Is Key to Reducing Abortion Worldwide." *The Guttmacher Report on Public Policy*, 6.

Oktober, Nr. 4. goo.gl/Ovgge Siehe auch Marston, Cicely und John Cleland. 2003. „Relationships Between Contraception and Abortion: A Review of the Evidence." *International Family Planning Perspectives*, 29. März, Nr. 1, 6–13.
56. Ebenda.
57. Senlet, Pinar, Levent Cagatay, Julide Ergin und Jill Mathis. 2001. „Bridging the Gap: Integrating Family Planning with Abortion Services in Turkey." *International Family Planning Perspectives*, 27. Juni, Nr. 2.
58. Kohler, Pamela K., Lisa E. Manhart und William E. Lafferty. 2008. „Abstinence-Only and Comprehensive Sex Education and the Initiation of Sexual Activity and Teen Pregnancy." *Journal of Adolescent Health*, April, 42, Nr. 4, 344–351.
59. Herring, Amy H., Samantha M. Attard, Penny Gordon-Larsen, William H. Joyne und Carolyn T. Halpern. 2013. „Like a Virgin (mother): Analysis of Data from a Longitudinal, US Population Representative Sample Survey." *British Medical Journal,* 17. Dezember. 347, goo.gl/bkMVnJ
60. Nelson, Charles A., Nathan A. Fox und Charles H. Zeanah. 2014. *Romania's Abandoned Children: Deprivation, Brain Development, and the Struggle for Recovery*. Cambridge, MA: Harvard University Press.
61. Deschner and Cohen. 2003. Ebenda.
62. goo.gl/i1Hc
63. Siehe zum Beispiel *Amici Curiae Brief in Support of Appellees*. 1988. William L. Webster et al., Appellants, v. Reproductive Health Services et al., Appellees.
64. Siehe zum Beipiel Pleasure, J. R., M. Dhand und M. Kaur. 1984. „What Is the Lower Limit of Viability?" *American Journal of Diseases of Children*, 138, 783; R. D. G. Milner und R. V. Beard. 1984. „Limit of Fetal Viability." Lancet, 1, 1079; B. L. Koops, L. J. Morgan und F. C. Battaglia. 1982. „Neonatal Mortality Risk in Relation to Birth Weight and Gestational Age: Update." *Journal of Pediatrics*, 101, 969–977.
65. Beddis, I. R., P. Collins, S. Godfrey, N. M. Levy und M. Silverman. 1979. „New Technique for Servo-Control of Arterial Oxygen Tension in Preterm Infants." *Archives of Disease in Childhood*, 54, 278–280.
66. Flower, M. 1989. „Neuromaturation and the Moral Status of Human Fetal Life." In E. Doerr und J. Prescott (Hrsg.), *Abortion Rights and Fetal Personhood*. Centerline Press, 65–75.
67. „4-Sided Battle in Court for Child." 1914. *Los Angeles Times*, 31. Oktober.
68. Der größte Teil dieser Geschichte wurde sorgfältig dokumentiert von meiner Kusine Ann Marie Batesole, eine Privatdetektivin; unsere Großmutter war Christine, Tante Francs Mutter.
69. Quelle: Sammlung des Autors.

Kapitel 7 – Die moralische Wissenschaft der Rechte Homosexueller

1. Freunde der Gay-Rights-Bewegung finden sich in der Episkopalkirche (die 2003 Gene Robinson als ersten schwulen Bischof wählte), bei den Unitariern,

der United Church of Canada, bei konservativen Juden und Reformjuden, bei den Religionen der indigenen Völker Amerikas, einigen liberalen Hindus und Buddhisten, Wicca-Anhängern und anderen. Zwar gesellten sich die meisten Religionen recht spät dazu, aber fotografische Belege zeigen, dass seit Beginn der 1970er Jahre immerhin einige Geistliche in Schwulenparaden mitmarschierten mit Schildern wie „Pastoren für Menschenrechte" und „Jesus verdammt keine schwulen Menschen". goo.gl/FYXGOS-francisco-pride-parade-the-first-two-decades-photos/
2. getequal.org/press/ Der erste jährliche „Anita Bryant Award for Unbridled and Unparalleled Bigotry", verliehen durch GetEQUAL, eine landesweite LGBT-Bürgerrechtsorganisation, ging an Maggie Gallagher, die Vorsitzende der schwulenfeindlichen National Organization for Marriage, mit diesen Worten: „Zu einer Zeit, da die Amerikaner mit überwältigender Mehrheit hinter gleichen Eherechten stehen, brauch es eine besondere Persönlichkeit wie Ms. Gallagher, um für Diskriminierung und Engstirnigkeit zu kämpfen."
3. goo.gl/Tz3xWO
4. goo.gl/dX66lF
5. Für eine exzellente Dokumentation, die zeigt, wie Mormonen Predigerworte in Strategie verwandeln, siehe 8—*The Mormon Proposition.* goo.gl/iZLsl
6. goo.gl/muiQ9a
7. goo.gl/NkxuBd
8- goo.gl/T3BKc
9. Hamer, Dean und P. Copeland. 1994. *The Science of Desire: The Search for the Gay Gene and the Biology of Behavior.* New York: Simon & Schuster; Baily, Michael. 2003. *The Man Who Would Be Queen: The Science of Gender-Bending and Transsexualism.* Washington, DC: National Academies Press; LeVay, Simon. 2010. *Gay, Straight, and the Reason Why: The Science of Sexual Orientation.* New York: Oxford University Press.
10. goo.gl/5CLnXm
11. Trudeau war zu jener Zeit Justizminister und sprach diese Worte als Unterstützung der „Bill C-150", die neben der Legalisierung von Verhütung und Abtreibung die Entkriminalisierung der Homosexualität zum Ziel hatte. Das Gesetz wurde mit 149 zu 55 Stimmen verabschiedet. goo.gl/iFYe5n
12. Siehe David K. Johnson. 2004. *The Lavender Scare: The Cold War Persecution of Gays and Lesbians in the Federal Government.* Chicago: University of Chicago Press.
13. Lingeman, Richard R. 1973. „There Was Another Fifties." New York Times Magazine, 17. Juni, 27.
14. goo.gl/WGzw5D
15. Davis, Kate und David Heilbroner, Regie. 2010. Stonewall Uprising. Documentary. Basierend auf dem Buch: Carter, David. 2004. *Stonewall: The Riots That Sparked the Gay Revolution.* New York: St. Martin's Press.
16. Aus Stonewall Uprising.

17. Ebenda. Transkript: goo.gl/1jnTdM
18. Wolf, Sherry. „Stonewall: The Birth of Gay Power." *International Socialist Review.* goo.gl/F1otuO
19. goo.gl/wjVLB Siehe auch McCormack, Mark. 2013. *The Declining Significance of Homophobia.* Oxford, UK: Oxford University Press.
20. goo.gl/xKWn4X Laut der National School Climate Survey sind „homophobe Bemerkungen im Rückgang begriffen, ebenso Schikane wegen sexueller Orientierung". glsen.org/sites/default/files/2011%20National%20School%20Climate%20Survey%20Full%20Report.pdf
21. Nicholson, Alexander. 2012. *Fighting to Serve: Behind the Scenes in the War to Repeal „Don't Ask, Don't Tell."* Chicago: Chicago Review Press, 12.
22. www.ncbi.nlm.nih.gov/pubmed/22670652 Der kanadische Goldmedaillengewinner Mark Tewksbury erklärt, warum es wenige bekennend schwule Athleten gibt: www.youtube.com/watch?v=XS3jevs3l5o
23. Associated Press. 2013. „Obama Names Billie Jean King as one of Two Gay Sochi Olympic Delegates." 17. Dezember. www.theguardian.com/sport/2013/dec/18/obama-names-gay-delegates-sochi-olympics
24. Goessling, Ben. 2014. „86 Percent OK with Gay Teammate." ESPN.com, February 17. goo.gl/W27892
25. Beech, Richard. 2014. „Thomas Hitzlsperger Comes Out as Being Gay." Mirror, 8. Januar. goo.gl/j4pq9L
26. Aus *Stonewall Uprising.*
27. New Mexico: Santos, Fernanda. 2013. „New Mexico Becomes 17th State to Allow Gay Marriage." *New York Times,* 19. Dezember. goo.gl/hNv2WY
28. 2014. „Court Ruling: Germany Strengthens Gay Adoption Rights." *Spiegel Online International,* 19. Februar. goo.gl/xShdV
29. Quelle: Pinker, 2011, 452, kombinierte Gallup-Umfragen 2001, 2008 und 2010, dazu die General Social Survey: goo.gl/5yHDK6 Gallup 2001: „American Attitudes Toward Homosexuality Continue to Become More Tolerant." Gallup 2002: „Acceptance of Homosexuality: A Youth Movement." Gallup 2008: „America Evenly Divided on Morality of Homosexuality."
30. Quelle: Pew Research Center's Forum on Religion and Public Life. Juni 2013. „Changing Attitudes on Gay Marriage." goo.gl/vkpbm2
31. Ebenda.
32. Magnier, Mark und Tanvi Sharma. 2013. „India Court Makes Homosexuality a Crime Again." *Los Angeles Times,* 11. Dezember, A7.
33. Cowell, Alan. 2013. „Ugandan Lawmakers Pass Measure Imposing Harsh Penalties on Gays." *New York Times,* 20. Dezember, A8. goo.gl/IN9cLL
34. Das Gesetz wurde dahingehend erweitert, dass Menschen aus Ländern, die die gleichgeschlechtliche Ehe erlauben, keine russischen Kinder adoptieren dürfen. goo.gl/HClnyL
35. goo.gl/2Xh5Pi
36. goo.gl/aT8Z9T

37. goo.gl/SfvA37
38. goo.gl/ZQQiZ
39. goo.gl/lh60Na
40. „Married Gays to Tour Drought-hit Countries." 2014. *The Daily Mash.* 20. Januar. goo.gl/gicu0I
41. goo.gl/LRB6v
42. Jorge Valencia, Präsident und Direktor des Trevor Project von 2001 bis 2006, so zitiert in der preisgekrönten Dokumentation For the Bible Tells Me So: goo.gl/9GYGaN
43. *For the Bible Tells Me* So. Dokumentarfilm. 2007. Autoren: Daniel G. Karslake und Nancy Kennedy. Regie: Daniel G. Karslake. goo.gl/9GYGaN
44. Spitzers Studie: goo.gl/QkdK4H
45. goo.gl/my7v8h goo.gl/MNHID
46. goo.gl/B2vs5
47. goo.gl/QSPvO
48. goo.gl/mxWaO
49. goo.gl/nQObLY
50. goo.gl/XgY9JG
51. Aussage von Papst Franziskus am 29. September 2013, breit medial berichtet, etwa: goo.gl/tMfXhz
52. Aussage von Papst Franziskus am 29. July 2013, während eines Interviews auf dem Flug von Brasilien zum Vatikan. goo.gl/EVDvlW
53. 29. September 2013.
54. Klemesrud, Judy. 1977. „Equal Rights Plan and Abortion Are Opposed by 15,000 at Rally." *New York Times*, November 20, A32.
55. King, Neil. 2013. „Evangelical Leader Preaches a Pullback from Politics, Culture Wars." *Wall Street Journal*, October 22, A1, 14.
56. Rauch, Jonathan. 2013. „The Case for Hate Speech." Atlantic. October 23. goo.gl/vNJYRF
57. Rauch, 2013. Für eine fundiertere Begründung dieser Position siehe Rauch, Jonathan. 2004. *Gay Marriage: Why It Is Good for Gays, Good for Straights, and Good for America*. New York: Henry Holt.
58. Fry erzählt die Geschichte in seiner exzellenten zweiteiligen Serie über Homosexualität und Homophobie: goo.gl/UpCQCO
59. goo.gl/jUoUNT
60. Aussage von Savage hier: goo.gl/AU7jWg
61. It Gets Better. itgetsbetter.org/ Beachtenswert Dan Savages Bemerkungen ab 19:45 über das Projekt. goo.gl/8DzP9Q
62. Wilcox, Ella Wheeler. 1914/2012. „Protest," *Poems of Problems*. Chicago: W. B. Conkey, 154.

Kapitel 8 – Die moralische Wissenschaft der Tierrechte

1. Darwin, Charles. 1859. *On the Origin of Species by Means of Natural Selection*. London: John Murray, 488–489.
2. Es ist ein Mythos, dass Darwin die Evolution oder ihre Mechanismen der natürlichen Selektion auf den Galapagosinseln entdeckte. Nach seiner Rückkehr nach England legte er in seinen Aufzeichnungen seine Ideen nieder, die sich schließlich zu einer ausgearbeiteten Theorie entwickelten, aber das war ein Jahr nach seinem Besuch auf den Inseln. Widerlegt wurde der Mythos von Frank Sulloway, dessen historische Rekonstruktion der Entwicklung von Darwins evolutionärem Denken in einer Reihe von Veröffentlichungen zu finden ist: Sulloway, Frank. 1982. „Darwin and His Finches: The Evolution of a Legend." *Journal of the History of Biology*, 15, 1–53; Sulloway, Frank. 1982. „Darwin's Conversion: The Beagle Voyage and Its Aftermath." *Journal of the History of Biology*, 15, 325–396; Sulloway, Frank. 1984. „Darwin and the Galápagos." *Biological Journal of the Linnean Society*, 21, 29–59.
3. Cruz, F., V. Carrion, K. J. Campbell, C. Lavoie und C. J. Donlan. 2009. „Bio-Economics of Large-Scale Eradication of Feral Goats from Santiago Island, Galápagos." *Wildlife Management*, 73, 191–200.
4. Weisman, Alan. 2007. *The World Without Us*. New York: St. Martin's Press. Siehe auch nachfolgend: Weisman, Alan. 2013. Countdown: Our Last Best Hope for a Future on Earth? Boston: Little, Brown.
5. Nachdem Darwin und seine Schiffskameraden ihre Schildkröten gegessen hatten, warfen sie die Panzer über Bord. Das mag die Entwicklung von Darwins Theorie verzögert haben, denn es fiel ihm schwerer, einen evolutionären Baum dieser Tiere zusammenzustellen, da er sich nicht erinnern konnte, auf welchen Inseln sie gefunden wurden. Siehe Shermer, Michael. 2006. *Why Darwin Matters*. New York: Henry Holt/Times Books.
6. Der Tierrechtler und Anwalt Steven M. Wise bringt in seinem Buch Drawing the Line ein ähnliches Argument vor; er plädiert für vier Kategorien der Tierrechte: Kategorie 1 schließt Tiere ein „mit genügend Autonomie für grundlegende Freiheitsrechte", darunter die Menschenaffen. Kategorie 2 wird gebildet von Spezies, die für Grundrechte qualifiziert sein können, abhängig von anderen Kriterien, die wir in Betracht ziehen. Kategorie 3 sind jene Tiere, von denen wir zu wenig wissen, um ihre Rechte bestimmen zu können, und Kategorie 4 besteht aus den Tieren, denen die nötige Autonomie für grundlegende Freiheitsrechte fehlt. Wise, S. M. 2002. *Drawing the Line: Science and the Case for Animal Rights*. Boston: Perseus Books, 241. Siehe auch Wise, S. M. 2000. *Rattling the Cage: Toward Legal Rights for Animals*. Boston: Perseus.
7. Marino, L. 1988. „A Comparison of Encephalization Between Odontocete Cetaceans and Anthropoid Primates." *Brain, Behavior, and Evolution*, 51, 230. Ridgway, S. H. 1986. „Physiological Observations on Dolphin Brains." In R. J. Schusterman et al. (Hrsg.), *Dolphin Cognition and Behavior: A Comparative Approach*. Hillsdale, NJ: Lawrence Erlbaum Associates, 32–33. Herman,

L. M. und P. Morrel-Samuels. 1990. „Knowledge Acquisition and Asymmetry Between Language Comprehension and Production: Dolphins and Apes as General Models for Animals." In M. Bekoff und D. Jamieson (Hrsg.), *Interpretation and Explanation in the Study of Animal Behavior*. Boulder, CO: Westview Press.
8. Reiss, Diana. 2012. *The Dolphin in the Mirror: Exploring Dolphin Minds and Saving Dolphin Lives*. Boston: Mariner Books.
9. goo.gl/dG2xK
10. Gregg, Justin. 2013. „No, Flipper Doesn't Speak Dolphinese." *Wall Street Journal*, 21. Dezember, C3; Gregg, Justin. 2013. *Are Dolphins Really Smart? The Mammal Behind the Myth*. New York: Oxford University Press.
11. Ebenda. Mein Freund Jack Horner, der berühmte Dinosaurier-Paläontologe, sagte mir, dass wir einer weiteren Verzerrung unterliegen mit unserer Annahme, Gehirne befänden sich immer in Köpfen. Er befasst sich mit Darstellungen und Anatomiemodellen von Dinosauriern, deren größte ansehnliche neuronale Kontrollzentren in der Hüftregion aufweisen; das ergibt Sinn angesichts der Entfernung vom Kopf zum Schwanz und der Adaptivität einer über den Körper verteilten Intelligenz gegenüber ihrer Konzentration im Kopf. r führt Experimente mit Hühnern an, die ohne Kopf überleben und nach einem Fall aufstehen konnten, was darauf hinweist, dass die vestibuläre Kontrolle über das Gleichgewicht anderswo als im Kopf lokalisiert ist.
12. Amsterdam, Beulah. 1972. „Mirror Self-Image Reactions Before Age Two." *Developmental Psychobiology* 5, Nr. 4, 297–305; Lewis, M. und J. Brooks-Gunn. 1979. *Social Cognition and the Acquisition of Self*. New York: Plenum Press, 296; Gopnik, Alison. 2009. *The Philosophical Baby: What Children's Minds Tell Us About Truth, Love, and the Meaning of Life*. New York: Farrar, Straus & Giroux.
13. Tiersprache ist wegen der fragwürdigen Qualität eines Großteils der Forschung ein umstrittenes Thema. Koko etwa lernte hunderte sprachlicher Symbole, mit denen sie Fragen beantworten konnte oder versuchen, ihre Betreuer irrezuführen. Offenbar versuchte sie sogar, die Symbole anderen Gorillas beizubringen. Aber diese und andere Sprachforschungen mit Affen wurden von Skeptikern in Zweifel gezogen; so publizierten wir diverse Artikel im Skeptic-Magazin, unter anderem mit dem Tierpsychologen Clive Wynne, der den folgenden kleinen Test vorschlug (bezogen auf einen Bonobo namens Kanzi), wie ihn jeder von uns durchführen kann: „Das nächste Mal, wenn sie Kanzi oder einen seiner Art in einer Fernseh-Dokumentation sehen, dan stellen Sie den Ton ab und beobachten Sie, was er tut, ohne Interpretation durch seine Trainer. Ist das wirklich Sprache? Irgendwann in der Geschichte unserer Art müssen die ersten Wesen aufgetaucht sein, die Symbole neu ordnen konnten, um neue Bedeutungen zu erzeugen. Die Evidenz auf vielen Jahren des Trainings von Affen, des Knöpfedrückens und Signalisierens in ASL deutet darauf hin, dass das geschah, nachdem sich unsere Linie von der der Schimpansen, Bonobos und Gorillas getrennt

hatte. Seitdem reden wir mit Unseresgleichen." Wynne, Clive. 2007. „Aping Language: A Skeptical Analysis of the Evidence for Nonhuman Primate Language." Skeptic, 13, Nr. 4, 10–14.
14. Plotnik, Joshua M. und Frans de Waal. 2014. „Asian Elephants (Elephas maximus) Reassure Others in Distress." *PeerJ*, 2: e278. peerj.com/articles/278/
15. Smet, Anna F. und Richard W. Byrne. 2013. „African Elephants Can Use Human Pointing Cues to Find Hidden Food." *Current Biology*, 23, 1–5.
16. Zitiert in Collins, Katie. 2013. „Study: Elephants Found to Understand Human Pointing Without Training." www.wired.co.uk/news/archive/2013-10/10/elephant-pointing
17. Smet and Byrne, ebenda.
18. Die Daten basieren auf DNA aus 18 prähistorischen Hundeknochen, gefunden in Höhlen in Eurasien und der neuen Welt und verglichen mit der DNA von 49 modernen Wölfen und von 77 verschiedenen modernen Hunderassen.
19. Thalmann, O., et al. 2013. „Complete Mitochrondrial Genomes of Ancient Canids Suggest a European Origin of Domestic Dogs." *Science*, November 15, 342 Nr. 6160, 871–874. Ältere Studien datieren die Zeit der Hundedomestizierung etwa 13000 Jahre zurück: Savolainen, P., Y. Zhang, J. Luo, J. Lundeberg und T. Leitner. 2002. „Genetic Evidence for an East Asian Origin of Domestic Dogs." *Science*, November 22, 298, 1610–1612. Leonard, J. A., R. K. Wayne, J. Wheeler, R. Valadez, S. Guillén und C. Vilá. 2002. „Ancient DNA Evidence for Old World Origin of New World Dogs." *Science*, November 22, 298, 1613–1615.
20. Teglas, E., A. Gergely, K. Kupan, A. Miklosi und J. Topal. 2012. „Dogs' Gaze Following Is Tuned to Human Communicative Signals." *Current Biology* 22, 209–212. B. Hare und M. Tomasello. 2005. „Human-like Social Skills in Dogs?" *Trends in Cognitive Science* 9, 439–444. Hare, B., M. Brown, C. Williamson und M. Tomasello. 2002. „The Domestication of Social Cognition in Dogs." *Science*, November 22, 298, 1634–1636.
21. Berns, Gregory, Andrew Brooks und Mark Spivak. 2012. „Functional MRI in Awake Unrestrained Dogs." *PLoS ONE* 7, Nr. 5.
22. Ebenda.
23. Berns, Gregory. 2013. *How Dogs Love Us: A Neuroscientist and His Adopted Dog Decode the Canine Brain.* New York: New Harvest, 226–227.
24. Berns, Gregory. 2013. „Dogs Are People Too." *New York Times*, 6. Oktober, SR5.
25. Ebenda.
26. Marsh, James, Regie. 2011. *Project Nim.* Ein Dokumentarfilm.
27. Laut Terrace war es der Effekt des „klugen Hans". Der kluge Hans war ein Pferd, das weltberühmt wurde, weil es Rechenaufgaben lösen und mit dem Klopfen eines Hufes beantworten konnte, die sein Lehrer Wilhelm von Osten ihm gab. 1907 fand der Psychologe Oskar Pfungst heraus, dass das Pferd unbewusste Körpersignale von Menschen wahrnahm, die ihm signalisierten, wann

es mit dem Tappen des Hufes aufhören musste, um bei der richtigen Antwort anzulangen. Tatsächlich war das ein weiteres Experiment zu sozialen Signalen zwischen Spezies; neben Hunden und Elefanten sollten Pferde in die Untersuchungen einbezogen werden. Pfungst, O. 1911. Clever Hans (The Horse of Mr. von Osten): *A Contribution to Experimental Animal and Human Psychology*, Übers. C. L. Rahn. New York: Henry Holt.

28. Marshs Film wechselt zwischen Interviews mit den Hauptakteuren des Projekts, einschließlich Terrace, und experimentbegleitenden Originalaufnahmen.
29. Der Fairness halber sei erwähnt, dass der Film die Trainer als zugewandte, liebevolle Menschen zeigt, die unter en gegebenen Umständen ihr Bestes taten, aber wenig Mitspracherecht über Nims Schicksal hatten. Terrace hingegen, der die Befehle gab, wirkt wie ein egoistisches „Alphatier", ein nahezu psychopathischer Manipulator, der vor der Kamera in kalter, klinischer Sprache über Nims Leiden redete.
30. Hier einige Stichproben aus der reichhaltigen Literatur zu Kognition und Emotion der Tiere: Bekoff, M., Auflage 2000. *The Smile of a Dolphin: Remarkable Accounts of Animal Emotions*. New York: Crown Books. Bonvillian, J. D. und F. G. P. Patterson. 1997. „Sign Language Acquisition and the Development of Meaning in a Lowland Gorilla." In C. Mandell und A. McCabe (Hrsg.), *The Problem of Meaning: Behavioral and Cognitive Perspectives*. Amsterdam: Elsevier. Byrne, R. 1995. *The Thinking Ape: Evolutionary Origins of Intelligence*. Oxford, UK: Oxford University Press. Dawkins, M. S. 1993. *Through Our Eyes Only: The Search for Animal Consciousness*. New York: W. H. Freeman. Galdikas, B. M. F. 1995. *Reflections of Eden: My Years with the Orangutans of Borneo*. Boston: Little, Brown. Griffin, D. R. 2001. *Animal Minds: Beyond Cognition to Consciousness*. Chicago: University of Chicago Press. Miles, H. L. 1994. „ME CHANTEK: The Development of Self-Awareness in a Signing Orangutan." In S. T. Parker et al. (Hrsg.), *Self-Awareness in Animals and Humans: Developmental Perspectives*. Cambridge, UK: Cambridge University Press. Miles, H. L. 1996. „Simon Says: The Development of Imitation in an Enculturated Orangutan." In *Reaching into Thought: The Minds of the Great Apes*, Hrsg. A. E. Russon et al. Cambridge, UK: Cambridge University Press. Moussaieff, M. und S. McCarthy. 1995. *When Elephants Weep: The Emotional Lives of Animals*. New York: Delacorte Press. Parker, S. T. und M. L. McKinney, eds. 1994. *Self-Awareness in Animals and Humans: Developmental Perspectives*. Cambridge, UK: Cambridge Univerity Press. ———. 1999. T*he Mentalities of Gorillas and Orangutans*. Cambridge, UK: Cambridge University Press. Patterson, F. G. P. 1993. „The Case for the Personhood of Gorillas." In P. Cavalieri und P. Singer (Hrsg.), *The Great Ape Project: Equality Beyond Humanity*. New York: St. Martin's Press. Patterson, F. G. P. und E. Linden. 1981. *The Education of Koko*. New York: Holt, Rinehart, & Winston. Pepperberg, I. 1999. *The Alex Studies: Cognitive and Communicative Abilties of Parrots*. Cambridge, MA: Harvard University

Press. Pryor, K. und K. S. Norris (Hrsg.). 2000. *Dolphin Societies: Discoveries and Puzzles*. Chicago: University of Chicago Press. Reiss, D. und L. Marino. 2001. „Mirror Self-Recognition in the Bottlenose Dolphin: A Case of Cognitive Convergence." *Proceedings of the National Academy of Sciences*, 8, 5937–5942. Rogers, L. J. 1998. *Minds of Their Own: Thinking and Awareness in Animals*. Boulder, CO: Westview Press. Ryder, R. D. 1989. Animal Revolution: *Changing Attitudes Toward Specisism*. London: Basil Blackwell. Sorabji, R. 1993. *Animal Minds and Human Morals: The Origin of the Wetern Deba*te. Ithaca, NY: Cornell University Press.

31. Bentham, Jeremy. 1823. *Introduction to the Principles of Morals and Legislation*, Chap. XVII, for 122. Vollständiger Text unter: www.econlib.org/library/Bentham/bnth PML18.html

32. Singer, Peter. 1989. „All Animals Are Equal." In Tom Regan and Peter Singer (Hrsg.), *Animal Rights and Human Obligations*. Englewood Cliffs, NJ: Prentice Hall, 148–162. Siehe Singers Behandlung dieser Argumente: Singer, Peter. 1975. Animal Liberation: *Towards an End to Man's Inhumanity to Animals*. New York: Harper & Row.

33. Persönliche Korrespondenz, 3. Oktober 2013. Der Begriff „Speziesismus" ist seit einiger Zeit in Gebrauch. Singer verwandte ihn in seiner Veröffentlichung 1989 und schreibt ihn Richard Ryder zu. Siehe Ryder, Richard. 1971. „Experiments on Animals" in Stanley und Roslind Godlovitch und John Harris (Hrsg.), *Animals, Men and Morals*. London: Victor Gollancz.

34. Cohen, Carl und Tom Regan. 2001. T*he Animal Rights Debate*. Lanham, MD: Rowman & Littlefield.

35. Persönliche Korrespondenz, 3. Oktober 2013.

36. Morell, Virginia. 2013. A*nimal Wise: The Thoughts and Emotions of Our Fellow Creatures*. New York: Crown, 261.

37. Grandin, Temple und Catherine Johnson. 2006. *Animals in Translation: Using the Mysteries of Autism to Decode Animal Behavior*. New York: Harcourt. Grandins TED Talk hier: goo.gl/KBan

38. Persönliche Korrespondenz, 3. Oktober 2013.

39. Pollan, Michael. 2007. *The Omnivore's Dilemma*. New York: Penguin; Pollan, Michael. 2009. *In Defense of Food: An Eater's Manifesto*. New York: Penguin.

40. Scully, Matthew. 2003. *Dominion: The Power of Man, the Suffering of Animals, and the Call to Mercy*. New York: St. Martin's Press.

41. Pollan, Michael. 2002. „An Animal's Place." *New York Times Magazine*, 10. November. goo.gl/OlsKp Nachdem er sich mit Peter Singers Argumenten in Animal Liberation auseinandergesetzt und währenddessen ein Ribeye-Steak in einem edlen Steakhaus verzehrt hatte, dachte Pollan nach: „Hier lege ich meine Gabel nieder. Wenn ich an Gleichberechtigung glaube und Gleichberechtigung auf Interessen beruht statt auf Eigenschaften, dann muss ich entweder die Interessen des Ochsen, den ich esse, berücksichtigen oder eingestehen, ein Spe-

ziesist zu sein. Vorläufig beschloss ich, mich schuldig zu bekennen. Ich aß das Steak auf."
42. Scully, 2003, 303–304.
43. Pinker, 2011, ebenda, 509.
44. In seiner Rede nach der Nominierung als republikanischer Präsidentschaftskandidat prägte Barry Goldwater einen der denkwürdigsten Einzeiler in der Geschichte politischer Aktivitäten: „Extremismus bei der Verteidigung der Freiheit ist kein Laster. Mäßigung im Streben nach Gerechtigkeit ist keine Tugend." Meiner Meinung nach ist das in den meisten Fällen genau umgekehrt.
45. Carlton, Jim. 2013. „A Winter Without Walruses." *Wall Street Journal*, 4. Oktober, A4.
46. Patterson, Charles. 2002. *Eternal Treblinka: Our Treatment of Animals and the Holocaust*. Herndon, VA: Lantern Books.
47. Singer, Isaac Bashevis. 1980. *The Seance and Other Stories*. New York: Farrar, Straus & Giroux, 270.
48. Shermer, Michael. 2000. *Denying History*. Berkeley: University of California Press.
49. Persönliche Korrespondenz, 7. Oktober 2013.
50. *Guide for the Care and Use of Laboratory Animals*, 8. Auflage 2011. Institute for Laboratory Animal Research, Division on Earth and Life Studies, National Research Council of the National Academies. Washington, DC: National Academies Press, 123–124.
51. *My Cousin Vinny*. Drehbuch. 1992. goo.gl/S9ucO9
52. goo.gl/rhsP2U
53. Conover, Ted. 2013. „The Stream: Ted Conover Goes Undercover as a USDA Meat Inspector." *Harper's*. 15. April. goo.gl/6sP9M
54. *Earthlings*. 2005. Regie: Shaun Monson. Sprecher: Joaquin Phoenix. Online kostenlos verfügbar, etwa goo.gl/PhSys7
55. Ein Großteil des Texts stammt aus Tierrechtsarbeiten von Peter Singer, Tom Regan und anderen. Ein Transkript von *Earthlings* ist hier verfügbar: goo.gl/o8ls25
56. Emerson, Ralph Waldo. 1860. „Fate." In seinem *The Conduct of Life*. goo.gl/lxcf25
57. Moralischer Fortschritt: Am 31. März 2014 untersagte der Internationale Gerichtshof Japan die jährliche Waljagd und verwarf die Rechtfertigung, sie geschehe der wissenschaftlichen Forschung wegen. goo.gl/bgkdD9
58. Dennett, Daniel. 1997. *Kinds of Minds*. New York: Basic Books.
59. Persönliche Korrespondenz, 3. Oktober 2013.
60. Wise, Steven M. 2002. *Drawing the Line: Science and the Case for Animal Rights*. Boston: Perseus Books.
61. Davis, D. B. 1984. *Slavery and Human Progress*. New York: Oxford University Press.

62. Francione, Gary. 2006. „The Great Ape Project: Not So Great." In *Animal Rights: The Abolition Approach.* goo.gl/ojbptB
63. „India Bans Captive Dolphin Shows as 'Morally Unacceptable.'" 2013. *Environment News Service.* May 20.
64. Genesis 1, 28, King James Version.
65. Aquinas, Thomas. Book 3-2, chap. CVII. „That Rational Creatures Are Governed for Their Own Sake, and Other Creatures, as Directed to Them." *The Summa Contra Gentiles.* goo.gl/JilOo9
66. Payne, J. L. 2004. *A History of Force: Exploring the Worldwide Movement Against Habits of Coercion, Bloodshed, and Mayhe*m. Sandpoint, ID: Lytton Publishing.
67. Spencer, Colin. 1995. *The Heretic's Feast: A History of Vegetarianism.* Lebanon, NH: University Press of New England, 215.
68. Moore, David. 2003. „Public Lukewarm on Animal Rights." *Gallup News Service*, May 21. goo.gl/9hj5lP
69. Ebenda.
70. goo.gl/8aYvp
71. goo.gl/vfY4f
72. Aktualisiert von Pinker, 2011, 471.
73. Bittman, Mark. 2012. „We're Eating Less Meat. Why?" *New York Times*, 10. Januar. goo.gl/Tp2Si4
74. „Vegetarianism in the United States: A Summary of Quantitative Research." 2007. *Humane Research Council.* humaneresearch.org/content/vegetarianism-us-summary-quantitative-research
75. Newport, Frank. 2008. „Post-Derby Tragedy, 38% Support Banning Animal Racing." goo.gl/iEYxdN
76. US Fish and Wildlife Service. 2006. National Survey of Fishing, Hunting, and Wildlife-Associated Recreation.
77. goo.gl/mlvOUU
78. Miller, Gerri. 2011. „Animal Safety Was Spielberg's Top Concern on 'War Horse.'„ goo.gl/mYYWtK Natürlich ist Hollywood bekannt für seine linksliberale Einstellung. Sie zeigte sich im Jahr 2013, als die Stadt Zirkusse und andere Veranstaltungen mit wilden und exotischen Tieren verbot, um sie „vor grausamer und unmenschlicher Behandlung zu schützen". Die Verordnung folgte anderen Verboten der Stadt Los Angeles im selben Sinne, darunter Tellereisen und Tierversuche für Kosmetika 1989, Entkrallen 2003, Ladenverkauf von Katzen und Hunden 2010 und Pelzverkauf 2013. „Why We, but Especially Elephants, Love West Hollywood." goo.gl/mlNH6h
79. Pollan, 2002, ebenda.
80. Für Argumente selbst gegen diese moderate Position und allgemein zur Ethik des Essens siehe Foer, Jonathan Safran. 2010. Eating Animals. Boston: Back Bay Books und Singer, Peter und Jim Mason. 2007. The Ethics of What We Eat. Emmaus, PA: Rodale Press.

81. *Free Range: A Short Documentary.* goo.gl/ANCvon Die gezeigte Farm ist Sunny Day Farms in Texas: www.sunnydayfarms.com/
82. Cooper, Rob. 2013. „Free Range Eggs Outsell Those from Caged Hens for First Time." *Daily Mail Online.* goo.gl/tpTXio
83. goo.gl/Ll64Bl
84. Ich habe einige Male mit Mackey gegessen und kann bestätigen, dass er vorlebt, was er predigt; jedes Jahr zum Freedomfest, der größten Versammlung libertärer Freunde des freien Marktes, essen wir zusammen in einem der besten Restaurants in Las Vegas, und er bringt sein eigenes Salat-Dressing mit.
85. Für einen ernüchternden Blick auf das Geschäft der Nahrungsproduktion siehe Robert Kenners Dokumentarfilm Food, Inc. Er zeigt, wie weit die Nahrungsmittelindustrie geht, um die idyllische Fantasie eines ländlichen Amerikas aufrechtzuerhalten, während dieses Amerika verschwindet: Kenner, Robert und Melissa Robledo. 2008. Food, Inc. Participant Media.
86. Lutz, Wolfgang und Sergei Scherbov. 2008. „Exploratory Extension of IIASA's World Population Projections: *Scenarios to 2300.* goo.gl/4lQtEO
87. Siehe etwa Andras Forgacs' TED Talk „Leather and Meat Without Killing Animals." goo.gl/AigbB8
88. Conover, ebenda.
89. Augustinus von Hippo, Bekenntnisse, 8, 17. Die ganze, an Gott gerichtete Passage lautet: „Und ich unglückseliger, sehr unglückseliger Jüngling hatte dich selbst im Anbeginn meiner Jugend um Keuschheit angefleht, und gesprochen: gib mir Keuschheit und Enthaltsamkeit; aber jetzt noch nicht! Denn ich fürchtete, du möchtest mich schnell erhören, schnell mich heilen von der Krankheit der Begierlichkeit, die ich lieber befriedigen als tilgen wollte."
90. Der Satz aus dem letzten Kapitel von Hugos Buch *Histoire d'un Crime (Geschichte eines Verbrechens)* lautet: „*On resiste à l'invasion des armées; on ne resiste pas à l'invasion des idées.*" goo.gl/Gfd2Y
91. Darwin, 1859, ebenda, 489.

Teil 3. Die Berichtigung des moralischen Fortschritts

Kapitel 9 – Moralischer Verfall und der Weg zum Bösen

1. Milgram, Stanley. 1969. *Obedience to Authority: An Experimental View.* New York: Harper & Row.
2. Interview des Autors mit Phil Zimbardo am 26. März 2007.
3. Milgram, 1969.
4. Die Replikation fand am 8. und 9. Oktober 2009 statt.
5. Ein Transkript der Sendung ist hier zu finden: http://www.nbcnews.com/id/36787261/ns/dateline_nbc-the_hansen_files_with_chris_hansen/t/what-were-you-thinking/

6. Bei öffentlichen Vorführungen des NBC Special werde ich gelegentlich gefragt, wie wir die Zulassung durch ein Institutional Review Board erlangten, die für wissenschaftliche Menschenversuche erforderlich ist. Wir hatten sie nicht. Wir arbeiteten für das Fernsehen, nicht für ein akademisches Labor; unser Äquivalent eines IRB war die Rechtsabteilung von NBC, die uns die Genehmigung erteilte. Das scheint einige Akademiker su überraschen, gar zu schockieren, bis ich sie daran erinnere, was Menschen einander in anderen Reality-TV-Formaten antun, wie etwa der Strandung auf einer einsamen Insel mit einem Kampf um das eigene Wohl, die einer Hobbes'schen Welt des Kampfes eines jeden gegen jeden gleichen.
7. Pinker, Steven. 2002. *The Blank Slate: The Modern Denial of Human Nature*. New York: Viking.
8. Milgram, 1969.
9. Ebenda.
10. Burger, Jerry. 2009. „Replicating Milgram: Would People Still Obey Today?" *American Psychologist*, 64, 1–11.
11. The Trial of Adolf Eichmann, Sitzung 95, 13. Juli 1961. goo.gl/YghtTS
12. Cesarani, David. 2006. *Becoming Eichmann: Rethinking the Life, Crimes, and Trial of a „Desk Murderer."* New York: Da Capo Press. Von Trotta, Margarethe, Regie. 2012. Hannah Arendt. Zeitgeist Films. Siehe auch Lipstadt, Deborah E. 2011. The Eichmann Trial. New York: Schocken.
13. Young, Robert. 2010. *Eichmann*. Regent Releasing, Here! Films. Oktober.
14. Zitiert in Goldhagen, Daniel Jonah. 2009. *Worse Than War: Genocide, Eliminationism, and the Ongoing Assault on Humanity*. New York: PublicAffairs, 158.
15. Lozowick, Yaacov. 2003. *Hitler's Bureaucrats: The Nazi Security Police and the Banality of Evil*. New York: Continuum, 279.
16. Zitiert in Lifton, Robert Jay. 1989. *The Nazi Doctors: Medical Killing and the Psychology of Genocide*. New York: Basic Books, 337.
17. Ebenda, Genocide. New York: Basic Books, 382–383.
18. Levi, Primo. 1989. T*he Drowned and the Saved*. New York: Vintage Books, 56. Für eine tiefergehende Diskussion von Persönlichkeit und Moral siehe Doris, John Michael. 2002. *Lack of Character: Personality and Moral Behavior. New York: Cambridge University Press*.
19. Baumeister, R. F. 1997. *Evil: Inside Human Violence and Cruelty*. New York: Henry Holt.
20. Ebenda, 379.
21. ———. 1990. „Victim and Perpetrator Accounts of Interpersonal Conflict: Autobiographical Narratives About Anger." *Journal of Personality and Social Psychology*, 59, Nr. 5, 994–1005.
22. Richardson, Lewis Fry. 1960. S*tatistics of Deadly Quarrels*. Pittsburgh: Boxwood Press, xxxv. Übersetzung des französischen Teils von Richardsons Zitat von Steven Pinker.

23. McMillan, Dan. 2014. *How Could This Happen?: Explaining the Holocaust.* New York: Basic Books, 213.
24. Zitiert in Broszat, Martin. 1967. „Nationalsozialistische Konzentrationslager 1933–1945." In H. Bucheim (Hrsg.), *Anatomie des SS-Staates.* 2 Bände. München: Deutscher Taschenbuchverlag, 143.
25. goo.gl/2uNiMX
26. goo.gl/iOiOgA
27. Zitiert in Snyder, L. 1981. *Hitler's Third Reich.* Chicago: Nelson-Hall, 29.
28. Zitiert in Jäckel, Eberhard. 1993. *Hitler in History.* Lebanon, NH: Brandeis University Press/University Press of New England, 33.
29. Zitiert in Snyder, 1981, 521.
30. Zitiert in Friedlander, 1995, 97.
31. Ebenda, 284.
32. Diese Darstellung hilft beim Verständnis eines weiteren Mysteriums – dem fehlenden Befehl Hitlers zur Vernichtung der Juden. Mein Koautor Alex Grobman und ich vertreten die Ansicht, dass es unter anderem deshalb keinen schriftlichen Befehl Hitlers gibt, weil er zuvor die Tötung behinderter Patienten schriftlich autorisiert hatte und in der Folge schlechte Presse bekam. Darüber hinaus war es unseres Wissens Hitlers allgemeines Prinzip, Befehle nicht selbst zu unterschreiben. So gibt es keinen Befehl von seiner Hand, den zweiten Weltkrieg zu eröffnen. Hier liegt der Schlüssel zum Verständnis der kontingenten Evolution der Vernichtungslager; sie entwickelten sich aus Konzentrations- und Arbeitslagern unter Zuhilfenahme der Massenmordtechnologien des Euthanasieprogramms.
33. Navarick, Douglas J. 2013. „Moral Ambivalence: Modeling and Measuring Bivariate Evaluative Processes in Moral Judgment." *Review of General Psychology*, 17, Nr. 4, 443–452.
34. Siehe das Kapitel über Tierrechte in diesem Buch, was meine derzeitige moralische Haltung zu derartiger Forschung betrifft. Seit den Tagen meiner Experimente mit Ratten und Tauben in Dougs Labor hat sie sich erheblich geändert.
35. Janoff-Bulman, R., S. Sheikh und S. Hepp. 2009. „Proscriptive versus Prescriptive Morality: Two Faces of Moral Regulation." *Journal of Personality and Social Psychology*, 96, 521–537.
36. Ebenda.
37. Navarick, 2013, 444.
38. Siehe Pinker, 2011, und seine Erörterung mit vielen Beispielen von Nachkriegsdeutschen, die gegen Militarismus, Kernwaffen, den Irakkrieg und vieles andere auf die Straße gingen. Das Brettspiel „Risiko" sollte in Deutschland indiziert werden, weil in der Spielbeschreibung vom „Erobern" bestimmter Gebiete und „Vernichten" der Gegner die Rede war.
39. Klee, Ernst, Willi Dressen, Volker Riess und Hugh Trevor-Roper. 1996. *„The Good Old Days": The Holocaust As Seen by Its Perpetrators and Bystanders.* New York: William S. Konecky Associates, 163–171.

40. Navarick, Douglas. 1979. *Principles of Learning: From Laboratory to Field.* Reading, MA: Addison-Wesley.
41. Breiter, Hans, N. Etcoff, P. Whalen, W. Kennedy, S. Rauch, R. Buckner, M. Strauss, S. Hyman und B. Rosen. 1996. „Response and Habituation of the Human Amygdala During Visual Processing of Facial Expression." *Neuron*, November, 17, 875–887; Blackford, Jennifer, A. Allen, R. Cowan und S. Avery. 2012. „Amygdala and Hippocampus Fail to Habituate to Faces in Individuals with an Inhibited Temperament." *Social Cognitive and Affective Neuroscience*, Januar, 143–150.
42. Die Waffen-SS. 2002. Dokumentarfilm. Regie Christian Frey, Buch Mark Halliley, Produktion Guido Knopp. Die Zitate sind hier zu finden: Hans Bernhard https://www.youtube.com/watch?v=c0sCd5jBTs4&t=0m45s Jürgen Girgensohn https://www.youtube.com/watch?v=6GrDQt-VhWM&t=0m58s Wolfgang Filor https://www.youtube.com/watch?v=c0sCd5jBTs4&t=13m38s Kurt Sametreiter https://www.youtube.com/watch?v=c0sCd5jBTs4&t=10m35s
43. Navarick, Douglas J. 2012. „Historical Psychology and the Milgram Paradigm: Tests of an Experimentally Derived Model of Defiance Using Accounts of Massacres by Nazi Reserve Police Battalion 101." *Psychological Record*, 62, 133–154. Navarick unterstreicht die Wichtigkeit der Zusammenarbeit von Sozialwissenschaftlern und Historikern: „Die Wissenschaft der Psychologie spielt eine Rolle beim Verstehen der Vergangenheit und beim Lernen aus ihr."
44. Zitiert in Navarick, 2013.
45. Navarick, 2012. „Historical Psychology," ebenda.
46. Navarick, Douglas J. 2009. „Reviving the Milgram Obedience Paradigm in the Era of Informed Consent." *Psychological Record*, 59, 155–170.
47. Theweleit, Klaus. 1989. *Male Fantasies*. Band 2, Male Bodies. Minneapolis: University of Minnesota Press, 301.
48. *The Waffen-SS*. 2002. Film documentary.
49. Ebenda.
50. Browning, Christopher. 1991. *The Path to Genocide: Essays on Launching the Final Solution*. Cambridge, UK: Cambridge University Press, 143.
51. Le Bon, Gustave. 1896. *The Crowd: A Study of the Popular Mind*. New York: Macmillan.
52. Sherif, Muzafer, O. J. Harvey, B. Jack White, William R. Hood und Carolyn W. Sherif. 1961. *Intergroup Conflict and Cooperation: The Robbers Cave Experiment*. Norman: University of Oklahoma Press.
53. Hofling, Charles K., E. Brotzman, S. Dalrymple, N. Graves und C. M. Pierce. 1966. „An Experimental Study in Nurse-Physician Relationships." *Journal of Nervous and Mental Disease*, 143, 171–180.
54. Krackow, A. und T. Blass. 1995. „When Nurses Obey or Defy Inappropriate Physician Orders: Attributional Differences." *Journal of Social Behavior and Personality*, 10, 585–594.

55. Haslam, S. Alexander, Stephen D. Reicher und Joanne R. Smith. 2012. "Working Toward the Experimenter: Reconceptualizing Obedience Within the Milgram Paradigm as Identification-Based Followership." *Perspectives on Psychological Science.* 7, Nr. 4, 315–324. doi:10.1371/journal.pbio.1001426
56. Haslam, S. Alexander und Stephen D. Reicher. 2012. "Contesting the 'Nature' of Conformity: What Milgram and Zimbardo's Studies Really Show." *PLoS Biol* 10, Nr. 11, 20. November: e1001426. doi:10.1371/journal.pbio.1001426
57. Zimbardo, Philip. 2007. *The Lucifer Effect: Understanding How Good People Turn Evil.* New York: Random House.
58. Reicher, S. D. und S. A. Haslam. 2006. "Rethinking the Psychology of Tyranny: The BBC Prison Study." *British Journal of Social Psychology* 45, 1–40. doi: 10.1348/014466605X48998
59. Asch, Solomon E. 1951. "Studies of Independence and Conformity: A Minority of One Against a Unanimous Majority." *Psychological Monographs*, 70, Nr. 416. Siehe auch Asch, Solomon E. 1955. "Opinions and Social Pressure." *Scientific American*, November, 31–35.
60. Berns, Gregory, et al. 2005. "Neurobiological Correlates of Social Conformity and Independence During Mental Rotation." *Biological Psychiatry*, 58, 1. August, 245–253.
61. Perdue, Charles W., John F. Dovidio, Michael B. Gurtman und Richard B. Tyler. 1990. "Us and Them: Social Categorization and the Process of Intergroup Bias." *Journal of Personality and Social Psychology*, 59, 475–486.
62. Grossman, Dave. 2009. *On Killing.* Boston: Little, Brown.
63. Malmstrom, Frederick V. und David Mullin. "Why Whistleblowing Doesn't Work: Loyalty Is a Whole Lot Easier to Enforce Than Honesty." *Skeptic*, 19, Nr. 1, 30–34. goo.gl/BGdm47
64. Prentice, D. A. und D. T. Miller. 1993. "Pluralistic Ignorance and Alcohol Use on Campus: Some Consequences of Misperceiving the Social Norm." *Journal of Personality and Social Psychology*, Februar, 64, Nr. 2, 243–256. goo.gl/W2Cjek
65. Lambert, Tracy A., Arnold S. Kahn und Kevin J. Apple. 2003. "Pluralistic Ignorance and Hooking Up." *Journal of Sex Research*, 40, Nr. 2, Mai, 129–133.
66. Russell, Jeffrey B. 1982. A *History of Witchcraft: Sorcerers, Heretics and Pagans.* London: Thames & Hudson; Briggs, Robin. 1996. *Witches and Neighbors: The Social and Cultural Context of European Witchcraft.* New York: Viking.
67. Zitiert in Glover, J. 1999. H*umanity: A Moral History of the Twentieth Century.* London: Jonathan Cape. Siehe auch Solzhenitsyn, Aleksandr. 1973. T*he Gulag Archipelago.* New York: Harper & Row.
68. Macy, Michael W., Robb Willer und Ko Kuwabara. 2009. "The False Enforcement of Unpopular Norms." *American Journal of Sociology*, 115, Nr. 2, September, 451–490.

69. O'Gorman, Hubert J. 1975. „Pluralistic Ignorance and White Estimates of White Support for Racial Segregation." *Public Opinion Quarterly*, 39, Nr. 3, Herbst, 313–330.
70. Boven, Leaf Van. 2000. „Pluralistic Ignorance and Political Correctness: The Case of Affirmative Action." *Political Psychology*, 21, Nr. 2, 267–276.
71. Dostoevsky, Fyodor. 1864/1918. *Notes from the Underground*. New York: Vintage. Verfügbar unter www.classicreader.com/book/414/12/
72. Prentice und Miller, 1993.
73. Macy et al., 2009.
74. goo.gl/FVUpmH

Kapitel 10 – Moralische Freiheit und Verantwortung

1. Persönliche Korrespondenzen. Aus Respekt gegenüber den Opfern dieser Verbrechen und ihren Familien gebe ich keine weitere Information preis, damit die Strafgefangenen keine persönliche Befriedigung daraus beziehen, ihre Namen oder Schilderungen im Druck zu sehen.
2. Harris, Sam. 2012. *Free Will*. New York: Free Press, 5.
3. Libet, Benjamin. 1985. „Unconscious Cerebral Initiative and the Role of Conscious Will in Voluntary Action." *Behavior and Brain Sciences*, 8, 529–566.
4. Haynes, J. D. 2011. „Decoding and Predicting Intentions." *Annals of the New York Academy of Sciences*, 1224, Nr. 1, 9–21.
5. Fried, I., R. Mukamel und G. Kreimann. 2011. „Internally Generated Preactivation of Single Neurons in Human Medial Frontal Cortex Predicts Volition." *Neuron*, 69, 548–562. See also Haggard, P. 2011. „Decision Time for Free Will." *Neuron*, 69, 404–406.
6. Kurzban, Robert. 2012. *Why Everyone (Else) Is a Hypocrite*. Princeton, NJ: Princeton University Press.
7. Überblick über Ultimatumspiel-Forschung und ihre Anwendung hier: Camerer, Colin. 2003. *Behavioral Game Theory*. Princeton, NJ: Princeton University Press.
8. Das Schicksal des Homo oeconomicus analysiere ich in einem gesonderten Buch: Shermer, Michael. 2007. *The Mind of the Market*. New York: Times Books.
9. Dennett, Daniel. 2003. *Freedom Evolves*. New York: Viking.
10. Brass, Marcel und Patrick Haggard. 2007. „To Do or Not to Do: The Neural Signature of Self-Control." *Journal of Neuroscience*, 27, Nr. 34, 9141–9145.
11. Ebenda, 9143.
12. Ebenda, 9144.
13. Libet, Benjamin. 1999. „Do We Have Free Will?" *Journal of Consciousness Studies*, 6, Nr. 809, 47–57.
14. Für eine Diskussion der Hirnfunktionen bei ökonomischen Entscheidungen, die sich für den Entscheider „frei" anfühlen, siehe Glimcher, P. W. 2003. *Decisions, Uncertainty, and the Brain: The Science of Neuroeconomics*. Cambridge,

MA: MIT Press. Siehe auch Steven Pinkers exzellente Behandlung des freien Willens und des Determinismus in *Pinker, Steven*. 2002. *The Blank Slate: The Modern Denial of Human Nature*. New York: Viking, 175.
15. Dennett, Daniel. 2003.
16. Scheb, John M. und John M. Scheb II. 2010. *Criminal Law and Procedure*, 7. Auflage, Stamford, CT: Cengage Learning.
17. Hare, Robert. 1991. *Without Conscience: The Disturbing World of the Psychopaths Among Us*. New York: Guilford Press; Baron-Cohen, Simon. 2011. *The Science of Evil: On Empathy and the Origins of Cruelty*. New York: Basic Books; Dutton, Kevin. 2012. *The Wisdom of Psychopaths: What Saints, Spies, and Serial Killers Teach Us About Success*. New York: Farrar, Straus & Giroux.
18. Persönliches Interview, 23. Juli 2012.
19. Zitiert in Dutton, 2012.
20. Fallon, James. 2013. *The Psychopath Inside: A Neuroscientist's Personal Journey into the Dark Side of the Brain*. New York: Current, 1.
21. Ebenda, 190.
22. Ebenda, 206.
23. Dutton, Kevin. 2012, 200.
24. www.heroicimagination.org
25. Dutton, 2012, 222.
26. goo.gl/VYaGA
27. UPI-Presseveröffentlichung. 1966. „Sniper in Texas U. Tower Kills 12, Hits 33." *New York Times*, 2. August, 1.
28. Brief diktiert von Whitman am Sonntag, 31. Juli 1966, 18:45. Sammlung des Austin History Center. goo.gl/muBEJ8
29. Bericht an den Gouverneur, Medical Aspects, Charles J. Whitman Catastrophe. 1966. Whitman Archives. *Austin American-Statesman*, 8. September.
30. Heatly, Maurice. 1966. „Whitman Case Notes. Whitman Archives." *Austin American-Statesman*, 29. März.
31. Raine, Adrian. 2013. *The Anatomy of Violence: The Biological Roots of Crime*. New York: Pantheon.
32. Ebenda, 309–310.
33. Ebenda, 67.
34. Ebenda, 69.
35. Ebenda, 326.
36. Kiehl, Kent A., et al. 2001. „Limbic Abnormalities in Affective Processing by Criminal Psychopaths as Revealed by Functional Magnetic Resonance Imaging." *Biological Psychiatry*, 50, 677–684.
37. Aharoni, Eyal, Gina Vincent, Carla Harenski, Vince Calhoun, Walter Sinnott-Armstrong, Michael Gazzaniga und Kent Kiehl. 2013. „Neuroprediction of Future Rearrest." *PNAS*, 110, Nr. 15, 6223–6228.
38. 2011 Global Study on Homicide. UN Office on Drugs and Crime, 63–70. goo.gl /Hz2ie

39. Ebenda, 73.
40. Kellerman, A. L. und J. A. Mercy. 1992. „Men, Women, and Murder: Gender-Specific Differences in Rates of Fatal Violence and Victimization." *Journal of Trauma*, Juli, 33, Nr. 1, 1–5. goo.gl/ie5isw

Kapitel 11 – Moralische Gerechtigkeit: Vergeltung und Restauration

1. www.nelsonmandela.org
2. Buss, David. 2005. *The Murderer Next Door: Why the Mind Is Designed to Kill*. New York: Penguin.
3. Ebenda, 70.
4. Ebenda.
5. Ebenda, 106.
6. Ebenda.
7. Ebenda.
8. Collins, Randall. 2008. *Violence: A Micro-Sociological Theory*. Princeton, NJ: Princeton University Press.
9. Buss, 2005.
10. De Waal, Frans. 1982. *Chimpanzee Politics: Sex and Power Among the Apes*. Baltimore: Johns Hopkins University Press, 203, 207.
11. ———. 1989. *Peacemaking Among Primates*. Cambridge, MA: Harvard University Press.
12. ———. 2005. *Our Inner Ape*. New York: Riverhead Books, 175.
13. De Waal, Frans und Frans Lanting. 1998. B*onobo: The Forgotten Ape*. Berkeley: University of California Press; Kano, Takayoshi und Evelyn Ono Vineberg. 1992. *The Last Ape: Pygmy Chimpanzee Behavior and Econology*. Ann Arbor, MI: University Microfilms International.
14. De Waal, Frans B. M. 1997. „Food Transfers Through Mesh in Brown Capuchins." *Journal of Comparative Psychology*, 111, 370–378.
15. Brosnan, Sarah F. und Frans de Waal. 2003. „Monkeys Reject Unequal Pay." *Nature*, 425, 18. September, 297–299.
16. Cords, M. und S. Thurnheer, 1993. „Reconciling with Valuable Partners by Long-Tailed Macaques." *Behaviour*, 93, 315–325.
17. De Waal, Frans. 1996. *Good Natured: The Origins of Right and Wrong in Humans and Other Animals*. Cambridge, MA: Harvard University Press.
18. Koyama, N. F. und E. Palagi. 2007. „Managing Conflict: Evidence from Wild and Captive Primates." *International Journal of Primatology*, 27, Nr. 5, 1235–1240. Koyama, N. F., C. Caws und F. Aureli. 2007. „Interchange of Grooming and Agonistic Support in Chimpanzees." *International Journal of Primatology*, 27, Nr. 5, 1293–1309.
19. Die Evidenz für diese These dokumentiere ich in *The Science of Good and Evil*, und die Logik, warum wir uns tatsächlich für moralische Menschen halten, statt nur so zu tun, wurde von Robert Trivers ausgearbeitet in Trivers, Robert. 2011.

The Folly of Fools: The Logic of Deceit and Self-Deception in Human Life. New York: Basic Books.
20. Zur Stützung dieser Behauptung siehe de Waal, Frans. 2008. „How Selfish an Animal? The Case of Primate Cooperation." In Paul Zak (Hrsg.), *Moral Markets: The Critical Role of Values in the Economy.* Princeton, NJ: Princeton University Press.
21. Brosnan, Sarah F. 2008. „Fairness and Other-Regarding Preferences in Nonhuman Primates." In Paul Zak (Hrsg.), Moral Markets: T*he Critical Role of Values in the Economy.* Princeton, NJ: Princeton University Press.
22. Henrich, Joseph, Robert Boyd, Sam Bowles, Colin Camerer, Herbert Gintis, Richard McElreath und Ernst Fehr. 2001. „In Search of Homo economicus: Experiments in 15 Small-Scale Societies." *American Economic Review*, 91, Nr. 2, 73–79.
23. Henrich, Joseph, Robert Boyd, Sam Bowles, Colin Camerer, Ernst Fehr und Herbert Gintis. 2004. *Foundations of Human Sociality.* New York: Oxford University Press, 8.
24. Gintis, Herbert, Samuel Bowles, Robert Boyd und Ernst Fehr. 2005. *Moral Sentiments and Material Interests.* Cambridge, MA: MIT Press. Boyd, Robert und Peter J. Richerson. 2005. *The Origin and Evolution of Cultures.* New York: Oxford University Press.
25. Boehm, Christopher. 2012. *Moral Origins: The Evolution of Virtue, Altruism, and Shame.* New York: Basic Books.
26. Es gibt Kritiker dieser Annahme – üblicherweise Kulturanthropologen und Soziologen, die einen erheblich größeren Schwerpunkt auf die Rolle von Lernen, Kultur und Umwelt legen, als meiner Meinung nach durch die Evidenz gerechtfertigt ist. Aber heute bestreitet kaum noch jemand, dass wir eine von der Evolution geprägte Natur besitzen und dass Tatsachen über diese Natur aus diesen zahlreichen Quellen gewonnen werden können.
27. Bild basierend auf Tabelle III in Boehm, 2012, 196; siehe auch Tabelle 1 in Boehm, Christopher. 2014. „The Moral Consequences of Social Selection." *Behaviour*, 151, 167–183.
28. Lee, Richard B. 1979. *The !Kung San: Men, Women, and Work in a Foraging Society.* New York: Cambridge University Press, 394–395.
29. Boehm, 2012, 201. In seinem Buch vertritt Boehm zusätzlich zur individuellen Selektion die Gruppenselektion, was ich bei seiner Argumentation für die Entstehung von Altruismus und zum Problem des Trittbrettfahrens für unnötig halte. Die Gruppe mag kohärent und geschlossen erscheinen, aber es ist immer noch eine Gruppe aus Individuen; siehe meine Diskussion des Themas in Kapitel 1.
30. Ebenda, 201.
31. Bentham, J. 1789/1948. *The Principles of Morals and Legislation.* New York: Macmillan.
32. goo.gl/iUSguA

33. Cooney, Mark. 1997. „The Decline of Elite Homicide." Criminology, 35, 381–407.
34. Transkript von Goetz' Eingeständnis hier: goo.gl/oRHSxJ Siehe auch den Dokumentarfilm „The Confessions of Bernhard Goetz": goo.gl/iLYt5W
35. Fletcher, George P. 1999. *A Crime of Self-Defense: Bernhard Goetz and the Law on Trial*. Chicago: University of Chicago Press. Fletcher schreibt: „Man kann das Problem als moralische Frage behandeln. Goetz wurde eines ‚Verbrechens der Selbstverteidigung' angeklagt, weil die Strafverfolgungsbehörden und der Staatsanwalt der gefühlsmäßigen Überzeugung waren, er habe überreagiert, verdiene den Tadel dafür und müsse bestraft werden." Zitiert im Dokumentarfilm *The Confessions of Bernhard Goetz*: goo.gl/iLYt5W
36. Zitiert im Dokumentarfilm *The Confessions of Bernhard Goetz*: goo.gl/iLYt5W
37. Black, Donald. 1983. „Crime as Social Control." *American Sociological Review*, 48, 34–45.
38. MacRae, Allan und Howard Zehr. 2011. „Right Wrongs the Maori Way." *Yes! Magazine*, 8. Juli. goo.gl/PBd67u
39. New Zealand Ministry of Justice. „Child Offending and Youth Justice Processes." goo.gl/m7HYht
40. McElrea, Fred W. M. 2012. „Twenty Years of Restorative Justice in New Zealand." 10. Januar. goo.gl/24mtP
41. goo.gl/JrPmw6 Siehe auch, vom neuseeländischen Justizministerium: goo.gl/m7HYht Und hier spricht ein Richter über restaurative Justiz in Neuseeland: goo.gl/24mtP
42. MacRae und Zehr. 2011. „Right Wrongs the Maori Way."
43. McCann, Michael. 2007. „No Easy Answers." SI.Com. goo.gl/lWkvwU
44. Die Eintreibung wurde schwieriger, als O. J. für ein weiteres Verbrechen inhaftiert wurde. Er drang mit einer Schusswaffe in der Hand illegal in ein Hotelzimmer ein, um, wie er sagte, gestohlene Gegenstände aus seiner Football-Andenkensammlung zurückzuholen. Er wurde der kriminellen Verschwörung, der Geiselnahme, des tätlichen Angriffs, des Raubes und der Verwendung einer tödlichen Waffe angeklagt. Auch das wurde als Verbrechen gegen den Staat betrachtet, nicht gegen die Besitzer der genannten Andenken, und weil er das Gesetz in die eigenen Hände genommen hatte, wurde er zu Gefängnis verurteilt, wo er bis zum 30. September 2017 einsaß. Siehe *State of Nevada v. O. J. Simpson et al.* goo.gl/wHkBc8
45. Zehr, Howard und Ali Gohar. 2003. *The Little Book of Restorative Justice*. Intercourse, PA: Good Books, 10–14. Available online as a PDF: goo.gl/ssvHRl
46. Diamond, Jared. 2012. *The World Until Yesterday: What Can We Learn from Traditional Societies?* New York: Viking.
47. Ebenda.
48. Ebenda.
49. Woolf and Riley sind zusammen in einem kurzen Film des Titels „The Woolf Within" zu sehen. goo.gl/NVMRt

50. goo.gl/u1VSma
51. Richardson, Lucy. 2013. „Restorative Justice Does Work, Says Career Burglar Who Has Turned Life Around on Teesside." *Darlington and Stockton Times*, 1. Mai. goo.gl/Vjpr6t
52. Berichtet im Film *The Woolf Within*.
53. McLeland, Debbie. 2010, 29. März. goo.gl/eW9Huv
54. Ebenda.
55. Stahl, Lesley. 2011. „Eyewitness." *60 Minutes*, Produktion Shari Finkelstein, CBS.
56. Cannino-Thompson, Jennifer, Ronald Cotton und Erin Torneo. 2010. *Picking Cotton*. New York: St. Martin's Press.
57. Quelle: Fotografie des Autors.
58. Siehe zum Beispiel McCullough, Michael. 2008. *Beyond Revenge: The Evolution of the Forgiveness Instinct*. San Francisco: Jossey-Bass. Der Neurowissenschaftler Daniel Reisel zieht drei Lehren aus seinen 15 Jahren Arbeit mit Serienmördern und Psychopathen: (1) Wir müssen unsere Einstellung zur Haft ändern. „Sobald wir über Gefängnisse reden, ist es so, als wären wir wieder in der Zeit von Dickens, wenn nicht im Mittelalter. Zu lange haben wir uns von der falschen Vorstellung leiten lassen, Menschen könnten sich nicht ändern; als Gesellschaft kommt uns das teuer zu stehen." (2) Wir brauchen transdisziplinäre Forschung auf mehreren Gebieten, um das Problem zu bearbeiten. „Wir brauchen Leute aus verschiedenen Fächern, Laborwissenschaftler, Kliniker, Sozialarbeiter und politische Entscheidungsträger, die zusammenarbeiten." (3) Wir müssen unsere Einstellung zu Strafgefangenen ändern. Wenn wir Psychopathen als hoffnungslose Fälle betrachten, wie sollen sie sich selbst jemals anders sehen? Wäre es nicht besser, sie verbrächten ihre Zeit in der Haft mit dem Training ihrer Amygdalas und der Generierung neuer Gehirnzellen? goo.gl/VYaGA
59. Adams, John. 1788. *A Defence of the Constitutions of Government of the United States of America*, Band 3, 291. goo.gl/rkuuDi
60. Grafik von Pinker, 2011, 149, basierend auf Daten in Hunt, Lynn. 2007. *Inventing Human Rights: A History*. New York: W. W. Norton, 76, 179; Mannix, D. P. 1964. *The History of Torture*. Sparkford, UK: Sutton, 137–138.
61. „Public Executions." Boone, NC: Department of Government and Justice Studies, Appalachian State University. goo.gl/gdEpj8
62. Zitiert in „An Unreal Dream: The Michael Morton Story." CNN Films, 8. Dezember 2013. Bericht über Mortons Entschädigung im *Houston Chronicle*: goo.gl/SpP6Kd
63. Kuhn, Deanna, M. Weinstock und R. Flaton. 1994. „How Well Do Jurors Reason? Competence Dimensions of Individual Variation in a Juror Reasoning Task." *Psychological Science*, 5, 289–296.
64. goo.gl/PTSY
65. goo.gl/9omAH2

66. Gross, Samuel R., Barbara O'Brien, Chen Hu und Edward H. Kennedy. 2014. „Rate of False Conviction of Criminal Defendants Who Are Sentenced to Death." *Proceedings of the National Academy of Sciences*, 28. April. goo.gl/mljR2M
67. „An Unreal Dream: The Michael Morton Story." *CNN Films*, 8. Dezember 2013. Morton wurde schließlich eine staatliche Entschädigung von 1.973.333,33 Dollar zuerkannt, und kurz danach verabschiedete der texanische Gouverneur Rick Perry den „Michael Morton Act", ein Gesetz, demzufolge Staatsanwälte Beweismittel in Kriminalfällen auf Anfrage der Verteidigung übergeben müssen, ohne gerichtliche Anordnung. Es trat am 1. Januar 2014 in Kraft. Bemerkenswerterweise war laut dem Innocence Project vor dem Fall Morton niemals ein Staatsanwalt für das Vorenthalten entlastender Beweise bestraft worden. Das ist Fortschritt.
68. goo.gl/Jx89yr
69. Eckholm, Erik und John Schwartz. 2014. „Timeline Describes Frantic Scene at Oklahoma Execution." *New York Times*, 1. Mai, goo.gl/QtvkKJ
70. Blackmun, Harry. 1994. *Dissent. Bruce Edwin Callins, Petitioner, v. James A. Collins, Director, Texas Department of Criminal Justice, Institutional Division.* Supreme Court of the United States. Nr. 93-7054. goo.gl/P5sKv4
71. Grafik von Pinker, 2011, 150, basierend auf Daten des französischen Außenministeriums. 2007. *The Death Penalty in France*. goo.gl/4P7vlX *The End of Capital Punishment in Europe*. goo.gl/BkMfs2 Amnesty International. 2010. *Abolitionist and Retentionist Countries*. goo.gl/mfw5RF
72. goo.gl/Jx89yr
73. goo.gl/Jx89yr
74. Chu, Henry. 2013. „Gay British Scientist Gets Posthumous Royal Pardon." *Los Angeles Times*, 25. Dezember, A1, 7.
75. Ebenda.
76. Ferguson, Niall. 2000. *The Pity of War: Explaining World War* I. New York: Basic Books; Tuchman, Barbara. 1963. *The Guns of August*. New York: Dell.
77. Zitiert in Grossman, Richard S. 2013. *Wrong: Nine Economic Policy Disasters and What We Can Learn from Them*. New York: Oxford University Press.
78. Diese Definition beruht auf einer neuen Reihe rechtlicher und moralischer Prinzipien, wie etwa Prinzip I: „Jede Person, die eine Handlung begeht, die nach Völkerrecht ein Verbrechen darstellt, ist hierfür verantwortlich und unterliegt der Bestrafung." Und Prinzip II: „Die Tatsache, daß das Völkerrecht keine Strafe für eine Handlung verhängt, die nach Völkerrecht ein Verbrechen darstellt, befreit die Person, welche diese Handlung beging, nicht von ihrer Verantwortlichkeit nach Völkerrecht." Nuremberg Trial Proceedings, Band 1. Charter of the International Military Tribunal. goo.gl/wkaTs
79. Conot, Robert E. 1993. *Justice at Nuremberg*. New York: Basic Books.
80. Bosco, David. 2014. *Rough Justice: The International Criminal Court in a World of Power Politics*. New York: Oxford University Press.

Anmerkungen 517

81. Long, William und Peter Brecke. 2003. *War and Reconciliation: Reason and Emotion in Conflict Resolution*. Cambridge, MA: MIT Press, 70–71.
82. Lincoln, Abraham. 1865. Zweite Rede zur Amtseinführung. 4. März. goo.gl/a48frS
83. Holocaustleugner argumentieren, die Zahl von sechs Millionen im Völkermord getöteten Juden sei von Israel übertrieben worden, um höhere Reparationszahlungen aus Deutschland zu erlangen. Tatsächlich basiert die Zahl auf der Anzahl der Überlebenden, nicht der Getöteten, ist also nach der Logik der Leugner eher eine Untertreibung. Siehe Shermer, Michael. 2000. *Denying History*. Berkeley: University of California Press.
84. Seit 1990, als Gunter Demnig sein Stolperstein-Projekt ins Leben rief, wurden bis Ende 2013 1909 Stolpersteine in Köln verlegt und 43500 insgesamt an 915 Orten in Deutschland, stellvertretend für verschleppte Menschen. goo.gl/4r9cDS
85. Torpey, John C. 2006. *Making Whole What Has Been Smashed: On Reparations Politics*. Cambridge, MA: Harvard University Press.
86. goo.gl/cwozGi
87. goo.gl/Zwjn7Z

Kapitel 12 – Protopia: Die Zukunft des moralischen Fortschritts

1. Darwin, Charles. 1871. *The Descent of Man and Selection in Relation to Sex*. Band 1. London: John Murray, 69.
2. Clarke, Arthur C. 1951. *The Exploration of Space*. Frederick, MD: Wonder Book.
3. In der autobiographischen Beschreibung ihrer Kindheit in Oakland schrieb Gertrude Stein „there is no there there". Es ist nicht ganz klar, was sie meinte; es scheint sich auf die Wandlung von Identitäten zu beziehen, die der Heimatstadt und des eigenen Selbst. Stein, Gertrude. 1937. *Gertrude Stein, Everybody's Autobiography*. New York: Random House, 289.
4. οὐ („nicht") und τόπος („ort"): „Nicht-Ort"
5. Rayfield, Donald. 2005. *Stalin and His Hangmen: The Tyrant and Those Who Killed for Him*. New York: Random House; White, Matthew. 2011. *The Great Big Book of Horrible Things: The Definitive Chronicle of History's 100 Worst Atrocities*. New York: W. W. Norton, 382–392; Akbar, Arifa. 2010. „Mao's Great Leap Forward 'Killed 45 Million in Four Years.'" *Independent (London)*, 17. September; Becker, Jasper. 1998. *Hungry Ghosts: Mao's Secret Famine*. New York: Henry Holt; Pipes, Richard. 2003. *Communism: A History*. New York: Modern Library. See also goo.gl/ryHSYd
6. Die Beschreibung des Scheiterns von New Harmony stammt von dem individualistischen Anarchisten Josiah Warren in seinem Periodical Letter II von 1856. Zitiert in Brown, Susan Love (Hrsg.) 2002. *Intentional Community: Anthropological Perspective*. Albany: State University of New York Press, 156.

7. Kelly, Kevin. 2014. „The Technium. A Conversation with Kevin Kelly by John Brockman." goo.gl/LhfbMS
8. Kelly erinnert sich, wie er bei der Recherche für sein Buch *What Technology Wants* durch ältere Ausgaben von *Time, Newsweek* und *Wired* blätterte für einen Eindruck, was Menschen seinerzeit vom Web erwarten. „Im Allgemeinen dachten die Leute, es würde besseres Fernsehen werden, eine Art TV 2.0. Aber das verfehlte die eigentliche Revolution des Web, nämlich die Erzeugung der meisten Inhalte durch die Menschen, die es benutzten. Das Web war nicht besseres Fernsehen, es war das Web. Und jetzt denken wir, die Zukunft des Web ist ein besseres Web. Aber so ist das nicht. Das Web der Zukunft wird sich so sehr vom heutigen Web unterscheiden wie das heutige vom Fernsehen." Wie lässt sich diese technologische Verbesserung in moralischen Fortschritt übersetzen? Kelly erläutert (goo.gl/LhfbMS): Man stelle sich das erste Werkzeug vor, sagen wir, einen Steinhammer. Damit könnte man jemanden erschlagen oder etwas bauen, aber bevor dieses Werkzeug in die Welt kam, bestand die Wahl nicht. Technologie versetzt uns in die Lage, Schaden anzurichten und Nutzen zu stiften, sie verstärkt beides... aber die Tatsache, dass wir jedes Mal vor einer neuen Wahl stehen, ist ein neuer Wert an sich. Die zusätzliche Wahl verschiebt das Gleichgewicht in Richtung zum Guten.
9. Srinivasan, Balaji. 2013. „Silicon Valley's Ultimate Exit Strategy." Startup School 2013 Ansprache. goo.gl/mkvG2J
10. Hill, Kashmir. 2011. „Adventures in Self-Surveillance, aka The Quantified Self, aka Extreme Navel-Gazing." *Forbes*, 7. April goo.gl/JSRkAS
11. Ebenda.
12. Srinivasan, Balaji. 2013. „Software Is Reorganizing the World." *Wired*, November. goo.gl/0Oxa3s
13. Das beliebteste Ziel ist der Schauspieler Kevin Bacon. Ich bin zwei Schritte von ihm entfernt vermittels eines befreundeten Radrennfahrers, der mit Bacon am Film Quicksilver mitgewirkt hatte (in dem Bacon einen New Yorker Fahrradkurier spielt). Meine Bacon-Zahl ist 2.
14. Milgram, Stanley. 1967. „The Small World Problem." *Psychology Today*, 2, 60–67.
15. Travers, Jeffrey und Stanley Milgram. 1969. „An Experimental Study of the Small World Problem." *Sociometry* 32, Nr. 4, Dezember, 425–443.
16. Hadfield, Chris. 2013. *An Astronaut's Guide to Life on Earth*. New York: Little, Brown; goo.gl/m7TI2M
17. Srinivasan, 2013, Wired.
18. Wright, Quincy. 1942. *A Study of War*, 2. Auflage Chicago: University of Chicago Press; Gat, A. 2006. War in Human Civilization. New York: Oxford University Press.
19. Fukuyama, Francis. 2011. *The Origins of Political Order: From Prehuman Times to the French Revolution*. New York: Farrar, Straus & Giroux, 98.
20. goo.gl/vWBn1N

21. Mintzberg, Henry. 1989. *Mintzberg on Management: Inside Our Strange World of Organizations*. New York: Free Press. Das Internet ist ein Werkzeug der Adhokratie, weil es unmittelbare Echtzeit-Kommunikation und die spontane Selbstorganisation virtueller Online-Gemeinschaften erlaubt.
22. Stone, Brad. 2013. „Inside Google's Secret Lab." *Business Week*, Mai 22. goo.gl /BSwk7
23. Barber, Benjamin. 2013. *If Mayors Ruled the World: Dysfunctional Nations, Rising Cities*. New Haven, CT: Yale University Press.
24. Zitiert in Barber, 2013.
25. Ebenda.
26. Townsend, Anthony M. 2013. *Smart Cities: Big Data, Civic Hackers, and the Quest for a New Utopia*. New York: W. W. Norton, xii–xiii.
27. Speck, Jeff. 2012. *Walkable City: How Downtown Can Save America, One Step at a Time*. New York: Farrar, Straus & Giroux.
28. Brand, Stewart. 2013. „City-Based Global Governance." The Long Now Foundation. goo.gl/FbS5E
29. goo.gl/hVdX1E
30. goo.gl/G9eyKc
31. Ebenda.
32. Konvitz, Josef W. 1985. *The Urban Millennium: The City-Building Process from the Early Middle Ages to the Present*. Carbondale, IL: Southern Illinois University Press; Kostof, Spiro. 1991. *The City Shaped: Urban Patterns and Meanings Through History*. Boston: Little, Brown; Jacobs, Jane. 1961. *The Death and Life of Great American Cities*. New York: Random House.
33. Glaeser, Edward. 2011. *The Triumph of the City: How Our Greatest Invention Makes Us Richer, Smarter, Greener, Healthier, and Happier*. New York: Penguin.
34. Naím, Moisés. 2013. *The End of Power: From Boardrooms to Battlefields and Churches to States: Why Being in Charge Isn't What It Used to Be*. New York: Basic Books, 16, 1–2.
35. Ebenda, 7.
36. Ebenda, 243–244.
37. Diese Eigenschaften lassen sich vielleicht am besten mit „klassisch liberal" bezeichnen; so mag man John Lockes Modell des Schutzes der menschlichen Naturrechte folgen. Für eine Diskussion der amerikanischen Verfassung, die diese Werte widerspiegelt, siehe Epstein, Richard A. 2014. *The Classical Liberal Constitution: The Uncertain Quest for Limited Government*. Cambridge, MA: Harvard University Press.
38. Panaritis, Elena. 2007. *Prosperity Unbound: Building Property Markets with Trust*. New York: Palgrave Macmillan.
39. MacCallum, Spencer Heath. 1970. T*he Art of Communi*ty. Menlo Park, CA: Institute for Humane Studies, 2. Siehe auch Heath, Spencer. 1957. *Citadel, Market and Altar: Emerging Society*. Baltimore: Science of Society Foundation.

40. Leeson, Peter. 2014. A*narchy Unbound: Why Self-Governance Works Better Than You Think*. Cambridge, UK: Cambridge University Press.
41. Siehe zum Beispiel Casey, Gerard. 2012. *Libertarian Anarchy: Against the State*. New York: Continuum International Publishing; Morris, Andrew. 2008. „Anarcho-Capitalism." In Hamowy, Ronald (Hrsg.), *The Encyclopedia of Libertarianism*. Thousand Oaks, CA: Sage; Rothbard, Murray. 1962. *Man, Economy, and State*. New York: D. Van Nostrand. Für eine gute Diskussion in einem Band siehe Duncan, Craig und Tibor R. Machan. 2005. *Libertarianism: For and Against*. Lanham, MD: Rowman & Littlefield.
42. Nozick, Robert. 1973. *Anarchy, State, and Utopia*. New York: Basic Books.
43. Howard, Philip K. 2014. *The Rule of Nobody: Saving America from Dead Laws and Broken Government*. New York: W. W. Norton.
44. Jefferson, Thomas. 1804. Letter to Judge John Tyler Washington, 28. Juni. *The Letters of Thomas Jefferson*, 1743–1826. goo.gl/hn6qNp
45. Robbins, Lionel. 1945. *An Essay on the Nature and Significance of Economic Science*. London: Macmillan, 16. Siehe auch Sowell, Thomas. 2010. *Basic Economics: A Common Sense Guide to the Economy*, 4. Auflage New York: Basic Books, 5; Mankiw, Gregory. 2011. *Principles of Economics*, 6. Auflage Stamford, CT: Cengage Learning, 11.
46. goo.gl/LhfbMS
47. Drexler, Eric K. 1986. *Engines of Creation*. New York: Anchor Books.
48. Diamandis, Peter und Steven Kotler. 2012. *Abundance: The Future Is Better Than You Think*. New York: Free Press, 8.
49. Diamandis und Kotler, 9.
50. Ebenda.
51. Musk, Elon. 2014. „Here's How We Can Fix Mars and Colonize It." *Business Insider*, 2. Januar. goo.gl/iapxDx
52. Carroll, Rory. 2013. „Elon Musk's Mission to Mars." *Guardian*, 17. Juli. goo.gl/lF1sXP
53. goo.gl/7BdRJ
54. Kurzweil, Ray. 2006. *The Singularity Is Near: When Humans Transcend Biology*. New York: Penguin.
55. 2045.com/faq/
56. McCracken, Harry und Lev Grossman. 2013. „Google vs. Death." *Time*, 30. September. time.com/574/google-vs-death/
57. Kaku, Michio. 2011. *Physics of the Future: How Science Will Shape Human Destiny and Our Daily Lives by the Year 2100*. New York: Doubleday, 21.
58. Ebenda, 337.
59. Das BIP ist die geläufigste Messgröße des Wirtschaftswachstums, unterliegt aber Einschränkungen und auch Kritik. Mitte 2014 veröffentlichte das Bureau of Economic Analysis der USA eine neue Wirtschaftsstatistik namens „Gross Output", die Summe aller ökonomischen Aktivitäten bei der Schaffung neuer Güter und Dienstleistungen, vom Rohmaterial bis zum Einzelhandel. Das war

Anmerkungen 521

die erste Erweiterung der Messkriterien seit Einführung des BIP vor einem halben Jahrhundert. Siehe: Skousen, Mark. 2013. „Beyond GDP: Get Ready for a New Way to Measure the Economy." *Forbes*, 16. Dezember. goo.gl/xwICMV
60. Clark, Gregory. 2007. *A Farewell to Alms: A Brief Economic History*. Princeton, NJ: Princeton University Press, 2–3.
61. Basierend auf Grafik in Clark, 2007, 2. Siehe auch Maddison, Agnus. 2006. *The World Economy*. Washington, DC: OECD Publishing.
62. Grafik aus Daten des Economic Research Service des amerikanischen Landwirtschaftsministeriums. „Historical and Projected Gross Domestic Product Per Capita." goo.gl/CWcmHt
63. Haugen, Gary A. und Victor Boutros. 2014. *The Locust Effect: Why the End of Poverty Requires the End of Violence*. New York: Oxford University Press, 137.
64. Stiglitz, Joseph E. 2013. *The Price of Inequality: How Today's Divided Society Endangers Our Future*. New York: W. W. Norton.
65. Gilen, Martin. 2012. *Affluence and Influence: Economic Inequality and Political Power in America*. Princeton, NJ: Princeton University Press, 1.
66. Zitiert in Hiltzik, Michael. 2013. „A Huge Threat to Social Mobility." *Los Angeles Times*, 22. Dezember, B1.
67. Piketty, Thomas. 2014. *Capital in the Twenty-first Century*. Cambridge, MA: Belknap Press.
68. Burtless, Gary. 2014. „Income Growth and Income Inequality: The Facts May Surprise You." Washington, DC: Brookings Institution. goo.gl/g4vTt6
69. Shah, Neil. 2014. „US Household Net Worth Hits Record High." Wall Street Journal, 6. März, A1.
70. Siehe zum Beispiel Rubin, Jeff. 2012. *The End of Growth*. New York: Random House.
71. Beinhocker, Eric. 2006. *The Origin of Wealth: Evolution, Complexity, and the Radical Remaking of Economics*. Cambridge, MA: Harvard Business School Press, 453.
72. Für den entgegengesetzten Blickwinkel siehe den Dokumentarfilm Surviving Progress von Mathieu Roy und Harold Crooks: goo.gl/uTVf2c
73. Athreya, Kartik und Jessie Romero. 2013. „Land of Opportunity? Economic Mobility in the United States." *Federal Reserve Bank of Richmond*, Juli. goo.gl/7KFc6H
74. Sawhill, Isabel V., Scott Winship un Kerry Searle Grannis. 2012. „Pathways to the Middle Class: Balancing Personal and Public Responsibilities." Washington, DC: *Brookings Institution Center on Children and Families*, September.
75. Auten, Gerald und Geoffrey Gee. 2009. „Income Mobility in the United States: New Evidence from Income Tax Data." *National Tax Journal*, Juni, 301–328. ntj.tax.org/
76. Auten, Gerald, Geoffrey Gee und Nicholas Turner. 2013. „Income Inequality, Mobility and Turnover at the Top in the United States, 1987–2010." Veröffent-

lichung präsentiert beim Allied Social Science Association's annual meeting, San Diego, 4. Januar.
77. Clark, Gregory. 2014. *The Son Also Rises: Surnames and the History of Social Mobility*. Princeton, NJ: Princeton University Press, 5.
78. Ebenda, 180.
79. Ebenda, 58.
80. Hier ein einfaches Beispiel, wie es funktioniert. Karl der Klempner hat 10 Apple-Aktien für 500 Dollar pro Stück. Diese 5000 Dollar sind ein Teil seiner Altersvorsorge, und wenn die Aktien an einem Tag um 10 Dollar steigen (was sie für gewöhnlich immer wieder tun), dann ist Karls Vermögen um 100 Dollar angewachsen. Bob der Banker hat 10000 Apple-Aktien. Am selben Tag, da Karl um 100 Dollar reicher wird, streicht Bob 100.000 Dollar ein. Ein paar solcher Tage und Bob könnte sich aufs Altenteil zurückziehen, während Karls Ruhestand in weiter Ferne liegt.
81. Rubin, Paul. H. 2003. „Folk Economics." *Southern Economic Journal*, 70, Nr. 1, 157–171.
82. Shermer, Michael. 2007. *The Mind of the Market: How Biology and Psychology Shape Our Economic Lives*. New York: Times Books.
83. Nowak, Martin und Roger Highfield. 2012. *SuperCooperators: Altruism, Evolution, and Why We Need Each Other to Succeed*. New York: Free Press. Siehe auch: Nowak, Martin A. und Sarah Coakley (Hrsg.) 2013. *Evolution, Games, and God: The Principle of Cooperation*. Cambridge, MA: Harvard University Press.
84. Für eine Geschichte des Wandels von den Nullsummenspiel-Interaktionen unserer Vorfahren zur heutigen Welt der Positivsummen siehe Wright, Robert. 2000. Nonzero: *The Logic of Human Destiny*. New York: Pantheon.
85. Draper, Patricia. 1978. „The Learning Envrionment for Aggression and Anti-Social Behavior among the !Kung." In A. Montagu (Hrsg.), *Learning Non-Aggression: The Experience of Non-literate Societies*. New York: Oxford University Press, 46.
86. Chambers, John R., Lawton K. Swan und Martin Heesacker. 2013. „Better Off Than We Know: Distorted Perceptions of Incomes and Income Inequality in America." *Psychological Science*, 1–6.
87. Wilkinson, Richard G. 1996. *Unhealthy Societies: The Afflictions of Inequality*. New York: Routledge; Pickett, Kate und Richard Wilkinson. 2011. *The Spirit Level: Why Greater Equality Makes Societies Stronger*. New York: Bloomsbury Press.
88. ———. 2011. „How Economic Inequality Harms Societies." goo.gl/B4hsrW
89. Sapolsky, Robert. 1995. *Why Zebras Don't Get Ulcers: A Guide to Stress, Stress-Related Diseases, and Coping*. New York: W. H. Freeman, 381.
90. Daly, Martin, Margo Wilson und Shawn Vasdev. 2001. „Income Inequality and Homicide Rates in Canada and the United States." *Canadian Journal of Criminology*, 43, Nr. 2, 219–236.

91. Piff, Paul K. 2013. „Does Money Make You Mean?" TED talk, veröffentlicht am 20. Dezember: goo.gl/sfrJY9 Siehe auch den exellenten PBS-NewsHour-Bericht „Exploring the Psychology of Wealth, 'Pernicious' Effects of Economic Inequality." PBS, 13. Juni. goo.gl/6kiOQ
92. Persönliche Korrespondenz, 22. Dezember 2013.
93. Ross, M. und F. Sicoly. 1979. „Egocentric Biases in Availability and Attribution." *Journal of Personality and Social Psychology*, 37, 322–336. Arkin, R. M., H. Cooper und T. Kolditz. 1980. „A Statistical Review of the Literature Concerning the Self-Serving Bias in Interpersonal Influence Situations." *Journal of Personality*, 48, 435–448. Davis, M. H. und W. G. Stephan. 1980. „Attributions for Exam Performance." *Journal of Applied Social Psychology*, 10, 235–248.
94. Nisbett, R. E. und L. Ross. 1980. *Human Inference: Strategies and Shortcomings of Social Judgment.* Englewood Cliffs, NJ: Prentice-Hall.
95. Piff, Paul K. 2013. „Wealth and the Inflated Self: Class, Entitlement, and Narcissism." *Personality and Social Psychology Bulletin*, August, 1–10.
96. Kraus, Michael W., Paul K. Piff und Dacher Keltner. 2009. „Social Class, Sense of Control, and Social Explanation." *Journal of Personality and Social Psychology*, 97, Nr. 6, 992–1004.
97. Keltner, Dacher, Aleksandr Kogan, Paul K. Piff und Sarina Saturn. 2014. „The Sociocultural Appraisals, Values, and Emotions (SAVE) Framework of Prosociality: Core Processes from Gene to Meme." *Annual Review of Psychology*, 65, Nr. 25, 1–25.
98. Piff, Paul K., Daniel M. Stancato, Stephane Cote, Rodolfo Mendoza-Denton und Dacher Keltner. 2012. „Higher Social Class Predicts Increased Unethical Behavior." *Proceedings of the National Academy of Sciences*, 13. März, 109, Nr. 11, 4086–4091.
99. Zitiert in Miller, Lisa. 2012. „The Money-Empathy Gap." New York, 1. Juli. goo.gl /nCOc6
100. Piketty, Thomas. 2014. *Capital in the Twenty-first Century.* Cambridge, MA: Belknap Press.
101. goo.gl/BBo6kz
102. Mackey, John und Raj Sisodia. 2013. *Conscious Capitalism: Liberating the Heroic Spirit of Business.* Cambridge, MA: Harvard Business Review Press, 20.
103. Ebenda, 21.
104. Ebenda, 31.
105. Ostry, Jonathan D., Andrew Berg und Charalambos G. Tsangarides. 2014. „Redistribution, Inequality and Growth." Washington, DC: International Monetary Fund. 4. Februar. goo.gl/4xTwcP
106. Gates, Bill und Melinda Gates. 2014. Annual Letter of the Bill and Melinda Gates Foundation. annualletter.gatesfoundation.org/ Siehe auch Penn World Table. Philadelphia: Center for International Comparisons at the University of Pennsylvania. pwt.sas.upenn.edu/

107. DeLong, J. Bradford. 2000. „Cornucopia: The Pace of Economic Growth in the Twentieth Century." Working Paper 7602. Washington, DC: National Bureau of Economic Research. goo.gl/PLNJTG Siehe auch DeLong, J. Bradford. 1998. „Estimating World GDP, One Million BC–Present." goo.gl/7ttdjw
108. Kardaschow, Nikolai. 1964. „Transmission of Information by Extraterrestrial Civilizations." *Soviet Astronomy*, 8, 217. Kardaschow berechnete die Energieniveaus der drei Typen als: Typ I (~4 · 1019 ergs/s), Typ II (~4 · 1033 ergs/s) und Typ III (~4 · 1044 ergs/s).
109. Heidmann, Jean. 1992. *Extraterrestrial Intelligence*. New York: Cambridge University Press, 210–212.
110. Sagan, Carl. 1973. *The Cosmic Connection: An Extraterrestrial Perspective*. Garden City, NY: Anchor Books/Doubleday, 233–234. Sagans Metrik der Informationsspeicherung steigt pro Schritt um eine Größenordnung von A = 106 Bits über B = 107 Bits bis Z = 1031 Bits an Information. Er schätzte, dass wir 1973 bei 1013 Bits waren, was uns zu einer Typ-0.7H-Zivilisation machen würde. Basierend auf den Zahlen von Diamandis hatten wir Ende 2010 912 Exabytes Information produziert, ungefähr 7 · 1021 Bits; das entspricht einer Typ-0.7P-Zivilisation. Die Kardaschow-Skala ist logarithmisch; jedem Zuwachs auf der Verbrauchsseite entspricht ein großer Sprung bei der Energieproduktion, daher haben wir noch einen weiten Weg vor uns. Mit fossilen Brennstoffen werden wir ihn nicht bewältigen. Erneuerbare Energiequellen wie Sonne, Wind und Erdwärme sind ein guter Anfang, aber für den Status 1.0 in dieser Typologie kommen wir an der Kernenergie nicht vorbei. Bei einer Fusion von 1000 kg Wasserstoff zu Helium pro Sekunde würden wir 3 · 1010 kg pro Jahr verbrauchen. Ein Kubikkilometer Meerwasser enthält etwa 1011 kg Wasserstoff, die Weltmeere wiederum 1,3 · 109 km3 Wasser; das gäbe uns genügend Zeit, das nächste Niveau zu erreichen.
111. Kaku, 2011, ebenda. Siehe auch Kaku, Michio. 2010. „The Physics of Interstellar Travel: To One Day Reach the Stars." goo.gl/TBExNt
112. Kaku, Michio. 2005. *Parallel Worlds: The Science of Alternative Universes and Our Future in the Cosmos*. New York: Doubleday, 317.
113. Zubrin, Robert. 2000. *Entering Space: Creating a Spacefaring Civilization*. New York: Putnam, x.
114. Siehe etwa Rapaille, Clotaire und Andres Roemer. 2013. *Move Up*. Mexico City: Taurus.
115. Ghemawat, Pankaj. 2011. World 3.0: *Global Prosperity and How to Achieve It*. Cambridge, MA: Harvard Business Review Press.
116. Shermer, Michael. 2014. „The Car Dealers' Racket." *Los Angeles Times*, 17. März. goo.gl/sjTQwJ
117. Der Evolutionsbiologe Ernst Mayr definiert eine Spezies als „Gruppe von sich untereinander fortpflanzenden Lebewesen, die reproduktiv von anderen solchen Gruppen isoliert sind." Ernst Mayr. 1957. „Species Concepts and Definitions" in *The Species Problem*. Washington, DC: American Association for

the Advancement of Science Publication 50. Siehe auch Mayr, Ernst. 1976. *Evolution and the Diversity of Life*. Cambridge, MA: Harvard University Press; Mayr, Ernst. 1988. *Toward a New Philosophy of Biology*. Cambridge, MA: Harvard University Press.
118. Harris, Sam. 2010. *The Moral Landscape: How Science Can Determine Human Values*. New York: Free Press.
119. Smolin, Lee. 1997. *The Life of the Cosmos*. New York: Oxford University Press; Liddle, Andrew und Jon Loveday. 2009. *The Oxford Companion to Cosmology*. New York: Oxford University Press; Weinberg, Stephen. 2008. *Cosmology*. New York: Oxford University Press.
120. Dyson, Freeman. 1979. „Time Without End: Physics and Biology in an Open Universe." *Reviews of Modern Physics*, 51, Nr. 3, Juli, 447. goo.gl/FM6ezU
121. Pollack, James und Carl Sagan. 1993. „Planetary Engineering." In J. Lewis, M. Matthews und M. Guerreri (Hrsg.), *Resources of Near Earth Space*. Tucson: University of Arizona Press; Niven, Larry. 1990. *Ringworld*. New York: Ballantine; Stapledon, Olaf. 1968. *The Starmaker*. New York: Dover.
122. Shermer, Michael. 2002. „Shermer's Last Law." *Scientific American*, Januar, 33.
123. Dyson, Freeman J. 1960. „Search for Artificial Stellar Sources of Infra-Red Radiation." *Science*, 1311, Nr. 3414, 1667–1668.
124. Maccone, Claudio. 2013. „SETI, Evolution and Human History Merged into a Mathematical Model." *International Journal of Astrobiology*, 12, Nr. 3, 218–245. goo.gl/zsSkZv
125. Maccone, Claudio. 2014. „Evolution and History in a New 'Mathematical SETI' Model." *Acta Astronautica*, 93, 317–344.
126. Brin, David. 2006. „Shouting at the Cosmos . . . Or How SETI Has Taken a Worrisome Turn into Dangerous Territory." September. goo.gl/ywun4f
127. Hawking, Stephen. 2010. *Into the Universe with Stephen Hawking*. Discovery Channel; Jonathan Leake, „Don't Talk to Aliens, Warns Stephen Hawking." Sunday Times (London), 25. April 2010. Siehe auch Shostak, Seth. 1998. *Sharing the Universe: Perspectives on Extraterrestrial Life*. Berkeley, CA: Berkeley Hills Books.
128. Diamond, Jared M. 1991. *The Third Chimpanzee: The Evolution and Future of the Human Animal*. New York: HarperPerennial, 214. Für einen Überblick über die Bedeutung einer Begegnung mit außerirdischen Intelligenzen aus der Perspektive der Risikobewertung siehe Neal, Mark. 2014. „Preparing for Extraterrestrial Contact." *Risk Management*, 16, Nr. 2, 6387.
129. Weiteres über diese Möglichkeit und ihre Alternative, dass wir allein sein könnten, bei Davies, Paul. 1995. *Are We Alone?* New York: Basic Books; Davies, Paul. 2010. *The Eerie Silence: Renewing Our Search for Alien Intelligence*. Boston: Houghton Mifflin Harcourt; Morris, Simon Conway. 2003. *Life's Solution: Inevitable Humans in a Lonely Universe*. Cambridge, UK: Cambridge University Press.

13. Grams, Martin. 2008. *The Twilight Zone: Unlocking the Door to a Television Classic*. Churchville, MD: OTR Publishing.
131. Mit den Worten „Klaatu barada nikto", einer der berühmtesten Zeilen der Science Fiction, hindert die Maria Magdalena nachempfundene Filmfigur den Roboter Gort daran, die Erde zu zerstören. Dieser holt daraufhin den toten Klaatu aus seiner Gruft. Im originalen Drehbuch erklärt Klaatu nach seiner Wiederbelebung, sie sei das Werk von Wissenschaft und Technologie, aber dem Filmzensor Joseph Breen erschien diese Aussage nicht akzeptabel; er zwang den Produzenten, die Zeile hinzuzufügen: „Diese Macht ist dem allmächtigen Geist vorbehalten". Siehe Blaustein, Julian, Robert Wise, Patricia Neal und Billy Gray. 1995. *Making the Earth Stand Still*. DVD Extra, 20th Century-Fox Home Entertainment.
132. North, Edmund H. 1951. Drehbuch für *The Day the Earth Stood Still*. 21. Februar. goo.gl /E885Gi
133. Michael, George. 2011. „Extraterrestrial Aliens: Friends, Foes, or Just Curious?" *Skeptic*, 16, Nr. 3. goo.gl/0fbAj
134. Harrison, Albert A. 2000. „The Relative Stability of Belligerent and Peaceful Societies: Implications for SETI." *Acta Astronautica*, 46, Nr. 10–12, 707–712; Brin, David. 2009. „The Dangers of First Contact: The Moral Nature of Extraterrestrial Intelligence and a Contrarian Perspective on Altruism." *Skeptic*, 15, Nr. 3, 1–7.
135. Zubrin, Robert. 2000. *Entering Space: Creating a Spacefaring Civilization*. New York: Penguin Putnam; Michaud, Michael. 2007. *Contact with Alien Civilizations: Our Hopes and Fears About Encountering Extraterrestrials*. New York: Copernicus Books.
136. Peters, Ted. 2011. „The Implications of the Discovery of Extra-Terrestrial Life for Religion." *Philosophical Transactions of the Royal Society A*, Februar, 369, Nr. 1936, 644–655.
137. Shklovskii, Iosif und Carl Sagan. 1964. *Intelligent Life in the Universe*. New York: Dell.
138. Gehalten im Bishop Charles Mason Temple am 3. April 1968. Text verfügbar hier: goo.gl/Zlcom
139. Warren, Mervyn A. 2001. *King Came Preaching: The Pulpit Power of Dr. Martin Luther King Jr.* Downers Grove, IL: Varsity Press, 193–194.
140. Aus dem Text von Joni Mitchells „Woodstock", auch gesungen von Crosby, Stills, Nash and Young. Carl Sagan sagte gern, wir bestünden aus „Starstuff". Ann Druyan zufolge, Sagans Koautorin, Mitarbeiterin und Ehefrau, geht die Vorstellung auf den Astronomen Harlow Shapley zurück, zuerst erwähnt in einer Veröffentlichung von 1926 namens *The Universe of Stars*, dem Transkript einer Vorlesungsreihe, die zuerst von WEEI gesendet wurde. Dort sagte er: „Wir bestehen aus Sternenstoff... wir leben von Sonnenstrahlen, sie halten uns warm. Wir sind gemacht aus dem Material, aus dem die Sterne bestehen."

Bibliographie

Abrahms, Max. 2006. "Why Terrorism Does Not Work." *International Security*, 31, 42–78.

———. 2013. "Bottom of the Barrel." *Foreign Policy*, April 24. goo.gl/hj4J1h

Abrahms, Max, and Matthew S. Gottfried. 2014. "Does Terrorism Pay? An Empirical Analysis." *Terrorism and Political Violence*, forthcoming.

Adams, John. 1788. *A Defence of the Constitutions of Government of the United States of America*, Vol. 3. goo.gl/rkuuDi

Adams, Katherine H., and Michael L. Keene. 2007. *Alice Paul and the American Suffrage Campaign*. Champaign: University of Illinois Press, 206–208.

Agustin, Laura Maria. 2007. *Sex at the Margins: Migration, Labour Markets and the Rescue Industry*. London: Zed Books.

Aharoni, Eyal, Gina Vincent, Carla Harenski, Vince Calhoun, Walter Sinnott-Armstrong, Michael Gazzaniga, and Kent Kiehl. 2013. "Neuroprediction of Future Rearrest." *PNAS*, 110, no. 15, 6223–6228.

Akbar, Arifa. 2010. "Mao's Great Leap Forward 'Killed 45 Million in Four Years.'" *Independent* (London), September 17. goo.gl /uZki .

Alexander, David. 1994. *Star Trek Creator: The Authorized Biography of Gene Roddenberry*. New York: Roc/Penguin.

Amsterdam, Beulah. 1972. "Mirror Self- Image Reactions Before Age Two." *Developmental Psychobiology*, 5, no. 4, 297–305.

Anderson, Kermyt G. 2006. "How Well Does Paternity Confidence Match Actual Paternity?" *Current Anthropology*, 47, no. 3, June, 513–520.

Arkin, R. M., H. Cooper, and T. Kolditz. 1980. "A Statistical Review of the Literature Concerning the Self- Serving Bias in Interpersonal Influence Situations." *Journal of Personality*, 48, 435–448.

Arkush, Elizabeth, and Charles Stanish. 2005. "Interpreting Conflict in the Ancient Andes." *Current Anthropology*, 46, no. 1, February, 3–28.

Asch, Solomon E. 1951. "Studies of Independence and Conformity: A Minority of One Against a Unanimous Majority." *Psychological Monographs*, 70, no. 416.

———. 1955. "Opinions and Social Pressure." *Scientific American*, November, 31–35.

Athreya, Kartik, and Jessie Romero. 2013. "Land of Opportunity? Economic Mobility in the United States." Federal Reserve Bank of Richmond, July.

Atran, Scott. 2010. "Black and White and Red All Over." *Foreign Policy*, April 22. goo.gl /GQePL

———. 2011. *Talking to the Enemy: Religion, Brotherhood, and the (Un)Making of Terrorists*. New York: Ecco.

Auten, Gerald, and Geoffrey Gee. 2009. "Income Mobility in the United States: New Evidence from Income Tax Data." *National Tax Journal*, June, 301–328.

Auten, Gerald, Geoffrey Gee, and Nicholas Turner. 2013. "Income Inequality, Mobility and Turnover at the Top in the United States, 1987–2010." Paper presented at the Allied Social Science Association's annual meeting, San Diego, January 4.

Bacon, F. 1620/1939. *Novum Organum*. In E. A. Burtt, ed., *The English Philosophers from Bacon to Mill*. New York: Random House.

Baily, Michael. 2003. *The Man Who Would Be Queen: The Science of Gender- Bending and Transsexualism*. Washington, DC: National Academies Press.

Bailey, Ronald. 2011. "How Scared of Terrorism Should You Be?" *Reason*, September 6.

Baker, R. Robin, and Mark A. Bellis. 1995. *Human Sperm Competition: Copulation, Masturbation, and Infidelity*. London: Chapman & Hall.

Bannerman, Helen. 1899. *The Story of Little Black Sambo*. London: Grant Richards.

Barad, Judity, and Ed Robertson. 2001. *The Ethics of Star Trek*. New York: Perennial/ HarperCollins.

Barber, Benjamin. 2013. *If Mayors Ruled the World: Dysfunctional Nations, Rising Cities*. New Haven CT: Yale University Press.

Barbieri, Katherine. 2002. *The Liberal Illusion: Does Trade Promote Peace?* Ann Arbor: University of Michigan Press.

Baron- Cohen, Simon. 2011. *The Science of Evil: On Empathy and the Origins of Cruelty*. New York: Basic Books.

Baumeister, Roy. 1990. "Victim and Perpetrator Accounts of Interpersonal Conflict: Autobiographical Narratives About Anger." *Journal of Personality and Social Psychology*, 59, no. 5, 994–1005.

———. 1997. *Evil: Inside Human Violence and Cruelty*. New York: Henry Holt.

Baumeister, Roy, and John Tierney. 2011. *Willpower: Rediscovering the Greatest Human Strength*. New York: Penguin.

Becker, Jasper. 1998. *Hungry Ghosts: Mao's Secret Famine*. New York: Henry Holt.

Beddis, I. R., P. Collins, S. Godfrey, N. M. Levy, and M. Silverman. 1979. "New Techniquefor Servo- Control of Arterial Oxygen Tension in Preterm Infants." *Archives of Disease in Childhood*, 54, 278–280.

Beech, Richard. 2014. "Thomas Hitzlsperger Comes Out as Being Gay." *Mirror*, January 8.

Beinhocker, Eric. 2006. *The Origin of Wealth: Evolution, Complexity, and the Radical Remaking of Economics*. Cambridge, MA: Harvard Business School Press, 453.

Bekoff , M., ed. 2000. *The Smile of a Dolphin: Remarkable Accounts of Animal Emotions*.New York: Crown Books.

Bentham, Jeremy. 1789/1948. *The Principles of Morals and Legislation*. New York: Macmillan.

Berns, Gregory. 2013. "Dogs Are People Too." *New York Times*, October 6, SR5.

———. 2013. *How Dogs Love Us: A Neuroscientist and His Adopted Dog Decode the Canine Brain*. New York: New Harvest, 226–227.

Berns, Gregory, Andrew Brooks, and Mark Spivak. 2012. "Functional MRI in Awake Unrestrained Dogs." *PLoS ONE* 7, no. 5.

Berns, Gregory, et al. 2005. "Neurobiological Correlates of Social Conformity and Independence During Mental Rotation." *Biological Psychiatry*, 58, August 1,245–253.

Bernstein, Charles. 1984. *Sambo's: Only a Fraction of the Action: The Inside Story of a Restaurant Empire's Rise and Fall*. Burbank, CA: National Literary Guild.

Bernstein, Elizabeth. 2010. "Militarized Humanitarianism Meets Carceral Feminism: The Politics of Sex, Rights, and Freedom in Contemporary Antitrafficking Campaigns." *Signs*, Autumn, 45–71.

Betzig, Laura. 2005. "Politics as Sex: The Old Testament Case." *Evolutionary Psychology*, 3, 326.

Bhayana, Neha. 2011. "Indian Men Lead in Sexual Violence, Worst on Gender Equality." *Times of India*, March 7.

Bittman, Mark. 2012. "We're Eating Less Meat. Why?" *New York Times*, January 10.

Black, Donald. 1983. "Crime as Social Control." *American Sociological Review*, 48, 34–45.

Blackford, Jennifer; A. Allen, R. Cowan, and S. Avery. 2012. "Amygdala and Hippocampus Fail to Habituate to Faces in Individuals with an Inhibited Temperament."*Social Cognitive and Affective Neuroscience*, January, 143–150.

Blackmore, S., and R. Moore. 1994. "Seeing Things: Visual Recognition and Belief in the Paranormal." *European Journal of Parapsychology*, 10, 91–103.

Blackmun, Harry. 1994. Dissent. *Bruce Edwin Callins, Petitioner, v. James A. Collins, Director*, Texas Department of Criminal Justice, Institutional Division. Supreme Court of the United States, no. 93–7054.

Blackstone, William. 1765. *Commentaries on the Laws of En gland*, I, 411–412.

Blair, B., and M. Brown. 2011. "World Spending on Nuclear Weapons Surpasses $1Trillion per De cade." *Global Zero*. goo.gl /xDcjg5

Bloom, Paul. 2013. *Just Babies: The Origins of Good and Evil*. New York: Crown.

Boehm, Christopher. 2012. *Moral Origins: The Evolution of Virtue, Altruism, and Shame*. New York: Basic Books.

———. 2014. "The Moral Consequences of Social Selection." *Behaviour*, 151, 167–183.

Bonvillian, J. D., and F. G. P. Patterson. 1997. "Sign Language Acquisition and the Development of Meaning in a Lowland Gorilla." In C. Mandell and A. McCabe,eds., *The Problem of Meaning: Behavioral and Cognitive Perspectives*. Amsterdam:Elsevier.

Bosco, David. 2014. *Rough Justice: The International Criminal Court in a World of Power Politics*. New York: Oxford University Press.

Botelho, Greg, and Marlena Baldacci. 2014. "Brigadier General Accused of Sex Assault Must Pay over $20,000; No Jail Time." *CNN*.

Boven, Leaf Van. 2000. "Pluralistic Ignorance and Political Correctness: The Case of Affirmative Action." *Political Psychology*, 21, no. 2, 267–276.

Bowler, Kate. 2013. *Blessed: A History of the American Prosperity Gospel*. New York: Oxford University Press.

Bowles, S. 2009. "Did Warfare Among Ancestral Hunter- Gatherers Affect the Evolution of Human Social Behaviors?" *Science*, 324, 1293–1298.

Boyd, Robert, and Peter J. Richerson. 1992. "Punishment Allows the Evolution of Cooperation (or Anything Else) in Sizable Groups." *Ethology and Sociobiology*, 13, 171–195.

———. 2005. *The Origin and Evolution of Cultures*. New York: Oxford University Press.

Branas, Charles C., Therese S. Richmond, Dennis P. Culhane, Thomas R. Ten Have, and Douglas J. Wiebe. 2009. "Investigating the Link Between Gun Possession and Gun Assault." *American Journal of Public Health*, November, 99, no. 11, 2034–2040.

Brand, Stewart. 2013. *City- Based Global Governance*. The Long Now Foundation. goo . gl / FbS5E

Brass, Marcel, and Patrick Haggard. 2007. "To Do or Not to Do: The Neural Signatureof Self- Control." *Journal of Neuroscience*, 27, no. 34, 9141–9145.

Breiter, Hans, N. Etcoff , P. Whalen, W. Kennedy, S. Rauch, R. Buckner, M. Srauss, S.Hyman, and B. Rosen. 1996. "Response and Habituation of the Human Amygdala During Visual Pro cessing of Facial Expression." *Neuron*, November, 17, 875–887.

Briggs, Robin. 1996. *Witches and Neighbors: The Social and Cultural Context of Eu rope an Witchcraft* . New York: Viking.

Brin, David. 2006. "Shouting at the Cosmos . . . Or How SETI Has Taken a Worrisome Turn into Dangerous Territory." September. goo.gl /ywun4f

———. 2009. "The Dangers of First Contact: The Moral Nature of Extraterrestrial Intelligence and a Contrarian Perspective on Altruism." *Skeptic*, 15, no. 3, 1–7.

Brodie, Bernard. 1946. *The Absolute Weapon: Atomic Power and World Order*. New York: Harcourt, Brace.

Bronowski, Jacob. 1956. *Science and Human Values*. New York: Julian Messner.

Brooks, Arthur C. 2006. *Who Really Cares: The Surprising Truth About Compassionate Conservatism*. New York: Basic Books.

Brosnan, Sarah F. 2008. "Fairness and Other- Regarding Preferences in Nonhuman Primates." In Paul Zak, ed., *Moral Markets: The Critical Role of Values in the Economy*. Princeton, NJ: Princeton University Press.

Brosnan, Sarah F., and Frans de Waal. 2003. "Monkeys Reject Unequal Pay." *Nature*, 425, September 18, 297–299.

Broszat, Martin. 1967. "Nationalsozialistiche Konzentrationslager 1933–1945." In H. Bucheim, ed., *Anatomie des SS- Staates*. 2 vols. Munich: Deutscher Taschenbuchverlag.

Brown, Anthony Cave, ed. 1978. *DROPSHOT: The American Plan for World War III Against Russia in 1957*. New York: Dial Press.

Brown, Susan Love, ed. 2002. *Intentional Community: Anthropological Perspective*. Albany: State University of New York Press, 156.

Browning, Christopher. 1991. *The Path to Genocide: Essays on Launching the Final Solution*. Cambridge, UK: Cambridge University Press, 143.

Brugger, P., T. Landis, and M. Regard. 1990. "A 'Sheep- Goat Effect' in Repetition Avoidance: Extra- Sensory Perception as an Effect of Subjective Probability?" *British Journal of Psychology*, 81, 455–468.

Bull, Henry. 1961. *The Control of the Arms Race*. London: Institute of Strategic Studies.

———. 1995. *The Anarchical Society*. London: Macmillan.

Burger, Jerry. 2009. "Replicating Milgram: Would People Still Obey Today?" *American Psychologist*, 64, 1–11.

Burke, Edmund. 1790/1967. *Reflections on the Revolution in France*. London: J. M. Dent & Sons.

———. 2009. *The Works of the Right Honorable Edmund Burke*, ed. Charles Pedley. Ann Arbor: University of Michigan Library.

Burks, S. V., J. P. Carpenter, L. Goette, and A. Rustichini. 2009. "Cognitive Skills Affect Economic Preferences, Strategic Behavior, and Job Attainment." *Proceedings of the National Academy of Sciences*, 106, 7745–7750.

Burtless, Gary. 2014. "Income Growth and Income Inequality: The Facts May Surprise You." Washington, DC: Brookings Institution.

Buss, David. 2001. *The Dangerous Passion: Why Jealousy Is as Necessary as Love and Sex*. New York: Free Press.

———. 2002. "Human Mate Guarding." *NeuroEndocrinology Letters*, December, 23, no. 4, 23–29.

———. 2003. *The Evolution of Desire: Strategies of Human Mating*. New York: Basic Books, 266.

———. 2005. *The Murderer Next Door: Why the Mind Is Designed to Kill*. New York: Penguin.

———. 2011. *Evolutionary Psychology: The New Science of the Mind*. New York: Pearson.

Byrne, R. 1995. *The Thinking Ape: Evolutionary Origins of Intelligence*. Oxford, UK: Oxford University Press.

Callahan, Tim. 2012. "Is Ours a Christian Nation?" *Skeptic*, 17, no. 3, 31–55.
Camerer, Colin. 2003. *Behavioral Game Theory*. Prince ton, NJ: Prince ton University Press.
Cannino- Thompson, Jennifer, Ronald Cotton, and Erin Torneo. 2010. *Picking Cotton*. New York: St. Martin's Press.
Caplan, Brian, and Stephen C. Miller. 2010. "Intelligence Makes People Think Like Economists: Evidence from the General Social Survey." *Intelligence*, 38, 636–647.
Carlton, Jim. 2013. "A Winter Without Walruses." *Wall Street Journal*, October 4, A4.
Carroll, Rory. 2013. "Elon Musk's Mission to Mars." *Guardian*, July 17. goo.gl / IFsXP
Carter, David. 2004. *Stonewall: The Riots That Sparked the Gay Revolution*. New York: St. Martin's Press.
Cartwright, James, et al. 2012. "Global Zero US Nuclear Policy Commission Report: Modernizing US Nuclear Strategy, Force Structure and Posture." *Global Zero*, May.
Casey, Gerard. 2012. *Libertarian Anarchy: Against the State*. New York: Continuum International Publishing.
Cesarani, David. 2006. *Becoming Eichmann: Rethinking the Life, Crimes, and Trial of a "Desk Murderer."* New York: Da Capo Press.
Chambers, John R., Lawton K. Swan, and Martin Heesacker. 2013. "Better Off Th an We Know: Distorted Perceptions of Incomes and Income Inequality in America." *Psychological Science*, 1–6. goo.gl /U5cyNR
Chenoweth, Erica. 2013. "Nonviolent Resistance." TEDx Boulder. goo.gl /t00JSa
Chenoweth, Erica, and Maria J. Stephan. 2011. *Why Civil Resistance Works: The Strategic Logic of Nonviolent Conflict*. New York: Columbia University Press.
Chomsky, Noam. 1967. "The Responsibility of Intellectuals." *New York Review of Books*, 8, no. 3. goo.gl /wRPVH
Chu, Henry. 2013. "Gay British Scientist Gets Posthumous Royal Pardon." *Los Angeles Times*, December 25, A1, 7.
Clark, Gregory. 2007. *A Farewell to Alms: A Brief Economic History*. Prince ton, NJ: Prince ton University Press, 2–3.
———. 2014. *The Son Also Rises: Surnames and the History of Social Mobility*. Princeton, NJ: Prince ton University Press, 5.
Clemens, Walter C. Jr. 2013. *Complexity Science and World Affairs*. Albany: State University of New York Press.
Cobb, T. R. R. 1858 (1999). *An Inquiry into the Law of Negro Slavery in the United States*. Reprint University of Georgia.
Coe, Michael D. 2005. *The Maya*, 7Thed. London: Thames & Hudson.

Cohen, I. Bernard. 1985. *Revolution in Science*. Cambridge, MA: Harvard University Press.

Cohen, Carl, and Tom Regan. 2001. *The Animal Rights Debate*. Lanham, MD: Rowman & Littlefield.

Collins, Katie. 2013. "Study: Elephants Found to Understand Human Pointing Without Training." *Wired*. goo.gl /4WdLVu

Collins, Randall. 2008. *Violence: A Micro- Sociological Theory*. Prince ton, NJ: Prince ton University Press.

Conover, Ted. 2013. "The Stream: Ted Conover Goes Undercover as a USDA Meat Inspector." *Harper's*, April 15. goo.gl /6sP9M

Conot, Robert E. 1993. *Justice at Nuremberg*. New York: Basic Books.

Cooney, Mark. 1997. "The Decline of Elite Homicide." *Criminology*, 35, 381–407.

Cords, M., and S. Th urnheer, 1993. "Reconciling with Valuable Partners by Long- Tailed Macaques." *Behaviour*, 93, 315–325.

Cowell, Alan. 2013. "Ugandan Lawmakers Pass Measure Imposing Harsh Penalties on Gays." *New York Times*, December 20, A8.

Cronin, Audrey. 2011. *How Terrorism Ends: Understanding the Decline and Demise of Terrorist Campaigns*. Princeton, NJ: Prince ton University Press.

Cruz, F., V. Carrion, K. J. Campbell, C. Lavoie, and C. J. Donlan. 2009. "Bio- Economics of Large- Scale Eradication of Feral Goats from Santiago Island, Galápagos." *Wildlife Management*, 73, 191–200. Daly, Martin, and Margo Wilson. 1988. *Homicide*. New York: Aldine De Gruyter.

———. 1999. *The Truth About Cinderella: A Darwinian View of Parental Love*. New Haven, CT: Yale University Press.

Daly, Martin, Margo Wilson, and Shawn Vasdev. 2001. "Income Inequality and Homicide Rates in Canada and the United States." *Canadian Journal of Criminology*, 43, no. 2, 219–236.

Damasio, Antonio R. 1994. *Descartes' Error: Emotion, Reason, and the Human Brain*. New York: Putnam.

Daniel, Lisa. 2012. "Panetta, Dempsey Announce Initiatives to Stop Sexual Assault." *American Forces Press Service*, April 16. goo.gl /n90vmq

Darwin, Charles. 1859. *On the Origin of Species by Means of Natural Selection*. London: John Murray, 488–489.

———. 1871. *The Descent of Man and Selection in Relation to Sex*. London: John Murray, 69, 571.

Davies, Paul. 1995. *Are We Alone?* New York: Basic Books.

———. 2010. *The Eerie Silence: Renewing Our Search for Alien Intelligence*. Boston: Houghton Mifflin Harcourt.

Davis, D. B. 1984. *Slavery and Human Progress*. New York: Oxford University Press.

Davis, Kate, and David Heilbroner, directors. 2010. *Stonewall Uprising.* Documentary.

Davis, M. H., and W. G. Stephan. 1980. "Attributions for Exam Per for mance." *Journal of Applied Social Psychology,* 10, 235–248.

Dawkins, Marion S. 1993. *Through Our Eyes Only: The Search for Animal Consciousness.* New York: W. H. Freeman.

Dawkins, Richard. 1976. *The Selfish Gene.* New York: Oxford University Press.

———. 2006. *The God Delusion.* New York: Houghton Mifflin, 31.

———. 2014. "What Scientific Idea Is Ready for Retirement? Essentialism." edge .org / response -detail /25366

Deary, Ian J., G. D. Batty, and C. R. Gale. 2008. "Bright Children Become Enlightened Adults." *Psychological Science,* 19, 1–6.

DeLong, J. Bradford. 1998. "Estimating World GDP, One Million B.C.–Present." goo.gl /7ttdjw

———. 2000. "Cornucopia: The Pace of Economic Growth in the Twentieth Century." Working Paper 7602. National Bureau of Economic Research. goo.gl/ PLNJTG

De Waal, Frans. 1982. *Chimpanzee Politics: Sex and Power Among the Apes.* Baltimore: Johns Hopkins University Press, 203, 207.

———. 1989. *Peacemaking Among Primates.* Cambridge, MA: Harvard University Press.

———. 1996. *Good Natured: The Origins of Right and Wrong in Humans and Other Animals.* Cambridge, MA: Harvard University Press.

———. 1997. "Food Transfers Through Mesh in Brown Capucins." *Journal of Comparative Psychology,* 111, 370–378.

———. 2005. *Our Inner Ape.* New York: Riverhead Books, 175.

———. 2008. "How Selfish an Animal? The Case of Primate Cooperation." In Paul Zak, ed., *Moral Markets: The Critical Role of Values in the Economy.* Prince ton, NJ: Prince ton University Press.

De Waal, Frans, and Frans Lanting. 1998. *Bonobo: The Forgotten Ape.* Berkeley: University of California Press.

Dennett, Daniel. 1997. *Kinds of Minds.* New York: Basic Books.

———. 2003. *Freedom Evolves.* New York: Viking.

Deschner, Amy, and Susan A. Cohen. 2003. "Contraceptive Use Is Key to Reducing Abortion Worldwide." *The Guttmacher Report on Public Policy,* October, 6, no. 4, goo.gl /Ovgge

Diamandis, Peter, and Steven Kotler. 2012. *Abundance: The Future Is Better Than You Think.* New York: Free Press, 8.

Diamond, Jared M. 1991. *The Third Chimpanzee: The Evolution and Future of the Human Animal.* New York: HarperPerennial, 214.

———. 2012. *The World Until Yesterday: What Can We Learn from Traditional Societies?* New York: Viking.

Doris, John Michael. 2002. *Lack of Character: Personality and Moral Behavior.* New York: Cambridge University Press.

Dorussen, Han, and Hugh Ward. 2010. "Trade Networks and the Kantian Peace." *Journal of Peace Research*, 47, no. 1, 229–242.

Douglas, Stephen. 1858. In Harold Holzer, ed. 1994. *The Lincoln-Douglas Debates: The First Complete, Unexpurgated Text.* New York: Fordham University Press, 55.

Draper, Patricia. 1978. "The Learning Environment for Aggression and Anti-Social Behavior among the !Kung." In *Learning Non-Aggression: The Experience of Nonliterate Societies,* ed. A. Montagu. New York: Oxford University Press, 46.

Drexler, Eric K. 1986. *Engines of Creation.* New York: Anchor Books.

D'Souza, Dinesh. 2008. *What's So Great About Christianity.* Carol Stream, IL: Tyndale House.

Duncan, Craig, and Tibor R. Machan. 2005. *Libertarianism: For and Against.* Lanham, MD: Rowman & Littlefield.

Dutton, Kevin. 2012. *The Wisdom of Psychopaths: What Saints, Spies, and Serial Killers Teach Us About Success.* New York: Farrar, Straus & Giroux.

Dyson, Freeman J. 1960. "Search for Artificial Stellar Sources of Infra-Red Radiation." *Science*, 1311, no. 3414, 1667–1668.

———. 1979. "Time Without End: Physics and Biology in an Open Universe." *Reviews of Modern Physics,* 51, no. 3, July, 447. Eaves, L. J., H. J. Eysenck, and N. G. Martin. 1989. *Genes, Culture and Personality: An Empirical Approach.* San Diego: Academic Press. Eckholm, Erik, and John Schwartz. 2014. "Timeline Describes Frantic Scene at Oklahoma Execution." *New York Times*, May 1, A1.

Eddington, Arthur Stanley. 1938. *The Philosophy of Physical Science.* Ann Arbor: University of Michigan Press.

Edgerton, Robert. 1992. *Sick Societies: Challenging the Myth of Primitive Harmony.* New York: Free Press.

Edmonds, David. 2013. *Would You Kill the Fat Man?* Prince ton, NJ: Prince ton University Press.

Eisner, Manuel. 2003. "Long-Term Historical Trends in Violent Crime." *Crime & Justice*, 30, 83–142.

———. 2011. "Killing Kings: Patterns of Regicide in Eu rope, 600–1800." *British Journal of Criminology*, 51, 556–577.

Emerson, Ralph Waldo. 1860. "Fate." In *The Conduct of Life*. Boston: Ticknor and Fields.

Epstein, Richard A. 2014. *The Classical Liberal Constitution: The Uncertain Quest for Limited Government.* Cambridge, MA: Harvard University Press.

Evans, Gareth. 2014. "Nuclear Deterrence in Asia and the Pacific." *Asia & the Pacific Policy Studies*, January, 91–111.

Evans- Pritchard, E. E. 1976. *Witchcraft, Oracles and Magic Among the Azande*. New York: Oxford University Press.

Fallon, James. 2013. *The Psychopath Inside: A Neuroscientist's Personal Journey into the Dark Side of the Brain*. New York: Current, 1.

Farrington, D. P. 2007. "Origins of Violent Behavior Over the Life Span." In D. J. Flannery, A. T. Vazsonyi, and I. D. Waldman, eds., *The Cambridge Handbook of Violent Behavior and Aggression*. New York: Cambridge University Press.

Fathi, Nazila. 2005. "Wipe Israel 'off the map' Irani an Says." *New York Times*, October 27. goo.gl /9EFacw

Fearn, Frances. 1910. *Diary of a Refugee*, ed. Rosalie Urquart. University of North Carolina at Chapel Hill.

Fedorov, Yuri. 2002. "Rus sia's Doctrine on the Use of Nuclear Weapons." Pugwash Meeting, London, November 15–17.

Fehr, Ernst, H. Bernhard, and B. Rockenbach. 2008. "Egalitarianism in Young Children." *Nature*, 454, 1079–1083.

Fehr, Ernst, and Simon Gachter. 2002. "Altruistic Punishment in Humans," *Nature*, 415, 137–140.

Ferguson, Niall. 2000. *The Pity of War: Explaining World War I*. New York: Basic Books.

Ferguson, R. Brian. 2013. "Pinker's List: Exaggerating Prehistoric War Mortality." In *War, Peace, and Human Nature*. ed. Douglas P. Fry. New York: Oxford University Press, 112–129.

Ferris, Timothy. 2010. *The Science of Liberty: Democracy, Reason, and the Laws of Nature*. New York: HarperCollins.

Festinger, Leon, Henry W. Riecken, and Stanley Schachter. 1964. *When Prophecy Fails: A Social and Psychological Study*. New York: Harper & Row, 3.

Fettweis, Christopher. 2010. *Dangerous Times?: The International Politics of Great Power Peace*. Washington, DC: Georgetown University Press.

Filmer, Robert. 1680. *Patriarcha, or the Natural Power of Kings*. www .constitution .org / eng /patriarcha .htm Fletcher, George P. 1999. *A Crime of Self- Defense: Bernhard Goetz and the Law on Trial*. Chicago: University of Chicago Press.

Flexner, Eleanor. 1959/1996. *Century of Struggle*. Cambridge, MA: Belknap Press.

Flower, M. 1989. "Neuromaturation and the Moral Status of Human Fetal Life." In *Abortion Rights and Fetal Personhood*. E. Doerr and J. Prescott, eds. Centerline Press, 65–75.

Flynn, James. 1984. "The Mean IQ of Americans: Massive Gains 1932–1978." *Psychological Bulletin*, 101, 171–191.

———. 1987. "Massive IQ Gains in 14 Nations: What IQ Tests Really Measure." *Psychological Bulletin*, 101, 171–191.

———. 2007. *What Is Intelligence?* Cambridge, UK: Cambridge University Press.

———. 2012. *Are We Getting Smarter?: Rising IQ in the Twenty- first Century.* Cambridge, UK: Cambridge University Press.

Foer, Jonathan Safran. 2010. *Eating Animals.* Boston: Back Bay Books.

Foot, Phillipa. 1967. "The Problem of Abortion and the Doctrine of Double Effect." *Oxford Review*, 5, 5–15.

Francione, Gary. 2006. "The Great Ape Project: Not So Great." *Animal Rights: The Abolitionist Approach.* goo.gl . /ojbptB

Fried, I., R. Mukamel, and G. Kreimann. 2011. "Internally Generated Preactivation of Single Neurons in Human Medial Frontal Cortex Predicts Volition." *Neuron*, 69, 548–562.

Fry, Douglas, and Patrik Söderberg. 2013. "Lethal Aggression in Mobile Forager Bands and Implications for the Origins of War." *Science*, July 19, 270–273.

Fukuyama, Francis. 2011. *The Origins of PoliticalOrder: From Prehuman Times to the French Revolution.* New York: Farrar, Straus & Giroux.

Galdikas, B. M. F. 1995. *Refl ections of Eden: My Years with the Orangutans of Borneo.* Boston: Little, Brown.

Gangestad, S. W., and Randy Th ornhill. 1997. "The Evolutionary Psychology of Extra- Pair Sex: The Role of Fluctuating Asymmetry." *Evolution and Human Behavior*, 18, no. 28, 69–88.

Gartzke, E., and J. J. Hewitt. 2010. "International Crises and the Capitalist Peace." *International Interactions*, 36, 115–145.

Gat, Azar. 2006. *War in Human Civilization.* New York: Oxford University Press.

———. In press. "Rousseauism I, Rousseauism II, and Rousseauism of Sorts: Shift ng Perspectives on Aboriginal Human Peacefulness and their Implications for the Future of War." *Journal of Peace Research.*

Gates, Bill, and Melinda Gates. 2014. Annual Letter of the Bill and Melinda Gates- Foundation. annual letter. gatesfoundation.org.

Gebauer, Jochen, Andreas Nehrlich, Constantine Sedikides, and Wiebke Neberich. 2013. "Contingent on Individual- Level and Culture- Level Religiosity." *Social Psychological and Personality Science*, 4, no. 5, 569–578.

Genovese, Eugene D., and Elizabeth Fox- Genovese. 2011. *Fatal Self- Deception: Slaveholding Paternalism in the Old South.* New York: Cambridge University Press, 1.

Ghemawat, Pankaj. 2011. *World 3.0: Global Prosperity and How to Achieve it.* Cambridge, MA: Harvard Business Review Press.

Giangreco, Dennis M. 1998. "Transcript of 'Operation Downfall' [US Invasion of Japan]: US Plans and Japanese Counter- Measures." *Beyond Bushido: Recent Work in Japanese Military History.* goo.gl /ORyRQT

———. 2009. *Hell to Pay: Operation Downfall and the Invasion of Japan 1945–1947* Annapolis, MD: Naval Institute Press.

Gigerenzer, Gerd, and Reinhard Selten. 2002. *Bounded Rationality.* Cambridge, MA:MIT Press.

Gilen, Martin. 2012. *Affluence and Influence: Economic Inequality and PoliticalPower in America*. Prince ton, NJ: Prince ton University Press, 1.

Gintis, Herbert, Samuel Bowles, Robert Boyd, and Ernst Fehr. 2005. *Moral Sentiments and Material Interests*. Cambridge, MA: MIT Press.

Glaeser, Edward. 2011. *The Triumph of the City: How Our Greatest Invention Makes Us Richer, Smarter, Greener, Healthier, and Happier*. New York: Penguin.

Glimcher, P. W. 2003. *Decisions, Uncertainty, and the Brain: The Science of Neuroeconomics*. Cambridge, MA: MIT Press.

Glover, J. 1999. *Humanity: A Moral History of the Twentieth Century*. London: Jonathan Cape.

Glowacki, Luke, and Richard W. Wrangham. 2013. "The Role of Rewards in Motivating Participation in Simple Warfare." *Human Nature*, 24, 444–460.

Goessling, Ben. 2014. "86 Percent OK with Gay Teammate." ESPN .com, February 17.

Goetz, Aaron T., Todd K. Shackelford, Steven M. Platek, Valerie G. Starratt, and William F. McKibbin. 2007. "Sperm Competition in Humans: Implications for Male Sexual Psychology, Physiology, Anatomy, and Behavior." *Annual Review of Sex Research*, 18, no. 1, 1–22.

Goldhagen, Daniel Jonah. 2009. *Worse Than War: Genocide, Eliminationism, and the Ongoing Assault on Humanity*. New York: PublicAffairs, 158.

Goldstein, Joshua. 2011. *Winning the War on War: The Decline of Armed Conflict Worldwide*. New York: E. P. Dutton.

Gopnik, Alison. 2009. *The Philosophical Baby: What Children's Minds Tell us About Truth, Love, and the Meaning of Life*. New York: Farrar, Straus & Giroux.

Grandin, Temple, and Catherine Johnson. 2006. *Animals in Translation: Using the Mysteries of Autism to Decode Animal Behavior*. New York: Harcourt.

Gregg, Becca Y. 2013. "Speakers Differ on Fighting Gun Violence." *Reading Eagle*, September 19.

Gregg, Justin. 2013. *Are Dolphins Really Smart? The Mammal Behind the Myth*. New York: Oxford University Press.

———. "No, Flipper Doesn't Speak Dolphinese." *Wall Street Journal*, December 21, C3.

Griffin, D. R. 2001. *Animal Minds: Beyond Cognition to Consciousness*. Chicago: University of Chicago Press.

Grinde, Björn. 2002. *Darwinian Happiness: Evolution as a Guide for Living and Understanding Human Behavior*. Prince ton, NJ: Darwin Press.

———. 2002. "Happiness in the Perspective of Evolutionary Psychology." *Journal of Happiness Studies*, 3, 331–354.

Gross, Samuel R., Barbara O'Brien, Chen Hu, and Edward H. Kennedy. 2014. "Rate of False Conviction of Criminal Defendants Who Are Sentenced to Death." *Proceedings of the National Academy of Sciences*. April 28. goo.gl/mIjR2M

Grossman, Dave. 2009. *On Killing*. Boston: Little, Brown.
Grossman, Richard S. 2013. *Wrong: Nine Economic Policy Disasters and What We Can Learn from Them*. New York: Oxford University Press.
Hadfield, Chris. 2013. *An Astronaut's Guide to Life on Earth*. New York: Little Brown.
Haggard, P. 2011. "Decision Time for Free Will." *Neuron*, 69, 404–406.
Haidt, Jonathan. 2012. *The Righ teous Mind: Why Good People Are Divided by Politics and Religion*. New York: Pantheon.
Hall, Harriet. 2013. "Does Religion Make People Healthier?" *Skeptic*, 19, no. 1.
Ham, Paul. 2014. *Hiroshima Nagasaki: The Real Story of the Atomic Bombing and Their Aft ermath*. New York: St. Martin's Press.
Hamblin, James. 2014. "How Not to Talk About a Culture of Sexual Assault." *Atlantic*, March 29. goo.gl /mwqxiJ
Hamer, Dean, and P. Copeland. 1994. *The Science of Desire: The Search for the Gay Gene and the Biology of Behavior*. New York: Simon & Schuster.
Hamilton, Tyler, and Daniel Coyle. 2012. *The Secret Race: Inside the Hidden World of the Tour de France*. New York: Bantam Books.
Hankins, Th omas L. 1985. *Science and the Enlightenment*. Cambridge, UK: Cambridge University Press, 161–163.
Hare, B., and M. Tomasello. 2005. "Human- like Social Skills in Dogs?" *Trends in Cognitive Science*, 9, 439–444.
Hare, B., M. Brown, C. Williamson, and M. Tomasello. 2002. "The Domestication of Social Cognition in Dogs." *Science*, November 22, 298, 1634–1636.
Hare, Robert. 1991. *Without Conscious: The Disturbing World of the Psychopaths Among Us*. New York: Guilford Press.
Harper, George W. 1979. "Build Your Own A-Bomb and Wake Up the Neighborhood." *Analog*, April, 36–52.
Harper, William. 1853. "Harper on Slavery." In *The Pro- Slavery Argument, as Maintained by the Most Distinguished Writers of the Southern States*. Philadelphia: Lippincott, Grambo, & Co., 94. goo.gl /kdggN9
Harris, Amy Julia. 2010. "No More Nukes Books." *Half Moon Bay Review*, August 4. goo.gl /4PsK2n
Harris, Judith Rich. 1998. *The Nurture Assumption: Why Children Turn Out the Way They Do*. New York: Free Press.
Harris, Marvin. 1975. *Culture, People, Nature*, 2nd ed. New York: Crowell.
Harris, Sam. 2010. *The Moral Landscape: How Science Can Determine Human Values*. New York: Free Press.
———. 2012. *Free Will*. New York: Free Press, 5.
Harrison, Albert A. 2000. "The Relative Stability of Belligerent and Peaceful Societies: Implications for SETI." *Acta Astronautica*, 46, nos. 10–12, 707–712.

Hartung, J. 1995. "Love Th y Neighbor: The Evolution of In- Group Morality." *Skeptic*, 3, no. 4, 86–99.

Haslam, S. Alexander, and Stephen D. Reicher. 2012. "Contesting the 'Nature' of Conformity: What Milgram and Zimbardo's Studies Really Show." *PLoS Biol* 10, no. 11, November 20: e1001426. doi:10.1371/journal.pbio.1001426

Haslam, S. Alexander, Stephen D. Reicher, and Joanne R. Smith. 2012. "Working Toward the Experimenter: Reconceptualizing Obedience Within the Milgram Paradigm as Identification- Based Followership." *Perspectives on Psychological Science*, 7, no. 4, 315–324. doi:10.1371/journal.pbio.1001426

Hasson, Uri, Ohad Landesman, Barbara Knappmeyer, Ignacio Vallines, Nava Rubin, and David J. Heeger. 2008. "Neurocinematics: The Neuroscience of Film." *Projections*, Summer, 2, no. 1, 1–26.

Hatemi, Peter K., and Rose McDermott, eds., 2011. *Man Is by Nature a PoliticalAnimal*. Chicago: University of Chicago Press.

Hatemi, Peter K., and Rose McDermott. 2012. "The Ge ne tics of Politics: Discovery, Challenges, and Progress." *Trends in Genetics*, October, 28, no. 10, 525–533.

Haugen, Gary A., and Victor Boutros. 2014. *The Locust Effect: Why the End of Poverty Requires the End of Violence*. New York: Oxford University Press, 137.

Hawking, Stephen. 2010. *Into the Universe with Stephen Hawking*. Discovery Channel.

Haynes, J. D. 2011. "Decoding and Predicting Intentions." *Annals of the New York Academy of Sciences*, 1224, no. 1, 9–21.

Heath, Spencer. 1957. *Citadel, Market and Altar: Emerging Society*. Baltimore: Science of Society Foundation.

Heatly, Maurice. 1966. "Whitman Case Notes. The Whitman Archives." *Austin American- Statesman*, March 29.

Hecht, Jennifer Michael. 2013. "The Last Taboo." *Politico.com*, goo.gl/loOSDz

Hedesan, Jo. 2011. "Witch Hunts in Papua New Guinea and Nigeria." *The International*, October 1. goo.gl/Lrkg6N

Heidmann, Jean. 1992. *Extraterrestrial Intelligence*. New York: Cambridge University Press, 210–212.

Henrich, Joseph, et al. 2010. "Markets, Religion, Community Size, and the Evolution of Fairness and Punishment." *Science*, March 19, 327, 1480–1484.

Henrich, Joseph, Robert Boyd, Sam Bowles, Colin Camerer, Ernst Fehr, and Herbert Gintis. 2004. *Foundations of Human Sociality*. New York: Oxford University Press, 8.

Henrich, Joseph, Robert Boyd, Sam Bowles, Colin Camerer, Herbert Gintis, Richard McElreath, and Ernst Fehr. 2001. "In Search of *Homo economicus*: Experiments in 15 Small- Scale Societies." *American Economic Review*, 91, no. 2, 73–79.

Herman, L. M., and P. Morrel- Samuels. 1990. "Knowledge Acquisition and Asymmetry Between Language Comprehension and Production: Dolphins and Apes as General Models for Animals." In M. Bekoff and D. Jamieson, eds., *Interpre-

tation and Explanation in the Study of Animal Behavior. Boulder, CO: Westview Press.

Herring, Amy H., Samantha M. Attard, Penny Gordon- Larsen, William H. Joyner, and Carolyn T. Halpern. 2013. "Like a Virgin (mother): Analysis of Data from a Longitudinal, US Population Representative Sample Survey." *British Medical Journal*, December 17. 347. goo.gl /bkMVnJ

Herszenhorn, David M., and Michael R. Gordon. 2013. "US Cancels Part of Missile Defense That Russia Opposed." *New York Times*, March 16, A12.

Hibbing, John R., Kevin B. Smith, and John R. Alford. 2013. *Predisposed: Liberals, Conservatives, and the Biology of Political Differences*. New York: Routledge.

Hill, Kashmir. 2011. "Adventures in Self- Surveillance, aka The Quantified Self, aka Extreme Navel- Gazing." *Forbes*, April 7. goo.gl /Euyn

Hiltzik, Michael. 2013. "A Huge Threat to Social Mobility." *Los Angeles Times*, December22, B1.

Hirsch, David, and Dan Van Haft en. 2010. *Abraham Lincoln and the Structure of Reason*. New York: Savas Beatie.

Hirschman, Albert O. 1970. *Exit, Voice, and Loyalty: Responses to Decline in Firms, Organizations, and States*. Cambridge, MA: Harvard University Press.

Hitchens, Christopher. 1995. *The Missionary Position: Mother Teresa in Theory and Practice*. Brooklyn, NY: Verso.

———. 2003. "Mommie Dearest." *Slate*, October 20. goo.gl /efSMV

———. 2007. *God Is Not Great: How Religion Poisons Everything*. New York: Twelve.

———. 2010. "The New Commandments." *Vanity Fair*, April. goo.gl /lcXo

Hobbes, Thomas. 1642/1998. *De Cive, or The Citizen*. New York: Cambridge University Press.

———. 1651/1968. *Leviathan, or The Matter, Forme and Power of a Common Wealth Ecclesiasticall and Civil*, ed. C. B. Macpherson. New York: Penguin, 76.

———. 1839. *The English Works of Thomas Hobbes*, Vol. 1, ed. William Molesworth, ix–1.

Hochschild, Adam. 2005. *Bury the Chains: The British Struggle to Abolish Slavery*. London: Macmillan.

Hofling, Charles K., E. Brotzman, S. Dalrymple, N. Graves, and C. M. Pierce. 1966. "An Experimental Study in Nurse- Physician Relationships." *Journal of Nervous and Mental Disease*, 143, 171–180.

Horgan, John. 2014. "Jared Diamond, Please Stop Propagating the Myth of the Savage Savage!" *Scientific American Blogs*, January 20.

Howard, Philip K. 2014. *The Rule of Nobody: Saving America from Dead Laws and Broken Government*. New York: W. W. Norton.

Hrdy, Sara. 2000. "The Optimal Number of Fathers: Evolution, Demography, and History in the Shaping of Female Mate Preference." *Annals of the New York Academy of Science*, 907, 75–96.

Hume, David. 1739. *A Treatise of Human Nature*. London: John Noon.

———. 1748/1902. *An Enquiry Concerning Human Understanding*. Cambridge, UK: Cambridge University Press.

Hunt, Lynn. 2007. *Inventing Human Rights: A History*. New York: W. W. Norton, 76, 179.

Hutcherson, Francis. 1755. *A System of Moral Philosophy*. London, II, 213.

Hutchinson, Roger. 1842. *The Works of Roger Hutchinson*, ed. J. Bruce. Cambridge, UK: Cambridge University Press.

Isaacson, Walter. 2004. *Benjamin Franklin: An American Life*. New York: Simon & Schuster, 311–312.

Jäckel, Eberhard. 1993. *Hitler in History*. Lebanon, NH: Brandeis University Press/University Press of New En gland.

Jackman, Mary R. 1994. *The Velvet Glove: Paternalism and Conflict in Gender, Class, and Race Relations*. Berkeley: University of California Press, 13.

Jacobs, Jane. 1961. *The Death and Life of Great American Cities*. New York: Random House.

Janoff - Bulman, R., S. Sheikh, and S. Hepp. 2009. "Proscriptive versus Prescriptive Morality: Two Faces of Moral Regulation." *Journal of Personality and Social Psychology*, 96, 521–537.

Jefferson, Thomas. 1804. Letter to Judge John Tyler Washington, June 28. *The Letters of Thomas Jefferson, 1743–1826*. goo.gl /hn6qNp

Johnson, David K. 2004. *The Lavender Scare: The Cold War Persecution of Gays and Lesbians in the Federal Government*. Chicago: University of Chicago Press.

Johnson, Steven. 2006. *Everything Bad Is Good for You: How Today's Popular Culture Is Actually Making Us Smarter*. New York: Riverhead.

Jones, Garret. 2008. "Are Smarter Groups More Cooperative? Evidence from Prisoner's Dilemma Experiments, 1959–2003." *Journal of Economic Behavior & Organi za tion*, 68, 489–497.

Jones, Jacqueline. 2013. *A Dreadful Deceit: The Myth of Race from the Colonial Era to Obama's America*. New York: Basic Books.

Jost, J. T., C. M. Federico, and J. L. Napier. 2009. "PoliticalIdeology: Its Structures, Functions, and Elective Affi nities." *Annual Review of Psychology*, 60, 307–337.

Kahneman, Daniel. 2003. "Maps of Bounded Rationality: Psychology for Behavioral Economics." *American Economic Review*, 93, no. 5, 1449–1475.

Kaku, Michio. 2005. *Parallel Worlds: The Science of Alternative Universes and Our Future in the Cosmos*. New York: Doubleday, 317.

———. 2010. "The Physics of Interstellar Travel: To One Day Reach the Stars." goo.gl / TBExNt

———. 2011. *Physics of the Future: How Science Will Shape Human Destiny and Our Daily Lives by the Year 2100*. New York: Doubleday, 21.

Kanazawa, S. 2010. "Why Liberals and Atheists Are More Intelligent." *Social Psychology Quarterly*, 73, 33–57.

Kang, Kyungkook, and Jacek Kugler. 2012. "Nuclear Weapons: Stability of Terror." In Sean Clark and Sabrina Hoque, eds., *Debating a Post-American World*. New York: Routledge.

Kano, Takayoshi, and Evelyn Ono Vineberg. 1992. *The Last Ape: Pygmy Chimpanzee Behavior and Econology*. Ann Arbor, MI: University Microfi lms International.

Kant, Immanuel. 1795/1983. "Perpetual Peace: A Philosophical Sketch." In Ted Humphrey (trans.), *Perpetual Peace and Other Essays*. Indianapolis: Hackett.

Kardashev, Nikolai. 1964. "Transmission of Information by Extraterrestrial Civilizations." *Soviet Astronomy*, 8, 217.

Karouny, Mariam, and Ibon Villelabeitia. 2006. "Iraq Court Upholds Saddam Death Sentence." *Washington Post*, December 26. goo.gl /b9n6oW

Katz, Steven T. 1994. *The Holocaust in Historical Perspective*, Vol. 1. New York: Oxford University Press.

Kearny, Cresson. 1987. *Nuclear War Survival Skills*. Cave Junction, OR: Oregon Institute of Science and Medicine.

Keegan, John. 1994. *A History of Warfare*. New York: Random House.

Keeley, Lawrence. 1996. *War Before Civilization: The Myth of the Peaceful Savage*. New York: Oxford University Press.

Kellerman, Arthur L. 1998. "Injuries and Deaths Due to Firearms in the Home." *Journal of Trauma*, 45, no. 2, 263–267.

Kellerman, Arthur L., and J. A. Mercy. 1992. "Men, Women, and Murder: Gender-Specific Differences in Rates of Fatal Violence and Victimization." *Journal of Trauma*, July, 33, no. 1, 1–5.

Kelly, Kevin. 2014. "The Technium. A Conversation with Kevin Kelly by John Brockman." Edge .org.

Kelly, Lawrence. 2000. *Warless Societies and the Origins of War*. Ann Arbor: University of Michigan Press.

Keltner, Dacher, Aleksandr Kogan, Paul K. Piff, and Sarina Saturn. 2014. "The Sociocultural Appraisals, Values, and Emotions (SAVE) Framework of Prosociality: Core Processes from Gene to Meme." *Annual Review of Psychology*, 65, no. 25, 1–25.

Kenner, Robert, and Melissa Robledo. 2008. *Food, Inc.* Participant Media.

Kidd, David Comer, and Emanuele Castano. 2013. "Reading Literary Fiction Improves Theory of Mind." *Science*, 342, no. 6156, 377–380.

Kieckhefer, Richard. 1994. "The Specific Rationality of Medieval Magic." *American Historical Review*, 99, no. 3, 813–836.

Kiehl, Kent A., et al. 2001. "Limbic Abnormalities in Affective Processing by Criminal Psychopaths as Revealed by Functional Magnetic Resonance Imaging." *Biological Psychiatry*, 50, 677–684.

Kiernan, Ben. 2009. *Blood and Soil: A World History of Genocide and Extermination from Sparta to Darfur.* New Haven, CT: Yale University Press.

King, Coretta Scott. 1969. *My Life with Martin Luther King Jr.* New York: Holt, Rinehart, & Winston.

King, Neil. 2013. "Evangelical Leader Preaches a Pullback from Politics, Culture Wars." *Wall Street Journal*, October 22, A1, 14.

Kitchens, Caroline. 2014. "It's Time to End 'Rape Culture' Hysteria." *Time*, March 20. goo.gl /lWff Xq

Klee, Ernst, Wili Dressen, Volker Riess, and Hugh Trevor- Roper. 1996. *"The Good Old Days": The Holocaust As Seen by Its Perpetrators and Bystanders.* New York: William S. Konecky Associates, 163–171.

Klemesrud, Judy. 1977. "Equal Rights Plan and Abortion Are Opposed by 15,000 at Rally." *New York Times*, November 20, A32.

Knight, Richard. 2012. "Are North Koreans Really Three Inches Shorter than South Koreans?" *BBC News Magazine*, April 22. goo.gl /dWWGxp

Kohler, Pamela K., Lisa E. Manhart, and William E. Lafferty. 2008. "Abstinence-Only and Comprehensive Sex Education and the Initiation of Sexual Activity and Teen Pregnancy." *Journal of Adolescent Health*, April, 42, no. 4, 344–351.

K'Olier, Franklin, ed. 1946. *United States Strategic Bombing Survey, Summary Report (Pacific War).* Washington, DC: US Government Printing Office.

Konvitz, Josef W. 1985. *The Urban Millennium: The City- Building Process from the Early Middle Ages to the Present.* Carbondale, IL: Southern Illinois University Press.

Koonz, Claudia. 2005. *The Nazi Conscience.* Cambridge, MA: Harvard University Press.

Koops, B. L., L. J. Morgan and F. C. Battaglia. 1982. "Neonatal Mortality Risk in Relation
to Birth Weight and Gestational Age: Update." *Journal of Pediatrics*, 101, 969–977.

Kosko, Bart. 1992. *Fuzzy Engineering.* Englewood Cliffs, NJ: Prentice Hall.

Kostof, Spiro. 1991. *The City Shaped: Urban Patterns and Meanings Through History.* Boston: Little, Brown.

Koyama, N. F., C. Caws, and F. Aureli. 2007. "Interchange of Grooming and Agonistic Support in Chimpanzees." *International Journal of Primatology* 27, no. 5, 1293–1309.

Koyama, N. F., and E. Palagi. 2007. "Managing Conflict: Evidence from Wild and Captive Primates." *International Journal of Primatology*, 27, no. 5, 1235–1240.

Krackow, A., and T. Blass. 1995. "When Nurses Obey or Defy Inappropriate Physician Orders: Attributional Differences." *Journal of Social Behavior and Personality*, 10, 585–594.

Krakauer, Jon. 2004. *Under the Banner of Heaven: A Story of Violent Faith*. New York: Anchor.

Kraus, Michael W., Paul K. Piff, and Dacher Keltner. 2009. "Social Class, Sense of Control, and Social Explanation." *Journal of Personality and Social Pschology*, 97, no. 6, 992–1004.

Kristensen, Hans M., and Robert S. Norris. 2013. "Global Nuclear Weapons Inventories, 1945–2013." *Bulletin of the Atomic Scientists*, 69, no. 5, 75–81.

Krueger, Alan B. 2007. *What Makes a Terrorist: Economics and the Roots of Terrorism*. Princton, NJ: Prince ton University Press.

Kubrick, Stanley. 1964. *Dr. Strangelove or: How I Learned to Stop Worrying and Love the Bomb*. Columbia Pictures.

Kugler, Jacek. 1984. "Terror Without Deterrence: Reassessing the Role of Nuclear Weapons." *Journal of Conflict Resolution*, 28, no. 3, September, 470–506.

———. 2012. "A World Beyond Waltz: Neither Iran nor Israel Should Have the Bomb." PBS, September 12.

Kugler, Tadeusz, Kyung Kook Kang, Jacek Kugler, Marina Arbetman- Rabinowitz, and John Thomas. 2013. "Demographic and Economic Consequences of Conflict." *International Studies Quarterly*, March, 57, no. 1, 1–12.

Kuhn, Deanna, M. Weinstock, and R. Flaton. 1994. "How Well Do Jurors Reason? Competence Dimensions of Individual Variation in a Juror Reasoning Task." *Psychological Science*, 5, 289–296.

Kurzban, Robert. 2012. *Why Everyone (Else) Is a Hypocrite*. Princeton, NJ: Princeton University Press.

Kurzweil, Ray. 2006. *The Singularity Is Near: When Humans Transcend Biology*. New York: Penguin.

Lacina, B., and N. P. Gleditsch. 2005. "Monitoring Trends in Global Combat: A New Dataset in Battle Deaths." *European Journal of Population*, 21, 145–166.

Lacina, B., N. P. Gleditsch, and B. Russett. 2006. "The Declining Risk of DeaThin Battle."*International Studies Quarterly*, 50, 673–680.

Lambert, Tracy A., Arnold S. Kahn, and Kevin J. Apple. 2003. "Pluralistic Ignorance and Hooking Up." *Journal of Sex Research*, 40, no. 2, May, 129–133.

Larmuseau, M. H. D., J. Vanoverbeke, A. Van Geystelen, G. Defraene, N. Vanderheyden, K. Matthys, T. Wenseleers, and R. Decorte. 2013. "Low Historical Rates of Cuckoldry in a Western European Human Population Traced by

Y-Chromosome and Genealogical Data." *Proceedings of the Royal Society B*, December, 280, no. 1772

La Roncière, Charles de. 1988. "Tuscan Notables on the Eve of the Re nais sance." In Philippe Ariès and George Duby (eds.), *A History of Private Life: Revelations of the Medieval World*. Cambridge, MA: Harvard University Press.

Laumann, E. O., J. H. Gagnon, R. T. Michael, and S. Michaels. 1994. *The Social an tion of Sexuality: Sexual Practices in the United States*. Chicago: University of Chicago Press.

Leake, Jonathan. 2010. "Don't Talk to Aliens, Warns Stephen Hawking." *Sunday Times* (London), April 25. goo.gl /yxZlah

Leblanc, Steven, and Katherine E. Register. 2003. *Constant Battles: The Myth of the Peaceful, Noble Savage*. New York: St. Martin's Press.

Le Bon, Gustave. 1896. *The Crowd: A Study of the Popular Mind*. New York: Macmillan.

Lebow, Richard Ned. 2010. *Why Nations Fight: Past and Future Motives for War*. Cambridge, UK: Cambridge University Press.

Lecky, William Edward Hartpole. 1869. *History of European Morals: From Augustus to Charlemagne*, 2 vols. New York: D. Appleton, Vol. 1.

Lee, Richard B. 1979. *The !Kung San: Men, Women, and Work in a Foraging Society*. New York: Cambridge University Press.

Leeson, Peter T. 2009. *The Invisible Hook*. Prince ton, NJ: Prince ton University Press.

———. 2014. *Anarchy Unbound: Why Self- Governance Works Better Than You Think*. Cambridge, UK: Cambridge University Press.

Lemkin, Raphael. 1946. "Genocide." *American Scholar*, 15, no. 2, 227–230.

Leonard, J. A., R. K. Wayne, J. Wheeler, R. Valadez, S. Guillén, and C. Vilá. 2002. "Ancient DNA Evidence for Old World Origin of New World Dogs." *Science*, November 22, 298, 1613–1615.

Lettow, Paul. 2005. *Ronald Reagan and His Quest to Abolish Nuclear Weapons*. New York: Random House.

Levak, Brian. 2006. *The Witch- Hunt in Early Modern Eu rope*. New York: Routledge.

LeVay, Simon. 2010. *Gay, Straight, and the Reason Why: The Science of Sexual Orientation*. New York: Oxford University Press.

Levi, Michael S. 2003. "Panic More Dangerous than WMD." *Chicago Tribune*, May 26. goo.gl /tlVogl

———. 2009. *On Nuclear Terrorism*. Cambridge, MA: Harvard University Press.

———. 2011. "Fear and the Nuclear Terror Threat." *USA Today*, March 24, 9A.

Levi, Primo. 1989. *The Drowned and the Saved*. New York: Vintage Books, 56.

Levin, Yuval. 2013. *The Great Debate: Edmund Burke, Thomas Paine, and the Birth of Left and Right*. New York: Basic Books.

Levy, Jack S., and William R. Thompson. 2011. *The Arc of War: Origins, Escalation, and Transformation.* Chicago: University of Chicago Press.

Lewis, J., M. Matthews, and M. Guerreri, eds., *Resources of Near Earth Space.* Tucson: University of Arizona Press.

Lewis, M., and J. Brooks- Gunn. 1979. *Social Cognition and the Acquisition of Self.* New York: Plenum Press, 296.

Libet, Benjamin. 1985. "Unconscious Cerebral Initiative and the Role of Conscious Will in Voluntary Action." *Behavior and Brain Sciences*, 8, 529–566.

———. 1999. "Do We Have Free Will?" *Journal of Consciousness Studies*, 6, no. 809, 47–57. Liddle, Andrew, and Jon Loveday. 2009. *The Oxford Companion to Cosmology.* New York: Oxford University Press.

Liebenberg, Louis. 1990. *The Art of Tracking: The Origin of Science.* Cape Town: David Philip.

———. 2013. "Tracking Science: The Origin of Scientific Thinking in Our Paleolithic Ancestors." *Skeptic*, 18, no. 3, 18–24.

Lifton, Robert Jay. 1989. *The Nazi Doctors: Medical Killing and the Psychology of Genocide.* New York: Basic Books.

Lincoln, Abraham. 1854. Fragment on Slavery. July 1. goo.gl/ux6b9Z

———. 1858. In Roy P. Basler, ed., *The Collected Works of Abraham Lincoln.* 1953, Vol. II, August 1, 532.

Lindgren, James. 2006. "Concerns About Arthur Brooks's 'Who Really Cares.' " November 20. goo.gl/iGk9M0

Lingeman, Richard R. June 17, 1973. "There Was Another Fift ies." *New York Times Magazine*, 27.

Lipstadt, Deborah E. 2011. *The Eichmann Trial.* New York: Schocken.

Llewellyn Barstow, Anne. 1994. *Witchcraze: A New History of the European Witch Hunts.* New York: HarperCollins.

Lloyd, Christopher. 1968. *The Navy and the Slave Trade: The Suppression of the African Slave Trade in the Nineteenth Century.* London: Cass, 118.

LoBue, V., T. Nishida, C. Chiong, J. S. DeLoache, and J. Haidt. 2011. "When Getting Something Good Is Bad: Even Three- Year- Olds React to Inequality." *Social Development*, 20, 154–170.

Locke, John. 1690. *Second Treatise of Government*, chap. II. Of the State of Nature, sec. 4. goo.gl/RJdaQB

Long, William, and Peter Brecke. 2003. *War and Reconciliation: Reason and Emotion in Conflict Resolution.* Cambridge, MA: MIT Press, 70–71.

Lott, John. 2010. *More Guns, Less Crime: Understanding Crime and Gun Control Laws,* 3rd ed. Chicago: University of Chicago Press.

Low, Bobbi. 1996. "Behavioral Ecol ogy of Conservation in Traditional Societies." *Human Nature* 7, no. 4: 353–379.

Low, Philip, Jaak Panksepp, Diana Reiss, David Edelman, Bruno Van Swinderen, and Christof Koch. 2012. "The Cambridge Declaration on Consciousness." Francis Crick Memorial Conference on Consciousness in Human and non- Human Animals. Cambridge, UK: Churchill College, University of Cambridge.

Lozowick, Yaacov. 2003. *Hitler's Bureaucrats: The Nazi Security Police and the Banality of Evil*. New York: Continuum, 279.

MacCallum, Spencer Heath. 1970. *The Art of Community*. Menlo Park, CA: Institute for Humane Studies.

Maccone, Claudio. 2013. "SETI, Evolution and Human History Merged into a Mathematical Model." *International Journal of Astrobiology*, 12, no. 3, 218–245.

———. 2014. "Evolution and History in a New 'Mathematical SETI' Model." *Acta Astronautica*, 93, 317–344.

MacDonald, Heather. 2008. "The Campus Rape Myth." *City Journal*, Winter, 18, no. 1. goo.gl /dDuaR

Mackay, Charles. 1841/1852/1980. *Extraordinary Popular Delusions and the Madness of Crowds*. New York: Crown.

Mackey, John, and Raj Sisodia. 2013. *Conscious Capitalism: Liberating the Heroic Spirit of Business*. Cambridge, MA: Harvard Business Review Press, 20.

Maclin, Beth. 2008. "A Nuclear Weapon- Free World Is Possible, Nunn Says." Belfer Center for Science and International Affairs, Harvard University, October 20.

MacRae, Allan, and Howard Zehr. 2011. "Right Wrongs the Maori Way." *Yes! Magazine*, July 8. goo.gl /PBd67u

Macy, Michael W., Robb Willer, and Ko Kuwabara. 2009. "The False Enforcement of Unpopular Norms." *American Journal of Sociology*, 115, no. 2, September, 451–490.

Maddison, Agnus. 2006. *The World Economy*. Washington, DC: OECD Publishing.

———. 2007. *Contours of the World Economy 1–2030 AD: Essays in Macro- Economic History*. New York: Oxford University Press.

Maddox, Robert James. 1995. "The Biggest Decision: Why We Had to Drop the Atomic Bomb." *American Heritage*, 46, no. 3, 70–77.

Madison, James. 1788. "The Federalist No. 51: The Structure of the Government Must Furnish the Proper Checks and Balances Between the Different Departments." *Independent Journal*, February 6.

Magnier, Mark, and Tanvi Sharma. 2013. "India Court Makes Homosexuality a Crime Again." *Los Angeles Times*, December 11, A7.

Malinowski, Bronislaw. 1954. *Magic, Science, and Religion*. Garden City, NY: Doubleday, 139–140.

Malmstrom, Frederick V., and David Mullin. "Why Whistleblowing Doesn't Work: Loyalty Is a Whole Lot Easier to Enforce Than Honesty." *Skeptic*, 19, no. 1, 30–34.

Manchester, William. 1987. "The Bloodiest Battle of All." *New York Times*, June 14. goo.gl /d4DcVe

Mankiw, Gregory. 2011. *Principles of Economics*. 6th ed. Stamford, CT: Cengage Learning, 11.

Mannix, D. P. 1964. *The History of Torture*. Sparkford, UK: Sutton, 137–138.

Mar, Raymond, and Keith Oatley. 2008. "The Function of Fiction Is the Abstraction and Simulation of Social Experience." *Perspectives on Psychological Science*, 3, 173–192.

Marino, L. 1988. "A Comparison of Encephalization Between Odontocete Cetaceans and Anthropoid Primates." *Brain, Behavior, and Evolution*, 51, 230.

Marsh, James, director. 2011. *Project Nim*. Documentary fi lm.

Marshall, Monty. 2009. "Major Episodes of PoliticalViolence, 1946–2009." Vienna, VA: Center for Systematic Peace, November 9, www.systemicpeace.org/warlist.htm

———. 2009. *Polity IV Project: Political Regime Characteristics and Transitions, 1800–2008*. Fairfax, VA: Center for Systematic Peace, George Mason University. http://www.systemicpeace.org/polityproject.html

Marston, Cicely, and John Cleland. 2003. "Relationships Between Contraception and Abortion: A Review of the Evidence." *International Family Planning Perspectives*, March, 29, no. 1, 6–13.

Martin, A., and K. R. Olson. 2013. "When Kids Know Better: Paternalistic Helping in 3- Year- Old Children." *Developmental Psychology*, November, 49, no. 11, 2071–2081.

Marty, Martin E. 1996. *Modern American Religion*, Vol 3: *Under God, Indivisible, 1941–1960*. Chicago: University of Chicago Press.

Mayr, Ernst. 1957. "Species Concepts and Definitions," in *The Species Problem*. Washington DC: American Association for the Advancement of Science Publication 50.

———. 1976. *Evolution and the Diversity of Life*. Cambridge, MA: Harvard University Press.

———. 1988. *Toward a New Philosophy of Biology*. Cambridge, MA: Harvard University Press.

McCormack, Mark. 2013. *The Declining Significance of Homophobia*. Oxford, UK: Oxford University Press.

McCracken, Harry, and Lev Grossman. 2013. "Google vs. Death." *Time*, September 30. time .com/574/google-vs-death/

McCullough, Michael. 2008. *Beyond Revenge: The Evolution of the Forgiveness Instinct.* San Francisco: Jossey- Bass.

McCullough, M. E., W. T. Hoyt, D. B. Larson, H. G. Koenig, and C. E. Thoresen. 2000. "Religious Involvement and Mortality: A Meta- Analytic Review." *Health Psychology*, 19, 211–222.

McCullough, M. E., and B. L. B. Willoughby. 2009. "Religion, Self- Regulation, and Self- Control: Associations, Explanations, and Implications." *Psychological Bulletin*, 125, 69–93.

McDonald, P. J. 2010. "Capitalism, Commitment, and Peace." *International Interactions*, 36, 146–168.

McDuffie. George. 1835. *Governor McDuffie's Message on the Slavery Question.* 1893. New York: A. Lovell & Co., 8.

McMillan, Dan. 2014. *How Could This Happen?: Explaining the Holocaust.* New York: Basic Books, 213.

McNamara, Robert S. 1969. "Report Before the Senate Armed Services Committee on the Fiscal Year 1969–73 Defense Program, and 1969 Defense Bud get, January 22, 1969." Washington, DC: US Government Printing Office.

Mencken, H. L. 1927. "Why Liberty?" *Chicago Tribune*, January 30. goo.gl /1Csn6h

Mercier, Hugo, and Dan Sperber. 2011. "Why Do Humans Reason? Arguments for an Argumentative Theory." *Behavioral and Brain Sciences*, 34, no. 2, 57–74.

Michael, George. 2011. "Extraterrestrial Aliens: Friends, Foes, or Just Curious?" *Skeptic*, 16, no. 3. goo.gl /0fb Aj

Michaud, Michael. 2007. *Contact with Alien Civilizations: Our Hopes and Fears About Encountering Extraterrestrials.* New York: Copernicus Books.

Miles, H. L. 1994. "ME CHANTEK: The Development of Self- Awareness in a Signing Orangutan." In S. T. Parker et al., eds., *Self- Awareness in Animals and Humans: Developmental Perspectives.* Cambridge, UK: Cambridge University Press.

———. 1996. "Simon Says: The Development of Imitation in an Encultured Orangutan." In A. E. Russon et al., eds., *Reaching into Thought: The Minds of the Great Apes.* Cambridge, UK: Cambridge University Press.

Milgram, Stanley. 1967. "The Small World Problem." *Psychology Today*, 2, 60–67.

———. 1969. *Obedience to Authority: An Experimental View.* New York: Harper & Row.

Mill, John Stuart. 1859. *On Liberty.* Chapter 2. www.bartleby.com/130/2.html

———. 1869. *The Subjection of Women.* London: Longmans, Green, Reader, & Dyer.

Miller, Lisa. 2012. "The Money- Empathy Gap." *New York*, July 1. goo.gl /nC0c6

Milner, George R., Jane E. Buikstra, and Michael D. Wiant. 2009. "Archaic Burial Sites in the American Midcontinent." In Thomas E. Emerson, Dale

L. McElrath, and Andres C. Fortier, eds., *Archaic Societies*. Albany: State University of New York Press.

Milner, Larry. 2000. *Hardness of Heart, Hardness of Life: The Stain of Human Infanticide*. Lanham, MD: University Press of America.

Milner, R. D. G., and R. W. Beard. 1984. "Limit of Fetal Viability." *Lancet*, 1: 1097.

Mintzberg, Henry. 1989. *Mintzberg on Management: Inside Our Strange World of Organizations*. New York: Free Press.

Miroff, Nick, and William Booth. 2012. "Mexico's Drug War Is at a Stalemate as Calderon's Presidency Ends." *Washington Post*, November 27. goo.gl / pu2uJ

Mischel, Walter, Ebbe B. Ebbesen, and Antonette Raskoff Zeiss. 1972. "Cognitive and Attentional Mechanisms in Delay of Gratification." *Journal of Personality and Social Psychology*, 21, no. 2, 204–218.

Moore, David. 2003. "Public Lukewarm on Animal Rights." Gallup News Service, May 21. goo.gl/9hj5lP

Morales, Lymari. 2009. "Knowing Someone Gay/Lesbian Affects Views of Gay Issues." Gallup .com, May 29.

Morell, Virginia. 2013. *Animal Wise: The Thoughts and Emotions of Our Fellow Creatures*. New York: Crown, 261.

Morris, Andrew. 2008. "Anarcho- Capitalism." In Ronald Hamowy, ed., *The Encyclopedia of Libertarianism*. Thousand Oaks, CA: Sage.

Morris, Ian. 2011. *Why the West Rules— for Now: The Patterns of History and What They Reveal About the Future*. New York: Farrar, Straus & Giroux.

———. 2013. *The Measure of Civilization: How Social Development Decides the Fate of Nations*. Prince ton, NJ: Prince ton University Press.

Morris, Simon Conway. 2003. *Life's Solution: Inevitable Humans in a Lonely Universe*. Cambridge, UK: Cambridge University Press.

Moussaieff, M., and S. McCarthy. 1995. *When Elephants Weep: The Emotional Lives of Animals*. New York: Delacorte Press.

Mueller, John, and Mark G. Stewart. 2013. "Hapless, Disorganized, and Irrational." *Slate*, April 22. goo.gl /j0cqUl

Murray, Sara. 2013. "BM's Barra a Breakthrough." *Wall Street Journal*, December 11, B7.

Musch, J., and K. Ehrenberg. 2002. "Probability Misjudgment, Cognitive Ability, and Belief in the Paranormal." *British Journal of Psychology*, 93, 169–177.

Musk, Elon. 2014. "Here's How We Can Fix Mars and Colonize It." *Business Insider*, January 2. goo.gl /iapxDx

Naím, Moisés. 2013. *The End of Power: From Boardrooms to Battlefields and Churches to States: Why Being in Charge Isn't What It Used to Be.* New York: Basic Books, 16, 1–2.

Napier, William. 1851. *History of General Sir Charles Napier's Administration of Scinde.* London: Chapman & Hall.

Narang, Vipin. 2010. "Pakistan's Nuclear Posture: Implications for South Asian Stability." Cambridge, MA: Harvard Kennedy School, Belfer Center for Science and International Affairs Policy Brief, January 4. goo.gl /gH1Hlv

Navarick, Douglas J. 1979. *Principles of Learning: From Laboratory to Field.* Reading, MA: Addison- Wesley.

———. 2009. "Reviving the Milgram Obedience Paradigm in the Era of Informed Consent." *Psychological Record*, 59, 155–170.

———. 2012. "Historical Psychology and the Milgram Paradigm: Tests of an Experimentally Derived Model of Defiance Using Accounts of Massacres by Nazi Reserve Police Battalion 101." *Psychological Record*, 62, 133–154.

———. 2013. "Moral Ambivalence: Modeling and Measuring Bivariate Evaluative Processes in Moral Judgment." *Review of General Psychology*, 17, no. 4, 443–452.

Nelson, Charles A., Nathan A. Fox, and Charles H. Zeanah. 2014. *Romania's Abandoned Children: Deprivation, Brain Development, and the Struggle for Recovery.* Cambridge, MA: Harvard University Press.

Nelson, Craig. 2014. *The Age of Radiance: The Epic Rise and Dramatic Fall of the Atomic Era.* New York: Scribner/Simon & Schuster, 370.

Nicholson, Alexander. 2012. *Fighting to Serve: Behind the Scenes in the War to Repeal "Don't Ask, Don't Tell."* Chicago: Chicago Review Press, 12.

Nisbett, R. E. and L. Ross. 1980. *Human Inference: Strategies and Shortcomings of Social Judgment.* Englewood Cliffs, NJ: Prentice- Hall.

Niven, Larry. 1990. *Ringworld.* New York: Ballantine.

Norris, Pippa, and Ronald Inglehart. 2004. *Sacred and Secular.* New York: Cambridge University Press.

Northcutt, Wendy. 2010. *The Darwin Awards: Countdown to Extinction.* New York: E. P. Dutton.

Nowak, Martin, and Roger Highfield. 2012. *SuperCooperators: Altruism, Evolution, and Why We Need Each Other to Succeed.* New York: Free Press.

Nowak, Martin A., and Sarah Coakley, eds. 2013. *Evolution, Games, and God: The Principle of Cooperation.* Cambridge, MA: Harvard University Press.

Nozick, Robert. 1973. *Anarchy, State, and Utopia.* New York: Basic Books.

O'Gorman, Hubert J. 1975. "Pluralistic Ignorance and White Estimates of White Support for Racial Segregation." *Public Opinion Quarterly*, 39, no. 3, Autumn, 13–330.

Olmsted, Frederick Law. 1856. *A Journey in the Seaboard Slave States*. goo.gl /7rix-Hj

Olson, Richard. 1990. *Science Deified and Science Defied: The Historical Significance of Science in Western Culture*. Berkeley: University of California Press, 15–40.

———. 1993. *The Emergence of the Social Sciences 1642–1792*. New York: Twayne, 4–5.

Ostry, Jonathan D., Andrew Berg, and Charalambos G. Tsangarides. 2014. "Redistribution, Inequality and Growth." Washington, DC: International Monetary Fund. February, 4.

Overbea, Luix. 1981. "Sambo's Fast- Food Chain, Protested by Blacks Because of Name, Is Now Sam's in 3 States." *Christian Science Monitor*, April 22. goo.gl /6y227h

Paine, Thomas. 1776. *Common Sense*. Available online at http://www .constitution .org /civ /comsense .htm

———. 1794. *The Age of Reason*. Available online at http://www .gutenberg.org / ebooks /31270

———. 1795. *Dissertation on First Principles of Government*. Available online at http://www.gutenberg.org /ebooks /31270

———. 1795. *Thoughts on Defensive War*. Available online at http://www .gutenberg .org /ebooks /31270

Palmer, Tom G. (ed.) 2014. *Peace, Love, and Liberty: War Is Not Inevitable*. Ottawa, IL: Jameson Books, Inc.

Panaritis, Elena. 2007. *Prosperity Unbound: Building Property Markets with Trust*. New York: Palgrave Macmillan.

Parker, S. T., and M. L. McKinney, eds. 1994. *Self- Awareness in Animals and Humans: Developmental Perspectives*. Cambridge, UK: Cambridge University Press.

———. 1999. *The Mentalities of Gorillas and Orangutans*. Cambridge, UK: Cambridge University Press.

Parker, Theodore. 1852/2005. *Ten Sermons of Religion*. Sermon III: Of Justice and Conscience. Ann Arbor: University of Michigan Library.

Patterson, Charles. 2002. *Eternal Treblinka: Our Treatment of Animals and the Holocaust*. Herndon, VA: Lantern Books.

Patterson, F. G. P. 1993. "The Case for the Personhood of Gorillas." In P. Cavalieri and P. Singer, eds., *The Great Ape Project: Equality Beyond Humanity*. New York: St. Martin's Press.

Patterson, F. G. P., and E. Linden. 1981. *The Education of Koko*. New York: Holt, Rinehart, & Winston.

Paul, Gregory S. 2009. "The Chronic Dependence of Popular Religiosity upon Dysfunctional Psychosociological Conditions." *Evolutionary Psychology*, 7, no. 3, 398–441.

Payne, James. 2004. *A History of Force: Exploring the Worldwide Movement Against Habits of Coercion, Bloodshed, and Mayhem*. Sandpoint, ID: Lytton Publishing.

Pedro, S. A., and A. J. Figueredo. 2011. "Fecundity, Offspring Longevity, and Assortative Mating: Parametnric Tradeoffs in Sexual and Life History Strategy." *Biodemography and Social Biology*, 57, no. 2, 172.

Pepperberg, I. 1999. *The Alex Studies: Cognitive and Communicative Abilities of Parrots*. Cambridge, MA: Harvard University Press.

Perdue, Charles W., John F. Dovidio, Michael B. Gurtman, and Richard B. Tyler. 1990. "Us and Them: Social Categorization and the Process of Intergroup Bias." *Journal of Personality and Social Psychology*, 59, 475–486.

Perez- Rivas, Manuel. 2001. "Bush Vows to Rid the World of 'Evil- Doers.' " CNN Washington Bureau, September 16.

Peters, Ted. 2011. "The Implications of the Discovery of Extra- Terrestrial Life for Religion." *Philosophical Transactions of the Royal Society A*, February, 369, no. 1936, 644–655.

Petrinovich, L., P. O'Neill, and M. J. Jorgensen. 1993. "An Empirical Study of Moral Intuitions: Towards an Evolutionary Ethics." *Ethology and Sociobiology*, 64, 467–478.

Pfungst, O. 1911. *Clever Hans (The Horse of Mr. von Osten): A Contribution to Experimental Animal and Human Psychology*, trans. C. L. Rahn. New York: Henry Holt.

Pickett, Kate, and Richard Wilkinson. 2011. *The Spirit Level: Why Greater Equality Makes Societies Stronger*. New York: Bloomsbury Press.

Piff, Paul K. 2013. "Does Money Make You Mean?" TED talk. goo.gl /sfrJY9

———. 2013. "Wealth and the Infl ated Self: Class, Entitlement, and Narcissism." *Personality and Social Psychology Bulletin*, August, 1–10.

Piff, Paul K., Daniel M. Stancato, Stephane Cote, Rodolfo Mendoza- Denton, and Dacher Keltner. 2012. "Higher Social Class Predicts Increased Unethical Behavior." *Proceedings of the National Academy of Sciences*, March 13, 109, no. 11, 4086–4091.

Pike, John. 2010. "Battle of Okinawa." *Globalsecurity.org*

Piketty, Thomas. 2014. *Capital in the Twenty- first Century*. Cambridge, MA: Belknap Press.

Pillsworth, Elizabeth, and Martie Haselton. 2006. "Male Sexual Attractiveness Predicts Differential Ovulatory Shift s in Female Extra- Pair Attraction and Male Mate Retention." *Evolution and Human Behavior*, 27, 247–258.

Pinker, Steven. 1997. *How the Mind Works*. New York: W. W. Norton.

———. 2002. *The Blank Slate: The Modern Denial of Human Nature*. New York: Viking, 175, 290–291.

———. 2011. *The Better Angels of Our Nature: Why Violence Has Declined*. New York: Viking.

———. 2012. "The False Allure of Group Selection." *Edge.org*, June 18. edge.org / conversation/the-false-allure-of-group-selection

Pinsker, Joe. 2014. "The Pirate Economy." *Atlantic*, April 16.

Pipes, Richard. 2003. *Communism: A History*. New York: Modern Library.

Planty, Michael, Lynn Langton, Christopher Krebs, Marcus Berzofsky, and Hope Smiley-McDonald. 2013. "Female Victims of Sexual Violence, 1994–2010." US Department of Justice, Office of Justice Programs. Bureau of Justice Statistics. March.

Pleasure, J. R., M. Dhand, and M. Kaur. 1984. "What Is the Lower Limit of Viability?" *American Journal of Diseases of Children*, 138, 783.

Plotnik, Joshua M., and Frans de Waal. 2014. "Asian Elephants (*Elephas maximus*) Reassure Others in Distress." *PeerJ*, 2.

Pollack, James, and Carl Sagan. 1993. "Planetary Engineering." In *Resources of Near Earth Space* (J. Lewis, M. Matthews, and M. Guerreri, eds.) Tucson: University of Arizona Press.

Pollak, Sorcha. 2013. "Woman Burned Alive for Witchcraft in Papua New Guinea." *Time*, February 7.

Pollan, Michael. 2002. "An Animal's Place." *New York Times Magazine*, November 10.

———. 2007. *The Omnivore's Dilemma*. New York: Penguin.

———. 2009. *In Defense of Food: An Eater's Manifesto*. New York: Penguin.

Pollard, E. A. 1866. (1990) *Southern History of the War*, 2 vols. New York: Random House Value Publishing.

Popper, K. R. 1959. *The Logic of Scientific Discovery*. London: Hutchinson.

———. 1963. *Conjectures and Refutations*. London: Routledge & Kegan Paul.

Prentice, D. A., and D. T. Miller. 1993. "Pluralistic Ignorance and Alcohol Use on Campus: Some Consequences of Misperceiving the Social Norm." *Journal of Personality and Social Psychology*, February 64, no. 2, 243–256.

Pryor, K., and K. S. Norris, eds. 2000. *Dolphin Societies: Discoveries and Puzzles*. Chicago: University of Chicago Press.

Purvis, June. 2002. *Emmeline Pankhurst: A Biography*. London: Routledge, 354.

Putnam, Frank W. 1998. "The Atomic Bomb Casualty Commission in Retrospect." *Proceedings of the National Academy of Sciences*, 95, no. 10, 5426–5431.

Putnam, Robert. 2000. *Bowling Alone: The Collapse and Revival of American Community*. New York: Simon & Schuster, 19.

Raine, Adrian. 2013. *The Anatomy of Violence: The Biological Roots of Crime*. New York: Pantheon.

Rampell, Catherine. 2013. "US Women on the Rise as Family Breadwinner." *New York Times*, May 29. goo.gl /o9igft

Ranke-Heineman, Uta. 1991. *Eunuchs for the Kingdom of Heaven: Women, Sexuality and the Catholic Church*. New York: Penguin.

Rapaille, Clotaire, and Andres Roemer. 2013. *Move Up*. Mexico City: Taurus.

Rauch, Jonathan. 2004. *Gay Marriage: Why It Is Good for Gays, Good for Straights, and Good for America.* New York: Henry Holt.

———. 2013. "The Case for Hate Speech." *Atlantic*, October 23. goo.gl /vNJYRF

Rawls, J. 1971. *A Theory of Justice.* Cambridge, MA: Belknap Press.

Rayfield, Donald. 2005. *Stalin and His Hangmen: The Tyrant and Those Who Killed for Him.* New York: Random House.

Reicher, S. D., and S. A. Haslam. 2006. "Rethinking the Psychology of Tyranny: The BBC Prison Study." *British Journal of Social Psychology*, 45, 1–40.

Reiss, D., and L. Marino. 2001. "Mirror Self- Recognition in the Bottlenose Dolphin: A Case of Cognitive Convergence." *Proceedings of the National Academy of Sciences*, 8: 5937–5942.

Reiss, Diana. 2012. *The Dolphin in the Mirror: Exploring Dolphin Minds and Saving Dolphin Lives.* Boston: Mariner Books.

Rhodes, Richard. 1984. *The Making of the Atomic Bomb.* New York: Simon & Schuster.

———. 2010. *Twilight of the Bombs: Recent Challenges, New Dangers, and the Prospects of a World Without Nuclear Weapons.* New York: Alfred A. Knopf.

Richardson, Lewis Fry. 1960. *Statistics of Deadly Quarrels.* Pittsburgh: Boxwood Press, xxxv.

Richardson, Lucy. 2013. "Restorative Justice Does Work, Says Career Burglar Who has Turned Life Around on Teesside." *Darlington and Stockton Times*, May 1. goo.gl /Vjpr6t

Richelson, Jeffrey. 1986. "Population Targeting and US Strategic Doctrine." In Desmond Ball and Jeffrey Richelson, eds., *Strategic Nuclear Targeting.* Ithaca, NY: Cornell University Press, 234–249.

Ridgway, S. H. 1986. "Physiological Observations on Dolphin Brains." In R. J. Schusterman et al., eds., *Dolphin Cognition and Behavior: A Comparative Approach.* Hillsdale, NJ: Lawrence Erlbaum Associates, 32–33.

Rindermann, Heiner. 2008. "Relevance of Education and Intelligence for the Political Development of Nations: Democracy, Rule of Law, and PoliticalLiberty." *Intelligence*, 36, 306–322.

Roberts, J. M. 2001. *The Triumph of the West.* New York: Sterling.

Robbins, Lionel. 1945. *An Essay on the Nature and Significance of Economic Science.* London: Macmillan, 16.

Rochat, P., M. D. G. Dias, G. Liping, T. Broesch, C. Passos- Ferreira, A. Winning, and B. Berg. 2009. "Fairness in Distribution Justice in 3- and 5- Year- Olds Across Seven Cultures." *Journal of Cross- Cultural Psychology*, 40, 416–442.

Rogers, L. J. 1998. *Minds of Their Own: Thinking and Awareness in Animals.* Boulder, CO: Westview Press.

Ross, M., and F. Sicoly. 1979. "Egocentric Biases in Availability and Attribution." *Journal of Personality and Social Psychology*, 37, 322–336.

Rothbard, Murray. 1962. *Man, Economy, and State*. New York: D. Van Nostrand.

Rousseau, J. J. *Du Contrat Social*. In *Oeuvres Complètes*. Pléide (ed.), I, iv. goo.gl /G5UCc

Rozin, Paul, Jonathan Haidt, and C. R. McCauley. 2000. "Disgust." In *Handbook of Emotions*, ed. M. Lewis and J. M. Haviland- Jones. New York: Guilford Press, 637–653.

Rubin, Jeff. 2012. *The End of Growth*. New York: Random House.

Rubin, Paul H. 2003. "Folk Economics." *Southern Economic Journal*, 70, no. 1, 157–171.

Rubinstein, W. D. 2004. *Genocide: A History*. New York: Pearson Education, 78.

Rudig, Wolfgang. 1990. *Anti- Nuclear Movements: A World Survey of Opposition to Nuclear Energy*. New York: Longman.

Russell, Bertrand. 1946. *History of Western Philosophy*. London: George Allen & Unwin, 8.

Russell, Jeffrey B. 1982. *A History of Witchcraft : Sorcerers, Heretics and Pagans*. London: Thames & Hudson.

Russett, Bruce. 2008. *Peace in the Twenty- first Century? The Limited but Important Rise of Influences on Peace*. New Haven, CT: Yale University Press.

Russett, Bruce, and John Oneal. 2001. *Triangulating Peace: Democracy, Interdependence, and International Organizations*. New York: W. W. Norton.

Ryder, Richard. 1971. "Experiments on Animals," in Stanley and Roslind Godlovitch and John Harris, eds., *Animals, Men and Morals*. London: Victor Gollancz.

———. 1989. *Animal Revolution: Changing Attitudes Toward Speciesism*. London: Basil Blackwell.

Sagan, Carl. 1973. *The Cosmic Connection: An Extraterrestrial Perspective*. Garden City, NY: Anchor Books/Doubleday, 233–234.

———. 1990. "Preserving and Cherishing the Earth: An Appeal for Joint Commitment in Science and Religion." Statement signed by thirty-two Nobel laureates and presented to the Global Forum of Spiritual and Parliamentary Leaders Conferences in Moscow, Russia.

Sagan, Carl, and Richard Turco. 1990. *A Path Where No Man Thought: Nuclear Winter and the End of the Arms Race*. New York: Random House.

Sagan, Scott D. 2009. "The Global Nuclear Future." *Bulletin of the American Academy of Arts & Sciences*, 62, 21–23.

Sapolsky, Robert. 1995. *Why Zebras Don't Get Ulcers: A Guide to Stress, Stress-Related Diseases, and Coping*. New York: W. H. Freeman, 381.

Sargent, Michael J. "Less Thought, More Punishment: Need for Cognition Predicts Support for Punitive Responses to Crime." *Personality & Social Psychology Bulletin*, 30, 1485–1493.

Sarkees, M. R. 2000. "The Correlates of War Data on War." *Conflict Management and Peace Science*, 18, 123–144.
Savolainen, P., Y. Zhang, J. Luo, J. Lundeberg, and T. Leitner. 2002. "Ge ne tic Eviden̨ce for an East Asian Origin of Domestic Dogs." *Science*, November 22, 298: 1610–1612.
Sawhill, Isabel V., Scott Winship, and Kerry Searle Grannis. 2012. "Pathways to the Middle Class: Balancing Personal and Public Responsibilities." Washington, DC: Brookings Institution Center on Children and Families, September.
Scahill, Jeremy. 2013. *Dirty Wars: The World Is a Battlefield*. Documentary fi lm. Sundance Selects.
Scelza, Brooke A. 2011. "Female Choice and Extra- Pair Paternity in a Traditional Human Population." *Biology Letters*, December 23, 7, no. 6, 889–891.
Scheb, John M., and John M. Scheb II. 2010. *Criminal Law and Procedure*, 7Thed. Stamford, CT: Cengage Learning.
Schelling, Thomas C. 1994. "The Role of Nuclear Weapons." In L. Benjamin Ederington and Michael J. Mazarr, eds., *Turning Point: The Gulf War and US Military Strategy*. Boulder, CO: Westview, 105–115.
Schlosser, Eric. 2013. *Command and Control: Nuclear Weapons, the Damascus Accident, and the Illusion of Safety*. New York: Penguin.
Schmitt, D. P., and David M. Buss. 2001. "Human Mate Poaching: Tactics and Temptations for Infiltrating Existing Mateships." *Journal of Personality and Social Psychology,* 80, 894–917.
Schmitt, D. P., L. Alcalay, J. Allik, A. Angleitner, L. Ault, et al. 2004. "Patterns and Universals of Mate Poaching Across 53 Nations: The Effects of Sex, Culture, and Personality on Romantically Attracting Another Person's Partner." *Journal of Personality and Social Psychology*, 86, 560–584.
Scully, Matthew. 2003. *Dominion: The Power of Man, the Suffering of Animals, and the Call to Mercy*. New York: St. Martin's Press.
Searle, John R. 1964. "How to Derive 'Ought' from 'Is.' " *Philosophical Review*, 73, no. 1, 43–58.
Segerstråle, U. 2000. *Defenders of the Truth: The Battle for Science in the Sociobiology Debate and Beyond.* New York: Oxford University Press.
Senft, Gunter. 1997. "Magical Conversation on the Trobriand Islands." *Anthropos*, 92, 369–391.
Senlet, Pinar, Levent Cagatay, Julide Ergin, and Jill Mathis. 2001. "Bridging the Gap: Integrating Family Planning with Abortion Services in Turkey." *International Family Planning Perspectives*, June, 27, no. 2. goo.gl /T4Izo
Shah, Neil. 2014. "US House hold Net Worth Hits Record High." *Wall Street Journal*, March 6, A1.
Shanker, Thom. 2012. "Former Commander of US Nuclear Forces Calls for Large Cut in Warheads." *New York Times*, May 16, A4.

Sherif, Muzafer, O. J. Harvey, B. Jack White, William R. Hood, and Carolyn W. Sherif. 1961. *Intergroup Conflict and Cooperation: The Robbers Cave Experiment*. Norman: University of Oklahoma Press.

Shermer, Michael. 1997. *Why People Believe Weird Things*. New York: W. H. Freeman.

———. 2000. *Denying History*. Berkeley: University of California Press.

———. 2002. "Shermer's Last Law." *Scientific American*, January, 33.

———. 2003. *The Science of Good and Evil*. New York: Times Books.

———. 2006. *Why Darwin Matters*. New York: Henry Holt/Times Books.

———. 2007. *The Mind of the Market: How Biology and Psychology Shape Our Economic Lives*. New York: Times Books.

———. 2008. "The Doping Dilemma." *Scientific American*, April, 32–39.

———. 2010. "The Skeptic's Skeptic." *Scientific American*, November, 86.

———. 2011. *The Believing Brain*. New York: Times Books, chapter 13.

———. 2013. "The Sandy Hook Effect." *Skeptic*, 18, no. 1. goo.gl /sjTQuJ

———. 2014. "The Car Dealers' Racket." *Los Angeles Times*, March 17. goo.gl/ Kfi U6j

Shklovskii, Iosif, and Carl Sagan. 1964. *Intelligent Life in the Universe*. New York: Dell.

Shostak, Seth. 1998. *Sharing the Universe: Perspectives on Extraterrestrial Life*. Berkeley, CA: Berkeley Hills Books.

Shultz, George. 2013. "Margaret Thatcher and Ronald Reagan: The Ultimate '80s Power Couple." *Daily Beast*, April 8.

Shultz, George P., William J. Perry, Henry A. Kissinger, and Sam Nunn. 2007. "A World Free of Nuclear Weapons." *Wall Street Journal*, January 4. goo.gl /7x1cyG

———. 2008. "Toward a Nuclear- Free World." *Wall Street Journal*, January 15. goo.gl /iAGDQX

Simon, Herbert. 1991. "Bounded Rationality and Organizational Learning." *Organization Science*, 2, no. 1, 125–134.

Singer, Isaac Bashevis. 1980. *The Seance and Other Stories*. New York: Farrar, Straus & Giroux, 270.

Singer, Peter. 1975. *Animal Liberation: Towards an End to Man's Inhumanity to Animals*. New York: Harper & Row.

———. 1981. *The Expanding Circle: Ethics, Evolution, and Moral Progress*. Prince ton, NJ: Prince ton University Press.

———. 1989. "All Animals Are Equal." In Tom Regan and Peter Singer, eds., *Animal Rights and Human Obligations*. En glewood, Cliffs, NJ: Prentice Hall, 148–162.

Singer, Peter, and Jim Mason. 2007. *The Ethics of What We Eat*. Emmaus, PA: Rodale Press.

Skates, John Ray. 2000. *The Invasion of Japan: Alternative to the Bomb.* Columbia: University of South Carolina Press.

Skousen, Mark. 2013. "Beyond GDP: Get Ready for a New Way to Measure the Economy." *Forbes*, December 16.

Skousen, Tim. 2014. "The University of Sing Sing." HBO, March 31.

Smet, Anna F., and Richard W. Byrne. 2013. "African Elephants Can Use Human Pointing Cues to Find Hidden Food." *Current Biology*, 23, 1–5.

Smith, Adam. 1759. *The Theory of Moral Sentiments.* London: A. Millar, I., I., 1.

———. 1776/1976. *An Inquiry into the Nature and Causes of the Wealth of Nations.* 2 vols., R. H. Campbell and A. S. Skinner, gen. eds., W. B. Todd, text ed. Oxford, UK: Clarendon Press.

———. 1795/1982. "The History of Astronomy." In *Essays on Philosophical Subjects*, ed. W. P. D. Wightman and J. C. Bryce. Vol. III of the *Glasgow Edition of the Works and Correspondence of Adam Smith.* Indianapolis: Liberty Fund, 2.

Smith, Christian. 2003. *Moral, Believing Animals: Human Personhood and Culture.* Oxford, UK: Oxford University Press.

Smolin, Lee. 1997. *The Life of the Cosmos.* New York: Oxford University Press.

Snyder, L. 1981. *Hitler's Third Reich.* Chicago: Nelson- Hall, 29.

Sobek, David, Dennis M. Foster, and Samuel B. Robinson. 2012. "Conventional Wisdom? The Effects of Nuclear Proliferation on Armed Conflict, 1945–2001." *International Studies Quarterly*, 56, no. 1, 149–162.

Solzhenitsyn, Aleksandr. 1973. *The Gulag Archipelago.* New York: Harper & Row.

Sorabji, R. 1993. *Animal Minds and Human Morals: The Origin of the Western Debate.* Ithaca, NY: Cornell University Press.

Sowell, Thomas. 1987. *A Conflict of Visions: Ideological Origins of PoliticalStruggles.* New York: Basic Books.

———. 2010. *Basic Economics: A Common Sense Guide to the Economy*, 4Thed. New York: Basic Books, 24–25.

Speck, Jeff. 2012. *Walkable City: How Downtown Can Save America, One Step at a Time.* New York: Farrar, Straus & Giroux.

Spencer, Colin. 1995. *The Heretic's Feast: A History of Vegetarianism.* Lebanon, NH: University Press of New En gland, 215.

Srinivasan, Balaji. 2013. "Silicon Valley's Ultimate Exit Strategy." Startup School 2013 speech.

———. 2013. "Software Is Reorganizing the World." *Wired*, November. goo.gl / PVjBCW .

Stahl, Lesley. 2011. "Eyewitness." *60 Minutes*. Shari Finkelstein, producer. CBS.

Stapledon, Olaf. 1968. *The Starmaker.* New York: Dover.

Stark, Rodney. 2005. *The Victory of Reason.* New York: Random House, xii–xiii.

Stephan, Maria J., and Erica Chenoweth. 2008. "Why Civil Resistance Works: The Strategic Logic of Nonviolent Conflict." *International Security*, 33, no. 1, 7–44.

Stephens, G. J., L. J. Silbert, and U. Hasson. 2010. "Speaker- Listener Neural Coupling Underlies Successful Communication." *Proceedings of the National Academy of Sciences*. August 10, 107, no. 32, 14425–14430.

Stevens, Doris. 1920/1995. *Jailed for Freedom: American Women Win the Vote*, ed. Carol O'Hare. Troutdale, OR: New Sage Press, 18–19.

Stiglitz, Joseph E. 2013. *The Price of Inequality: How Today's Divided Society Endangers Our Future*. New York: W. W. Norton.

Stone, Brad. 2013. "Inside Google's Secret Lab." *Business Week*, May 22. goo.gl / BSwk7

Sulloway, Frank. 1982. "Darwin and His Finches: The Evolution of a Legend." *Journal of the History of Biology*, 15, 1–53.

———. 1982. "Darwin's Conversion: The *Bea gle* Voyage and Its Aft ermath." *Journal of the History of Biology*, 15, 325–396.

———. 1984. "Darwin and the Galápagos." *Biological Journal of the Linnean Society*, 21, 29–59.

Sutter, John D., and Edythe McNamee. 2012. "Slavery's Last Stronghold." CNN, March. goo.gl /BTv6N

Swedin, Eric G., ed. 2011. *Survive the Bomb: The Radioactive Citizen's Guide to Nuclear Survival*. Minneapolis: Zenith.

Sweeney, Julia. 2006. *Letting Go of God*. Book transcript of monologue. Indefatigable Inc., 24.

Tafoya, M. A. and B. H. Spitzberg. 2007. "The Dark Side of Infi delity: Its Nature, Prevalence, and Communicative Functions." In B. H. Spitzberg and W. R. Cupach, eds., *The Dark Side of Interpersonal Communication*, 2nd ed., 201–242. Mahwah, NJ: Lawrence Erlbaum Associates.

Tannenwald, Nina. 2005. "Stigmatizing the Bomb: Origins of the Nuclear Taboo." *International Security*, Spring, 29, no. 4, 5–49.

Tavris, Carol, and Elliott Aronson. 2007. *Mistakes Were Made (but Not By Me)*. New York: Mariner Books.

Taylor, John M. 1908. *The Witchcraft Delusion in Colonial Connecticut (1647–1697)*. Project Gutenberg. goo.gl /UtPyLk

Teglas, E., A. Gergely, K. Kupan, A. Miklosi, and J. Topal. 2012. "Dogs' Gaze Following Is Tuned to Human Communicative Signals." *Current Biology*, 22, 209–212.

Thalmann, O., et al. 2013. "Complete Mitochrondrial Genomes of Ancient Canids Suggest a European Origin of Domestic Dogs." *Science*, November 15, 342, no. 6160, 871–874.

Theweleit, Klaus. 1989. *Male Fantasies*. Vol. 2, *Male Bodies*. Minneapolis: University of Minnesota Press, 301.

Thomas, Hugh. 1997. *The Slave Trade: The Story of the Atlantic Slave Trade, 1440–1870*. New York: Simon & Schuster, 451.

Thomas, Keith. 1971. *Religion and the Decline of Magic*. New York: Charles Scribner's Sons, 643.

Thompson, Starley L., and Stephen H. Schneider. 1986. "Nuclear Winter Reappraised." *Foreign Affairs*, 64, no. 5, Summer, 981–1005.

Toland, John. 1970. *The Rising Sun: The Decline and Fall of the Japanese Empire, 1936–1945*. New York: Random House.

Tomasello, Michael. 2009. *Why We Cooperate*. Cambridge, MA: MIT Press.

Torpey, John C. 2006. *Making Whole What Has Been Smashed: On Reparations Politics*. Cambridge, MA: Harvard University Press.

Tortora, Bob. 2010. "Witchcraft Believers in Sub- Saharan Africa Rate Lives Worse." Gallup, August 25.

Townsend, Anthony M. 2013. *Smart Cities: Big Data, Civic Hackers, and the Quest for a New Utopia*. New York: W. W. Norton, xii–xiii.

Travers, Jeffrey, and Stanley Milgram. 1969. "An Experimental Study of the Small World Problem." *Sociometry* 32, no. 4, December, 425–443.

Traynor, Lee. 2014. "The Future of Intelligence: An Interview with James R. Flynn." *Skeptic*, 19, no. 1, 36–41.

Trivers, Robert. 2011. *The Folly of Fools: The Logic of Deceit and Self- Deception in Human Life*. New York: Basic Books.

Troup, George M. 1824. "First Annual Message to the State Legislature of Georgia." In Hardin, Edward J. 1859. *The Life of George M. Troup*. Savannah, GA.

Tuchman, Barbara. 1963. *The Guns of August*. New York: Dell.

Turco, R. P., O. B. Toon, T. P. Ackerman, J. B. Pollack, and C. Sagan. 1983. "Nuclear Winter: Global Consequences of Multiple Nuclear Explosions." *Science*, 222, 1283–1297.

Tuschman, Avi. 2013. *Our PoliticalNature: The Evolutionary Origins of What Divides Us*. Amherst, NY: Prometheus Books.

Van der Dennen, J. M. G. 1995. *The Origin of War: The Evolution of a Male- Coalitional Reproductive Strategy*. Groningen, Neth.: Origin Press.

———. 2005. *Querela Pacis*: Confession of an Irreparably Benighted Researcher on War and Peace. An Open Letter to Frans de Waal and the "Peace and Harmony Mafia." Groningen: University of Groningen.

Voltaire, 1765/2005. "Question of Miracles." *Miracles and Idolotry*. New York: Penguin.

———. 1824/2013. *A Philosophical Dictionary*, vol. 2. London: John and H. L. Hunt.

———. 1877. *Complete Works of Voltaire*, ed. Theodore Besterman. Banbury: Voltaire Foundation, 1974, 117, 374.

Von Trotta, Margarethe, director. 2012. *Hannah Arendt*. Zeitgeist Films.

Walker, D. P. 1981. *Unclean Spirits: Possession and Exorcism in France and En gland in the Late Sixteenth and Early Seventeenth Centuries.* Philadelphia: University of Pennsylvania Press.

Walker, Lucy, and Lawrence Bender. 2010. *Countdown to Zero.* Participant Media & Magnolia Pictures.

Waltz, Kenneth N. 2012. "Why Iran Should Get the Bomb: Nuclear Balancing Would Mean Stability." *Foreign Affairs*, July/August. goo.gl /2x9dF

Walzer, Michael. 1967. "On the Role of Symbolism in PoliticalThought." *Political Science Quarterly*, 82, 201.

Wang, Wendy, Kim Parker, and Paul Taylor. 2013. "Breadwinner Moms." Pew Research, Social & Demographic Trends, May 29.

Warneken, F., and M. Tomasello. 2006. "Altruistic Helping in Human Infants and Young Chimpanzees." *Science*, 311, 1301–1303.

———. 2007. "Helping and Cooperation at 14 Months of Age." *Infancy*, 11, 271–294.

Warren, Mervyn A. 2001. *King Came Preaching: The Pulpit Power of Dr. Martin Luther King, Jr.* Downers Grove, IL: Varsity Press, 193–194.

Webster, Daniel W., and Jon S. Vernick, eds. 2013. *Reducing Gun Violence in America: Informing Policy with evidence and Analysis.* Baltimore: Johns Hopkins University Press.

Weinberg, Stephen. 2008. *Cosmology.* New York: Oxford University Press.

Weisman, Alan. 2007. *The World Without Us.* New York: St. Martin's Press.

———. 2013. *Countdown: Our Last Best Hope for a Future on Earth?* Boston: Little, Brown.

Weitzer, Ronald. 2012. *Legalizing Prostitution: From Illicit Vice to Lawful Business.* New York: New York University Press.

Westfall, Richard. 1980. *Never at Rest: A Biography of Isaac Newton.* Cambridge, UK: Cambridge University Press.

White, Matthew. 2011. *The Great Big Book of Horrible Things: The Definitive Chronicle of History's 100 Worst Atrocities.* New York: W. W. Norton, 161.

Whitson, Jennifer A., and Adam D. Galinsky. 2008. "Lacking Controlincreases Illusory Pattern Perception." *Science*, 322, 115–117.

Wilcox, Ella Wheeler. 1914/2012. "Protest," in *Poems of Problems.* Chicago: W. B. Conkey, 154.

Wilkinson, Richard G. 1996. *Unhealthy Societies: The Afflictions of Inequality.* New York: Routledge.

Williamson, Laura. 1978. "Infanticide: An Anthropological Analysis." In M. Kohl, ed., *Infanticide and the Value of Life.* Buffalo, NY: Prometheus Books.

Wilson, James Q., and Richard Herrnstein. 1985. *Crime and Human Nature.* New York: Simon & Schuster.

Winslow, Charles-Edward Amory. 1920. "The Untilled Fields of Public Health." *Science*, 51, no. 1306, 23–33.

Wise, Steven M. 2000. *Rattling the Cage: Toward Legal Rights for Animals*. Boston: Perseus Books.

———. 2002. *Drawing the Line: Science and the Case for Animal Rights*. Boston: Perseus Books, 24.

Wolf, Sherry. "Stonewall: The Birth of Gay Power." *International Socialist Review*. goo.gl / F1otuO

Wollstonecraft, Mary. 1792. *A Vindication of the Rights of Woman: With Strictures on Politicaland Moral Subjects*. Boston: Peter Edes.

Wrangham, Richard, and Dale Peterson. 1996. *Demonic Males: Apes and the Origins of Human Violence*. Boston: Houghton Mifflin.

Wrangham, Richard W., and Luke Glowacki. 2012. "Intergroup Aggression in Chimpanzees and War in Nomadic Hunter- Gatherers." *Human Nature*, 23, 5–29.

Wright, Quincy. 1942. *A Study of War*, 2nd ed. Chicago: University of Chicago Press.

Wright, Robert. 2000. *Nonzero: The Logic of Human Destiny*. New York: Pantheon.

Wyne, Ali. 2014. "Disillusioned by the Great Illusion: The Outbreak of Great War." *War on the Rocks*, January 29.

Wynne, Clive. 2007. "Aping Language: A Skeptical Analysis of the Evidence for Nonhuman Primate Language." *Skeptic*, 13, no. 4, 10–14.

Young, Robert. 2010. *Eichmann*. Regent Releasing, Here! Films. October.

Yung, Corey Rayburn. 2014. "How to Lie with Rape Statistics: America's Hidden Rape Crisis." *Iowa Law Review*, 99, 1197–1255.

Zahavi, Amotz, and Avishag Zahavi. 1997. *The Handicap Principle: A Missing Piece of Darwin's Puzzle*. Oxford, UK: Oxford University Press.

Zedong, Mao. 1938. "Problems of War and Strategy." *Selected Works,* II, 224.

Zehr, Howard, and Ali Gohar. 2003. *The Little Book of Restorative Justice*. Intercourse, PA: Good Books, 10–14.

Zimbardo, Philip. 2007. *The Lucifer Effect: Understanding How Good People Turn Evil*. New York: Random House.

Zubrin, Robert. 2000. *Entering*

Franz Josef Wetz
Tot ohne Gott
Eine neue Kultur des Abschieds
309 Seiten | Klappenbroschur | Euro 20.-
ISBN 978-3-86569-249-8

Der Wunsch, dem Tod ein Schnippchen zu schlagen, findet sich zu allen Zeiten und in allen Kulturen. Die meisten Religionen reagieren auf die menschliche Furcht vor dem Ende mit dem Angebot eines ewigen Lebens. Doch wie geht der moderne Mensch, für den Gott längst tot ist, mit der Unausweichlichkeit des eigenen Todes und dem Ableben seiner Nächsten um?
Viele Zeitgenossen behaupten, zwar Angst vorm Sterben, aber keine Angst vorm Tod zu haben. Der Philosoph Franz Josef Wetz sieht darin ein Ausweichmanöver. Wer am Leben hängt, findet sich nicht so leicht mit seiner Vergänglichkeit ab. Gerade für diesseitsorientierte Menschen bedeutet das eigene Ende größtmöglichen Verlust. So natürlich der Tod biologisch auch ist, die Rückkehr ins Nichts erteilt uns allen eine bittere Lektion. Ohne sich auf religiöse Illusionen einzulassen und ohne sich voreilig mit rationalen Beschwichtigungen oder philosophischen Ratschlägen zu beruhigen, sucht Wetz nach Möglichkeiten eines Trostes in unserer säkularen Kultur.

Martin Mahner
Naturalismus
Die Metaphysik der Wissenschaft
236 Seiten | kartoniert | Euro 18.-
ISBN 978-3-86569-223-8

In den Naturwissenschaften zählen allein empirische Methoden und Belege –heißt es oft. Metaphysik hingegen wird landläufig mit wilder Spekulation, esoterischen Worthülsen oder gar religiösen Dogmen gleichgesetzt. Martin Mahner zeigt, dass es eine fruchtbare Metaphysik gibt: den Naturalismus. Nur wenn es auf der Welt mit rechten Dingen zugeht, können wir sie mit wissenschaftlichen Mitteln erkennen. Der Naturalismus liegt somit allen Wissenschaften zugrunde, die Gegenstände der realen Welt empirisch untersuchen –seien es Sterne oder soziale Systeme. Können diese Wissenschaften aber nicht philosophisch voraussetzungslos betrieben werden, erweist sich ein empiristisches Wissenschaftsverständnis als verfehlt. Mahner analysiert die Konsequenzen dieser These für das Verhältnis von Metaphysik und Methodologie, Naturalismus und Supranaturalismus sowie Wissenschaft und Religion.

Alibri Verlag, Postfach 100 361, 63703 Aschaffenburg
Fon (06021) 581 734, www.alibri.de

Gottfried Beyvers
Argumente kontra Religion
Werkzeugkasten für Religionskritik
202 Seiten | kartoniert | Euro 14.-
ISBN 978-3-86569-282-5

Das Buch bietet eine Sammlung voraufklärerischer, religiöser Gedanken und Geschichtsmythen, die auch heute noch in Gesellschaft und Kultur wirken. Vor allem aber hat er für alle, die daran mitwirken, die notwendigen Reparaturen vorzunehmen, einen Kasten mit Werkzeugen zusammengestellt, die sonst mühsam in den Werkstätten der Religionskritik zusammengesucht werden müssten. In acht Kapiteln finden sich kurze, in sich abgeschlossene, auch humorvolle Gedanken zu den Themen Evolution von Religionen, Phantastik in der Bibel, theologische Kartenhäuser und Sargnägel Gottes. Die „Werkzeuge" können in Diskussionen, Leserbriefen oder Blogkommentaren zum Einsatz kommen. Der Text ist zudem ein Plädoyer für die Sinnsuche außerhalb von Religionen und für die Beschäftigung mit der Schönheit der Wissenschaft.

Jürgen Beetz
Eine phantastische Reise durch Wissenschaft und Philosophie
Don Quijote und Sancho Pansa im Gespräch
326 Seiten | kartoniert | Euro 19.-
ISBN 978-3-86569-083-8

Don Quijote lebt. Der Philosoph ist seit Jahrhunderten mit seinem Gesellen Sancho Pansa, dem Vertreter der Wissenschaft, unterwegs. Beide haben mit der modernen Zeit einigermaßen Schritt gehalten. Don Quijote kann gut reden und die Leute überzeugen, Sancho Pansa vermehrt das Wissen der Menschheit.
So ziehen beide durch die Welt und führen Gespräche über das Leben –Gespräche, die wir belauschen dürfen. Sie diskutieren über die Kerngebiete der Philosophie: die Logik (das folgerichtige Denken), die Ethik (das rechte Handeln) und die Metaphysik (die ersten Gründe des Seins und der Wirklichkeit). Sie reden über die Dinge und ihre Ordnung, über Wahrheit und Erkenntnis, über den Sinn des Lebens und den freien Willen, über die seltsamen Schleifen des Seins. Sie streiten über Ethik in der Wissenschaft und über das Woher und Wohin des Menschen.

Alibri Verlag, Postfach 100 361, 63703 Aschaffenburg
Fon (06021) 581 734, www.alibri.de

Franz M. Wuketits
Evolution ohne Fortschritt
Aufstieg oder Niedergang in Natur und Gesellschaft
ISBN 978-3-86569-040-1, 269 Seiten, kartoniert, Euro 18,50

Evolution, gleich ob die biologische oder die soziokulturelle gemeint ist, wird oft mit „Fortschritt" ineinsgesetzt. Lebewesen entwickeln sich im Laufe der Jahrmillionen scheinbar „höher", von Kulturen hört man die Behauptung, die Moderne etwa sei weiter entwickelt als das Mittelalter oder gar die Antike.
Franz Wuketits widerspricht diesen Vorstellungen vehement. Evolution ist kein geradliniger Prozess, kein gerichteter Pfeil, der vom Einzeller zum Homo sapiens führt, oder von der Barbarei zur sozialen Utopie. Vielmehr gleicht Evolution einem Zickzackkurs. Manchmal geht es in Richtung mehr Komplexität, manchmal aber auch nicht. Biologische wie soziale und kulturelle Geschichte ist vielmehr eine Abfolge von Katastrophen, Arten sterben aus, Ökosysteme brechen zusammen, Kulturen gehen unter, Kriege unterminieren wieder und wieder den Wohlergehen der Menschheit.
Das Buch gliedert sich in zwei Teile. Der erste Teil behandelt die Genese der Fortschrittsidee in der biologischen Evolutionstheorie und ihren Widerhall in sozialen und kulturellen Fortschrittsmodellen. Der zweite Teil widmet sich der Relativierung, der Kritik und letztendlich der Verabschiedung der Idee eines universellen Fortschritts.

Joachim Wehler
Grundriß eines rationalen Weltbildes
Überarbeitete Neuauflage
ISBN 978-3-86569-029-6, 268 Seiten, kartoniert, Euro 18.-

Das Buch kann als elementare und leicht verständliche Einführung in die Philosophie gelesen werden. Aufgeteilt in kurze Kapitel werden Begriffe erklärt, Fragen erörtert, Gedankengänge entwickelt –jeweils mit Blick auf die gestellte Aufgabe, den Grundriss eines rationalen Weltbildes zu entwerfen.
Dabei geht es nicht nur um naturwissenschaftliche Erklärungen, sondern auch um grundlegende Fragen der Möglichkeit von Erkenntnis und um „praktische Philosophie". Auf der Grundlage der Vernunft wird die Zuverlässigkeit unseres Wissens erörtert, das Wesen der Wissenschaft bestimmt und über die Stellung des Menschen in der Welt nachgedacht. Leitlinie des Autors ist die Vorgabe, nur solche Ansichten zu behandeln, über die rational argumentiert werden kann.

Gerhard Vollmer
Gretchenfragen an Naturalisten
Erweiterte Neuauflage
ISBN 978-3-86569-278-8, 111 Seiten, kartoniert, Euro 10.-

Gerhard Vollmer entwirft in seinen Antworten auf 60 „Gretchenfragen" das Bild eines zeitgemäßen Naturalismus. Er befasst sich dabei mit zehn Themenbereichen, von abstrakten Gegenständen wie Logik, Mathematik und Metaphysik über Kosmologie und Evolution bis hin zu Religion und Moral. Anders als Goethes Faust hat er es nicht nötig, seine Meinung wortreich zu verbergen. In einer klaren und allgemeinverständlichen Sprache bietet das Buch einen instruktiven Einstieg in den Naturalismus.

Alibri Verlag, Postfach 100 361, 63703 Aschaffenburg
Fon (06021) 581 734, www.alibri.de